Direito
Societário

EDIÇÕES DO DIREITO SOCIETÁRIO

1ª edição 1986	FREITAS BASTOS	12ª edição 2010	RENOVAR
2ª edição 1995	FREITAS BASTOS	13ª edição 2012	RENOVAR
3ª edição 1997	FREITAS BASTOS	14ª edição 2015	ATLAS
4ª edição 1998	FREITAS BASTOS	15ª edição 2017	GEN/ATLAS
5ª edição 1999	RENOVAR	16ª edição 2018	GEN/ATLAS
6ª edição 2001	RENOVAR	17ª edição 2019	GEN/ATLAS
7ª edição 2001	RENOVAR	18ª edição 2021	GEN/ATLAS
8ª edição 2003	RENOVAR	19ª edição 2022	GEN/ATLAS
9ª edição 2004	RENOVAR	20ª edição 2024	GEN/ATLAS
10ª edição 2007	RENOVAR	21ª edição 2025	GEN/ATLAS
11ª edição 2008	RENOVAR		

O GEN | Grupo Editorial Nacional – maior plataforma editorial brasileira no segmento científico, técnico e profissional – publica conteúdos nas áreas de concursos, ciências jurídicas, humanas, exatas, da saúde e sociais aplicadas, além de prover serviços direcionados à educação continuada.

As editoras que integram o GEN, das mais respeitadas no mercado editorial, construíram catálogos inigualáveis, com obras decisivas para a formação acadêmica e o aperfeiçoamento de várias gerações de profissionais e estudantes, tendo se tornado sinônimo de qualidade e seriedade.

A missão do GEN e dos núcleos de conteúdo que o compõem é prover a melhor informação científica e distribuí-la de maneira flexível e conveniente, a preços justos, gerando benefícios e servindo a autores, docentes, livreiros, funcionários, colaboradores e acionistas.

Nosso comportamento ético incondicional e nossa responsabilidade social e ambiental são reforçados pela natureza educacional de nossa atividade e dão sustentabilidade ao crescimento contínuo e à rentabilidade do grupo.

José Edwaldo Tavares Borba
Rodrigo Tavares Borba

Direito Societário

21ª edição revista, atualizada e ampliada

■ Os autores deste livro e a editora empenharam seus melhores esforços para assegurar que as informações e os procedimentos apresentados no texto estejam em acordo com os padrões aceitos à época da publicação, e todos os dados foram atualizados pelos autores até a data de fechamento do livro. Entretanto, tendo em conta a evolução das ciências, as atualizações legislativas, as mudanças regulamentares governamentais e o constante fluxo de novas informações sobre os temas que constam do livro, recomendamos enfaticamente que os leitores consultem sempre outras fontes fidedignas, de modo a se certificarem de que as informações contidas no texto estão corretas e de que não houve alterações nas recomendações ou na legislação regulamentadora.

■ Fechamento desta edição: *21.02.2025*

■ Os autores e a editora se empenharam para citar adequadamente e dar o devido crédito a todos os detentores de direitos autorais de qualquer material utilizado neste livro, dispondo-se a possíveis acertos posteriores caso, inadvertida e involuntariamente, a identificação de algum deles tenha sido omitida.

■ **Atendimento ao cliente: (11) 5080-0751 | faleconosco@grupogen.com.br**

■ Direitos exclusivos para a língua portuguesa
 Copyright © 2025 by
 Editora Atlas Ltda.
 Uma editora integrante do GEN | Grupo Editorial Nacional
 Travessa do Ouvidor, 11 – Térreo e 6º andar
 Rio de Janeiro – RJ – 20040-040
 www.grupogen.com.br

■ Reservados todos os direitos. É proibida a duplicação ou reprodução deste volume, no todo ou em parte, em quaisquer formas ou por quaisquer meios (eletrônico, mecânico, gravação, fotocópia, distribuição pela Internet ou outros), sem permissão, por escrito, da Editora Atlas Ltda.

■ Capa: Fabricio Vale

■ **CIP-BRASIL. CATALOGAÇÃO NA PUBLICAÇÃO**
 SINDICATO NACIONAL DOS EDITORES DE LIVROS, RJ

B72d
21. ed.

 Borba, José Edwaldo Tavares
  Direito societário / José Edwaldo Tavares Borba, Rodrigo Tavares Borba - 21. ed., rev., atual., e reform. - Barueri [SP] : Atlas, 2025.
   504 p. ; 24 cm.

   Inclui bibliografia
   Índice alfabético-remissivo
   ISBN 978-65-5977-731-0

   1. Direito empresarial - Brasil. 2. Direito comercial - Brasil. 3. Sociedades comerciais - Legislação. I. Título.

25-96587
  CDU: 347.721(81)

Gabriela Faray Ferreira Lopes - Bibliotecária - CRB-7/6643

Aos meus pais,
Maria e *Benedito*.

À minha mulher,
Rosa.

Aos meus filhos,
Adriana, Edwaldo,
Gustavo e Rodrigo.

SOBRE OS AUTORES

José Edwaldo Tavares Borba foi advogado do Banco Nacional do Desenvolvimento Econômico e Social, procurador do Estado do Rio de Janeiro e gerente jurídico corporativo da Souza Cruz S.A. É socio do escritório de advocacia Borba Advogados Associados, atuando especialmente como parecerista. Publicou, além deste livro, os seguintes: *Sociedade de Economia Mista e Privatização, A Reforma da Lei das Sociedades Anônimas, Das Debêntures* e *Temas de Direito Comercial*. Participou das Conferências Anuais da International Bar Association (IBA) realizadas em Praga (2005), Cingapura (2007), Madri (2009), Dublin (2012) e Viena (2015).

Rodrigo Tavares Borba é Mestre em *Corporate and Commercial Law (LLM)* pela *London School of Economics and Political Science*, Mestre em Direito Civil pela Universidade do Estado do Rio de Janeiro (UERJ), Bacharel em Direito pela Pontifícia Universidade Católica do Rio de Janeiro (PUC-Rio) e Presidente da Comissão de Mercado de Capitais da OAB/RJ (triênios 2019/2021 e 2022/2024). Atua ainda como advogado do BNDES e parecerista. É autor da obra *Acordo de acionistas e seus mecanismos de liquidez*: planejando o desinvestimento societário (Ed. Fórum, 2018), coorganizador do livro *Comissão de Valores Mobiliários – precedentes comentados* (Ed. Forense, 2021) e coautor do *Tratado de Direito Comercial* (Ed. Saraiva, 2015).

PREFÁCIO

Esta 21ª edição de *Direito Societário* foi atualizada, basicamente, por Rodrigo Rabelo Tavares Borba, que contou, eventualmente, com a minha colaboração.

Nas próximas edições, quando ocorrerem, a ele estará entregue a tarefa não só de atualizar o livro, como igualmente a de reformulá-lo de acordo com as novas ideias que lhe ocorrerem a respeito dos vários temas abordados no livro.

Os livros normalmente têm dois diferentes destinos, quando reeditados, de forma que ou são apenas atualizados ou são reformulados.

Este livro deverá ser reformulado a cada nova edição, na medida em que a reformulação se mostre pertinente.

O novo autor poderá, portanto, reformular conceitos, alterar ou suprimir seções, além de fazer novas considerações a respeito dos temas tratados.

Os livros podem ter autores conjuntos ou autores sucessivos. Os autores sucessivos representam uma prática em verdadeira expansão, sendo que, há bastante tempo, já era comum na Inglaterra, na França e na Espanha e em outros países, e, mais modernamente, vem ganhando espaço mesmo no Brasil, onde alguns autores têm elegido sucessores, aos quais outorgam a condição de autores sucessivos de determinada obra. Sucessivos, porque não participaram da formulação original da obra, mas que a ela se integraram a partir de determinado momento, seja em conjunto com o autor original, seja isoladamente.

Enfim, a partir da presente edição, ganha o *Direito Societário* um novo autor, que poderá, isoladamente ou em conjunto com o autor primitivo, ou ainda com outros colaboradores, promover as eventuais novas edições desta obra.

Rio de Janeiro, 20 de janeiro de 2025.

José Edwaldo Tavares Borba

SUMÁRIO

I – Introdução 1

1   Das raízes históricas da sociedade ao Código Civil brasileiro de 2002 1

      1.1   As raízes históricas 1

      1.2   O Código Civil de 2002 3

2   Pessoas jurídicas de direito privado: fundações, associações e sociedades 3

      2.1   Associações 4

      2.2   Sociedades 4

            2.2.1   Cooperativas 5

3   A classificação das sociedades segundo a dinâmica da atividade desenvolvida 5

4   Teoria da empresa 7

      4.1   A organização 7

      4.2   A atividade intelectual 9

      4.3   A atividade rural 11

      4.4   A pequena empresa 12

      4.5   O sistema de registro 12

II – Conceito de sociedade 15

5   Conceito de sociedade 15

6   O ato constitutivo da sociedade e sua natureza 16

7   Teorias contratualistas e anticontratualistas 17

8   A pessoa jurídica 18

9   A desconsideração da personalidade jurídica 20

      9.1   As distorções resultantes do CDC e outras leis 25

      9.2   O incidente de desconsideração da personalidade jurídica ... 27

III – O sócio 31

10 A posição do sócio perante a sociedade 31

11 Direitos e deveres do sócio 31

12 A cota social 33

    12.1 Participação recíproca 34

13 Sócio menor 35

14 Sociedade entre marido e mulher 38

15 Sócio pessoa jurídica 39

16 Sociedade subsidiária e sociedade *holding* 40

    16.1 Coligadas e controladas 41

17 Sociedade unipessoal 41

    17.1 Empresa individual de responsabilidade limitada 43

    17.2 Sociedade unipessoal de advocacia/sociedade de advoga-
    dos 43

    17.3 Outros arranjos societários especiais 44

        17.3.1 Empresa simples de crédito 44

        17.3.2 Sociedade de garantia solidária e sociedade de
        contragarantia 44

        17.3.3 Sociedade anônima de futebol 44

IV – Elementos da sociedade 47

18 Nome empresarial e domicílio 47

    18.1 Nome empresarial 47

    18.2 Domicílio 50

19 Estabelecimento 50

    19.1 Estabelecimento virtual 51

20 Objeto social 51

    20.1 Objeto 51

    20.2 Atos *ultra vires* 52

21 A administração social 53

22 Capital social e patrimônio 55

23 O aumento de capital 57

V – Classificação das sociedades 59

24 Sociedades regulares e irregulares 59

25	Sociedades de pessoas e de capitais	61
26	Sociedades de responsabilidade limitada, ilimitada e mista	61

VI – O quadro social e suas mutações 63

27	Cessão de cotas	63
28	Falecimento, interdição e insolvência de sócio	64
	28.1 A penhora de cotas	65
29	Apuração de haveres	66
	29.1 O CPC e a apuração de haveres	69

VII – Tipos de sociedade 71

30	Tipos de sociedade	71
31	Normas gerais de direito societário	72
32	A sociedade simples	72
	32.1 Aspectos gerais	72
	32.2 Atos constitutivos	73
	32.3 Sócios	73
	32.4 Objeto social	74
	32.5 Denominação	74
	32.6 Capital	74
	32.7 Responsabilidade dos sócios	75
	32.8 Alterações contratuais	76
	32.9 Deliberações sociais	76
	32.10 Administração social	76
	32.11 Distribuição de lucros	78
	32.12 Cessão de cotas e direito de retirada	78
	32.13 Sócio remisso	79
	32.14 Exclusão de sócio	79
	32.15 Redução do quadro social a um único sócio	79
	32.16 Dissolução da sociedade	80
	32.17 O cônjuge do sócio	80
33	Sociedade em nome coletivo	81
34	Sociedade em comandita simples	82

VIII – Dissolução e liquidação 85

    35   Dissolução 85

    36   Liquidação 86

    37   Partilha 87

IX – A conta de participação 89

    38   Sociedade em conta de participação 89

    39   Natureza jurídica e finalidade 90

    40   A importância do registro 91

    41   Relações externas e internas 91

    42   Utilidade e aplicação 92

X – Sociedade limitada (A) 95

    43   Características 95

    44   A responsabilidade limitada 96

    45   Legislação aplicável 98

           45.1   Acordo de cotistas 99

    46   Campo de aplicação 100

    47   Administração 101

    48   Delegação 104

XI – Sociedade limitada (B) 107

    49   A cota social 107

           49.1   Cotas preferenciais 108

    50   Cessão de cotas 109

    51   Caução e penhora de cotas 111

    52   Aquisição das próprias cotas pela sociedade 112

    53   Direito de preferência 114

    54   O processo decisório 114

           54.1   Exclusão de sócio 116

           54.2   Aumento de capital 118

           54.3   Redução de capital 118

           54.4   Assembleia geral 118

                    54.4.1   Assembleia digital 120

54.5	Conselho fiscal	120
54.6	Dissolução e liquidação	120
55	O direito de recesso	121

XII – Aspectos gerais da sociedade anônima (A) 125

56	Desenvolvimento das sociedades anônimas	125
57	A Lei n° 6.404/1976 e as linhas básicas em que se orientou	126
58	A definição dos interesses fundamentais	126
59	A influência do direito comparado	130

XIII – Aspectos gerais da sociedade anônima (B) 131

60	Características básicas da sociedade anônima	131
61	Sociedade em comandita por ações	133
62	Denominação da sociedade anônima	134
63	Companhias abertas e fechadas	135
	63.1 Antecedentes	135
	63.2 A companhia aberta	136
	63.3 O cancelamento do registro de companhia aberta	136
	63.4 A oferta pública como condição para o cancelamento do registro	137
	63.5 O cancelamento do registro por iniciativa da CVM	139
64	A macroempresa	139

XIV – O mercado de capitais e a Comissão de Valores Mobiliários 141

65	O mercado de capitais	141
66	A Comissão de Valores Mobiliários	142
67	As bolsas de valores	145
68	O mercado de balcão	146
	68.1 Balcão organizado	146
	68.2 *American Depositary Receipts* (ADRs)	147
	68.2.1 BDR – Certificado de Depósito de Valores Mobiliários	147

XV – O objeto social da sociedade anônima 151

69	O objeto social	151

| 70 | Definição do objeto social | 152 |

70 Definição do objeto social 152

71 Mudança do objeto social 153

72 Participação em outras sociedades 155

XVI – A nacionalidade das sociedades anônimas 157

73 A sociedade brasileira e a empresa brasileira de capital nacional 157

    73.1 A sociedade brasileira 157

    73.2 A nacionalidade do controle 157

    73.3 A nacionalidade dos sócios 158

    73.4 Os vários conceitos 159

    73.5 A mudança de nacionalidade 159

74 A sociedade estrangeira autorizada a funcionar no Brasil 159

75 As subsidiárias de sociedades estrangeiras 161

76 As multinacionais 161

XVII – A constituição da sociedade anônima 163

77 Providências preliminares 163

78 Subscrição pública 166

    78.1 O registro na CVM 166

    78.2 A intermediação 167

    78.3 A constituição da sociedade 167

    78.4 Acesso ao mercado por companhias de menor porte 168

79 Subscrição particular 169

80 Os fundadores, o projeto de estatuto e o prospecto 169

    80.1 Os fundadores 169

    80.2 O projeto de estatuto 170

    80.3 O prospecto 170

81 Registro público de empresas mercantis e publicidade 170

    81.1 As providências complementares 170

    81.2 A aquisição da personalidade jurídica 170

    81.3 As atribuições do Registro de Empresas (Juntas Comerciais) 172

    81.4 A publicidade 174

    81.5 Outras providências 174

XVIII – A integralização do capital 175

82   Integralização em dinheiro, bens ou créditos 175

     82.1   Integralização em dinheiro 175

     82.2   Integralização em bens 175

     82.3   Integralização em crédito 177

83   Avaliação e transferência de bens... 177

84   A responsabilidade dos avaliadores e subscritores 179

XIX – Ações (A) 181

85   Capital 181

86   Conceito e natureza da ação 182

87   Ações com e sem valor nominal... 184

88   Preço de emissão e ágio.. 186

XX – Ações (B) 189

89   Classificação das ações... 189

90   Espécies e classes das ações... 190

91   Ações ordinárias 190

92   Ações preferenciais.. 191

     92.1   Limite de emissão de ações preferenciais 192

     92.2   Características das ações preferenciais 193

     92.3   Ação preferencial de classe especial 194

93   Ações de fruição 194

94   Formas das ações 195

95   Ações nominativas.. 195

96   Ações endossáveis 196

97   Ações ao portador 197

98   Ações escriturais... 197

XXI – Ações (C) 199

99   Circulação das ações.. 199

100   Conversibilidade... 201

101   Livros sociais.. 202

102   Certificados das ações... 204

103 Agente emissor de certificados 205

104 Custódia de ações fungíveis 205

105 Perda ou extravio do certificado 207

XXII – Ações (D) 209

106 Negociação com as próprias ações 209

107 Direitos reais e outros ônus sobre ações 210

108 Resgate, amortização e reembolso de ações 213

    108.1 Amortização e resgate 213

    108.2 Reembolso 214

XXIII – Debêntures (A) 217

109 Conceito e finalidade 217

    109.1 O título e suas modulações 219

110 Confronto com ações 220

111 Emissão e séries 220

112 Correção monetária 221

113 Rendimento 222

114 Vencimento, amortização e resgate 224

115 Garantias 226

116 Limites de emissão 227

XXIV – Debêntures (B) 231

117 Formalidades preliminares à colocação de debêntures 231

118 Colocação e circulação 233

119 Comunhão de interesses 234

120 Agente fiduciário 236

121 Cédula de debêntures 238

122 Emissão no estrangeiro 238

XXV – Debêntures conversíveis em ações 239

123 Conceito de debêntures conversíveis 239

124 Bases da conversão 241

125 O aumento de capital consequente à conversão 243

126	A elaboração no direito europeu	243
127	As cláusulas de proteção	245
128	A cláusula de resgate antecipado	247

XXVI – Outros títulos de emissão das sociedades anônimas ... 249

129	Partes beneficiárias	249
130	Bônus de subscrição	250
131	Opção de compra de ações	251

XXVII – O acionista ... 255

132	O acionista	255
133	A obrigação de integralizar o capital	256
134	O acionista remisso	258
135	Os direitos do acionista	259
	135.1 O acesso ao Poder Judiciário e a arbitragem	260
	135.2 A suspensão do exercício dos direitos do acionista	262
136	O representante do acionista domiciliado no exterior	263

XXVIII – O direito de voto ... 265

137	O voto	265
	137.1 O voto plural	266
138	A ação preferencial e o direito de voto	268
139	A forma da ação em face do direito de voto	270
140	O exercício abusivo do direito de voto e o voto conflitante	270

XXIX – O acionista controlador ... 275

141	O controle e suas formas	275
142	O acionista controlador	277
143	Responsabilidades do controlador	278
144	A proteção da minoria	280
145	Acordo de acionistas	282
146	Eficácia do acordo perante a companhia	285
147	Execução específica do acordo	287

XXX – Assembleia geral ... 289

148	Assembleia geral	289

149 Convocação 292

150 *Quorum* 295

151 Representação e legitimação 296

152 O pedido de procuração 298

153 Assembleia geral ordinária 299

154 Assembleia geral extraordinária 301

    154.1 *Quorum* qualificado 301

        154.1.1 Hipóteses de *quorum* qualificado 302

        154.1.2 *Quorum* qualificado e ações preferenciais 302

    154.2 Publicidade 304

155 Assembleias especiais 304

156 Direito de recesso 305

XXXI – Administração 311

157 Órgãos administrativos 311

158 Conselho de administração 312

159 A eleição dos conselheiros e o processo do voto múltiplo 314

    159.1 A eleição em separado de conselheiros 318

160 Diretoria 320

161 A investidura dos administradores 322

162 Remuneração 324

163 Deveres dos administradores 326

    163.1 Dever de lealdade 327

    163.2 Dever de informar 328

    163.3 Proibições 328

164 Responsabilidades dos administradores 329

    164.1 Responsabilidade administrativa 330

    164.2 Responsabilidade civil 330

    164.3 Responsabilidade penal 333

XXXII – Conselho fiscal 335

165 O órgão e sua composição 335

166 Funcionamento permanente ou eventual 336

167 Remuneração e responsabilidades 337

168 As auditorias independentes 338

XXXIII – As mutações do capital 341

169 Aumento de capital 341

170 Correção monetária do capital 342

171 Subscrição de ações 342

172 Capitalização de reservas e lucros 344

173 Capital autorizado 345

174 Direito de preferência 347

175 Redução de capital 349

XXXIV – Demonstrações financeiras 351

176 Exercício social 351

177 Demonstrações financeiras 352

178 Balanço patrimonial 353

179 Demonstração do resultado do exercício e lucro líquido 354

179.1 Outras demonstrações financeiras 355

XXXV – Reservas e dividendos 357

180 Destinação do lucro 357

181 Reservas 358

181.1 Reservas de lucros 358

181.2 Reserva de capital 359

181.3 Ajustes de avaliação patrimonial 360

182 Dividendos 360

182.1 Dividendos intermediários 363

182.2 O pagamento dos dividendos 364

182.3 Juros ao acionista 364

183 Dividendo obrigatório 365

183.1 Redução do dividendo obrigatório 366

183.2 O dividendo obrigatório em face do dividendo prioritário 367

183.3 A não distribuição do dividendo obrigatório 368

183.4 O dividendo obrigatório e as companhias fechadas com receita bruta anual de até R$ 78 milhões 369

XXXVI – A extinção da sociedade 371

   184 Dissolução 371

   185 Liquidação 372

   186 Partilha e extinção 375

XXXVII – Transformação, incorporação, fusão e cisão 377

   187 Transformação 377

       187.1 Transformação imprópria, de empresário individual em sociedade e vice-versa 379

             187.1.1 Transformação de empresário individual em sociedade 379

             187.1.2 Transformação de sociedade em empresário individual 381

   188 Aspectos gerais da incorporação, fusão e cisão 381

   189 Incorporação 385

   190 Fusão 387

   191 Cisão 387

   192 Providências complementares 389

XXXVIII – EMPRESAS ESTATAIS 391

   193 Aspectos gerais 391

   194 Legislação aplicável 395

   195 Normas especiais 399

       195.1 A falência e a recuperação 400

   196 A gestão normativa do controle 401

   197 O Estatuto jurídico da empresa pública, da sociedade de economia mista e de suas subsidiárias 402

       197.1 Empresas de menor faturamento 404

             197.1.1 Tratamento diferenciado para empresas estatais de menor faturamento (menor porte) 404

       197.2 Participações minoritárias 405

       197.3 Vigência do Estatuto 405

       197.4 Os conceitos de empresa pública e de sociedade de economia mista 405

             197.4.1 Empresa pública 406

             197.4.2 Sociedade de economia mista 407

197.4.3 As subsidiárias das sociedades de economia mista e das empresas públicas... 410

197.5 O regime jurídico das empresas estatais............................... 411

197.5.1 As formas de fiscalização 411

197.5.2 Códigos, comitês e auditorias 412

197.5.3 Restrições relativas à empresa pública.................. 413

197.5.4 Arbitragem 413

197.6 Acionista controlador 414

197.6.1 O controle compartilhado 414

197.6.2 Encargos especiais do controlador....................... 415

197.6.3 Abuso de poder... 416

197.7 Os administradores... 417

197.7.1 Treinamento dos administradores......................... 419

197.7.2 Seguro de responsabilidade civil 420

197.7.3 Conselho de administração 421

197.7.3.1 Conselheiros representantes de acionistas minoritários e de empregados.................. 422

197.7.3.2 Conselheiro representante dos minoritá-rios 423

197.7.3.3 Conselheiro representante dos emprega-dos.. 423

197.7.3.4 Conselheiro independente...................... 424

197.7.4 Diretoria 425

197.8 Conselho fiscal 426

197.9 A função social da empresa estatal...................................... 427

197.9.1 Despesas com publicidade e patrocínio 428

197.10 Licitações e contratos... 429

197.11 A fiscalização pelo Estado e pela sociedade....................... 430

XXXIX – Controladoras e controladas............................... 433

198 Controladas e coligadas 433

198.1 Sociedades controladas... 433

198.2 Sociedades coligadas.. 434

198.3 Relações entre controladoras, controladas e coligadas 435

198.4 Responsabilidade civil da sociedade controladora............... 435

198.5 Investimentos e demonstrações consolidadas...................... 436

199 Participação recíproca.. 436

200 Subsidiária integral... 437

201 Alienação de controle 438

    201.1 Aquisição de controle de sociedade por companhia aberta ... 440

202 Oferta pública para aquisição de controle 440

203 Incorporação de companhia controlada 441

204 Grupo de sociedades 442

205 Consórcio... 443

XL – Prescrição e publicações.. 445

206 Prescrição 445

207 Publicações.. 449

Índice alfabético-remissivo.. 451

Referências... 467

I

INTRODUÇÃO

1. Das raízes históricas da sociedade ao Código Civil brasileiro de 2002; **1.1.** As raízes históricas; **1.2.** O Código Civil de 2002; **2.** Pessoas jurídicas de direito privado: fundações, associações e sociedades; **2.1.** Associações; **2.2.** Sociedades; **2.2.1.** Cooperativas; **3.** A classificação das sociedades segundo a dinâmica da atividade desenvolvida; **4.** Teoria da empresa; **4.1.** A organização; **4.2.** A atividade intelectual; **4.3.** A atividade rural; **4.4.** A pequena empresa; **4.5.** O sistema de registro.

1 DAS RAÍZES HISTÓRICAS DA SOCIEDADE AO CÓDIGO CIVIL BRASILEIRO DE 2002

1.1 As raízes históricas

A sociedade, em sua forma mais rudimentar, é tão antiga quanto a civilização. No momento em que duas pessoas somaram seus esforços para obter resultado econômico comum, a sociedade começava a despontar.

Os povos primitivos que se dedicaram ao comércio tiveram, naturalmente, que formular, ainda que de modo costumeiro, as normas aplicáveis aos negócios associativos.

Os primeiros documentos legislativos conhecidos, nos quais já se vislumbra a origem do direito societário, situam-se, contudo, no direito romano. Vestígios do contrato de sociedade podem ser identificados na indivisão, entre os herdeiros, do patrimônio constitutivo da herança, para o efeito de uma administração comum – sociedade familiar.[1] Posteriormente ocorreriam as sociedades de publicanos, as

---

[1] Roscoe Pound (1950) situa no direito romano a formulação original do conceito de sociedade: "Este concepto fué modelado hace siglos por los juristas romanos cuando, para entenderlo, se fijaron en el *consortium* de los coherederos resultante a la muerte del cabeza de familia" (p. 148).

quais tinham por escopo explorar atividades ligadas ao Poder Público, inclusive o recolhimento de rendas do Estado.

O desenvolvimento maior das sociedades, de sorte a aproximá-las de sua configuração moderna, somente se verificaria na Idade Média, quando a noção da separação entre o patrimônio da sociedade e o dos sócios passou a se definir.[2] Foram-se tornando comuns sociedades que tomavam o contorno da sociedade em nome coletivo e da sociedade em comandita simples, e que, por desenvolverem atividades de natureza mercantil, eram consideradas comerciais.

No início do século XVII surgiriam as companhias de comércio, destinadas à exploração colonial, com características semelhantes às das sociedades por ações. A Companhia Holandesa das Índias Orientais, fundada em 1602, teria sido a primeira dentre estas.[3] A Revolução Industrial, dois séculos após, faria da sociedade anônima o grande instrumento de sua realização.

A sociedade limitada, a mais recente das formas societárias, data da última década do século XIX, tendo sido concebida na Alemanha.

As sociedades civis surgiram paralelamente às sociedades comerciais, tendo por objeto o desenvolvimento de atividades consideradas civis.

Essa dualidade – sociedade comercial/sociedade civil – apoiava-se na própria dicotomia do direito privado, que, a partir da Idade Média, bifurcara-se em dois ramos distintos do direito: direito comercial e direito civil.

As sociedades comerciais regiam-se pelo direito comercial, enquanto as sociedades civis regiam-se pelo direito civil.

Com o Código Civil brasileiro de 2002, que é na verdade um código de direito privado, unificaram-se, em um mesmo corpo legislativo, o direito civil e o direito comercial.[4]

Muitos países, como a Suíça e a Itália, promulgaram os seus códigos unificados ainda no século passado.

O projeto brasileiro, que tramitou no Congresso Nacional durante mais de 20 anos, converteu-se na Lei nº 10.406, de 10.01.2002, que foi publicada em 11.01.2002, tendo entrado em vigor em 11.01.2003.

---

[2] É o que afirma Vivante (1906): "La personalità giuridica delle società commerciali è una conquista del diritto medievale italiano. Il diritto romano ha regolato gli effetti del contratto sociale, ma non si formò il concetto generale di un patrimonio sociale distinto da quello dei soci e amministrato da tutti o da taluno di essi" (p. 6).

[3] A Inglaterra, em 1599, já constituíra uma companhia de comércio (British East India Company), mas a aprovação dos respectivos estatutos e o seu funcionamento somente viriam a ocorrer após 1602, mantendo-se assim a prioridade da companhia holandesa, cujos estatutos serviriam de modelo para a companhia inglesa (conf. PIC, 1925. I, p. 112).

[4] Quem primeiro sustentou, em 1867, a tese da unificação do direito privado foi o magistral jurista brasileiro Teixeira de Freitas. A grande repercussão estava, porém, reservada para Vivante que, em 1892, em aula inaugural de seu curso, na Universidade de Bolonha, desenvolveu ideias semelhantes. Sobre a matéria, João Eunápio Borges (1967, p. 53).

1.2 O Código Civil de 2002

O direito comercial, como sistema apartado de leis, representou um fenômeno histórico (Tullio Ascarelli). Surgiu, na Idade Média, em oposição ao direito romano--canônico, ligado à propriedade estática dos senhores feudais, e consagrou os novos institutos (sociedade, títulos de crédito, seguro), que se mostravam essenciais ao exercício da atividade mercantil.

Ao longo dos séculos, todavia, o direito civil iria incorporando vários institutos e princípios do direito comercial, daí falar-se na comercialização do direito civil.

Essa integração progressiva entre o direito civil e o direito comercial terminou por elidir a necessidade de códigos separados, não obstante a distinção didática se mantenha presente em todos os países que optaram pela unificação.

O código atual, além de ter revogado o antigo Código Civil, revogou também, expressamente, toda a parte primeira do Código Comercial. O Código Comercial compunha-se originariamente de três partes. A parte terceira, que tratava "Das Quebras", já se encontrava revogada, desde 1945, pela Lei de Falências. Resta, portanto, apenas a parte segunda, que é dedicada ao "Comércio Marítimo".

A parte primeira, revogada pelo atual Código Civil, regulava as questões atinentes ao comerciante, aos contratos comerciais, às sociedades mercantis e à prescrição em matéria comercial. Todos esses temas passaram à disciplina do Código Civil. Alguns institutos, que já se encontravam regulados por leis especiais, assim continuaram, como é o caso das sociedades anônimas.

Embora não tenham sido mencionadas expressamente, muitas leis foram revogadas, na medida em que o Código Civil regulou, de forma abrangente, a matéria por elas tratada.

2 PESSOAS JURÍDICAS DE DIREITO PRIVADO: FUNDAÇÕES, ASSOCIAÇÕES E SOCIEDADES

O Código Civil, ao enumerar as pessoas jurídicas de direito privado (art. 44), refere-se, entre outras entidades, às fundações, às associações e às sociedades.[5]

As fundações, diferentemente das associações e sociedades, não representam um fenômeno associativo, tanto que não dispõem de um quadro de sócios. Trata-se de um patrimônio personalizado, sem fins econômicos, fundado em uma dotação conferida por um instituidor. Destinam-se as fundações às atividades enumeradas

---

[5] A Lei nº 10.825/2003, ao modificar o art. 44 do Código Civil, acrescentou às pessoas jurídicas de direito privado (associações, sociedades e fundações) mais duas espécies, quais sejam as organizações religiosas (inciso IV) e os partidos políticos (inciso V). A Lei nº 12.441/2011 acrescentou mais uma – a empresa individual de responsabilidade limitada (inciso VI), a qual foi revogada pela Lei nº 14.382/2022. A Lei nº 15.068/2024 inseriu, ainda, o inciso VII ao art. 44, que instituiu os empreendimentos de economia solidária.

no Código Civil (art. 62), todas de natureza cultural, educacional, científica, social, ambiental, religiosa, ou a essas assemelhadas.

As associações e sociedades têm nos seus associados ou sócios a sua origem e a fonte maior da formação da vontade social. O Código Civil, ao defini-las, afastou a imprecisão terminológica outrora existente, na medida em que estabeleceu uma nítida distinção entre associação e sociedade, aliás consagrando o entendimento doutrinário, que já era então dominante e considerava a primeira uma entidade sem fins econômicos, enquanto a segunda tinha por objetivo o lucro para distribuição aos seus sócios.

2.1 Associações

As associações[6] são instituições sem finalidade de lucro. Aplicam-se a atividades recreativas, esportivas, caritativas, assistenciais, culturais etc., ora prestando serviços aos próprios associados, como os clubes sociais, ora à comunidade, como as associações de moradores, ora a terceiros, como as instituições de caridade. Algumas associações se apresentam com o nome de sociedade, como é o caso da "Sociedade Protetora dos Animais", o que não lhes altera a natureza jurídica.

De acordo com o Código Civil, as regras sobre associações (art. 44, § 2º) aplicam-se subsidiariamente às sociedades.[7] Com isso, torna-se importante, para o direito societário, o conhecimento das normas básicas sobre associações (arts. 53 a 61), não obstante algumas destas normas sejam totalmente incompatíveis com os preceitos próprios das sociedades e, por conseguinte, a estas inaplicáveis, como é o caso da norma que manda contar os votos nas assembleias em função do número de associados, e não como nas sociedades, em que o cômputo dos votos funda-se, em princípio, no volume de capital de cada sócio.

2.2 Sociedades

A sociedade tem na busca do lucro a sua finalidade, que é também a dos sócios. Na associação, ainda que se apure resultado financeiro positivo, este se destinará à manutenção dos fins sociais; na sociedade, a destinação última do lucro é a sua distribuição entre os sócios.

A palavra *sociedade* tanto nomeia o contrato em virtude do qual duas ou mais pessoas congregam bens e esforços para desenvolver um negócio, como a entidade que desse contrato resulta.

---

[6] Ver a Lei nº 11.127/2005, que modificou o Código Civil, especialmente no que tange à associação.

[7] Esse preceito de integração afigura-se pertinente, uma vez que a associação é mais genérica do que as sociedades. Nesse mesmo sentido, com relação ao direito germânico, assim se pronunciava Goldschimidt (1946): "Es por ello, precisamente, que los escritores alemanes, para llenar las lagunas en el derecho de las sociedades anónimas, recurren a las normas del Código Civil tanto relativas a las asociaciones como a las sociedades civiles" (p. 26).

A sociedade bifurca-se, quanto à dinâmica da atividade desenvolvida, em duas subespécies, quais sejam a sociedade simples e a sociedade empresária.

2.2.1 Cooperativas

Não obstante arrolada pelo Código Civil entre as sociedades (art. 1.093), a chamada sociedade cooperativa não se ajusta ao conceito pleno de sociedade, uma vez que a cooperativa em si mesma não tem fim lucrativo. Ela não se dispõe, semelhantemente às sociedades em geral, a realizar lucros para distribuí-los aos seus sócios segundo a participação de cada um no capital social, como ocorre em todas as sociedades.

A cooperativa encontra-se mais próxima da associação do que da sociedade. Trata-se de uma entidade de apoio ao próprio quadro social, tendo por objeto realizar negócios em favor de seus associados, que participarão dos resultados "proporcionalmente ao valor das operações efetuadas pelo sócio com a sociedade" (art. 1.094, VII, do Código Civil).

Aglutina a cooperativa os cooperativados, para que esses exerçam determinadas atividades em conjunto e não isoladamente. A entidade apenas propicia essa atuação conjugada.

Não cabe, consequentemente, estudar a sociedade cooperativa no âmbito do direito societário, até mesmo porque o cooperativismo constitui uma disciplina independente, dotada de princípios e regras próprias.

3 A CLASSIFICAÇÃO DAS SOCIEDADES SEGUNDO A DINÂMICA DA ATIVIDADE DESENVOLVIDA

O direito comercial resultou do próprio esforço dos comerciantes medievais que, por meio de suas corporações, criaram um direito novo e dinâmico, a fim de compor as suas necessidades. O direito romano-canônico continuara a reger as relações jurídicas em geral, mas tudo que se referisse à atividade mercantil passara a compreender-se no novo direito.

O direito do comércio era, portanto, o direito dos mercadores, dos que faziam compra e venda para revenda, bem como das atividades correlatas. As atividades ligadas à terra – domínio do senhor feudal – permaneceram no âmbito do direito romano-canônico.[8] Nesse contexto, as sociedades seriam comerciais ou civis, segundo exercessem ou não atos de comércio.

---

[8] Tullio Ascarelli, em seu extraordinário *Panorama do Direito Comercial*, enunciou a respeito: "Por isso se constituiu então, em oposição ao direito comum, um direito especial que ainda hoje em dia, apesar de ter passado a abranger a atividade industrial, chamamos de comercial. Foi ele, no seu início, o direito da nascente burguesia das cidades; uma libertação dos vínculos da sociedade feudal e do direito romano-canônico comum então vigente" (1947, p. 23).

Com a unificação do direito privado, operada pelo atual Código Civil, essa construção sofreu uma profunda reformulação, posto que não mais se fala em sociedade civil e comercial, mas sim em sociedade simples e sociedade empresária.

Além disso, por força da unificação do direito privado, não mais persiste a separação entre os contratos civis e os contratos comerciais, nem tampouco entre prazos civis e comerciais de prescrição, todos integrados em um mesmo sistema.

O processo de registro permanece distinto, tanto que compreende, para as sociedades simples, o Registro Civil das Pessoas Jurídicas, e, para as sociedades empresárias, o Registro Público de Empresas Mercantis (Juntas Comerciais).[9] Uma outra importante distinção reside na matéria falimentar, uma vez que, segundo Lei de Falências (Lei nº 11.101, de 09.02.2005), os institutos da recuperação judicial, recuperação extrajudicial e falência (art. 1º) encontram-se expressamente destinados aos empresários e às sociedades empresárias.

As sociedades simples, às quais não se aplicam as regras sobre falências e recuperação de empresas, encontram-se sujeitas, nos casos de impontualidade, às normas sobre insolvência civil, previstas no CPC de 1973 (arts. 748 e seguintes), as quais foram preservadas pelo CPC de 2015 (art. 1.052), que, até a edição de lei específica, mandou observar aquelas disposições.

Uma outra diferenciação, quanto aos preceitos de regência, entre a sociedade simples e a sociedade empresária reside na exigência, no que concerne a essa última (art. 1.179), da observância de normas estritas de contabilidade, escrituração e levantamento de balanços.

No mais, a sociedade simples e a sociedade empresária regem-se pelos mesmos preceitos.

Cumpre acentuar que essa classificação de que se vem tratando, de sociedade simples e sociedade empresária, decorre da natureza da sociedade, segundo a dinâmica de sua atividade (atividade econômica organizada – sociedade empresária; atividade econômica não organizada, vale dizer, sem uma estrutura própria de empresa – sociedade simples).

Quando a classificação se volta para a espécie ou tipo da sociedade (forma), tem-se então a seguinte enumeração: sociedade simples, sociedade em nome coletivo, sociedade em comandita simples, sociedade limitada, sociedade anônima e sociedade em comandita por ações.[10]

A expressão *sociedade simples* assume, pois, dois sentidos, significando tanto a natureza da sociedade, segundo a dinâmica da atividade desenvolvida (que

---

[9]   O art. 63 da Lei nº 8.934/1994, com a redação resultante da Lei nº 14.195/2021, dispensa do reconhecimento de firma os atos levados a arquivamento nas Juntas Comerciais, regra esta extensível, naturalmente, ao Registro Civil das Pessoas Jurídicas.

[10] As sociedades cooperativas não entram nessa relação (ver seção 2.2.1).

a distingue da sociedade empresária), como uma das espécies (forma ou tipo) de sociedade. Pode-se, pois, falar em sociedade simples *lato sensu* e sociedade simples *stricto sensu*.

A sociedade simples (*lato sensu*) pode assumir a forma típica da sociedade simples (*stricto sensu*), ou qualquer outra forma societária, exceto a das sociedades por ações (art. 982, parágrafo único).

A sociedade empresária, por seu turno, pode assumir qualquer forma societária, exceto a forma típica da sociedade simples.

Com o atual sistema, o direito societário ganhou maior integração, tanto que a regulação típica da sociedade simples, como se fora o regime geral das sociedades, aplica-se subsidiariamente a todas as demais sociedades, inclusive à sociedade limitada (art. 1.053) e à sociedade anônima (art. 1.089).

O direito societário compõe, dessarte, um corpo uno e orgânico, abrangendo todas as modalidades societárias, independentemente da natureza empresarial ou não empresarial da entidade considerada.

4 TEORIA DA EMPRESA

4.1 A organização

O Código Civil brasileiro adotou a teoria da empresa, afastando a antiga distinção entre sociedades civis e comerciais, que se fundava no objeto civil ou comercial da sociedade.

A teoria da empresa passou então a informar a nova distinção, que se baseia na existência ou não de uma estrutura empresarial, para assim classificar as sociedades em sociedades empresárias e sociedades simples.

A sociedade empresária, semelhantemente ao empresário individual, é titular de uma empresa.

Impõe-se, pois, conceituar a empresa, para, a partir desse conceito, identificar o empresário e a sociedade empresária.

O conceito jurídico de empresa foi construído a partir de seu conceito econômico,[11] cabendo observar que o Código francês de 1807 já inscrevia a empresa entre os atos de comércio, da mesma forma que o nosso Regulamento 737, de 1850, que também já referia as "empresas de fábricas".

---

[11] "O conceito jurídico de empresa se assenta nesse conceito econômico. Em vão, os juristas têm procurado construir um conceito jurídico próprio para tal organização. Sente-se em suas lições certo constrangimento, uma verdadeira frustração por não lhe haver sido possível compor um conceito jurídico para a empresa, tendo o comercialista que se valer do conceito formulado pelos economistas. Por isso, persistem os juristas no afã de edificar em vão um original conceito jurídico de empresa, como se fosse desdouro para a ciência jurídica transpor para o campo jurídico um bem elaborado conceito econômico" (REQUIÃO, 1977, p. 48).

A empresa era desde então definida como a estrutura fundada na organização dos fatores da produção (natureza, capital e trabalho) para o desenvolvimento de uma atividade econômica.

O empresário organiza e dirige a empresa, reunindo e coordenando os fatores da produção.[12]

É, todavia, no direito italiano que a noção jurídica de empresa vai se construindo pelas lições de Vivante, ainda centradas na combinação dos fatores da produção, e nas lições de Rocco, que já enfatiza a característica da "organização do trabalho de outrem".[13]

O grande desenvolvimento da teoria da empresa iria, porém, ocorrer com os trabalhos preparatórios do Código Civil italiano de 1942, especialmente em função dos estudos desenvolvidos por Alberto Asquini,[14] que traçou, com base no próprio texto do Código, quatro perfis ou sentidos para a palavra *empresa*, que são os seguintes: (a) o sujeito que exerce a atividade organizada, que é o empresário; (b) o conjunto de bens que compõem a organização, que é o estabelecimento; (c) a atividade organizada, que é verdadeiramente a empresa; e, finalmente, (d) a organização hierarquizada de pessoas dentro da empresa.

Francesco Ferrara, depois de analisar as várias acepções identificadas por Asquini para a palavra *empresa*, sustenta que a única que efetivamente corresponde ao conceito é a que a define como "atividade econômica organizada".[15]

A empresa é a atividade econômica organizada, e o empresário é o agente dessa atividade, seja este uma pessoa natural ou uma pessoa jurídica.

O Código Civil brasileiro, reproduzindo o modelo adotado pelo Código Civil italiano de 1942, conceitua o empresário (art. 966) como sendo aquele que "exerce profissionalmente atividade econômica organizada para a produção ou a circulação de bens ou de serviços".

Vê-se, portanto, que a condição básica para a caracterização do empresário repousa na organização. É a organização que distingue o empresário do profissional autônomo. O autônomo opera pessoalmente ou, quando muito, com a colabo-

---

[12] Sylvio Marcondes, (1970, p. 5).

[13] Sylvio Marcondes, (1970, p. 12).

[14] Profili dell' impresa, 1ª parte, nº 5, p. 6.

[15] "Sin embargo, como hemos observado en otro lugar, ninguna norma puede encontrarse con seguridad en que la voz empresa deba utilizarse en el último sentido de organización personal, porque, en realidad, las cuatro acepciones del término – los cuatro perfiles de que habla Asquini – se reducen a tres. Pero puede observarse que, fuera los casos en que la palabra se emplea en sentido impropio y figurado de empresario o de hacienda, y que ha de rectificar el intérprete, la única significación que queda es la de la actividad económica organizada, puesta ya, por otra parte, de relieve por Carnelutti y Messineo" (Empresarios y sociedades, p. 94).

ração de familiares ou de poucos auxiliares subalternos. O empresário apoia-se em uma organização, que poderá ser de pequena monta ou de grande expressão, mas que, em qualquer dos casos, compreenderá a articulação do trabalho alheio e de meios materiais.[16]

Uma outra condição para a configuração do empresário é a profissionalidade, voltada para a produção ou a circulação de bens ou serviços. Assim, as atividades de mero desfrute, ainda que expressivas, encontram-se afastadas do âmbito empresarial. O proprietário de muitos imóveis, que os destina à locação, ou de ações de várias empresas, até mesmo com o intuito de controle, seria um capitalista, mas jamais um empresário.

Ressalta, porém, Ascarelli,[17] com a acuidade de sempre, que, se essas mesmas atividades forem exercidas por uma pessoa jurídica, essa pessoa jurídica (caso da *holding*) seria um empresário, uma vez que a sociedade se reveste sempre e necessariamente, em suas atividades, de uma conotação profissional.

A organização e a profissionalidade funcionam, pois, como marcas distintivas da atividade empresarial.

O empresário e a sociedade empresária operam por meio da organização, posto que esta se sobreleva, em tese, ao labor pessoal dos sócios, que poderão atuar como dirigentes, mas que não serão, também em tese, de forma predominante, os operadores diretos da atividade-fim exercida.

O que separa o empresário e a sociedade empresária, de um lado, do trabalhador autônomo e da sociedade simples, do outro lado, é exatamente o requisito da organização, conforme consignado no art. 966 do Código Civil. Todo empresário deve possuir uma organização, que, segundo Ascarelli, terá uma valoração mais funcional que quantitativa, cuja marca será *"la cooperación de colaboradores o el recurso a bienes concurrentes con el trabajo personal* (de tal forma que *la organización podrá referirse a personas o a medios materiales)...".*[18]

4.2 A atividade intelectual

O Código Civil (art. 966, parágrafo único) exclui, da condição de empresário, ainda que exercendo o seu mister de forma organizada, todos aqueles que se dedicam

---

[16] Túlio Ascarelli, ao estudar a teoria da empresa, tendo em vista o Código Civil italiano, enunciou: "Precisamente para distinguir la actividad económica del empresario de la del trabajador autónomo, se debe recurrir necesariamente al requisito de la organización" (1964, p. 164).

[17] "Por ello, pueden tener caracter profesional para las personas jurídicas y las colectividades organizadas actividades que no pueden tenerlo respecto de la persona física, actividades que así podrán ser consideradas empresarias cuando constituyan el fin de la persona jurídica o de la colectividad, mientras que no podrán serlo cuando fueran realizadas por una persona física, porque no podrán constituir la profesión de ésta" (1964, p. 175).

[18] 1964, p. 165.

a profissão intelectual, de natureza científica, literária ou artística. São os chamados profissionais liberais, cujas atividades, por força de uma tradição que as considera qualitativamente distintas da atividade econômica ordinária ("diversa valoración social"), representariam sempre um trabalho pessoal, salvo quando constituam (art. 966, parágrafo único) elemento da empresa.

A empresa produz. O intelectual cria, e assim a sua criação, por ser uma emanação do espírito, não seria assimilável aos chamados processos produtivos.

O trabalho intelectual constituiria, pois, uma atividade não empresária, mesmo quando exercido por meio de uma organização.

Dessarte, a sociedade cujo objeto social compreenda a realização de um trabalho de caráter intelectual será sempre e necessariamente uma sociedade simples, afora tão somente as situações em que o trabalho intelectual represente um elemento de empresa (art. 966, parágrafo único).

Trabalho intelectual, segundo a própria lei, é o que apresenta natureza científica, literária ou artística. Trata-se, portanto, de conceito bastante abrangente de todo o universo intelectivo, como tal compreendendo o campo da ciência, que é autoexplicativo, o campo literário, que se desdobrará em suas várias manifestações, inclusive as de índole popular, e o campo da arte, este naturalmente circunscrito às expressões artísticas de cunho estético, tais como as artes plásticas, a música, a dança, o teatro, pouco importando para esse fim o seu caráter erudito ou popular.

Todas as sociedades que se dedicam à criação intelectual serão, pois, sociedade simples, independentemente de possuírem ou não uma estrutura organizacional própria de empresa.

A ressalva posta pelo legislador somente se aplicaria às hipóteses em que o trabalho intelectual assumisse a condição de elemento de empresa.

A questão, pois, resume-se na clarificação do que se deve entender por trabalho intelectual como elemento de empresa.

Ascarelli,[19] depois de referir-se à condição não empresarial do trabalho intelectual, aduz:

> La solución debe ser opuesta para el caso de una sociedad que, con el ejercicio de su actividad ofrezca los servicios de profesionales, por ejemplo, a través de casas de salud o de cura, asi como también la hipótesis del empresario (art. 2.338), cuando la actividad profesional (aún predominante) sea un elemento (como en la citada hipótesis de las casas de cura) de una actividad (empresarial).

O notável comercialista italiano oferece-nos a senha para desvendar o que seria o trabalho intelectual como elemento de empresa, ao referir-se à sociedade

---

[19] 1964, p. 158.

Cap. I · INTRODUÇÃO | **11**

que, "com o exercício de sua atividade, ofereça os serviços de profissionais" (intelectuais), exemplificando com as casas de saúde e os sanatórios.

O trabalho intelectual seria um elemento de empresa quando representasse um mero componente, às vezes até o mais importante, do produto ou serviço fornecido pela empresa, mas não esse produto ou serviço em si mesmo.

A casa de saúde ou o hospital seriam uma sociedade empresária porque, não obstante o labor científico dos médicos seja extremamente relevante, é esse labor apenas um componente do objeto social, tanto que um hospital compreende hotelaria, farmácia, equipamentos de alta tecnologia, além de salas de cirurgia dotadas de todo um aparato de meios materiais.

Uma clínica médica, composta por vários profissionais sócios e contratados, ainda que dotada de uma estrutura organizacional, mas cujo produto fosse o próprio serviço médico, que se exerceria por meio de consultas, diagnósticos e exames, e que, portanto, teria no exercício de profissão de natureza intelectual a base de sua atividade, seria evidentemente uma sociedade simples.

No primeiro caso (o hospital), o trabalho intelectual é um elemento de empresa (um componente); no segundo caso (a clínica médica), o trabalho intelectual é o próprio serviço oferecido pela sociedade.

4.3 A atividade rural

Permitiu o Código que o empresário rural e o pequeno empresário fossem excluídos da condição formal de empresário.

Com relação ao empresário rural, a solução adotada pelo legislador foi singularíssima, tanto que, por um lado, permitiu a sua exclusão da condição de empresário (art. 970), e, por outro, permitiu que esse empresário rural, mediante registro na Junta Comercial (art. 971), adquirisse a qualificação plena de empresário.

A sociedade com atividade rural, se não for empresária – vale dizer, se não contar com uma organização –, será necessariamente uma sociedade simples. Dotada de organização, poderá optar, livremente, entre a condição de sociedade simples e a condição de sociedade empresária.

Para qualificar-se como sociedade empresária, não poderá revestir a forma típica de sociedade simples, e, se esta for a sua forma, cumprirá transformar-se para, em seguida, requerer a sua inscrição no Registro de Empresas.

Se e enquanto não requerer a sua inscrição no Registro de Empresas, deverá a sociedade rural inscrever-se no Registro Civil das Pessoas Jurídicas, assim assegurando a sua condição de sociedade simples.

A sociedade rural desfruta de uma situação especial. Mesmo sendo uma empresa, cabe-lhe escolher o seu *status* jurídico, de sociedade simples ou empresária, para tanto bastando optar, respectivamente, pelo Registro Civil das Pessoas Jurídicas ou pelo Registro Público de Empresas Mercantis.

Essa especial situação da empresa rural deita as suas origens na tradição e no contexto histórico que sempre reservaram ao produtor rural um regime diferenciado. Atualmente, contudo, a agroindústria brasileira atingiu altos padrões de profissionalismo e organização, mostrando-se questionável a permanência dessa exceção à regra geral, que acaba por afastar importantes instrumentos do mundo dos negócios, tais como a recuperação judicial e extrajudicial.

4.4 A pequena empresa

No que concerne à pequena empresa, o art. 970 do Código Civil transfere à lei (outra lei) a forma de assegurar à pequena empresa um "tratamento favorecido, diferenciado e simplificado quanto à inscrição e aos efeitos daí decorrentes".

A Lei Complementar nº 123/2006 disciplinou a matéria, de forma específica, preceituando (art. 68) que, para os efeitos dos arts. 970 e 1.179 do Código Civil, pequeno empresário seria apenas o empresário individual, caracterizado como microempresa.

Entretanto, a própria Lei Complementar nº 123/2006, simplificou, porém, no que tange a pequenas empresas, microempresas, e empresas de pequeno porte as exigências de natureza documental relativas a registro, alteração ou baixa de empresa, além de conceder-lhes benefícios fiscais e procedimentais. Convém notar que o Código Civil e a Lei Complementar nº 123/2006, quando aludem, nesse caso específico, à pequena empresa, microempresa e empresa de pequeno porte, não se referem, necessariamente, ao empresário ou à sociedade empresária, tanto que nesses conceitos inclui também a sociedade simples.

4.5 O sistema de registro

O Código Civil ordenou um sistema de registro fundado em duas organizações preexistentes, o Registro Público de Empresas Mercantis[20] e o Registro Civil das Pessoas Jurídicas,[21] atribuindo à primeira a inscrição dos empresários individuais e das sociedades empresárias, e ao segundo a inscrição das sociedades simples (art. 1.150).

O enquadramento da sociedade como empresária depende (art. 982) de dois fatores: (a) exercício de atividade própria de empresário, que é a atividade econômica

---

[20] O Registro Público de Empresas Mercantis compõe-se das Juntas Comerciais (uma para cada estado) e, no plano da supervisão, do Departamento de Registro Empresarial e Integração (DREI).

[21] O Registro Civil das Pessoas Jurídicas integra o sistema de registros públicos regulado pela Lei nº 6.015/1973. As dúvidas quanto ao registro serão dirimidas pelo juiz competente para questões de registro público. Cabe assinalar que, nos casos em que a sociedade simples venha a adotar um dos tipos de sociedade empresária (limitada, nome coletivo, comandita simples), o Registro Civil das Pessoas Jurídicas deverá observar as normas fixadas para o registro das sociedades empresárias (art. 1.150 do Código Civil), inclusive as que constam da Lei nº 8.934/1994, que trata do registro público de empresas mercantis.

organizada; e (b) não incidência das "exceções expressas", que são as relativas ao trabalho intelectual e, por opção, à atividade rural.

O enquadramento como sociedade simples ocorre por exclusão. Se a sociedade não é empresária, a sua condição é de sociedade simples.

Esse enquadramento só é rigoroso em suas posições extremas, isso porque não mais persistem as diferenças do passado, quando existiam, para as sociedades, dois códigos e dois estatutos jurídicos inteiramente díspares.

Hoje, com a convergência dos regimes, a diversidade de registros condiciona efeitos bastante limitados, e que se resumem ao maior ou menor rigor a que se submetem.

A divisão (simples/empresária) é de natureza técnica, e tem sentido funcional, de modo a tornar mais complexa a vida do empresário e mais simples a vida do não empresário.

Essa separação coloca em uma das posições extremas as sociedades por ações, que, por uma presunção legal absoluta (*iuris et de iure*), serão sempre empresárias. É que a sociedade anônima e a sociedade em comandita por ações detêm uma estrutura jurídica destinada, em princípio, aos grandes negócios, complexos por si mesmos. Serão empresárias por força de lei.

Na outra posição extrema encontra-se a sociedade simples *stricto sensu* que, por adotar uma forma exclusiva de sociedade simples, não deverá desenvolver atividades próprias de sociedade empresária (atividades dotadas de uma organização), salvo se estas se enquadrarem nas exceções legais (atividades intelectuais ou rurais).

As sociedades em nome coletivo, em comandita simples e limitadas tanto poderão ser simples como empresárias, e, para esse efeito, deve-se indagar a respeito da estrutura organizacional.

Essa questão da organização, em determinadas situações, poderá dirigir-se para uma zona cinzenta, de difícil definição; nesses casos, os próprios organizadores, segundo a sua avaliação, indicarão o caminho, inscrevendo a sociedade no Registro Civil ou no Registro de Empresas. Nessas situações imprecisas, qualquer que seja o registro, a sociedade será regular, e desse registro resultará a sua condição de sociedade simples ou empresária. Na prática, quando a situação é imprecisa, as Juntas Comerciais e os cartórios do Registro Civil das Pessoas Jurídicas, para efeito de concessão de registro, têm se baseado, de um modo geral, muito mais na declaração das partes do que em um exame rigoroso da existência ou não de uma organização, até mesmo porque essa averiguação nem sempre seria factível. Pode-se até acrescentar que os órgãos de registro têm apreciado com muita largueza essa questão, cabendo a essa altura afirmar que, ressalvadas as situações evidentes, as Juntas e o Registro Civil registram as sociedades limitadas (e também as em nome coletivo e em comandita simples) de forma indiscriminada, sem indagar de sua condição empresária ou simples. Vale a vontade dos respectivos sócios que, com o pedido de registro, na Junta ou no Registro Civil, demarcam a qualificação da sociedade como empresária ou simples.[22]

Reitere-se, porém, que, sob pena de nulidade, a sociedade simples típica (*stricto sensu*) somente poderá ser registrada no Registro Civil, enquanto a sociedade por ações somente poderá ser registrada na Junta Comercial. As demais, apesar de toda a formulação teórica, trazida pelo atual Código Civil, poderão ser registradas no registro civil das pessoas jurídicas ou nas juntas comerciais, segundo a vontade dos seus fundadores, até porque a existência da chamada "organização", que caracteriza a sociedade empresária, poderá, na prática, estar mais nos planos futuros da sociedade do que na sua realidade inicial.

---

[22] O STJ já teve oportunidade de afirmar que, independentemente do registro, do que consta do contrato e da declaração dos sócios, o que importa para efeito de definição da sociedade como empresária ou simples é a realidade dos fatos e de sua estrutura, conforme se depreende da transcrição a seguir de extrato do acórdão proferido no AgRg no EDcl no REsp 1.275.279-PR, 1ª Turma, em 07.08.2012: "As alegações da sociedade contribuinte de que as suas atividades estão abrangidas no conceito de sociedade simples (arts. 983 e 966, parágrafo único, do CC) não infirmam a circunstância considerada pelo Tribunal de origem de que ela possui, de fato, estrutura e intuito empresarial e, por isso, não faz jus à tributação fixa do ISS."

II
CONCEITO DE SOCIEDADE

5. Conceito de sociedade; **6.** O ato constitutivo da sociedade e sua natureza; **7.** Teorias contratualistas e anticontratualistas; **8.** A pessoa jurídica; **9.** A desconsideração da personalidade jurídica; **9.1.** As distorções resultantes do CDC e outras leis; **9.2.** O incidente de desconsideração da personalidade jurídica.

5 CONCEITO DE SOCIEDADE[1]

A sociedade é uma entidade dotada de personalidade jurídica, com patrimônio próprio, atividade negocial e fim lucrativo.

Essa definição, de natureza analítica, procura congregar os vários elementos que caracterizam a sociedade. Destaca-se, de logo, a sua condição de pessoa jurídica e, por conseguinte, de ente capaz de adquirir direitos e assumir obrigações. O patrimônio próprio ressalta a sua autonomia perante os sócios, cujos bens não se confundem com os da sociedade. A atividade negocial é a marca de sua atuação como entidade voltada para o mundo dos negócios. O fim lucrativo é da essência da sociedade, a qual se destina a produzir lucro, para distribuição aos que participam de seu capital.

A sociedade tanto pode ser examinada de fora como de dentro. Olhada externamente, avulta a entidade, na sua condição de sujeito de direito, a exercer o seu objeto social, mediante, por exemplo, a produção de bens e serviços, a contratação de empregados, o pagamento de empréstimos, a aquisição de equipamentos, a venda de mercadorias. Vista de dentro, divisa-se um outro plano de relações, que são as dos sócios entre si e destes para com a sociedade. Esses sócios poderão

---

[1] No âmbito da teoria geral, a sociedade empresária e a sociedade simples não se distinguem. A teoria geral é uma só, tendo-se um conceito unificado. A identificação da sociedade como empresária ou simples não é uma questão conceitual; é uma questão de classificação da sociedade quanto à dinâmica (organizada ou não) da atividade desenvolvida (ver seção 3).

estar todos integrados, como ocorre nas pequenas sociedades, ou inteiramente dispersos, como ocorre nas grandes companhias. Em certas situações, o quadro social poderá reduzir-se a um único sócio. Em outras, a sociedade já terá começado com um único sócio.

As sociedades limitadas, por força da redação atribuída pela Lei nº 13.874, de 20.09.2019, ao § 1º do art. 1.052 do CC, poderão ser constituídas por **uma** ou mais pessoas. Assim, se constituídas por uma única pessoa, serão desde a constituição sociedades unipessoais.

Verifica-se, portanto, que a sociedade nem sempre apresenta bases contratuais, pois sendo o contrato um acordo de vontades, a sua existência pressupõe a pluralidade de partes.

Tendo surgido em bases nitidamente contratuais, a sociedade evoluiria, alcançando a personalidade jurídica e se tornando, finalmente, uma forma institucionalizada de atuação negocial.

O Visconde de Cairu, em 1819, definiria a sociedade mercantil como "a parceria que se faz entre comerciantes para alguma especulação de comércio".[2] Ao longo dos anos, a condição de sujeito de direito passou dos sócios para a sociedade, ela própria, cabendo aos sócios a posição de meros participantes.

6   O ATO CONSTITUTIVO DA SOCIEDADE E SUA NATUREZA

Procede-se à constituição da sociedade através de um instrumento público ou particular, firmado por todos os sócios, no qual se declaram as condições básicas da entidade, inclusive nome, domicílio, capital social, cotas de cada sócio, objeto social, forma de administração, prazo de existência e processo de liquidação.

Esse ato constitutivo deverá ser arquivado, conforme o caso, no Registro Público de Empresas ou no Registro Civil das Pessoas Jurídicas.[3] O requerimento do registro, para que os seus efeitos retroajam à data do ato, deverá fazer-se no prazo de 30 dias contados de sua assinatura, pois, do contrário, apenas produzirá efeito a partir da concessão do registro (art. 1.151, § 1º, do CC, combinado com o art. 36 da Lei nº 8.934/1994).

Tratando-se de um ato jurídico, aplica-se o disposto no art. 104 do Código Civil, onde se exige, para essa prática, agente capaz, objeto lícito e forma prescrita ou não defesa em lei.

As partes, por isso, deverão ter capacidade plena, ou então, nos casos de capacidade relativa ou incapacidade, estar respectivamente assistidas ou representadas. A questão do sócio menor será examinada no Capítulo III.

---

[2]   José da Silva Lisboa (1819, Capítulo XXII).

[3]   Uma vez efetivado o arquivamento no Registro Público de Empresas (Junta Comercial), a sociedade receberá um "Número de Identificação de Registro de Empresas – NIRE".

A exigência de objeto lícito significa compatibilidade com a ordem jurídica, não se admitindo sociedade que se proponha, por exemplo, ao lenocínio, ao jogo de azar ou ao tráfico de entorpecentes.

A forma é a do instrumento público ou particular para as sociedades em geral e, para as sociedades por ações, a da ata de assembleia geral ou a do instrumento público.

No comum dos casos, os sócios serão em número de dois ou mais, com o que o ato constitutivo apresentará natureza contratual. Nas hipóteses especiais de sociedade com um único sócio, ter-se-á, como ato constitutivo, uma declaração unilateral de vontade.

7 TEORIAS CONTRATUALISTAS E ANTICONTRATUALISTAS

Mesmo quando a sociedade decorre de um acordo de vontades, lavra na doutrina forte controvérsia quanto à natureza do ato constitutivo, entendendo alguns que não se teria aí um contrato, mas sim um ato coletivo, de instituição ou corporativo, em virtude do qual as vontades se somariam de forma paralela, sem, portanto, se contraporem.

Com efeito, o contrato bilateral não se ajusta às características da sociedade, posto que nesta não ocorrem partes contrapostas, como no comum dos contratos. Na compra e venda, por exemplo, situam-se de um lado o comprador e, de outro, o vendedor. Ainda que sejam vários compradores e vários vendedores, os compradores estarão em um polo e os vendedores em outro. Igualmente no contrato de trabalho (patrões e empregados), na locação (locadores e locatários), no mútuo (mutuante e mutuário).

No contrato de sociedade não há essa contraposição. Ao invés, as partes se conjugam para um fim comum. Substituindo o sinalagma em que se cruzam os interesses, coloca-se a identidade de interesses, instrumentalizada na criação da sociedade.

Foi Tullio Ascarelli, com a teoria do contrato plurilateral, quem revitalizou a corrente contratualista. Demonstrou o insigne mestre que, além dos contratos bilaterais ou de permuta, existem os contratos plurilaterais, nos quais, em lugar da necessária contraposição de dois polos, várias podem ser as partes, todas dirigidas para uma finalidade comum. Verdadeiros contratos de organização, apresentam sempre uma função instrumental, não terminando com o cumprimento das obrigações básicas das partes, antes constituindo estas a premissa de uma atividade ulterior.

A existência de vários polos permite que o vício de uma das adesões não comprometa o contrato como um todo. Essa circunstância significa ainda que o contrato se mantém aberto, de modo a viabilizar novas adesões ou desistências.

Algumas regras gerais dos contratos, como a *exceptio inadimpleti contractus,* não se aplicariam, uma vez que a pluralidade desloca soluções que apenas condizem com a bilateralidade.

A doutrina do contrato plurilateral desfruta atualmente de uma posição dominante.[4]

8   A PESSOA JURÍDICA

Até a promulgação do Código Civil de 1916 discutia-se quanto à personificação das sociedades, havendo ponderáveis correntes que adotavam a teoria da comunhão.[5]

O Código Civil de 1916 encerrou a controvérsia ao estabelecer que eram pessoas jurídicas de direito privado as sociedades mercantis, as sociedades civis e as associações. O atual Código Civil, ao reproduzir a regra, declarou (art. 44) que são pessoas jurídicas as associações (inciso I) e as sociedades (inciso II).

O conceito de pessoa jurídica foi construído à imagem e semelhança do conceito de pessoa física. Ambas são sujeitos de direitos e obrigações, atuando na ordem jurídica. Os sócios, ao constituírem a sociedade, transferem-lhe bens que passam a compor o patrimônio social. Se entre estes existirem imóveis, registra-se o instrumento no Registro de Imóveis, a fim de que a transmissão se opere.

Com o exercício de sua atividade, a sociedade realizará negócios nos quais auferirá lucros ou sofrerá prejuízos, com a consequente ampliação ou redução do próprio patrimônio. Esse patrimônio não se confunde com o dos sócios. Nenhuma dívida da sociedade poderá ser cobrada do sócio ou vice-versa. Descabe, outrossim, a compensação de crédito da sociedade com dívida de sócio. Mesmo o sócio de responsabilidade ilimitada, quando, no caso de insolvência da sociedade, é chamado a responder pelas obrigações sociais, a sua condição será semelhante à do fiador, que responde por terceiro, com este não se confundindo.

Além de direitos, obrigações e patrimônio, conta ainda a sociedade com uma nacionalidade (brasileira, argentina, francesa), um domicílio (Rua da Alfândega, 18, Rio de Janeiro, por exemplo), um nome (Siqueiros & Cia., por exemplo), envolvendo-se até mesmo em relações de família, uma vez que pode dispor de sociedades mães (*holdings*) e de sociedades filhas (subsidiárias). Nascem com a constituição e morrem com a liquidação.

As sociedades manifestam a sua vontade por meio de órgãos deliberativos e administrativos.

Há os que veem na pessoa jurídica uma mera ficção, enquanto outros a consideram um fenômeno real.[6]

---

[4]   Sobre o contrato plurilateral, confira Tullio Ascarelli (1969, p. 255 a 312).

[5]   Sobre a noção de pessoa no direito romano, confira-se M. Ortolan (1947, p. 21 e segs.).

[6]   Sobre o tema, Walter T. Álvares (1969, v. I, p. 260); Clóvis Beviláqua (1966, p. 128); José Tavares (1924, p. 147).

A posição realista é hoje dominante, uma vez que a existência da sociedade como ente jurídico distinto dos sócios e com vontade própria, às vezes diversa da daqueles isoladamente, afigura-se inquestionável.[7]

A sociedade é dotada de personalidade jurídica tal como o homem o é.[8] Uma distinção fundamental deve, porém, estar sempre presente: enquanto o homem é um fim em si (Kant), a sociedade é um instrumento do homem, ao qual deve servir.

Do próprio conceito de pessoa jurídica dimana a autonomia patrimonial da sociedade que, sendo um sujeito de direito, mantém um patrimônio separado e inconfundível com o de seus sócios ou acionistas, conforme entendimento que remonta à Idade Média. O art. 49-A do Código Civil, a este acrescentado pela Lei nº 13.874/2019, como que enfatizando o óbvio, a fim de que esse óbvio não seja negligenciado pelos aplicadores do direito, proclama que "a pessoa jurídica não se confunde com os seus sócios, associados, instituidores ou administradores" e, na sequência dessa declaração, e já agora num esforço de natureza didática, ainda enuncia (parágrafo único) que "a autonomia patrimonial das pessoas jurídicas é um instrumento lícito de alocação e segregação de riscos" destinado a estimular o empreendedorismo e também a geração de empregos, tributos, renda e inovação em benefício de todos.

Embora, segundo o Código Civil, as sociedades só adquiram personalidade com a inscrição no registro próprio (art. 985),[9] na verdade adquirem-na com a sua constituição, tanto que terceiros podem provar a existência da sociedade não inscrita

---

[7] Vivante situou-se na posição realista: "La società è quindi una persona giuridica che ha un contenuto reale, cioè una volontà propria organizzata a difesa del proprio scopo. La legge la riconosce ma non la crea. La legge riconosce come soggetto di diritto un ente che già esiste nella realtà" (1906, p. 4). Igualmente Georges Ripert: "Pendant longtemps, on a considéré la personnalité morale comme une personnalité fictive. Les êtres humains étant seuls des personnes, pour donner aux groupements les droits reconnus aux personnes, le législateur les a dotés de la personnalité. Ce fut le moyen de prétendre que cette personnalité était concédée par la loi, ce qui permettait de la refuser aux groupements que le législateur ne voulait pas reconnaitre. – Contre cette théorie, a été défendue la conception de la personnalité réelle; tout groupement susceptible d'avoir une volonté propre ou de manifester une activité distincte est un sujet de droit qui a une personnalité; la personnalité n'est pas concédée, elle est attachée à l'existence du groupement" (1948, p. 232).

[8] Pilar Blanco-Morales Limones, em monografia sobre a "transferência internacional de sede social", desenvolve importantes considerações a respeito da mudança de regime jurídico a que se sujeita a sociedade que muda a sua sede de um país para outro. A sociedade, ao passar de uma ordem jurídica para outra, não perde a sua individualidade, nem tampouco o seu passado, com os direitos e obrigações que dele decorrem. "El Estado sólo puede limitarse a reconocer lo ya existente. Por ello, se al Estado sólo incumbe una función 'declarativa' análoga a la que tiene en relación con las personas físicas, es concebible que la sociedad, como realidad preexistente, y sin perder el sustrato de dicha realidad, cambie de estatuto personal lo mismo que las personas físicas cambian de nacionalidad" (1997, p. 27).

[9] Ver seções 4.6 e 81.3.

(art. 987). Não poderão, todavia, funcionar, isto é, exercer o seu objeto, sem que os atos constitutivos estejam inscritos[10] e, se sociedade anônima, também publicados.

9   A DESCONSIDERAÇÃO DA PERSONALIDADE JURÍDICA

No direito brasileiro, todas as sociedades têm personalidade distinta da dos sócios.

Todavia, a personalidade jurídica não deve constituir uma couraça acobertadora de situações antijurídicas. Aos sócios ou acionistas não será dado utilizar a pessoa jurídica como instrumento de desígnios pessoais estranhos à destinação do instituto.[11]

Pela doutrina da desconsideração da personalidade jurídica, surgida na Inglaterra e desenvolvida nos Estados Unidos e na Alemanha, uma vez caracterizada a utilização abusiva da forma societária, com prejuízo para terceiros, desconsidera-se a personalidade jurídica, alcançando-se os sócios ou acionistas.[12] Nos Estados Unidos e no Reino Unido, os tribunais têm demonstrado autocontenção na aplicação da

---

[10]   Essa nomenclatura (arquivamento, inscrição, registro) refere-se, na verdade, ao mesmo procedimento, posto que, com o arquivamento, a sociedade é considerada registrada, ganhando um número de inscrição (NIRE).

[11]   "The advantages of the corporate form as a mechanism for shielding those who run or own a business from personal financial exposure are outlined. The shielding effect of the corporate form supports business innovation because it provides room for the kind of risk-taking that is often needed to get new ventures off the ground. At the same time, however, the fact that the operators of a business in corporate form do not shoulder all of the financial exposure is potentially problematic because it means that they may be tempted into excessive risk-taking, which if it is unsuccessful and the business fails, will result in creditors of the company being left with worthless claims. In its ability to allow the operators of a business to benefit fully from its success but not to absorb the full costs of its failure, the corporate form thus contains a deeply-embedded moral hazard problem. The policy challenge, therefore, is to strike a sensible balance between encouraging entrepreneurial risk-taking and preventing reckless or abusive conduct" (Principles of Corporate Finance Law. Eilís Ferran. Oxford University Press 2014. Published 2014 by Oxford University Press.).

[12]   O primeiro caso *(leading case)* em que se cogitou da teoria da desconsideração, embora sem aplicá-la, ocorreu na Inglaterra, em 1897 (Salomon v. Salomon & Co. Ltd.). M.C. Oliver e E A. Marshall, comentando esse caso, afirmam: "This famous case established beyond all doubt the existence of the *veil of incorporation, i. e*. the legal personality of the corporation through which the identity of the members cannot be perceived." E acrescentam: "The principle of the separate legal personality of the company is not, however, without its exceptions. Both at common law and under the provisions of the Act there are instances of the veil being lifted, so that the identity of the members can be seen, not through a glass darkly, but face to face." Em seguida, apresentam alguns casos em que a personalidade jurídica foi desconsiderada sob os seguintes argumentos: "The new Company was a mere channel, a mere cloak or sham for the purpose of enabling the former managing director to commit a breach of the covenant. [...] "The defendant company is the creature of the first defendant, a device and a sham, a mask which he holds before his face in an attempt to avoid recognition by the eye of equity. [...] "The compulsory acquisition would not be

teoria da desconsideração, na medida em que uma aplicação generalizada da teoria poderia impactar a economia de seus países.[13]

A teoria da desconsideração da personalidade jurídica seria aplicável sempre que, por má-fé, dolo ou atitude temerária, a sociedade estivesse sendo empregada não para o exercício regular de suas atividades, mas para os desvios ou a aventura de seus titulares.

Não tem essa doutrina, portanto, o alcance de anular a personalidade jurídica, mas o de afastá-la em situações específicas, nas quais, com efeito, não tenha agido a sociedade segundo seus interesses, mas os sócios, que a manipularam como instrumento de pretensões pessoais.[14]

---

allowed because the section was being abused for the purpose of enabling the majority shareholders in the first company to evict the minority shareholder" (1991, p. 16 a 18).

13 "One matter that is clear so far as the UK is concerned is that the courts do not have a discretionary power to lift the veil in the interests of justice. Judicial veil piercing is a 'fall-back' principle with limited application, which has been developed pragmatically for the purpose of providing a practical solution in particular factual circumstances where all other more conventional remedies have proved to be of no assistance. Recent authorities have described the circumstances in which judicial veil piercing is possible in very narrow terms, as being triggered by the misuse of the company structure by its controllers in order to immunize themselves from liability for wrongdoing outside the company. The following principles have been outlined: 1. Ownership and control of a company are not of themselves sufficient to justify piercing the veil; 2. The court cannot pierce the veil, even when no unconnected third party is involved, merely because it is perceived that to do so is necessary in the interests of justice; 3. The corporate veil can only be pierced when there is some impropriety; 4. The company's involvement in an impropriety will not by itself justify a piercing of its veil: the impropriety must be linked to use of the company structure to avoid or conceal liability; 5. If the court is to pierce the veil, it is necessary to show both control of the company by the wrongdoer and impropriety in the sense of a misuse of the company as a device or facade to conceal wrongdoing; 6. A company can be a facade for such purposes even though not incorporated with deceptive intent" (Principles of Corporate Finance Law. Eilís Ferran. © Oxford University Press 2014. Published 2014 by Oxford University Press., p. 14).

14 Lamartine Corrêa de Oliveira, que foi quem mais aprofundou o tema na doutrina brasileira, pronunciou-se, de forma lapidar, ao aduzir: "Os problemas ditos de *desconsideração* envolvem frequentemente um problema de imputação. O que importa basicamente é a verificação da resposta adequada à seguinte pergunta: no caso em exame, foi realmente a pessoa jurídica que agiu, ou foi ela mero instrumento nas mãos de outras pessoas, físicas ou jurídicas? É exatamente porque nossa conclusão quanto à essência da pessoa jurídica se dirige a uma postura de realismo moderado – repudiados os normativismos, os ficcionismos, os nominalismos – que essa pergunta tem sentido. Se é em verdade uma outra pessoa que está a agir, utilizando a pessoa jurídica como escudo, e se é essa utilização da pessoa jurídica, fora de sua função, que está tornando possível o resultado contrário à lei, ao contrato, ou às coordenadas axiológicas fundamentais da ordem jurídica (bons costumes, ordem pública), é necessário fazer com que a imputação se faça com o predomínio da realidade sobre a aparência" (1979, p. 613).

A sociedade, ainda que unipessoal, deve representar um foco de interesses – o interesse da empresa. Desvirtuada essa destinação, frustra-se a base teleológica do instituto – quebra-se a personalidade jurídica, de modo a permitir penetrá-la e responsabilizar o sócio.

Deve-se, porém, reservar essa doutrina para situações excepcionais.[15] Todavia, alguns juízes e tribunais têm aplicado, com muita largueza, e sem qualquer rigor técnico, a teoria da "desconsideração".

A regra que decorre da personalização é a da absoluta separação dos patrimônios, somente se admitindo superá-la quando haja ruptura manifesta entre a realidade e a forma jurídica. Atinge-se o sócio ou administrador porque a atuação foi dele e não da sociedade – simples anteparo; o ato foi ditado pelo interesse do sócio e não pelo da sociedade, que era distinto.[16]

---

[15] Um exemplo da aplicação adequada do instituto, ainda em seus primórdios, pode ser encontrado em decisão do Tribunal de Justiça do Rio de Janeiro que, ao julgar a Apelação Cível nº 3.072/86, por sua Primeira Câmara Cível, não aplicou a teoria da desconsideração, e, ao assim proceder, agiu com estrito rigor técnico, conforme se pode observar da ementa a seguir: "Liquidação extrajudicial de instituição financeira. Empresa *holding*. Empresas subsidiárias. Compensação de direitos. *Disregard doctrine*. Compensação. Teoria da Desconsideração da Personalidade Jurídica. *Disregard of Legal Entity*. Não há falar-se em qualquer fraude a credores, só pelo fato de uma das empresas deter o controle acionário da outra. Existem credores de uma empresa e devedores da outra, sem possibilidade de compensação, a teor do artigo 1.009 do Código Civil, sendo inaplicável a Teoria da Desconsideração da Personalidade" (publicada a ementa no *Diário Oficial do RJ*, parte III, dia 21.4.1988, p. 102).

[16] Hoje vão se tornando comuns entre nós as chamadas "sociedades de propósitos específicos" ou "S.P.E.", também chamadas "sociedades de objeto único", as quais se inspiram no modelo norte-americano da "S.P.C." (*Special Purpose Company*). Essas empresas, embora criadas sob a forma de sociedade comercial, basicamente sociedades anônimas, não são, substancialmente, sociedades. A sociedade encontra-se dotada de personalidade jurídica pela simples razão de ser um sujeito de direito. O fenômeno jurídico que informa a existência da sociedade polariza-se no foco de interesses representado pela própria sociedade. A autonomia patrimonial e jurídica que caracteriza a sociedade apoia-se no conceito de patrimônio separado e na consequente configuração de um interesse jurídico diferenciado, que não é senão o interesse da própria sociedade. A sociedade mantém interesses próprios e inconfundíveis, totalmente distintos dos interesses dos sócios individualmente, e é sobre essa esfera subjetiva particularizada que se constrói a teoria da personalidade jurídica. A desconsideração ocorre exatamente quando a personalidade jurídica é desvirtuada, deixando de tutelar a sociedade a que corresponde para servir de anteparo à atuação de terceiros, especialmente acionistas controladores. É o abuso de forma, que leva à imputação da responsabilidade àquele que utilizou a sociedade como mero instrumento de seus interesses. A S.P.C. ou S.P.E. corresponde, em linha de princípio, a uma hipótese típica de desconsideração da personalidade jurídica, tanto que essas empresas, quando são constituídas, o são, em regra, única e exclusivamente, para desenvolver uma ação ou um projeto de interesse exclusivo de seu controlador. A S.P.E., normalmente, não tem interesse próprio, não cumpre um objeto social próprio, não se destina a desenvolver uma vida social. Trata-se do que

Esse aspecto subjetivo da responsabilidade é a pedra de toque da teoria da desconsideração – atinge-se o administrador, controlador ou sócio que, de alguma maneira, abusou da personalidade jurídica, nela se escudando para cometer atos contrários "às coordenadas axiológicas da ordem jurídica".

Os desvios que vêm sendo observados no Brasil, no sentido de estender a desconsideração a situações inteiramente estranhas aos princípios que a informam nos países onde foi concebida,[17] até mesmo atribuindo-lhe conotações objetivas, não se coadunam com o disposto no Código Civil, que, ao tratar da matéria (redação decorrente da Lei nº 13.874/2019), assim disciplinou o instituto:

> Art. 50. Em caso de abuso da personalidade jurídica, caracterizado pelo desvio de finalidade, ou pela confusão patrimonial, pode o juiz, a requerimento da parte,

---

se poderia chamar uma sociedade ancilar, mero instrumento de sua controladora. A rigor, essas sociedades nascem para prestar um serviço a sua controladora, para cumprir uma simples etapa de um projeto, ou até mesmo para desenvolver um projeto da controladora. Normalmente, cumprido esse projeto, o seu destino é a liquidação. Nascem, geralmente, já marcadas para morrer. São nada mais nada menos do que uma sociedade escrava, sem vida própria, e sem qualquer interesse particular capaz de justificá-la como empresa. Trata-se, com efeito, de um projeto da controladora a que se conferiu a forma jurídica de sociedade. Pode-se, todavia, entender que, se a S.P.E. cumpre todas as suas obrigações e não vem a causar dano a ninguém, não haveria qualquer contraindicação jurídica na sua formulação. Verificando-se, porém, a insolvência ou a inadimplência da S.P.E., a desconsideração da personalidade jurídica seria a consequência inevitável, posto que todas as obrigações seriam, por si mesmas, imputáveis à controladora.

Observe-se que até mesmo quando a lei exige, para determinados fins, a criação de uma S.P.E., o objetivo é a proteção de determinados interesses (de eventuais credores ou da própria atividade), jamais a liberação do controlador.

O Código Civil (parágrafo único do art. 981), ao se referir à possibilidade de a sociedade poder restringir a sua atividade "à realização de um ou mais negócios determinados", não altera as observações aqui desenvolvidas. A constituição de uma S.P.E. não configura, em si mesma, uma impropriedade. A S.P.E. pode ser legitimamente constituída, e como tal operar, nos termos, inclusive, do que se encontra previsto no Código Civil. O que não se pode nem se deve é usar a S.P.E. para elidir responsabilidades, criando-se, através dela (uso abusivo da personalidade jurídica), um instrumento destinado a mascarar a atuação do controlador, especialmente quando este é uma pessoa jurídica.

[17] Na Inglaterra, que foi onde primeiro se cogitou da desconsideração, a sua aplicação continua sendo parcimoniosa e excepcional, como reafirmado em decisão da UK Supreme Court, adotada em 12 de junho de 2013, na qual se afirma: "it would be contrary to prior authorities and established principles of English law to extend the circumstances in which the corporate veil should be pierced. [...] in order to pierce the corporate veil, 'it is necessary to show both control of the company by the wrongdoer(s) and impropriety, that is, (mis)use of the company by them as a device or façade to conceal their wrongdoing [...] at the time of the relevant transaction(s)'. Hence, the court cannot, and should not, pierce the corporate veil merely because it is thought to be necessary in the interests of justice (*Business Law International*, p. 296, Sept. 2013).

ou do Ministério Público quando lhe couber intervir no processo, desconsiderá-la para que os efeitos de certas e determinadas relações de obrigações sejam estendidos aos bens particulares de administradores ou de sócios da pessoa jurídica beneficiados direta ou indiretamente pelo abuso.

Esse requisito final do art. 50, que decorre da Lei nº 13.874/2019, e que restringe a desconsideração a sócios ou administradores "beneficiados direta ou indiretamente pelo abuso", não se afigura pertinente, pois a desconsideração, em certos casos, poderia decorrer da temeridade ou irresponsabilidade de sócios ou administradores que, mesmo não tendo se beneficiado, tenham causado, com a sua incúria, danos consideráveis aos credores da sociedade. Não se trataria, evidentemente, de penalizar a audácia normal do empreendedor, que é própria do mundo do comércio, mas, em vez disso, de punir a temeridade e a irresponsabilidade pura e simples, as quais não são compatíveis com os deveres normais dos sócios ou administradores. De qualquer sorte, tem-se, com essa redação, uma condição que, ao procurar limitar os exageros que costumam ocorrer em matéria de desconsideração, introduz, no entanto, um requisito que dificulta a aplicação do instituto a casos em que o abuso seja evidente, muito embora inexista um benefício direto ou indireto para o sócio ou administrador responsável pelo desvio.

Além do mais, a prova do "benefício" nem sempre será possível, pois, se indireto, dificilmente será detectável. Essa condição, por outro lado, extrapola os pressupostos clássicos da desconsideração, que são o desvio de finalidade ou a confusão patrimonial.

Observa-se, ainda, que a mesma Lei nº 13.874/2019 acrescentou vários parágrafos ao art. 50, a fim de declarar: (a) que o desvio de finalidade corresponda ao "propósito de lesar credores" e à "prática de atos ilícitos" (§ 1º); (b) que a "confusão patrimonial" corresponda ao cumprimento repetitivo pela sociedade de obrigação do sócio ou administrador ou vice-versa, assim como a transferência de ativos sem contraprestação e outros atos de descumprimento da autonomia patrimonial, com o que abre efetivamente o conceito (§ 2º); (c) que a desconsideração também se aplica de forma inversa (desconsideração inversa), a fim de responsabilizar a sociedade, desde que presentes os requisitos próprios, por obrigação de seus sócios ou administradores (§ 3º); (d) que a simples existência de grupo econômico não autoriza, por si só, a desconsideração da personalidade jurídica[18] (§ 4º); (e) que a expansão ou alteração da finalidade original da pessoa

---

[18] A respeito do tema, vide REsp 1.897.356/RJ (2016/0321995-4), cuja ementa dispõe que: "2. O tipo de relação comercial ou societária travada entre as empresas, ou mesmo a existência de grupo econômico, por si só, não é suficiente para ensejar a desconsideração da personalidade jurídica. (...) 4. Para ensejar a desconsideração da personalidade e a extensão da falência, seria necessário demonstrar quais medidas ou ingerências, em concreto, foram

jurídica (mudança de objeto) não constitui desvio de finalidade (essa última ressalva apenas explicita o óbvio).

O legislador condiciona, portanto, a desconsideração da personalidade jurídica ao seu uso abusivo, sendo, portanto, pressuposto do comprometimento dos bens particulares dos sócios ou administradores a demonstração de que a sociedade estava sendo desviada de seus próprios fins e interesses, ou que o patrimônio social era objeto de promíscua confusão com os bens de sócios ou administradores.[19] A desconsideração atingirá então os bens particulares dos sócios ou administradores que, além de serem os responsáveis pelo desvio de finalidade ou pela confusão patrimonial, tenham, com a sua ação, obtido um benefício pessoal direto ou indireto.

9.1   As distorções resultantes do CDC e outras leis

Cabe recordar que a teoria da desconsideração da personalidade jurídica, embora concebida no final do século XIX, era completamente desconhecida no Brasil até a década de 1960, quando Rubens Requião, através de conferências e artigos, passou a divulgá-la amplamente. A partir de então, vários outros autores dela cogitaram, e alguns juízes, de forma moderada e excepcional, como recomendava o instituto, passaram a aplicá-la em situações em que os pressupostos clássicos de desconsideração (abuso da personalidade jurídica, confusão patrimonial, desvio de finalidade) achavam-se presentes.

Em 1990, o Código de Defesa do Consumidor (Lei nº 8.078/1990) opera, todavia, uma enorme confusão nessa matéria, pois manda aplicar (art. 28) a desconsideração da personalidade jurídica quando houver: abuso de direito, excesso de poder, infração da lei, fato ou ato ilícito, violação do estatuto ou contrato, falência, estado de insolvência, encerramento ou inatividade, grupo societário e consórcio. E, para arrematar, enuncia que a personalidade será desconsiderada sempre que possa representar um obstáculo ao ressarcimento do credor. Ou seja, o CDC, além de misturar vários institutos (teorias da desconsideração, do abuso de poder, da solidariedade e da responsabilidade pessoal dos administradores por atos contrários à lei ou aos estatutos) ainda decretou, com vistas ao interesse do consumidor, o fim da teoria da personalidade jurídica. Nessa mesma esteira, colocou-se, em 1994, a

---

capazes de transferir recursos de uma empresa para outra, ou demonstrar o desvio da finalidade natural da empresa prejudicada".

[19]   As Supremas Cortes da Suécia e da Finlândia tiveram a oportunidade de aplicar, em decisões pioneiras, a teoria da desconsideração, mas, ao fazê-lo, destacaram a sua excepcionalidade, assim como as seguintes circunstâncias, que foram decisivas para a sua aplicação: "limited liability company was used in an artificial and reprehensive way"; "the corporate form has been abused in order to avoide liability"; "the concept [of piercing the corporate veil] is only available in excepcional and crearly malicious arrangments" (*Business Law International*, p. 253-258, set. 2016).

Lei do CADE (defesa da concorrência – Lei nº 8.884/1994[20]), que adotou norma semelhante, situação que se repete em 1998, com a Lei nº 9.605/1998, que regula as sanções relativas à proteção do meio ambiente.

A partir do CDC, e com as demais leis que a ele se alinharam, vários magistrados, especialmente os juízes trabalhistas, passaram a aplicar essas disposições de forma indiscriminada e abrangente, em todas as áreas, como se não mais vigorasse entre nós a teoria da personalidade jurídica.

No âmbito trabalhista, independentemente da desconsideração da personalidade jurídica, vigorava, ainda, por força do conceito trabalhista de grupo econômico (art. 2º da CLT), a ampla responsabilização solidária de todas as empresas integrantes do grupo. A Lei nº 13.467/2017 acrescentou, todavia, um § 3º ao referido art. 2º, de modo a preceituar que a mera identidade de sócios não define o grupo econômico, o qual, para efeitos trabalhistas, apenas se configura quando houver "interesse integrado, a efetiva comunhão de interesses e a atuação conjunta das empresas dele integrantes". Com essas limitações, restringe-se, por um lado, a extensão indevida da responsabilidade a empresas que, embora do mesmo grupo, atuam de forma independente, permitindo-se, porém, por outro lado, alcançar empresas que são meros disfarces da empresa devedora.

Com relação à justiça comum, em que muitos julgados também passaram a acolher indiscriminadamente essas regras, a reação do STJ fez-se, porém, presente, mediante a proclamação de que a personalidade somente poderia ser desconsiderada em casos excepcionais, nos quais o abuso da personalidade jurídica tivesse ficado perfeitamente caracterizado, atingindo-se apenas os que tivessem pessoalmente contribuído para a materialização do abuso. Ao decidir, em acórdão unânime, o REsp 1.784.032-SP, em 03.04.2019, o STJ teve a oportunidade de afirmar: "A desconsideração da personalidade jurídica não é, portanto, via cabível para promover a inclusão dos sócios em demanda judicial, da qual a sociedade era parte legítima, sendo medida excepcional para os casos em que verificada a utilização abusiva da pessoa jurídica".

De qualquer sorte, com o Código Civil de 2002, que regulou a matéria de forma abrangente (art. 50), todas as leis anteriores que trataram da desconsideração da personalidade jurídica (CDC e outras) encontram-se, nesse particular, definitivamente derrogadas. Na hipótese, não se aplicaria o preceito clássico segundo o qual a lei geral não revoga a especial, primeiro porque, como lembra Carlos Maximiliano, sempre que a nova lei cria um sistema completo e abrangente, revogam-se todas as disposições em contrário.[21]

---

[20] Regra repetida na nova Lei do CADE, no art. 34 da Lei nº 12.529/2011.

[21] Além do mais, nenhuma lei pode afastar, de forma pura e simples, a teoria da personalidade jurídica, sob pena de afrontar princípios e regras constitucionais, conforme já teve oportunidade de decidir o Supremo Tribunal Federal, ao apreciar o RE 562276/

Pode-se, portanto, afirmar que a teoria da desconsideração da personalidade jurídica tem, no Brasil, uma regulamentação única, a do art. 50 do Código Civil, que consagra os pressupostos clássicos do instituto: o desvio de finalidade ou a confusão patrimonial, ambos fundados no abuso da personalidade jurídica.

Com isso, inclusive, deveria ficar afastado o espectro de uma aplicação indiscriminada do instituto, que vem trazendo muitas incertezas ao próprio desenvolvimento do mundo dos negócios, cujo pressuposto é a delimitação do risco.

Convém, pois, recuperar, nessa matéria, o ponto de equilíbrio, a fim de que apenas a utilização abusiva da personalidade jurídica seja sancionada com a aplicação da teoria da desconsideração.

A desconsideração, no comum dos casos, deverá atingir os controladores ou administradores da sociedade cuja personalidade foi desconsiderada (responsabilidade subjetiva daqueles que foram pessoalmente responsáveis pelo desvio de finalidade ou pela confusão patrimonial), mas poderá atingir também, e pelas mesmas razões, a sociedade controlada, que usou a controladora, de forma ilegítima, no seu interesse – desconsideração inversa –, esta devidamente positivada pelo § 3° do art. 50 do CC (parágrafo acrescentado pela Lei n° 13.874/2019).

9.2 O incidente de desconsideração da personalidade jurídica

O Código de Processo Civil vigente instituiu (art. 133) o procedimento intitulado "incidente de desconsideração da personalidade jurídica", que será instaurado sempre que requerido pela parte ou pelo Ministério Público, e desde que o pedido esteja estribado no pressuposto legal da desconsideração (§ 1°), que é o abuso da personalidade jurídica (art. 50 do CC), caracterizado pelo desvio de finalidade ou pela confusão patrimonial. Trata-se de procedimento com característica de norma geral de direito processual, sendo, portanto, aplicável a todo e qualquer processo, inclusive aos que forem regidos por leis especiais.[22]

PR, Rel. Min. Ellen Gracie, de cuja ementa consta o seguinte: "7. O art. 13 da Lei n° 8.620/1993 também se reveste de inconstitucionalidade material, porquanto não é dado ao legislador estabelecer confusão entre os patrimônios das pessoas física e jurídica, o que, além de impor desconsideração *ex lege* e objetiva da personalidade jurídica, descaracterizando as sociedades limitadas, implica irrazoabilidade e inibe a iniciativa privada, afrontando os arts. 5°, XIII, e 170, parágrafo único, da Constituição." Decisão datada de 03.11.2010.

[22] Lamentavelmente, o STJ tem se manifestado no sentido da não aplicação do incidente de desconsideração nas execuções fiscais. No AgInt no AgInt no REsp 2062586/SP, Relator Ministro Gurgel De Faria, Primeira Turma, Data do Julgamento 20/11/2023, restou consignado que de acordo com a orientação jurisprudencial do STJ, "[n]a **execução fiscal,** a ocorrência de algumas das hipóteses descritas nos arts. 134 e 135 do CTN autoriza o

Não alegados e demonstrados os pressupostos da desconsideração (art. 134, § 4°), a serem comprovados no incidente, o juiz indeferirá o requerimento.

A instauração do incidente passa a operar como condicionante da própria apreciação do pedido de desconsideração, salvo quando esse pedido constar da petição inicial, hipótese em que as pessoas indicadas como passíveis de sofrer os efeitos da desconsideração serão desde logo citadas (art. 133, § 2°, do CPC).

Ficou também explicitado que o incidente de desconsideração poderá ser instaurado em qualquer das fases do processo de conhecimento, durante o cumprimento de sentença e na execução de título extrajudicial (art. 134).

A disciplina do incidente afigura-se de extrema importância, uma vez que sistematiza a apuração dos fatos e dos argumentos destinados a comprovar o abuso da personalidade jurídica. Anteriormente, essa matéria vinha sendo tratada de forma verdadeiramente caótica e, como tal, propiciando, em muitos casos, decisões destituídas de qualquer fundamento fático ou jurídico.

O pedido de desconsideração constará da petição inicial ou de requerimento formulado, incidentalmente, ao longo do processo. Os interessados serão citados para se defenderem, formando-se, assim, um contraditório, no qual elementos probatórios específicos serão analisados e discutidos, de modo a permitir uma efetiva apreciação pelo juiz da existência ou não do alegado abuso da personalidade jurídica. Sem esse contraditório e a prova do abuso, não caberá ultrapassar o princípio da separação patrimonial, que é imanente à própria condição de pessoa jurídica.

A desconsideração inversa (art. 133, § 2°) observará o mesmo procedimento.

O incidente de desconsideração suspende o processo até ser resolvido por meio de decisão interlocutória que, quando proferida por relator, estará sujeita a agravo interno.

A adoção do incidente de desconsideração, no âmbito da Justiça do Trabalho, foi expressamente consagrada pela reforma trabalhista de 2017 (Lei n° 13.467/2017, que acrescentou, para esse fim, à CLT, o art. 855-A).

No que concerne à condenação em honorários advocatícios em incidente de desconsideração da personalidade jurídica, tem-se observado uma oscilação do posicionamento jurisprudencial do STJ. Depois de algumas decisões no sentido da não condenação em honorários advocatícios, o recente posicionamento da Terceira Turma do STJ, em decisão de uniformização, foi no sentido de que o indeferimento do pedido de desconsideração da personalidade jurídica, tendo como resultado a não inclusão de pessoa física ou jurídica no polo passivo da lide, enseja o arbitramento

---

redirecionamento do processo executivo, sem a necessidade de instauração do **incidente de desconsideração da personalidade jurídica**".

de honorários de sucumbência em favor do advogado daquele que foi indevidamente chamado a litigar em juízo.[23]

---

[23] "Agravo interno no agravo em recurso especial. Processual civil. **Desconsideração da personalidade jurídica**. Natureza jurídica de demanda incidental. Litigiosidade. Existência. Improcedência do pedido. **Honorários advocatícios** de sucumbência. Fixação. Cabimento. Precedentes da terceira turma do STJ. Multas previstas nos arts. 81 e 1.021, § 4°, do CPC/2015. Inaplicabilidade. Agravo interno desprovido. 1. O recente posicionamento da Terceira Turma deste Tribunal de Uniformização é no sentido de que o indeferimento do pedido de **desconsideração da personalidade** jurídica, tendo como resultado a não inclusão da pessoa física ou jurídica no polo passivo da lide, enseja o arbitramento de **honorários** de sucumbência em favor do causídico daquele que foi indevidamente chamado a litigar em juízo. 2. Esta Casa tem entendido que o mero não conhecimento ou a improcedência do agravo interno não enseja a necessária imposição da multa prevista no art. 1.021, § 4°, do CPC/2015, tornando-se imperioso para tal que seja nítido o descabimento do recurso, o que não se verifica no presente caso. 3. Não se nota intuito meramente protelatório ou evidente má-fé da insurgente, a ensejar a aplicação da multa prevista no art. 81 do CPC/2015. 4. Agravo interno desprovido" (AgInt no AREsp 2.631.644/SP, 2024/0163822-9).

III

O SÓCIO

10. A posição do sócio perante a sociedade; **11.** Direitos e deveres do sócio; **12.** A cota social; **12.1.** Participação recíproca; **13.** Sócio menor; **14.** Sociedade entre marido e mulher; **15.** Sócio pessoa jurídica; **16.** Sociedade subsidiária e sociedade *holding*; **16.1.** Coligadas e controladas; **17.** Sociedade unipessoal; **17.1.** Empresa individual de responsabilidade limitada; **17.2.** Sociedade unipessoal de advocacia/sociedade de advogados; **17.3.** Outros arranjos societários especiais; **17.3.1.** Empresa simples de crédito; **17.3.2.** Sociedade de garantia solidária e sociedade de contragarantia; **17.3.3.** Sociedade anônima de futebol.

10 A POSIÇÃO DO SÓCIO PERANTE A SOCIEDADE

Entre o sócio e a sociedade há uma relação de participação.

Os bens da sociedade integram o cabedal da própria pessoa jurídica, não cabendo ao sócio parcela ou fração ideal desse patrimônio.

Os sócios recebem cotas ou ações da sociedade, que representam frações do capital social. Essas cotas passam a integrar o patrimônio do sócio.

As cotas são para o sócio a contrapartida dos bens transmitidos à sociedade.

Sendo titular de cotas sociais e, por conseguinte, participante da sociedade, o sócio mantém em relação a esta direitos e deveres.

11 DIREITOS E DEVERES DO SÓCIO

Os deveres e direitos do sócio podem ser examinados de uma forma genérica, conforme se procederá agora, ou de uma forma particularizada, hipótese em que se considerará cada tipo de sociedade.

O dever básico e fundamental do sócio em relação à sociedade é o de integralizar suas cotas. O sócio inadimplente poderá ser executado judicialmente, respondendo pelo dano emergente da mora (art. 1.004), sem prejuízo de sua exclusão da sociedade, por deliberação da maioria dos demais sócios (art. 1.004, parágrafo único).

Se as datas de integralização estiverem expressamente definidas, a mora decorrerá do próprio vencimento da obrigação (art. 1.004, combinado com os arts. 394 e 397, do Código Civil). Não estando prefixada a data da integralização, a mora ocorrerá no prazo de 30 dias da notificação que for dirigida ao sócio (art. 1.004, parte final, combinado o art. 397, parágrafo único, do Código Civil).

Da mora resulta a obrigação de indenizar os prejuízos emergentes, bem como juros, atualização monetária e honorários de advogado (art. 395).

Divergia a jurisprudência a respeito de qual seria a taxa de juros legais, se seria a SELIC ou 1% ao mês. Visando pôr fim a essa divergência, a Lei nº 14.905/2024 modificou alguns dispositivos do Código Civil, definindo que, quando os juros de mora não forem convencionados, ou quando o forem sem taxa estipulada, ou quando provierem de determinação da lei, os juros serão fixados de acordo com a taxa legal (art. 406 do Código Civil). A taxa legal, por sua vez, corresponderá à Selic, deduzindo-se desta o índice de atualização monetária definido pelo IPCA (art. 406, § 1º c/c art. 389, parágrafo único, ambos do Código Civil). Vale frisar ainda que, caso a taxa legal apresente resultado negativo, este será considerado igual a 0 (zero) para efeito de cálculo dos juros no período de referência. Encerram-se, assim, as grandes controvérsias que medraram nessa matéria.

O contrato social poderá estabelecer outros deveres para o sócio, cumprindo lembrar que, independentemente de previsão contratual, há um dever – o dever de lealdade – que, embora difuso, estará tanto mais presente quanto maior for o grau de identificação do sócio com a vida social.

Quanto aos direitos dos sócios, deve-se destacar o de participar dos lucros sociais, sendo mesmo considerada nula a cláusula que exclua algum sócio dessa participação (art. 1.008). No silêncio do contrato, essa participação é proporcional ao capital de cada sócio (art. 1.007).

O contrato poderá estabelecer participação nos lucros distinta da participação no capital (art. 1.007), mas deverá pautar-se em limites razoáveis e até contratualmente justificados, a fim de não resvalar para uma zona fronteiriça da situação de nulidade configurada no já referido art. 1.008.[1]

---

[1] Nas sociedades em geral, ressalvado o caso do sócio de serviço na sociedade simples, essa matéria (distribuição de lucros) encontra-se correlacionada à participação no capital, uma vez que o sócio, em linha de princípio, apenas se obriga a integralizar o capital que subscreveu, não lhe sendo exigível, simplesmente por ser sócio, qualquer prestação de serviços à sociedade. Hoje, todavia, vão proliferando as sociedades profissionais, também chamadas uniprofissionais, nas quais se aglutinam profissionais de uma mesma área, para a prestação conjunta ou coordenada de serviços. Nesses casos, o que avulta não é o capital, mas sim a prestação de serviços a ser desenvolvida por cada sócio. No Brasil, não dispomos de uma legislação integrada sobre a matéria. Em relação aos profissionais do direito, a Lei

Têm ainda os sócios o direito de voto nas deliberações sociais, importando para tanto o valor das cotas de cada um.

Além do direito de participar dos lucros e do direito de voto, têm os sócios o direito de fiscalização e o direito a uma cota-parte do acervo social, este no caso de liquidação.

O direito de fiscalização (arts. 1.020 e 1.021 do Código Civil) é bastante amplo, podendo qualquer dos sócios, independentemente do nível de sua participação no capital social, ter acesso a todos os livros e documentos da sociedade; essa faculdade será exercida a todo tempo, salvo se o contrato estabelecer épocas predeterminadas para o exame. Essas regras, que se encontram no "capítulo" sobre sociedades simples, aplicam-se subsidiariamente a todas as sociedades, com exceção da anônima, que mantém para tanto uma disciplina própria.[2]

A liquidação da sociedade representa a sua extinção. Os sócios funcionam como se fossem herdeiros da sociedade. Assim é que, uma vez pagos os credores, o acervo restante é partilhado entre os sócios na proporção de sua participação no capital ou conforme for determinado no contrato, observado o que se afirmou em relação à distribuição dos lucros.

12   A COTA SOCIAL

A cota social representa uma fração do capital social e, em consequência, uma posição de direitos e deveres perante a sociedade.

Ainda que controvertida a sua natureza, pode-se afirmar tratar-se de um bem classificável, para os efeitos legais, como móvel,[3] integrando a categoria dos bens incorpóreos (art. 83, inciso III, do Código Civil).

As cotas, portanto, funcionam como objeto do direito de propriedade. Os cotistas detêm a sua propriedade.

---

nº 8.906/1994 (Estatuto da Advocacia) contém algumas disposições que, combinadas com a legislação da sociedade simples, permitem organizar uma sociedade cujos resultados se distribuam em função do trabalho e não do capital (sobre o tema, remete-se o leitor ao nosso *Temas de direito comercial*, Editora Renovar, 2007, p. 59). Em outras áreas profissionais, o modelo adotado para os advogados poderia, por analogia, ser aplicado, não obstante as resistências e dúvidas que a matéria costuma suscitar. Ressalte-se, outrossim, que alguns países já regulamentaram, em termos gerais, essa matéria, como é o caso da Espanha, que o fez através da *Ley* nº 2, de 15 de maio de 2007 (conf. PONT; SANZ, 2009, p. 628). Sobre as sociedades profissionais, consultar também a importante coletânea organizada por Belén Trigo García e Javier Framiñán Santas (2009). Na doutrina italiana, convém destacar, sobre esse mesmo tema, a obra de Gianluca Bertolotti (2013).

[2]   Entende o STJ (REsp 1.223.733/RJ) que esse direito de acesso a livros e documentos pode ser exercido de forma direta ou indireta, e, nessa condição, alcançar a empresa controlada pela sociedade de que o sócio participa.

[3]   Ripert (1948, p. 264).

As cotas, todavia, não se objetivam como as ações, que são bens em si mesmas[4] e funcionam como valores mobiliários, com capacidade de circulação autônoma. As cotas correspondem a uma posição de direitos (direitos pessoais de caráter patrimonial) perante a sociedade, enquanto a ação, ela própria, é objeto de direito, e dela decorrem os direitos de seu titular em relação à sociedade.

Quem transfere cotas aliena uma posição social (um direito) a que as cotas correspondem. Quem transfere ações aliena um valor mobiliário que é a ação, ela própria.

A integralização das cotas se fará em dinheiro ou em qualquer outra espécie de bens suscetíveis de avaliação em dinheiro. Na sociedade anônima, há um procedimento especial de avaliação. Nas demais sociedades os próprios sócios avaliarão os bens transmitidos à sociedade, de modo que, havendo superavaliação, responderão pela irregularidade, podendo o credor exigir de qualquer dos sócios, na hipótese de insolvência, a reposição das diferenças de avaliação que vierem a ser apuradas. Na sociedade limitada há norma expressa sobre essa responsabilidade (art. 1.055, § 1º).

As cotas poderão ser integralizadas desde logo, quando da criação da sociedade, ou, posteriormente, no prazo que for fixado, ou ainda de acordo com as necessidades da sociedade, conforme as chamadas que a administração determinar.

Salvo na sociedade anônima, que exige uma realização mínima inicial de 10%, nas demais sociedades, a realização inicial ficará a critério do que for decidido pelos sócios, representando o saldo a integralizar um crédito da sociedade.

A transferência de bens à sociedade, como integralização de capital, observará a forma jurídica adequada. Assim, a transmissão de bens imóveis se fará através de escritura pública, ou instrumento particular (art. 35, VII, da Lei nº 8.934/1994). Em qualquer hipótese, o instrumento próprio será levado a registro no Ofício de Imóveis correspondente, a fim de consumar a transmissão. Por força do disposto na Constituição Federal (art. 156, § 2º, I) e nos arts. 36 e 37 do Código Tributário Nacional, sobre essa incorporação não incide o imposto de transmissão de bens imóveis, salvo quando se tratar de sociedade imobiliária.

12.1 Participação recíproca

A participação recíproca, a exemplo do que ocorre com a sociedade anônima (ver seção 199), foi regulada pelo Código Civil (art. 1.101), que proibiu que a sociedade participe do capital de outra, que seja sua sócia, em montante superior ao das próprias reservas, excluída (se existente) a reserva legal. Quando da aprovação

---

[4] As ações ao portador e endossáveis, que não mais existem entre nós, eram bens corpóreos. As ações escriturais e nominativas são incorpóreas, posto que desmaterializadas, mas, mesmo assim, mantêm o seu caráter de bem móvel por natureza (são suscetíveis de circulação, por meio dos processos translativos de natureza registrária).

do balanço em que se constate o eventual excesso, as cotas correspondentes ao excesso sofrerão a suspensão do direito de voto e deverão ser alienadas no prazo de 180 dias. Na sociedade anônima, diferentemente, todas as ações do capital da controladora que sejam de propriedade da controlada terão suspenso o seu direito de voto. Observe-se que, apenas na sociedade anônima, a reserva legal é obrigatória. Nas demais sociedades, essa reserva poderá ser instituída através do contrato social, e, no caso da sociedade limitada, também pela via da adoção da regência supletiva pelas normas da sociedade anônima.

13 SÓCIO MENOR

O art. 308 do Código Comercial de 1850 proibia a participação de menor em sociedade comercial, ainda que judicialmente autorizado.[5]

Essa regra objetivava proteger o menor, em face dos riscos inerentes à responsabilidade ilimitada, própria das sociedades regidas pelo Código Comercial. Muito embora a sociedade em comandita simples mantivesse sócios de responsabilidade limitada, a lei não contemplava a exceção.

Pode-se acrescentar que o legislador não fazia distinção, na medida em que as sociedades regidas pelo Código Comercial mostravam-se essencialmente personalistas, contratadas que eram *intuitu personae*. Na concepção do Código, não fazia sentido que algum sócio, por ser menor, fosse representado ou assistido. A participação de cada um teria que se fazer de modo pessoal e direto.

Situação completamente diversa ocorria na sociedade anônima, vez que, sendo de capitais, não apresentava qualquer caráter personalista.

Assim, menores púberes (assistidos) e impúberes (representados) poderiam, como continuam podendo, dela participar.

As maiores controvérsias situavam-se no âmbito da sociedade limitada.

O Código Civil de 2002 não reproduz o suprarreferido art. 308 do Código Comercial.

A questão, portanto, terá que ser examinada à luz das disposições concernentes à capacidade e à representação dos menores, e bem assim complementada com os preceitos especiais relativos aos incapazes.

A lei continua exigindo, para a prática dos negócios jurídicos em geral, agente capaz (art. 104), o qual, todavia, quando absolutamente ou relativamente incapaz, poderá ser representado ou assistido.

A capacidade plena foi, entretanto, deslocada de 21 para 18 anos, e a emancipação poderá ser concedida aos menores a partir dos 16 anos (art. 5º, parágrafo único, I).

---

[5] Conf. Armando Rolemberg (1956, p. 116).

Os menores, representados ou assistidos pelos seus pais, não poderão investir em sociedades de responsabilidade ilimitada, em face dos riscos que daí adviriam para o patrimônio do menor.

Na sociedade anônima, considerada a rigorosa limitação da responsabilidade, nenhum impedimento haveria para a participação do menor.

No que tange à sociedade limitada, a responsabilidade dos sócios, embora limitada, estende-se à integralização do capital, respondendo cada sócio pela eventual inadimplência dos demais, o que conduz o problema para um quadro de manifesta dualidade.

O art. 1.691 do Código Civil estabelece que os pais não podem contrair obrigações que "ultrapassem os limites da simples administração, salvo por necessidade ou evidente utilidade da prole, mediante prévia autorização do juiz".

Ora, se o capital da limitada estiver integralizado, o cotista não comprometerá o seu patrimônio particular, envolvendo apenas o que aplicar na sociedade (ver Capítulo X). Nesse caso, não se terá excedido a simples administração, sendo a situação, sob tal aspecto, idêntica à da participação na sociedade anônima.

Deve-se, porém, ter em vista que os representantes do menor não deverão transferir bens imóveis à sociedade, pois nesse caso estariam violando proibição expressa do referido art. 1.691, e, assim, excedendo a simples administração.

Não estando o capital integralizado, todos os cotistas respondem solidariamente pela integralização de todo o capital social. Ou seja, qualquer cotista poderá ser chamado a integralizar, com seus bens particulares, as cotas dos demais sócios (ver seção 44). Cada sócio, de certa maneira, é um fiador dos demais. A fiança e situações a ela assemelhadas refogem ao conceito de "simples administração".

Pode-se, por conseguinte, afirmar que, estando o capital integralizado, nada impede a participação do menor; na hipótese contrária – capital não integralizado –, impedida estará essa participação.

E ainda: participando menor de uma sociedade por cotas, todo aumento de capital deverá ser imediatamente integralizado.

Se o aumento ocorrer sem concomitante integralização, cumprirá à Junta Comercial negar o respectivo arquivamento.

Deve-se, porém, examinar a seguinte questão: participando um menor de sociedade por cotas, cujo capital não se encontre integralizado, mas cujo aumento tenha sido arquivado, e vindo esta a ser declarada falida, responderão os bens particulares do menor pela integralização do capital? Considere-se que, nesse caso, estarão dois relevantes interesses em conflito: de um lado, o do menor, cujo patrimônio foi irregularmente comprometido, e, de outro, o dos credores, que confiaram no capital constante do contrato registrado na Junta Comercial, que é o registro público competente.

A hipótese deverá ser dirimida caso a caso, segundo as circunstâncias. A norma abstrata, ao incidir sobre o fato, poderá ganhar sentidos diversificados.

Estará o menor sendo lesado, ou a lesão foi basicamente dos credores, com proveito inclusive para o menor? Das respostas a essas e a outras indagações paralelas é que resultará a solução de equidade a ser aplicada.[6]

O Código Civil, nessa matéria, inova também, e substancialmente, ao prever que os incapazes possam, por meio de representante, ou devidamente assistidos, continuar a empresa que eles antes exerciam quando capazes, ou que fora exercida pelos seus pais ou pelos autores da herança (art. 974). Nessas condições, o empresário que se tornou incapaz, assim como o filho menor ou o herdeiro incapaz em geral de um empresário, poderão continuar com o negócio, mediante autorização judicial, que considerará aspectos de conveniência correlacionados aos interesses do incapaz.

Inovou mais ainda o Código ao excluir das responsabilidades do negócio os bens que o incapaz possuía ao tempo da sucessão ou da interdição, desde que estranhos ao acervo da empresa (art. 974, § 2º). Adota-se, é bem de ver, um conceito de patrimônio de afetação, que distinguiria, nesse caso, em relação ao empresário individual, os bens afetos ao negócio, que não se confundiriam com os seus demais bens.

Essa construção dirige-se ao empresário individual.

Com relação à sociedade, a Lei nº 12.399, de 1º de abril de 2011, acrescentou um § 3º ao art. 974 do Código Civil, no qual enuncia que as Juntas Comerciais deverão registrar os contratos ou alterações contratuais de sociedade, que envolvam sócio incapaz, uma vez observadas as seguintes condições: (a) o incapaz não exerça a administração; (b) o capital esteja integralizado; (c) o sócio incapaz esteja, conforme o caso, assistido ou representado.

Essas disposições, que devem se restringir à sociedade limitada, apenas consagram em lei o entendimento que já vinha sendo adotado, nessa matéria, pela doutrina e pela jurisprudência.

Nada obstante o referido § 3º apenas se refira às Juntas Comerciais, a norma, evidentemente, até mesmo por analogia, também se aplica ao Registro Civil das Pessoas Jurídicas, que, em se tratando de sociedade simples sob a forma de limitada, igualmente deverá acolher os sócios incapazes, inclusive menores, desde que atendidas as três condições legalmente estabelecidas.

---

[6] A jurisprudência dos interesses, tão bem analisada por Karl Engisch, ao estudar as ideias de Heck, ajudaria a equacionar a solução: "Mas a metodologia de Heck assenta em *concep*ções fundamentais sobre a essência e a função do Direito que podemos classificar de filosófico--jurídicas. Quais são estas concepções fundamentais? Responde Heck: a ordem jurídica é constituída por comandos (imperativos). Estes comandos devem afeiçoar a vida, *a vida agitada, cheia de pressões e de exigências*. Às exigências da vida chamamos *interesses.* Destarte, são *interesses* não só os interesses materiais, econômicos e sociais, mas também os interesses ideais: há *interesses* culturais, morais e religiosos. O Direito tem por função apreender os interesses materiais e ideais dos homens e tutelá-los, na medida em que eles se apresentem como dignos de proteção ou tutela" (1979, p. 309).

14   SOCIEDADE ENTRE MARIDO E MULHER

A sociedade entre marido e mulher foi, durante muito tempo, impugnada, sob a alegação de que atentava contra o poder marital.

Afirmava-se ainda que, no regime da comunhão de bens, o patrimônio do casal era um só, pelo que não poderia haver sociedade, pois essa pressuporia a conjugação de patrimônios.

No regime da separação, igualmente afastada estaria a sociedade, já que seria uma forma de fraudar a regra da imutabilidade, que não mais existe (art. 1.639, § 2°, do Código Civil), do regime de bens do casamento. A sociedade confundiria bens que deveriam permanecer separados.

O estatuto jurídico da mulher casada, consequente à Lei n° 4.121/1962, reformulara, todavia, a matéria, conferindo-lhe tratamento inteiramente diverso. O poder marital fora substituído pela chefia da sociedade conjugal, a ser exercida pelo marido com a colaboração da mulher, e, com o atual Código Civil (art. 1.631), o que se tem é o poder familiar dos cônjuges. Encontra-se, pois, inteiramente ultrapassado o velho argumento segundo o qual a igualdade de direitos entre os sócios, que impera na sociedade, seria incompatível com o poder marital.[7]

O art. 977 do Código Civil vigente conferiu, porém, um novo tratamento à matéria, uma vez que admite, amplamente, a sociedade entre os cônjuges, com exceção das hipóteses em que o regime de bens seja o da comunhão universal ou em que a separação de bens seja obrigatória.

Nos casos em que a separação é obrigatória, a cautela do legislador apresenta evidente consistência, posto que a própria lei, ao impor a separação, fundava-se em razões de política legislativa que recomendavam o rigoroso seccionamento dos patrimônios.

Entretanto, quando o regime de bens for o da comunhão universal, a restrição imposta não encontra uma justificativa plausível. Cabe, ainda, considerar que, no regime da comunhão universal, nada recomenda a proibição da sociedade entre os cônjuges, pois, se os bens, em regra, são comuns, a reunião desses bens em uma sociedade nada acrescentaria, ou pouco acrescentaria, à integração que já decorre do próprio regime de bens do casamento. Acrescente-se, outrossim, que a referida restrição não tem nem mesmo o mérito de prevenir eventuais manobras fraudulentas, uma vez que, como os bens são comuns e continuarão comuns, com sociedade ou sem sociedade, a fraude nem mesmo se afigura hipoteticamente plausível. Ademais, essa vedação também apresenta o efeito de dificultar a constituição das chamadas *holdings* familiares, que se destinam a bem equacionar a administração do patrimônio comum do casal, até mesmo para fins de sucessão.[8]

---

[7]   Conferir Pierre Julian (1962, p. 39).

[8]   De qualquer sorte, quando o regime for o da comunhão universal, mesmo os defensores da proibição de sociedade entre marido e mulher deverão entender que, se não os aceitam

Cabe acrescentar que, nas sociedades limitadas, o que importa é a aglutinação de capitais, que, no caso, estaria atendida.[9] Assim, e por força da interpretação teleológica da norma, a vedação deveria se restringir às sociedades de responsabilidade ilimitada ou mista.

15 SÓCIO PESSOA JURÍDICA

Os sócios de uma sociedade tanto podem ser pessoas físicas como pessoas jurídicas, indistintamente.[10]

Nada impede, até mesmo, que todos os sócios de uma sociedade sejam pessoas jurídicas.

Duas ou mais sociedades às vezes se reúnem para constituir uma outra sociedade destinada a desenvolver atividades de interesse comum ou complementares ao seu objeto, tendo-se então um quadro social apenas composto de pessoas jurídicas.

Em outras ocasiões, essa conjugação se procede sem maiores afinidades entre os sócios, mas apenas como uma forma de reunir capitais para um dado empreendimento.

Há casos ainda em que as várias sociedades que se associam pertencem ao mesmo grupo empresarial, configurando-se, fundamentalmente, um fenômeno de ordenação administrativa.

---

como sócios, não poderão recusar-lhes o direito de serem condôminos, até porque, no plano material, eles já seriam condôminos naturais. Ora, cotas ou ações podem, como qualquer outro bem, estar sob a titularidade de um condomínio. Nesse caso, o marido e a mulher não seriam sócios entre si, mas sim condôminos da mesma posição social e sócios, em conjunto, dos demais sócios que comporiam o quadro social. Dessarte, a participação do casal na sociedade, na condição de condôminos, seria inquestionável e não poderia ser impugnada pelos órgãos de registro. Na prática, porém, permanece o impasse.

[9] Quanto às sociedades já constituídas quando da vigência do novo Código, o entendimento dominante, inclusive no Departamento Nacional de Registro do Comércio (Parecer Jurídico DNRC/COJUR nº 125/2003), é no sentido de que essas sociedades entre marido e mulher, qualquer que seja o regime de bens do casamento, estariam protegidas pelo preceito constitucional que tutela o ato jurídico perfeito. Não obstante as sociedades, por representarem uma relação jurídica de natureza continuada, sujeitem-se à lei nova, a matéria em discussão concerne às condições para contratar, e estas, a toda evidência, deverão ser aferidas quando da contratação. O vínculo contratual precede à lei nova – rege-se pela legislação anterior; o funcionamento da sociedade projeta-se sob a nova lei – a esta se submete.

[10] Os sócios pessoas jurídicas, em qualquer sociedade, poderão ser nacionais ou estrangeiros. O Código Civil (art. 1.134), reproduzindo quase *ipsis litteris* o Decreto-lei nº 2.627/1940, permite que a sociedade estrangeira, independentemente de autorização do Poder Executivo, possa "ser *acionista* de sociedade anônima brasileira". A interpretação, todavia, apesar da referência a *acionista*, deve ser extensiva, como já o era, para abranger nesse permissivo qualquer tipo de sociedade, especialmente a limitada, uma vez que nada justificaria a distinção. O legislador, evidentemente, disse menos do que desejava dizer.

Qualquer que seja a hipótese, ter-se-á uma sociedade de sociedades.[11]

Devem, porém, ser ressalvadas a sociedade em nome coletivo e a sociedade em comandita simples, cujos sócios deverão ser, necessariamente, pessoas físicas (art. 1.039).

16 SOCIEDADE SUBSIDIÁRIA E SOCIEDADE *HOLDING*

Os conceitos de subsidiária e de *holding* correspondem às duas extremidades da linha de participação entre sociedades.

Subsidiária é a sociedade que é controlada por uma outra, enquanto *holding* é a sociedade de controle.

A holding assume a posição ativa – controla; a subsidiária assume a posição passiva – é controlada.

Existem sociedades que não têm nenhuma outra atividade que não seja a de controlar sociedades, sendo por isso chamadas *holdings* puras. Outras, além das atividades de controle, desenvolvem operações de natureza diversa (comerciais, industriais, financeiras), recebendo a designação de *holdings* mistas ou operativas. Os grupos de empresas normalmente se organizam sob o poder de uma *holding* que, tendo o controle das várias sociedades que compõem o sistema, representa um

---

[11] As *joint ventures* são sociedades formadas por sociedades. Às vezes, a expressão *joint ventures* tem sido utilizada em um sentido mais abrangente, de modo a compreender associações de empresas, de natureza contratual e transitória, sem a característica da constituição de uma sociedade. Todavia, a expressão vem gradativamente ganhando uma conotação corporativa, e como tal correspondendo à constituição de uma sociedade, por outras sociedades, com o objetivo de desenvolver novos mercados ou oportunidades de negócio. Esse tipo de associação oferece características muito particulares, posto que não se trata, para os seus participantes, de um simples investimento de capital em uma sociedade. O que demarca a *joint venture* é a integração de esforços, por duas ou mais sociedades, para desenvolver um negócio conjunto. É, como o próprio nome indica, uma aventura a ser vivida em comum. A expressão originou-se do direito marítimo, quando as expedições de longo curso uniam aventureiros nas incertezas de possíveis grandes lucros. Há, portanto, um aspecto de risco, próprio e típico dos novos negócios. Há, igualmente, uma combinação de habilidades e competências por parte de seus integrantes, cada um trazendo o seu *know-how* específico, o seu conhecimento de mercado, a sua competência gerencial, num somatório de aptidões capaz de conferir à sociedade condições efetivas de êxito. Os sócios ou acionistas não são, pois, meros prestadores de capital; são, com efeito, partes envolvidas no desenvolvimento e na gestão do empreendimento, cujas perspectivas de sucesso apoiam-se nessa participação. Não obstante a *joint venture* assuma, ordinariamente, a forma de uma sociedade de capitais, o que na verdade se tem é uma estreita integração entre os participantes, instrumentalizada em acordo de acionistas ou cotistas, do qual deriva a configuração do *intuitu personae* que agrega entre si os sócios ou acionistas. Sobre o tema, conf. Andrés M. Cerisola (1998, p. 233) e Osvaldo Marzorati (1997, p. 741), sendo que este último se dedica à *joint venture* constituída com a conotação do *project finance*.

polo de integração de comando, dando consistência ao funcionamento ordenado do conglomerado. Quem controla a *holding* tem, com efeito, o controle indireto de todas as empresas do grupo.

Uma questão que se coloca é a de saber se uma *holding* pura seria uma sociedade simples ou empresária. A atividade de controle em si mesma poderá não contar com uma organização. No entanto, se as sociedades controladas são empresárias, a *holding* que as controla encontra-se envolvida, de forma indireta, naquelas mesmas atividades, devendo, então, por afinidade, ganhar idêntica condição de sociedade empresária. Além disso, segundo o art. 2º, § 3º, da Lei nº 6.404/1976, "a participação [em outras sociedades] é facultada como meio de realizar o objeto social"; a atividade da subsidiária representa, pois, uma forma indireta da atividade da *holding*, daí resultando a caracterização desta como simples ou empresária, de acordo com a qualificação de suas subsidiárias.

A *holding* controla sociedades subsidiárias que, por sua vez, podem controlar outras tantas, passando, assim, a acumular as posições de subsidiária e *holding*. Exemplificando, a PETRÓLEO MEXICANO S.A. controla a PETROMEXA e a PETROMEXA controla a PETROMEX DISTRIBUIDORA S.A., o que confere à PETROMEXA a qualidade de subsidiária da PETRÓLEO MEXICANO S.A. e de *holding* da PETROMEX DISTRIBUIDORA.

Convém distinguir da *holding* as sociedades de mera participação, as quais aplicam o seu patrimônio em ações, sem preocupação de controle (blocos minoritários), apenas como investimento.

16.1 Coligadas e controladas

O Código Civil (art. 1.099) regulou a matéria, no que tange às sociedades coligadas, de forma idêntica ao que, à época, prevalecia com relação à sociedade anônima, estabelecendo que se consideram coligadas as sociedades quando uma participa da outra com 10% ou mais do respectivo capital social, sem, contudo, controlá-la. Essa definição, no que tange à sociedade anônima, foi reformulada pela Lei nº 11.941/2009 (ver seção 198.2), que para tanto estabeleceu distintos pressupostos. Assim, uma sociedade limitada poderá ser considerada coligada de uma sociedade anônima, sem que esta a considere como tal.

As sociedades controladas, segundo as regras do Código Civil (art. 1.098), encontram-se definidas de modo semelhante ao que vigora para a sociedade anônima (ver seção 198.1).

17 SOCIEDADE UNIPESSOAL

A sociedade unipessoal ou de um único sócio, que, até então, não era admitida no direito brasileiro, passou a sê-lo, por força do disposto na Lei nº 13.874/2019, que acrescentou um § 1º ao art. 1.052 do CC, admitindo expressamente a sociedade limitada unipessoal. Anteriormente, já existia a subsidiária integral, que tem um único sócio (ver o n° 200) e, na sociedade anônima, permite-se a unipessoalidade temporária, ou seja, pelo espaço de tempo decorrido de uma assembleia ordinária até a seguinte (art. 206, I, *d*, da Lei n° 6.404/1976).

A exigência da pluralidade de sócios correspondia, com efeito, a um resquício de épocas passadas, quando a sociedade era eminentemente contratual.

Com a limitação da responsabilidade dos sócios das sociedades limitadas, empresários que exerciam a sua atividade individualmente passaram a fazê-lo por meio de uma sociedade, a fim de desfrutar a limitação da responsabilidade. Em muitos casos, os demais sócios, além do principal, apenas faziam número, atuando como "testas de ferro", sem capital e sem interesse na sociedade. O titular verdadeiro figurava com cerca de 99% do capital, cabendo 1% ou menos aos demais sócios. Essas sociedades já eram substancialmente unipessoais, tendo sido chamadas de sociedades fictícias.[12]

Admitido esse tipo de sociedade, por que não acolher amplamente a sociedade unipessoal?

O direito societário foi evoluindo no sentido da ampla personalização de um patrimônio, sob a forma de sociedade, sem cogitação do número de sócios. Liechtenstein foi um dos primeiros países a admitir, de forma ampla, a sociedade unipessoal. Em 1980, a Alemanha consagraria, em sua legislação, tal modalidade societária, sendo seguida pela França (1985). A Itália (1993), a Espanha (1995) e Portugal (1996), e já então sob a influência da Diretriz 667, de 1989, da União Europeia, também acolheriam a sociedade unipessoal.[13] A Índia, com a reforma da legislação societária ocorrida em 2009, também passou a admitir, amplamente, a sociedade unipessoal.

No Brasil, com a Lei n° 14.195/2021, a sociedade unipessoal ganhou ainda maior amplitude, uma vez que o seu art. 57, XXIX, *d*, revogou o inciso IV do art. 1.033 do Código Civil, que previa a dissolução da sociedade simples, caso a pluralidade de sócios não fosse reconstituída no prazo de 180 dias. Ora, se a sociedade

---

[12] O emérito jurista português Ferrer Correia, em brilhante monografia sobre a matéria, datada de 1948, já enunciava: "O fenômeno das sociedades comerciais nas mãos de uma só pessoa reveste, portanto, um duplo aspecto: ou se reconduz ao fato de redução à unidade dos sócios verificado no seio de uma sociedade inicialmente constituída por uma pluralidade de indivíduos; ou se revela na criação de uma sociedade mercantil para o desfruto de uma única pessoa, graças ao concurso de testas de ferro. Além temos uma sociedade de sócios *reais* que em certo momento da sua vida jurídica se viu reduzida a um único; – é o que chamaremos propriamente sociedade unipessoal. Aqui depara-se-nos numa sociedade, construída segundo as formas necessárias, que, todavia, em nenhum tempo chegou a ter, subjacente a si, – ao menos na aparência – uma efetiva coletividade de sócios, um corpo associativo real: – será, na designação comum, uma sociedade *fictícia* ou *de favor*" (1948, p. 3).

[13] Sobre a matéria, Antônio Menezes Cordeiro (2006, p. 451) e Pont e Sanz (2009, p. 616).

simples pode se perpetuar com um único sócio, poderá igualmente se constituir com um único sócio.

Além disso, considerando que a legislação da sociedade simples assume, em relação à legislação das demais sociedades, a função de legislação subsidiária (arts. 1.053, 1.040 e 1.089), a sociedade em nome coletivo também poderá ser unipessoal, não só por essa razão, mas até mesmo porque o art. 1.044 do Código Civil, que trata especificamente da sociedade em nome coletivo, remete ao art. 1.033, do qual foi excluída a unipessoalidade como causa de dissolução. No que tange à sociedade em comandita simples, a necessidade de pluralidade de sócios (pelo menos dois) permanece, entretanto, presente, como decorrência da exigência legal de duas diferentes categorias de sócio.

A sociedade anônima e a sociedade em comandita por ações ficam, no entanto, fora dessa regra da unipessoalidade, uma vez que dispõem de norma própria sobre a matéria (art. 206, *d*, da Lei nº 6.404/1976), ressalvada naturalmente a subsidiária integral.

17.1 Empresa individual de responsabilidade limitada

A EIRELI foi revogada, de forma indireta, pelo art. 41 da Lei nº 14.195/2021, e, de forma direta, pelo art. 20, VI, "a" e "b", da Lei nº 14.382/22.

17.2 Sociedade unipessoal de advocacia/sociedade de advogados

A Lei nº 13.247, de 12.01.2016, ao alterar o Estatuto da Advocacia, instituiu a sociedade unipessoal de advocacia, admitindo, assim, que o advogado pudesse atuar pessoalmente, sob a forma de sociedade, prerrogativa generalizada em face da admissão ampla e geral da sociedade simples unipessoal. Os conceitos de socie-dade de advogados e de sociedade unipessoal de advocacia resultaram, portanto, unificados.

A sua regência se fará de acordo com as normas aplicáveis à sociedade simples, combinadas com os preceitos que decorrem do Estatuto da Advocacia.

A sociedade de advogados registra-se na OAB (art. 15, § 1º, da Lei nº 8.906/1994), não podendo os advogados que dela participem integrarem, na área da mesma seccional, outra sociedade de advogados (§ 4º).

Nessa sociedade, o sócio responde sempre, subsidiária e ilimitadamente, pelos danos causados ao cliente. A limitação da responsabilidade do sócio al-cança apenas as obrigações genéricas da sociedade, jamais aquelas que sejam decorrentes de "danos causados aos clientes por ação ou omissão no exercício da advocacia".

No que tange à distribuição de resultados, a sociedade de advogados, por ser uma sociedade de trabalho, torna possível adotar critério totalmente fundado na contribuição de cada um para o resultado alcançado (ver sessão 11, nota 2).

17.3 Outros arranjos societários especiais

17.3.1 Empresa simples de crédito

A Lei Complementar nº 167, de 24 de abril de 2019, instituiu a Empresa Simples de Crédito (ESC), a qual poderá assumir a forma da empresa individual ou da sociedade limitada.

Essa empresa terá como objeto a concessão de empréstimos, financiamentos e desconto de títulos em favor de microempreendedores individuais, microempresas e empresas de pequeno porte. A sua atuação encontra-se restrita ao município de sua sede e aos municípios limítrofes. Poderão participar do capital da ESC apenas pessoas naturais, não podendo a mesma pessoa figurar em mais de uma dessas entidades.

Essa figura jurídica, embora corresponda a uma sociedade simples, que, como tal, segundo a norma geral, estaria sujeita a insolvência civil, poderá ser declarada falida e também recorrer ao regime de recuperação judicial.

17.3.2 Sociedade de garantia solidária e sociedade de contragarantia

A Lei Complementar nº 169/2019 autorizou a constituição, sob a forma de sociedade por ações, de sociedade cujo objeto será a concessão de garantia solidária aos próprios sócios que dela participarem, os quais serão pequenos empresários, microempresários, microempreendedores e as pessoas jurídicas por esses constituídas. Permite ainda a aludida legislação a sociedade de contragarantia, cuja finalidade será a outorga de contragarantia à sociedade de garantia solidária.

Essas entidades integrarão o sistema financeiro nacional e serão disciplinadas pelo Conselho Monetário Nacional.

A sociedade de garantia solidária melhor se ajustaria ao conceito da cooperativa, posto que se destina a apoiar os seus próprios participantes. A sociedade por ações, como qualquer sociedade, encontra-se, em sua ação, e por força de seu objeto, voltada para o mercado em geral. Essas distorções conceituais comprometem o sistema, provocando indesejáveis controvérsias.

17.3.3 Sociedade anônima de futebol

A Lei nº 14.193, de 06.08.21, instituiu a chamada sociedade anônima de futebol, a qual constitui uma entidade híbrida, com regulação própria, à qual se aplicam, subsidiariamente, a Lei nº 6.404/76 (lei das sociedades anônimas) e a Lei nº 9.615/98 (normas gerais sobre desporto).

Entre as peculiaridades desse arranjo jurídico, cabe destacar a previsão de que serão emitidas ações ordinárias classe A, com várias prerrogativas, as quais se destinam à subscrição exclusiva pelo clube ou pessoa jurídica que constituir a sociedade.

Em função de suas singularidades, com inúmeras regras de caráter administrativo, e do âmbito específico a que se destina, a sociedade anônima de futebol não será aqui analisada.

IV

ELEMENTOS DA SOCIEDADE

18. Nome empresarial e domicílio; **18.1.** Nome empresarial; **18.2.** Domicílio; **19.** Estabelecimento; **19.1.** Estabelecimento virtual; **20.** Objeto social; **20.1.** Objeto; **20.2.** Atos *ultra vires*; **21.** A administração social; **22.** Capital social e patrimônio; **23.** O aumento de capital.

18   NOME EMPRESARIAL E DOMICÍLIO

18.1   Nome empresarial

O nome empresarial[1] é o nome jurídico da sociedade, não se confundindo com títulos de estabelecimento, sinais, símbolos e marcas. A lei do registro de empresas já adotara, em lugar da tradicional expressão "nome comercial", essa nova nomenclatura: "nome empresarial".

É através do nome empresarial que a sociedade atua e se obriga no mundo jurídico. O nome empresarial é o nome da pessoa jurídica, enquanto o título de estabelecimento, mera expressão de fantasia, apenas designa o estabelecimento. Os sinais e símbolos são instrumentos de propaganda, ao passo que a marca se vincula aos produtos.

A sociedade não pode ter mais de um nome empresarial. Os títulos de estabelecimento poderão, no entanto, variar, adotando-se títulos diversificados para diferentes estabelecimentos.

"SIQUEIROS & CIA. LTDA." é o nome empresarial de uma sociedade limitada. Algumas de suas lojas têm o rótulo TELERIO, outras, "TIMES SQUARE", que são títulos de estabelecimentos.

BELFAM INDÚSTRIA COSMÉTICA LTDA. é um nome empresarial. Os produtos dessa empresa apresentam a marca WELLA.

---

[1]   O nome da sociedade simples é equiparado, para efeito de proteção legal, ao nome empresarial (art. 1.155, parágrafo único, do Código Civil).

Em certos casos, uma parte do nome empresarial serve de título de estabelecimento ou de marca.

O nome empresarial se apresenta sob as modalidades da firma[2] e da denominação. A firma é constituída a partir dos nomes dos sócios, compondo-se destes ou de alguns dentre estes, seguidos da expressão "& Cia.", a qual representa os sócios que não figuram na firma. A firma é também a assinatura da sociedade, sendo ela própria firmada pelos administradores nos documentos e contratos da pessoa jurídica. A denominação[3] compõe-se de expressões ligadas à atividade da sociedade, seguidas do vocábulo "Limitada" (ou "Ltda."), no caso da sociedade limitada, e antecedidas do vocábulo "Companhia" (ou "Cia.") ou acompanhadas da expressão "Sociedade Anônima" (ou "S.A."), no caso da sociedade anônima, a qual poderá ou não fazer constar da denominação referência ao seu objeto social (nova redação do art. 1.160 do Código Civil). A denominação não é assinatura, cumprindo aos administradores ou diretores, ao empregá-la, sobre ela assinar seus próprios nomes.

Como exemplo de firma, cabe citar KLABIN, IRMÃOS & CIA., e de denominação, CIA. BRASILEIRA DE ESTIRENO ou BANCO DO BRASIL S.A.

As sociedades em nome coletivo e em comandita simples somente podem ter firma (art. 1.157). As sociedades anônimas apenas têm denominação. As sociedades limitadas podem ter firma ou denominação, à opção dos seus sócios, mas não as duas. As sociedades em comandita por ações também poderão optar entre firma e denominação (nova redação do art. 1.161 do Código Civil). A sociedade simples, ainda que adote a regra da responsabilidade ilimitada de seus sócios (ver seção 32.7), terá denominação (art. 997, II). A denominação da sociedade simples, que deverá ser composta por palavras relacionadas ao objeto da sociedade, poderá se fazer acompanhar de expressão de fantasia.

A tendência atual é no sentido de preferir-se a denominação, uma vez que a firma se encontra sujeita a contingências ligadas a eventuais mudanças no quadro social. No caso de firma, se o sócio que lhe dá nome falece ou se retira da sociedade, a firma terá que mudar, para adequar-se aos nomes dos sócios efetivamente existentes na sociedade, de modo a atender-se ao princípio da veracidade das firmas (art. 1.165).

As marcas, os símbolos e sinais devem ser registrados no Instituto Nacional da Propriedade Industrial (INPI), para gozarem de proteção, enquanto o nome empresarial tem a sua proteção fundada no arquivamento ou registro na Junta Comercial (idêntica proteção é conferida ao nome da sociedade simples, contanto que registrado no Registro Civil das Pessoas Jurídicas). A proteção ao nome empresarial

---

[2]   O Código Civil, diferentemente do antigo Código Comercial, não mais emprega, como sinônimo de firma, a expressão *razão social*.

[3]   A Lei nº 14.195/2021 acrescentou um art. 35-A à Lei nº 8.934/1994, permitindo a adoção do CNPJ como nome empresarial, seguido de partícula indicadora do tipo societário.

independe do cumprimento de formalidades junto ao INPI. O Código Civil (art. 1.166) assegura, com o registro da sociedade, a proteção no âmbito estadual. Prevê, porém (art. 1.166, parágrafo único), que a proteção nacional ao nome empresarial depende do seu registro "na forma da lei especial". A lei especial reporta-se às instruções do DNRC (transformado em DREI), que exigem o registro em cada uma das Juntas Comerciais. A jurisprudência, no entanto, com base na Convenção de Paris, da qual o Brasil é signatário, considerara suficiente, para a proteção nacional, o simples registro ou arquivamento na Junta Comercial da sede da sociedade, posto que, tendo esse benefício sido assegurado às empresas estrangeiras, não poderiam as empresas nacionais, por razões de equidade, situar-se em condições de inferioridade. Nesse sentido, decidiram vários tribunais, inclusive o STJ (REsp 9.569, de 17.12.1991, e REsp 119.998, em 09.03.1999). Todavia, essa jurisprudência mudou completamente, de tal modo que o entendimento hoje dominante é no sentido de que a proteção se restringe ao estado no qual o registro é realizado.[4]

O título de estabelecimento não se encontra incluído no sistema de proteção do INPI, e não foi contemplado na legislação sobre registro de empresas. Deve-se, contudo, entender, com apoio no art. 32, II, *e*, da Lei nº 8.934/1994, onde se prevê o registro ou arquivamento no registro de empresas de quaisquer atos ou documentos que possam interessar ao comerciante, que poderão os títulos de estabelecimento ser registrados na Junta Comercial, ganhando, em consequência, e por analogia com o nome empresarial, proteção de âmbito estadual. A 5ª Câmara Cível do Tribunal de Justiça do Rio Grande do Sul, em acórdão unânime de 19.11.1992, assim decidiu: "A anterioridade de registro do título de estabelecimento, da razão social ou símbolo, na Junta Comercial, confere exclusividade e impede que outrem proceda a idêntico registro ou assemelhado, no INPI, sob a exculpação de fazê-lo para distinguir marca de mercadorias que vende na sua loja" (publicado no COAD, informativo semanal 32/93, p. 506.) A Lei nº 9.279/1996, que regula os direitos e obrigações relativos à propriedade industrial, consagra essa orientação ao proibir

---

[4] Da ementa da decisão proferida, em 19.05.2005, nos EDcl nos EDcl no AgRg no Recurso Especial nº 653.609-RJ (2004/0049319-0), STJ, 4ª Turma, Rel. Min. Jorge Scartezzini, consta o seguinte: "4. A proteção legal da denominação de sociedades empresárias, consistente na proibição de registro de nomes iguais ou análogos a outros anteriormente inscritos, restringe-se ao território do Estado em que localizada a Junta Comercial encarregada do arquivamento dos atos constitutivos da pessoa jurídica. 5. Não se há falar em extensão da proteção legal conferida às denominações de sociedades empresárias nacionais a todo o território pátrio, com fulcro na Convenção da União de Paris, porquanto, conforme interpretação sistemática, nos moldes da lei nacional, mesmo a tutela do nome comercial estrangeiro somente ocorre em âmbito nacional mediante registro complementar nas Juntas Comerciais de todos os Estados-membros." No mesmo sentido a decisão do STJ, 3ª Turma, datada de 28.05.2013, Rel. Min. Nancy Andrighi, na qual se afirma: "1. Atualmente, a proteção ao nome comercial se circunscreve à unidade federativa de jurisdição da Junta Comercial em que registrados os atos constitutivos da empresa, podendo ser estendida a todo o território nacional se for feito pedido complementar de arquivamento nas demais Juntas Comerciais."

o registro de marca que reproduza ou imite elemento de título de estabelecimento (art. 124, inciso V).

18.2 Domicílio

Domicílio é o lugar onde funciona a administração da sociedade ou aquele que for indicado no estatuto ou contrato social como sendo o da sede (art. 75, IV, do Código Civil). Para os atos praticados em estabelecimentos situados em comarcas distintas da sede (art. 75, § 1º), nelas poderá a sociedade ser demandada (Súmula 363, do Supremo Tribunal Federal).

19 ESTABELECIMENTO

O estabelecimento é um conjunto de meios destinados ao exercício da atividade empresarial. A sociedade adquire ou aluga um imóvel, dota-o de instalações, compra máquinas, contrata empregados, reúne enfim uma série de instrumentos que, assim conjugados, constituem o estabelecimento.

A sociedade pode ter vários estabelecimentos. Cada agência do "Banco Bradesco S.A." é um estabelecimento. Cada "Casas Pernambucanas" é um estabelecimento de uma pessoa jurídica denominada "Alberto Lundgren Tecidos S.A.". A expressão "Casas Pernambucanas" é um título de estabelecimento comum às várias lojas da sociedade.

O estabelecimento é considerado, sob o aspecto jurídico, uma universalidade de fato. Sempre que alguns bens são reunidos, formando um conjunto, tem-se uma universalidade. Se essa conjugação decorre de determinação legal, como é o caso da herança, há uma universalidade de direito, que perdura até a efetivação da partilha. Quando a conjugação decorre da vontade do titular, como acontece com uma biblioteca ou uma boiada, há uma universalidade de fato, a qual pode ser desfeita pela vontade do titular.

Agências, lojas, fábricas, escritórios, sucursais, filiais são palavras que integram a vasta nomenclatura com que se designa o estabelecimento. A matriz ou sede é o estabelecimento principal.

Os estabelecimentos são, pois, unidades da empresa, pertencendo à sociedade e funcionando como instrumentos de sua atuação.

Convém deixar bem clara a distinção existente entre estabelecimento e subsidiária. O estabelecimento é parte, parcela, unidade de atuação da sociedade; a subsidiária não integra a sociedade, visto ser uma outra sociedade, da qual aquela participa.

Exemplificando: a Refinaria Duque de Caxias é um estabelecimento da PETRÓLEO BRASILEIRO S.A. – PETROBRAS, enquanto a PETROBRAS QUÍMICA S.A. é uma subsidiária. A refinaria é, portanto, uma unidade da PETROBRAS, não tendo personalidade jurídica. A PETROBRAS QUÍMICA, embora controlada pela PETROBRAS, é uma outra pessoa jurídica, daí decorrendo a sua condição de sujeito de direito.

O Código Civil define o estabelecimento nos arts. 1.142 a 1.149.

Proíbe-se (art. 1.145) a alienação do estabelecimento sem que ao alienante restem bens suficientes para atender ao seu passivo. Além disso, estabelece a lei a responsabilidade do adquirente do estabelecimento por débitos anteriores regularmente contabilizados (art. 1.146).[5] Aqui, a aquisição não é apenas do estabelecimento, mas é também do negócio.

Acrescenta-se, porém, desarrazoadamente, que o devedor primitivo continua solidariamente obrigado pelo prazo de um ano. Ora, o alienante do estabelecimento, ao transferir o estabelecimento, não transfere automaticamente o seu passivo, posto que o passivo compete à pessoa jurídica e não ao estabelecimento – mero objeto de direito.

A responsabilidade do alienante do estabelecimento, por seus débitos e obrigações, não se altera com a alienação do estabelecimento, a não ser que promova, com a concordância dos credores, a respectiva cessão.

Disciplina-se, ainda, no Código Civil (art. 1.147), a obrigação de não concorrer que o alienante mantém, pelo prazo de cinco anos, face ao adquirente do estabelecimento.

19.1 Estabelecimento virtual

A Lei nº 14.382/22 acrescentou alguns parágrafos ao art. 1.142 do Código Civil, a fim de instituir e disciplinar o chamado estabelecimento virtual. Para tanto, preceituou (§ 1º) que "o estabelecimento não se confunde com o local onde se exerce a atividade empresarial, que poderá ser físico ou virtual". Quando virtual (§ 2º), deverá ser informado, para fins de registro, conforme o caso, o endereço pessoal do empresário individual ou de um dos sócios da sociedade empresária. Nesse particular, a lei disse menos do que pretendia dizer, pois, se a hipótese for de uma sociedade simples, o endereço a ser informado será igualmente o de um de seus sócios. A interpretação extensiva afigura-se manifestamente pertinente.

20 OBJETO SOCIAL

20.1 Objeto

O objeto social é um dos elementos mais sensíveis da sociedade, uma vez que, definindo o escopo a que se propõe, demarca-lhe o âmbito em que exercerá a sua atividade.

---

[5] De acordo com a Lei de Falências, a alienação de estabelecimento, quando operada regularmente, dentro do processo de recuperação judicial da sociedade, não trará para o adquirente do estabelecimento qualquer responsabilidade por sucessão nas obrigações do devedor, ainda que essas obrigações sejam de natureza tributária.

Os próprios sócios ou acionistas, ao decidirem ingressar na sociedade, fazem-no, normalmente, tomando como referência básica o objeto social, pois neste se qualifica o tipo de empreendimento de que querem participar.

Dessarte, a mudança do objeto social sempre esteve sujeita a um rigor especial.

Nas sociedades simples e nas sociedades de responsabilidade ilimitada, somente o consentimento unânime dos sócios poderá operar qualquer mudança de objeto (art. 999, c/c o art. 997).

Na sociedade limitada, depende de votos correspondentes a mais da metade do capital social (nova redação do art. 1.076, II) e os sócios que discordarem da mudança têm direito de retirada. Assim também na sociedade anônima, em que se exige a aprovação de sócios que representem metade, no mínimo, das ações com direito a voto.

Há sociedades que têm um objeto social amplo, enquanto outras o têm restrito a uma única atividade. Além disso, e embora não declaradas expressamente, podem-se entender como compreendidas no objeto as atividades que tenham natureza meramente instrumental ou integrativa.

Na prática, a sociedade poderá exercer apenas parte de seu objeto, deixando latente a parte não exercida.

Não se admitirá, contudo, que sejam exercidas atividades não compreendidas, de forma direta ou indireta, no objeto social. Os administradores que assim procederem ter-se-ão excedido e os seus atos serão passíveis de anulação.

20.2 Atos *ultra vires*

No sistema anglo-americano elaborou-se a teoria dos atos *ultra vires,* em função da qual se entende, de forma extremamente rígida, que a sociedade não poderá praticar qualquer ato que desatenda os termos estritos de seu objeto social. A definição contratual ou estatutária do objeto social delimitaria, de forma exaustiva, o âmbito de atuação da sociedade e, consequentemente, os lindes dos negócios que poderiam ser praticados. Os administradores, quando desbordassem desses limites, incorreriam no chamado ato *ultra vires.*[6]

Entre nós a matéria vem sendo tratada sob a óptica da teoria do desvio de poder, que admite ratificação, diferentemente da teoria *ultra vires,* que, não considerando o ato ratificável, classifica-o como nulo.

---

[6] "The doctrine of *ultra vires* means that a company may only carry out acts which are expressly or by necessary implication sanctioned by its objects. Any other acts are void and cannot later be ratified, even by the unanimous consent of members" (OLIVER; MARSHALL, 1991, p. 42).

"The ultra vires doctrine was abolished because it turned out unsuitable for the operation of commercial organizations" (MICHELER, 2021, p. 32).

Diante dos inconvenientes da teoria *ultra vires,* a Inglaterra aboliu os seus efeitos externos, ou seja, a sua eficácia perante terceiros (Oliver; Marshall, 1991, p. 43). Cabe acrescentar que essa teoria se encontra em pleno declínio, inclusive nos países que a instituíram.

21 A ADMINISTRAÇÃO SOCIAL

No direito brasileiro, tradicionalmente, o vocábulo *gerente* apresentava uma dupla acepção, tanto servindo para designar o gerente social, o chamado sócio-gerente, que era um órgão da sociedade, representando-a e obrigando-a perante terceiros, como também para indicar o gerente administrativo (gerente de loja, gerente de agência bancária), que era um empregado com poderes de administração e com hierarquia em relação a outros empregados que se colocavam sob sua direção. Os gerentes administrativos eram prepostos da sociedade, com a responsabilidade de dirigir setores ou departamentos da empresa e ainda desenvolver operações e fechar negócios dentro de uma rotina de trabalho.

O Código Civil de 2002 reservou a palavra *gerente* para a figura do gerente administrativo (art. 1.172).[7]

O antigo sócio-gerente, órgão da empresa, passou a nomear-se simplesmente administrador.

Com a atual sistemática, os gerentes serão sempre empregados, enquanto os representantes legais serão os administradores ou diretores da sociedade.

O administrador da sociedade é aquele que faz atuar a empresa. A designação de diretor é própria das sociedades anônimas, utilizando-se o vocábulo *administrador* para as demais sociedades. Nada impede, porém, que se atribua ao administrador o título de diretor.

O administrador é órgão da sociedade, não se confundindo, pois, com o gerente ou o procurador.[8] Este, por força de um mandato, representa a sociedade no âmbito restrito dos poderes que lhe forem conferidos. O administrador, sendo um órgão, detém a plenitude dos poderes de administração da sociedade, ressalvadas as limitações constantes do contrato social.

O mandatário tem apenas os poderes que lhe forem expressamente outorgados; o órgão tem todos os poderes, exceto os que lhe forem expressamente retirados.

---

[7]   O gerente é um preposto e, como tal, terá os poderes que lhe forem expressamente conferidos (art. 1.173 do C.C.), ou os que decorram, naturalmente, das funções exercidas, matéria já estratificada pela jurisprudência no sentido de que "ainda se o ato jurídico é assinado por preposto sem poderes, mas em matéria relacionada com a atividade do giro comercial a que lhe está afeto, em se conduzindo a terceiro de boa fé, prevalece o contrato" (EIZIRIK; BASTOS, 1980, p. 222).

[8]   Conf. Santoro-Passarelli (1976, p. 25).

O mandatário não gera a vontade, apenas a transmite conforme as instruções do mandante; o órgão gera a vontade social, sendo ele próprio uma força ordenadora dos interesses que manifesta.[9]

Há quem entenda que nem mesmo as restrições contratuais aos poderes dos administradores têm eficácia externa, apenas servindo para a sua responsabilização interna. Os atos dos administradores obrigariam sempre a sociedade, desde que compatíveis com o objeto social. Essa matéria é controvertida, mas a tese que afirma a eficácia do ato (teoria da aparência) corresponde à tradição de nossa jurisprudência.[10]

O atual Código Civil (art. 47), ao tratar das pessoas jurídicas em geral, preceitua, porém, na contramão dessa tendência jurisprudencial, que os atos dos administradores obrigam a pessoa jurídica "nos limites de seus poderes definidos no ato constitutivo". No que tange às sociedades, todavia, e desde que o ato praticado seja compatível com o objeto social, os administradores (art. 1.015) têm ampla competência, salvo para alienar ou onerar imóveis, atos estes que dependem de aprovação da maioria do capital, exceto quando a compra e venda de imóveis fizer parte do objeto social.

---

[9] Convém atentar para a lição de Pontes de Miranda: "O órgão não representa, presenta. A pessoa jurídica é que assina o título de crédito, ou qualquer título circulável, ou o instrumento público ou particular de contrato, ou qualquer ato jurídico, negocial ou não, posto que a mão que escreve seja a do órgão da sociedade, uma vez que o nome de quem materialmente assina integre a assinatura. A pessoa jurídica pode outorgar poderes de representação. Mas o órgão tem outros poderes, que resultam de sua investidura, na conformidade do ato constitutivo ou dos estatutos, ou de lei. O representante figura em nome do representado; o órgão não é figurante: quem figura é a pessoa jurídica: ela se vincula em seu próprio nome" (1984, v. 49, p. 113).

[10] Paulo Afonso de Sampaio Amaral, ao comentar o acórdão do Tribunal de Justiça de São Paulo (1ª Câmara Cível), publicado na *Revista de Direito Mercantil* nº 6, p. 97, no qual se declara que "o sócio-gerente não pode agir contra a lei e contra o contrato; mas a infração que cometer contra os estatutos ou contrato não prejudica terceiros", teve oportunidade de lembrar a controvérsia manifestada entre Carvalho de Mendonça, que se inclinava pela tese do acórdão, e Waldemar Ferreira, que abraçava a tese oposta. Paulo Afonso destaca ainda aspectos relevantes do problema, que deveriam ser examinados em cada caso, quais sejam: a "ocorrência de proveito para a sociedade do ato abusivo ou exorbitante", correspondendo esse proveito "a uma espécie de ratificação do ato"; "o vulto e a natureza da operação", posto que apenas nos grandes negócios justifica-se a pesquisa, pelo terceiro contratante, dos poderes dos administradores; o tamanho da sociedade, considerando que a complexidade de algumas empresas exige uma minuciosa distribuição de atribuições. De qualquer sorte, já no início de seus comentários havia ressaltado: "O assunto não é novo, nem na doutrina nem na jurisprudência. Durante muito tempo foram conflitantes as decisões de nossos tribunais na matéria, até que acabou prevalecendo a tese consagrada neste acórdão, hoje já com o beneplácito do Supremo Tribunal Federal" (Comentário a Acórdão, p. 98). A jurisprudência mais recente do STJ vem preservando esse entendimento (REsp 704.546/DF, julgado em 01.06.2010, e REsp 887.277/SC, julgado em 04.11.2010).

O administrador, de que estamos tratando, não se confunde com o gerente, que é um mero preposto, ou seja, um empregado com atribuições de direção na hierarquia da empresa, mas sem a condição de órgão da sociedade.

O administrador poderá pertencer ou não aos quadros da sociedade, exceto nas sociedades em nome coletivo, nas quais o administrador deverá deter a condição de sócio, e nas sociedades em comandita simples e em comandita por ações, nas quais a administração estará restrita aos sócios de responsabilidade ilimitada.

Havendo sócios menores, estarão estes impedidos de exercer a administração, ainda que púberes; a administração é ato pessoal, não comportando as figuras da representação ou da assistência. Os emancipados, estando equiparados aos maiores, têm condições de exercê-la.

Os administradores respondem individualmente sempre que agirem em desacordo com o contrato social ou a lei. Na hipótese de uma prática regular, os atos dos administradores apenas obrigam a sociedade, não os alcançando pessoalmente.

22 CAPITAL SOCIAL E PATRIMÔNIO

O capital social, o qual consta do contrato ou estatuto, é a cifra correspondente ao valor dos bens que os sócios transferiram ou se obrigaram a transferir à sociedade. Os sócios, ao subscreverem suas cotas, comprometeram-se a integralizá-las, transferindo à sociedade dinheiro ou bens que lhes correspondam.

Esses bens, em face do princípio da realidade do capital, devem representar efetivamente os valores declarados. Em caso de superavaliação, qualquer credor prejudicado poderá acionar os sócios pessoalmente, a fim de que haja a respectiva suplementação de valor.

O patrimônio da sociedade é o conjunto de valores de que esta dispõe. Nesse patrimônio existem valores ativos – tudo o que a sociedade tem (dinheiro, créditos, imóveis, móveis etc.) – e valores passivos – tudo o que a sociedade deve (títulos a pagar, saldo devedor de empréstimos, folha salarial, impostos devidos). Fala-se assim em patrimônio líquido, que é a diferença entre o ativo e o passivo. Se o ativo for superior ao passivo, a sociedade terá um patrimônio líquido positivo; se inferior, terá um patrimônio líquido negativo.

Verifica-se, por conseguinte, que o capital é um valor formal e estático, enquanto o patrimônio é real e dinâmico. O capital não se modifica no dia a dia da empresa – a realidade não o afeta, pois se trata de uma cifra contábil. O patrimônio encontra-se sujeito ao sucesso ou insucesso da sociedade, crescendo na medida em que esta realize operações lucrativas, e reduzindo-se com os prejuízos que se forem acumulando.

O patrimônio inicial da sociedade corresponde mais ou menos ao capital. Iniciadas as atividades sociais, o patrimônio líquido tende a exceder o capital, se a sociedade acumula lucros, e a inferiorizar-se, na hipótese de prejuízos.

Quando o patrimônio líquido excede o capital, a sociedade pode distribuir esse excesso aos sócios, como lucro, ou conservá-lo como reserva ou lucros acumulados.

Encontrando-se o patrimônio líquido aquém do capital, nenhuma distribuição de lucros poderá ser efetivada, até porque, nesse caso, inexistiriam os próprios lucros a serem distribuídos. O princípio da intangibilidade do capital inibe qualquer distribuição que não se apoie em excesso patrimonial (resultado positivo), uma vez que o capital é a garantia dos credores.[11]

Deve-se atentar, todavia, para a circunstância de que os reveses da sociedade poderão levá-la a consumir todo o capital, de tal forma que o seu patrimônio líquido se reduza a nada.[12] A despeito disso, o capital formal da sociedade – constante do contrato – continuará o mesmo.

---

[11] Debate-se internacionalmente se o princípio da intangibilidade do capital social seria uma barreira adequada para fins distribuição de dividendos. Tal barreira é conhecida como *Balance Sheet Test*. As principais críticas ao princípio da intangibilidade do capital como mecanismo de proteção dos credores são: i) o capital social ignora informações a respeito da liquidez da companhia; e ii) o capital social ignora informações a respeito dos negócios futuros da companhia. Com base nessas críticas, algumas ideias de reformas vêm sendo apresentadas, levando parte da doutrina internacional a defender o conceito de *Solvency--based Test*, pelo qual a distribuição de dividendos deveria ser baseada em uma análise da capacidade concreta de uma dada empresa de distribuir dividendos. Por essa tese, os diretores de uma companhia deveriam atestar a capacidade de uma dada empresa de pagar um certo montante de dividendos, independentemente da "barreira" do capital social. Essa tese, que foca na liquidez concreta da empresa, é fortemente baseada na confiança da integridade moral dos diretores, os quais poderiam responder criminalmente se tomassem decisões não razoáveis. Embora o Solvency-based Test não seja admitido no Brasil, vale transcrever o seguinte estudo de Wolfgang Schön que analisa o tema: "*Abstract: One of the standard requirements of company law is the restriction of distributions to shareholders in order to protect the legitimate interests of the company's creditors. As lawful dividends do not have to be paid back when the company runs into losses at a later stage, we need a yardstick in order to decide on the availability of funds for distribution. The traditional balance sheet test is running into criticism due to the rigidity of the old rules and the conflicts between the philosophy of IAS/IFRS and the concept of creditor protection. Newly offered devices like the solvency test aim at giving a better view of the business prospects of the company, but they suffer from a limited time horizon and a wide range of discretion for directors. This makes them particularly problematic when long-term obligations have to be addressed. In the end, a combination of the balance sheet test and the solvency test seems to be a reasonable solution*" (SCHÖN, Wolfgang. In balance sheet tests or solvency tests – or both? European Business Organization Law Review, v. 7, p. 181-198, 2006).

[12] A perda de capital (patrimônio líquido inferior ao capital) leva a sociedade a ostentar uma situação ilusória, que poderá trazer danos a terceiros, que venham a acreditar em uma rubrica que já não corresponde à realidade. Alguns sistemas jurídicos têm estabelecido procedimentos especiais para as sociedades que venham a apresentar perda grave de capital. No âmbito da União Europeia, a Diretiva 77/91, assim como a consolidação constante da Diretiva 2012/30, consideraram perda grave de capital a que se situasse em metade do capital subscrito, e dispuseram no sentido de que os Estados-membros prescrevessem,

As forças da sociedade não se medem, pois, pelo capital, mas sim pelo patrimônio líquido.

23 O AUMENTO DE CAPITAL

O capital social somente pode ser modificado mediante uma alteração contratual. Esse aumento envolverá o ingresso de novos recursos quando decorrer de subscrição, cabendo aos sócios subscritores transferir novos bens à sociedade. A outra hipótese de aumento de capital é a que se funda em recursos da própria sociedade, ou seja, em reservas ou lucros acumulados que os sócios deliberam incorporar ao capital. Esses lucros e reservas foram gerados pela própria sociedade e poderiam ter sido distribuídos. A decisão de incorporá-los ao capital é uma opção. Nesse caso, os sócios, sem qualquer desembolso, recebem novas cotas, proporcionais a sua participação no capital. Essas cotas, assim recebidas, são chamadas bonificações.[13]

---

para tal situação, a dissolução da sociedade ou outras medidas que prevenissem os riscos a ela inerentes. França, Itália, Alemanha e Portugal, entre outros países, disciplinaram a matéria de modo a contornar a perda de capital, através da recapitalização, da redução do capital ou da dissolução da sociedade. Em Portugal, se nenhuma dessas medidas fosse adotada, a sociedade teria que divulgar, em todos os seus atos, contratos, correspondência e publicidade, a referida perda de capital (conf. MOTA PINTO, 2006, p. 109). O Código das Sociedades da Bélgica (art. 633) estabeleceu o procedimento a ser seguido quando o patrimônio líquido viesse a representar menos de 50% do capital, sendo esse procedimento conhecido como "*alarm bell procedure*". Lamentavelmente, o Brasil não conta com nenhuma legislação a respeito da perda grave de capital, o que o coloca em situação singular face aos países europeus e latino-americanos. As sociedades, mesmo depois de perderem 50% de capital, ou até a sua totalidade, quando não já insolventes, continuam operando normalmente, com grandes riscos para os credores e para a própria economia, face à probabilidade da falência. Essa ausência normativa, que compromete a efetividade do capital social, desequilibra a doutrina que sempre atribuiu ao capital social a condição de contrapartida da responsabilidade limitada dos sócios ou acionistas nas sociedades limitadas e anônimas. Isso talvez explique os desvios legislativos e judiciários que costumam ocorrer no Brasil no que tange à teoria da desconsideração da personalidade jurídica (ver seção 9.1).

[13] A sociedade, quando da incorporação de reservas, poderá preferir, em lugar de criar novas cotas, revalorizar as antigas.

V
CLASSIFICAÇÃO DAS SOCIEDADES

24. Sociedades regulares e irregulares; **25.** Sociedades de pessoas e de capitais; **26.** Sociedades de responsabilidade limitada, ilimitada e mista.

24 SOCIEDADES REGULARES E IRREGULARES

Sociedades regulares são aquelas que, contratadas por escrito, têm os seus atos constitutivos inscritos, conforme o caso, no registro público de empresas mercantis ou no registro civil das pessoas jurídicas. Faltando o instrumento escrito ou a sua inscrição, a sociedade será considerada irregular ou de fato.

As expressões *sociedade irregular* e *sociedade de fato*, após algumas controvérsias, são hoje consideradas sinônimas, servindo para designar qualquer sociedade a que falte, quer o instrumento escrito, quer a inscrição desse instrumento.[1]

O Código Civil (art. 986) prefere utilizar a designação "sociedade em comum", adotando terminologia que aliás já constava do antigo Código Comercial (art. 304). A expressão *sociedade irregular ou de fato* foi cunhada pela doutrina, que sempre a adotou amplamente.

As sociedades em comum ou irregulares são sociedades e, como tal, embora rotuladas pelo Código como sociedades não personalizadas, têm personalidade

---

[1] Carvalho de Mendonça e Waldemar Ferreira estabeleceram certas distinções conceituais entre as sociedades de fato e as sociedades irregulares, mas sem qualquer consequência prática, pois que tratadas igualmente quanto aos efeitos. Eunápio Borges, ao comentar a matéria, enunciou: "A verdade é que não se encontra em nosso direito nenhum fundamento para as distinções preconizadas por Carvalho de Mendonça ou por Valdemar Ferreira. Hémard, assinalando que a expressão *sociedade de fato* foi empregada pela primeira vez numa decisão da Corte de Paris, em 1825, e que a expressão *sociedade irregular* é preferida no direito italiano, depois de analisar as críticas que tem sofrido a primeira, conclui pela conveniência de empregar ambas indiferentemente por serem duas expressões cômodas que, em virtude de sua própria imprecisão, compreendem numerosas situações ainda mal definidas. E salienta que *sociedade de fato,* no mesmo sentido de *irregular,* está definitivamente consagrada na prática, tanto na França como na Bélgica, Alemanha, Estados Unidos e mesmo na Itália... e no Brasil, acrescentamos nós" (1967, p. 274).

jurídica, tanto que terceiros podem, de qualquer modo, provar a sua existência[2] (art. 987 do Código Civil). Ora, se a sociedade existe, deste fato resulta, como consequência, a personalidade jurídica, que é inerente a todas as sociedades (art. 44, II, do Código Civil). A irregularidade lhe impõe, todavia, restrições e sanções. Assim é que (arts. 987 e 989 do Código Civil), não obstante possam ser demandadas (têm capacidade processual passiva), não podem, como sociedade, intentar qualquer ação contra terceiros (não têm capacidade processual ativa), salvo se provarem a sua existência por escrito. Na ausência de texto escrito, a ação a ser proposta não terá por parte a sociedade ela própria, mas sim os sócios individualmente ou em conjunto. O Código Civil distingue, pois, no que tange à capacidade processual ativa, a sociedade irregular, sem contrato escrito, daquela que, embora não registrada, foi contratada por escrito.

A sanção que atinge os sócios é, porém, das mais graves, pois, independentemente do tipo de sociedade que pretenderam constituir e do nível de responsabilidade a que se propunham, todos os sócios respondem solidária e ilimitadamente pelas obrigações sociais (art. 990 do Código Civil).

Constitui, portanto, um grande risco participar de sociedade irregular, pois qualquer que seja a sua espécie, ainda que a da sociedade limitada, a responsabilidade dos sócios será ilimitada.[3]

A prova da existência da sociedade de fato[4] será produzida por qualquer dos meios previstos em direito (art. 987 do Código Civil).

Nessas condições, e uma vez caracterizada a existência da sociedade, poderão os credores, na ausência de bens da sociedade, penhorar os bens particulares de qualquer dos sócios, sejam estes ostensivos ou ocultos, sendo que, com relação ao sócio que contratou pela sociedade, nem mesmo lhe acudiria o benefício de ordem (art. 990).

---

[2] Rubens Requião (1977, p. 268) entende que as sociedades irregulares ou de fato não possuem personalidade jurídica. Esse não é, todavia, o entendimento de Eunápio Borges, que assim se pronuncia: "E em face das leis comerciais, não há motivo para negar-se a personalidade jurídica e a autonomia patrimonial de que gozam os entes coletivos a que a lei reconhece ou atribui existência distinta da de seus membros; a sociedade irregular – tendo aquela autonomia patrimonial – é pessoa jurídica" (1967, p. 278). Essa posição de Eunápio Borges apoia-se no magistério de Carvalho Mendonça: "As sociedades regulares ou irregulares produzem os mesmos efeitos jurídicos, salvo as limitações legais que a estas se impõem. Estas restrições se, na verdade, colocam as sociedades irregulares em plano de inferioridade econômica, não lhes prejudicam a personalidade. Não é com a lição dos escritores franceses e italianos, comentando legislações diversas da nossa, que se chega à verdade no Direito Brasileiro" (1964, v. III, p. 92).

[3] As sociedades por ações em organização foram expressamente excluídas das regras sobre sociedade em comum (art. 986).

[4] As chamadas parcerias empresariais (ver seção 42) encontram-se muito próximas das sociedades de fato.

As normas da sociedade simples, guardados os limites da compatibilidade, serão aplicáveis, subsidiariamente, à sociedade em comum (art. 986).

25   SOCIEDADES DE PESSOAS E DE CAPITAIS

Essa classificação, que alguns consideram destituída de interesse prático, tem o mérito de dirimir algumas questões relevantes, conforme se verificará no Capítulo VI.

As sociedades de pessoas têm no relacionamento entre os sócios a sua razão de existir. A vinculação entre os sócios funda-se no *intuitu personae*, ou seja, na confiança que cada um dos sócios deposita nos demais. As cotas são, assim, intransferíveis, a fim de que não ingresse um estranho na sociedade, ressalvados naturalmente os casos em que haja a unânime concordância dos demais sócios.

Nas sociedades de capitais inexiste esse personalismo. A cada um dos sócios é indiferente a pessoa dos demais. O que ganha relevância nessa categoria de sociedades é a aglutinação de capitais para um determinado empreendimento.

Desse modo, enquanto na sociedade de pessoas o quadro social, em regra, deva manter-se constante, na sociedade de capitais a mutabilidade dos sócios é a regra.

As sociedades de responsabilidade ilimitada ou mista e a sociedade simples são todas de pessoas, porquanto as cotas sociais somente podem ser transferidas com o consentimento dos demais sócios (art. 1.003, c/c o art. 999 do Código Civil).

A sociedade anônima é uma sociedade de capitais, uma vez que não serão admitidas normas estatutárias que impeçam a negociação das ações (art. 36 da Lei nº 6.404/1976).

A sociedade limitada não se encontra sujeita a uma norma rígida, podendo o respectivo contrato convencionar ou não a intransferibilidade das cotas. No primeiro caso (intransferibilidade das cotas), ter-se-ia uma sociedade de pessoas e, no segundo (transferibilidade das cotas), uma sociedade de capitais.[5]

26   SOCIEDADES DE RESPONSABILIDADE LIMITADA, ILIMITADA E MISTA

As sociedades, elas próprias, respondem sempre ilimitadamente pelas obrigações assumidas, envolvendo, consequentemente, todo o seu patrimônio nos negócios que realizam. Para atender a seus débitos, poderão ser levadas a despender até o último centavo.

Quando se fala em sociedade de responsabilidade limitada, a alusão é, na verdade, a sociedade com sócios de responsabilidade limitada.

---

[5]   Esse entendimento se inspira na doutrina francesa. Ver E. Thaller (1904, p. 154) e Paul Pic (1925, t. 1, p. 181).

O sócio é que responde limitada ou ilimitadamente pelas obrigações sociais. A sociedade, tal como o empresário individual, responde sempre ilimitadamente, não lhe sendo dado excluir qualquer bem do giro de seus negócios.

Insolvente a sociedade, os sócios que respondem ilimitadamente pelas obrigações sociais serão chamados a atender aos credores. Essa responsabilidade é subsidiária, somente se colocando depois de caracterizada a insolvência.

As sociedades em que todos os sócios respondem ilimitadamente são consideradas sociedades de responsabilidade ilimitada; são elas a sociedade em nome coletivo e as sociedades irregulares.

Nas sociedades de responsabilidade limitada todos os sócios respondem limitadamente, sendo este o caso da sociedade anônima e da sociedade limitada.

As sociedades de responsabilidade mista apresentam sócios de diferentes condições, de tal modo que apenas alguns respondem ilimitadamente. Compõem esse grupo a sociedade em comandita simples e a sociedade em comandita por ações.

A sociedade simples coloca-se em situação atípica, tanto que, segundo o contrato, poderá assumir a condição de sociedade de responsabilidade limitada ou de sociedade de responsabilidade ilimitada e, neste último caso, a responsabilidade poderá ser proporcional ou solidária (ver a seção 32.7).

VI
O QUADRO SOCIAL E SUAS MUTAÇÕES

27. Cessão de cotas; **28.** Falecimento, interdição e insolvência de sócio; **28.1.** A penhora de cotas; **29.** Apuração de haveres; **29.1.** O CPC e a apuração de haveres.

27 CESSÃO DE COTAS

A cessão de cotas é um contrato em virtude do qual o cedente transfere ao cessionário cotas de uma sociedade.

O cedente ora transferirá todas as suas cotas, retirando-se da sociedade, ora as transferirá parcialmente, permanecendo na sociedade.

O cessionário, ao ingressar na sociedade, assume a posição do cedente em relação às cotas cedidas, passando a incorrer em todos os direitos e obrigações correspondentes.

No plano patrimonial da empresa não ocorre qualquer alteração, pois a cessão apenas afeta o sócio que aliena suas cotas. A cessão é um negócio do sócio, não da sociedade.

Com a cessão, fará o sócio um prejuízo ou um lucro, conforme o preço da operação seja inferior ou superior ao preço de aquisição. Havendo lucro, a operação estará sujeita à tributação pelo imposto de renda (ganho de capital).

Opera-se a cessão, normalmente, através de um instrumento de alteração contratual, firmado pelo cedente, cessionário e demais sócios (arts. 1.002 e 1.003 do Código Civil).[1] A cessão deverá ser averbada no órgão de registro, a fim de que se produzam efeitos perante terceiros. Pelo prazo de dois anos, contados dessa averbação, continua a responder o cedente, solidariamente com o cessionário, perante a sociedade e terceiros, por todas as obrigações que tinha, na data da averbação, em virtude da sua condição de sócio (art. 1.003, parágrafo único, do Código Civil).

---

[1] Com relação à sociedade limitada, ver seção 50.

A cessão de cotas a estranhos, nas sociedades de pessoas, condiciona-se a que todos os sócios a autorizem, mesmo porque essa autorização, significando a aceitação de novo sócio, representa a plena preservação do *intuitu personae.*

28   FALECIMENTO, INTERDIÇÃO E INSOLVÊNCIA DE SÓCIO

O falecimento do sócio (art. 1.028) acarretará, em princípio, a liquidação de suas cotas, com a apuração dos respectivos haveres em favor do espólio.

O contrato social poderá, contudo, disciplinar essa matéria, e prever a sucessão nas cotas, a qual, no entanto, somente ocorrerá se os herdeiros a tanto se dispuserem. Os que não aceitarem a condição de sócio, e ninguém a tanto poderá ser compelido, farão jus a uma apuração de haveres.[2]

---

[2]   Durante o período de tempo, desde o falecimento do sócio até a formalização da sucessão nas cotas, ou até a apuração de haveres, as cotas correspondentes competiriam ao espólio. Enquanto não designado o inventariante, o espólio será representado pelo administrador provisório, ou seja, por aquele que estiver na posse dos bens constitutivos da herança (art. 614 do CPC). O espólio, evidentemente, não poderá ser considerado um sócio, posto que a condição de sócio é de natureza pessoal. Além do mais, se a sociedade for de pessoas, na qual não se admite a sucessão nas cotas, restará aos herdeiros apenas uma apuração de haveres. De qualquer sorte, o espólio mantém a titularidade dos interesses que, na sociedade, competem aos herdeiros (art. 1.056, § 1º, do CC). Assim, o administrador provisório e, depois, o inventariante exercerão os direitos inerentes às cotas que pertencem ao espólio, enquanto não se completar o inventário ou a apuração de haveres. O espólio, nesse caso, não estaria exercendo a condição de sócio, mas sim a de representante dos interesses patrimoniais correspondentes às cotas cujos haveres estariam sendo apurados, tendo assim o poder de decisão a elas relativo. Esse poder de decisão estará, porém, condicionado, sempre que venha a ultrapassar a administração ordinária, à aprovação dos próprios herdeiros, pois estes, desde a morte do sócio, detêm a qualidade de titulares materiais desses interesses. O STJ, ao decidir o AgRg nos Edcl no Agravo de Instrumento nº 673.248-MG (2005/0059869-5), manteve decisão em que se afirmava: "O inventariante do espólio não tem, evidentemente, poderes maiores do que o *de cujus* tinha à época em que administrava a sociedade, razão pela qual as limitações contratuais se impõem também àquele – sendo importante registrar que a propriedade do acervo passa para os herdeiros no instante mesmo do óbito daquele cujos bens são inventariados, de modo que, sem a anuência dos reais titulares das cotas sociais, a alteração do contrato da sociedade não podia ser feita." Cabe, pois, acentuar que, até a partilha ou a conclusão da apuração de haveres, o inventariante administra os interesses correspondentes às cotas pertencentes ao espólio, observados, porém, os limites da administração ordinária, os quais, para serem excedidos, dependem de manifestação dos próprios herdeiros. Assinale-se, ainda, que ao inventariante, em princípio, não competirá administrar a sociedade em substituição ao sócio-administrador falecido. Os sócios deverão eleger um novo administrador. Todavia, se o sócio falecido era administrador e, além disso, titular do controle majoritário da sociedade, sendo esta uma sociedade de capitais (cotas livremente transferíveis), a administração, considerados os interesses jurídicos envolvidos, deverá, até que se equacione uma solução definitiva, ser exercida pelo inventariante ou por quem este indicar (observados o *quorum* e os requisitos legais aplicáveis). Essa solução não se apoia no rigor formal do sistema;

Nas sociedades anônimas, considerando que as ações constituem valores em si mesmas, a sucessão se fará nas próprias ações.[3]

A interdição, por determinar a incapacidade do sócio, retira-lhe a condição de permanecer em sociedade de responsabilidade ilimitada. O Código Civil (art. 974) permite que, mediante autorização judicial, o incapaz, por meio de representante ou devidamente assistido, continue a empresa antes exercida por ele, enquanto capaz, ou por seus pais ou pelo autor da herança. Os bens que o incapaz já possuía anteriormente à incapacidade ou à sucessão, e que não integravam o acervo da empresa, não ficam sujeitos aos efeitos de eventual insolvência (art. 974, § 2°). Essas normas, que se dirigem ao empresário individual, e que se inspiram na teoria do patrimônio de afetação, quando transpostas para o âmbito societário, significam a prevalência desses mesmos princípios (ver seção 13, *in fine*).

A insolvência do sócio levará os credores à pretensão de penhorar as suas cotas na sociedade. Essa penhora não será cabível nas sociedades de pessoas (cotas intransferíveis – ver Seção 25), cumprindo, no caso, apurar os haveres do sócio insolvente para, sobre os valores encontrados, incidir a penhora (ver seção 33, último parágrafo, que analisa a matéria relativamente à sociedade em nome coletivo, e, por extensão, também em relação à sociedade em comandita simples).

28.1 A penhora de cotas

O CPC (art. 861) regula a penhora de cotas e ações e, ao fazê-lo, confunde cotas com ações, uma vez que as submete à mesma disciplina.

As ações, como valores mobiliários plenamente transferíveis, constituem coisas móveis e, como tais, não comportam, para o efeito de atendimento dos credores do acionista, a apuração de haveres, mas tão só e simplesmente a penhora das próprias ações e a sua arrematação em leilão. Caso o estatuto consagre o direito de preferência, este, conforme previsto no art. 876, § 7°, do próprio CPC, será exercido durante o leilão judicial.

Se ao próprio acionista não é dado o direito de pleitear uma apuração de haveres a não ser nos casos legais de recesso, como poderia o credor do acionista,

---

apoia-se na "jurisprudência dos interesses" e no princípio majoritário, que são relevantes em matéria societária.

[3] Enquanto pendente o inventário, os poderes do inventariante, mesmo na SA, permanecerão, porém, limitados à administração ordinária. O STJ, ao decidir o REsp n° 1.627.286-GO, fez constar da respectiva ementa: "2. Os poderes de administração do inventariante são aqueles relativos à conservação dos bens inventariados para a futura partilha, dentre os quais se pode citar o pagamento de tributos e aluguéis, a realização de reparos e a aplicação de recursos, atendendo ao interesse dos herdeiros. 3. A atuação do inventariante, alienando bens sociais e buscando modificar a natureza das ações e a própria estrutura de poder na sociedade anônima, está fora dos limites dos poderes de administração e conservação do patrimônio". O acórdão encontra-se datado de 20.06.2017.

que penhora as suas ações, ter, em relação à companhia de cujo capital participam as ações, mais direitos do que o próprio acionista? O art. 861 do CPC, no que tange à penhora de ações, deve, portanto, ser interpretado nos limites permitidos pela natureza da ação que, sendo um bem em si mesma, deve ser objeto apenas de arrematação, jamais de uma apuração de haveres.

Com relação às cotas sociais, que apenas consubstanciam direitos, dispõe o CPC no sentido de que, uma vez efetivada a penhora, deve ser conferido à sociedade respectiva um prazo de três meses, dentro do qual deverá apresentar um balanço especial, oferecer as cotas penhoradas aos demais sócios e, se esses não demonstrarem interesse na aquisição, promover a liquidação das aludidas cotas e o consequente depósito, em juízo, do valor correspondente. Aduz o legislador (§ 1°) que a sociedade poderá, a fim de evitar a liquidação das cotas penhoradas, tomá-las para si, desde que disponha de suficientes reservas livres.

Essas disposições apenas reformulam a sistemática da preferência e da apuração de haveres anteriormente vigentes. Na sequência dessas normas, coloca-se, porém, um parágrafo, que é o 3°, de impossível compreensão, posto que prevê a designação, pelo juiz, de um administrador que submeterá "à apreciação judicial a forma de liquidação". Trata-se, como se percebe, de uma indevida interferência na gestão interna da sociedade, que não está sendo liquidada. O objeto da liquidação restringe-se às cotas que foram penhoradas, tendo-se, assim, uma simples apuração de haveres, que poderá ser desenvolvida sob supervisão judicial, inclusive com a designação de peritos. A nomeação, nesse caso, de um administrador representaria uma excrescência manifestamente incompatível com a natureza do resultado que se pretende alcançar.

Permite-se, ainda (§ 5°), caso a liquidação venha a se mostrar excessivamente onerosa, que o juiz determine o leilão das cotas penhoradas. Convém lembrar que o leilão poderá se mostrar infrutífero, face à ausência de interessados.

O que se observa é que o CPC, ao invadir uma seara que não é a sua, posto que própria do direito privado, complica e tumultua a disciplina das relações societárias em sua interface com os interesses dos credores do sócio. O direito desses credores resume-se, naturalmente, na prerrogativa de penhorar os bens que pertencem aos seus devedores. Como as cotas integram o patrimônio do sócio devedor, poderão ser objeto de penhora. Se a sociedade não admite a presença de terceiros em seus quadros, essas cotas serão objeto de uma apuração de haveres. Se transmissíveis, poderão ir a leilão, no qual os demais sócios da sociedade serão chamados a exercer o direito de preferência. Era esse o entendimento assente, que, por força da interpretação sistemática do complexo legislativo incidente, deverá permanecer aplicável, a despeito das impropriedades trazidas pelo CPC.

29 APURAÇÃO DE HAVERES

Há uma série de situações em que se impõe a liquidação das cotas de determinados sócios, ocorrendo então a apuração de seus haveres.

Previa o Código Comercial de 1850 (art. 335) que as sociedades se dissolviam pela falência, despedida ou morte de qualquer dos sócios. Esse efeito – a dissolução da sociedade – foi, todavia, afastado pela prática mercantil, em face do princípio da continuidade da empresa, de modo a preservar o interesse coletivo representado pela manutenção da unidade produtiva.[4] Liquida-se a cota do sócio que se despediu (apuração de haveres) e mantém-se a sociedade com os sócios remanescentes. Com o atual Código Civil, consagra-se em lei a regra da continuidade da empresa, mediante previsão expressa da liquidação da cota do sócio falecido (art. 1.028) ou de alguma forma despedido da sociedade (art. 1.031).

A apuração de haveres destina-se a calcular a parcela do patrimônio da sociedade que corresponde às cotas do ex-sócio.

É comum convencionarem-se no contrato social a forma e as condições em que se processará esse cálculo.

Deve-se levantar um balanço especial, a fim de bem aferir o valor efetivo do patrimônio líquido da sociedade, na respectiva data de referência (ver a seção 29.1, *in fine*). Esse levantamento se procederá de forma amigável, salvo no caso de divergência insuperável, quando então se recorrerá às vias judiciais.

---

[4] Hernani Estrella, na mais completa monografia sobre esse tema, analisou a gênese e formação do princípio da continuidade da empresa: "Limitada, a princípio, ao caso de falecimento de sócio, a cláusula foi sendo, ao depois, progressivamente estendida a outras eventualidades que, sobrevindas a algum dos associados, tinham imediata repercussão na vida da sociedade. Nesse número estavam a falência e a incapacidade superveniente. Urgia, pois, atenuar-lhes os efeitos, preservando o vínculo associativo. Ainda aqui, foi a prática contratual que, usando das franquias que a lei lhe dava, elaborou instrumento hábil para alcançar esse escopo. Tornou-se uso generalizado convencionar a indissolução da sociedade, apesar de vir algum sócio a incorrer em quebra ou em insanidade. Os cabedais que possuísse seriam apurados e pagos conforme a estipulação contratual. Duas causas mais precisavam ser eliminadas para, então, e no máximo consentido em lei, chegar-se à desejada conservação da empresa contra tais eventualidades. Eram estas a despedida de sócio por ato unilateral e a exclusão em virtude de deliberação majoritária. No conceber fórmula capaz de conciliar o conflito de interesses daí emergente estava o mérito dos práticos" (1960, p. 53). O Superior Tribunal de Justiça, em acórdão datado de 29.11.1997, consagrou a tese da continuidade da empresa, ao dar provimento, por unanimidade, ao Recurso Especial nº 61.278-SP, cuja ementa apresenta o seguinte teor: "Comercial. Sociedade por quota. Morte de um dos sócios. Herdeiros pretendendo a dissolução parcial. Dissolução total requerida pela maioria. Continuidade da empresa. I – Se um dos sócios de uma sociedade por quotas de responsabilidade limitada pretende dar-lhe continuidade, como na hipótese, mesmo contra a vontade da maioria, que busca a sua dissolução total, deve-se prestigiar o princípio da preservação da empresa, acolhendo-se o pedido de sua desconstituição apenas parcial, formulado por aquele, pois a sua continuidade ajusta-se ao interesse coletivo, por importar em geração de empregos, em pagamento de impostos, em promoção do desenvolvimento das comunidades em que se integra, e em outros benefícios gerais. II – Recurso conhecido e provido" (pub. no *DJ* de 06.04.1998 e na *Lex* JSTJ e TRF nº 108, p. 108).

Conhecido o montante do patrimônio líquido, fácil será encontrar o valor de cada cota, que é o quociente da divisão do patrimônio líquido pelo número de cotas em que se divide o capital social.[5]

O valor de cada cota multiplicado pelo número de cotas do ex-sócio indicará o montante de seus haveres.

Concluída a apuração de haveres, terá o ex-sócio ou seus herdeiros, conforme o caso, um crédito contra a sociedade, a ser resgatado nos prazos convencionados no contrato ou, silente este, no prazo de 90 dias (art. 1.031, § 2°, do Código Civil).

É aconselhável disciplinar no contrato os prazos de pagamento dos haveres apurados, a fim de evitar desembolsos vultosos e inesperados.

Alguns autores veem na apuração de haveres uma dissolução parcial da sociedade. Cumpre, porém, considerar que a dissolução é o processo que leva à liquidação, enquanto a apuração de haveres é o processo que leva à liquidação de determinadas cotas, permanecendo íntegra a sociedade. Deve-se, pois, evitar, por equívoca e desnecessária, a expressão *liquidação parcial*.[6]

---

[5] A definição do patrimônio líquido que servirá de base à apuração de haveres representa questão delicada e bastante controvertida, posto que além dos valores materiais refletidos no balanço existem os chamados intangíveis, bens que, na liquidação da sociedade, às vezes não apresentam qualquer valor, mas que, durante a sua vida ativa, poderão alcançar um elevado significado. Hernani Estrella (1960, p. 154) não vê nesses intangíveis, especialmente no chamado "Fundo de Comércio", um valor constante ou seguro, capaz de se fazer representar por um montante "estreme de dúvida". Luiz Autuori, em obra específica sobre o tema, depois de lembrar a afirmação de Kester de que o fundo de comércio "is the ability to produce more than normal profits" e a indicação de Cropper de que o fundo de comércio é também "trade name, trade marks, patent rights, copyrights position, reputation, organization, current contracts, agreements, leases and business connection", sustenta a necessidade de considerar-se, na apuração dos haveres do sócio, o montante efetivo do fundo de comércio, desde que este de fato exista, mas com limitação no tempo, tanto que se trata de um fator contingente e mutável. E acrescenta, com bastante propriedade: "De fato não se deve pensar em capitalização de um *fundo de comércio* já existente, pois ele é consequência lógica do desenvolvimento do negócio que, embora aparentemente impalpável, é conhecido através dos elementos indispensáveis de sua formação e já apontado linhas atrás. Consequentemente, se se há de pagar ao despedido ou aos herdeiros do sócio pré-morto, nada mais se terá a fazer senão ajustar-se, além da realidade contábil em cifras conhecidas, a aproximada avaliação dos *elementos incorpóreos,* sob o cálculo de um triênio, que não representará o desfalque patrimonial suposto por muitos" (1949, p. 146). O Supremo Tribunal Federal, através da Súmula n° 265, recusou a adoção de balanço não aprovado, *verbis:* "Na apuração de haveres, não prevalece o balanço não aprovado pelo sócio falecido, excluído ou que se retirou." O STJ, ao decidir o REsp 907.014-MS, julgado em 11.10.2011, teve oportunidade de afirmar que o fundo de comércio deve ser considerado na apuração de haveres e que o fato de a sociedade ter apresentado resultados negativos nos anos anteriores à exclusão do sócio não significa que ela não tenha fundo de comércio.

[6] Embora adotada por vários autores, essa terminologia recebeu o repúdio veemente de Hernani Estrella: "Na doutrina mais generalizada e em muitos códigos, o afastamento

Cap. VI • O QUADRO SOCIAL E SUAS MUTAÇÕES | 69

É evidente que, com a apuração de haveres, reduz-se o patrimônio social no montante equivalente a esses haveres. A concomitante eliminação das cotas do ex-sócio acarreta a correspondente redução do capital social (art. 1.031, § 1°, do Código Civil).

A sociedade, no entanto, permanece a mesma, guardando-se plenamente sua individualidade.

29.1   O CPC e a apuração de haveres

Sob a rubrica de ação de dissolução parcial de sociedade, o Código de Processo Civil (arts. 599 a 609) trata do que a rigor, e em termos gerais, é apenas uma apuração de haveres, uma vez que a sociedade, nesses casos, não se dissolve. Nem mesmo o vínculo entre o ex-sócio e a sociedade é, em regra, dissolvido pela ação, posto que esta apenas se destina, no comum dos casos, a apurar os respectivos haveres. O que dissolve o vínculo é a morte do sócio, o ato que o excluiu da sociedade ou o exercício do direito de retirada.

O que se tem, nessas situações, é a quebra de um vínculo que, normalmente, já ocorreu ou que, excepcionalmente, ocorrerá por força da ação em que se pleiteia, quando for o caso, a exclusão judicial do sócio. A ação, no geral, destina-se, com efeito, a apurar os haveres do sócio que por qualquer motivo se despediu ou foi despedido da sociedade.

O legislador (atual CPC), ao regular esse tema, incorre, inclusive, em várias impropriedades, tais como: refere-se (art. 599, § 2°) a dissolução parcial de "socie-dade anônima de capital fechado (...) que não pode preencher o seu fim", matéria já regulada pelo Código Civil (art. 1.034) e pela Lei das Sociedades por Ações (art. 206, II, alínea *b*) como condição que conduz à dissolução total e à liquidação de qualquer sociedade, até porque, se a sociedade não pode preencher o seu fim, a liquidação, por força, terá que ser total e não parcial: b) torna a decisão judicial eficaz em relação à sociedade, mesmo que esta não tenha sido citada, desde que todos os sócios o tenham (art. 601, parágrafo único), violando assim o princípio da personalidade jurídica e da consequente separação patrimonial; *c*) determina (art. 605) que a data da resolução, no caso de recesso, seja o dia do recebimento, pela sociedade, da notificação do sócio dissidente, mas não ressalva que, na S.A., a sociedade pode se retratar, evitando o recesso; *d*) desconhece o CPC que, quando

---

de sócio (tomada esta expressão em sentido amplo) é definido como *dissolução parcial.* Pretende-se com isto traduzir o peculiarismo de que a ocorrência se reveste, visto importar ruptura do vínculo societário, limitada àquele que se evade. Já noutro lugar censuramos essa denominação, por julgá-la injustificada, sobretudo em face do direito pátrio. Que autores alienígenas a tenham adotado, é perfeitamente explicável, máxime porque a isso os levam suas respectivas legislações. Aos nossos, entretanto, falta semelhante amparo; só por imperdoável transplantação se explica a impropriedade conceitual" (1960, p. 58).

requerido o direto de retirada por qualquer dos sócios, nas sociedades que admitem a denúncia imotivada (art. 1.029 do CC), têm os demais sócios o direito de preferir a dissolução total (parágrafo único do referido art. 1.029), o que converte a apuração de haveres em liquidação da sociedade, que, portanto, se extinguirá.

A fim de disciplinar a data-base da apuração de haveres (art. 605), o CPC fixa o momento (incisos I a V) ao qual deve se referir o balanço patrimonial que indicará o valor da cota para o efeito do respectivo reembolso. Haverá, portanto, necessariamente, um balanço especial, salvo quando o balanço anual coincidir com a data-base da apuração de haveres e, além disso, for capaz de expressar, adequadamente, a real situação patrimonial da sociedade, inclusive os seus eventuais intangíveis.

VII

TIPOS DE SOCIEDADE

30. Tipos de sociedade; **31.** Normas gerais de direito societário; **32.** A sociedade simples; **32.1.** Aspectos gerais; **32.2.** Atos constitutivos; **32.3.** Sócios; **32.4.** Objeto social; **32.5.** Denominação; **32.6.** Capital; **32.7.** Responsabilidade dos sócios; **32.8.** Alterações contratuais; **32.9.** Deliberações sociais; **32.10.** Administração social; **32.11.** Distribuição de lucros; **32.12.** Cessão de cotas e direito de retirada; **32.13.** Sócio remisso; **32.14.** Exclusão de sócio; **32.15.** Redução do quadro social a um único sócio; **32.16.** Dissolução da sociedade; **32.17.** O cônjuge do sócio; **33.** Sociedade em nome coletivo; **34.** Sociedade em comandita simples.

30 TIPOS DE SOCIEDADE

Existem seis tipos ou espécies de sociedades, quais sejam: sociedade simples,[1] sociedade em nome coletivo, sociedade em comandita simples, sociedade limitada, sociedade em comandita por ações e sociedade anônima.

Dentre os vários tipos de sociedade, apenas são importantes a sociedade simples, a sociedade limitada e a sociedade anônima. As demais praticamente inexistem, pois, envolvendo a responsabilidade ilimitada de todos ou de alguns sócios, perderam a preferência do mundo dos negócios.

A sociedade anônima destina-se preferencialmente à grande empresa, enquanto a sociedade limitada atende basicamente aos empreendimentos pequenos e médios.

Nessa faixa das pequenas e médias empresas foi que a limitada, a partir de seu surgimento, em 1918, foi paulatinamente ocupando o lugar das sociedades regidas pelo Código Comercial então vigente.

---

[1] Aqui, estamos tratando dos tipos de sociedade, e a sociedade simples corresponde a um tipo societário (sociedade simples *stricto sensu*). No Capítulo I, seção 3, examinamos a natureza das sociedades e, sob esse aspecto, as sociedades foram classificadas em simples (*lato sensu*) e empresárias. As sociedades simples *lato sensu* tanto podem assumir o tipo de sociedade simples *stricto sensu*, como o de sociedade limitada, de sociedade em nome coletivo e de sociedade em comandita simples.

Estudar, atualmente, a sociedade em nome coletivo e a sociedade em comandita simples representa mais uma preocupação histórica do que um interesse prático.

Nessas condições, cuidar-se-á, neste capítulo, de fazer ligeiras referências a suas características, de forma a reservar-se o espaço da obra, principalmente, para a sociedade anônima e a sociedade limitada.

A sociedade em comandita por ações será referenciada, também de forma breve, quando do estudo da sociedade anônima.

A chamada sociedade em conta de participação não foi aqui arrolada, porquanto não se trata de uma verdadeira sociedade, mas, em vez disso, de um contrato de participação, sendo estudado especificamente no Capítulo IX.

A sociedade simples, que vem ocupando um significativo espaço no âmbito das sociedades não empresárias, e por assumir a sua regulamentação a condição de legislação subsidiária de todos os tipos societários, inclusive da sociedade limitada e da sociedade anônima, será estudada detidamente neste capítulo.

31 NORMAS GERAIS DE DIREITO SOCIETÁRIO

A sociedade simples, que será estudada a seguir, além de corresponder a um tipo societário específico, constitui, no conjunto de suas normas, a legislação subsidiária de todas as demais formas (tipos) societárias (arts. 1.040, 1.053 e 1.089 do Código Civil).

Assim, sempre que a legislação específica dos demais tipos societários não contiver uma norma própria para reger determinada matéria, incidirá o preceito aplicável da regulação da sociedade simples. Se se tratar de uma norma dispositiva, o contrato social poderá afastar a incidência subsidiária da regulação da sociedade simples, mas se a hipótese disser respeito a uma norma imperativa, a incidência será inevitável.

32 A SOCIEDADE SIMPLES

32.1 Aspectos gerais

A sociedade simples é um tipo societário introduzido no direito brasileiro pelo vigente Código Civil e que, de alguma maneira, substituiu a antiga sociedade civil regida pelo Código Civil revogado.[2]

O seu modelo encontra-se no direito italiano, em que foi adotada pelo Código Civil de 1942, que também é um código de direito privado.[3]

---

[2]   A sociedade simples pode ser considerada um novo tipo societário sob o aspecto da regulamentação, da função e da abrangência normativa, mas, quando examinada no âmbito da concepção do instituto, ela deve ser vista como uma reformulação da antiga sociedade civil. Assim, sob esse enfoque, não representaria uma novidade.

[3]   O Código suíço das Obrigações, que é de 1911, já utilizara a expressão "sociedade simples", mas com uma conotação de sociedade inespecífica, que "n'offre pas les caractères distinctifs

O Código Civil paraguaio de 1985, igualmente monista, buscou inspiração na mesma fonte, regulando a sociedade simples em termos muito aproximados da legislação italiana.

A disciplina da sociedade simples, acolhida pelo Código Civil brasileiro, molda-se no direito italiano, mas dele se afasta em vários pontos, sendo muitas as suas singularidades.

A sociedade simples assume na legislação brasileira um papel relevante, posto que as disposições que a regem funcionam, com relação aos demais tipos societários, como legislação subsidiária.

Além disso, considerando que a sociedade limitada, com o Código Civil de 2002, tornou-se mais complexa e menos flexível, o que se vem observando, no que concerne aos pequenos negócios, tem sido a adoção da forma típica da sociedade simples.

A sociedade simples, em sua forma típica, somente poderá ser utilizada para as atividades não empresárias, resumindo-se o seu campo de abrangência às atividades rurais, ao exercício de atividade de natureza intelectual e bem, assim, a empreendimentos em geral, desde que destituídos de manifesta estrutura organizacional.

32.2 Atos constitutivos

Os atos constitutivos, que terão natureza contratual ou de mera declaração unilateral de vontade, uma vez que poderá ser unipessoal (ver a seção 17), exigem instrumento escrito, que poderá revestir a forma pública ou particular, no qual serão declaradas as condições, características e cláusulas básicas da sociedade (art. 997), que são: (1) nomes e qualificação dos sócios; (2) denominação, objeto, sede e prazo da sociedade, podendo o prazo, naturalmente, ser indeterminado; (3) capital e cota de cada sócio; (4) prestações do sócio de serviço, quando for o caso; (5) administradores e seus poderes; (6) participação dos sócios nos lucros e prejuízos; (7) grau de responsabilidade dos sócios pelas obrigações sociais.

32.3 Sócios

Os sócios poderão ser pessoas naturais ou pessoas jurídicas, não havendo qualquer exigência quanto ao porte dessas pessoas. A sociedade simples destina-se a pequenos negócios, mas os seus sócios poderão ser grandes empresários ou mesmo grandes empresas, tanto que o legislador não fixou parâmetro ou limitação para a condição de sócio.

---

d'une des autres sociétés réglées par la loi", incluindo-a na segunda parte do Código (Dos Contratos em Geral), e não na parte especificamente destinada às sociedades, como o fez o Código Civil italiano, que inclusive elevou a sua regulamentação à condição de legislação subsidiária de outros tipos societários.

32.4 Objeto social

O objeto social, que será declinado no contrato, compreenderá qualquer atividade: (a) que não demande estrutura organizacional; ou (b) que se enquadre no conceito de atividades rurais ou de natureza intelectual.

32.5 Denominação

A sociedade terá denominação (art. 997, II), ficando-lhe assim vedada a adoção de firma.

A denominação, embora a lei não o explicite com relação à sociedade simples, deverá, para guardar consonância com o sistema do Código (arts. 1.155 a 1.168), manter alguma correlação com o objeto da sociedade. Nada impede que se adicione algum nome de fantasia. Por outro lado, a fim de evitar dúvida quanto ao tipo da sociedade, embora a lei não o exija, nem seja comum na prática, convém que se acrescente ao nome escolhido a expressão "sociedade simples". De qualquer sorte, o contrato deverá ser explícito quanto ao tipo de sociedade adotado, podendo-se até mesmo referir os artigos do Código Civil que a regem (arts. 997 a 1.038).

32.6 Capital

O capital, tal como o das demais sociedades, poderá ser integralizado com qualquer sorte de bem suscetível de avaliação em dinheiro. A particularidade dessa sociedade é a admissão de sócio de serviço, nos moldes do que ocorria na revogada sociedade de capital e indústria. O sócio de serviço não participa do capital, mas, salvo estipulação em contrário, participará do lucro na "proporção da média de valor das cotas" (art. 1.007). Isso significa que, não se definindo a sua participação nos lucros, esta será proporcional à média da participação dos demais sócios. Vale dizer: somam-se as participações dos vários sócios capitalistas, que correspondem, no seu conjunto, ao valor do capital social, e divide-se esse montante (o capital social) pelo número de sócios de capital, chegando-se assim à base de cálculo da participação do sócio de serviço (média do valor das cotas de cada sócio) e, através da respectiva proporção, encontra-se o percentual dos lucros que competirá ao sócio de serviço.[4] Esse percentual, para que se mantenha a equidade do sistema, terá que refletir o quadro social existente no momento em que o sócio de serviço ingressa na sociedade. Consequentemente, alterações posteriores do quadro social somente modificarão o quociente inicial (percentual do lucro que caberá ao sócio de serviço), se o sócio de

---

[4] A base de cálculo (média do valor das cotas de cada sócio) – elemento "A", somada ao valor do capital, representará o montante – elemento "B", a partir do qual, mediante "regra de três", será calculado o percentual dos lucros a serem distribuídos que corresponderá à participação do sócio de serviço ("A" multiplicado por 100 e dividido por "B"). Pelo mesmo processo (regra de três) será calculada a participação dos demais sócios.

serviço interessado concordar com a modificação. Se assim não fosse, o aumento do número de sócios poderia aguar a participação do sócio de serviço. Convém, portanto, a fim de evitar conflitos e incongruências, que a participação do sócio de serviço venha sempre expressamente definida no instrumento contratual.

O sócio de serviço não vota nas deliberações da sociedade, que são tomadas de acordo com a maioria do capital (art. 1.010). Naqueles casos, porém, que dependem do consentimento unânime dos sócios (art. 999), os sócios de serviço também votarão, posto que detêm a condição de sócio.

Uma particularidade que merece atenção é a consignada no art. 1.006, que exige, do sócio de serviço, dedicação integral à sociedade, ressalvados os casos em que o contrato disponha de modo diverso, facultando o exercício de atividade estranha à empresa.

32.7 Responsabilidade dos sócios

O contrato social deverá indicar se os sócios (art. 997, VIII) "respondem, ou não, subsidiariamente, pelas obrigações sociais".

Verifica-se, portanto, que, nessa modalidade societária, os sócios poderão responder ou não, segundo o que constar do contrato, pelas obrigações sociais.

Os códigos italiano (art. 2.267) e paraguaio (art. 1.016) preveem a responsabilidade solidária dos sócios que agirem em nome da sociedade (os administradores) e a limitação da responsabilidade dos demais sócios.

Essa matéria, tal como disciplinada no Código Civil, comporta alguma imprecisão, uma vez que, no art. 1.023, encontra-se previsto que, na insuficiência dos bens sociais para atender às dívidas da sociedade, "respondem os sócios pelo saldo, na proporção em que participem das perdas sociais, salvo cláusula de solidariedade", enquanto o art. 997, VIII, alude à definição, no contrato social, da existência ou não existência de responsabilidade subsidiária dos sócios.

Cabe, portanto, superar essa aparente contradição. Ora, se compete ao contrato (art. 997, VIII) dispor a respeito da responsabilidade subsidiária dos sócios, adotando-a e tornando a sociedade de responsabilidade ilimitada, ou recusando-a e conferindo à sociedade a característica da responsabilidade limitada, a norma do art. 1.023 apenas se aplicaria quando acolhida no contrato a responsabilidade ilimitada dos sócios.

Mesmo nesse caso, a responsabilidade do sócio, sempre subsidiária, atenderia ao saldo devedor de forma proporcional à participação de cada sócio nas perdas sociais, vale dizer, proporcionalmente à sua participação no capital social.

A responsabilidade solidária dos sócios dependeria de cláusula expressa nesse sentido (art. 1.023).

Os terceiros interessados, ao contratarem com a sociedade, se desejarem saber o nível de responsabilidade dos sócios, terão que consultar o contrato social ou obter certidão do Registro Civil das Pessoas Jurídicas, posto que a sociedade poderá adotar ou não a responsabilidade subsidiária dos sócios. Adotando-a, esta será em princípio proporcional, tanto que a solidariedade dependerá de cláusula expressa nesse sentido.

No silêncio do contrato, que, por essa razão, deveria ter tido o seu registro recusado (não atendimento de exigência legal imperativa – art. 997, VIII), a responsabilidade subsidiária dos sócios deverá ocorrer de forma proporcional. A omissão do contrato deverá ser sancionada em desfavor do sócio, jamais em prejuízo do terceiro de boa-fé. Assim, cumprirá exigir de cada sócio o montante correspondente à parcela da dívida, sem cobertura, que corresponda ao percentual de sua participação no capital social (art. 1.007). Não se chegará, porém, pela omissão do contrato, à responsabilidade solidária, posto que esta depende (art. 1.023) de norma contratual expressa.

32.8   Alterações contratuais

As alterações contratuais concernentes a matérias básicas, que se acham enumeradas no art. 997, dependem, segundo o art. 999, de consentimento unânime dos sócios, nesses incluídos, naturalmente, os sócios de serviço. As demais matérias, mesmo que envolvam a modificação do contrato social, poderão ser decididas por maioria absoluta (mais de metade do capital – art. 1.010, § 1º), se o contrato não exigir a unanimidade.

32.9   Deliberações sociais

As deliberações dos sócios sobre negócios ou interesses da sociedade não exigem maioria absoluta, e serão tomadas por maioria do capital, considerados os votos presentes, mas, se houver empate (art. 1.010, § 2º), prevalecerá a decisão que contar com a manifestação favorável da maioria dos sócios, nestes incluídos, por razões lógicas, os sócios de serviço.[5] Poderá, no entanto, o contrato social exigir, mesmo para essas matérias, um *quorum* de deliberação mais elevado.

32.10   Administração social

A administração da sociedade será exercida exclusivamente por pessoas naturais (art. 997, VI), não se admitindo a delegação de poderes (art. 1.018). Podem, porém, ser constituídos mandatários da sociedade, desde que especificados na procuração os atos e operações que poderão praticar.

Não se exige que o administrador seja necessariamente um sócio (art. 997, VI).

---

[5]   O sócio de serviço não tem voto, mas, a despeito disso, ostenta a condição de sócio. Assim, quando a decisão, em virtude de empate, for transferida para a maioria dos sócios, todos os sócios, de capital ou de serviço, deverão participar do processo decisório.

O sócio que for nomeado administrador através de cláusula do próprio contrato social, inclusive – deve-se acrescentar – mediante instrumento de alteração contratual, não poderá ser destituído, e nem mesmo os seus poderes poderão ser modificados, a não ser que haja, para tanto, justa causa, declarada judicialmente, a requerimento de qualquer dos sócios (art. 1.019).

Cria-se, portanto, em favor do sócio-administrador contratualmente nomeado, uma espécie de estabilidade, que poderá representar, para os demais sócios, um grave comprometimento de seus interesses.

Assim, afigura-se prudente que a nomeação dos administradores se processe por ato separado, que poderia ser um termo de nomeação de administrador, de modo a afastar-se a estabilidade. Esse termo, para efeito de eficácia externa, deverá ser averbado à margem da inscrição da sociedade (art. 1.012).

O não sócio, ainda que nomeado administrador no próprio contrato, não se encontra protegido contra a destituição (art. 1.019, parágrafo único). Convém ressaltar que o sócio de serviço, por ser um sócio, uma vez nomeado administrador, terá as mesmas prerrogativas que são próprias da condição de sócio-administrador.

No silêncio do contrato, podem os administradores, na representação da sociedade, agir separadamente (art. 1.013), cabendo-lhes praticar todos os atos de gestão que sejam compatíveis com o objeto social (art. 1.015). A alienação ou oneração de imóveis depende de autorização da maioria dos sócios, vale dizer, da maioria do capital, exceto quando a compra e venda de imóveis for o objetivo da sociedade.

O ato praticado com desvio ou excesso de poder, se a limitação constava do registro próprio, nos termos do disposto no parágrafo único do art. 1.015 do CC, não obrigaria a sociedade. Esse parágrafo único foi, todavia, revogado pela Lei nº 14.195/2021, com isso afastando-se uma disposição que representava, com efeito, um retrocesso em relação à jurisprudência e à doutrina dominantes anteriormente ao atual Código Civil, as quais vinham contemplando, majoritariamente, o entendimento de que as limitações contratuais aos poderes dos administradores não teriam eficácia em relação ao terceiro de boa-fé, salvo quando este, pela natureza da operação ou pelo vulto do negócio realizado, devesse indagar a respeito dessas limitações e desses poderes. O STJ já vinha, porém, mantendo o entendimento tradicional da jurisprudência, conforme se deduz do excerto a seguir de acórdão datado de 06.11.2014: "E, em linha de princípio, tem-se reconhecido que a pessoa jurídica se obriga perante terceiros de boa-fé por atos praticados por seus administradores com excesso de poder" (REsp 1.349.233/SP). A Lei nº 14.195/2021, ao revogar o parágrafo único do art. 1.015 do CC, atendeu à jurisprudência do STJ e à doutrina dominante.

Sendo vários os administradores com poderes de representação isolada, qualquer administrador poderá se opor à prática de determinado ato por outro administrador, hipótese em que a matéria será elevada à deliberação dos sócios (art. 1.013).

O administrador que praticar determinado ato, não obstante saiba ou deva saber que a maioria dos administradores a tanto se opõe, responderá por perdas e danos (art. 1.013, § 2º).

A investidura do administrador depende de declaração de desimpedimento (art. 1.011, § 1º, do Código Civil).

32.11 Distribuição de lucros

A distribuição de lucros subentende a efetiva existência de resultados. O princípio da intangibilidade do capital impede a atribuição de participação aos sócios, sem que lucros tenham sido efetivamente apurados, e estejam disponíveis.

Os administradores encontram-se obrigados (art. 1.020) a levantar anualmente um balanço patrimonial e de resultado econômico. Por esse balanço, serão apurados o ativo e o passivo da sociedade, e, pela diferença entre o ativo e o passivo, chegar-se-á ao patrimônio líquido (ver seção 22).

Se o patrimônio líquido for superior ao capital da sociedade, o valor desse patrimônio, no que excede o capital, poderá ser objeto de distribuição aos sócios, a título de lucro (ver seção 11). Se não houver excesso patrimonial, nenhuma distribuição será admissível, e, se ocorrer, configurará distribuição de lucros ilícitos ou fictícios (art. 1.009), o que acarretará a "responsabilidade solidária dos administradores que a realizarem e dos sócios que a receberem".

32.12 Cessão de cotas e direito de retirada

A cessão de cotas depende da concordância dos demais sócios (art. 1.003), que, para tanto, e se estiverem de acordo, promoverão a competente alteração contratual. O cedente, até dois anos depois, responde, solidariamente com o cessionário, pelas obrigações que tinha como sócio (art. 1.003, parágrafo único).

A ausência de consentimento não obriga, entretanto, o sócio que deseje se desfazer da cota a permanecer na sociedade. Qualquer sócio poderá se retirar da sociedade mediante notificação aos demais sócios, com antecedência mínima de 60 dias, se a sociedade for por prazo indeterminado, e provando judicialmente justa causa, se a sociedade for por prazo determinado (art. 1.029). O sócio que se retirar fará jus a uma apuração de haveres. Assegura, porém, o parágrafo único desse mesmo art. 1.029, aos demais sócios, o direito de, nos 30 dias seguintes à notificação, optar pela dissolução da sociedade.[6]

---

[6] Nesse caso, estaríamos falando de deliberação da totalidade ou da maioria dos demais sócios. E os que discordarem da dissolução? Teriam o direito de continuar com a sociedade? Teoricamente, sim, por força do princípio da continuidade da empresa. Todavia, considerando que a apuração de haveres absorveria, no caso, parcela substancial do patrimônio da

Evita-se, assim, o uso abusivo do direito de retirada, o qual, em certas situações, ao provocar um desencaixe vultoso, poderá levar a sociedade à insolvência. O direito de retirada, uma vez exercido, propicia, portanto, aos demais sócios a faculdade de converter a apuração de haveres em liquidação total da sociedade.

O direito de retirada previsto no referido art. 1.029 não se aplica subsidiariamente às sociedades limitadas e às sociedades anônimas, as quais se encontram regidas por normas próprias (direito de recesso).

32.13 Sócio remisso

O sócio remisso responde por perdas e danos (art. 1.004), podendo a maioria dos demais sócios preferir a sua exclusão ou a redução de sua cota ao montante já realizado. Poderá, contudo, a sociedade preferir a execução do sócio remisso, que se sujeitará aos efeitos da mora.

32.14 Exclusão de sócio

O sócio, inclusive o majoritário, desde que tenha incorrido em falta grave no cumprimento de suas obrigações ou por incapacidade superveniente (art. 1.030), poderá ser excluído da sociedade, mediante decisão judicial provocada pela maioria dos demais sócios (maioria de capital pertencente a esses demais sócios).[7]

Nos casos de falência de sócio, ou de liquidação de cota em virtude de execução proposta por credor pessoal, a exclusão do sócio será declarada pelos demais sócios, independentemente de qualquer outra consideração (art. 1.030, parágrafo único).

Liquidada a cota do sócio,[8] o capital da sociedade sofrerá a correspondente redução.

32.15 Redução do quadro social a um único sócio

A sociedade poderá permanecer com um único sócio, uma vez que a Lei nº 14.195/2021 revogou o inciso IV do *caput* do art. 1.033 do CC, que exigia a recomposição da pluralidade de sócios em um prazo de até 180 dias.

---

sociedade, esta resultaria bastante depauperada, e, salvo no caso de recapitalização pelos sócios remanescentes, poderia tornar-se financeiramente inviável.

[7] Nesse sentido, decisão do STJ (3ª Turma) na qual se explicita que "o quorum de deliberação previsto no art. 1.030 do Código Civil de 2002 é de maioria absoluta do capital representado pelas quotas dos demais sócios" (REsp nº 1.653.421-MG). Decisão datada de 10.10.2017.

[8] Nos termos da jurisprudência do STJ (AgInt no AgInt no AREsp 1657130 / SP, Publicação em 16/11/2023), "o legislador, ao eleger o balanço de determinação como forma adequada para a apuração de haveres, excluiu a possibilidade de aplicação conjunta da metodologia do fluxo de caixa descontado" (REsp 1.877.331/SP, Rel. Min. Nancy Andrighi, Rel. p/ acórdão Min. Ricardo Villas Bôas Cueva, 3ª Turma, j. 13.04.2021, *DJe* 14.05.2021).

32.16 Dissolução da sociedade

O término do prazo de duração da sociedade não mais determina a sua dissolução de pleno direito, tanto que, não havendo oposição de qualquer dos sócios, ocorrerá a sua prorrogação por prazo indeterminado. O sócio que se opuser fará jus, naturalmente, a uma apuração de haveres.

O consenso dos sócios, vale dizer a decisão unânime, continua sendo, naturalmente, uma causa de dissolução ordinária da sociedade.

Tratando-se de sociedade por prazo indeterminado, a maioria absoluta do capital poderá decidir a dissolução. Essa regra, contudo, deverá subordinar-se ao princípio da continuidade da empresa, de tal modo que, sendo esta viável, dever-se-á preferir a liquidação das cotas dos sócios favoráveis à liquidação, e não da sociedade, que prosseguirá com os sócios que preferirem permanecer.

A falta de pluralidade de sócios não mais determina a dissolução da sociedade, uma vez que o inciso IV do art. 1.033 do CC, que assim dispunha, foi revogado pela Lei nº 14.195/2021, que igualmente revogou o respectivo parágrafo único.

A extinção, nos casos em que é exigida, da autorização para funcionar, representa mais uma causa de liquidação ordinária.

A dissolução judicial (ver a seção 35) poderá ocorrer, conforme previsto (art. 1.034), quando anulada a constituição da sociedade, ou quando, por qualquer motivo, a sociedade se mostrar inviável.

A liquidação judicial ocorrerá também, a requerimento de qualquer dos sócios, nos casos em que a liquidação ordinária não se instale, embora tenha ocorrido, por força de lei ou por deliberação dos sócios, a dissolução da sociedade.

32.17 O cônjuge do sócio

O cônjuge do sócio, ainda que o regime de bens seja o da comunhão universal, não é considerado sócio da sociedade, posto que a condição de sócio é estritamente pessoal. Assim, o cônjuge que se separar judicialmente (art. 1.027 do Código Civil) não pode pleitear parte das cotas. Tampouco lhe era permitido requerer uma parcial apuração de haveres. Se outros bens não existissem para o preenchimento de sua meação, cabia-lhe apenas a pretensão de concorrer à distribuição periódica de lucros, até que se liquidasse a sociedade ou as cotas do ex-cônjuge, quando então poderia habilitar-se a receber a parte que lhe competia. O mesmo tratamento era conferido aos herdeiros do cônjuge do sócio.

Com o vigente Código de Processo Civil (art. 600, parágrafo único), assegurou-se, porém, ao "cônjuge ou companheiro do sócio cujo casamento, união estável ou convivência terminou", o direito de requerer "a apuração de seus haveres na sociedade". Reverte-se, assim, o preceito consagrado no Código Civil, que protegia a empresa contra o risco de desestabilização. Conferiu-se ao cônjuge do sócio, que não é sócio, um esdrúxulo direito de retirada. Cabe à jurisprudência, por meio de um esforço de sistematização, recortar essa regra, de modo a tratar o ex-cônjuge não como um sócio meeiro, mas, sim, como credor – o que ele efetivamente é – que, não encontrando outros bens do devedor para sobre eles fazer recair a sua execução, possa requerer como qualquer credor que cotas do sócio, em volume suficiente, sejam liquidadas mediante apuração de haveres para, com o respectivo produto, obter a satisfação do seu crédito.

33 SOCIEDADE EM NOME COLETIVO

A sociedade em nome coletivo foi mantida pelo Código Civil (arts. 1.039 a 1.044), que preservou as suas linhas gerais.

A marca desse tipo societário é a responsabilidade solidária e ilimitada de todos os sócios. Essa característica, por comprometer o patrimônio pessoal dos sócios, provocou, especialmente depois do surgimento da sociedade limitada, o quase completo desaparecimento desse modelo de sociedade.

A lei, nessa sociedade, torna a condição de sócio privativa de pessoas naturais.

Os sócios poderão limitar entre si a responsabilidade pelas obrigações sociais, mas essa limitação terá efeitos apenas internos, não sendo, portanto, oponível a terceiros. O sócio que, na insolvência da sociedade, tiver o seu patrimônio atingido poderá, regressivamente, e de acordo com as normas internas, acionar os demais sócios.

A sociedade em nome coletivo adotará uma firma social, sob a qual exercerá as suas atividades.

A administração será confiada, de forma exclusiva, aos próprios sócios, devendo ser observados os poderes consignados no contrato, os quais serão privativamente exercidos pelos sócios mencionados.

O modelo da sociedade em nome coletivo tanto se presta à constituição de uma sociedade simples como à de uma sociedade empresária. Como se sabe, a sociedade simples poderá assumir a sua forma própria ou qualquer outra forma societária, exceto a da sociedade por ações.

À sociedade em nome coletivo, assim como aos demais tipos societários, aplicam-se subsidiariamente as normas próprias da sociedade simples.

O art. 1.043 do Código Civil (ressalvados os casos de prorrogação tácita do contrato e de prorrogação contratual impugnada – parágrafo único) retira, ao credor particular do sócio da sociedade em nome coletivo, o direito de pleitear, para efeito de realização de seu crédito, a liquidação (apuração de haveres) das cotas do sócio devedor.[9] A consequência dessa estranha proibição não poderá ser

---

[9] Alfredo de Assis Gonçalves Neto, ao comentar essa disposição, manifestou a sua perplexidade: "Trata-se, porém, de previsão extremamente infeliz. Quebra a tradição do direito nacional e é outra daquelas disposições que não veio atender nenhuma reivindicação de

uma blindagem capaz de proteger as cotas do devedor contra qualquer execução. Caberá, então, ao intérprete procurar a solução que, a partir dos termos da lei e dos princípios aplicáveis, alcance a satisfação do credor, cujos interesses encontram-se protegidos pelo direito e não podem ser sacrificados a não ser em situações especiais, e por razões de solidariedade social, como ocorre no caso do bem de família. Na hipótese ora examinada, se, por atenção ao interesse da própria sociedade e dos demais sócios, a cota não pode ser liquidada, e como também não pode ser penhorada e arrematada porque a sociedade é de pessoas, a penhora recairá sobre os lucros que vierem a ser distribuídos (art. 834 do CPC), ficando ainda as cotas indisponíveis, até que as dívidas que determinaram a penhora dos seus frutos sejam liquidadas.[10]

No entanto, cabe observar, ainda, que o CPC (art. 835) conferiu à penhora das cotas um caráter de generalidade que, em tese, poderia alcançar as sociedades em nome coletivo. Todavia, considerando a condição de norma especial de que se reveste o art. 1.034 do CC, as cotas dessa espécie societária continuam imunes à penhora e à consequente liquidação.

34   SOCIEDADE EM COMANDITA SIMPLES

Esse antigo tipo de sociedade, também em desuso, foi igualmente preservado pelo Código Civil.

A característica básica da sociedade em comandita simples continua sendo a existência de duas categorias de sócios: os comanditados, que respondem solidária e ilimitadamente pelas obrigações sociais; e os comanditários, cuja responsabilidade é limitada ao valor das próprias cotas.

Tal sociedade se rege pelas suas normas próprias (arts. 1.045 a 1.051) e subsidiariamente pelos preceitos aplicáveis à sociedade em nome coletivo, à qual, subsidiariamente, se aplica a legislação específica da sociedade simples.

Os sócios comanditários desfrutam dos direitos normais de sócio, mas não podem exercer as funções de administradores nem ter o seu nome incluído na firma social.

Semelhantemente aos sócios comanditados, terão os sócios comanditários o direito de voto, o direito de fiscalização e o direito de participar dos lucros.

A participação na firma e na administração é, todavia, privativa dos sócios comanditados; a sanção para os comanditários que emprestarem o seu nome à fir-

---

qualquer segmento da sociedade brasileira. Nem mesmo os diretamente interessados, os maus pagadores contumazes, promoveram algum movimento para reivindicá-la, apesar de terem sido aquinhoados com a benesse" (2012, p. 323).

[10] Marlon Tomazette também se pronuncia no sentido da penhora dos lucros que vierem a ser distribuídos (2003, p. 147).

ma ou que se envolverem na administração da sociedade será a responsabilidade solidária e ilimitada pelas obrigações sociais.

Permite a lei, no entanto (art. 1.047, parágrafo único), que o sócio comanditário, sem o agravamento de sua responsabilidade, possa ser constituído mandatário para a prática de negócio determinado, para o qual receberá procuração específica.

Essa modalidade societária, para sua constituição, depende da existência das duas categorias de sócios que a caracterizam, mas a ausência superveniente de sócio de uma dessas categorias somente determinará a dissolução da sociedade se, no prazo de 180 dias, essa duplicidade não se recompuser (art. 1.051, II). Durante esse período de 180 dias, se a inexistência for de sócios comanditados, poderão os comanditários, transitoriamente, nomear um administrador especial, para conduzir a sociedade no entretempo.

A sociedade em comandita simples tanto se presta à constituição de uma sociedade simples como à constituição de uma sociedade empresária.

VIII
DISSOLUÇÃO E LIQUIDAÇÃO

35. Dissolução; 36. Liquidação; 37. Partilha.

35 DISSOLUÇÃO

Toda sociedade se destina a exercer o seu objeto social; a dissolução marca o fim dessa destinação.

Com a dissolução, encerra-se a fase ativa da sociedade, que, a partir daí, entra em liquidação, que é uma espécie de preparação para a morte.

Durante a liquidação, mantém a sociedade a personalidade jurídica, mas não pode realizar novos negócios.[1]

A dissolução tanto poderá ser amigável como judicial.

Quando amigável, opera-se através de um distrato, que não é senão um instrumento firmado pelos sócios, disciplinando o encerramento da sociedade.

Quando judicial, dependerá de sentença, a ser proferida em função de requerimento do interessado e após comprovação do motivo alegado. A dissolução judicial encontrava-se regulada pelos arts. 655 a 674 do CPC de 1939, cuja vigência havia sido mantida pelo art. 1.218 do CPC de 1973. O CPC de 2015 (art. 1.046, § 3º), ao revogar essa disposição, submeteu a dissolução e liquidação judicial de sociedades ao procedimento comum previsto no próprio CPC de 2015.

Com isso, a dissolução judicial de sociedade, que envolve várias especificidades, encontra-se entregue às limitações do procedimento comum. A legislação revogada previa: a) audiência prévia dos interessados; b) as condições para a nomeação do liquidante; c) o eventual sequestro de bens; d) as obrigações do liquidante; e) a elaboração de inventário, balanço e plano de partilha; f) a comissão do liquidante; g) a aplicação subsidiária dos princípios que regem a partilha dos bens da herança.

---

[1] "Ou seja, a liquidação não é senão uma etapa, a última etapa, da vida da sociedade; etapa que termina e fecha o ciclo da sua existência" (NAVARRINI; FAGGELLA, 1950, v. 3, p. 95).

Diante de tamanha orfandade legislativa, já que essas normas foram revogadas, os juízes se verão obrigados a suprir as lacunas existentes, e, para tanto, poderão se inspirar nos preceitos revogados.

O Código Civil, no art. 1.033, enumera as hipóteses de dissolução ordinária: (a) vencimento do prazo de duração, que poderá prorrogar-se, conforme analisado a seguir; (b) vontade dos sócios; (c) extinção da autorização para funcionar, nos casos em que esta é exigida.

A hipótese mais nítida de dissolução ordinária é aquela em que a sociedade atinge o término de seu prazo de duração, mas, nesse caso, se a sociedade não entrar em liquidação, e se não houver oposição de sócio, ocorrerá a sua prorrogação por tempo indeterminado.

A dissolução pela vontade dos sócios depende de consenso unânime, se a sociedade for por prazo determinado (art. 1.033, II), ou de maioria absoluta, se a sociedade for por prazo indeterminado (art. 1.033, III).

A insolvência das sociedades simples, assim como a falência das sociedades empresárias, acarreta necessariamente, e por via judicial, a sua dissolução. A falência do sócio, todavia, não exercerá esse efeito, se os demais sócios desejarem prosseguir com a sociedade. O sócio falido fará jus a uma apuração de haveres.

Na sociedade por tempo indeterminado, como acima referido, a vontade da maioria absoluta dos sócios encontra-se colocada como uma causa de dissolução. Essa vontade, entretanto, face à teoria da continuidade da empresa, somente alcançará a dissolução se não se afigurar viável o prosseguimento do negócio com os sócios divergentes. Nesse caso, far-se-á a apuração de haveres dos sócios retirantes.

O art. 1.034 do Código Civil apresenta três hipóteses de dissolução contenciosa, quais sejam: (a) anulação da constituição da sociedade; (b) esgotamento do fim social; (c) inexequibilidade do objeto social.

O ato que dissolve a sociedade (distrato ou sentença) deverá ser arquivado na Junta Comercial e, depois, publicado.

36 LIQUIDAÇÃO

A liquidação é o período do fechamento das contas. Nessa fase deverá a sociedade ultimar negócios pendentes, realizar o ativo e pagar o passivo.

Os liquidantes, que poderão ser os próprios administradores ou terceiros, transformarão em dinheiro todos os bens da sociedade e promoverão o pagamento de todas as suas dívidas.

Os créditos e débitos, contudo, não se vencem antecipadamente durante a liquidação. Dessarte, será necessário esperar os respectivos vencimentos, situação que, quando há contratos de longo prazo, poderá retardar enormemente a liquidação.

Esse problema poderá ser contornado mediante a cessão de certos débitos e créditos a terceiros, bem como através de pagamentos ou recebimentos antecipados, com os naturais descontos. A cessão de débito, com a liberação do devedor primitivo, depende, contudo, da aquiescência do credor.

Os liquidantes, ao assumirem a função, levantarão um balanço da sociedade e, semestralmente, prestarão contas aos sócios, informando o estado da liquidação. Os demais deveres do liquidante encontram-se arrolados no art. 1.103 do Código Civil. Cumpre ressaltar (art. 1.106) o dever de pagar dívidas vencidas e vincendas proporcionalmente (sistema de rateio), a exemplo do que ocorre na sociedade anônima (ver seção 185).

37 PARTILHA

A partilha é o ato final da liquidação. Uma vez atendidos todos os credores, o saldo patrimonial apurado pertence aos sócios, devendo ser distribuído entre estes na proporção dos respectivos quinhões sociais.

É possível que, depois de pago todo o passivo, ainda existam na sociedade bens a serem transformados em dinheiro. Poderão os sócios, se o preferirem, e de comum acordo, dividir entre si esses bens, ainda *in natura*.

Resultado inverso ao da partilha será o ocorrente no caso de insuficiência patrimonial. Se os bens sociais não atingirem o nível necessário ao atendimento dos credores, a liquidação se converterá, conforme o caso, em insolvência civil ou falência.

Consumadas a liquidação e a partilha do saldo patrimonial, e não havendo reclamações, deverão os liquidantes, após ter as suas contas aprovadas pelos sócios, requerer o cancelamento do nome da sociedade no órgão de registro.

A prática às vezes encontrada de, em lugar de liquidar a sociedade, abandoná-la vem despertando, da parte da jurisprudência (ver seção 47, nota 14), uma reação bastante forte, no sentido da responsabilização, de forma ilimitada, dos sócios e administradores, principalmente daqueles mais diretamente ligados ao comando da empresa.

Tem-se entendido que a falta de regular liquidação significa relegar a sociedade à condição de sociedade em comum, com a consequente responsabilização dos administradores e sócios. Essa implicação, todavia, não deve alcançar aqueles que, para tanto, não contribuíram, tais como os sócios minoritários não envolvidos na administração social.

IX

A CONTA DE PARTICIPAÇÃO

38. Sociedade em conta de participação; **39.** Natureza jurídica e finalidade; **40.** A importância do registro; **41.** Relações externas e internas; **42.** Utilidade e aplicação.

38   SOCIEDADE EM CONTA DE PARTICIPAÇÃO

Embora tenha o nome de sociedade e esteja incluída no título do Código Civil que trata das sociedades, a chamada sociedade em conta de participação não é uma verdadeira sociedade.[1]

Faltam-lhe o patrimônio próprio e a personalização (o próprio Código a considera não personalizada), que são características essenciais das sociedades.[2]

Na sociedade em conta de participação, uma ou mais pessoas fornecem dinheiro ou bens a um operador, a fim de que este os aplique em determinadas operações, no interesse comum.

Aquele que aparece perante terceiros é chamado sócio ostensivo ou operador e os fornecedores de recursos são chamados sócios ocultos ou participantes.

Os recursos fornecidos pelos participantes determinam a abertura de uma conta nos livros do operador, e integram-se no seu ativo.

Cabe ao operador aplicar esses recursos nos fins convencionados, o que fará em nome próprio, de tal forma que, perante terceiros, figurará como se fora o único interessado nas respectivas operações.

As aplicações e os resultados irão sendo lançados na conta aberta e, a final ou periodicamente, o lucro apurado será distribuído entre os participantes, na forma convencionada.

---

[1]   Bravard-Veyrières, em seu *Tratado de Direito Comercial*, que é de 1890, já levantava essa questão: "La première question qui s'élève au sujet de ces associations [comptes en participation], c'est de savoir si elles constituent ou non une véritable société" (1890/1892, v. 1, p. 377).

[2]   Alguns autores, como Amador Paes de Almeida, preferem considerar a conta de participação uma sociedade *sui generis* (1982, p. 136).

No caso de falência, alcançará esta apenas o operador (sócio ostensivo).

A conta de participação poderá ser contratada para uma única ou para várias operações.[3]

39 NATUREZA JURÍDICA E FINALIDADE

A conta de participação não apresenta nem mesmo a característica da plurilateralidade que é própria do contrato de sociedade.

A relação que se estabelece entre as partes é de natureza bilateral, configurando-se sempre no plano operador-participante. Ainda que sejam vários os participantes, não haverá uma relação destes entre si, mas tão somente de cada um destes, ou do conjunto destes, com o operador.

Esse contrato lembra o empréstimo a risco (*nauticum foenus*), originário do direito grego clássico, cujos reembolso e rendimento dependiam do êxito do empreendimento.

A comissão mercantil, hoje simplesmente comissão, também apresentaria conotações com a conta da participação, na medida em que, em ambos os contratos, a parte ostensiva atua em nome próprio, porém, ainda que em parte, no interesse de terceiro.

O empréstimo a risco e a comissão têm, no entanto, características muito específicas, estando o primeiro vinculado às expedições navais, e envolvendo o segundo um processo de intermediação.

---

[3] A Lei Complementar nº 155, de 27 de outubro de 2016 (art. 61-A, que se acrescenta à LC nº 123/2006), criou a figura do investidor-anjo, que corresponde, com efeito, a uma espécie de titular especial de uma conta de participação. Sociedades enquadradas como microempresa ou empresa de pequeno porte, e que tenham por finalidade o fomento à inovação e investimentos produtivos, poderão receber aportes de capital, realizados por pessoa física, pessoa jurídica ou fundos de investimento (estes conforme regulamentação da CVM), que não integrarão o seu capital social. Nesses casos, o chamado investidor-anjo não será considerado sócio, não terá direito de voto nem participará da administração da sociedade, a não ser em caráter consultivo. Além disso, ficará isento de qualquer responsabilidade por dívidas da empresa, não lhe sendo aplicável nem mesmo o instituto da desconsideração da personalidade jurídica. A sua participação não poderá exceder o prazo de sete anos, e o seu quinhão dos lucros será o que for definido em contrato. O resgate do valor investido, que não poderá ocorrer antes de dois anos, observará a situação patrimonial da sociedade, mas não excederá o valor investido devidamente corrigido por índice previsto no contrato (essa regra não se afigura equitativa, uma vez que o investidor sofre o decesso patrimonial, sem que lhe aproveite o excesso). Trata-se, conforme se percebe, de uma conta de participação especial, que mantém regras próprias, regendo-se, no geral, pelos princípios e normas que regulam o instituto. Embora essa operação esteja sujeita a um limite temporal máximo de sete anos, quando deverá ocorrer o resgate, nada impede que as partes convencionem a prerrogativa do participante de, no final do referido prazo, optar pela conversão de sua participação em capital social, segundo bases preestabelecidas. A Lei das *Startups* (Lei Complementar nº 182/2021) prevê expressamente que o investidor-anjo (art. 5º, VI, c/c o § 2º) poderá converter a sua participação em capital social, de acordo, naturalmente, com as condições preestabelecidas.

A conta de participação apresenta elementos da sociedade – conjugação de recursos para uma exploração comum – mas não reúne os pressupostos necessários à sua classificação como tal. Pode-se, então, afirmar que se trata de um contrato de participação.

A finalidade desse contrato é, com efeito, a obtenção de capital de risco para um dado empreendimento, proporcionando-se ao emprestador uma participação nos lucros ou prejuízos consequentes.

40 A IMPORTÂNCIA DO REGISTRO

O Código Civil (art. 992) dispensa, com relação à conta de participação, as formalidades previstas para a constituição de sociedades, e permite que a sua existência seja provada por qualquer dos meios admitidos em direito.

Deve-se, contudo, lembrar que a conta de participação mantém uma faixa fronteiriça com a sociedade em comum. Não havendo contrato escrito nem arquivamento no Registro de Empresas,[4] corre o participante o risco de ser confundido com o sócio de uma sociedade em comum, do que resultaria a sua responsabilidade ilimitada.

Desse modo, embora não obrigatoriamente, devem os participantes, para não se exporem a elevados riscos, contratar a conta de participação por escrito, e providenciar o respectivo arquivamento no Registro de Empresas. O arquivamento, embora não exigido por lei, pode ser feito, posto que qualquer ato de interesse do empresário é passível de arquivamento na Junta Comercial (art. 32, II, *e*, da Lei nº 8.934/1994).

41 RELAÇÕES EXTERNAS E INTERNAS

A conta de participação apresenta uma face externa e outra interna.

Externamente, o operador atua como se não existisse a conta de participação, sendo ele o único que se obriga e que adquire direitos.

Internamente, registra o operador, na conta específica, todos os ingressos, despesas e dispêndios incorridos e os resultados que se forem acumulando, para distribuir os lucros ou imputar os prejuízos aos participantes, imputação essa que não poderá ultrapassar os fundos que cada um destinou ao contrato.

Os participantes obrigam-se apenas perante o operador, não sendo dado aos credores qualquer direito ou pretensão contra aqueles.

Os participantes poderão ser pessoas físicas ou jurídicas. Eventualmente, as contas de participação poderão estar cruzadas, determinando situação em que o operador de um contrato figure em outro como participante, ao tempo em que o participante do primeiro passe a operador no segundo.

---

[4] Ou no Registro Civil das Pessoas Jurídicas, se for o caso.

Se o empresário-operador firmar vários contratos de participação distintos, abrirá uma conta para cada participante. Estando os participantes envolvidos em uma mesma operação ou negócio, a conta será uma só, embora desdobrada em várias subcontas. A admissão de novo participante em uma mesma conta depende do contrato ou do consentimento dos demais participantes (art. 995).

42 UTILIDADE E APLICAÇÃO

O contrato de participação, ao contrário das sociedades de responsabilidade ilimitada, que perderam inteiramente a sua importância, é um instituto em franca ascensão, sendo cada vez mais utilizado para uma série de empreendimentos.

Uma de suas aplicações mais constantes vem se verificando na área das incorporações imobiliárias. Uma empresa assume a obra externamente, enquanto outras fornecem terreno e recursos para, depois, ratearem entre si o proveito apurado.

Os fundos de investimento, que no Brasil optaram pela forma do condomínio, têm adotado, em muitos países, como forma de atuação, a conta de participação. A Lei nº 13.874/2019 (redação atribuída ao art. 1.368-C do CC) define o fundo de investimento como condomínio e permite que se adote a regra da limitação da responsabilidade dos cotistas.

O art. 5º, § 1º, V, do Marco Legal das Startups (LC nº 182/2021) preceitua que as *startups* poderão admitir aporte de capital por pessoa física ou jurídica, sem que esse aporte seja considerado participação no capital social da *startup* e, consequentemente, sem converter o investidor em sócio. Dentre as várias hipóteses previstas na lei, está prevista a possibilidade de estruturação de uma "sociedade em conta de participação" celebrada entre o investidor e a empresa. Nesse caso, a sociedade em conta de participação pode ser utilizada por *startups* em contextos que envolvam investidores ou investidores-anjo interessados em aportar recursos em um negócio, sem assumir responsabilidades operacionais, gerenciais ou jurídicas decorrentes da condição de sócio formal. Esse modelo se mostra particularmente vantajoso para *startups* – empresas jovens, de rápido crescimento e alto risco – e para pequenos negócios em fase de expansão. Nessas situações, o investidor atua como sócio participante, enquanto os gestores diretamente envolvidos na operação desempenham o papel de sócios ostensivos.

As parcerias empresariais, que se destinariam a reduzir custos e integrar resultados entre empresas, poderiam adotar a forma da conta de participação.

A não adoção, nessas parcerias empresariais, do processo da conta de participação, ou de outras estruturas típicas legalmente previstas, cria o risco de conduzir essas associações para o âmbito das sociedades irregulares ou em comum, com a consequente ilimitação da responsabilidade dos parceiros. A caracterização da sociedade irregular decorreria, nos termos do Código Civil (art. 988), da prova de existência de bens e dívidas em comum.

Deve-se, portanto, em tais situações, a fim de afastar a grave sanção, que é a ilimitação da responsabilidade (art. 990), contratar, de modo formal, a conta de participação.[5]

---

[5] As atividades empresariais conjuntas, quando não ordenadas sob um modelo jurídico típico e formal, tangenciam os domínios da sociedade irregular ou de fato. Ressalvem-se as parcerias agrícolas, pecuárias e marítimas, que contam com uma regulamentação específica e delimitada.

Dispõe o Código Civil no art. 987: "Os sócios, nas relações entre si ou com terceiros, somente por escrito podem provar a existência da sociedade, mas os terceiros podem prová-la de qualquer modo."

A sanção a que se encontra sujeita a sociedade de fato é a responsabilização solidária e ilimitada dos parceiros por todas as obrigações sociais.

Por essa razão, as parcerias entre sociedades, para que não corram o risco de resvalar para o âmbito da contaminação recíproca de eventual insolvência, necessitam revestir modelos legais típicos, que lhes garantam a identidade jurídica. Eduardo Goulart Pimenta, em sua monografia sobre *joint venture*, manifesta-se, de forma incisiva, sobre o tema: "A responsabilidade dos signatários em um contrato de parceria empresarial atípico é, portanto, a mesma dos sócios de uma sociedade em comum" (2005, p. 79).

A criação de uma sociedade, de uma nova pessoa jurídica (uma *joint venture*, por exemplo), afigura-se a forma tradicional de associar empresas. A forma societária adotada (sociedade anônima ou sociedade limitada) assegurará a limitação da responsabilidade.

A conta de participação, que tem natureza contratual, também opera de forma limitada, comprometendo apenas os recursos destinados ao empreendimento.

O consórcio, que é um contrato associativo, mas que não constitui uma pessoa jurídica, encontra-se previsto em lei e, observadas as suas características, inclusive o objeto restrito a um empreendimento determinado e específico, não implicará solidariedade nem revestirá responsabilidades que não sejam as individualmente assumidas no respectivo contrato. Alguns autores, por adotarem uma visão extensiva do que sejam parcerias empresariais, arrolam entre estas alguns contratos interempresariais, tais como os de distribuição comercial, o de franquia, o de concessão, o de comissão (BORGES, 2004, p. 89 a 130). Nesses contratos, todavia, mesmo em suas formas atípicas, cada empresa assume o seu papel, que é próprio e inconfundível, não havendo integração de proveitos e riscos – não ocorre a negociação promíscua e comum, que levaria as empresas contratantes para o âmbito de uma efetiva parceria.

Ocorrem, todavia, hipóteses de parcerias empresariais que não se coadunam com esses modelos, posto que o fim almejado não é a implantação de um projeto específico e delimitado, tampouco a criação de uma sociedade. O que se deseja, diferentemente, é o estabelecimento de uma atuação conjunta e duradoura, uma espécie de colaboração mútua, para facilitar ou desenvolver determinadas fases da atividade empresarial de seus membros, ou para aperfeiçoar o resultado dessas atividades.

Para atender a esse objetivo, algumas legislações instituíram os agrupamentos de colaboração empresária. Essas legislações permitem que empresas se associem, sem forma societária, para, nos termos da lei, desenvolver pesquisas de interesse comum, produzir componentes a serem agregados ao processo de fabricação de seus integrantes, promover controle de qualidade, manter uma frota transportadora ou exercer qualquer outra função que sirva de suporte às empresas que compõem o agrupamento.

Esses agrupamentos, quando regulados por lei, permitem que um grupo de empresas, através de um fundo comum e uma administração própria, possam promover uma parceria ordenada, com obrigações delimitadas, e imputáveis ao agrupamento. Por essas obrigações, os participantes responderão ilimitadamente, mas não haverá o risco de caracterização de sociedade de fato que, como tal, confundiria as operações próprias das várias sociedades, e não apenas as que fossem imputáveis ao agrupamento.

O agrupamento de colaboração empresária, comum em países europeus, encontra-se regulado pela lei argentina das sociedades comerciais (cf. LUCERO, 1998, t. II, p. 538).

A União Europeia, para fins comunitários, adotou o "Agrupamento Europeu de Interesse Comum – AEIC", que permite, no âmbito comunitário, a cooperação empresarial institucionalizada.

No direito cubano, com o objetivo de atrair capitais estrangeiros, paralelamente à empresa mista, que tem personalidade jurídica, foi regulada a chamada "*asociación contractual*", que não é senão uma parceria empresarial despersonalizada (cf. FERNANDES, 1993, p. 17; VEGA, s.d., p. 33).

Verifica-se, portanto, que a colaboração entre sociedades, quer mediante a criação de novas sociedades, quer através de contratos associativos não personalizados, vem ganhando acentuada relevância e desenvolvimento, embora dependendo de uma forma típica que as previna da configuração de sociedade de fato (sociedade em comum).

X
SOCIEDADE LIMITADA (A)

43. Características; **44.** A responsabilidade limitada; **45.** Legislação aplicável; **45.1.** Acordo de cotistas; **46.** Campo de aplicação; **47.** Administração; **48.** Delegação.

43 CARACTERÍSTICAS

A sociedade limitada representa a mais recente das formas societárias existentes no direito brasileiro.[1]

Surgida na Alemanha em 1892,[2] passou a Portugal (1901), a cujo modelo se filiou o Decreto nº 3.708, de 10 de janeiro de 1919, que a adotou no Brasil sob o nome de sociedade por cotas de responsabilidade limitada.

O Código Civil de 2002 regulou inteiramente a sociedade limitada, assim revogando o Decreto nº 3.708/1919.

A primeira mudança significativa, que se operou através do Código Civil, concerne à própria designação da sociedade, que deixou de chamar-se "sociedade por cotas de responsabilidade limitada" para nomear-se simplesmente "sociedade limitada".

O Decreto nº 3.708/1919 era extremamente resumido (apenas 18 artigos) e tinha na lei das sociedades anônimas, que invocava expressamente, uma legislação supletiva das omissões do contrato social.

A regulação vigente é muito mais abrangente. Além disso, reporta-se às normas da sociedade simples, que exercerão o papel de legislação subsidiária (art. 1.053), enquanto a legislação das sociedades anônimas somente incidirá, supletivamente,

---

[1] A sociedade simples (tipo) seria mais recente do que a sociedade limitada (ver seção 32), mas, considerando que ela substitui a antiga sociedade civil, ainda que com uma regulação completamente diversa, a hipótese se situa, mais apropriadamente, no âmbito da reformulação do que no da criação.

[2] "A *Gesellschaft mit Beschränkter Haftung*, conhecida pelas iniciais GMBH, era uma mescla de sociedade de pessoas e de capitais" (PAES, 1985, p. 84).

quando o contrato social contiver cláusula expressa nesse sentido (art. 1.053, parágrafo único).

A sociedade limitada sofreu, pois, um acentuado deslocamento conceitual, transitando de uma posição de identificação com a sociedade anônima para uma aproximação com a sociedade simples.

O requisito da pluralidade de sócios não mais se aplica à sociedade limitada, a qual, por força do disposto no art. 1.052, § 1º, do CC, na redação resultante da Lei nº 13.874/2019, poderá ser pluripessoal ou unipessoal. Passou, portanto, a legislação brasileira, a exemplo de várias outras legislações, a acolher, amplamente, a sociedade limitada unipessoal.

44 A RESPONSABILIDADE LIMITADA

O Código Civil de 2002 disciplinou sucintamente a questão relativa à responsabilidade dos sócios da sociedade limitada, fazendo-o nos seguintes termos:

> Art. 1.052. Na sociedade limitada, a responsabilidade de cada sócio é restrita ao valor de suas cotas, mas todos respondem solidariamente pela integralização do capital social.

A responsabilidade dos sócios encontra-se, pois, limitada à integralização do capital social. Consequentemente, se algum sócio não integralizar as próprias cotas, todos os demais responderão solidariamente pela correspondente integralização.

Como, porém, a legislação (art. 1.052) preceitua que a "responsabilidade dos sócios é restrita ao valor de suas cotas, mas todos respondem solidariamente pela integralização do capital social", cabe indagar qual a oportunidade em que se exercerá essa responsabilidade subsidiária. Considerando que não há na lei referência a falência, ou mesmo a insolvência, cabe indagar se a própria sociedade poderia exigir, na falta de integralização das cotas de algum sócio, que os demais provessem essa integralização.

A resposta a essa questão deve ser negativa. Ora, se a obrigação dos sócios é restrita ao valor de suas cotas, a responsabilidade pela integralização do capital é de natureza subsidiária, apenas ocorrendo em benefício de terceiros, em face da insuficiência dos bens sociais; a solidariedade opera no plano dos sócios entre si, uma vez que a integralização poderá ser exigida de qualquer dentre eles ou de todos indistintamente.

A responsabilidade solidária dos sócios pela integralização do capital atua como uma garantia para os credores da sociedade. A administração da sociedade somente poderá demandar os sócios para que integralizem as próprias cotas.[3] Tercei-

---

[3]   Jorge Lobo sustenta posição diversa: "A pretensão de haver de algum sócio a integralização da totalidade do capital é legítima quando as repercussões da não integralização sejam tamanhas a ponto de pôr em risco a existência da sociedade" (2004, p. 196).

ros, credores da sociedade, estes sim é que poderão exigir, de qualquer dos sócios, a integralização do capital, no caso de falência, ou, mesmo independentemente desta, desde que não encontrem, para efeito de penhora, bens livres da sociedade.[4]

A responsabilidade dos sócios pela integralização do capital é solidária, porém subsidiária.

Perante a sociedade, cada sócio encontra-se obrigado a integralizar as próprias cotas. Perante terceiros, todos os sócios respondem solidariamente pela integralização de todo o capital.

Verifica-se, portanto, que a responsabilidade dos sócios é limitada, mas essa limitação ultrapassa a cota do sócio, garantindo a integralização do capital.

Assim, se algum sócio não integralizar a sua cota, todos os demais responderão, de forma solidária e subsidiária, pela respectiva integralização.

Figure-se a hipótese de sociedade cujo capital, no valor de R$ 100.000,00, encontre-se assim distribuído entre os sócios: sócio A – R$ 80.000,00; sócio B – R$ 15.000,00; e sócio C – R$ 5.000,00.

Se os sócios B e C integralizarem as suas cotas e o sócio A não o fizer, vindo a sociedade a tornar-se insolvente, a integralização das cotas subscritas por A poderá ser exigida do próprio A ou de B e C, indistintamente. Os credores escolherão para esse efeito, certamente, aquele cujos bens pessoais estiverem mais evidentes e mais livres. O sócio que for levado a integralizar cotas de outro sócio poderá, regressivamente, cobrar deste o montante despendido ou, de cada um dos demais sócios, o respectivo rateio.

A sociedade limitada envolve, pois, uma responsabilidade superior à da sociedade anônima, na qual cada acionista responde apenas pelo capital que subscreveu.

Integralizado, porém, o capital da sociedade limitada, estarão os sócios liberados de qualquer responsabilidade adicional.

O patrimônio pessoal do sócio ficará a salvo de execuções ou penhoras dirigidas contra a sociedade. Esse posicionamento tem sido resguardado pela jurisprudência do STJ, a qual somente vem admitindo a penhora de bens do sócio quando este, sendo administrador ou controlador, tenha procedido culposamente (art. 1.016).[5]

---

[4] Sobre o tema, e como contraponto à posição que estamos sustentando, que se satisfaz com a simples insolvência, atente-se para o magistério de José Waldecy Lucena, que insiste na oportunidade da falência (2003, p. 69).

[5] Se o sócio não figura como administrador, ou se não atua como tal, não pode ser responsabilizado por eventuais irregularidades, a não ser que estas tenham decorrido de deliberação dos sócios, da qual participou, ou do poder de controle por ele detido. No que concerne às dívidas tributárias, o STJ emitiu a Súmula nº 430, com o seguinte teor: "O inadimplemento da obrigação tributária pela sociedade não gera, por si só, a responsabilidade solidária do sócio-gerente." A dissolução irregular da empresa, contudo, atrai a responsabilidade dos

Há outra responsabilidade dos sócios, que é a concernente à avaliação dos bens conferidos à sociedade para integralização de capital. Essa avaliação se fará pelos próprios sócios, mas, no caso de superavaliação, todos os sócios responderão, solidariamente, perante credores, pela diferença entre o valor estimado e os parâmetros de mercado (art. 1.055, § 1º). Explicitou o Código Civil o entendimento que já era assente, mas com a limitação dessa responsabilidade a um prazo decadencial de cinco anos.

Cabe ponderar que respondem pela correta avaliação dos bens conferidos à sociedade, obviamente, apenas aqueles sócios que o eram quando da avaliação desses bens. Os sócios que ingressaram na sociedade posteriormente, como não participaram do ato, nem explícita nem implicitamente, por este não poderão responder.

Cada sócio responderá pela evicção dos bens que transmitiu à sociedade para efeito de integralização do capital e, com relação aos créditos transferidos para esse mesmo fim, responderá pela solvência do devedor (art. 1.005 do Código Civil).

45   LEGISLAÇÃO APLICÁVEL

À sociedade limitada aplica-se, basicamente, o capítulo IV do subtítulo II, do título II do livro II do Código Civil, que é a legislação específica sobre a matéria.

Nas omissões de sua regulação específica, aplicam-se à sociedade limitada as normas da sociedade simples (art. 1.053). Trata-se, como se vê, de uma aplicação subsidiária, com caráter impositivo. Os preceitos imperativos sobrepor-se-ão às cláusulas contratuais, restringindo a autonomia da vontade dos sócios.

A disciplina da sociedade simples, no que tange às suas normas genéricas, constitui, segundo o Código Civil, uma verdadeira parte geral do direito societário, aplicando-se, subsidiariamente, não apenas à sociedade limitada, mas a todos os tipos societários, inclusive à sociedade anônima (art. 1.089).

Integram ainda o sistema as normas sobre associações, as quais, na ausência de uma norma própria, aplicam-se subsidiariamente às sociedades (art. 44, § 2º, do Código Civil).

A lei das sociedades anônimas, que, no antigo regime, exercia o papel de legislação supletiva das omissões do contrato da sociedade limitada, passou, com

---

administradores, nos termos da súmula 435 do STJ, "Presume-se dissolvida irregularmente a empresa que deixar de funcionar no seu domicílio fiscal, sem comunicação aos órgãos competentes, legitimando o redirecionamento da execução fiscal para o sócio-gerente." A tese firmada no Tema Repetitivo nº 981 foi a de que "O redirecionamento da execução fiscal, quando fundado na dissolução irregular da pessoa jurídica executada ou na presunção de sua ocorrência, pode ser autorizado contra o sócio ou o terceiro não sócio, com poderes de administração na data em que configurada ou presumida a dissolução irregular, ainda que não tenha exercido poderes de gerência quando ocorrido o fato gerador do tributo não adimplido, conforme art. 135, III, do CTN."

o Código Civil, a exercer esse papel apenas quando invocada explicitamente pelo estatuto social (art. 1.053, parágrafo único).

Atente-se, porém, para as limitações dessa regência supletiva. Aplicação supletiva[6] não se confunde com aplicação subsidiária. Sendo supletiva, destina-se a suprir as omissões do contrato, incidindo naquelas hipóteses a respeito das quais poderia dispor o contrato. Ademais, cabe acentuar que a aplicação subsidiária significa a integração da legislação subsidiária na legislação principal, de modo a preencher os claros desse complexo normativo, com preceitos imperativos e dispositivos. A aplicação supletiva, por preencher os claros do contrato, apenas incide no espaço reservado às normas dispositivas, como tal suprindo a vontade não manifestada pelos sócios, ao ordenar as cláusulas contratuais. Adotada a regência supletiva das normas sobre sociedades anônimas, afastadas estarão as normas dispositivas da limitada e da sociedade simples, que se farão substituir pelas da sociedade anônima. As normas imperativas, não apenas da limitada, mas igualmente as da sociedade simples, continuarão a incidir, a despeito da aplicação supletiva da legislação das sociedades anônimas.

Além disso, a regência supletiva, embora invocada pelo contrato, ocorrerá apenas naquelas matérias que se encontravam abertas à convenção das partes, limitando-se, portanto, ao que for compatível com a natureza e a condição da sociedade limitada.

Há uma série de institutos e de regras que são típicos da sociedade anônima e, por conseguinte, funcionalmente incompatíveis com a sociedade limitada. A título de exemplo, poder-se-ia citar toda a matéria atinente a valores mobiliários, tais como ações, debêntures e bônus de subscrição, os quais, pela sua natureza de títulos de mercado, não se coadunam com os fins e propósitos da sociedade limitada. Assim, nem mesmo o contrato social poderia adotá-los.

Se a sociedade limitada, tal como permitido pelo § 1º do art. 1.052 do CC, for constituída por um único sócio, ou se a tanto se reduzir o seu quadro social, as normas próprias da sociedade limitada a ela se aplicarão no que for cabível (art. 1.052, § 2º, do CC), vale dizer no que for compatível com a unipessoalidade.

45.1 Acordo de cotistas

Os sócios da sociedade limitada poderão celebrar acordo de cotistas, o qual, na hipótese de aplicação supletiva da legislação da sociedade anônima, reger-se-á pelo art. 118 da Lei nº 6.404/1976.

Na ausência da supletividade, que somente ocorre quando invocada pelo contrato social (art. 1.053, parágrafo único, do CC), o acordo de cotistas será celebrado

---

[6] "Considera-se permissiva, supletiva ou dispositiva a lei quando os seus preceitos não são impostos de modo absoluto, prevalecendo no caso de silêncio das partes, isto é, se estas não determinaram, nem convencionaram procedimento diverso" (MAXIMILIANO, 1988, p. 219).

com base na autonomia da vontade, e a execução específica poderá ocorrer com base no art. 501 do CPC.

O acordo, para a sua eficácia perante a sociedade, deverá ser arquivado junto a esta, convindo ainda, para maior publicidade, promover o seu registro na Junta Comercial, com fundamento no art. 32, II, *e*, da Lei nº 8.934/1994, que prevê o arquivamento de qualquer ato que interesse ao empresário ou à sociedade empresária.

46   CAMPO DE APLICAÇÃO

Por ser uma sociedade de responsabilidade limitada, ter uma estrutura mais simples do que a sociedade anônima e não se sujeitar a publicação obrigatória de balanços, a sociedade limitada continuou a contar com forte aceitação no âmbito de empresas médias e médio-grandes.

Os empreendimentos de grande porte costumam optar pela sociedade anônima, em atenção à sua estrutura organizacional complexa e ordenada, própria dos negócios que exigem regras e controles mais rígidos e mais impessoais.

Há empresas pequenas e médias que adotam a forma anônima apenas para apresentar uma imagem pública de grande empresa – razões psicológicas.

As sociedades limitadas, ao atingirem um certo grau de crescimento, deliberam, de ordinário, transformar-se em anônimas, especialmente quando pretendam abrir o seu capital ao público investidor.

Muitas empresas de grande porte, que não têm a intenção de se abrir ao mercado, especialmente multinacionais, têm optado pela forma da sociedade limitada, em função, precipuamente, da desnecessidade de promover a publicação de suas demonstrações financeiras.[7]

---

[7]   A sociedade limitada, em termos gerais, no que tange à escrituração contábil e balanço, rege-se pelo Código Civil (arts. 1.179 a 1.195). Entretanto, se esta sociedade, ou qualquer outra, caracterizar-se como sociedade de grande porte (art. 3º e seu parágrafo único da Lei nº 11.638, de 28 de dezembro de 2007), por ter, isoladamente ou em conjunto com outras sociedades sob controle comum, um ativo superior a R$ 240 milhões ou uma receita bruta anual superior a R$ 300 milhões, estará sujeita às normas da lei das sociedades anônimas sobre escrituração e elaboração de demonstrações financeiras, e ainda ao dever de contratar auditor independente registrado na CVM. O legislador, para efeito de demonstrações financeiras, equiparou as sociedades de grande porte, ainda que revistam outras formas societárias, à sociedade anônima. Objetiva-se, com essa norma, submeter a grande empresa, independentemente da forma ou espécie societária adotada, ao rigor e à transparência que resultam da publicação de demonstrações financeiras completas. A lei, ao aplicar às sociedades de grande porte as disposições da Lei nº 6.404/1976 sobre "escrituração e elaboração de demonstrações financeiras", não fez senão adotar, com relação a essas empresas, todos os preceitos da S.A. relativos à matéria, inclusive o constante do § 1º do art. 176 (Demonstrações Financeiras – Disposições Gerais), com o seguinte teor: "As demonstrações de cada exercício serão **publicadas** com indicação dos valores correspondentes das demonstrações do exercício anterior." A elaboração inclui a publicação, que é o ato final do processo. Essa é a *mens legis* e, para tanto, não se afigura

47 ADMINISTRAÇÃO

A gestão da sociedade (ver seção 21) cabe aos administradores designados no contrato ou em ato separado (art. 1.060 do Código Civil). Se designados em ato separado, a investidura depende de termo de posse no livro de atas da administração (art. 1.062).

Esses administradores poderão ser pessoas naturais ou pessoas jurídicas, uma vez que, onde o legislador não distinguiu (art. 1.060, que se refere a "uma ou mais pessoas", indistintamente), não cabe ao intérprete distinguir.[8] Quando o legislador quis distinguir, como o fez em relação à sociedade simples, fê-lo expressamente (art. 997, VI), para tornar a administração privativa de pessoas naturais. A regra da sociedade simples não se aplica subsidiariamente, nesse caso, à sociedade limitada, tanto que esta dispõe de norma própria.

Com o atual Código Civil, ficou ultrapassada a antiga designação "sócio--gerente", posto que os gestores da sociedade limitada passaram a denominar-se "administradores", podendo o contrato social, como aliás já vinha ocorrendo, atribuir-lhes o título de diretores.[9]

Se o contrato social atribuir a administração a todos os sócios, essa atribuição será considerada restrita aos que detinham a condição de sócio naquele momento (art. 1.060, parágrafo único). Os futuros sócios somente terão poderes de admi-

---

relevante o fato da exclusão, durante a elaboração legislativa, da referência expressa ao vocábulo *publicação*, que constava do projeto de lei, posto que, referida ou não, a obrigatoriedade da publicação resulta das normas sobre elaboração das demonstrações financeiras, que o legislador acolheu, e da teleologia do preceito, cujo escopo não é senão a equiparação, para tal efeito, da sociedade de grande porte à sociedade por ações. Essa questão, contudo (publicar ou não as demonstrações financeiras da sociedade de grande porte), tem sido objeto de grande controvérsia, inclusive junto aos tribunais. Em 2023, a Terceira Turma do STJ reafirmou, por unanimidade, o entendimento no sentido da desnecessidade de publicação das demonstrações financeiras: "1. O artigo 3º, 'caput', da Lei 11.638/2007 somente fez referência sobre a obrigatoriedade da escrituração e elaboração das demonstrações financeiras, excluindo expressamente a palavra publicação que constava do projeto de lei. 2. É possível concluir que houve um silêncio intencional do legislador em afastar a obrigatoriedade das empresas de grande porte de publicarem suas demonstrações contábeis. 3. Em atenção ao princípio da legalidade ou da reserva legal, compreendido como base do Estado Democrático de Direito, somente as leis podem criar obrigações às pessoas, sejam elas físicas ou jurídicas. Logo, por falta de disposição legal, não há como obrigar as sociedades limitadas de grande porte a publicarem seus resultados financeiros" (REsp 1.824.891/RJ, Rel. Min. Moura Ribeiro, 3ª Turma, j. 21.03.2023, *DJe* 23.03.2023).

[8]   Nesse sentido o entendimento de Paulo Penalva Santos (2005, p. 347).

[9]   A caução prevista na legislação anterior, a ser prestada pelos administradores, que na prática os contratos sociais já dispensavam, não foi reproduzida pelo Código Civil, cabendo a respeito atentar para a observação de José Waldecy Lucena: "O CC/2002 não disciplinou o prestamento de caução pelos administradores, o que sinaliza tê-la dispensado, e no que andou bem, dada a reconhecida e proclamada obsolescência do instituto" (2003, p. 476).

nistração se receberem uma outorga específica, ou se houver uma renovação da atribuição da administração a todos os sócios.

Não mais se admite a delegação de gerência ou administração, mas a sociedade poderá ter administradores não sócios.[10] Todavia, enquanto não integralizado o capital, dependerá da aprovação de, no mínimo, 2/3 dos sócios, vale dizer, 2/3 do capital, essa nomeação. Integralizadas todas as cotas, a designação poderá se fazer por mais de metade do capital social (nova redação do art. 1.061 do Código Civil).

Coloca-se ainda uma outra questão. Promovido o aumento de capital, e não integralizado este, como ficariam os administradores não sócios?

A fim de resguardar a lógica do sistema, havendo administradores não sócios, o aumento de capital teria que se fazer com integralização imediata, salvo se 2/3 do capital ou, conforme o caso, mais de metade do capital ratificasse a permanência do administrador estranho ao quadro social.

O Código Civil de 2002 trouxera inovação significativa relativamente à destituição dos administradores, porquanto, no silêncio do estatuto, o administrador que fosse sócio e que tivesse sido nomeado no próprio contrato social, somente poderia ser destituído por cotistas representativos de, no mínimo, dois terços do capital social. Esse preceito, que constava do art. 1.063, § 1º, do Código Civil, foi modificado pela Lei nº 13.792, de 03 de janeiro de 2019, de forma a exigir, para essa destituição, apenas e tão-somente a aprovação de mais de metade do capital social. Passou a lei, portanto, a exigir, salvo disposição contratual diversa, a simples maioria absoluta do capital.

Trata-se, no caso, de oportuna correção de norma que atentava contra o princípio majoritário, que é inerente ao direito societário, posto que limitava o poder de controle, trazendo para a sociedade o risco de grave comprometimento da harmonia social.

Os poderes dos administradores serão aqueles que forem fixados no contrato social. No silêncio do contrato, terão os administradores amplos poderes de gestão, excetuadas, se não integrarem o objeto social, a oneração e a alienação de bens imóveis (art. 1.015 do Código Civil), atos estes para cuja prática se exige a aprovação da maioria do capital.[11] Considere-se ademais que os atos dos adminis-

---

[10] A Lei nº 12.375/2010, ao atribuir nova redação ao art. 1.061 do Código Civil, eliminou a exigência de permissão contratual para a nomeação de administrador não sócio, enquanto a Lei nº 14.451/22, inovando mais uma vez essa redação, simplificou o quórum para tanto exigido.

[11] A jurisprudência vem, todavia, prestigiando, em situações especiais, a teoria da aparência: "Trata-se de REsp em que, entre outras alegações, a questão de fundo versa sobre garantias hipotecárias prestadas por sócio-gerente que não dispunha de poderes contratuais para representar a sociedade, no caso caracterizada como de responsabilidade limitada. A Turma entendeu que, *in caso*, o acórdão recorrido emprestou corretamente relevância à boa-fé do banco credor, bem como à aparência de quem se apresentava como sócio contratualmente

tradores deverão guardar sempre pertinência como o objeto social, sob pena de não obrigarem a sociedade (ver seção 20).

Enquanto agirem no âmbito de seus poderes, os administradores obrigarão a sociedade. No regime da legislação anterior, vinha se afirmando, de modo crescente, o entendimento de que as limitações contratuais aos poderes dos administradores não eram oponíveis a terceiros, de tal modo que a sociedade se obrigava, ainda mesmo que o administrador houvesse se excedido, desde, naturalmente, que o ato praticado fosse compatível com o objeto social. Essa doutrina fundava-se na culpa *in eligendo*. O prejuízo decorrente do excesso cometido pelo administrador deveria ser suportado pelos sócios, que o escolheram, e não pelos terceiros de boa-fé, meras vítimas da irregularidade (ver seção 21, nota 10).

O administrador não responde pessoalmente pelas obrigações assumidas em nome da sociedade. No entanto, sempre que agir de forma culposa (art. 1.016 do Código Civil), estará pessoalmente comprometido, e responderá com todos os seus bens particulares, tanto perante a sociedade como perante terceiros.

Apesar de algumas decisões discrepantes, a jurisprudência, inclusive do STJ (ver seção 44, nota 5), vem acolhendo a tese de que nem mesmo em matéria fiscal são os administradores pessoalmente responsáveis. Deixar de pagar um determinado tributo não significa agir de forma culposa, com conotações de violação da lei. O que ocorre no caso, em princípio, é o descumprimento de uma obrigação, tal como acontece quando se deixa de adimplir um contrato ou de honrar um título. São contingências da vida empresarial.

Configura-se violação da lei, isto sim, quando o imposto de renda retido na fonte ou as contribuições previdenciárias descontadas do empregado não são regularmente recolhidas. Nessas situações, o não recolhimento, por envolver apropriação indébita, representa violação da lei, do que decorre a responsabilidade pessoal e ilimitada do administrador (ver a nota 12).

Anote-se, pois, que os administradores que agirem regularmente, com plena observância das regras legais e do contrato social, e sem ocorrência de culpa (negligência, imprudência ou imperícia), não têm qualquer responsabilidade pessoal,

---

habilitado à prática do negócio jurídico. Assim, não se pode invocar a restrição do contrato social quando as garantias prestadas pelo sócio, muito embora extravasando os limites de gestão previstos contratualmente, retornaram, direta ou indiretamente, em proveito dos demais sócios da sociedade fiadora, não podendo eles, em absoluta afronta à boa-fé, reivindicar a ineficácia dos atos outrora praticados pelo gerente. Observou-se que, na hipótese, consoante sinalizado pelo aresto impugnado, indiretamente e com alguma medida, os autores, ora recorrentes, são, a um só tempo, garantes e garantidos do contrato, circunstância capaz de, por si só, afastar a pretensão deduzida na inicial. Diante disso, negou-se provimento ao recurso. Precedentes citados: REsp 733.742-MG, *DJ* 12.12.2005; REsp 1.695-MS, *DJ* 02.04.1990; REsp 4.095-SP, *DJ* 09.10.1990, e REsp 180.301-SP, *DJ* 13.09.1999. REsp 704.546-DF, Rel. Min. Luis Felipe Salomão, julgado em 01.06.2010."

devendo os seus bens particulares ficar a salvo de execuções ou penhoras por dívidas da sociedade.[12]

48 DELEGAÇÃO

A delegação de gerência era uma peculiaridade da sociedade limitada, posto que não admitida em nenhuma outra espécie societária.

Com o Código Civil de 2002, que permitiu administradores não sócios, a delegação foi inteiramente banida do direito societário, tanto que, não incluída nas normas específicas sobre sociedade limitada, foi ainda vedada, de forma expressa, na parte geral (art. 1.018), em que se estipulou que o administrador não poderá se fazer substituir no exercício de suas funções. Ficou, portanto, a delegação de poderes de administração totalmente erradicada do direito societário brasileiro.

Convém lembrar que a delegação não se confunde com o mandato, pois enquanto este envolve uma representação, aquela acarreta uma transferência de atribuições, tanto que permitia que um administrador se fizesse substituir, em suas funções, e por sua escolha, por uma terceira pessoa.

O mandatário tem apenas os poderes que lhe forem expressamente outorgados, devendo transmitir a vontade do mandante.

O delegado recebe os poderes do delegante em toda a sua plenitude, ressalvadas as restrições que constarem do ato de delegação; age como se fora o próprio delegante, gerando a vontade social.

---

[12] Observe-se que o art. 135, III, do Código Tributário Nacional não discrepa da regra geral ao estabelecer que os diretores, gerentes ou representantes de pessoas jurídicas de direito privado "são pessoalmente responsáveis pelos créditos correspondentes a obrigações tributárias resultantes de atos praticados com excesso de poderes ou infração da lei, contrato social ou estatuto". Dentro dessa linha de entendimento, convém atentar para a jurisprudência do Superior Tribunal de Justiça, conforme acórdão datado de 12.06.1992: "O sócio-gerente, os diretores ou representantes de pessoas jurídicas, definidos no contrato social, respondem ilimitadamente pelos créditos tributários, desde que praticados com excesso de poderes ou infração da lei, incluindo-se o não recolhimento das contribuições previdenciárias" (Recurso Especial nº 7.303-0-RJ, pub. na *Revista do STJ* nº 36, p. 306). A infração à lei não residiria, pois, no simples não pagamento dos tributos – mera inadimplência – mas sim na apropriação indébita representada pelo não recolhimento das contribuições previdenciárias descontadas dos empregados. Nesse caso, como igualmente quando ocorre retenção de imposto de renda na fonte, o detentor desse numerário, ao não o recolher, incorreria em apropriação indébita, salvo se este comprovasse que não fez o recolhimento "em decorrência de problemas econômicos ou financeiros" que o julgador considere para tanto plausíveis (REsp 761907/MG, decidido em 3.4.2007). A falta de liquidação regular da sociedade também tem levado os tribunais a responsabilizarem os seus administradores (Ver seção 44, nota 5, além da Súmula 435 do STJ, que presume "dissolvida irregularmente a empresa que deixar de funcionar em seu domicílio fiscal, sem comunicação aos órgãos competentes, legitimando o direcionamento da execução fiscal para o sócio-gerente" (vale dizer, para o administrador).

As procurações, como instrumentos do mandato, são outorgadas pela própria sociedade, representada pelos seus administradores, que o farão nos limites de seus poderes, e de acordo com as normas contratuais ou estatutárias. Os procuradores podem ser constituídos por qualquer sociedade, desde que sejam especificados no instrumento os atos e operações que poderão praticar (art. 1.018).

XI
SOCIEDADE LIMITADA (B)

49. A cota social; **49.1.** Cotas preferenciais; **50.** Cessão de cotas; **51.** Caução e penhora de cotas; **52.** Aquisição das próprias cotas pela sociedade; **53.** Direito de preferência; **54.** O processo decisório; **54.1.** Exclusão de sócio; **54.2.** Aumento de capital; **54.3.** Redução de capital; **54.4.** Assembleia geral; **54.4.1.** Assembleia digital; **54.5.** Conselho fiscal; **54.6.** Dissolução e liquidação; **55.** O direito de recesso.

49   A COTA SOCIAL

A cota social (ver seção 12) significa, salvo para efeito de transferência, uma parcela indivisível do capital. Havendo coproprietários, os direitos dela decorrentes somente poderão ser exercidos pelo representante designado pelos condôminos, ou pelo inventariante (ver seção 28, nota 2) no caso de espólio (art. 1.056, § 1º).

De acordo com a lei (art. 1.055), as cotas serão de valor igual ou diferente.[1] Essa alternativa já existia no regime da legislação anterior, sendo função do contrato dividir o capital em cotas de valores desiguais, cabendo a cada sócio parcelas distintas e identificadas do capital social, ou distribuir todo o capital por cotas de idêntico valor unitário, hipótese em que cada sócio subscreverá e possuirá um determinado número de cotas de igual expressão. Se as cotas forem de valores desiguais, o cômputo das maiorias levará em consideração, não o número de cotas, mas sim o montante de capital detido por cada sócio (arts. 1.010 e 1.076).

Na prática, sempre se adotou, quase exclusivamente, o sistema de cotas de igual valor, graças à simplificação que oferece. A cada cotista caberão tantas cotas quantas se comportarem no montante de sua participação no capital.

---

[1]   Se as cotas podem ser de valor igual ou diferente, afigura-se óbvio que devem ter valor nominal. Ainda que o contrato determine que as cotas serão de igual valor, essa regra poderá ser modificada, o que também ocorrerá, e nesse caso necessariamente, na hipótese de divisão de cotas para efeito de transferência (arts. 1.056 e 1.057).

Contanto que indivisíveis, as cotas poderão ser divididas para efeito de transferência (arts. 1.056 e 1.057), hipótese que poderá acarretar, se esse for o caso, a quebra da igualdade entre as cotas. Como as cotas, normalmente, são de pequeno valor, essa contingência (a necessidade de divisão das cotas) raramente se apresenta.

O cotista deverá integralizar as suas cotas nos prazos e condições convencionados, podendo a sociedade, se houver impontualidade (ver seção 11), promover a competente ação de execução. O sócio remisso, semelhantemente aos das demais sociedades, responderá por perdas e danos, podendo, entretanto, a maioria dos demais sócios preferir a sua exclusão, com redução do capital; ou a redução de sua participação. Além disso, na sociedade limitada, faculta-se aos demais sócios (art. 1.058), ao excluir o sócio remisso, tomar para si as cotas do sócio excluído, observadas naturalmente as respectivas preferências, ou transferi-las a terceiros. Os sócios ou os terceiros que absorverem essas participações terão que pagar, no mínimo, o montante necessário para cobrir as entradas e integralizar as cotas em comisso, cabendo devolver ao sócio remisso as entradas realizadas, com dedução dos juros de mora, despesas e demais prestações previstas no contrato.

Atente-se para o que estipula a lei (art. 1.004, parágrafo único): "poderá a **maioria dos demais sócios** preferir, à indenização, a exclusão do sócio remisso". Dessa deliberação, por conseguinte, não participará o sócio inadimplente, o qual poderá ser eliminado do quadro social, ainda que majoritário.

A exclusão pura e simples do sócio inadimplente gerará para a sociedade o dever de restituir as correspondentes entradas, uma vez que a exclusão foi tratada pelo art. 1.004, parágrafo único, como uma alternativa à indenização.

49.1 Cotas preferenciais

O contrato social poderá instituir cotas preferenciais, atribuindo aos seus titulares determinadas vantagens, tais como o direito a uma participação prioritária ou superior nos lucros a serem distribuídos, ou ainda uma prioridade no reembolso do capital no caso de liquidação da sociedade. A fundamentação para essa diferenciação estaria no art. 1.007 do Código Civil, que consagra, em norma dispositiva ("salvo estipulação em contrário"), a regra da participação proporcional nos lucros e nas perdas. Essa prioridade não poderá, todavia, ser de molde a excluir qualquer dos sócios dos lucros e das perdas (art. 1.008), tanto que nesse caso a estipulação seria considerada nula. Deve-se, pois, ao criar cotas preferenciais, atentar para o princípio da razoabilidade, a fim de que o privilégio conferido não ganhe a conotação de exclusão, ou mesmo de lesão, em face dos interesses dos demais cotistas, especialmente dos minoritários.

Essas cotas preferenciais não poderão sofrer, por outro lado, a privação do direito de voto.[2] As deliberações dos sócios (art. 1.072) serão tomadas de acordo

---

[2] Isaac Halperin, diante de legislação semelhante à nossa, também entendeu que "no existe ninguna razón que prohiba introducir en el contrato preferencias en favor de un socio o

com o disposto no art. 1.010, ou seja, "por maioria de votos, contados segundo o valor das cotas de cada um". Tem-se, portanto, nesse particular (direito de voto), norma expressa e imperativa, que assegura a todos os cotistas o exercício do voto segundo o valor de suas cotas. Qualquer exclusão ou restrição desse direito, por conseguinte, seria nula de pleno direito.[3] A aplicação supletiva da legislação das sociedades anônimas, ainda que adotada, em nada ajudaria, posto que a aplicação supletiva jamais poderá se fazer *contra legem* (ver seção 45).

50 CESSÃO DE COTAS

A cessão de cotas, em seus aspectos gerais, foi estudada na seção 27, cabendo agora particularizá-la, relativamente à sociedade limitada.

A matéria deverá ser disciplinada no contrato social, no qual se especificará se as cotas são intransferíveis ou transferíveis e, nesse último caso, se a transferibilidade é livre ou condicionada. A intransferibilidade, desde que adotada, acarretará para a sociedade a obrigação de, sempre que um sócio o solicitar, promover a apuração de seus haveres, pois, se assim não fora, estaria o cotista obrigado a permanecer indefinidamente na sociedade, o que configuraria uma situação opressiva. Dessarte, ou se permite a alienação da cota a terceiro ou se processa a sua liquidação.

A transferência das cotas poderá estar condicionada à aprovação do novo sócio pelos demais cotistas. Negada a aprovação, e desde que não haja para tanto justa causa, ter-se-ia uma situação análoga à que se configura na hipótese de intransferibilidade.

Outra condição que normalmente se coloca para a cessão de cotas a um estranho é o prévio oferecimento da preferência aos antigos sócios. Somente na hipótese em que estes declinem da preferência ou deixem escoar o prazo para tanto estipulado sem qualquer manifestação é que o bloco de cotas poderá ser cedido ao terceiro, observados os mesmos preços e condições.

O contrato, todavia, às vezes silencia, nada estabelecendo sobre a possibilidade ou não de as cotas serem cedidas.

O silêncio será interpretado, então, no sentido da permissão ou da proibição?

No regime do Decreto nº 3.708/1919, a matéria suscitara grandes controvérsias, tendo prevalecido, porém, o entendimento de que, na omissão do contrato,

---

categoría de socios", mas igualmente ressalvou que seria nula a cláusula que afetasse "la igualdad de voto" (1951, p. 82 e 83).

[3] As cotas, evidentemente, podem ser preferenciais, em face das suas condições privilegiadas de participação nos lucros; não podem, porém, ter seu direito de voto restringido, como admitido pelo item 5.3.1 do Anexo IV da IN nº 81/2020, pois, para tanto, existe impedimento legal expresso (art. 1.072, comb. c/ o art. 1.010 do CC).

e não constando da lei específica uma norma expressa, dever-se-ia aplicar, como norma supletiva (ver seção 45), a sistemática consagrada na legislação das sociedades anônimas, na qual se encontra fixado o princípio da livre transferência das participações.[4]

Com o atual Código Civil, o tratamento conferido à questão sofreu uma radical inversão, posto que, na omissão do contrato, apenas se permite a livre transferência das cotas (art. 1.057) quando o cessionário for um outro sócio. A cessão a estranho passa a depender de ausência de oposição de cotistas que representem mais de um quarto do capital social. Impõe-se, portanto, a prévia consulta ao quadro social, para apurar a inexistência da referida oposição. A inexistência de oposição poderá ser apurada mediante notificação a todos os demais sócios, a fim de que estes, no prazo que for assinalado (30 dias afigura-se razoável), manifestem, perante a sociedade, se têm objeção à pretendida cessão de cotas.[5] Se sócios representando mais de um quarto do capital social não manifestarem a sua objeção, a transferência de cotas poderá ser efetivada, averbando-se, no órgão de registro, o instrumento de cessão, as notificações e a declaração da sociedade quanto às objeções manifestadas (com relação ao art. 1.057, parágrafo único, ver a nota 6, a seguir).

Essas normas, por incidirem apenas no silêncio do contrato, são de natureza dispositiva, abrindo-se assim para os sócios a faculdade de disciplinar contratualmente, de forma ampla, a proibição ou a permissão para a cessão de cotas.[6]

Cedida a totalidade de suas cotas, o cotista retira-se da sociedade, cessando as suas responsabilidades, desde que as cotas transferidas estejam integralizadas. Não estando integralizadas, o cedente responderá solidariamente com o cessionário pela respectiva integralização.

Mesmo que as cotas cedidas estejam integralizadas, o capital, como um todo, poderá não estar. Nesse caso, o cedente continuará a responder, até dois anos após a averbação da retirada, perante os credores anteriores à cessão, pela

---

[4] Villemor Amaral entendia que a cessão de cotas dependia do consentimento da sociedade (1938, p. 120), enquanto Lacerda Teixeira, em posição aproximada, sustentava que a transferência das cotas a terceiros sujeitava-se à autorização da unanimidade ou da maioria dos sócios (1956, p. 228). Eunápio Borges, apoiado em Spencer Vampré e Waldemar Ferreira, situava-se na tese oposta ao afirmar que, no silêncio do contrato, as cotas eram livremente transferíveis (1967, p. 336).

[5] Essa notificação poderá ser substituída pela realização de assembleia ou reunião de sócios, na qual se apuraria a eventual oposição de mais de um quarto do capital.

[6] Considerando que, na sociedade limitada, a transferência de cotas, segundo o que ficar estabelecido no contrato (art. 1.057), poderá ser inteiramente livre, ou, na ausência de norma contratual, depender tão somente da inexistência de oposição de mais de um quarto do capital social, a efetivação da cessão não poderá ficar condicionada a uma alteração contratual, que exigiria a manifestação favorável de mais de metade do capital social (art. 1.076, II).

integralização do capital, conforme previsão expressa do art. 1.003, parágrafo único, do Código Civil.

51 CAUÇÃO E PENHORA DE COTAS

As cotas, como bens móveis que são, podem figurar como objeto de caução ou penhor, e como tal garantir o cumprimento de determinadas obrigações dos sócios.

Toda garantia real envolve, porém, um princípio de alienação. Consequentemente, não podem ser dados em garantia aqueles bens que não podem ser alienados. Em outras palavras, as cotas que não podem ser cedidas também não podem ser caucionadas.

Quando se cogita de constituir uma caução de cotas, a primeira indagação a ser formulada será quanto à sua transferibilidade, pois apenas na hipótese positiva terá a garantia viabilidade jurídica. A não ser que a caução considere não a cota em si, mas o direito a uma apuração de haveres que ela representa, sempre que sujeita à regra da intransferibilidade. Nessa hipótese, o credor requereria à sociedade uma apuração de haveres, de modo a pagar-se com o respectivo produto.

Situação curiosa ocorre com as cotas cujo contrato social permite a cessão, mas a condiciona à prévia oferta da preferência aos demais cotistas. Nesse caso, a caução poderá ser constituída, uma vez fique consignado, no respectivo instrumento, que, vindo a garantia a ser excutida, sejam os demais cotistas intimados da praça ou leilão para licitar, e, se o quiserem, exercer a preferência. Assim, estará, tanto quanto possível, resguardado o pacto social. De qualquer sorte, o CPC (art. 876, § 7°) já determina que: "No caso de penhora de cota social ou de ação de sociedade anônima fechada e realizada em favor de exequente alheio à sociedade, esta será intimada, ficando responsável por informar aos sócios a ocorrência da penhora, assegurando-se a estes a preferência".

O instrumento da caução, para que tenha eficácia perante terceiros, deverá ser arquivado na sociedade e registrado em cartório de títulos e documentos. O arquivamento na sociedade é uma praxe e o registro em títulos e documentos é uma decorrência do disposto no art. 127, II, da Lei de Registros Públicos, onde se prevê esse registro para o penhor comum sobre coisas móveis.

Seria, porém, muito mais próprio que o instrumento fosse arquivado no Registro de Empresas, por ser este o meio adequado de tornar públicos os documentos relacionados à atividade mercantil. O art. 32, II, *m*, do Decreto n° 1.800/1996 (regulamenta a Lei do Registro de Empresas) prevê o arquivamento de quaisquer documentos "que possam interessar ao empresário ou à sociedade empresária".

Nada impede, até aconselha, que se promova também esse arquivamento, evitando-se assim as dúvidas e imprecisões que podem resultar do arquivamento na sociedade, que não se encontra aparelhada para tanto; serão também evitadas eventuais impugnações quanto à suficiência do registro em títulos e documentos.[7]

Cabe deduzir que a penhora das cotas – como medida processual – encontra-se sujeita às mesmas condições ora examinadas. Se as cotas forem intransferíveis, resolver-se-á em apuração de haveres; se houver direito de preferência, esse se exercerá durante a praça. Mesmo sem direito de preferência assegurado contratualmente, a sociedade, cujas cotas forem penhoradas, será intimada (art. 876, § 7º, do CPC) para que os respectivos sócios tenham a oportunidade, se o quiserem, de exercer a preferência.

52 AQUISIÇÃO DAS PRÓPRIAS COTAS PELA SOCIEDADE

A sociedade limitada, por força do Decreto nº 3.708/1919 (art. 8º), sempre pôde adquirir as próprias cotas, tornando-se sócia de si mesma.

As sociedades anônimas também passaram a desfrutar, a partir da Lei nº 4.728/1965, dessa prerrogativa, que até então lhes era vedada.

Durante várias décadas, foi a sociedade limitada a única em que se admitia essa autoparticipação, por muitos considerada uma heresia.

Para essa aquisição, eram exigidas quatro precondições:

1ª) As cotas a serem adquiridas deviam estar liberadas, vale dizer, integralizadas.

2ª) Nessa aquisição, somente poderiam ser despendidos pela sociedade fundos disponíveis. Transposta essa expressão para uma linguagem mais técnica, pode-se afirmar que apenas reservas livres e lucros acumulados seriam aplicáveis na operação. Conforme se verificou na seção 22, as reservas e os lucros acumulados correspondem ao excesso patrimonial, ou seja, à parcela do patrimônio líquido que excede o valor do capital.

3ª) A aquisição não deveria importar em redução do capital, o qual continuaria o mesmo, sendo que pertencente em parte à própria sociedade.

4ª) A aquisição deveria contar com o "acordo dos sócios", isto é, com a aprovação unânime dos cotistas.

Sendo a sociedade sócia dela própria, duas indagações de logo se colocavam: quem votaria com as cotas de propriedade da sociedade? A sociedade distribuiria lucros a si mesma?

A lei não era explícita quanto a essas questões, pelo que coube à doutrina construir a respeito. Entendeu-se que as cotas da sociedade não deveriam votar,

---

[7] A legislação da Hungria, em virtude da reforma datada de setembro de 2007, tornou obrigatória a anotação, no Registro de Comércio, de quaisquer ônus sobre cotas de sociedades limitadas (International Law Office, *Newsletters*. Sept., 21 2007).

pois, se o fizessem, haveriam de fazê-lo através dos administradores, que teriam, dessa forma, um injustificável poder de voto; além disso, e por essa razão, o sistema de controle poderia desequilibrar-se.

No que tange à distribuição de lucros, ficou assentado que as cotas da sociedade permaneceriam excluídas dessa participação. Considere-se que a distribuição de lucros pela sociedade a si mesma não teria qualquer efeito prático, pois a parcela que coubesse à sociedade, sendo lucro desta, poderia ser redistribuída.

As cotas pertencentes à sociedade ficariam, portanto, inibidas, no concernente aos direitos de voto e de participação nos lucros; vindo a sociedade a deliberar a sua alienação, uma vez transferidas a terceiros, recuperariam as cotas a plenitude dos direitos inerentes à condição de sócio.

A lei das sociedades anônimas, na esteira doutrinária das sociedades limitadas, ao permitir a aquisição das próprias ações, estabeleceu, em norma expressa, para essas ações, a suspensão do voto e do dividendo.

O Código Civil não reproduziu a regra da anterior lei das limitadas que permitia a aquisição das próprias cotas pela sociedade. Por outro lado (ver seção 45), a Lei das Sociedades Anônimas não mais exerce o papel integrativo que lhe estava reservado pelo Decreto n° 3.708/1919, a não ser quando expressamente invocada pelo contrato.

Nesse passo, passou-se a indagar se as sociedades limitadas continuavam autorizadas a adquirir as próprias cotas.[8] Deve-se começar pela constatação de que não existe incompatibilidade lógica ou jurídica para essa aquisição, tanto que na sociedade anônima continua admitida. Além disso, a Lei n° 6.404/1976 pode ser adotada contratualmente como legislação supletiva do contrato, atuando nesse caso no sentido de permitir a autoaquisição das cotas. Ora, se o contrato pode, por via da supletividade, acolher determinadas regras, poderá também, e por idênticas razões, incorporar diretamente essas regras.[9]

Cabe, pois, estabelecer as seguintes assertivas: (a) o contrato social poderá prever expressamente a aquisição das próprias cotas pela sociedade; (b) no silêncio do contrato, caso este adote a regra da aplicação supletiva da lei das sociedades anônimas, a autoaquisição estará admitida; (c) sem previsão contratual e sem supletividade, a aquisição dependerá, em face do inusitado da medida, de decisão unânime dos sócios.

No mais, deverão ser observadas as exigências de que as cotas estejam integralizadas, para que não se crie o risco de afrontar o princípio da realidade do

---

[8]   Jorge Lobo admite a aquisição das próprias cotas apenas em determinadas hipóteses, e com caráter de transitoriedade (2004, p. 149).

[9]   Em sentido contrário, Sérgio Campinho (2002, p. 184). Mônica Gusmão admite a autoaquisição das cotas (2004, p. 177).

capital; de que a aquisição se faça com reservas livres ou lucros acumulados, a fim de preservar o princípio da intangibilidade do capital; cuidando-se ainda de que, enquanto em tesouraria, conforme já analisado, essas cotas não votem nem concorram à distribuição de lucros.

53 DIREITO DE PREFERÊNCIA

O Código Civil (art. 1.081, § 1º) assegurou, expressamente, o direito de preferência dos cotistas, garantindo-lhes um prazo de 30 dias contados da deliberação, para, se o quiserem, exercer o direito de participar do aumento de capital.

Consequentemente, deliberada a elevação do capital, e observada a necessária publicidade, caberá aguardar, salvo se todos os sócios exercerem de logo a preferência, ou dela abrirem mão, o decurso do referido prazo de 30 dias, para, somente após, e desde que inteiramente subscrito o novo capital, alterar o contrato social, efetivando o aumento pretendido.

O direito de preferência afigura-se relevante, na medida em que propicia ao sócio o direito de perpetuar o nível de participação que detém na sociedade, evitando a diluição de seu poder de voto e de sua fração no rateio dos lucros.

O direito de preferência pode ser objeto de cessão (art. 1.081, § 2º, do CC), observadas as normas estabelecidas no art. 1.057.

54 O PROCESSO DECISÓRIO

O Código Civil, ao contrário da legislação anterior, estabeleceu maiorias impositivas, que passaram a se aplicar, amplamente, a todas as sociedades limitadas, sem qualquer distinção de natureza temporal, posto que as normas de direito societário incidem desde logo sobre as sociedades existentes.[10]

Segundo as regras vigentes, as deliberações dos sócios, que envolverem alteração do contrato social ou que aprovarem a incorporação, a fusão ou a dissolução, ou ainda a cessação do estado de liquidação da sociedade, exigem votos favoráveis de mais de metade do capital social (art. 1.076, II). Essa regra resultou da Lei nº 14.451/22.

---

[10] O princípio da irretroatividade das leis, que entre nós tem natureza constitucional, protege, com efeito, o direito adquirido, a coisa julgada e o ato jurídico perfeito. No caso, porém, não se trata de retroatividade da lei, mas, sim, de sua aplicação a atos e fatos jurídicos posteriores a ela. Paulo Afonso de Sampaio Amaral tratou dessa matéria com grande precisão (1998, p. 29). A sociedade, uma vez constituída, transforma-se, ela própria, em pessoa, envolvendo-se em relações internas e externas, todas de natureza interpessoal. Os atos que pratica, os contratos que celebra, as operações em que interfere, e até mesmo os atos que inter-relacionam os seus sócios, são fatos jurídicos novos; não são efeitos do contrato plurilateral de que se originou a sociedade; não estão sujeitos, evidentemente, às leis vigentes quando da criação da sociedade, mas, sim, às novas leis, que sejam contemporâneas desses novos atos.

Ao enunciar, no art. 1.071, as decisões que dependem de deliberação dos sócios, esqueceu o legislador a cisão, à qual se refere apenas uma vez, e de forma reflexa, no art. 1.122. Entretanto, e por analogia, uma vez que afeta a estrutura da sociedade, a cisão, a exemplo da incorporação e da fusão, todas representando formas de reorganização empresarial, deverá ser considerada compreendida entre as hipóteses referidas no art. 1.071, VI, como tal também dependendo, para a sua aprovação, de manifestação favorável de mais de metade do capital social.

Várias outras deliberações (art. 1.076, II) acham-se, igualmente, subordinadas à aprovação de mais de metade do capital social. São estas as concernentes a: (1) designação de administradores, quando procedidas por ato separado, vale dizer, fora do contrato ou alteração contratual; (2) destituição de administradores; (3) remuneração dos administradores, que também poderá estar fixada no contrato, e nesse caso qualquer alteração recairia sob o *quorum* especial de modificação do contrato social (art. 1.071, V); (4) autorização para o requerimento de recuperação judicial ou a negociação de recuperação extrajudicial, a ser formulado pelos administradores.

Nos demais casos sujeitos à deliberação dos sócios (art. 1.076, III), as decisões serão adotadas pela maioria dos votos presentes, ressalvadas as hipóteses para as quais imponha o contrato uma maioria mais elevada. A alienação ou oneração de bens imóveis, salvo norma contratual em sentido contrário, dependerá, porém, da maioria dos sócios (vale dizer, maioria do capital), conforme previsto no art. 1.015 do Código Civil, que integra o capítulo da sociedade simples, mas que é aplicável, subsidiariamente, à sociedade limitada.

Convém ressaltar que, constando da lei (art. 1.076, III) regra expressa sobre a exigência de maioria dos votos presentes para qualquer deliberação que não exija *quorum* mais elevado, jamais se aplicará à sociedade limitada, como norma subsidiária, o preceito próprio da sociedade simples (art. 1.010, § 2º), que prevê o desempate pelo maior número de sócios. A sociedade limitada conta com norma própria, fundada no princípio da maioria do capital. Assim, uma vez constatado o empate, a matéria em questão será considerada não aprovada.[11]

O contrato poderá exigir sempre, para qualquer das questões objeto de decisão, uma maioria mais elevada, tanto que a lei apenas estabeleceu parâmetros mínimos de votos favoráveis.

Convém recordar, adicionalmente, que a designação de administradores não sócios subordina-se, se o capital não estiver integralizado, à aprovação de 2/3 do capital social, e, se integralizado, à aprovação de mais de metade do capital social.

---

[11] Diferentemente, Jorge Lobo, para dirimir o empate, aplica o art. 1.010 (sociedade simples), fazendo prevalecer o voto do maior número de sócios (2004, p. 298).

54.1 Exclusão de sócio

Além dos casos de exclusão de sócios aplicáveis à sociedade simples, que são extensíveis à sociedade limitada e que dependem de decisão judicial, pode o sócio da limitada (art. 1.085) ser excluído por deliberação de sócios representativos de mais de metade do capital social, sob o fundamento de que o sócio em questão praticou atos graves e comprometedores para os interesses da empresa. Essa providência depende, porém, segundo o artigo supra referido, de previsão contratual de exclusão de sócio por justa causa e de ampla garantia do contraditório, em assembleia ou reunião de sócios especialmente convocada, na qual terá o sócio acusado a oportunidade de se defender.[12]

A exigência de justa causa fica, portanto, consagrada em lei, o que afasta a controvérsia antes existente quanto à necessidade de preenchimento desse requisito.[13]

---

[12] Segundo o STJ, "(...) 2. Após sólida construção doutrinária e jurisprudencial que autorizava a exclusão de sócio minoritário, sempre tendo em mira o princípio da preservação da empresa e a manutenção de vínculo harmonioso entre os sócios, a matéria veio a ser regulada expressamente no novo Código Civil e, especialmente no que toca à sociedade limitada, regulamentada em seu art. 1.085. 3. Do excerto, verifica-se a imposição de requisitos formais e materiais para expulsão extrajudicial de sócio minoritário: i) deliberação da maioria dos sócios, representativa de mais da metade do capital social; ii) colocação da sociedade em risco pela prática de atos de inegável gravidade; iii) previsão expressa no contrato social; e iv) cientificação do excluendo. 4. Em regra, o direito de sócio participar nas deliberações sociais é proporcional à sua quota no capital social. Por outro lado, o § 2° do art. 1.074 do Código Civil veda expressamente, com fundamento no princípio da moralidade e do conflito de interesses, que sócio participe de votação de matéria que lhe diga respeito diretamente, como sói a exclusão de sócio, haja vista que atinge diretamente sua esfera pessoal e patrimonial. 5. Nessa linha, para fins de *quorum* de deliberação, não pode ser computada a participação no capital social do sócio excluendo, devendo a apuração se lastrear em 100% do capital restante, isto é, daqueles legitimados a votar. 6. Na hipótese, a exclusão foi aprovada por unanimidade, mas, apesar de reconhecer isso, o Tribunal de origem entendeu pela ilegalidade da deliberação ao fundamento de que os sócios votantes eram detentores do percentual de 79,58% do capital social, inferior aos 85% exigidos pelo contrato social. 7. Nesse contexto, todavia, excluindo-se as quotas representativas de 20,413% do capital da ora recorrida, percebe-se que houve unanimidade dos sócios votantes representativos, por causa da exclusão desta, de 100% do capital social legitimado a deliberar. 8. Portanto, presentes todos os requisitos legais, sendo o expulso sócio minoritário, havendo cláusula permissiva no contrato social com convocação de reunião dos sócios especialmente para tal finalidade, tendo havido a cientificação do excluendo e com conclave realizado com sócios titulares de mais de metade do capital social, necessário reconhecer a legitimidade da deliberação de exclusão. 9. Recurso especial provido" (REsp 1.459.190/SP, Rel. Min. Luis Felipe Salomão, 4ª Turma, j. 15.12.2015, *DJe* 01.02.2016).

[13] O STJ, através de acórdão datado de 18.11.1997, decidiu que: "Direito comercial. Sociedade por cotas de responsabilidade limitada. Exclusão de sócio por deliberação da maioria. Alteração do contrato social. Arquivamento. Precedentes. Recurso desacolhido. I – A desinteligência entre os sócios, no caso, foi suficiente para ensejar a exclusão de um deles por deliberação da maioria, sem necessidade de previsão contratual ou de decisão judicial,

A Lei nº 13.792, de 03 de janeiro de 2019, atribuiu, porém, nova redação ao parágrafo único do art. 1.085 do Código Civil, a fim de afastar, nos casos em que a sociedade tenha apenas dois sócios, a exigência de que, para a exclusão de sócio, seja especialmente convocada reunião ou assembleia dos sócios, com ciência em tempo hábil do sócio acusado, de modo que a este seja dada a oportunidade de comparecimento e exercício do direito de defesa.

Assim, havendo apenas dois sócios, poderá o que for detentor de maioria do capital, excluir o outro sócio, vale dizer o sócio minoritário, mediante alteração do contrato social, que promoverá individualmente. Para tanto deverá, todavia, explicitar, sob pena de nulidade da deliberação, as graves práticas em que teria incorrido o sócio minoritário, e que, no entender do sócio majoritário, estariam pondo em risco a continuidade da empresa.

Essa deliberação do sócio majoritário estará naturalmente sujeita a revisão judicial, por iniciativa do sócio excluído, sendo ônus do sócio remanescente provar a alegada justa causa, sob pena de vir a responder, solidariamente com a sociedade, não apenas pela reintegração do sócio excluído, como ainda pela plena e completa reparação dos danos materiais e morais que vierem a ser apurados.

Além disso, deve-se ter sempre presente que a efetiva ocorrência de justa causa poderá, em qualquer hipótese de exclusão de sócio, ser objeto de revisão judicial. A deliberação alusiva a exclusão de sócio, como qualquer outra que apresente caráter punitivo, tanto que poderá envolver a lesão de direitos individuais, encontra-se vinculada à caracterização da justa causa, podendo essa condição, inclusive no que tange aos aspectos de mérito, ser amplamente reapreciada pelo Poder Judiciário.[14]

---

tendo a sentença disposto sobre os direitos do sócio afastado. II – O arquivamento dessa alteração contratual, sem que dela conste a assinatura do sócio dissidente, não viola o art. 15 do Decreto nº 3.708/1919 ou o art. 38, V, da Lei nº 4.726/1965" (Recurso Especial nº 66.530-SP, pub. no *DJ* de 02.02.1998). Questiona-se nesse acórdão o entendimento de que a desinteligência entre os sócios justifica a exclusão. Se em uma sociedade existe maioria e minoria, a desinteligência é uma condição natural da convivência social. O poder atribuído por esse acórdão à maioria constitui, na verdade, um instrumento de arbítrio, de todo indesejável, e manifestamente contrário ao princípio majoritário, cujo corolário, considerada a sua base democrática, é o respeito à minoria e aos seus direitos, inclusive o de fazer oposição. Com efeito, somente a justa causa, expressamente contemplada pelo Código Civil, justificaria a exclusão do sócio.

[14] O Supremo Tribunal Federal, ao decidir o Recurso Extraordinário nº 115.222-BA (Segunda Turma), em decisão unânime de 13.12.1988, fez constar da respectiva ementa: "Diante da grave providência – exclusão de sócio, para o resguardo de eventual injustiça, é que se admite a ação anulatória da deliberação tomada pela sociedade e a reparação a que fará jus o excluído. Os interesses econômicos e de natureza moral devem ficar devidamente esclarecidos, assegurando-se a garantia do contraditório." O STJ, em sua jurisprudência mais recente, vem prestigiando, tal como fizera o STF, a necessidade de justa causa para a exclusão de sócio, sendo exemplo desse entendimento a decisão proferida em 28.06.2011, pela 3ª Turma, no REsp nº 1129222/PR, Rel. Min. Nancy Andrighi, de cuja ementa consta

54.2 Aumento de capital

O capital somente poderá ser aumentado depois de integralizado (art. 1.081).

Para o aumento do capital, que acarreta a alteração do contrato social, demanda a lei (art. 1.076, II) a manifestação favorável de mais de metade do capital social.

54.3 Redução de capital

A redução do capital, por fazer-se mediante modificação contratual, também depende do mais de metade do capital social, podendo ocorrer quando houver perda patrimonial irreparável ou quando o capital se mostrar excessivo.

Apenas na segunda hipótese haverá restituição de parcelas patrimoniais aos sócios e, por essa razão, cuidou o legislador (art. 1.084) de estender aos credores da sociedade limitada a proteção existente no âmbito da sociedade anônima, que condiciona a efetividade da redução do capital à não impugnação de credores quirografários anteriores à decisão.

Para esse efeito, a deliberação concernente à redução do capital deverá ser publicada, e somente após o decurso do prazo de 90 dias, sem impugnação (ou, se houver impugnação, com o pagamento ou o depósito do valor devido), é que será averbada, no registro competente, a ata ou a alteração contratual respectiva, tornando eficaz a redução de capital.

54.4 Assembleia geral

As deliberações dos sócios serão tomadas em reunião dos sócios ou em assembleia geral, segundo o que constar do contrato social, mas, se a sociedade contar com mais de dez sócios, a assembleia geral será obrigatória (art. 1.072 e seu § 1º).

A assembleia deverá observar a sistemática de convocação e ordenação dos trabalhos prevista na lei, mas, se adotada a reunião de sócios, caberá ao contrato social disciplinar o seu funcionamento, sendo que as omissões serão supridas pelas normas legais sobre assembleia geral. De acordo com o art. 1.080-A, acrescentado ao Código Civil pela Lei nº 14.030/2020, o sócio poderá participar e votar à distância em reunião ou assembleia, nos termos do regulamento expedido pelo órgão competente do poder executivo federal que, no caso, é o DREI.[15]

As reuniões ou assembleias gerais serão convocadas pelos administradores, mas poderão também ser convocadas por qualquer dos sócios se os administra-

---

o seguinte: "Para exclusão judicial de sócio, não basta a alegação de quebra da *affectio societatis*, mas a demonstração de justa causa, ou seja, dos motivos que ocasionaram essa quebra."

[15] Ver, sobre o tema, a IN DREI nº 81/2020, Anexo IV, que regulou, em seus anexos, as assembleias ou reuniões digitais.

dores, nos casos previstos em lei ou no contrato, retardarem por mais de 60 dias a convocação. Titulares de mais de um quinto do capital também poderão promover a convocação, se esta, solicitada aos administradores, não se fizer no prazo de oito dias. O pedido de convocação deverá fazer-se acompanhar de sua fundamentação e da indicação das matérias a serem decididas.

O conselho fiscal, se existente, terá igualmente a atribuição de convocar a assembleia geral anual, se esta sofrer atraso de mais de 30 dias, podendo ainda fazê-lo se ocorrerem motivos graves e urgentes.

As convocações se farão mediante publicação no *Diário Oficial* e em jornal de grande circulação.

O *quorum* de instalação da assembleia, em primeira convocação, corresponde a três quartos do capital, caindo, em segunda convocação, para qualquer número.

O sócio poderá ser representado na assembleia por procurador que também seja sócio ou por advogado.

O presidente da assembleia e o secretário serão escolhidos entre os presentes.

Dos trabalhos será lavrada ata cujo arquivamento se processará, conforme o caso, no Registro Público de Empresas ou no Registro Civil das Pessoas Jurídicas. Essa ata, em se tratando de assembleia ordinária, ou extraordinária com repercussão externa, deverá ser apresentada ao registro competente no prazo de 20 dias (art. 1.075, § 2º, do CC).

Haverá uma assembleia ordinária, nos quatro meses seguintes ao término do exercício, para apreciação das contas e deliberação sobre o balanço patrimonial e o de resultado econômico, e ainda, se for o caso, para designação de administradores. A aprovação sem reserva, vale dizer sem restrições, do balanço patrimonial e de resultado econômico (art. 1.078, § 3º), salvo erro, dolo ou simulação, exonera de responsabilidade os membros da administração e do conselho fiscal, dispondo o § 4º do mesmo art. 1.078 que se extingue em dois anos o direito de anular a referida aprovação. Como o prazo de prescrição da ação de responsabilidade civil contra administradores e fiscais (art. 206, § 3º, VII, *b*) é de três anos, daí resulta a mesma controvérsia que, por idênticas razões, ocorre com relação à sociedade anônima. Sobre essa incongruência de prazos, remete-se o leitor à nota 4 da seção 206.

Mesmo que não adotada a assembleia geral, a simples reunião de sócios requer prévia convocação e arquivamento da ata correspondente, com os custos e a burocracia consequentes. A convocação somente será dispensada se todos os sócios estiverem presentes (art. 1.072, § 2º), ou declararem-se cientes do local, data, hora e ordem do dia da reunião. Convém observar que, nos termos do disposto no § 3º do art. 1.152 do Código Civil, entre a data da primeira publicação do anúncio de convocação e a data de realização da assembleia deverá "mediar" o prazo mínimo de oito dias. Assim, diferentemente da sociedade anônima, que se contenta com a simples "antecedência", no caso da sociedade limitada, além do dia da publicação, deverão ser computados mais oito dias, para só depois poder-se realizar a assembleia. Era essa a redação da antiga lei das sociedades anônimas (Decreto-lei nº 2.627/1940).

Pode-se, porém, evitar a própria reunião ou assembleia, se todos os sócios firmarem documento decidindo as matérias que seriam objeto de deliberação colegiada.

O voto contrário à lei ou ao contrato acarreta a responsabilidade pessoal e ilimitada do sócio que o proferir (art. 1.080), circunscrevendo-se essa responsabilidade, naturalmente, aos efeitos danosos daí decorrentes, seja para a sociedade, seja para os demais sócios, seja para terceiros. Nenhum sócio, por si ou como mandatário, poderá votar em matéria de seu específico interesse (art. 1.074, § 2º, do CC).

54.4.1 Assembleia digital

A Lei nº 14.382/22 revoga (art. 20, IX) e reproduz (art. 14) o art. 43 da Lei nº 14.195/21, que teve o "caput" vetado, mas que acrescentou um art. 48-A ao Código Civil, permitindo, sem prejuízo do que estiver previsto em legislação especial ou nos respectivos atos constitutivos, a realização de assembleias gerais por meios eletrônicos para todas as pessoas jurídicas de direito privado, desde que preservados os direitos de participação e manifestação de todos aqueles que têm titularidade para tanto.

Tem-se, portanto, uma norma permanente que, observados os requisitos legais, consagra, amplamente, a assembleia virtual ou digital, o que vale dizer com participação e votação à distância, podendo ainda ser híbrida. A regulamentação da matéria para companhias abertas compete à CVM, e, para as demais sociedades, ao DREI.

54.5 Conselho fiscal

O conselho fiscal é um órgão optativo, podendo o contrato social adotá-lo ou não (art. 1.066).

A função precípua desse órgão, tal como na sociedade anônima, é a fiscalização da atuação dos administradores, especialmente no que tange aos seus aspectos financeiros.

Se a sociedade tiver conselho fiscal, a minoria, com pelo menos um quinto do capital, terá o direito de eleger um de seus membros.

54.6 Dissolução e liquidação

A dissolução da sociedade limitada encontra-se sujeita, no geral, às mesmas regras estipuladas para a sociedade simples (seção 32.16). A dissolução por deliberação dos sócios depende de deliberação de mais da metade do capital social (art. 1.076, II, do Código Civil). Deliberada a dissolução, o processo de liquidação ordinária regula-se pelos arts. 1.102 a 1.112 do Código Civil, que, de alguma forma, repetem, quase nos mesmos termos, os preceitos equivalentes da Lei nº 6.404/1976, inclusive ao prever que o liquidante pagará as dívidas da sociedade proporcionalmente, sem distinção entre vencidas e vincendas (ver seção 185). A sociedade limitada não entrará em liquidação se o seu quadro de sócios for reduzido a um único participante, posto que, por força do disposto no art. 1.052, § 1º, do CC, a sociedade limitada poderá ser constituída por uma ou mais pessoas. Segundo a lógica mais elementar, uma vez admitida a unipessoalidade originária, fica implicitamente admitida a unipessoalidade derivada ou subsequente.

Não acolhe, todavia, o Código Civil o preceito da Lei nº 6.404/1976 (art. 215, § 1º), que permite, com a aprovação de 90% dos votos conferidos pelas ações com direito a voto, e sem prejuízo para os dissidentes, que a partilha do ativo se faça com a entrega aos sócios dos próprios bens da sociedade, para tanto considerando-se o valor contábil ou outro que venha a ser fixado. De qualquer sorte, e desde que haja aprovação unânime, a sociedade limitada poderá também promover essa partilha *in natura*.[16]

55   O DIREITO DE RECESSO

Na sociedade limitada, vinculam-se os sócios à própria duração da entidade, não lhes sendo permitido pedir, segundo lhes aprouver, a apuração de seus haveres.[17] O disposto no art. 1.029 (direito de retirada – sociedade simples) não se aplica subsidiariamente à sociedade limitada, a qual, nessa matéria, encontra-se regida por norma própria (art. 1.077).[18]

O direito de retirada ou de recesso somente se coloca quando o contrato social é alterado, ou é deliberada a fusão da sociedade, sua incorporação por outra, ou a incorporação de qualquer sociedade (matérias que já por si, como também a cisão, acarretam a alteração do contrato social).[19] Nesses casos, os sócios que divergirem da alteração contratual têm o direito (art. 1.077) de se desvincular da sociedade, recebendo o valor patrimonial de suas cotas, segundo balanço especialmente levantado, se de outra forma não dispuser o contrato social.[20]

---

[16]   Quanto à dissolução e à liquidação judicial, ver a seção 35.

[17]   Não cabe afirmar que esse sentido de permanência conflitaria com o princípio que impede as vinculações perpétuas, ou até mesmo com o art. 5º, XX, da Constituição Federal ("ninguém poderá ser compelido a associar-se ou a permanecer associado"), porquanto, nessas sociedades de responsabilidade limitada, o fenômeno contratual é ultrapassado pela objetivação das participações. Trata-se de um investimento de capital. Se o sócio não deseja continuar com a sua participação, poderá aliená-la a terceiro, jamais deixar a sociedade através de apuração de haveres. Salvo se as cotas forem, por força do contrato social, intransferíveis, condição que propiciará a apuração de haveres (ver seção 50).

[18]   Nesse mesmo sentido, Alfredo de Assis Gonçalves Neto (2012, p. 417) e Márcio Tadeu Guimarães Nunes (2010, p. 59).

[19]   A legislação portuguesa consagra o chamado "direito de exoneração dos sócios", que se aplica em todos os casos previstos em lei ou no contrato social. Sobre o tema, João Cura Mariano, Coimbra, 2005.

[20]   Se a sociedade limitada conta com normas próprias sobre direito de recesso, afigura-se evidente que as normas sobre direito de retirada, que se destinam à sociedade simples, não

Sócios divergentes serão todos aqueles que não tomaram parte na decisão, ou seja, que não contribuíram para a efetivação da alteração contratual. Ainda que a decisão tenha sido tomada em assembleia geral, não apenas os que discordarem expressamente, mas igualmente os ausentes e os que se abstiverem, todos poderão ser considerados dissidentes, sendo esta inclusive a norma interpretativa constante do § 2º do art. 137 da Lei nº 6.404/1976, que, por analogia, deve ser aplicada à sociedade limitada.

O prazo para o exercício do recesso é de 30 dias, considerando-se para tanto os dias subsequentes à data de realização da reunião ou assembleia.[21] O Código Civil, diferentemente da legislação das sociedades anônimas, não consagrou a retratação, que se destinaria a evitar o recesso (ver seção 156).

Efetivado o recesso, os demais sócios poderão, desde que recolham à sociedade o valor pago pelo reembolso, ficar com as cotas do sócio que se retirou, e, nessa hipótese, o capital permanecerá o mesmo. Não sendo as cotas tomadas pelos demais sócios, o capital será reduzido no valor correspondente às cotas reembolsadas, que serão declaradas extintas.

O reembolso ao cotista observará o balanço especialmente levantado e considerará a parcela realizada de suas cotas. O valor patrimonial da sociedade, se as

---

lhe são aplicáveis. A legislação subsidiária somente se aplica na omissão da legislação específica. Na sociedade simples o sócio pode se demitir de sua condição de sócio, mediante mera notificação, com o que fará jus a uma apuração de haveres. Na sociedade limitada, o direito de recesso apenas se coloca quando o contrato social é alterado sem a concordância do sócio. Alguns tribunais vêm, todavia, estendendo, inadequadamente, a norma da sociedade simples à sociedade limitada. Trata-se de uma ilegalidade. É claro, no entanto, que, em situações extremas, caracterizadas pela "opressão da minoria" pela maioria, caberia admitir-se, com inspiração na prática norte-americana (*O'Neal Oppression of Minority Shareholders*), o direito de retirada, com a apuração de haveres do sócio prejudicado, sob o fundamento de que estaria havendo abuso de poder. O'Neal desenvolveu acurado estudo sobre a opressão da minoria no sistema anglo-americano (1975, p. 575). Outra situação em que se admitiria a desvinculação do sócio seria a concernente ao abandono da cota ou cotas sociais (qualquer bem pode ser objeto de abandono), ou seja, o sócio que não mais quiser participar da sociedade, e desde que o capital esteja integralizado, poderá renunciar aos seus haveres, despedindo-se da sociedade, mediante notificação à própria sociedade e aos demais sócios. Nesse caso, não faria jus a uma apuração de haveres, mas ficaria a salvo de obrigações ou deveres posteriores à data de arquivamento da referida notificação no Registro de Empresas. É esse, igualmente, o entendimento de Alfredo de Assis Gonçalves Neto: "Na renúncia, o sócio abdica do *status socii* e suas quotas passam a pertencer à sociedade, sem que ocorra qualquer desembolso por parte dela e, portanto, sem redução do capital social" (2012, p. 728).

[21] O prazo de 30 dias é contado da realização da reunião ou assembleia, mas, para que esse prazo seja efetivamente extintivo do direito de recesso, a convocação deverá ser explícita quanto à pauta relativa à alteração do contrato social. Do contrário, os cotistas ausentes poderão alegar desconhecimento, e, assim, pleitear o recesso no prazo de 30 dias contados do conhecimento efetivo da alteração contratual.

cotas forem de igual valor, deverá ser dividido pelo número de cotas, de modo a apurar-se o valor patrimonial da cota. O produto do valor da cota pela quantidade de cotas do sócio dissidente indicará o montante do reembolso. Se as cotas não estiverem integralizadas, será procedido, com observância da correspondente proporção, o necessário ajuste de valor.

Caso os bens do ativo da sociedade estejam com os seus valores contábeis distanciados da realidade, cumprirá ao interessado solicitar uma efetiva avaliação desses bens segundo a sua expressão de mercado. Os intangíveis da empresa, especialmente o fundo de comércio, também deverão ser levados em consideração, isso naturalmente quando representarem um valor efetivo (ver seção 29, nota 5).

As cotas liquidadas, salvo acordo ou estipulação contratual diversa, deverão ser pagas em dinheiro, no prazo de 90 dias (art. 1.031, § 2º). A fim de evitar desencaixes vultosos, que poderão comprometer a liquidez da sociedade, convém disciplinar contratualmente esse prazo, a fim de que se estenda por um período mais longo, desde que razoável, um ano por exemplo, acrescendo-se às parcelas mensais os juros remuneratórios correspondentes.

Uma vez requerido o recesso, e desde que os seus pressupostos estejam atendidos, o sócio que o requereu demite-se, automaticamente, do *status* de sócio, ao tempo em que assume a condição de credor.[22]

---

[22] O STJ (3ª Turma), ao decidir o REsp nº 1.839.078/SP, admitindo a retirada imotivada do sócio, adotou fundamentação triplamente equivocada, pois: a) aplicou o art. 1.029 do CC, que é próprio de sociedade simples e que não se aplica subsidiariamente à sociedade limitada, que conta com norma própria sobre recesso; b) a matéria não envolvia o direito de associação, mas sim o direito de sócio, que se objetiva em quotas transferíveis; c) o art. 1.089 do CC não prevê a aplicação supletiva das normas sobre sociedade simples, mas sim a aplicação subsidiária, que é conceitualmente diversa. A decisão foi publicada em 15.03.2021.

XII
ASPECTOS GERAIS DA SOCIEDADE ANÔNIMA (A)

56. Desenvolvimento das sociedades anônimas; **57.** A Lei nº 6.404/1976 e as linhas básicas em que se orientou; **58.** A definição dos interesses fundamentais; **59.** A influência do direito comparado.

56 DESENVOLVIMENTO DAS SOCIEDADES ANÔNIMAS

A sociedade anônima conheceu três sistemas distintos de formação.

Nos séculos XVII e XVIII vigorou o sistema dos privilégios, sendo a criação de uma sociedade anônima um ato de governo. Não era a sociedade o fruto da vontade das partes, mas sim uma concessão do Estado aos interessados, através de um ato legislativo, que definia o regime especial daquela sociedade, não aplicável às demais.[1]

Passou-se, depois, ao sistema da autorização. Neste, a sociedade era criada pelos interessados, mas esse ato de criação dependia de preliminar autorização do Governo.

Finalmente, sobreveio o sistema da livre criação, que é o atualmente vigorante. As sociedades anônimas são livremente criadas pelos seus fundadores, impondo-se apenas, tal como acontece com as demais sociedades comerciais, a obrigatoriedade do arquivamento dos atos constitutivos no Registro de Empresas.

Deve-se atentar, todavia, para a circunstância de que algumas sociedades, em função de seu objeto, dependem de prévia autorização do Governo para funcionar. É o que ocorre, por exemplo, com as instituições financeiras, cujo funcionamento depende de autorização do Banco Central do Brasil. Como sociedades dependentes de autorização oficial podem ainda ser lembradas as empresas de serviços aéreos, de telecomunicações e de radiodifusão, as sociedades de investimento e as companhias seguradoras e de capitalização.

A autorização, nesses casos, representa uma forma de aferição da regularidade dessas empresas, que atuam em áreas sensíveis, e do atendimento das exigências legais destinadas ao resguardo do interesse público.

---

[1] Salvador Moniz (1914, p. 66).

As regras, por conseguinte, são a livre criação e o livre funcionamento. As exceções correspondem a casos especiais previstos em lei.

O primeiro texto normativo brasileiro sobre sociedade anônima foi o Decreto nº 575, de 10 de janeiro de 1849, no qual se adotava o sistema da autorização. Esse sistema perdurou até 4 de novembro de 1882, quando a Lei nº 3.150 implantou entre nós o sistema da livre criação.

57 A LEI Nº 6.404/1976 E AS LINHAS BÁSICAS EM QUE SE ORIENTOU

A sociedade anônima, ante a dinâmica própria das atividades a que se destina, é essencialmente mutável.

Cada quadro socioeconômico determina necessidades a que a sociedade anônima, como principal instrumento da atividade negocial, deverá responder.

O Brasil, a partir do século XX, já se regeu por três leis de sociedades anônimas.

A primeira, que foi o Decreto nº 434, de 4 de julho de 1891, vem do século XIX e reflete uma realidade de bases rurais, industrialização incipiente e ativo comércio.

A segunda – o Decreto-lei nº 2.627, de 26 de setembro de 1940 – corresponde a uma fase de crescimento industrial ainda em bases marcadamente familiares ou individuais.

A terceira e atual Lei nº 6.404, de 15 de dezembro de 1976, corresponde à expansão do mercado de capitais e à proliferação da grande empresa. Essa lei já sofreu quatro reformas significativas, a primeira através da Lei nº 9.457/1997, a segunda através da Lei nº 10.303/2001, a terceira através da Lei nº 11.638/2007, e a quarta através da Lei nº 14.195/2021.

Pode-se afirmar que a Lei nº 6.404/1976 oferece cinco linhas básicas de orientação, quais sejam: (1ª) a da proteção dos acionistas minoritários; (2ª) a da responsabilização do acionista controlador; (3ª) a da ampla diversificação dos instrumentos postos na lei, à disposição dos acionistas, para serem, ou não, adotados pela sociedade; (4ª) a da diferenciação entre companhia aberta e fechada; (5ª) a da definição dos interesses fundamentais que a sociedade anônima representa, sendo essa linha de tal modo importante que será analisada na seção seguinte.

58 A DEFINIÇÃO DOS INTERESSES FUNDAMENTAIS

A Lei nº 6.404/1976, numa demonstração de que a sociedade anônima é uma verdadeira instituição, depois de conceituar o acionista controlador, determina (art. 116, parágrafo único) que este deve usar o seu poder para "fazer a companhia realizar o seu objeto e cumprir sua função social", acrescentando que "tem deveres e responsabilidades para com os demais acionistas da empresa, os que nela trabalham e para com a comunidade em que atua, cujos direitos e interesses deve lealmente respeitar e atender".

Cap. XII • ASPECTOS GERAIS DA SOCIEDADE ANÔNIMA (A) | 127

Partindo dos deveres e responsabilidades do acionista controlador, define a Lei das Sociedades Anônimas os destinatários do tríplice interesse que ela representa: acionistas, empregados e comunidade.

A sociedade anônima deixa de ser um mero instrumento de produção de lucros para distribuição aos detentores do capital, para elevar-se à condição de instituição destinada a exercer o seu objeto para atender aos interesses de acionistas, empregados e comunidade.

Esses três interesses devem, por conseguinte, conviver equilibradamente no âmbito da sociedade; as decisões tomadas terão, necessariamente, que considerá-los, a fim de que nenhum deles seja sacrificado.

O acionista sempre foi considerado significativo para a sociedade. A grande inovação trazida pela lei atual situa-se na consagração do empregado e da comunidade como merecedores desse mesmo nível de significação.[2]

O acionista, aportando capital à sociedade, torna-se merecedor de uma administração que adote as medidas conducentes a uma compensadora remuneração para o seu investimento. O empregado, emprestando sua força de trabalho à empresa, faz jus a uma administração que lhe garanta o emprego, bem como um padrão de vida adequado. A comunidade, vivendo em estreito relacionamento com a empresa, merece desta não só a permanência naquele meio social, como igualmente a adoção de processos capazes de evitar danos ou prejuízos à população local e ao meio ambiente.

A norma que estamos analisando não tem natureza programática ou simplesmente indicadora de critérios interpretativos. Trata-se de regra autoexecutável, com nítido caráter imperativo, pois impõe ao acionista controlador um determinado comportamento.

Coerentemente, ao tratar das atribuições dos administradores, dispôs o legislador (art. 154) no sentido de que eles, em sua atuação, deverão satisfazer "as exigências do bem público e da função social da empresa".

Encontram-se, portanto, jungidos os controladores e administradores à obrigação de preservar esses interesses essenciais, cuja violação configurará abuso de

---

[2] Essa posição da atual Lei das Sociedades Anônimas inspira-se nas ideias que foram se formando nos Estados Unidos da América a partir do início do século passado, e que bem se expressam na transcrição a seguir de comentário feito pelo presidente da General Electric, em 1929: "A qui dois-je mes obligations? Ma conception est la suivante. Trois groupes de personnes ont un intérêt dans l'institution. L'un d'eux se compose des quelques cinquante mille personnes qui ont apporté leurs capitaux à la société: il s'agit des actionaires. Un autre groupe est formé de cent mille personnes qui consacrent à la société leur travail et leur vie. Le troisième groupe est celui des consommateurs et du public en général. Les consommateurs ont le droit de demander qu'une entreprise aussi importante que la nôtre ne conduise pas simplement ses affaires honnêtement et correctement, mais que, de plus, elle soit à la hauteur de ses obligations publiques et satisfasse a ses devoirs publics; qu'en un mot, lourd de sens, elle soit un bon citoyen" (apud TUNC, 1985, p. 158).

poder, propiciando ao interessado a prerrogativa de obter judicialmente a competente reparação.

Tome-se como exemplo a dispensa de um empregado. Ora, se o empregado representa um dos interesses fundamentais a que se destina a sociedade anônima, nenhuma dispensa poderá se processar sem que haja uma causa legítima. Legítimas seriam não apenas as hipóteses de justa causa de que cuida a legislação trabalhista, como situações outras em que a despedida é necessária como forma de preservação da sociedade.

A sobrevivência da empresa e o seu crescimento devem ser uma preocupação constante dos controladores e administradores, até mesmo como meio de resguardar os interesses dos acionistas, empregados e comunidade.

A retração do mercado poderá, em certas circunstâncias, forçar a sociedade a reduzir o seu quadro de pessoal como um recurso de sobrevivência. Nesse caso, a dispensa de empregados seria admissível.

Jamais, no entanto, poderá o interesse do empregado ser sacrificado sob o argumento de que a redução do quadro aumentará o lucro, ou como processo de substituição de empregado antigo – de remuneração mais elevada – por empregado novo – de remuneração mais baixa.

Práticas dessa natureza correspondem ao sacrifício do trabalho em proveito do capital e, como tal, conflitam com o já referido art. 116, parágrafo único, que colocou capital, trabalho e comunidade em posição de equilíbrio.[3]

O acionista e o empregado, quando atingidos em seus direitos, poderão acionar pessoalmente a sociedade e os responsáveis.[4] Problema de solução mais difícil era

---

[3]   Vinha se tornando prática generalizada, especialmente no plano da grande empresa, o desrespeito a essa regra, sob o pretexto da chamada reengenharia, que não é senão um processo de redução de quadros (dispensa de empregados) em nome da competitividade e da maximização dos lucros. Trata-se na verdade de uma atitude destrutiva, uma vez que elimina empregos, desagregando as relações humanas. O compromisso social da empresa, que se construiu ao longo do século XX, com base nas ideias socialistas, na doutrina social da igreja, na luta sindical e na ameaça de expansão do comunismo soviético, entrou, a partir dos anos 90, em um período de desmonte que ameaçava comprometer a própria sobrevivência do Estado de bem-estar. A impressão que se tem é que, após o colapso do comunismo, e a consequente cessação do contraponto capitalismo/comunismo, que gerara o neocapitalismo, o capitalismo procurara retomar as suas características originais, num esforço de reinstalação do liberalismo clássico. Atualmente, especialmente a partir da crise econômica de 2007, os exageros neocapitalistas, que solaparam as bases do próprio capitalismo, vêm cedendo lugar à ideia de que regras e controles mais estritos devem ser adotados, a fim de restaurar os princípios que informam o equilíbrio das relações econômicas e o compromisso ético e social da empresa, os quais se afiguram essenciais à própria subsistência do capitalismo.

[4]   Os investidores de mercado poderão ter os seus direitos reclamados através de ação civil pública, a ser intentada pelo Ministério Público ou pela Comissão de Valores Mobiliários (Lei nº 7.913/1989).

o da titularidade para as ações destinadas a sustentar os direitos da comunidade. Tratando-se de um interesse difuso, quem teria legitimação para representá-lo? Vários estudos foram produzidos, no passado, sobre a matéria, havendo os que se inclinavam pela ação popular (interpretação ampliativa da expressão *patrimônio público*), os que atribuíam legitimação ao Ministério Público e os que a entendiam extensiva a qualquer membro da comunidade, uma vez que, sendo todos os interessados credores de uma obrigação indivisível, cada um poderia exigir a dívida inteira (art. 260 do Código Civil de 2002).[5]

Atualmente, porém, com a Lei nº 7.347/1985, que regula a ação civil pública (art. 1º, IV, com a redação que lhe foi atribuída pelo art. 110 da Lei nº 8.078/1990), a legitimação para a defesa dos interesses difusos em geral encontra-se conferida ao Ministério Público, à Defensoria Pública, União, Estados e Municípios, e também a entidades de administração indireta e associações constituídas há pelo menos um ano que, entre as suas finalidades, inclua a proteção "ao patrimônio público e social, ao meio ambiente, ao consumidor, à ordem econômica, à livre concorrência, aos direitos de grupos raciais, étnicos ou religiosos ou ao patrimônio artístico, estético, histórico, turístico e paisagístico" (art. 4º da Lei nº 7.347/1985, redação resultante da Lei nº 13.004/2014).[6] O requisito da pré-constituição poderá ser dispensado

---

[5] José Carlos Barbosa Moreira, anteriormente à Lei nº 8.078/1990, desenvolveu admiravelmente esse tema: "Com efeito: tratando das obrigações indivisíveis, estatui o Código Civil, art. 892 [correspondente ao art. 260 do Código Civil de 2002], 1ª parte, que 'se a pluralidade for dos credores, poderá cada um destes exigir a dívida inteira'; sendo a indivisibilidade, precisamente, uma das características essenciais da estrutura dos interesses difusos, basta, para resolver o problema, operação hermenêutica simples, que desprenda da acepção rigorosamente técnica as palavras 'credores' e 'dívida'. A dificuldade está menos na lei que no conservadorismo dos intérpretes; uma atitude mais 'aberta' e sensível às necessidades práticas é capaz de superar muitos obstáculos, conforme atesta a sentença do Juízo de Passo Fundo, de 17.11.1980, que reconheceu legitimação a um habitante da cidade para pleitear a condenação da Cia. Riograndense de Saneamento a fazer funcionar, dentro de certo prazo, as instalações destinadas ao tratamento de esgotos sanitários, cumprindo assim a finalidade que lhe inspirara a criação, e da qual não se vinha desincumbindo, com prejuízo para a salubridade local" (MOREIRA et al., 1984, p. 100).

[6] Atualmente, no Brasil, fala-se muito em governança corporativa, com os olhos postos apenas nos interesses de grupos minoritários de acionistas, quando, na verdade, o tema tem um arco muito mais amplo, e como tal abrangente do tríplice interesse de que trata o art. 116, parágrafo único, pois o conceito que se formou no direito anglo-americano, de *corporate governance*, designa o comprometimento da sociedade anônima com suas finalidades institucionais, vale dizer, com os grandes interesses que permeiam o universo corporativo, e que são, notadamente, os interesses dos acionistas minoritários, dos empregados da companhia, da comunidade em que esta atua e dos consumidores dos seus produtos. Nos países anglo-americanos conferiu-se ao conselho de administração (*board of directors*) a missão de velar por esses interesses, e, para tanto, foi atribuída maior autonomia ao conselho, através da designação de conselheiros independentes.

pelo juiz, quando houver manifesto interesse social (§ 4º do art. 5º, com a redação da Lei nº 8.078/1990).

59 A INFLUÊNCIA DO DIREITO COMPARADO

A atual lei das sociedades por ações buscou inspiração no direito europeu e norte-americano.

A renovação ocorrida na Itália, na Alemanha e principalmente na França, com a Lei nº 67.537, de 25 de julho de 1966, influiu decisivamente na elaboração de nossos legisladores.

A prática norte-americana, extremamente rica e diversificada, principalmente no que concerne a valores mobiliários e procedimentos de mercado, serviu de matriz a muitos dos institutos consagrados na lei atual.[7]

Deve-se acentuar, entretanto, que, no direito anglo-americano, o conselho de administração dispõe de poderes muito mais amplos do que no direito brasileiro, tanto que interfere na administração executiva, da qual participa efetivamente, inclusive mantendo sobre os diretores (*executive officers*) uma manifesta hierarquia. As regras sobre governança corporativa constam de "Códigos de Boas Práticas", elaborados pelo próprio mercado e aceitos espontaneamente pelas empresas. A OECD (*Organization for Economic Cooperation and Development*) estabeleceu, em 2004, um código de "*Principles of Corporate Governance*", no qual ressalta a importância dos *stakeholders*, destacando entre estes os empregados e a comunidade em que atua a sociedade.

[7] O direito inglês das sociedades passou, em 2006, por uma grande reforma, tendo sido editado um novo *Company Act*, que entrou em vigor em outubro de 2008. As novas normas atribuem responsabilidade aos diretores relativamente a questões de meio ambiente, direitos de empregados e da comunidade, assim como no que tange à regularidade das demonstrações financeiras. Novos institutos foram criados com o objetivo de facilitar a atuação dos acionistas contra os administradores que descumpram os seus deveres perante a companhia e os acionistas. Além disso, os administradores podem agora ser responsabilizados criminalmente por erros e improcedidades contábeis não reveladas. Observa-se, outrossim, uma manifesta desregulação da companhia fechada (*private company*), que se torna muito mais flexível, enquanto a companhia aberta (*public company*) é submetida a mais acentuada regulamentação.

XIII

ASPECTOS GERAIS DA SOCIEDADE ANÔNIMA (B)

60. Características básicas da sociedade anônima; **61.** Sociedade em comandita por ações; **62.** Denominação da sociedade anônima; **63.** Companhias abertas e fechadas; **63.1.** Antecedentes; **63.2.** A companhia aberta; **63.3.** O cancelamento do registro de companhia aberta; **63.4.** A oferta pública como condição para o cancelamento do registro; **63.5.** O cancelamento do registro por iniciativa da CVM; **64.** A macroempresa.

60 CARACTERÍSTICAS BÁSICAS DA SOCIEDADE ANÔNIMA

A sociedade anônima oferece as seguintes características básicas: (a) é sociedade de capitais; (b) é sempre empresária; (c) o seu capital é dividido em ações transferíveis pelos processos aplicáveis aos títulos de crédito; (d) a responsabilidade dos acionistas é limitada ao preço de emissão das ações subscritas ou adquiridas.

SOCIEDADE de CAPITAIS – as ações das sociedades anônimas são, por natureza, transferíveis. Em certas situações, poderá o estatuto impor limitações à transferência, desde, porém, que não impeça a negociação (art. 36).

Na sociedade anônima, o que ganha relevância é a aglutinação de capitais, não importando, pelo menos conceitualmente, a pessoa dos sócios. A cada sócio é indiferente a pessoa dos demais sócios, não havendo entre estes, em linha de princípio, o chamado *intuitu personae*.

A associação é, na verdade, de capitais, pois estes é que são fundamentais para a existência e continuidade da sociedade. Esses capitais têm, evidentemente, titulares, mas esses titulares poderão variar constantemente, até diariamente, sem que a sociedade seja formalmente afetada.

SOCIEDADE EMPRESÁRIA – a sociedade anônima é sempre empresária, ao contrário dos demais tipos societários, que poderão ser empresárias ou não (ver seções 2 e 3), ressalvada a sociedade simples *stricto sensu*, que jamais poderá ser empresária.

Assim, ainda que se destine a uma atividade não empresária, como, por exemplo, a atividade intelectual, a sociedade anônima será empresária. Trata-se de uma classificação em razão da forma, por força e efeito da Lei nº 6.404/1976:

> Art. 2º [...]
> § 1º Qualquer que seja o objeto, a companhia é mercantil e se rege pelas Leis e usos do comércio.

No mesmo sentido o parágrafo único do art. 982, do Código Civil:

> Parágrafo único – Independentemente de seu objeto, considera-se empresária a sociedade por ações; e, simples, a cooperativa.

CAPITAL DIVIDIDO EM AÇÕES – o capital da sociedade anônima divide-se em ações, nas quais se objetiva a participação dos sócios. Essas ações têm capacidade de circulação autônoma, tal como os títulos de crédito. Quando existiam ações ao portador, a circulação destas se operava sem que a sociedade nem mesmo tivesse conhecimento das transferências efetivadas.

RESPONSABILIDADE LIMITADA – a responsabilidade do acionista é rigorosamente limitada, pois apenas responde pela integralização do preço de emissão das ações que subscrever ou adquirir (art. 1º).[1]

Integralizada a ação, ou seja, pago o seu preço, encontra-se o acionista liberado de qualquer exigibilidade adicional, tanto da parte da sociedade como de seus credores.

Vindo a sociedade a incorrer em falência, não sofrerá o acionista qualquer reflexo dessa situação, que apenas atingirá a própria companhia e o seu patrimônio.

A limitação da responsabilidade do acionista e a facilidade de circulação das ações foram as principais responsáveis pelo extraordinário crescimento da sociedade anônima.

A aplicação de capital em ações passou a se fazer com segurança, na medida em que os bens particulares do acionista ficavam inteiramente a salvo das consequências do insucesso empresarial. Na sociedade anônima, diferentemente da sociedade limitada, o acionista nem mesmo responde pela integralização do capital, restringindo-se o seu comprometimento apenas à integralização de suas próprias ações.

A facilidade de circulação atribuiu ao investimento a flexibilidade necessária a uma ampla negociação dessas participações.

Esses fatores favoráveis propiciaram, de um lado, o surgimento de grandes empresas, com milhares de acionistas e vultosos capitais e, de outro lado, o desen-

---

[1] Ver seção 9.

volvimento do mercado de capitais, onde são negociados, diariamente, milhões de ações.

61 SOCIEDADE EM COMANDITA POR AÇÕES

A Lei nº 6.404/1976 dispõe sobre as sociedades por ações, as quais se subdividem em sociedades anônimas e sociedades em comandita por ações, sendo que essas últimas encontram-se reguladas pelo Código Civil.

Ocorre, todavia, que, enquanto a sociedade anônima proliferou extraordinariamente, a sociedade em comandita por ações praticamente inexiste.

Assim, não apresenta o seu estudo maior interesse prático, pelo que será examinada de forma breve e sumária.

A despeito disso, convém lembrar que, em alguns países, e em determinados momentos, a sociedade em comandita por ações chegou a despertar grande interesse, especialmente em situações em que um empreendedor, com pequeno capital e muita credibilidade junto ao mercado, tenha se disposto a assumir responsabilidade ilimitada pelas obrigações sociais como contrapartida da grande soma de poder que esta forma de sociedade poderia lhe conferir. Ou seja, os administradores respondem solidariamente, mas o seu mandato vigora por tempo indeterminado e não podem ser destituídos a não ser por dois terços do capital social. Além disso, sem a concordância dos administradores, várias matérias não poderão ser objeto de deliberação pela assembleia geral.

Fortin e Zaldívar ressaltam, em obra datada de 1961, a grande importância dessa forma societária, tanto na Argentina como na França, especialmente nos casos de "empresas que deben recurrir a la pública suscripción de capitales y cuyos administradores quieren asegurarse la permanencia en sus cargos y el control de la sociedad".[2]

No geral, rege-se a comandita por ações pelas mesmas normas aplicáveis às sociedades anônimas. Trata-se, no entanto, de sociedade de responsabilidade mista, uma vez que, além dos sócios de responsabilidade limitada, semelhantes a acionistas, dispõe de sócios de responsabilidade ilimitada, que são os diretores ou administradores.

Essa sociedade poderá ter firma ou denominação, mas se tiver firma, nesta poderão figurar apenas e tão somente os diretores ou administradores. Se outros sócios figurarem na firma, estes passarão a responder ilimitadamente pelas obrigações sociais, nos termos do disposto no art. 1.157 do Código Civil. A denominação ou a firma deverão se fazer seguir da expressão "comandita por ações" (art. 1.161 do Código Civil).

---

[2] Acrescentam ainda os referidos autores: "En Francia, la comandita por acciones es utilizada con frecuencia como sociedad controladora de grandes *holdings*. Asi, entre muchos outros tenemos: ... Michelin... Citroën... Peugeot... Beghin ..." (1961, p. 15 e 16).

Várias matérias, sem o consentimento dos diretores, cuja responsabilidade é ilimitada, não poderão ser submetidas à deliberação pela assembleia geral: mudança de objeto, prorrogação do prazo de duração da sociedade, aumento ou diminuição do capital e criação de debêntures e partes beneficiárias (art. 1.092 do CC).

Cabe, portanto, assentar que, nesse tipo societário, ao lado dos acionistas normais, cuja responsabilidade se encontra sujeita às mesmas regras da sociedade anônima, existem alguns outros, que são os que exercem funções de diretores ou têm o seu nome na firma, que respondem subsidiariamente, mas de forma ilimitada, pelas obrigações sociais. Se houver mais de um diretor, entre estes a responsabilidade será solidária.

Os diretores, necessariamente acionistas, são nomeados nos atos constitutivos da sociedade, e no cargo permanecem, por tempo indeterminado, até que renunciem ou sejam destituídos. A destituição somente poderá ocorrer por deliberação de acionistas que representem dois terços, no mínimo, da totalidade do capital social. O diretor, uma vez afastado do cargo, mantém-se responsável, por um prazo de dois anos, pelas obrigações sociais anteriormente contraídas.

O Código Civil (arts. 1.090 a 1.092), ao dispor sobre as sociedades em comandita por ações, repetiu, com pequenas variações, as normas da lei das sociedades por ações que tratavam especificamente da matéria, e que foram consequentemente revogadas. Observado, porém, o disposto nesses três artigos do Código Civil, no mais a sociedade em comandita por ações rege-se pelas mesmas normas aplicáveis à sociedade anônima, excetuadas as disposições sobre voto plural, conselho de administração, capital autorizado e bônus de subscrição (art. 284 da Lei nº 6.404/1976).

62 DENOMINAÇÃO DA SOCIEDADE ANÔNIMA

O nome empresarial da sociedade anônima revestirá sempre a forma da denominação (ver seção 18.1).

A denominação compõe-se de expressões ligadas à atividade da sociedade, às quais se adicionará a locução "sociedade anônima" (ou, abreviadamente, "S.A."), que poderá figurar indiferentemente no começo, no meio ou no fim da denominação. Em vez da locução "sociedade anônima", poderá ser adotado o vocábulo "companhia" (ou, abreviadamente, "Cia."), o qual não poderá figurar senão no começo da denominação, de modo a evitar-se qualquer confusão com a firma das sociedades de responsabilidade ilimitada ou mista, nas quais é próprio figurar, no final, a indicação "& Cia.".

Admite a lei (art. 1.160 do Código Civil) que o nome do fundador, acionista ou pessoa relevante para a sociedade figure na denominação. Essa circunstância não descaracterizará a denominação, transformando-a numa firma, mesmo porque a inclusão desses nomes terá o caráter de mera homenagem.

Como exemplos de denominação podem ser arrolados os seguintes:

- S.A. COSTA PINTO DE COMÉRCIO E INDÚSTRIA;
- MONTREAL BANK LEASING S.A. – ARRENDAMENTO MERCAN-TIL;
- BANCO BRADESCO S.A.;
- COMPANHIA NACIONAL DE TECIDOS NOVA AMÉRICA;
- CIA. BRASILEIRA DE COMÉRCIO E INDÚSTRIA – CBCI.

A Lei nº 6.404/1976 não exigia que a denominação indicasse o objeto da empresa. Essa indicação teria o inconveniente de limitar a criatividade dos fundadores da sociedade. Com o atual Código Civil (art. 1.160), a denominação passa, porém, a ser "designativa do objeto social", mas a Lei nº 14.395/2022, reafirmada pela Lei nº 14.382/22, ao atribuir nova redação ao art. 1.160 do Código Civil, tornou essa designação facultativa.

A denominação deverá ser original, cabendo ao registro de empresas recusar o arquivamento de sociedades anônimas cuja denominação seja idêntica ou semelhante àquelas já existentes.

A semelhança poderá se apresentar em maior ou menor grau, cabendo ressaltar que quando as sociedades têm objeto comum ou aproximado não se deverá permitir qualquer semelhança.

A finalidade da lei é evitar confusão no espírito do consumidor e das demais pessoas que lidam com a sociedade. Assim, se as atividades são totalmente distintas, alguma semelhança será admitida, desde, porém, que não seja de nível a despertar a ideia de que essas sociedades compõem um mesmo grupo.

Qualquer sociedade que se sentir prejudicada pelo arquivamento de outra, cuja denominação seja semelhante à sua, poderá requerer a respectiva modificação, tanto perante o Registro de Empresas como judicialmente, e ainda pleitear reparação por perdas e danos (ver seção 18.1).

63 COMPANHIAS ABERTAS E FECHADAS

63.1 Antecedentes

A Lei nº 4.728/1965 (Lei do Mercado de Capitais) estabelecera (art. 59) que o Conselho Monetário Nacional fixaria periodicamente as condições que uma sociedade anônima deveria atender para ser considerada de capital aberto.

Essas condições foram enumeradas pelas Resoluções nº 106/1968 e nº 176/1971, do Banco Central do Brasil, e representavam requisitos mínimos de democratização do capital social, de tal sorte que, para receber um certificado de capital aberto, deveria a sociedade colocar determinado número de ações junto a dada quantidade de acionistas. Esses números estavam sujeitos a uma taxa de crescimento anual, a fim de que se expandissem as ações democratizadas, isto é, colocadas junto ao público.

Conceito eminentemente diverso resulta da atual Lei das Sociedades por Ações (art. 4º), quando esta dispõe a respeito de companhia aberta.

Companhia aberta é aquela cujos valores mobiliários estejam admitidos à negociação no mercado de valores mobiliários; fechada, ao invés disso, é a que não conta com essa admissão.

63.2 A companhia aberta

Os conceitos de companhia aberta e fechada bifurcaram a sociedade anônima, através de um processo de diferenciação.

Embora se constituam em uma única e mesma espécie ou tipo societário, muitas são as peculiaridades que distinguem a companhia aberta da fechada.

Resumidamente, poder-se-ia afirmar que a companhia aberta se encontra sujeita a normas mais rígidas, a publicidade mais acentuada e a constante fiscalização da Comissão de Valores Mobiliários (CVM).

Conforme já foi ressaltado, o que imprime a uma sociedade anônima a condição de companhia aberta é a admissão de seus valores mobiliários às negociações de mercado. Para tanto, impõe-se o registro da empresa na CVM (art. 21 da Lei nº 6.385/1976), quer para negociação na Bolsa, quer para negociação no mercado de balcão. A CVM (art. 4º, § 3º, da Lei nº 6.404/1976) poderá classificar as companhias abertas em categorias, fixando exigências diversas para cada uma delas.

O simples registro, só por si, transforma a companhia de fechada em aberta. A disciplina do registro de companhia encontra-se regulada pela Resolução CVM nº 80/2022, que substituiu a Instrução CVM nº 480/09. O registro na categoria "A" autoriza a negociação de quaisquer valores mobiliários, enquanto o registro na categoria "B" excepciona as ações e os títulos conversíveis em ações, que não poderão ser negociados.

Ainda que nenhum título da sociedade tenha ido ao mercado, a formalidade do registro já a torna uma companhia aberta.

A partir do registro, a sociedade será tida e havida como companhia aberta, e como tal gozará das prerrogativas e sofrerá os ônus dessa condição jurídica.

63.3 O cancelamento do registro de companhia aberta

Para cancelar o registro na CVM e voltar a ser uma companhia fechada, além de oferta pública para aquisição da totalidade das ações em circulação, terá a companhia aberta que cumprir as exigências constantes da Resolução CVM nº 85, de 31.03.2022. A principal exigência é o acolhimento por parte de, no mínimo, dois terços das ações em circulação, seja da oferta pública de aquisição de ações a ser promovida pelo acionista controlador ou pela própria companhia, seja da proposta de cancelamento do registro, não computadas as ações dos que

Cap. XIII • ASPECTOS GERAIS DA SOCIEDADE ANÔNIMA (B) | **137**

não se habilitarem para o procedimento especial da oferta pública. Vale dizer que, para esse efeito, deverão ser consideradas, de um lado (a favor do fechamento do capital), as ações que aceitarem a oferta e as que concordarem com o fechamento, e, de outro lado (contra o fechamento do capital), as ações que se habilitarem para o leilão, mas dissentirem do fechamento. Nessa equação, e como condição para o fechamento, as primeiras (ou seja, as que aceitaram a oferta ou concordaram com o fechamento) deverão representar dois terços, no mínimo, do total correspondente às ações que de alguma forma se manifestarem (acolhendo a oferta, declarando-se a favor do fechamento ou declarando-se contra o fechamento).

A exigência imposta pela Resolução CVM n° 85/2022 (art. 25, II), que, nesse caso, repete a instrução anterior, de que os acionistas que desejarem discordar do fechamento do capital tenham que se habilitar ao procedimento especial, afigura-se curiosa e burocratizante, posto que a simples manifestação do acionista, ou até mesmo o seu silêncio, deveria ser considerada bastante. A CVM criou, para esse fim, um conceito específico de ação em circulação (somente considera ações em circulação as que concordarem com o fechamento ou se habilitarem ao leilão), e, ao fazê-lo, usou dois pesos e duas medidas, tanto que, para concordar com o fechamento do capital, contentou-se com a mera manifestação do acionista nesse sentido, mas, para discordar, exigiu que esse acionista se habilitasse ao leilão, e neste rejeitasse a proposta de fechamento. Aliás, para discordar bastaria não se manifestar.

Embora atentando contra a lógica e a equidade, o expediente adotado procura, na verdade, contornar o absenteísmo dos acionistas de mercado, os quais, quando pulverizados, não costumam se manifestar.

63.4 A oferta pública como condição para o cancelamento do registro

A Lei n° 10.303/2001, que deu nova redação ao art. 4° da Lei n° 6.404/1976, e ainda lhe acrescentou um art. 4°-A, condicionou o cancelamento do registro de companhia aberta à apresentação de oferta pública para a aquisição da totalidade das ações em circulação no mercado, a ser formulada pela própria companhia emissora das ações, pelo acionista controlador ou pela sociedade controladora da emissora.

Uma primeira questão a ser respondida, nessa matéria, concerne à aquisição das ações pela emissora, porquanto, ao adquirir títulos representativos do próprio capital, terá que se submeter às condições e aos limites estabelecidos para as ações de tesouraria.

Outra indagação relevante refere-se ao chamado "preço justo", pelo qual, segundo a lei, deverá se fazer a oferta de compra das ações.

O que seria um preço justo? O justo e o injusto oferecem conotações subjetivas e encontram-se sujeitos à relatividade dos conceitos e dos sentimentos. Por essa razão, o direito, desde Aristóteles,[3] embora almeje a justiça, não se considera a ciência do justo, mas sim a ciência do lícito.

O problema se agrava quando, como no caso, afirma-se que esse "justo" deveria corresponder à avaliação da companhia segundo critérios extremamente diversificados: patrimônio líquido contábil, patrimônio líquido avaliado a preço de mercado, fluxo de caixa descontado, comparação de múltiplos, cotação das ações no mercado, ou outros critérios aceitos pela CVM.

Como se sabe, os critérios apontados, que poderão ser adotados de forma isolada ou combinada, levam, cada um deles, a um resultado diverso.

O que pode ser considerado justo ou injusto diante desse emaranhado?

As perplexidades, todavia, não se esgotam na noção do "preço justo", posto que o próprio preço justo deverá ser fixado através de avaliação promovida por avaliadores.

Quem designará os avaliadores? Quem aprovará o valor encontrado? Os próprios ofertantes, sem dúvida, na condição de compradores. Tem-se, portanto, nesse primeiro momento, a noção de preço justo do próprio comprador, como em qualquer compra e venda.

Os acionistas titulares das ações em circulação no mercado (ações que não pertencem ao grupo de controle, a pessoas a este ligadas, a administradores da sociedade ou à tesouraria da empresa), se detentores de no mínimo 10% dessas ações, poderão, no prazo de 15 dias, requerer uma assembleia especial dos acionistas de mercado para decidir sobre a realização de nova avaliação, pelo mesmo ou por outro critério. Nesse caso, quem apontará os avaliadores e o critério de avaliação? Sem dúvida, os próprios acionistas de mercado, na mesma assembleia em que se decidir a matéria. Essa será a avaliação dos vendedores, como em qualquer compra e venda. Um outro entendimento, que concluísse pela indicação dos avaliadores pela companhia, que se encontra sob o poder do formulador da proposta de compra, conduziria ao contrassenso, retirando à norma legal, cuja *mens legis* é a proteção do acionista minoritário, todo e qualquer conteúdo ou consistência.

Os custos dessa nova avaliação devem ser arcados pela companhia, que será ressarcida pelos que a requereram e votaram a seu favor, caso a nova perícia conclua por valor igual ou inferior ao montante da oferta original.

Uma nova incerteza se apresenta. Se a segunda avaliação (avaliação do vendedor) alcança valor superior ao da primeira (avaliação do comprador), estariam os formuladores da oferta de compra vinculados à efetividade da oferta?

---

[3] "Os termos *justiça* e *injustiça* são usados em vários sentidos, mas como seus usos equívocos estão intimamente relacionados, a equivocidade não é detectada [...]" (*Ética a Nicômaco*, Livro V).

Por certo que não. Diante do novo "preço justo", caberá ao ofertante original renovar ou recolher a oferta pública de compra.

Recolhida a oferta pública de compra, inviabilizado estará o fechamento do capital da companhia, por ausência de um de seus pressupostos legais.

Os acionistas minoritários, que não disponham dos 10% do capital que são necessários para a provocação de uma nova avaliação, poderão impugnar judicialmente o valor ofertado, a fim de obter, através de sentença, a definição do chamado "preço justo", posto que "a lei não excluirá da apreciação do Poder Judiciário lesão ou ameaça a direito" (art. 5º, XXXV, da Constituição Federal). Aliás, qualquer acionista poderá fazê-lo.

Anote-se, ainda, que o § 5º do art. 4º prevê uma desapropriação privada de ações, ao permitir, uma vez findo o prazo da oferta pública, o resgate das ações que remanescerem no mercado, desde que representem até 5% do capital social.

Ora, o resgate, se não corresponder à totalidade da classe, deve se fazer por sorteio, a fim de não comprometer o princípio da isonomia, constitucionalmente assegurado (art. 5º da Constituição Federal).

Esse resgate, sem sorteio, discrimina acionistas de uma mesma classe de ações, violando o princípio que garante a igualdade dentro da classe. Algumas legislações consagram o *squeeze-out*, que não se confunde com o resgate, tanto que não opera a partir da companhia, mas, em vez disso, no âmbito das relações entre a maioria e a minoria.[4]

63.5 O cancelamento do registro por iniciativa da CVM

A suspensão ou o cancelamento do registro de companhia aberta poderá ainda ocorrer por decisão tomada de ofício pela CVM, nos casos de descumprimento reiterado das obrigações da empresa perante a própria CVM (Resolução CVM nº 80/2022).

64 A MACROEMPRESA

Algumas sociedades anônimas cresceram extraordinariamente, ora sob uma única personalidade jurídica, ora através dos conglomerados, ou seja, da integração de várias sociedades sob o controle comum de uma *holding*.

---

[4] O *squeeze-out* é admitido em algumas legislações (Suécia, Holanda, Lituânia, Reino Unido), mas, nesses casos, o que há é um direito recíproco, fundado na equidade, que confere ao acionista majoritário, com mais de 90 ou 95% do capital, o direito de adquirir as ações do minoritário, cabendo a este, em contrapartida, o direito de vender as suas ações, se representativas de até 10 ou 5% do capital, ao acionista majoritário, observando-se, em qualquer dos casos, o valor efetivo das ações. Além disso, como ressalvam David Chivers e Ben Shaw: "*Before the majority contemplate the use of the squeeze-out mechanism to remove minority shareholders, they require cogent evidence that the continued membership of the minority is detrimental to the interest of the company*" (2008, p. 52).

Esse gigantismo empresarial é um fenômeno moderno e de acentuada extensão nos países mais desenvolvidos. As grandes empresas têm maior capacidade de fazer lucros, uma vez que produzem em grande escala, e de conquistar mercados, pois podem ter melhores preços, desenvolvida tecnologia e grande cobertura publicitária. Com isso, elas reinvestem os lucros auferidos na própria expansão ou na compra de empresas, do mesmo ou de outros setores de atividade, e assim prosseguem em renovados ciclos de crescimento.[5]

No Brasil, como exemplos de macroempresas, poderiam ser citadas a PETRO-BRAS e o BANCO DO BRASIL, na área das estatais, e os grupos VOTORANTIM e BRADESCO, na área privada. Entre as macroempresas estrangeiras que operam no Brasil, convém lembrar a GENERAL MOTORS, a LENOVO e a IBM.

---

[5] Comparato aproxima a macroempresa das fundações, em face do seu caráter transpessoal: "O que importa relembrar aqui é que a macrocompanhia acentua ao extremo essa predominância das coisas sobre os homens, transformando-se em gigantesco mecanismo de poder econômico despersonalizado, tanto no que se refere aos seus acionistas quanto no que tange à relação econômica entre o capital e o trabalho. Nessas condições, sua estrutura se aproxima muito mais da fundação do que da sociedade propriamente dita. Como a fundação, a macrocompanhia subsiste unicamente em função do seu objeto – a exploração empresarial – e não em razão do relacionamento pessoal entre acionistas (*affectio societatis*)" (1970, p. 88). Essas observações de Comparato não se destinam a confundir a macroempresa com a fundação, mas sim a demonstrar as conotações que as aproximam sob vários aspectos, assim suscitando a necessidade de um controle institucional capaz de direcionar a macroempresa, mais efetivamente, para os seus fins quase públicos.

XIV

O MERCADO DE CAPITAIS E A
COMISSÃO DE VALORES MOBILIÁRIOS

65. O mercado de capitais; **66.** A Comissão de Valores Mobiliários; **67.** As bolsas de valores; **68.** O mercado de balcão; **68.1.** Balcão organizado; **68.2.** *American Depositary Receipts* (ADRs); **68.2.1.** BDR – Certificado de Depósito de Valores Mobiliários.

65 O MERCADO DE CAPITAIS

As empresas e entidades governamentais, quando necessitam de recursos, recorrem aos mercados financeiro e de capitais, obtendo, no primeiro, empréstimos convencionais e, no segundo, a colocação de títulos de crédito e valores mobiliários.

As pessoas e instituições que dispõem de capitais poderão destiná-los ao mercado de títulos e valores mobiliários, adquirindo cambiais, CDB, obrigações do tesouro, ações, debêntures etc. Esses investimentos poderão se fazer de forma direta, com aplicação nos próprios papéis, ou de forma indireta, através da aquisição de cotas de fundos de investimento.

O mercado de capitais se compõe, por conseguinte, dos que precisam captar recursos e dos que têm recursos a oferecer. Entre uns e outros situam-se os intermediários do mercado, que são as instituições financeiras em geral, especialmente os bancos de investimento, as sociedades corretoras, as sociedades distribuidoras e os chamados bancos múltiplos.

Caracteriza-se esse mercado pelo dinamismo e liquidez das aplicações, uma vez que os títulos adquiridos poderão ser revendidos, a qualquer tempo, mediante a sua oferta no mesmo mercado.

No âmbito específico das sociedades anônimas, poderão elas recorrer ao mercado de capitais através da emissão de ações ou debêntures, além de outros papéis de menor relevância.[1] Esses títulos são colocados e distribuídos no mercado atra-

---

[1] A nota comercial, inspirada no *commercial paper*, surgiu como uma nota promissória emitida como valor mobiliário. A sua criação original fundou-se na delegação prevista no art.

vés de instituições financeiras que, mediante uma remuneração, obtêm tomadores para os papéis. A colocação é feita no mercado primário ou original, uma vez que concerne a títulos novos. Os adquirentes desses papéis, que são os investidores (pessoas físicas, fundos de pensão, companhias seguradoras, sociedades em geral), podem transferi-los, quando o quiserem, no mercado secundário ou de revenda.

O mercado primário destina-se à colocação original dos títulos emitidos pelas sociedades e o mercado secundário à revenda desses títulos pelos seus adquirentes.

O mercado financeiro encontra-se sujeito à supervisão e fiscalização do Banco Central do Brasil, enquanto o mercado de capitais, que concerne a títulos de emissão das sociedades anônimas e fundos de investimento, assim como a valores mobiliários em geral, encontra-se afeto, segundo a Lei nº 6.385, de 7 de dezembro de 1976, à Comissão de Valores Mobiliários.

66   A COMISSÃO DE VALORES MOBILIÁRIOS

A Comissão de Valores Mobiliários (CVM) é uma autarquia federal, vinculada ao Ministério da Fazenda, com funções correlacionadas, principalmente, ao mercado de títulos emitidos pelas sociedades anônimas.

A CVM tem funções fiscalizadora, regulamentar, registrária, consultiva e de fomento.

A função *fiscalizadora* objetiva coibir abusos, fraudes e práticas não equitativas,[2] bem como promover um fluxo permanente e correto de informações aos investidores. No exercício dessas funções, poderá a CVM realizar inquéritos e punir

---

2º, III, da Lei nº 6.385/1976, em função da qual o CMN a instituiu através da Resolução nº 1.723/1990. A regulação agora vigente encontra-se disposta no art. 2º, VI, da Lei 6.385/76 e nos arts. 45 a 51 da Lei nº 14.195/2021, que a alçou, formalmente, à condição de valor mobiliário não conversível em ações. Além disso, permitiu expressamente que a sua emissão se fizesse não apenas por sociedades anônimas, mas igualmente por sociedades limitadas e cooperativas. O § 2º do art. 51 da Lei nº 14.195/2021 prevê, com exceção da sociedade anônima, a oferta privada da nota comercial com cláusula de conversão em participação societária. Consequentemente, as sociedades limitadas poderão emitir notas comerciais conversíveis em cotas sociais. Criou-se uma espécie de minidebênture da sociedade limitada.

[2] Broseta Pont acentua a importância de uma fiscalização eficiente: "Por todo ello, en cualquier economía adscrita al sistema capitalista – o neocapitalista – el mercado de valores mobiliarios (mercado de oferta y demanda de recursos financieros) debe funcionar con la máxima perfección posible. Perfección que será inalcanzable si, a su vez, no se logra para todos y cada uno de los instrumentos y protagonistas que en él operan. Perfección que – sería ingenuo pensar otra cosa – sería puramente utópica o 'formal' si la Administración no tutela y controla adecuadamente el mercado de capitales y a sus protagonistas. Pocos personajes como los del que hacer económico muestran una más acusada tendencia a abusar de su poder. El control institucional del mercado de valores es indispensable, para evitar abusos y mixtificaciones, aunque sólo en graves momentos se deba intervenir en él directamente. Antes de éllo, quizá, deban ponerse las bases indispensables para su

administradores, acionistas controladores e intermediários do mercado que tenham agido de forma incorreta (processo administrativo sancionador).[3]

A função *regulamentar* envolve a expedição de atos normativos (instruções, resoluções) disciplinadores de "matérias *expressamente previstas* nesta lei e na lei de sociedades por ações" (art. 8º, I, da Lei nº 6.385/1976).[4] Qualquer regulamentação que não corresponda a matérias expressamente previstas incorrerá, por conseguinte, em vício de competência, sendo assim juridicamente inexistente. A CVM não tem uma competência regulamentar geral; tem-na, ao invés disso, restrita e específica.

A função *registrária* compreende basicamente duas modalidades de registro: o registro da empresa e o registro da emissão.[5] O registro da empresa tanto poderá

---

adecuado funcionamiento, en el que la libertad, sin tolerar abusos cometidos en su nombre, es esencial" (1971, p. 15).

[3] Tem medrado na doutrina uma forte controvérsia a respeito da natureza das penas administrativas, de modo a definir se estas apresentam ou não uma diferença **qualitativa** relativamente àquelas que são específicas do direito penal. Há os que entendem que os bens jurídicos a serem tutelados são distintos, sendo consequentemente diversa a natureza da sanção a ser aplicada. Outros sustentam que nada justifica qualquer distinção ontológica entre o delito administrativo e o delito criminal. Enrique Alcalde Rodríguez desenvolveu minucioso e profícuo estudo dessa questão, cabendo destacar algumas de suas afirmações: "En el terreno práctico, el resultado de la concepción que postula una diferencia *cualitativa* entre la pena penal y la sanción administrativa – confirmada a la luz de los numerosos ejemplos que nos entrega nuestra realidad jurídica y la experiencia del foro – nos parece evidente: se encomienda al burócrata de turno el ejercicio de un derecho que naturalmente debiera corresponder al legislador o al magistrado – según cuál sea el aspecto de la sanción de que se trate –, desconociéndose en muchas ocasiones, si no infringiéndose abiertamente, las garantías fundamentales de que gozan los administrados de cara al *jus puniendi estatal*. Dicho de outra manera, tal teoría permite enmascarar, bajo el rótulo de penas administrativas, un conjunto de reacciones sancionatorias cuya aplicación se sustrae del sistema de garantías que rigen la imposición de las sanciones penales, favoreciendo de este modo la posibilidad de hacer una verdadera 'justicia de gabinete', volviéndose a la situación existente antes de cobrar vigencia el principio constitucional de separación de poderes" (p. 332). (…) "A manera de resumen, cabe consignar que la posición que adoptamos supone, en definitiva, entender que cualquiera que fuera la órbita en que nos situemos, tanto el legislador que crea una determinada sanción como el órgano llamado a aplicarla – *juez o administración* – se halla sujeto al deber de observar unos mismos principios generales que informan y limitan esta clase de actuaciones" (p. 335). E segue enumerando e analisando os princípios que são aplicáveis ao processo administrativo sancionador: legalidade, tipicidade, interpretação restritiva, proibição de analogia, culpabilidade, proibição de solidariedade, legítima defesa, estado de necessidade, irretroatividade, prescrição, interdição do *bis in idem*, entre outros (2013, p. 317 a 413).

[4] Um exemplo típico da função regulamentar da CVM encontra-se no art. 291 da Lei nº 6.404/1976, que lhe atribui o poder de reduzir determinados percentuais previstos na própria lei das sociedades anônimas.

[5] Os registros e cancelamentos de registros pela CVM deverão se fazer nos termos de instruções e regulamentos baixados pela própria entidade, e não de forma discricionária e

se fazer para negociação na bolsa como para negociação no mercado de balcão, sendo que o registro para a bolsa vale para o mercado de balcão, sem que a recíproca seja verdadeira.

A empresa, desde que registrada, passa a ser tida como companhia aberta.

O lançamento público de valores mobiliários exigirá, porém, o registro da respectiva emissão. Caso a empresa não esteja registrada, o registro da emissão implicará, automaticamente, o seu registro para o mercado de balcão, mas não para a bolsa (ou mercado de balcão organizado), o qual dependerá de providências específicas.

Ao registrar a empresa ou a emissão, deverá a CVM verificar se se encontram atendidas as exigências legais. Trata-se de um exame restrito à legalidade formal, tal como o que é feito pelo registro de empresas, somente que com enfoque diverso. Deve a CVM evitar qualquer interferência em questões de mérito, que correspondam a conflitos entre a sociedade e acionistas, decorrentes da interpretação de normas legais, especialmente quando controvertida a matéria. O conflito de interesses e a interpretação da norma jurídica são questões de competência do Poder Judiciário.[6]

A função *consultiva* é exercida junto aos agentes do mercado e investidores, através dos chamados pareceres de orientação, os quais devem limitar-se às questões concernentes às matérias de competência da própria CVM, abrangendo apenas problemas de mercado ou sujeitos a sua regulamentação; parece ser esse o alcance do art. 13 da Lei n° 6.385/1976, quando prevê a existência, na CVM, de serviço com atividade consultiva e de orientação, pois os pareceres administrativos estão sempre circunscritos à atuação dos próprios órgãos administrativos, não podendo ter um alcance generalizado.

---

casuística. Em antiga mas emblemática decisão, o Supremo Tribunal Federal, ao decidir o Recurso Extraordinário n° 110.746-RJ, Primeira Turma, em 03.01.1989, relativo a Mandado de Segurança impetrado contra a CVM, declarou o que segue: "Art. 153, parágrafo 2°, da Constituição Federal, de 1967/69 (princípio da legalidade). Sociedade aberta. Cancelamento de registro. Em face do disposto no parágrafo 2° do art. 153 da Constituição Federal, pelo qual 'ninguém será obrigado a fazer ou deixar de fazer alguma coisa senão em virtude da lei', não pode ser negado o cancelamento de registro de sociedade aberta, apenas e tão somente por falta de normas que o regulem. Interpretação do parágrafo 6° do art. 21 da Lei n° 6.385/76, em favor do princípio constitucional da legalidade (§ 2° do art. 153)." A decisão foi por maioria e o relator para o acórdão foi o Min. Sydney Sanches (pub. na *RTJ* n° 136, p. 1.263).

6   Philomeno da Costa procura distinguir as normas de proteção do acionista isolado, das normas de proteção do público investidor, restringindo a atuação da CVM ao âmbito dessas últimas: "Ora, resulta então que toda a vez em que nascer um dissídio entre a companhia e titular de valor mobiliário da sua emissão, embora se ventile assunto sobre o qual a Comissão de Valores tenha – escreva-se – competência, a solução não deve ser a esta submetida só por isto. Há que distinguir. Existem dúvidas, em que a proteção do público é a razão de ser. Existem outras em que a proteção isoladamente do investidor faz nascê-las. Percebe-se bem que a Comissão interfere nas primeiras" (1980, p. 116).

Cap. XIV • O MERCADO DE CAPITAIS E A COMISSÃO DE VALORES MOBILIÁRIOS | 145

A CVM tem ainda funções de *fomento*, cumprindo-lhe estimular e promover o desenvolvimento do mercado de valores mobiliários, para tanto encetando campanhas, seminários, estudos e publicações.

67 AS BOLSAS DE VALORES

As bolsas de valores são entidades de natureza privada, funcionando sob a forma de associação ou sociedade.

No seu recinto, em período e horário predeterminados, realizam-se diariamente operações com valores mobiliários, basicamente ações, verificando-se o chamado pregão.[7]

Durante o pregão, que no Brasil é inteiramente eletrônico, as corretoras atuam em nome de seus clientes, vendendo e comprando ações.

Como em todo mercado, os preços das ações flutuam em função da lei da oferta e da procura, bem como das notícias divulgadas sobre o desempenho das sociedades, suas perspectivas, seus balanços. A situação econômica do país também influi, de maneira ampla, sobre os preços das ações. As cotações são ainda afetadas pela economia global.

Esses preços ou cotações são divulgados pelos veículos de comunicação, servindo algumas ações para compor o índice da bolsa, o qual ascende ou se retrai, diariamente, em função da média dos preços dessas ações.

Somente sociedades registradas na CVM, para esse fim, poderão ter as suas ações admitidas à negociação na bolsa de valores.

A bolsa de valores é, contudo, um mercado secundário, pois em seu recinto não são negociadas ações novas, mas sim ações já do domínio de acionistas. Não é a sociedade anônima emissora que coloca as suas ações na bolsa; são os acionistas, titulares dessas ações, que as revendem na bolsa.[8]

O fato de as ações de uma sociedade anônima estarem em alta ou em baixa na bolsa não a afeta diretamente. Há, todavia, um importante efeito reflexo, pois sociedades cujos papéis estejam bem cotados na bolsa têm natural facilidade em colocar no mercado novas emissões de ações.

O Brasil, que já teve várias bolsas de valores, hoje tem apenas a bolsa valores de São Paulo, a B-3 SA, que ganhou uma grande relevância como bolsa e que acumula ainda outras funções importantes para o mercado de valores mobiliários.

Há a expectativa, contudo, de que uma nova bolsa de valores, a Base Exchange, entre em operação ainda em 2025. A quebra do monopólio do mercado bursátil

---

[7] A negociação poderá também se fazer através de sistema eletrônico, inclusive "por meio da rede mundial de computadores".

[8] "Uma vez entrados em circulação, os valores mobiliários serão objeto de negociações sucessivas no mercado próprio, a Bolsa de Valores ou o Mercado de Balcão" (ALMEIDA SALLES, 1980, p. 3).

brasileiro somente foi possível após a intervenção do CADE. No acordo firmado, a B3 terá de oferecer a prestação de serviços de compensação e liquidação, na condição de contraparte central, de operações do mercado à vista de renda variável referentes a negócios originados em outra Infraestrutura de Mercado Financeiro, em condições justas, transparentes e não discriminatórias, o que inclui os termos e as condições contratuais de acesso à infraestrutura.

As bolsas de valores operam sob a supervisão da Comissão de Valores Mobiliários.

68   O MERCADO DE BALCÃO

Toda negociação com valores mobiliários operada fora da bolsa de valores, mas através dos intermediários próprios do sistema de distribuição, é considerada realizada no mercado de balcão.

Os intermediários do sistema, que compõem o mercado de balcão, são as instituições financeiras e sociedades que tenham por objeto a distribuição ou compra para revenda de valores mobiliários, e ainda os agentes autônomos e sociedades que exerçam a mediação na negociação desses títulos.

O mercado de balcão é formado pelos intermediários do sistema com atuação fora da bolsa.

A colocação primária de títulos é promovida, com exclusividade, no mercado de balcão. A sociedade anônima, ao deliberar uma emissão pública de ações, terá que contratar uma instituição ou um conjunto de instituições (*pool*) para a colocação de seus papéis, o que se fará através das lojas, agências e pontos de venda dessas instituições.

Não funciona, todavia, o mercado de balcão somente como mercado primário. No balcão dessas instituições também poderão ser revendidos valores mobiliários, cumprindo ressaltar que ações não admitidas à bolsa são revendidas pelos acionistas unicamente nesse mercado. O balcão funciona, por conseguinte, como mercado primário e como mercado secundário.

Em matéria de mercado secundário, as ações cotadas na bolsa têm, entretanto, uma liquidez muito maior, pois, tratando-se de um mercado em que se encontram diariamente muitos compradores e muitos vendedores, as probabilidades de negociação são bem mais acentuadas; no mercado de balcão é necessário procurar o comprador ou ser procurado por ele.

As entidades que integram o mercado de balcão sujeitam-se à fiscalização da CVM.

68.1   Balcão organizado

Disciplina a CVM o chamado "mercado organizado de valores mobiliários", a ser desenvolvido por entidades (associações ou sociedades) que se constituam com a finalidade específica de manter um sistema adequado de negociação de títulos e valores mobiliários de renda variável, sob a fiscalização dessas entidades, que devem promover o seu registro e divulgação. A Res. CVM 135/22 disciplina o mercado de balcão organizado e também o mercado de balcão não organizado.

68.2 *American Depositary Receipts* (ADRs)

O *American Depositary Receipt*, ou ADR, como é resumidamente denominado, e que foi concebido nos Estados Unidos da América, é um certificado, emitido por um banco americano, e corresponde a determinado número de ações de uma empresa estrangeira, mantidas na titularidade desse banco. Com isso, os tomadores dos papéis não necessitam se relacionar com a emissora das ações, que se encontra em um país estrangeiro e distante, mas com um banqueiro americano, que exerce, no interesse dos investidores, os direitos de acionista, como tal votando nas assembleias, subscrevendo ações novas, recolhendo bonificações e recebendo os dividendos que, fechado o câmbio, já seriam entregues aos titulares dos ADRs na moeda local.

O banco americano, emissor dos ADRs, credencia no país-sede da emissora das ações um banco local que custodia as ações e que exerce, em nome do banco americano, localmente, todos os direitos relativos às ações. Esse banco local pode ser uma filial ou subsidiária do próprio banco emissor dos ADRs.

A concepção do ADR, por sua engenhosidade e pelo pragmatismo que encerra, ganhou relevância, sendo hoje, inclusive, um mecanismo bastante utilizado pelas empresas de países em desenvolvimento para o lançamento de seus papéis na bolsa de Nova York.

Além disso, as exigências da *Securities and Exchange Commission* (SEC) para a cotação de ADRs são bem mais simples do que para a cotação de ações, e o procedimento, como um todo, afigura-se mais econômico.

Por todas essas razões, muitas empresas brasileiras mantêm programas de ADRs, do que decorre uma presença significativa dessas companhias no mercado americano.

A estruturação dos ADRs, no direito norte-americano, não ofereceu maiores dificuldades, uma vez que o sistema da *common law* consagra a ideia da dupla propriedade, que se exerce através da figura do *trustee*, o qual detém uma propriedade imperfeita destinada a atender ao interesse do proprietário material.

A operação de ADR envolve, pois, como figurantes, a sociedade emissora das ações, o banco emissor dos ADRs, o banco custodiante das ações e o tomador dos ADRs.

O tomador dos ADRs é, no plano material, o proprietário das ações que o ADR representa; todavia, no plano formal, o proprietário das ações é o banco emissor dos ADRs, que se situa no país onde esses títulos estão sendo lançados, enquanto o banco custodiante, que se situa no país-sede da empresa emissora das ações, exerce, mediante procuração, os direitos concernentes à ação, em nome do banco emissor.

68.2.1 *BDR – Certificado de Depósito de Valores Mobiliários*

A CVM, através da Instrução n° 332/2000, amplamente modificada pela Instrução n° 585/2017 e pela Resolução n° 3/2020, substituídas pela Resolução n° 182/2023, disciplinou, no Brasil, um instrumento análogo ao ADR norte-americano.

Diferentemente da Argentina, que adotou uma sigla fundada na língua local (CEDEAR), preferiu-se a expressão BDR, que corresponderia a *Brasilian Depositary Receipt*, não obstante o título se denomine "certificado de depósito de valores mobiliários".

A regulamentação brasileira segue os moldes da prática norte-americana, definindo, porém, os BDRs como representativos de valores mobiliários em geral, assim compreendendo ações, debêntures e outros títulos.

Duas questões fundamentais não foram, porém, resolvidas, até mesmo porque somente poderiam ser equacionadas através de norma legal, uma vez que o CMN e a CVM não guardam competência, salvo quando haja delegação expressa, para excepcionar a legislação aplicável.

A primeira questão não resolvida concerne à condição de proprietário fiduciário que deve revestir o banco emissor do BDR, e para a qual não se encontra, no direito brasileiro vigente, suporte ou fundamento, tanto que, quer na tradição do nosso direito, quer nas normas existentes, só por exceção tem sido admitida a propriedade fiduciária, a exemplo do que ocorre com a alienação fiduciária em garantia.

O negócio fiduciário, como modalidade de negócio indireto, vem sendo amplamente praticado nos sistemas filiados ao direito continental europeu, mas os efeitos da adoção de um negócio típico para atingir fins diversos dos que são próprios desse negócio operam apenas no âmbito obrigacional.[9]

Tratando-se, porém, de um título como o BDR, que tem na propriedade formal da ação pelo banco emissor a condição de operacionalidade do negócio, mas na propriedade material da ação pelo titular do BDR a sua segurança jurídica, não basta a fidúcia de natureza obrigacional; impõe-se à dupla propriedade, formal para um e material para o outro, a conotação de direito real que, em nosso sistema, somente da lei pode resultar.

---

[9] "Também o negócio fiduciário constitui um negócio indireto: o fim realmente visado pelas partes, com efeito, não corresponde ao fim típico do negócio adotado: o negócio é querido e seriamente querido pelas partes, mas para fim diverso do seu fim típico. O característico do negócio fiduciário decorre do fato de se prender, ele, a uma transmissão de propriedade, mas de ser, o seu efeito de direito real, parcialmente neutralizado por uma convenção entre as partes em virtude da qual o adquirente pode aproveitar-se da propriedade que adquiriu, apenas para o fim especial visado pelas partes, sendo obrigado a devolvê-la desde que aquele fim seja preenchido. Ao passo que os fins de direito real, isoladamente considerados e decorrentes do negócio adotado, vão além da intenção das partes, as ulteriores convenções obrigacionais visam justamente restabelecer o equilíbrio; é assim possível o uso da transferência da propriedade para finalidades indiretas (ou seja, para fins de garantia, de mandato, de depósito). Mas os efeitos de direito real do negócio são, eles também, queridos e seriamente queridos pelas partes, que, na falta deles, nem poderiam alcançar o fim último visado; a realização deste não contraria, mas pressupõe a do fim típico do negócio adotado" (ASCARELLI, 1947, p. 96).

No direito anglo-saxão, essa dupla propriedade já resulta do sistema.[10] Em nosso direito, o efeito *erga omnes* da propriedade fiduciária depende de uma especial previsão legal, sob pena de, na falência do fiduciário, contar o fiduciante com um mero crédito quirografário, a ser habilitado no processo de liquidação ou execução coletiva.[11]

A segunda questão não resolvida correlaciona-se à própria emissão de um título-valor, sem norma legal que o fundamente.

Os títulos-valores, pelas peculiaridades que apresentam, especialmente por incorporarem o direito que representam, assumem a condição de bens em si próprios, classificando-se como coisas móveis.

Essa condição jurídica não pode resultar senão da lei. Não havendo em nosso sistema de direito norma ou preceito que permita a livre criação de títulos-valores, estes somente podem resultar de lei específica que lhes defina a natureza e as características.[12]

A CVM, não estando habilitada a criar modalidades novas de títulos de crédito, não poderia engendrar um título-valor.

Cabe, portanto, assinalar que os BDRs encontram-se fragilizados pela ausência de uma base normativa consistente.[13]

---

[10] "E in maniera tanto più evidente in quanto si consideri che la particolare disciplina del *trust* storicamente si giustifica con la particolare configurazione del diritto inglese che, con fenomeno che è certo lontano della nostra moderna esperienza giuridica continentale, ammette la coesistenza di due ordinamenti giuridici fondati l'uno sullo stretto diritto (common law) l'altro sull'equità (equity). Di guisa che la piena tutela dì colui che noi chiameremmo il fiduciante non esclude certo la signoria legale sulla cosa o sul diritto da parte del fiduciario, ma anzi la loro reciproca conciliazione si pone su di um piano ancor meno immediato di quello che avevamo detto proprio della qualificazione formale del dato fenomenico, riguardando il perpetuarsi nella disciplina positiva della progressiva fusione, sul piano della giurisdizione, di due differente tutele" (LIPARI, 1964, p. 86).

[11] O Código Civil de 2002 regulou a propriedade fiduciária (art. 1.361), mas apenas para fins de garantia, em moldes muito semelhantes aos da alienação fiduciária em garantia. As Leis nº 8.668/1993 (Fundos Imobiliários) e nº 10.188/2001 (Fundo Financeiro) adotam, porém, claramente, a dupla propriedade, de natureza fiduciária.

[12] O Código Civil de 2002 (art. 887) mantém o princípio da legalidade dos títulos de crédito, ao estabelecer que estes somente produzem efeitos quando preenchem os requisitos da lei.

[13] Encontra-se no Congresso o Projeto de Lei nº 4.758/2020, destinado a introduzir o *trust* no direito brasileiro.

XV
O OBJETO SOCIAL DA SOCIEDADE ANÔNIMA

69. O objeto social; **70.** Definição do objeto social; **71.** Mudança do objeto social; **72.** Participação em outras sociedades.

69 O OBJETO SOCIAL

O objeto social das sociedades em geral foi examinado na seção 20, à qual convém retornar.

Na sociedade anônima, o objeto social vem descrito em um dos artigos do estatuto social, com a especificação das atividades a que se propõe a empresa.

O objeto social delimita o âmbito de atuação da sociedade, não podendo os seus administradores envolver-se em atividades estranhas, sob pena de responderem pessoalmente pelos eventuais prejuízos decorrentes dos atos praticados (ver seção 20).

O desvio do objeto não vicia o ato em si, nos casos de boa-fé do terceiro que transacionou com a sociedade, mas as consequências danosas que daí advierem para a companhia serão de responsabilidade pessoal não só dos administradores, como igualmente dos controladores que faltarem ao seu dever de vigilância quanto ao estrito cumprimento do objeto social (art. 117, § 1º, *a,* da Lei nº 6.404/1976).

Deverá o objeto social corresponder a um fim lucrativo, uma vez que não se admite sociedade anônima beneficente ou caritativa. Nessas hipóteses, ter-se-ia uma associação, e a esta não seria dado revestir a forma da sociedade anônima.

A sociedade anônima, como as demais sociedades, destina-se a produzir lucros para distribuição a seus acionistas. Não basta que a atividade seja lucrativa; é preciso que o lucro se dirija, fundamentalmente, a remunerar o quadro social.

Há entidades, como a Fundação Getulio Vargas, que produzem lucros, pois ministram cursos e prestam serviços, de forma remunerada; esses lucros são, todavia, aplicados no desenvolvimento da própria atividade. O mesmo ocorre, por exemplo, com o Real Hospital da Beneficência Portuguesa – produz lucro que é destinado aos fins da entidade.

Essas atividades jamais poderiam assumir a forma da sociedade anônima, ou de qualquer outro tipo societário, pois não se vinculam a um fim lucrativo voltado para um quadro social (ver seção 2).

Uma associação ou uma fundação podem, porém, participar, como acionistas, de uma sociedade anônima, assim obtendo recursos para atender à sua atividade beneficente, cultural ou recreativa.

Há casos, inclusive, de associações que controlam sociedades anônimas. Um exemplo ilustrativo podia ser encontrado na Companhia Antártica Paulista, a qual era controlada por uma instituição de caridade, antes de passar ao controle da AMBEV.

A instituição de caridade não tinha finalidade de lucro, mas a Antártica a tinha, e buscava o lucro para distribuir tanto à controladora (instituição de caridade) como aos demais acionistas.

O objeto social da anônima, como o de qualquer sociedade, deve ser lícito e compatível com a ordem pública e os bons costumes.

Qualquer sociedade que se proponha à prática de atos tipificados como crime ou que contrariem a moral vigente deverá ter o arquivamento de seus atos constitutivos negado pelo registro de empresas; ainda que arquivados, esses atos constitutivos poderão ter a sua nulidade judicialmente declarada, por provocação do Ministério Público ou de qualquer interessado.

Os bons costumes são suscetíveis de variação ao longo do tempo. Um exemplo atual é o do *lobby*, que até pouco tempo era associado ao tráfico de influência e hoje vem circulando como uma atividade moralmente aceitável.

Apurar se o objeto de uma sociedade é lícito ou ilícito constitui tarefa relativamente fácil; verificar se contraria a ordem pública e os bons costumes poderá, em certas circunstâncias, exigir acurados estudos de natureza sociológica.

70 DEFINIÇÃO DO OBJETO SOCIAL

O objeto da sociedade (art. 2°, § 2°, da Lei n° 6.404/1976) deverá ser definido de modo preciso e completo.

Assim, a enumeração estatutária das atividades da sociedade terá que ser taxativa, de tal modo que os limites da atuação dos administradores estejam aí demarcados, de forma completa.[1]

A definição precisa a que se reporta a lei corresponde, de certa maneira, à conceituação consagrada no Decreto n° 1.800, de 31 de janeiro de 1996 (Regulamento da Lei do Registro do Comércio), *verbis:*

---

[1] A Irlanda, com sua nova lei de sociedades por ações (*Company Act 2014*), com vigência desde 1°.06.2015, instituiu uma nova modalidade de sociedade anônima fechada e simplificada, que dispensa a cláusula de objeto social, o que significa dizer que essa sociedade estará habilitada a praticar toda e qualquer atividade. Os seus administradores estarão, portanto, isentos, em qualquer circunstância, da alegação de prática de atos *ultra vires*.

Art. 53. [...]

§ 2º Entende-se como declarado o objeto da empresa quando indicado o seu gênero e espécie.

Impõe-se, portanto, enumerar o gênero e a espécie. O gênero corresponde aos setores da atividade econômica, tais como comércio, indústria, exportação, importação, agropecuária, atividades financeiras, prestação de serviços. A sociedade poderá dedicar-se a um ou a vários setores. Indicado o gênero, o comércio, por exemplo, será preciso aduzir a espécie, esclarecendo o tipo de comércio a que se dedicará a empresa: de tecidos, de máquinas e equipamentos, de brinquedos, de cosméticos, de automóveis ou de material de construção? Nada impedirá que uma sociedade se dedique a inúmeros ramos de comércio, como acontece com as lojas de departamentos, cabendo, nesses casos, declarar-se que o seu objeto é o comércio em geral. Quando o gênero é abrangente, fica dispensada a especificação.

Há setores em que a enumeração não precisa ser exaustiva, uma vez que, sendo a atividade regulamentada, a própria regulamentação cuidará de indicar o que a empresa pode fazer. Assim acontece, por exemplo, com os bancos de investimento, cujas operações ativas e passivas se encontram arroladas em resoluções do Banco Central do Brasil.

Ressalte-se que o objeto social pode ser mais amplo do que a atividade efetivamente exercida pela sociedade. Há empresas que não operam todo o seu objeto, restringindo-se apenas a um ou alguns dos segmentos previstos. Essa situação é comum, não constituindo irregularidade alguma. O que não se pode é ir além do objeto; pode-se ficar aquém.

Cabe, porém, observar que o artigo do estatuto em que se define o objeto social precisa ser interpretado, uma vez que se trata de um texto normativo. Impõe-se promover a sua exegese, a fim de alcançar-lhe a extensão e os limites, inclusive distinguindo, se for o caso, o objeto principal do objeto secundário da sociedade.

Por outro lado, convém não esquecer que existem os chamados atos implícitos ou conexos, os quais, embora não declarados, encontram-se compreendidos no objeto principal da sociedade como meio e forma de bem executá-lo. Nesse âmbito, poderiam ser citados, como exemplos, os serviços de acondicionamento dos próprios produtos, a estruturação de um serviço de entrega, a produção de material de propaganda, o desenvolvimento de um setor de pesquisa de mercado e de novos produtos que se relacionem com o objeto principal (*core business*) da companhia.

71 MUDANÇA DO OBJETO SOCIAL

A mudança do objeto social, além de exigir um *quorum* especial de aprovação, proporciona aos acionistas dissidentes o direito de retirada ou recesso.

A matéria encontra-se regulada no art. 136 da Lei nº 6.404/1976, nos seguintes termos:

Art. 136. É necessária a aprovação de acionistas que representem metade, no mínimo, do total de votos conferidos pelas ações com direito a voto, se maior *quorum* não for exigido pelo estatuto da companhia cujas ações não estejam admitidas à negociação em bolsa ou no mercado de balcão, para deliberação sobre:

[...]

VI – mudança do objeto da companhia;

Para interpretar o alcance dessa regra, impõe-se uma primeira consideração a respeito do emprego do vocábulo *mudança*. O que significa mudar o objeto da companhia? Uma simples alteração corresponderia a uma mudança? O Decreto-lei nº 2.627/1940 (legislação anterior) referia-se, no art. 105, a "mudança do objeto essencial da sociedade", o que poderia levar ao entendimento de que a legislação atual seria mais restritiva.[2]

Deve-se, porém, atentar para a circunstância de que mudar significa substituir, deslocar, colocar outro no lugar. Entre *mudar* e *alterar* há um evidente distanciamento. Não se muda o objeto da sociedade sem que se lhe retire a essência. Dessarte, a nova redação não alterou o sentido da norma.

A mudança do objeto ocorreria apenas quando a sociedade viesse a ser desviada de sua atividade básica original, ou a ingressar em atividades outras que não possam ser consideradas meros desdobramentos *de seu objeto original.*

Anote-se, ademais, que o legislador não grafou "mudança *no* objeto", mas sim "mudança *do* objeto", o que denota a ideia de substituição, que se encontra inserta na norma.

Pequenos ajustamentos no objeto social podem, pois, se processar sem a necessidade do *quorum* especial previsto no art. 136, o qual se reservaria tão

---

[2] Lacerda Teixeira e Tavares Guerreiro, embora entendendo que a lei atual, nessa questão, foi mais rigorosa do que a lei anterior, adotam a seguinte conclusão: "A mais rigorosa interpretação do inciso em exame conduziria à conclusão de que qualquer modificação no objeto social necessitaria *quorum* qualificado e ensejaria a retirada do acionista dissidente. Não entendemos assim. Sociedades há que, por motivos comerciais ou, às vezes, até mesmo por imposição legal, devem eliminar de seu objeto social certas atividades de menor expressão ou a ele acrescentar a previsão de outras tantas atividades complementares de sua empresa. Trata-se de circunstâncias que não mudam os rumos da companhia. Não devem propiciar, como é claro, a indesejável consequência do recesso, por parte de acionistas em busca de pretexto para a cômoda e lucrativa retirada. Melhor teria sido, sem dúvida, a manutenção da fórmula adotada pelo Decreto-Lei 2.627" (1979, p. 424). Fran Martins situa-se em posição marcadamente restritiva: "Valverde, procurando dar uma ideia do objeto essencial da sociedade, declarava que a lei 'prevê a hipótese mais comum: a da sociedade anônima que tem um objeto de exploração ou, ainda, um objeto essencial e outros secundários ou conexos com o essencial'. A nova lei, entretanto, ao se referir ao objeto social, dispõe, no § 2º do art. 2º, que 'o estatuto definirá o objeto de modo preciso e completo', desaparecendo, assim, o chamado objeto essencial, já que, exposto de modo completo e preciso, esse objeto pode ser o mais amplo possível, abrangendo todas as atividades que a sociedade irá praticar" (1979, v. 2, t. I, p. 247).

somente para as alterações de base – substituição do objeto. A título de exemplo de alteração do objeto que não apresenta mudança, mas simples ajustamento, anote-se o caso de uma sociedade que se dedica à fabricação de equipamentos e que passa a fazer também prestação de serviços na área de manutenção dos equipamentos que produz.

A exclusão do objeto social de atividades que jamais foram exercidas de fato pela sociedade também não representaria mudança do objeto, mas mero ajustamento do estatuto à realidade da empresa.

72 PARTICIPAÇÃO EM OUTRAS SOCIEDADES

Há sociedades cuja única atividade é a participação em outras sociedades como cotista ou acionista. Se essa participação se opera com o intuito do controle, tem-se a figura da *holding* (ver seção 16). Se, em vez disso, a participação objetiva apenas a formação de um patrimônio e a obtenção dos lucros distribuídos pelas ações, tem-se a chamada sociedade de participação.

A controvérsia existente no passado sobre a possibilidade de constituir-se uma sociedade anônima com o objeto exclusivo de participar de outras sociedades foi superada pelo § 3º do art. 2º da lei atual, no qual essa hipótese se encontra expressamente prevista.

A participação em outras sociedades poderá, por conseguinte, constituir o objeto exclusivo ou parcial da empresa.

De qualquer sorte, para participar de outras sociedades, torna-se necessário que o estatuto contemple essa faculdade.

Há situações, todavia, em que, mesmo sem a previsão estatutária, a participação é admitida, conforme se deduz da leitura da disposição a seguir (§ 3º do art. 2º da Lei nº 6.404/1976):

> [...]
>
> § 3º A companhia pode ter por objeto participar de outras sociedades; ainda que não prevista no estatuto, a participação é facultada como meio de realizar o objeto social, ou para beneficiar-se de incentivos fiscais.

A participação em outras sociedades independe de autorização estatutária, sempre que possa ser considerada um meio de realizar o objeto social. Em outras palavras: realiza-se o objeto social de forma direta, quando através da própria sociedade, ou de forma indireta, quando através de uma subsidiária.

Participando do capital de subsidiárias, funcionam estas como instrumentos de realização do objeto social da controladora. As atividades que a sociedade se propôs explorar estariam sendo efetivamente exploradas pelas controladas.

Essas subsidiárias poderão ser integrais ou não. O que ganha relevância é a relação de controle, da qual deriva o poder de comando e, através desse, a ingerência na empresa-filha para fazê-la exercer o objeto social da controladora.

Essa modalidade de participação sem previsão estatutária sujeita-se, portanto, a duas condições: (a) posição de controle, ainda que através de acordo de acionistas; (b) correspondência de objeto, ou seja, o objeto da controlada deve situar-se no âmbito das atividades que a controladora poderia exercer diretamente.

Situação curiosa ocorre quando uma sociedade resolve instituir uma subsidiária, integral ou não, para exercer uma de suas atividades, com o consequente encerramento dessas atividades na instituidora. Nesse caso, teria havido, na instituidora, uma mudança, ainda que de fato, do objeto social? Parece evidente que não, pois o objeto social pode ser exercido através de subsidiária.

Não se deve, contudo, excluir do objeto da instituidora a atividade transferida para a subsidiária, pois a garantia de que a sociedade, como grupo de empresa, continuará vinculada àquela atividade encontra-se em seu próprio objeto social.[3]

A participação independe igualmente de previsão estatuária quando a subscrição estiver em função do aproveitamento de incentivos fiscais oferecidos pelo governo, os quais se resumem na destinação de recursos, que seriam normalmente recolhidos como tributos, à aplicação pelas empresas em ações de sociedades relacionadas ao desenvolvimento de certas regiões do país ou a determinados setores da economia.

---

[3] O Supremo Tribunal Federal, ao decidir o Recurso Extraordinário nº 104.895-RJ, teve oportunidade de apreciar hipótese em que a sociedade não só transferiu para subsidiária a sua atividade industrial, como, além disso, excluiu de seus estatutos essas atividades industriais. Consta do voto do Relator, Min. Carlos Madeira: "Na justificação das alterações, a Diretoria propusera a 'exclusão do objeto social do ramo industrial, que passou a ser explorado pela controlada Usacon-Indústria de Confecções Ltda'. Do capital dessa firma participa a própria companhia, e mais dez acionistas, como sócios cotistas [...] Ora, ainda que mantido no Estatuto o antigo objeto do comércio de mercadorias de variada natureza e o de cereais, acrescido de outros, bem é de ver que a exclusão do objeto industrial é de irrecusável relevância, tanto que atingiu o interesse dos acionistas dissidentes." A decisão é de 17.06.1986, e o voto do relator foi aprovado por maioria (acórdão publicado na *RTJ* nº 120, p. 1221, com a seguinte *ementa:* "Direito de recesso. Não exige a Lei nº 6.404/1976, art. 136, inciso v, que a alteração estatutária importe mudança do objeto essencial da empresa. Basta que prejudique interesses de acionistas minoritários, para dar ensejo ao recesso"). Essa decisão acentua o aspecto formal da alteração que exclui do estatuto a atividade industrial, ainda que exercida por uma subsidiária. E com razão, pois a subsidiária poderá, no futuro, ser liquidada, ou ter o seu controle transferido para terceiros, com a consequente cessação, em todo o grupo, da atividade industrial. Ora, a única garantia da continuidade do objeto, a ser exercido pela controladora ou pela subsidiária, residiria na permanência dessa regra (atividade industrial) no objeto social da controladora.

XVI
A NACIONALIDADE DAS SOCIEDADES ANÔNIMAS

73. A sociedade brasileira e a empresa brasileira de capital nacional; **73.1.** A sociedade brasileira; **73.2.** A nacionalidade do controle; **73.3.** A nacionalidade dos sócios; **73.4.** Os vários conceitos; **73.5.** A mudança de nacionalidade; **74.** A sociedade estrangeira autorizada a funcionar no Brasil; **75.** As subsidiárias de sociedades estrangeiras; **76.** As multinacionais.

73 A SOCIEDADE BRASILEIRA E A EMPRESA BRASILEIRA DE CAPITAL NACIONAL

73.1 A sociedade brasileira

De acordo com o art. 1.126 do Código Civil, considera-se nacional a sociedade:

a) organizada de conformidade com a lei brasileira; e

b que mantém a sede de sua administração no Brasil.

Para que uma sociedade anônima, como de resto qualquer sociedade, tenha nacionalidade brasileira, basta, portanto, atender aos requisitos de sede e legislação brasileiras.

A nacionalidade ou o domicílio dos acionistas não influi na nacionalidade da sociedade. Ainda que todos os acionistas sejam domiciliados no exterior, a sociedade será brasileira, contanto que se constitua de acordo com a legislação nacional, aqui mantendo a sede de sua administração.

73.2 A nacionalidade do controle

Do domicílio dos acionistas dependerá a caracterização do controle da sociedade, se por capitais domiciliados no Brasil ou no exterior. Para esse fim, considera-se o domicílio, não a nacionalidade dos acionistas, de tal forma que o brasileiro domiciliado no exterior representará capital estrangeiro, enquanto o estrangeiro domiciliado no Brasil representará capital nacional.

Se algum acionista for pessoa jurídica, cuidar-se-á de apurar o domicílio dos sócios que a controlam, uma vez que o controle pode se processar de forma direta ou indireta.

A caracterização do domicílio do controle perdeu relevância em decorrência da Emenda Constitucional n° 6/1995 que, tendo revogado o art. 171, excluiu da Constituição Federal (art. 171, II) o conceito de empresa brasileira de capital nacional.

Essa revogação do conceito de empresa brasileira de capital nacional e dos especiais benefícios que a Constituição lhe reservava significaria, todavia, um impedimento para que a legislação ordinária trate diferentemente a empresa, segundo o controle de seu capital se faça por domiciliados no Brasil ou no exterior?

Embora a matéria seja controvertida, a resposta deve ser negativa.

A Constituição, em nenhum momento, estabeleceu uma igualdade de tratamento entre empresas de capital nacional e empresas de capital estrangeiro. Eliminou-se o conceito constitucional de empresa de capital nacional; não se impediu que a legislação ordinária estabeleça esse conceito e determine distinções entre empresas em função do domicílio do controle.

O próprio art. 172 da Constituição Federal operaria nesse sentido ao prever que "a lei disciplinará, com base no interesse nacional, os investimentos de capital estrangeiro [...]".

Além disso, deve-se atentar para o art. 192 (redação da EC n° 40/2003), da mesma Constituição, onde se enuncia que lei complementar disporá sobre a participação do capital estrangeiro nas instituições que integram o sistema financeiro nacional, e para o art. 52 das Disposições Transitórias que proíbe, enquanto não promulgada lei complementar, a instalação ou ampliação de participações estrangeiras em instituições financeiras, ressalvando, porém, desde logo, os casos em que existam acordos internacionais, questões de reciprocidade ou interesse do governo brasileiro.

Deve-se, pois, entender que se mantêm em vigor todas as leis ordinárias que estabelecem tratamento distinto para as empresas brasileiras de capital nacional, raciocínio que igualmente suportará as novas leis relativas a essa matéria.

A título de exemplo, vale lembrar a Lei n° 4.131/1962, cujos arts. 37 a 40 arrolavam distinções quando à concessão de garantias, obtenção de financiamentos e colocação de títulos no mercado segundo as sociedades fossem ou não controladas por capitais nacionais.[1] Esses artigos foram revogados pela Lei n° 14.286, de 29.12.2021, a qual, no entanto, estabelece critérios de reciprocidade, a serem implementados pelo Banco Central (art. 9°).

73.3   A nacionalidade dos sócios

A nacionalidade dos sócios constitui um outro aspecto a ser considerado, pois há sociedades, como é o caso das empresas jornalísticas e de radiodifusão sonora

---

[1]   Confirma Herculano Borges da Fonseca (1963, p. 143).

e de sons e imagens (art. 222 da Constituição Federal), com relação às quais se exige (Emenda Constitucional nº 36, de 28.05.2002) que 70% do capital total e do capital votante pertençam a brasileiros, admitindo-se para tanto o brasileiro nato e o naturalizado há mais de dez anos. A responsabilidade editorial e as atividades de seleção e direção de programas também são privativas de brasileiros.

Verifica-se, dessarte, que o capital da empresa jornalística e de radiodifusão deverá pertencer majoritariamente a brasileiros.

73.4 Os vários conceitos

Registre-se, então, a existência de sociedades brasileiras, sociedades brasileiras de capital nacional e sociedades sob controle de brasileiros, cabendo a cada um desses conceitos uma aplicação prática específica.

73.5 A mudança de nacionalidade

A sociedade anônima brasileira, para mudar de nacionalidade, depende (art. 1.127 do Código Civil) de aprovação unânime dos acionistas. Nesse caso, não basta a manifestação do capital votante, tendo o legislador se reportado à unanimidade dos sócios ou acionistas, vale dizer, à totalidade do capital social.[2]

74 A SOCIEDADE ESTRANGEIRA AUTORIZADA A FUNCIONAR NO BRASIL

Sociedades anônimas estrangeiras são todas aquelas que têm sede no exterior (ver seção 76, nota 5).

Essas sociedades, para poderem funcionar no Brasil, dependem de autorização do Governo Federal (art. 1.134 do Código Civil).

A primeira indagação a ser feita dirige-se ao próprio conteúdo da expressão "funcionar no país". Adquirir um bem no Brasil, ou aqui manter uma conta-corrente bancária de não residente, significaria funcionar no país? É claro que não, como também não o seria o fornecimento de bens ou a prestação de serviços a partir do exterior. O funcionamento no país existe a partir do momento em que a sociedade aqui exerce o seu objeto, fabricando, vendendo ou prestando serviços, de forma continuada, a partir do território nacional.

A abertura de um estabelecimento representa a exteriorização desse funcionamento, configurando a única forma legítima de atuar no país. O exercício do objeto social, sem a abertura de um estabelecimento, representaria uma atuação clandestina

---

[2] A mudança de nacionalidade desloca a sociedade para outro sistema jurídico, que passará a regê-la, impondo-se, consequentemente, a necessária adaptação. Sobre as implicações da transferência internacional de sede, conf. Pilar Blanco-Morales Limones (1997, p. 31).

e ilícita. O vocábulo *estabelecimento* deve ser entendido como categoria genérica da qual são espécies a filial, a sucursal, a agência, a unidade fabril, a loja, o escritório.

A empresa, ao se estabelecer no país, ainda que com um mero escritório de representação, destinado a contatos e à obtenção de negócios ou à promoção de seus produtos, estaria, de alguma forma, atuando no Brasil, com vistas ao exercício de seu objeto social.

Uma sociedade *holding,* de âmbito multinacional, que pretenda manter no Brasil um escritório de supervisão de suas subsidiárias no país, ou mesmo na América Latina, estaria, igualmente, criando um estabelecimento destinado a exercer o seu objeto social – o controle – em determinada região, devendo assim obter autorização para funcionar.

O pedido de autorização deve se fazer acompanhar dos vários documentos a que alude o § 1º do art. 1.134, todos autenticados segundo a legislação do país de origem e devidamente legalizados no consulado brasileiro respectivo, além da correspondente tradução por tradutor público juramentado.[3]

A sociedade, obtida a autorização, legitima-se a operar no Brasil. Algumas sociedades operam, inclusive, com vários estabelecimentos, como era o caso do Citibank N.A. (*American National Association*), até a sua reestruturação.

As agências brasileiras do Citibank eram filiais de uma sociedade estrangeira, o que as tornava, consequentemente, meros instrumentos de atuação de uma pessoa jurídica sediada no exterior.

Observe-se, ademais, que as sociedades estrangeiras autorizadas a funcionar no Brasil devem aqui reproduzir todas as publicações alusivas a balanço patrimonial e de resultado econômico, e atos de sua administração, que, segundo a sua lei nacional, sejam obrigadas a fazer em seu país de origem, sem prejuízo da publicação das demonstrações financeiras específicas da filial brasileira. O descumprimento dessas obrigações acarretará a cassação da autorização para funcionar no País.

As alterações do estatuto social ou contrato social, para produzirem efeito no Brasil, dependerão de prévia aprovação do Governo brasileiro.

As alterações especificamente relacionadas à filial brasileira deverão, necessária e previamente, ser submetidas à aprovação da autoridade brasileira competente.

As sociedades estrangeiras autorizadas a funcionar no Brasil poderão se nacionalizar, desde que obtenham permissão do Governo Federal e transfiram sua sede para o Brasil (art. 1.141 do Código Civil), passando a reger-se pela legislação nacional.

---

[3] A matéria encontra-se regulamentada pelo Departamento Nacional de Registro Empresarial e Integração (DREI).

75 AS SUBSIDIÁRIAS DE SOCIEDADES ESTRANGEIRAS

As sociedades estrangeiras, na maioria dos casos, em lugar de solicitarem autorização para funcionar no país, preferem constituir uma subsidiária, pois é muito mais simples.

Com esse procedimento, criam uma nova pessoa jurídica e não um mero estabelecimento.

A empresa instituída, tendo sede no Brasil, desfruta da condição de sociedade brasileira, embora sob o controle de capitais domiciliados no exterior. Será uma empresa brasileira de capital estrangeiro.

Várias áreas da atividade econômica nacional, inclusive quase toda a indústria automobilística, encontram-se nessa situação.

A possibilidade de sociedade estrangeira ser acionista de sociedade brasileira encontra-se expressamente prevista no art. 1.134 do Código Civil, nada obstando até mesmo que todos os acionistas tenham sede no exterior.[4] Embora o Código Civil, que reproduziu a mesma redação do antigo Decreto-lei nº 2.627/1940, refira-se a "ser acionista de sociedade anônima brasileira", a interpretação deve ser extensiva, como já o era, para compreender a condição de sócio de qualquer sociedade brasileira, seja esta anônima, limitada ou de qualquer outro tipo.

76 AS MULTINACIONAIS

Designam-se por multinacionais os grupos de empresas que mantêm uma presença significativa em vários países.

A multinacional é um fenômeno relativamente recente, tendo-se acentuado após a Segunda Guerra Mundial, quando algumas sociedades passaram a operar em centenas de países, de todos os continentes.

A expansão dessas sociedades através do mundo faz-se basicamente por meio de subsidiárias de vários graus, com a utilização das técnicas de *holdings* e *subholdings.*

Esses grupos parecem, às vezes, não ter pátria, em face da multiplicidade de países a que se vinculam as muitas sociedades que os compõem. No entanto, há sempre uma sociedade de comando, da qual derivam as diretrizes básicas e para a qual refluem os lucros finais do sistema. As sociedades de comando situam-se em países desenvolvidos, sendo americanas, europeias ocidentais ou japonesas as grandes estruturas multinacionais. Atualmente, avulta, em todo o mundo, uma crescente presença de multinacionais chinesas.

---

[4]   O sócio estrangeiro de sociedade brasileira deve, de acordo com o previsto em instruções da Receita Federal, inscrever-se nos cadastros próprios do Ministério da Fazenda (CPF ou CNPJ, conforme o caso). Ver seção 136.

No âmbito da União Europeia, o entrelaçamento das sociedades é de tal ordem que o Conselho da Comunidade, através do Regulamento n° 2.157, de 2001, estabeleceu o estatuto da sociedade anônima europeia (*Societas Europaea*), designada pela sigla SE.[5] Para se tornar uma SE, a companhia deverá atender a determinados requisitos e submeter-se às regras próprias da SE. Em contrapartida, passa a poder operar em todos os países da União Europeia com o mesmo *status* das empresas locais.

Uma questão que se coloca é a dos aspectos positivos e negativos da penetração das multinacionais em países subdesenvolvidos e em desenvolvimento. Se por um lado se ganha em tecnologia e geração de empregos, por outro corre-se o risco de desnacionalizar a economia, tornando-a inteiramente caudatária das economias desenvolvidas.

É preciso, todavia, considerar que, hoje, somente a grande empresa, de caráter multinacional, tem acesso às tecnologias mais desenvolvidas, posto que a pesquisa, no nível em que atualmente se coloca, exige investimentos elevadíssimos.

A verdade, porém, é que, em face das estruturas multinacionais, ou os países mantêm uma relação competitiva ou uma relação colonial.[6]

A Europa Ocidental e o Japão, diante da avassaladora e inevitável invasão das multinacionais americanas, intensificaram, a partir dos anos 1960, através de incorporações, fusões e integração por meio de *holdings,* o surgimento de suas próprias multinacionais, passando a concorrer com êxito no plano da grande empresa.

Os países em desenvolvimento, para escapar da relação colonial, alcançando a relação competitiva, também precisam contar com seus próprios conglomerados e com a presença internacional dessas estruturas.

Hoje, fala-se também em empresas transnacionais, que seriam aquelas que, pela multiplicidade dos polos de comando em diferentes países, e ainda em função de terem os seus quadros dirigentes formados por profissionais de múltiplas origens nacionais, como igualmente os seus acionistas espalhados, de forma pulverizada, por todo o mundo, teriam perdido a vinculação com um determinado país e, por essa razão, seriam empresas apátridas. Na prática, todavia, o que se verifica é que há sempre, conforme já ressaltado, uma sociedade de comando, vinculada a determinado país, sendo raras as empresas efetivamente transnacionais.

---

[5] Relativamente à prevalência, no âmbito da União Europeia, da legislação comunitária sobre a legislação nacional, conf. T. C. Hartley (1994, p. 234).

[6] Christensen (1973, p. 84).

XVII
A CONSTITUIÇÃO DA SOCIEDADE ANÔNIMA

77. Providências preliminares; 78. Subscrição pública; 78.1. O registro na CVM; 78.2. A intermediação; 78.3. A constituição da sociedade; 78.4. Acesso ao mercado por companhia de menor porte; 79. Subscrição particular; 80. Os fundadores, o projeto de estatuto e o prospecto; 80.1. Os fundadores; 80.2. O projeto de estatuto; 80.3. O prospecto; 81. Registro público de empresas mercantis e publicidade; 81.1. As providências complementares; 81.2. A aquisição da personalidade jurídica; 81.3. As atribuições do Registro de Empresas (Juntas Comerciais); 81.4. A publicidade; 81.5. Outras providências.

77 PROVIDÊNCIAS PRELIMINARES

A constituição de uma sociedade anônima envolve um conjunto de providências que podem ser distribuídas em três etapas: (a) providências preliminares; (b) constituição propriamente dita; (c) providências complementares.

As providências preliminares precedem o ato constitutivo, que delas depende.

Essas providências, que se encontram previstas no art. 80, funcionam como verdadeiros requisitos, de tal modo que, sem o seu pleno atendimento, a sociedade não poderá se constituir.

1º requisito – Subscrição de todo o capital por, no mínimo, duas pessoas

Os organizadores ou fundadores da sociedade precisam obter subscritores para todas as ações em que se divide o capital fixado no estatuto da sociedade a ser constituída.

Os subscritores, ao firmarem os boletins de subscrição, obrigam-se a participar da sociedade. Tratando-se de sociedade em vias de formação e, portanto, ainda inexistente, o compromisso dos subscritores, nesse primeiro momento, não é com a sociedade, mas sim com os seus fundadores e demais subscritores.

Verifica-se uma espécie de contrato complexo, cuja conclusão definitiva será consubstanciada no ato de constituição da sociedade. Nesse ato, a manifestação dos subscritores, tornando completo o contrato de participação na sociedade, opera-se de forma coletiva; considera-se deliberada a constituição se subscritores representando mais de metade do capital não se manifestarem em contrário (art. 87, § 3°).

O ato de constituição da sociedade vincula todos os subscritores, os quais, automaticamente, adquirem a condição de acionistas.

O negócio jurídico complexo e plurilateral (ver seção 7) desenvolve-se, no caso, mediante a oferta dos fundadores, a aceitação do subscritor e, em sucessivo, a manifestação favorável da assembleia de constituição, sem o que o contrato não se completa.[1]

Nos casos de subscrição em aumento de capital, a figura do fundador é substituída pela da própria sociedade.

Caso os fundadores não encontrem subscritores para todo o capital, o projeto de constituição da sociedade estará frustrado. Não será possível constituir a sociedade com capital inferior ao programado, salvo se, liberados todos os subscritores, divulgar-se um novo estatuto, que poderá reproduzir o precedente, e um novo capital, agora inferior, refazendo-se todo o processo de obtenção de subscritores.

2° requisito – Realização de 10%, no mínimo, do preço de emissão das ações subscritas em dinheiro

Cada subscritor, no ato da subscrição, deverá efetivar a realização da entrada, a qual corresponde ao que for estipulado pelos fundadores, não podendo, porém, ser inferior a 10% do preço de emissão das ações.

---

[1] É claro que a constituição da sociedade poderá se processar de forma simultânea, se todos os subscritores se reunirem para, em um mesmo ato, subscreverem o capital e constituírem a sociedade. No comum dos casos, porém, e necessariamente nas subscrições públicas, a constituição se faz de forma sucessiva, avultando o papel dos fundadores. Observe-se, porém, que os fundadores representam os subscritores. O seu papel é agenciar e promover, cabendo atentar para a lição de Tullio Ascarelli: "Na realidade, na constituição *sucessiva* há tão somente um processo para disciplinar a conclusão do contrato social entre ausentes. Cada manifestação de vontade é comunicada aos fundadores (ou àquele fundador que seja para tal fim indicado pelos demais), dada a dificuldade de comunicá-la, individualmente, a todos os subscritores. O contrato conclui-se mediante as subscrições, que não constituem, por isso, contratos preliminares, ou contratos em favor de terceiros, mas representam, diretamente, a oferta de cada subscritor de aderir ao contrato de sociedade, por intermédio dos fundadores. Não há nenhuma relação contratual entre os fundadores e os subscritores; o contrato de sociedade assenta, diretamente, nas declarações de vontade dos subscritores" (1969, p. 269). Com efeito, os fundadores são os portadores das ofertas e aceitações, consubstanciadas nas subscrições, que transitam entre os contratantes. Georges Ripert situa-se em posição distinta, na medida em que vê a sociedade como um fenômeno marcadamente institucional: "Il faut abandonner résolument comme inadéquate cette idée du contrat et voir dans la fondation de la société une institution juridique qui est d'un type original puisque la fondation directe n'est pas connue dans les règles générales de notre droit. La volonté du fondateur s'affirme dans l'emploi des formes legales et ces sont obligatoires pour qu'elle produise effet. Mais cette volonté est suffisant pour donner la vie à la société sous la condition que les formalités légales seront toutes accompplies" (1948, p. 358).

Anote-se que o percentual de 10% é calculado sobre o preço de emissão, vale dizer, valor nominal mais ágio. Não havendo valor nominal, o preço de emissão será aquele que for estipulado.

Os fundadores disciplinarão o montante da entrada, que poderá variar do mínimo legal de 10% até o pagamento imediato da totalidade do preço.

O pagamento da entrada ou de qualquer outra parcela do preço corresponde a uma realização de capital. Realizado todo o seu preço, diz-se que a ação se encontra integralizada.

Para companhias compreendidas em determinados setores de atividade, o valor mínimo da realização inicial decorre de norma especial, encontrando-se nessa hipótese as instituições financeiras, cuja realização inicial de capital deverá corresponder ao mínimo de 50% do montante subscrito (art. 27 da Lei nº 4.595/1964).

Se a realização se fizer em bens, a questão da entrada não se colocará, pois as ações correspondentes, necessariamente, estarão integralizadas desde logo. Um bem não pode ser utilizado para realizar parcialmente um dado número de ações, mas tão somente para integralizá-las.

O art. 80, II, ao se reportar à realização da entrada, limita-a às ações subscritas em dinheiro.

3º requisito – Depósito da parte do capital realizada em dinheiro

Todo o montante das entradas, qualquer que tenha sido o percentual adotado, deverá ser depositado no Banco do Brasil ou em outra instituição bancária autorizada pela CVM.

Os fundadores têm um prazo de cinco dias (art. 81), contados do recebimento, para consumar o depósito das importâncias recebidas, o qual se fará em nome dos subscritores, mas com vinculação à sociedade em formação – pessoa jurídica futura.

Se bem que os fundadores não possam movimentar esses depósitos, afigura-se perfeitamente possível a sua aplicação em conta remunerada de pronta liquidez, tal como ocorre com os depósitos judiciais.

Constituída e regularizada a sociedade, poderá esta sacar o montante do depósito ou revertê-lo para uma conta de movimento.

Não vindo a sociedade a se constituir no prazo de seis meses contados do primeiro depósito, o próprio banco depositário promoverá, obrigatoriamente, a restituição dos valores aos respectivos subscritores, acrescidos dos correspondentes rendimentos, se for o caso.

As providências preliminares resumem-se, por conseguinte, na obtenção de, no mínimo, dois subscritores para todo o capital, na realização da entrada convencionada e no depósito bancário dos valores recebidos a título de entrada.

Para que a subscrição se considere efetivada, deverá o subscritor firmar o boletim ou lista de subscrição e pagar a entrada.

A subscrição é irretratável, não podendo o subscritor dela desistir. Por outro lado, constituída a sociedade, nenhuma subscrição será excluída, salvo quando houver excesso em relação ao capital previsto, hipótese em que se adotará a solução indicada no prospecto (art. 84, IX, da Lei nº 6.404/1976), sendo comuns as seguintes: redução proporcional das subscrições, preferência para as subscrições mais antigas, garantia de um número mínimo de ações para cada subscritor, com rateio das demais.

Essa questão do excesso de subscrição somente ocorre nos casos de colocação pública. Impõe-se que se estabeleça e se divulgue qual será o procedimento da distribuição, explicitando se haverá garantia de acesso a todos os investidores interessados ou se será adotado o chamado procedimento diferenciado.

78   SUBSCRIÇÃO PÚBLICA

A subscrição de capital poderá se processar de forma pública ou particular.

Diz-se pública a subscrição quando há apelo ao público investidor, ao qual as ações, de alguma forma, são oferecidas. A Lei nº 6.385/1976 enumera as práticas indicativas da existência desse apelo público:

> Art. 19. [...]
>
> § 3º Caracterizam a emissão pública:
>
> I – *a utilização de listas ou boletins de venda ou subscrição, folhetos, prospectos ou anúncios destinados ao público;*
>
> II – *a procura de subscritores ou adquirentes para os títulos, por meio de empregados, agentes ou corretores;*
>
> III – *a negociação feita em loja, escritório ou estabelecimento aberto ao público, ou com a utilização dos serviços públicos de comunicação.*

A utilização dos meios de comunicação (impressos, anúncios, publicações), de intermediários (agentes, corretores) e de estabelecimentos abertos ao público (lojas, escritórios) distingue, pois, a subscrição pública da particular.

A subscrição particular dispensa os processos de oferta ao público indiscriminado, uma vez que apenas alcança pessoas cuja aproximação, para efeito de subscrição, se faça de forma direta e individual.

A subscrição pública dirige-se a qualquer interessado, enquanto a particular objetiva pessoas determinadas.

A adoção do processo público de subscrição condiciona-se ao atendimento preliminar das seguintes exigências legais (art. 82 da Lei nº 6.404/1976): (a) registro da emissão na CVM; (b) intermediação de uma instituição financeira.

78.1   O registro na CVM

O pedido de registro na CVM deverá fazer-se acompanhar de estudo sobre a viabilidade do empreendimento, do projeto de estatutos e de prospecto, sendo que o estudo de viabilidade poderá fundir-se no próprio prospecto.

Prevê o § 2º do art. 82 que a CVM "poderá condicionar o registro a modificações no estatuto ou no prospecto e denegá-lo por inviabilidade ou temeridade do empreendimento, ou inidoneidade dos fundadores". Essa competência da CVM, a toda evidência, não é de natureza discricionária, pois que interfere nos direitos individuais dos interessados. As modificações a serem processadas no estatuto ou no prospecto deverão apoiar-se em texto legal expresso, ao passo que a inviabilidade do empreendimento ou a inidoneidade dos fundadores deverão estar devidamente fundamentadas. Qualquer desvio da CVM na apreciação desses itens sujeitar-se-á a revisão pelo Poder Judiciário.

78.2   A intermediação

Os fundadores deverão contratar uma instituição financeira, a fim de que se opere a intermediação exigida.

Essa instituição receberá uma remuneração pelo seu trabalho, que consistirá em colaboração na montagem do prospecto e no desenvolvimento do esforço de obtenção de subscritores, podendo inclusive assumir o compromisso de subscrever para si as ações que não encontrarem tomadores.[2]

Os boletins ou listas de subscrição, no caso de subscrição pública, serão autenticados pela instituição financeira autorizada a receber as entradas; será admitida ainda a subscrição por carta dirigida à instituição financeira, desde que acompanhada das declarações (informações) previstas no art. 85 da Lei nº 6.404/1976 e do valor da entrada.

Do boletim, lista ou carta deverão constar a qualificação completa do subscritor, a quantidade e características das ações subscritas e o valor da entrada. Será dispensada a assinatura do subscritor na hipótese de oferta pública cuja liquidação se faça por intermédio de entidade administradora de mercados organizados de valores mobiliários (art. 85, § 2º, da Lei nº 6.404/1976).

Ao subscritor deverá ser entregue uma cópia do documento de subscrição, da qual constará o recibo da entrada.

78.3   A constituição da sociedade

Encerrada a fase de subscrição, com o atendimento das chamadas providências preliminares, dever-se-á passar à fase propriamente de constituição da sociedade.

---

[2]   O contrato de intermediação, a ser firmado com a instituição financeira, também chamado de contrato de "*underwriting*", ora envolverá o compromisso firme de adquirir todas as ações para depois colocá-las no mercado em nome próprio, ora corresponderá a um esforço de colocação das ações em um determinado prazo, com o compromisso de aquisição do saldo não colocado (*stand by*), ora representará um mero esforço de colocação, sem garantia de subscrição do saldo (*best effort*). A comissão cobrada pela instituição financeira será tanto maior quanto mais firme for a sua garantia de colocação. Os bancos, nas grandes emissões, organizam um grupo (*pool*) ou consórcio de instituições financeiras que, sob a liderança de um ou alguns, subdividem entre si o compromisso assumido perante a emitente.

Para tanto, convocarão os fundadores a assembleia geral de constituição, à qual cumprirá deliberar sobre a criação da sociedade. A instalação da assembleia dependerá, em primeira convocação, da presença de subscritores representando metade do capital social e, em segunda convocação, de qualquer número.

Caso tenha havido subscrição de capital em bens, a assembleia de constituição deverá ser precedida de outra, destinada a nomear a empresa especializada ou os peritos que promoverão a avaliação desses bens.

A assembleia que se seguir decidirá sobre a aprovação da avaliação e sobre a constituição da sociedade.

Em certos casos, os fundadores solicitam, previamente, a determinadas empresas ou peritos a avaliação dos bens. Assim, uma única assembleia poderia nomear os peritos pré-indicados pelos fundadores, que já disporiam do laudo, seguindo-se a sua imediata aprovação e a constituição da sociedade, tudo concentrado.

Todos os subscritores têm voto nessas assembleias, independentemente das características de suas ações.

A sociedade somente não se constituirá se subscritores representando mais de metade do capital a tanto se opuserem (art. 87, § 3º).

Qualquer alteração do estatuto social dependerá de aprovação da unanimidade dos subscritores (art. 87, § 2º).

O presidente da assembleia, após declarar constituída a sociedade, promoverá a eleição dos primeiros administradores e, se for o caso, também dos fiscais.

78.4   Acesso ao mercado por companhias de menor porte

A Lei Complementar nº 182, de 1º de junho de 2021, acrescentou à Lei nº 6.404/76 um art. 294-A, prevendo a regulamentação pela CVM de condições facilitadas para que empresas de menor porte tenham acesso ao mercado de capitais. Para tanto, definiu, desde logo, através do art. 294-B, que as empresas de menor porte seriam aquelas com receita bruta anual inferior a R$ 500 milhões de reais, valor este que poderá ser atualizado segundo a forma que for estabelecida pela CVM.

O art. 294-A confere à CVM o poder regulamentar de dispensar ou modular, em relação a essas sociedades, algumas exigências constantes da própria Lei nº 6.404/1976, quais sejam;[3] a) a exigência de instalação do conselho fiscal a pedido

---

[3]   A Comissão de Valores Mobiliários (CVM) colocou em consulta pública proposta de regras que instituem o regime FÁCIL – Facilitação do Acesso a Capital e de Incentivo a Listagens. As novas normas, uma vez em vigor, permitirão, em caráter experimental, condições facilitadas para o acesso de companhias de menor porte ao mercado de capitais. Segundo a CVM, "por meio do FÁCIL, a CVM pretende incentivar o uso do mercado de capitais como forma de captação de recursos por empresas que estejam numa faixa intermediária entre o *crowdfunding* de investimentos – que hoje atende empresas com até R$ 40 milhões de faturamento bruto e que desejam realizar ofertas públicas de até R$ 15 milhões – e o mercado tradicional de valores mobiliários,

de acionistas; b) a obrigatoriedade de intermediação de instituição financeira para a distribuição pública de valores mobiliários; c) o direito essencial de participação nos lucros; d) a aquisição do direito de voto pelas ações preferenciais sem voto que não receberem o dividendo previsto; e) o direito ao dividendo obrigatório; f) exigências legais relativas a publicações obrigatórias. Com relação a este último item, baixou a CVM a Resolução nº 166/2022.

79 SUBSCRIÇÃO PARTICULAR

A subscrição particular, conforme analisado na seção anterior, efetiva-se independentemente de qualquer apelo público.

Não se exige registro na CVM, nem tampouco a intermediação de uma instituição financeira.

Os fundadores, eles próprios, é que obtêm, no âmbito de suas relações, os subscritores para a emissão. Na subscrição particular, todos os subscritores são considerados fundadores.

A constituição da sociedade será instrumentalizada mediante assembleia geral, como acontece quando da subscrição pública, ou escritura pública, sendo esta última forma admitida apenas na subscrição particular.

80 OS FUNDADORES, O PROJETO DE ESTATUTO E O PROSPECTO

80.1 Os fundadores

Os fundadores são os empreendedores da sociedade, pois que assumem todo o esforço de idealização, planejamento e organização.

Atuam os fundadores tanto na constituição da sociedade por subscrição pública como na constituição por subscrição particular.

Os fundadores elaboram o prospecto e os estatutos, promovem a publicação desses textos no diário oficial e em jornal de grande circulação, obtêm subscritores, recebem as entradas, contratam terceiros em nome da futura sociedade (contratos indispensáveis, como o de intermediação), fazem despesas inerentes à fundação da entidade, realizam depósitos, convocam a assembleia de constituição, encerrando suas funções com a eleição e investidura dos administradores, aos quais transferem todo o material de interesse da sociedade, bem como a responsabilidade pela sua condução.

A figura do fundador assemelha-se à do gestor de negócios, cabendo assim aplicar-se-lhe algumas das normas peculiares a essa figura jurídica.[4]

---

que, apesar de não possuir limites a ele associados, atrai empresas com faturamentos bilionários e ofertas públicas que começam na faixa de algumas centenas de milhões de reais".

[4] *"Au regard des souscripteurs,* ou plus simplement du public, les fondateurs se constituent *gérants d'affaires,* ils entreprennent l'oeuvre qui consiste à conduire à bonne fin la constitution de la société par actions"* (THALLER, 1904, p. 274).

80.2 O projeto de estatuto

O projeto de estatuto é indispensável, seja qual for a forma de subscrição: sendo pública, ficará depositado na instituição financeira que intermediar a colocação das ações; sendo particular, deverá ser rubricado por todos os subscritores.

O estatuto deverá dispor sobre a denominação e o domicílio da sociedade, o capital e as características das ações, a administração da sociedade, as assembleias gerais, o exercício social, as demonstrações financeiras, a distribuição do lucro, a duração da sociedade e a forma de liquidação, bem como sobre tudo o mais que for considerado relevante.

Constitui o estatuto a lei interna da sociedade, funcionando como corpo normativo da atuação social e como instrumento de polarização dos acionistas, através da definição de seus direitos e obrigações.

80.3 O prospecto

O prospecto é exigível exclusivamente na subscrição pública, destinando--se a divulgar o que representa a sociedade projetada. Compõe-se de estudos a respeito das condições de êxito do empreendimento e das indicações arroladas no art. 84, dentre as quais importa ressaltar as seguintes: valor do capital, parcela a ser integralizada em bens, espécie e classe das ações, montante da entrada, obrigações, contratos e despesas assumidas pelos fundadores no interesse da sociedade; datas de início e término da subscrição; solução para o caso de excesso de subscrição; instituição financeira intermediária, na qual o projeto de estatuto ficará depositado.

81 REGISTRO PÚBLICO DE EMPRESAS MERCANTIS E PUBLICIDADE

81.1 As providências complementares

Constituída a sociedade, ingressa-se na etapa das providências complementares, quais sejam o arquivamento e a publicação dos atos constitutivos.

81.2 A aquisição da personalidade jurídica

Não obstante respeitáveis opiniões em contrário, pode-se sustentar que, realizada a assembleia de constituição, adquire a sociedade a condição de pessoa jurídica. A personalidade resulta da constituição propriamente dita e não do arquivamento e publicação dos atos constitutivos.[5]

---

[5] Os autores, de um modo geral, mas com relevantes exceções (ver seção 24, nota 2), entendem que a personalidade depende do registro e, para tanto, baseiam-se no Código Civil, que nesse sentido dispõe. Deve-se, contudo, considerar que, de acordo com o próprio Código Civil, as sociedades são pessoas jurídicas e até mesmo

Cap. XVII · A CONSTITUIÇÃO DA SOCIEDADE ANÔNIMA | **171**

Segundo o art. 94, não poderá a companhia *funcionar* sem que estejam cumpridas as formalidades complementares da constituição. Ora, funcionar significa operar, trabalhar, exercer o objeto social.

A sociedade, nesse meio-tempo, sofre restrições em sua capacidade, impedida que fica de operar, nem mesmo respondendo (art. 99, parágrafo único) "pelos atos ou operações praticados pelos primeiros administradores", salvo se a assembleia geral os ratificar.

A finalidade da lei é a preservação dos recursos dos acionistas até que a sociedade possa ingressar em sua fase de funcionamento.

O art. 81, ao determinar que o depósito concernente à entrada somente poderá ser levantado após haver a sociedade adquirido personalidade jurídica, disse menos do que pretendeu, que é a preservação desses recursos até a plena regularização da sociedade, ou seja, até a consumação das providências complementares.

A aplicação desses recursos em conta remunerada de pronta liquidez não significará, contudo, o levantamento do depósito, uma vez que não se estará fazendo mais do que obter uma remuneração para o depósito. O ideal seria atribuir-se, por lei, correção monetária ou algum rendimento para essa modalidade de depósito, tal como acontece com os depósitos judiciais. Na ausência de correção ou rendimento para o depósito, a aplicação funcionará como um recurso de manutenção do poder aquisitivo da entrada, face à eventualidade da inflação.

A prevalência da personalidade jurídica afigura-se, todavia, evidenciada, devendo mesmo a sociedade, nesse período, nos atos que praticar (art. 91), aditar à sua denominação o complemento "em organização".

O exercício do objeto social subordina-se, contudo, à prévia regularização da sociedade.

Nada impede, porém, que de logo a sociedade passe a agir no plano instrumental, tomando várias providências de seu interesse, tais como contratação de empregados, aluguel de imóveis necessários, licenciamento de marcas e patentes.

Esses atos e contratos obrigam a sociedade, mas não comprometem o depósito, a não ser depois do atendimento das formalidades complementares.

Nesses contratos, deverão os administradores declinar a condição de "sociedade em organização", sob pena de responder pessoalmente pelos ônus contratuais.

Atendidas as formalidades, esses atos e contratos instrumentais serão plenamente eficazes; inviabilizada a sociedade, pela irremediável impossibilidade de sua regularização, eles se tornarão inexequíveis, face ao vazamento do patrimônio social, que retornará aos acionistas.

---

as sociedades de fato são sociedades. Ora, se as sociedades de fato são sociedades, as sociedades constituídas, mas ainda não registradas, também o são, e, em consequência, assumem a condição de pessoas jurídicas, do que decorre a personalidade.

A hipótese, portanto, não é de ausência de personalidade jurídica, mas sim de incapacidade relativa para comprometer o depósito concernente às entradas.

Aos administradores compete promover a efetivação das formalidades complementares, sob pena de responderem solidariamente pelos prejuízos resultantes de eventual demora.

81.3 As atribuições do Registro de Empresas (Juntas Comerciais)

De acordo com o disposto no art. 36 da Lei nº 8.934/1994 (Registro Público de Empresas Mercantis), os atos constitutivos deverão ser apresentados à Junta Comercial dentro do prazo de 30 dias, hipótese em que os efeitos do arquivamento retroagirão à data do ato.

Os atos constitutivos a serem arquivados compõem-se, no caso de escritura pública, de uma certidão do instrumento e, no caso de assembleia geral, da respectiva ata; de um exemplar do estatuto; do prospecto, se for o caso; da relação dos subscritores; do recibo ou recibos de depósito das entradas e da ata de nomeação de avaliadores, se houver.[6]

A atuação do registro de empresas deverá cingir-se à verificação do atendimento das exigências legais, tanto no concernente às providências de constituição, como no que tange às cláusulas do estatuto.

O Registro de Empresas desempenha atribuições específicas de controle da legalidade (art. 97 da Lei nº 6.404/1976, e art. 35, I, da Lei nº 8.934/1994), cabendo-lhe promover um esforço de saneamento das irregularidades ocorrentes. Gudesteu Pires,[7] com a precisão que o caracteriza, chamou esse mister do Registro de Empresas de "alimpação de nulidades".

De qualquer sorte, deve-se acentuar que a ilegalidade a ser considerada pelo registro de empresas é apenas a ilegalidade manifesta. Sempre que a matéria envolva controvérsias de natureza interpretativa, dependentes de construções doutrinárias ou jurisprudenciais, a questão se desloca naturalmente para o âmbito do Poder Judiciário, ao qual cabe dirimir os conflitos de interesses.[8] Igualmente refogem às atribuições do Registro de Empresas os conflitos atinentes ao mérito

---

6   O DREI, através da Instrução Normativa nº 81/2020 e seus anexos, revogou 45 instruções anteriores, e consolidou em um só instrumento, com algumas modificações, a regulamentação da maioria das matérias concernentes ao registro de empresas, disciplinando inclusive as questões atinentes à forma eletrônica de apresentação, exame das formalidades e arquivamento dos atos sujeitos a sua competência.

7   1942, p. 66.

8   Sobre o tema, Egberto Lacerda Teixeira teve oportunidade de afirmar: "Devem as repartições encarregadas do registro do comércio ser coarctadas no vezo de alargar extraordinariamente o campo de suas atribuições através de perigoso e desautorizado processo de interpretação da lei ou de verdadeiro trabalho de construção doutrinária" (1956, p. 65).

das decisões tomadas, posto que não lhe compete deliberar a respeito do acerto ou desacerto das decisões tomadas em assembleia, mas apenas quanto ao conflito frontal entre o ato ou deliberação adotados e a lei, considerada esta segundo a interpretação assente.

O controle da legalidade se exerce e se exaure, todavia, com o arquivamento do ato societário. Uma vez esgotados os prazos recursais administrativos, verifica-se a chamada coisa julgada administrativa. O poder que detém a administração de desconstituir os próprios atos por vício de ilegalidade (Súmula nº 473 do STF)[9] não se aplicaria nesse caso, primeiro porque, tratando-se de um ato de julgamento, vincula-se a administração à sua decisão final, e segundo porque nos atos de registro, atributivos de fé pública, a administração desencadeia, com o seu ato, inúmeras relações jurídicas, com o envolvimento de terceiros que contratam com a sociedade, baseados no registro efetivado. O mesmo acontece com o registro de imóveis, cujos atos somente podem ser desconstituídos por decisão judicial.

Não tem, portanto, o registro de empresas o poder de desarquivar os atos societários definitivamente arquivados, ainda que venha a concluir, posteriormente, pela sua ilegalidade. Somente o Judiciário poderá fazê-lo. O Supremo Tribunal Federal já teve oportunidade de acolher essa linha de entendimento.[10]

A eventual ilegalidade do ato societário definitivamente arquivado poderá ser, porém, arguida judicialmente, tanto pelo Ministério Público como pela Procuradoria do Registro de Empresas (Juntas Comerciais) que, nos termos do disposto no art. 28 da Lei nº 8.934/1994, tem, no particular, atribuições para agir face ao Poder Judiciário.

Negado o arquivamento, os administradores convocarão uma assembleia geral, a fim de deliberar sobre as providências necessárias à superação das exigências colocadas pelo Registro de Empresas.

Nessa assembleia, as deliberações serão tomadas (art. 97, § 1º) "por acionistas que representem, no mínimo, metade do capital social", ainda que a deliberação importe em alteração do estatuto.

A maioria, representativa de pelo menos metade do capital social, que não tem poderes para alterar o estatuto na assembleia de constituição, tem-nos na assembleia destinada a atender exigências do Registro de Empresas.

---

[9] Na mesma linha da Súmula nº 473 do STF, foi firmado o entendimento, em sede de Repercussão Geral, de que "[a]o Estado é facultada a revogação de atos que repute ilegalmente praticados; porém, se de tais atos já tiverem decorrido efeitos concretos, seu desfazimento deve ser precedido de regular processo administrativo. [Tese definida no RE 594.296, Rel. Min. Dias Toffoli, P, j. 21-9-2011, *DJE* 146 de 13-2-2012, Tema 138.]".

[10] Decisão unânime do STF, datada de 22.10.1974, relativa ao Recurso Extraordinário nº 79.432-AM, Primeira Turma, publicado na *RTJ* nº 72, p. 280.

81.4 A publicidade

Os atos constitutivos, juntamente com a certidão do arquivamento, deverão, no prazo de 30 dias, ser publicados em jornal de grande circulação (art. 98, combinado com o art. 289 da Lei nº 6.404/1976), estando, contudo, dispensadas de tais publicações as companhias de menor porte de capital aberto, na forma da regulamentação da CVM (arts. 294-A e 294-B da LSA). Outra hipótese de dispensa de publicação situa-se no caso de companhias fechadas que tiverem receita bruta anual de até R$ 78.000.000,00 (setenta e oito milhões de reais), que podem realizar suas publicações de forma eletrônica (art. 294 da LSA).

Um exemplar do jornal será, em seguida, apresentado ao Registro de Empresas para simples anotação, ficando, assim, dispensado o arquivamento (art. 54 da Lei nº 8.934/1994).

Com a efetivação dessas providências, a companhia poderá iniciar o seu funcionamento normal.

81.5 Outras providências

De qualquer sorte, cumprirá ainda à sociedade promover o seu cadastramento fiscal, bem como a aquisição e regularização dos livros obrigatórios, livros mercantis, livros fiscais e livros trabalhistas.

Se algum imóvel foi incorporado à sociedade a título de integralização de capital, a certidão do arquivamento dos atos constitutivos, fornecida pela Junta Comercial, servirá de título bastante para o registro da transmissão no ofício ou ofícios de imóveis competentes.

Anote-se que a incorporação de imóveis à sociedade por ações, para fins de integralização de capital, dispensa a escritura pública, qualquer que seja o valor do bem (art. 89). Como a sociedade anônima pode constituir-se por assembleia geral, a respectiva ata, na qual cumprirá bem caracterizar o imóvel, fará as vezes de título de propriedade. Desde a Lei nº 8.934/1994 (art. 35, VII), as sociedades em geral passaram a poder incorporar imóveis ao seu patrimônio, para efeito de integralização de capital, através de instrumento particular, desfrutando, assim, de prerrogativa semelhante à das sociedades anônimas.

XVIII
A INTEGRALIZAÇÃO DO CAPITAL

82. Integralização em dinheiro, bens ou créditos; **82.1.** Integralização em dinheiro; **82.2.** Integralização em bens; **82.3.** Integralização em crédito; **83.** Avaliação e transferência de bens; **84.** A responsabilidade dos avaliadores e subscritores.

82 INTEGRALIZAÇÃO EM DINHEIRO, BENS OU CRÉDITOS

Ao capital social, que é sempre expresso em moeda nacional (art. 5º), corresponde a respectiva integralização, a qual se processará em dinheiro ou bens de qualquer natureza (ver seção 22).

82.1 Integralização em dinheiro

O dinheiro representa o mais comum instrumento de integralização de capital, pois, considerada a sua natureza de meio de pagamento, atenderá, em qualquer circunstância, ao interesse da sociedade.

Os demais bens somente serão admitidos se corresponderem a um especial interesse da companhia, a ser previamente determinado.

A integralização em dinheiro opera-se de modo extremamente simples, tal como qualquer pagamento, com realização à vista ou a prazo, observada a entrada mínima de 10%.

82.2 Integralização em bens

Os bens a serem aplicados na integralização de capital poderão ser móveis ou imóveis, corpóreos ou incorpóreos, desde que suscetíveis de avaliação em dinheiro (art. 7º). Afigura-se, ainda, indispensável que esses bens sejam capazes de transmissão, a fim de que transitem do patrimônio do subscritor para o patrimônio da sociedade.[1]

---

[1] "Le capital social, dans les sociétés par actions, ne peut être constitué qu'à l'aide de biens susceptibles d'être executés, pour le produit de cette réalisation forcée être réparti entre les créanciers sociaux" (ESCARRA; ESCARRA; RAULT, 1950, t. 2, p. 152).

Uma patente de invenção, embora seja fruto da capacidade criativa do inventor, objetiva-se em um resultado negociável e transmissível como um bem em si mesmo; presta-se, pois, a integralizar capital.

O know-how ou a experiência acumulada são indissociáveis da pessoa que os detém, sendo assim intransmissíveis a não ser como mera força de trabalho, o que os inviabiliza para o efeito de integralizar o capital de uma sociedade anônima; esta não admite ações de trabalho ou indústria.[2]

A transferência do bem à sociedade poderá se fazer a título, entre outros, de usufruto ou propriedade, presumindo-se a última hipótese na falta de declaração expressa. Não se tratando de propriedade, a avaliação terá que considerar não o valor do bem, mas sim o de sua utilização pelo tempo previsto.

Estando o bem onerado, essa circunstância deverá influir na avaliação.[3]

Tratando-se de fração ideal de um bem condominial, a avaliação, após considerar o bem como um todo, expressará o valor do quinhão a ser transmitido à sociedade.

A transferência dos bens à sociedade observará os princípios da compra e venda, dependendo os imóveis de registro no competente ofício de imóveis, e os móveis, de tradição. O subscritor-acionista, tal como o vendedor, responde pelos vícios redibitórios e pela evicção.

Recentemente, vem-se discutindo a possibilidade de integralização de capital com criptomoedas ou moedas digitais. A matéria é controvertida por uma série de razões. Primeiro, haveria uma fragilização do capital social como garantia dos credores, na medida em que a penhora desses bens seria de difícil realização, pois, sem a chave privada, não se teria como efetivá-la. Segundo, quem seria, no âmbito da empresa, o guardião dessa chave? Terceiro, embora o art. 7º da LSA preceitue que o capital social poderá ser formado por qualquer espécie de bens suscetíveis

---

[2]   Fran Martins sustenta posição contrária: "Do mesmo modo, o *know-how*, que consiste em conhecimentos especializados e secretos sobre a utilização de uma técnica própria para a exploração de certos produtos, pode também constituir elemento capaz de ser oferecido como contribuição para a formação do capital da sociedade anônima, já que *o know-how* é considerado um bem alienável e, portanto, transmissível" (1979, v. 1, p. 59). Cabe observar, entretanto, que o *know-how* não se transfere, ensina-se, tudo se resumindo em uma prestação de serviço, de todo incompatível com os princípios que informam a integralização de capital.

[3]   O bem a ser transmitido à sociedade poderá estar onerado ou sujeitar-se a alguma restrição que lhe reduza o valor. Tal circunstância será considerada na avaliação. Situação diversa, e de todo inadmissível, seria a transmissão à sociedade, para integralizar capital, de valores ativos e passivos, assim considerados pela sua expressão líquida. Ora, se as dívidas não estão vinculadas aos bens, impossível será a sua atribuição à sociedade pela via da integralização de capital. Integraliza-se capital (art. 7º) com bens, não com dívidas. Ainda que o bem a ser empregado na integralização seja um estabelecimento (universalidade de fato), apenas os bens que o integram serão considerados, nunca as dívidas, até porque estas são do empresário, jamais do estabelecimento, que é objeto de direito e não sujeito de direito.

de avaliação em dinheiro, e as criptomoedas o sejam, a extrema volatilidade dessas moedas não as recomendaria. Quarto, a proliferação das diferentes moedas digitais conduziria o capital da empresa para um risco evidente e incontrolável.

82.3 Integralização em crédito

Tendo o crédito a natureza de bem móvel, a integralização de capital poderá se fazer, igualmente, mediante a transferência para a sociedade de créditos do subscritor em relação a terceiros.

Essa transferência equivale a uma cessão de crédito na qual, ordinariamente, o cedente não responde pela solvência do devedor, mas tão somente pela existência do crédito (arts. 295 e 296 do Código Civil). Ocorre, no entanto, que, para uma maior consistência da integralização, instituiu o parágrafo único do art. 10 da Lei nº 6.404/1976 a responsabilidade do acionista pela solvência do devedor. Aquele que integraliza capital com créditos torna-se coobrigado, pelo que a sociedade, não encontrando bens disponíveis do devedor, poderá dirigir a execução contra o acionista responsável.

Correspondendo os créditos a títulos cambiais, que continuam regidos pela Lei Uniforme (art. 903 do Código Civil), a própria transferência, por via do endosso, já coobrigaria o acionista-endossante. Ainda que o endosso se faça, como o permite a Lei Uniforme, com a cláusula, "sem coobrigação", a coobrigação se imporia por força do já referido parágrafo único do art. 10.

83 AVALIAÇÃO E TRANSFERÊNCIA DE BENS

Os bens a serem transferidos à sociedade, a título de integralização de capital, deverão ser avaliados por três peritos ou por empresa especializada. Para tanto, será convocada uma assembleia geral destinada a proceder a essas nomeações. A escolha dos peritos ou empresa especializada se fará livremente pela assembleia geral, mas, considerada a natureza da tarefa a ser desempenhada, deverá recair em pessoas ou empresas habilitadas profissionalmente e, além disso, dotadas dos conhecimentos específicos que a hipótese exigir e da idoneidade pessoal inerente à função.

Os peritos ou a empresa, uma vez nomeados, examinarão os bens e promoverão os estudos necessários à elaboração de um laudo pericial fundamentado, do qual constarão os critérios de avaliação, as comparações efetivadas, o valor dos bens e os documentos a eles relativos.

Os profissionais responsáveis pela elaboração do laudo deverão comparecer à assembleia geral destinada a apreciá-lo, a fim de oferecer os esclarecimentos que forem considerados necessários.

O subscritor, quando da assinatura do boletim de subscrição, atribuiu um determinado valor aos bens que se propôs a transferir à sociedade. O número de ações subscritas dependeu inclusive do valor estimado para os bens.

Têm-se, portanto, de um lado a estimativa do subscritor, que é o valor proposto, e, de outro, a avaliação dos peritos, cumprindo à assembleia geral deliberar sobre o laudo, aprovando-o ou rejeitando-o.

A partir desse quadro, muitas são as variáveis.

O laudo poderá indicar, para o bem, um valor igual, inferior ou superior ao atribuído pelo subscritor.

Se o valor for igual, e a assembleia o aprovar, a incorporação estará consumada.

Chegando o laudo a um valor inferior ao cotado pelo subscritor, caberá a este optar entre concordar com os peritos, suplementando em dinheiro o montante da subscrição, e discordar da avaliação, tornando sem efeito a sua subscrição e o próprio projeto de constituição da sociedade ou de aumento de capital, conforme o caso.

Na terceira hipótese, não obstante os avaliadores indiquem para o bem um valor superior, a incorporação terá que observar o valor estimado pelo subscritor (art. 8°, § 4°). É que o subscritor, propondo um valor, a este se vincula, independentemente da conclusão dos peritos, cujo laudo se destina a fundamentar exclusivamente a decisão da assembleia geral.[4]

A assembleia geral, ao deliberar sobre o laudo, aprovará ou não os valores nele indicados. A falta de aprovação somente ocorrerá se os valores forem considerados excessivos, situação que acarretará a inviabilização do projeto.

Os subscritores que forem titulares dos bens objeto de avaliação, em face do conflito de interesses, não poderão votar nas deliberações alusivas à nomeação dos peritos e à aprovação do laudo, salvo se o bem pertencer a todos os subscritores em condomínio (art. 115, §§ 1° e 2°).

Constituída a sociedade por escritura pública, o que somente poderá ocorrer em se tratando de subscrição particular, todos os subscritores a assinarão, ratificando a escolha dos peritos e aprovando o laudo pericial, que será transcrito no instrumento.

---

[4] A situação é similar à ocorrente em uma compra e venda. O subscritor equipara-se ao vendedor, e como tal compromete-se relativamente ao valor constante de sua proposta. Se a avaliação promovida no interesse do comprador aponta para um valor mais elevado, isso em nada pode alterar o valor inicialmente proposto. Sem razão, portanto, Fran Martins, ao afirmar: "O parágrafo 4° do artigo dispõe que 'os bens não poderão ser incorporados ao patrimônio da companhia por valor acima do que lhes tiver dado o subscritor'. Se tal, entretanto, acontecer, deve ao subscritor ser devolvida, pela companhia, a importância superior ao valor das ações por ele subscritas" (1979, v. 1, p. 68). A ilação é desarrazoada, na medida em que adquirir um bem por valor superior ao que lhe atribuiu o transmitente atentaria contra os princípios que informam a conclusão dos contratos. Miranda Valverde, ao comentar disposição idêntica da lei anterior, teve oportunidade de aduzir que "a lei considera a soma, em dinheiro, declarada pelo subscritor, como o máximo (§ 3°) a que poderão chegar os peritos nomeados" (1959, v. I, p. 106).

Aprovado o laudo e declarada constituída a sociedade, os bens a ela se incorporam, cabendo aos administradores, para consumar juridicamente a transferência dos bens, e depois de atendidas as formalidades complementares: (a) obter dos subscritores, já acionistas, a entrega dos bens móveis (tradição); (b) promover o registro da incorporação de imóveis no cartório competente.

84 A RESPONSABILIDADE DOS AVALIADORES E SUBSCRITORES

A responsabilidade dos avaliadores e subscritores encontra-se regida pelo § 6º do art. 8º, nos seguintes termos:

> § 6º Os avaliadores e o subscritor responderão perante a companhia, os acionistas e terceiros, pelos danos que lhes causarem por culpa ou dolo na avaliação dos bens, sem prejuízo da responsabilidade penal em que tenham incorrido. No caso de bens em condomínio, a responsabilidade dos subscritores é solidária.

Os avaliadores e o subscritor respondem, pois, civil e criminalmente, pela avaliação a que procederem.

A responsabilidade civil decorre, ordinariamente, da superavaliação. Uma avaliação, pela sua própria natureza, comporta variações para mais e para menos, desde que não envolvam diferenças sensíveis em relação ao preço de mercado, se houver, ou em comparação com os padrões e critérios normalmente aplicáveis.

Havendo discrepância manifesta entre a avaliação e o valor efetivo e real do bem, os avaliadores teriam incorrido em grave erro, podendo esse erro ter resultado de dolo (intenção deliberada) ou de culpa (negligência, imprudência ou imperícia).

Essa responsabilidade atinge tanto os avaliadores (peritos ou empresa) como o subscritor, uma vez que este, quando da subscrição, também avaliou o bem a ser incorporado, ao lhe atribuir um valor.

Os demais acionistas e a companhia são, de plano, prejudicados por essa superavaliação, que, de forma evidente, lesa o patrimônio social. Os credores, na eventual insolvência da sociedade, também serão prejudicados, na medida em que contarão, para atender aos seus créditos, com patrimônio inferior ao declarado. Qualquer dos prejudicados poderá acionar, quer o subscritor, quer os peritos ou a empresa avaliadora, para que recolham à sociedade o montante correspondente à diferença entre o valor efetivo do bem e aquele que constou da avaliação.

A responsabilidade criminal dos avaliadores e do subscritor virá a caracterizar-se sempre que o desvio de valor resultar de ato definido como crime na legislação penal.

A anterior lei das sociedades anônimas previa expressamente, como crime, a prevaricação dos peritos ao "atribuírem aos bens do subscritor valor acima do real". A lei atual não contém disposições de ordem penal, sendo assim de aplicar-se o capítulo do Código Penal que trata do "estelionato e outras fraudes".

Tratando-se de avaliação procedida por empresa especializada, a responsabilidade civil caberá à própria pessoa jurídica, enquanto a responsabilidade penal atingirá os administradores e empregados responsáveis pela fraude.

XIX
AÇÕES (A)

85. Capital; **86.** Conceito e natureza da ação; **87.** Ações com e sem valor nominal; **88.** Preço de emissão e ágio.

85 CAPITAL

O capital social (ver seção 22) corresponde, em princípio, ao montante dos bens que os subscritores conferiram à sociedade ao integralizar as ações. Mas, como capital social, é imutável, constando do estatuto como uma cifra formal, somente alterável quando uma decisão, nesse sentido, for tomada pela sociedade.

O patrimônio (conjunto de bens da sociedade) é que é mutável e sujeito às contingências da vida social (amplia-se com o lucro e reduz-se com os prejuízos).[1]

Representa, contudo, o capital um dado da maior importância na sociedade anônima, pois, além de significar uma medida do desempenho social – apenas é lucrativa a sociedade cujo patrimônio líquido excede o capital social, dependendo a distribuição de dividendos da existência desse excesso –, serve para definir o sistema de forças dentro da sociedade – a posição de cada acionista e o seu número de votos decorrem da parcela do capital (número de ações votantes) de que é titular. O capital social desempenha, ainda, o papel de garantia dos credores, posto que nenhuma distribuição de dividendos poderá se fazer em prejuízo do capital. Trata-se, evidentemente, de uma garantia relativa, uma vez que as dívidas da sociedade poderão consumi-lo por inteiro, mas, de qualquer sorte, a sua preservação, em face dos próprios acionistas, configura proteção imanente à lógica do sistema, que repousa no capital social o corolário da responsabilidade limitada dos acionistas (ver seção 22, nota 11).

---

[1] Rubens Sant'Anna assim sintetizou a matéria: "O capital social não se confunde com o patrimônio da sociedade. Capital é consignado no estatuto, patrimônio é universalidade de bens de uma sociedade em certo momento, sujeito às flutuações da vida e do desenvolvimento da companhia" (1988, p. 74).

Entretanto, nem sempre a totalidade da contribuição dos acionistas se dirigirá à formação do capital social, eis que uma parte poderá ser destinada à constituição de reserva de capital (arts. 13, § 2º, e 14, parágrafo único).

Por outro lado, pode o aumento de capital decorrer, não de contribuição dos acionistas, mas sim de incorporação de reservas ou lucros.

O capital apresenta-se como um indicador dos recursos destinados à atividade social – fundo de atuação[2] – a ser mantido constante, daí a intangibilidade que lhe inibe a distribuição aos acionistas a não ser na liquidação da sociedade, depois de atendidos todos os credores (ver a seção 22, nota 11).

O aumento do capital importa no aumento desse fundo de atuação, a fazer-se com bens dos acionistas (subscrição) ou com recursos gerados pela própria sociedade (incorporação de reservas ou lucros).

86   CONCEITO E NATUREZA DA AÇÃO

As ações funcionam como unidades do capital social.

Cada ação é, por conseguinte, uma fração do capital, atributiva, a seu titular, da condição de acionista.

A ação investe o seu proprietário no estado de sócio, do qual resultam direitos e deveres perante a sociedade.

Esses direitos e deveres objetivam-se em um título de participação, que é a ação, instrumento legitimador da condição de sócio e veículo de transmissão dessa condição. A relação que se estabelece entre o acionista e a ação é de direito real – trata-se de direito de propriedade.

Quem transfere ações não cede direitos, como ocorre em uma cessão de cotas (ver seção 12), mas sim as próprias ações, dessas emergindo os direitos de acionista.

A ação é uma coisa móvel – um valor mobiliário – e, como tal, circula autonomamente.[3]

---

[2]   Miranda Guimarães centra o capital social na relação entre a contribuição dos sócios e os objetivos econômicos, para depois, citando Carvalho de Mendonça e Ernani Estrella, mostrá-lo como o fundo originário e essencial da sociedade: "A sociedade, seja civil, seja comercial, organiza-se em torno de um valor pecuniário realizado ou prometido pelos sócios para atender aos objetivos econômicos, cada um com uma parte. O montante apurado denomina-se capital social. O capital social '[...] é o fundo originário e essencial da sociedade, fixado pela vontade dos sócios; é o montante constituído para a base das operações'; que se distingue do patrimônio da sociedade, '[...] que vem a ser complexo de direitos e obrigações estimáveis em dinheiro [...]'" (1992, p. 35).

[3]   O atual CPC prevê, de forma incompatível, mesmo em companhia fechada, com a natureza da S.A., que as ações penhoradas possam ser objeto de liquidação através de apuração de haveres (ver a seção 28.1).

Muitos a consideram um título de crédito, mas, na verdade, não é essa a sua natureza.[4]

A posição do acionista perante a sociedade não é a de um credor – ainda que se considere o vocábulo *credor* no seu sentido mais amplo. A posição é a de um participante, com direitos e deveres. O título de crédito não impõe deveres, mas só direitos e, em certos casos, alguns ônus.

A inoponibilidade de exceções não se aplicaria, igualmente, na sua inteireza, pois ao adquirente da ação é oponível, por exemplo, o pagamento de dividendos antecipados, operado em favor de anterior titular.

O acionista não faz jus a prestações predeterminadas ou predetermináveis, mas a um fluir de direitos.

Considere-se ainda que todo título de crédito se destina ao resgate, a operar-se quando completado o atendimento dos direitos nele incorporados.

A ação não é título de resgate, mas de permanência, sendo o resgate uma exceção.

Por todos esses aspectos, verifica-se que considerar a ação um título de crédito envolve uma certa inadequação de conceitos.

A circulação da ação observa, isto sim, a sistemática própria da circulação dos títulos de crédito. Mas daí a considerá-la um título de crédito coloca-se uma grande distância.

A ação é uma unidade do capital da empresa, e confere ao seu titular o direito de participar da sociedade como acionista. É, portanto, um título de participação.

---

[4] Tullio Ascarelli procura distinguir um conceito amplo e um conceito específico de título de crédito: "Encaro nos *títulos de crédito*, uma categoria geral, identificada por característicos jurídicos próprios, mas independente do fato de se prender, o direito mencionado no título, a uma operação de crédito ou de constituir, ele, um direito de crédito no rigoroso sentido do termo; o alcance jurídico da expressão não corresponde ao seu alcance literal. Por isso acharei preferível a denominação *títulos-valores* ou *títulos negociáveis* em vez daquele de *títulos de crédito* peculiar à terminologia brasileira e italiana. Na terminologia espanhola o termo usado é o de título-valor; na alemã, o de *wertpapier* (com o sentido que, no entanto, abrange, com frequência, também os chamados títulos impróprios ou documentos de legitimação); na norte-americana, o de *negotiable instrument* (que, no entanto, se refere apenas aos títulos para pagamento de importância em dinheiro, sendo, por isso, os demais, chamados *quasi negotiable instrument*); na francesa, fala-se de *effets de commerce* e de *valeurs mobilières,* assentando-se a distinção na diversa função, econômica, dos títulos e descuidando uma teoria geral" (1969, p. 342, nota 86). Joaquim Garrigues prefere chamar as ações de títulos-valores: "Pero es evidente que para que la acción circule es preciso que se materialice, que se transforme en cosa mueble. Esa objetivación o materialización de los derechos sociales se consigue incorporándolos a un documento – título-valor – cuya posesión, por sí misma o unida a otros requisitos legitimatorios, atribuye a su tenedor la cualidad de socio y le faculta, en consecuencia, para el ejercicio de los derechos políticos y económicos que esa cualidad entraña" (1947, p. 750).

Título no sentido amplo, com cártula ou sem cártula: quem é titular de uma ação tem uma unidade do capital, um título de participação na sociedade.[5]

87 AÇÕES COM E SEM VALOR NOMINAL

Correspondendo o capital social a determinado número de ações, cada ação representa uma fração desse capital, do que resulta para cada ação um valor ideal, que não é senão o quociente da divisão do montante do capital pela quantidade de ações.

Se esse valor ideal é declarado, tem-se uma ação com valor nominal; se não o é, tem-se uma ação sem valor nominal.

---

[5] O STJ, por sua 4ª Turma, ao decidir o Agravo Regimental no Recurso Especial nº 534.089-RS (Relator – Min. Aldir Passarinho), adotou, por unanimidade, o entendimento cuja ementa apresenta o seguinte teor: *"I. Firmou a 2ª Seção orientação no sentido de que o contratante que transferiu ações emitidas pela sociedade anônima não perde a legitimidade ativa para, posteriormente, reivindicar a subscrição de ações remanescentes tidas como devidas à época da assinatura do contrato (Resp n. 453.805/RS, Rel. Min. Ruy Rosado de Aguiar, unânime, DJ de 10.2.2003). II. Ao cessionário, por sua vez, falece a legitimidade dos direitos conferidos ao primitivo subscritor em época anterior à cessão de crédito. III. Agravo desprovido"* (Publicado no *DJ* de 09.02.2004, p. 189). Essa decisão suscita algumas considerações relevantes, uma vez que a transferência de ações não envolve uma cessão de direitos, mas sim a alienação de um bem – a ação. Os direitos de acionista decorrem da titularidade da ação, cabendo assim àquele em cujo nome a ação se encontra registrada o exercício de todos os direitos que dela resultam. E não cabe indagar, em linha de princípio, se esses direitos despontaram antes ou depois da transferência das ações. Todos os direitos não exercidos pelo acionista anterior transferem-se para o novo acionista que, ao adquirir as ações, adquiriu a posição do anterior acionista, com todos os direitos e obrigações a ela inerentes. Apenas o contrato poderia afastar essa implicação legal, de modo a reservar determinados direitos para o anterior acionista. Nas negociações de mercado costuma-se adotar a terminologia "com" ou "sem direitos", para deixar clara essa questão. A cláusula "sem direitos" resguardaria para o alienante determinados benefícios em curso, como, por exemplo, dividendos já deliberados pela assembleia. Sem que alguma cláusula ou condição ressalve certos direitos, as ações adquiridas serão, também no jargão do mercado, consideradas "ações cheias". Assim, ainda que em curso, quando da alienação da participação, o direito de preferência para a aquisição de novas ações, se esse direito não for expressa ou implicitamente ressalvado, pertencerá ao novo acionista. Mais recentemente, ao decidir o REsp nº 1.326.281-RS, evoluiu um pouco o STJ (mesma 4ª Turma) sobre a sua posição anterior e, em decisão unânime, datada de 03.08.2017, assentou o entendimento de que a companhia, ao distribuir dividendos ou juros sobre o capital próprio, deve pagá-los *"à pessoa que, na data do ato de declaração do dividendo, for proprietária ou usufrutuária da ação, independentemente, pois, do fato de outrem ter sido proprietário das ações no período do exercício a que correspondem os proventos"*. Caberia acrescentar que, salvo convenção em contrário, os dividendos devem ser pagos àquele que, no momento do pagamento, detém a titularidade das ações, pois, conforme assinala Enrique Alcalde Rodriguez, *"quien adquiere una acción asume a la sociedad como una institución con pasado, presente y futuro, es decir, una empresa en marcha..."* (2013, p. 247).

Existindo valor nominal, que será o mesmo para todas as ações, constará este do estatuto e dos respectivos registros. Além disso, nenhuma ação poderá ser emitida por preço inferior ao seu valor nominal (art. 13), sob pena de nulidade do ato e responsabilização civil e criminal dos autores da infração.

Não havendo valor nominal, o estatuto e os registros declaram simplesmente essa circunstância, ficando a emissão de ações liberada de qualquer valor mínimo preestabelecido.

A legislação anterior à atual Lei nº 6.404/1976 não admitia ações sem valor nominal; a atual, a partir do modelo norte-americano, adotou a ação sem valor nominal como opção, uma vez que manteve a ação com valor nominal.

A exclusão do valor nominal simplifica extraordinariamente a operacionalização de sociedades com grande número de acionistas, pois o valor nominal, quando adotado, exige que qualquer bonificação envolva a emissão de novas ações ou a alteração do valor nominal das existentes.

Por outro lado, havia o grande impasse que o valor nominal costumava colocar, que era o concernente à impossibilidade prática de aumentar o capital, sempre que as ações da companhia estivessem cotadas por um valor inferior ao nominal. Se o preço de mercado se situava abaixo do valor nominal, nenhum acionista ou investidor subscreveria essas ações.

A ausência de valor nominal permite trazer o preço de emissão dessas ações para a realidade do mercado, de modo a viabilizar o lançamento e colocação do pretendido aumento de capital.

Se a ação não tem valor nominal, a sua expressão, como fração do capital, ajusta-se, automaticamente, a cada modificação do capital. Essa expressão é, todavia, inteiramente informal, e corresponde, em linguagem corrente, ao chamado "valor de referência".

O normal é a sociedade adotar ou não o valor nominal para todas as suas ações. Permite, entretanto, a lei das sociedades anônimas (art. 11, § 1º) que a companhia com ações sem valor nominal crie uma ou mais classes de ações preferenciais com valor nominal.

O legislador, ao promover essa esdrúxula convivência, criou o risco de ter-se uma classe de preferenciais cuja representatividade, em relação ao capital, poderá ser proporcionalmente superior à das demais ações. Ora, a classe que tem valor nominal corresponderia a determinado montante do capital e o saldo caberia às demais ações.

Essa diferenciação não tem, contudo, nos casos de resgate, reembolso e liquidação, qualquer efeito prático, posto que, para tanto, considera-se o valor patrimonial da ação, e não a sua expressão em relação ao capital social. Nos casos, porém, de amortização e de ações preferenciais com prioridade no reembolso do capital, que se fundam no valor nominal ou de referência das ações, algumas distorções poderão ocorrer.

88 PREÇO DE EMISSÃO E ÁGIO

Preço de emissão é aquele pelo qual as ações vão ser oferecidas à subscrição. Se esse preço for superior ao valor nominal da ação, a diferença a maior é o ágio.

A parcela correspondente ao ágio não integra o capital social, destinando-se à formação de reserva de capital (art. 13, § 2º).

Mesmo na ação sem valor nominal, uma parte do preço de emissão poderá ser destinada à reserva de capital (art. 14, parágrafo único).[6] Nesse caso, não se trata, evidentemente, de ágio, mas de mero destaque de parcela do preço de emissão.

Na constituição da sociedade, o preço de emissão é fixado livremente pelos fundadores. O aumento de capital encontra-se, porém, sujeito aos critérios de fixação do preço de emissão consignados no § 1º do art. 170:

> Art. 170. [...]
>
> § 1º O preço de emissão deverá ser fixado, sem diluição injustificada da participação dos antigos acionistas, ainda que tenham direito de preferência para subscrevê-las, tendo em vista, alternativa ou conjuntamente:
>
> I – a perspectiva de rentabilidade da companhia;
>
> II – o valor do patrimônio líquido da ação;
>
> III – a cotação de suas ações em Bolsa de Valores ou no mercado de balcão organizado, admitido ágio ou deságio em função das condições do mercado.

Estabelece, pois, o legislador critérios de fixação do preço de emissão, a serem aplicados de forma alternativa ou conjunta. Não se trata, porém, de alternar ou cumular critérios, mas sim de aplicá-los de forma lógica e ordenada, de modo a revelar o preço adequado das ações, para fins de colocação. A perspectiva de rentabilidade, por exemplo, jamais poderá representar um critério alternativo isolado, até mesmo porque, para ser considerada, terá que se apoiar no valor patrimonial ou de mercado das ações.

Na verdade, a lei estabelece dois critérios básicos e dois critérios auxiliares. Como critérios básicos têm-se: a cotação no mercado e o valor do patrimônio líquido. E como critérios auxiliares: as perspectivas da empresa e a admissibilidade de diluição justificada.

O preço de emissão será declarado em um dado momento, qual seja, o da assembleia em que se deliberar o aumento do capital ou o da decisão correspondente do conselho de administração, quando for o caso.

---

[6] Anote-se que, se a emissão incluir ações preferenciais com prioridade no reembolso do capital, embora essa prioridade somente se coloque quando da liquidação da sociedade, o montante correspondente ao capital a ser prioritariamente reembolsado (valor de referência da ação) deverá ser conferido, obrigatoriamente, à conta de capital. Apenas a parcela do preço de emissão, que exceder o valor de reembolso, poderá ser destinada a reserva de capital (art. 14, parágrafo único, parte final).

Se a companhia não tiver ações cotadas no mercado, os responsáveis pela fixação do preço de emissão, em uma primeira abordagem, apenas aferirão o valor patrimonial da ação, que é o quociente da divisão do patrimônio líquido pelo número de ações da sociedade.

Tratando-se de sociedade com ações no mercado (balcão ou bolsa), dois valores serão de plano apurados – o valor de mercado e o valor patrimonial.

Sobre esses valores resultantes do emprego dos critérios básicos, aplicarão os responsáveis os critérios auxiliares, a fim de revelar o efetivo preço de emissão.

Na primeira hipótese, em que há apenas o valor patrimonial, o preço de emissão deverá exceder esse valor, quando as perspectivas da empresa e as condições de absorção do aumento pretendido comportarem a elevação. Por outro lado, uma vez constatada, através de estudos de viabilidade, a impossibilidade de colocação das ações pelo valor patrimonial, e sendo conveniente o aumento, o preço de emissão poderá situar-se abaixo do valor patrimonial, estando, nesse caso, justificada a diluição. A justificação, com todos os elementos que a fundamentarem, integrará a decisão correspectiva. A diluição é a consequência da emissão de ações por valor inferior ao patrimonial, na medida em que, nessa situação, aumenta-se o número de ações, sem que haja um aumento proporcional do patrimônio. Automaticamente, as ações passam a ter um valor patrimonial inferior, posto que diluído.

Na segunda hipótese, havendo dois valores, o patrimonial e o de mercado, a sociedade teria, em princípio, que se inclinar por este último, considerada a inviabilidade de colocar ações por valor superior ao de bolsa. Tal preço de emissão, se o valor patrimonial exceder o de mercado, redundaria, contudo, em diluição patrimonial. Nessas condições, será necessário justificar a diluição. Comprovada a conveniência do aumento de capital, e desde que o valor de bolsa represente uma posição relativamente estável e não um valor contingente (crise passageira de mercado), a diluição estará justificada, representando alternativa única para a obtenção de subscritores. O preço de emissão, havendo para tanto razões bastantes, poderia até mesmo baixar para aquém do valor de bolsa. Essas razões teriam que ficar sobejamente caracterizadas, o que poderia ocorrer, por exemplo, quando da necessidade de colocar um montante vultoso de ações no mercado.

Ressalte-se, outrossim, que as perspectivas da empresa poderão, em dado momento, ser de tal ordem benfazejas que o preço de emissão deva, por força, exceder o de bolsa, sendo a divulgação desse futuro motivo suficiente para a aceitação do preço e, ainda, para a própria ascensão da cotação da ação no mercado.

A aferição do preço de emissão configura, com efeito, problema da mais alta indagação econômico-jurídica, envolvendo dados econômicos e projeções financeiras.

Tenha-se, ademais, sempre presente que os critérios postos na lei, embora flexíveis, são evidentemente obrigatórios, acarretando o seu descumprimento a responsabilização dos acionistas e administradores envolvidos (arts. 115, 117 e 158).

A Lei nº 9.457/1997 acrescentou um § 7º ao art. 170, explicitando que a proposta de aumento de capital deverá justificar o preço de emissão. A questão, portanto, não se resume à escolha de um critério, mas sim na aplicação coordenada e lógica de todos os critérios, básicos e auxiliares, que se mostrarem aplicáveis.

O preço de emissão, que vier a ser adotado, será, em princípio, o mesmo para todas as ações do aumento de capital que se pretenda promover, ainda que a emissão envolva diferentes espécies e classes de ações.

Todavia, em situações excepcionais, conforme bem demonstrado por Pedro Henrique Teixeira, no Parecer de Orientação CVM nº 05/1979, poderão as ações ordinárias e preferenciais de companhia aberta apresentar preços de emissão diversificados. Essa diferenciação, no entanto, somente poderá ocorrer se as ações ordinárias e preferenciais "apresentarem cotações no mercado significativamente díspares", e se todas possuírem "significativos índices de negociabilidade". Não atendidos esses pressupostos, seria ilegítima a diferenciação, pois, segundo o mesmo parecerista, a ausência de liquidez das ações ordinárias poderia conduzi-las a uma baixa cotação, que produziria "um benefício indevido para os controladores em termos de aporte de recursos [ações mais baratas] e manutenção de controle".

A diferenciação restringe-se, portanto, a situações excepcionais, nas quais os preços adotados encontrem-se plenamente justificados, além de equitativamente estabelecidos.

XX
AÇÕES (B)

89. Classificação das ações; **90.** Espécies e classes das ações; **91.** Ações ordinárias; **92.** Ações preferenciais; **92.1.** Limite de emissão de ações preferenciais; **92.2.** Características das ações preferenciais; **92.3.** Ação preferencial de classe especial; **93.** Ações de fruição; **94.** Formas das ações; **95.** Ações nominativas; **96.** Ações endossáveis; **97.** Ações ao portador; **98.** Ações escriturais.

89   CLASSIFICAÇÃO DAS AÇÕES

As ações, como unidades do capital, poderiam ser todas absolutamente iguais em suas características.

Permite a legislação, todavia, que as ações variem quanto aos direitos que conferem a seus titulares e quanto à forma de circulação.

Essa flexibilidade é necessária, na medida em que a motivação do acionista é bastante diversificada.

Há acionistas que estão interessados no voto e no controle da sociedade, enquanto outros apenas desejam investir nas ações, como meio de obter a renda representada pelos dividendos e o ganho de capital resultante das oscilações do mercado.[1]

Nada impede, porém, que uma dada sociedade adote para todas as suas ações idênticas características, não obstante ofereça a lei uma gama de possibilidades.

---

[1] No direito italiano, distinguem-se os "acionistas empreendedores" (*imprenditori*), que querem participar das decisões da sociedade, dos "acionistas investidores" *(risparmiatori)*, que apenas têm por objeto os benefícios financeiros que resultam da titularidade acionária. "Affermata l'esistenza in tutti i soci di un interesse comune nell'impresa, non può essere disconosciuto che gli azionisti impreditori e gli azionisti risparmiatori se situano su posizioni economiche diverse. È appunto di tale diversità che il legislatore há preso atto, traducendola su piano giuridico con la creazione di due distinte categorie di azioni, ordinarie e di risparmio" (BALZARINI, 1992, p. 8).

Caberá ao estatuto da sociedade especificar as espécies, classes e formas das ações.

Duas são as classificações das ações: (a) quanto aos direitos e, nesse caso, têm-se as espécies e classes de ações; (b) quanto à circulação, cabendo falar em formas de ações.

90 ESPÉCIES E CLASSES DAS AÇÕES

No que tange aos direitos que outorgam, as ações podem ser de três espécies: ordinárias, preferenciais e de fruição.

Cada uma dessas espécies constituirá uma única classe ou várias classes. As classes são, por conseguinte, subespécies de ações.

A diversidade de classes é comum no caso de preferenciais, mas pode ocorrer também em relação às ações ordinárias, sendo corrente a designação das classes através de letras. As publicações alusivas às cotações de bolsa costumam referir-se a "preferenciais A" e "preferenciais B" de determinadas empresas. Poderia haver ainda uma "preferencial C" e tantas mais quantas o interesse da sociedade aconselhasse.

91 AÇÕES ORDINÁRIAS

As ações ordinárias são, por definição, ações normais, pelo que atribuem, em regra, os direitos comuns de acionista; nada, em princípio, lhes é retirado ou acrescentado. As suas características já decorrem naturalmente da lei.

Sendo comuns, as ações ordinárias, pela sua própria natureza, não comportariam, em tese, subdivisão em classes.

A Lei nº 6.404/76, no entanto, já permitia, na companhia fechada, a diversidade de classes das ações ordinárias, limitada, porém, essa diversidade a objetivos exaustivamente consignados na própria lei (art. 16), em função de: conversibilidade em ações preferenciais, exigência de nacionalidade brasileira ou preferência política.

Com a Lei nº 14.195/21, que acrescentou à Lei nº 6.404/76 um art. 16-A, as companhias abertas passaram a poder também adotar a diversidade de classes de ordinárias, desde que para o efeito de adoção do voto plural.

Assinale-se, ademais, que qualquer alteração do estatuto, na parte que regula a diversidade de classes das ações ordinárias, salvo estipulação estatutária em contrário, exigirá a concordância unânime dos titulares das ações atingidas (art. 16, parágrafo único). Vale dizer, cada classe de ações ordinárias, para ter as suas prerrogativas modificadas, dependerá da concordância de todos os titulares da respectiva classe.

Cria-se, com isso, um impasse, sempre que um único acionista resolver obstaculizar a proposta de alteração.

92 AÇÕES PREFERENCIAIS

As ações preferenciais, ao contrário das ordinárias, são sempre diferenciadas. Cada classe de preferenciais tem sempre alguma coisa a mais ou a menos.

A matéria encontra-se assim regulada:

> Art. 17 – As preferências ou vantagens das ações preferenciais podem consistir:
>
> I – em prioridade na distribuição de dividendo, fixo ou mínimo;
>
> II – em prioridade no reembolso do capital, com prêmio ou sem ele;
>
> III – na acumulação das preferências e vantagens de que tratam os incisos I e II.

A prioridade constitui um direito de precedência. Dividendo fixo ou mínimo é aquele que se encontra devidamente quantificado nos estatutos sociais, constituindo-se: (a) de uma importância certa em reais por ação; ou (b) de um percentual sobre o valor nominal, patrimonial ou de referência da ação. O prêmio constitui um sobrevalor que se acrescenta, para efeito de reembolso, ao valor nominal ou de referência da ação.

Verifica-se, porém, que o art. 17 é apenas exemplificativo, posto que as preferências ou vantagens que enumera não têm caráter impositivo.

O emprego do vocábulo *podem* denota tratar-se de mera possibilidade. Em outras palavras, as vantagens poderão ser aquelas ou outras, ou até inexistirem.

Contudo, as ações preferenciais sem voto ou com voto restrito, para serem admitidas à negociação no mercado de valores mobiliários, devem desfrutar de alguma das vantagens ou preferências mínimas a que alude o § 1º do art. 17.

A primeira dessas vantagens alternativas seria um dividendo mínimo prioritário de 3% do valor patrimonial da ação, conjugado com a exigência de que o dividendo obrigatório da sociedade não fosse inferior a 25% do lucro líquido ajustado.

A segunda vantagem alternativa corresponde ao direito de receber dividendos superiores, em pelo menos 10%, aos que forem conferidos às ações ordinárias.

A última alternativa seria o direito de inclusão, da ação preferencial sem voto, no âmbito da eventual oferta pública de alienação de controle, observadas as condições previstas no art. 254-A, que assegura preço de, no mínimo, 80% do valor pago por ação com direito a voto, integrante do bloco de controle (*tag along*). Nesse caso, as ações preferenciais deveriam contar também com dividendos pelo menos iguais aos das ações ordinárias, não se admitindo, portanto, o dividendo fixo.

Prevê ainda o § 2º do art. 17 que "deverão constar do estatuto, com precisão e minúcia, outras preferências ou vantagens que sejam atribuídas aos acionistas sem direito a voto, ou com voto restrito, além das previstas neste artigo".

Esse parágrafo repete, de alguma forma, a determinação que já se encontrava contida no art. 19, apenas aditando-lhe as exigências de "precisão e minúcia" com relação às "outras" vantagens que sejam atribuídas às ações preferenciais sem voto. Não se deduza desse parágrafo, como alguns pretenderam fazê-lo, que deveriam ser conferidas às ações preferenciais sem voto outras vantagens, além das alternativamente (§ 1º) ou potencialmente (art. 17) fixadas na lei. A norma, ao adotar o modo subjuntivo – "que *sejam* atribuídas" –, deixou claro que estava se referindo a vantagens ou preferências hipotéticas.[2]

Com relação às desvantagens a que poderão estar sujeitas as ações preferenciais, a restrição mais comum é a do direito de voto.

Embora a ação preferencial possa ter direito de voto – e no silêncio do estatuto ela o tem –, comumente esse direito lhe é retirado, cumprindo acentuar que, via de regra, a criação da ação preferencial decorre do interesse dos controladores em colocar no mercado ações que não influam no controle da sociedade.

92.1 Limite de emissão de ações preferenciais

As ações preferenciais sem voto ou com voto restrito, de acordo com a redação conferida pela Lei nº 10.303, de 31 de outubro de 2001, ao art. 15, § 2º, da Lei nº 6.404/1976, não poderão ultrapassar 50% do número total de ações emitidas, tendo ficado assim suplantado o parâmetro anterior, que era de 2/3.[3]

Esse preceito, todavia, encontra-se sujeito a disposições transitórias (art. 8º da Lei nº 10.303/2001), que o restringiram, de forma imediata, às companhias que viessem a se constituir após a publicação da reforma.

As companhias fechadas então existentes continuaram podendo manter o *status quo,* e somente teriam que se adequar à nova lei no momento em que abrissem o seu capital. As companhias abertas já existentes quando da vigência da reforma não ficaram sujeitas à nova limitação, podendo manter a proporção de 2/3, prevista na legislação anteriormente vigente, até mesmo relativamente a suas novas emissões, mas as que quisessem se adaptar à nova regra poderiam promover aumentos de capital sem a observância do direito dos acionistas (art. 171, § 1º, *b*) de exercerem a preferência, sempre que possível, em ações de espécies e classes idênticas às de que eram titulares.

De qualquer sorte, prevê ainda o § 2º do art. 8º da Lei nº 10.303/2001 que, uma vez reduzido o percentual da participação das ações preferenciais, este não poderá

---

[2] "O modo subjuntivo indica dependência também quando o fato é duvidoso ou indeterminado, sendo por isso chamado 'modo da possibilidade'" (ALMEIDA, 1999, p. 226).

[3] Esse limite de 50% de ações preferenciais sem voto substitui o anterior, de 2/3 do total das ações emitidas, que era excessivo, e não encontrava paralelo nas demais legislações. No direito francês, o limite é de um quarto do montante do capital (conf. Merle, 1998, p. 309).

Cap. XX · AÇÕES (B) | 193

ser aumentado, salvo com observância do limite de 50%. Pelas mesmas razões lógicas, qualquer companhia aberta então existente, cujas ações preferenciais sem voto excedessem 50% do capital, mas não alcançassem 2/3, não poderão ir além do percentual efetivamente pendente quando da entrada em vigor da Lei nº 10.303/2001.

92.2 Características das ações preferenciais

As ações preferenciais caracterizam-se, então, por oferecer a seus titulares: (a) vantagens e desvantagens, cumulativamente; (b) apenas vantagens. Na companhia fechada, poderão oferecer apenas desvantagens.

A preferencialidade decorre do particularismo da ação.

No que concerne às vantagens, a mais importante é a consistente na percepção de um dividendo prioritário.

A ação com dividendo prioritário não faz jus a uma renda fixa, porquanto o dividendo previsto somente poderá ser distribuído na medida em que a sociedade apresente lucro (ver seção 182).

A prioridade corresponde exatamente ao seguinte privilégio: enquanto o acionista preferencial não for contemplado com todo o dividendo que lhe estava estatutariamente destinado, nenhuma atribuição será feita aos titulares de ações ordinárias. Se o dividendo prioritário das ações preferenciais consumir todo o lucro a ser distribuído, as ações ordinárias nada perceberão. Além disso (ver seção 182), se o exercício apresentar lucro, ou se houver lucro de exercícios anteriores, e uma vez efetivadas as deduções permitidas em lei, o dividendo prioritário, até o limite do lucro disponível, não poderá deixar de ser distribuído.

O legislador (art. 17, § 4º) classificou o dividendo prioritário em fixo e mínimo. Uma ação com dividendo fixo de R$ 2, depois de aquinhoada com essa importância, não participará do restante do lucro a distribuir, ainda que este comporte um dividendo superior; a ação com dividendo mínimo de R$ 2, se o lucro comportar um dividendo superior, receberá tanto quanto os demais acionistas. Em suma, o dividendo fixo é uma prioridade e uma limitação ao mesmo tempo, enquanto o dividendo mínimo é apenas uma prioridade.

O dividendo prioritário poderá ser ainda cumulativo, hipótese em que, não pago em um exercício, acumulará para o seguinte, somando-se ano a ano, de tal sorte que, enquanto não for inteiramente resgatado, nenhum dividendo poderá ser percebido pelas ações ordinárias.

A cumulatividade exige norma estatutária expressa, sem o que um dividendo fixo de 6% sobre o valor nominal ou de referência das ações, por exemplo, renovar--se-á, a cada ano, no mesmo nível de 6%. Se fora cumulativo – e para tanto dependeria de previsão estatutária – não pago em um exercício, no seguinte acumularia para 12%, a seguir para 18%, e assim sucessivamente.

O dividendo cumulativo não é comum na prática societária.

Em uma sociedade lucrativa, cujos acionistas preferenciais detenham ações com dividendo fixo, os acionistas ordinários poderão perceber dividendos muito superiores aos que forem conferidos aos preferencialistas, o que será perfeitamente legítimo.

Proíbe a lei (art. 17, § 5°) que as ações preferenciais deixem de participar das bonificações decorrentes da capitalização de reservas ou lucros. Evita-se, assim, que, através da incorporação de resultados, os acionistas ordinários elevem a sua participação no capital em detrimento dos preferenciais, que sofreriam o achatamento da sua posição acionária e, em consequência, da própria base de apuração do dividendo prioritário. A Lei n° 10.303/2001 estreitou, todavia, essa proteção, ao excluir do seu âmbito de incidência as ações preferenciais com dividendo fixo.

A prioridade no reembolso do capital opera semelhantemente à prioridade na distribuição de um dividendo mínimo, colocando-se quando da liquidação da sociedade, de modo a garantir aos respectivos beneficiários o direito de receber o capital correspondente às suas ações preliminarmente aos demais acionistas, os quais somente seriam reembolsados até onde o saldo existente o comportasse. Se houver prêmio, além do reembolso do capital, receberão os acionistas contemplados com esse benefício, também prioritariamente, o percentual a esse título estabelecido.

A prioridade no reembolso do capital apenas ganha importância quando, depois de pago o passivo, o acervo líquido remanescente é inferior ao capital, pois, sendo superior, todos os acionistas serão efetivamente reembolsados, e ainda aquinhoados com as reservas porventura existentes, entre todos rateadas.

92.3 Ação preferencial de classe especial

Alude o § 7° do art. 17 à ação preferencial de classe especial que poderá ser criada pelas companhias objeto de desestatização. Essa classe de ações, que já se encontrava prevista na lei que regulou a privatização de empresas estatais, tem a natureza de uma ação preferencial, e como tal deverá ser instituída e tratada. Suas características particulares, que decorrem da lei, são a titularidade exclusiva do ente que vinha controlando a estatal desestatizada e o poder de veto às deliberações da assembleia geral nas matérias que forem especificadas.

No mais, tal ação, que vem sendo vulgarmente chamada de *golden share*, terá as vantagens e preferências que lhe forem conferidas, inclusive de natureza política, como pode ocorrer com qualquer classe de ações preferenciais.

93 AÇÕES DE FRUIÇÃO

Ações de fruição (art. 44, § 5°) são aquelas que substituem as ações inteiramente amortizadas.

A sociedade poderá, mediante autorização estatutária ou deliberação de assembleia geral, amortizar determinadas ações, antecipando ao acionista aquilo que ele receberia, a título de restituição de capital, no caso de liquidação da sociedade. Essa operação, se não contemplar todas as ações de uma classe, deverá se processar mediante sorteio. A amortização não envolve redução de capital, pelo que empregará apenas reservas disponíveis.

A amortização poderá ser total ou parcial. As ações inteiramente amortizadas poderão ser substituídas pelas chamadas ações de fruição, as quais, ressalvadas as restrições estatutárias, terão todos os direitos atinentes às ações de que derivarem. As restrições a serem impostas pelo estatuto não poderão afetar os chamados direitos essenciais de acionista.

As ações de fruição, conforme as suas características, poderão distribuir-se por classes distintas.

Liquidada a sociedade, as ações de fruição somente participarão do acervo líquido depois de conferido aos demais acionistas um montante igual ao valor corrigido da amortização. Ou seja, aquilo que já receberam, como antecipação, será descontado do rateio do acervo líquido consequente à liquidação.

94 FORMAS DAS AÇÕES

A forma das ações encontra-se diretamente relacionada aos processos de circulação ou transferência das participações. Sob esse aspecto, estabelece o legislador (art. 20) que as ações devem ser nominativas.

Essa redação resulta da Lei nº 8.021, de 12.04.1990, que excluiu da legislação brasileira as ações endossáveis e ao portador.

No art. 34, cuida-se, porém, de disciplinar mais um processo de circulação, que é o da chamada ação escritural.

Ao excluir a ação escritural do artigo que trata da forma das ações, talvez o legislador tenha agido intencionalmente, movido pela ideia de que ação escritural não é senão uma variante da ação nominativa, uma vez que em ambas a propriedade decorre de um registro.

Essa semelhança entre a ação nominativa e a escritural deve levar o intérprete a aplicar à ação escritural muitas das disposições da lei das sociedades anônimas que apenas se referem às ações nominativas.[4]

95 AÇÕES NOMINATIVAS

As ações nominativas são lançadas no livro de "Registro de Ações Nominativas" em nome de seu titular, e desse registro resulta a propriedade.

---

[4] Rubens Requião entende que as ações escriturais estão incluídas entre as ações nominativas (1980, p. 174); Lacerda Teixeira e Tavares Guerreiro acentuam que as ações escriturais são essencialmente nominativas (1979, p. 223); e Rubens Sant'Anna as considera uma modalidade de ação nominativa (1988, p. 88).

Estabelece a lei (art. 31) que a propriedade é presumida em função do registro, isso porque, tal como acontece com o registro de imóveis, se o título de que decorre o registro for nulo ou viciado, este também o será, podendo ser desconstituído.

Em nome do acionista poderá ser emitido um certificado, com efeitos apenas probatórios, pois os direitos de sócio decorrem do registro e não do certificado. Algumas sociedades fechadas nem mesmo emitem os certificados das ações nominativas, uma vez que estes nada acrescentam à condição de acionista.

A transferência da ação nominativa opera-se através de um termo que é lavrado no livro de "Transferência de Ações Nominativas", e assinado pelo alienante e pelo adquirente ou seus representantes, sendo de lembrar que, nas operações de bolsa, as sociedades corretoras e a caixa de liquidação da bolsa têm a representação legal do adquirente.

Com base nesse termo de transferência, promove a sociedade, no livro de "Registro de Ações Nominativas", a baixa das ações alienadas no nome do alienante, e o seu lançamento no nome do adquirente.

Quando a transferência decorrer de sucessão *causa mortis* ou de atos judiciais (arrematação, adjudicação etc.), o formal de partilha, o auto de arrematação ou qualquer outro documento competente será apresentado à sociedade, e nela arquivado, para efeito de lançamento no livro de "Registro de Ações Nominativas".

Todos os titulares de ações nominativas são conhecidos da sociedade, porquanto os seus nomes constam registrados no livro próprio.

Assim, para que esses acionistas exerçam direitos perante a sociedade, até mesmo o de voto, bastará a simples identificação.

Os dividendos poderão ser pagos através, inclusive, de crédito em conta-corrente bancária, ou de cheque nominativo remetido por via postal, pois, sendo os acionistas certos e determinados, o pagamento independerá de qualquer habilitação prévia, ou da apresentação de cautelas ou certificados (art. 205, § 1º).

As bonificações serão automaticamente lançadas, independentemente de qualquer manifestação do acionista, no livro de registro.

Assinale-se, por fim, que, mais recentemente, os livros corporativos vêm sendo substituídos por livros eletrônicos.

96 AÇÕES ENDOSSÁVEIS

As ações endossáveis não mais existem no direito brasileiro. O art. 32 da Lei nº 6.404/1976, que as disciplinava, foi expressamente revogado pela Lei nº 8.021/1990.

O Código Civil, ao tratar dos títulos de crédito, prevê genericamente os títulos ao portador e endossáveis (arts. 904 e 910), mas essas normas não se aplicam às ações, primeiro porque estas não são títulos de crédito (ver seção 86), e depois porque o próprio Código Civil (art. 903) exclui de suas disposições os títulos regidos por leis especiais, como é o caso das ações, que têm na Lei nº 6.404/76 (art. 20) a definição de seu regime de circulação.

97 AÇÕES AO PORTADOR

As ações ao portador também tiveram a sua regulamentação (art. 33) revogada pela Lei nº 8.021/1990.[5]

As ações ao portador eram representadas por certificados dos quais não constava qualquer referência ao nome do titular; esses certificados legitimavam o detentor a exercer os direitos de sócio.

Com a revogação promovida pela Lei nº 8.021/1990, as ações ao portador foram definitivamente excluídas do direito brasileiro. As antigas ações ao portador, que não foram convertidas em nominativas ou escriturais, e enquanto não o forem, permanecem impedidas de exercer qualquer direito perante a companhia.[6]

O Código Civil regula os títulos ao portador (arts. 904 e segs.), mas ressalva os títulos regidos por lei especial, como é o caso das ações, que continuam restritas às formas nominativa e escritural.

98 AÇÕES ESCRITURAIS

As ações escriturais foram introduzidas na legislação brasileira com a atual Lei das Sociedades Anônimas.

Trata-se de uma variante da ação nominativa, pois, como nessa, o registro é que confere a propriedade. Na ação nominativa, o registro é procedido nos livros da sociedade e na ação escritural esse mesmo registro tem lugar nos sistemas próprios da instituição financeira para tanto designada. A autorização para a prestação de serviços de ações escriturais e de outros valores mobiliários (§ 2º do art. 34 da Lei nº 6.404/1976) compete à Comissão de Valores Mobiliários.

A transferência da ação nominativa depende de um termo de transferência lavrado nos livros da sociedade, assinado pelo alienante e pelo adquirente (inclusive em suas versões eletrônicas). No caso de ação escritural e de outros valores mobiliários igualmente escriturais, basta uma ordem escrita do alienante (ou autorização

---

[5] As ações ao portador continuam existindo em alguns países, especialmente nos paraísos fiscais, ou em regiões com regimes especiais de tributação. A tendência atual é, no entanto, no sentido da progressiva eliminação ou redefinição dessa modalidade de ação. As SAFIs uruguaias, por exemplo, que existem desde 1948, e cujas ações poderiam revestir, na sua totalidade, a forma ao portador, entraram em processo de reformulação.

[6] O direito do acionista em relação à ação é direito de propriedade, a este aplicando-se, consequentemente, o princípio da perpetuidade. O acionista, mesmo sem exercer os seus direitos, continuará acionista, podendo assim, a qualquer tempo, converter a sua ação ao portador em ação nominativa ou escritural, e exercer os direitos a ela correspondentes, uma vez que o direito de propriedade é imprescritível, ressalvada a eventualidade da ocorrência de usucapião em benefício de terceiro. No que concerne ao direito ao dividendo, que é um direito de crédito, este irá sendo atingido pela prescrição, a cada três anos, nos termos da lei.

ou ordem judicial), que ficará arquivada na instituição financeira responsável pelo sistema de registro (art. 35, § 1º, da Lei nº 6.404/1976).

A característica da ação escritural é a ausência de certificado, pois que o titular dessas ações apenas recebe um extrato da chamada conta de depósito das ações. Ressalte-se, todavia, que esse extrato não difere em muito dos certificados das ações nominativas, tanto que estes também não apresentam a natureza de títulos de legitimação nem representam efetivamente as ações – são meros documentos probatórios.

Tanto nas ações nominativas como nas escriturais, os acionistas são conhecidos da sociedade, constando de registros próprios.

O art. 34 refere-se às ações escriturais como se a hipótese envolvesse uma conta de depósito junto à instituição financeira responsável pelo serviço, na qual as ações fossem depositadas.

Inexiste qualquer depósito, mesmo porque as ações escriturais, não tendo certificado, são incorpóreas e, por isso, insuscetíveis de depósito.

A instituição financeira não recebe, é bem de ver, ações em depósito, mas tão só administra o sistema do registro e transferência dessa forma de ação.

As perdas e os danos decorrentes de erro ou irregularidade no serviço de ações escriturais serão de responsabilidade da companhia, que poderá agir regressivamente contra a instituição financeira encarregada dos registros.

XXI
AÇÕES (C)

99. Circulação das ações; **100.** Conversibilidade; **101.** Livros sociais; **102.** Certificados das ações; **103.** Agente emissor de certificados; **104.** Custódia de ações fungíveis; **105.** Perda ou extravio do certificado.

99 CIRCULAÇÃO DAS AÇÕES

A regra, na sociedade anônima, é a da livre circulação das ações, podendo o acionista transferi-las a quem bem desejar.

Essa regra, na companhia aberta, é absoluta, sendo nula qualquer disposição estatutária que se proponha a limitar ou restringir as transferências de ações, ressalvados, naturalmente, os pequenos períodos de suspensão desses serviços, a que se reporta o art. 37. Na companhia fechada, permite a lei (art. 36) que o estatuto estabeleça limitações à circulação de ações nominativas, contanto que não impeça a negociação.[1] Hoje, como todas as ações são nominativas ou escriturais – e as escriturais não são senão uma variação das ações nominativas –, todas as ações da companhia fechada poderão sofrer limitações à circulação. São duas, por conseguinte, as condições para a imposição de limitações: (1ª) a companhia tem que ser fechada; (2ª) as limitações não devem impedir a negociação.

As ações escriturais, conforme já explicitado, por apresentarem a mesma natureza das nominativas (acionistas conhecidos da sociedade), também poderão sofrer limitações à sua circulação. Considere-se, no entanto, que as companhias fechadas – e só nessas a limitação é permitida – não teriam qualquer interesse em adotar a ação escritural, a qual somente se justifica em sociedade de capital

---

[1] A limitação à circulação de ações representa uma concessão da sociedade de capitais ao *intuitus personae*, que é próprio das sociedades de pessoas. Alberto Musso analisou detidamente a questão: "In ogni caso, l'ammissibilità delle clausola di gradimento e delle clausola di prelazione, anche nella società per azioni, consentono di configurare una tipologia societaria siffata avente connotazioni di *intuitus personae*, che si discosta validamente dal carattere eminentemente capitalistico previsto dal modello legale, a prescindere dalle variegate tesi sui limiti e sull'efficacia dei patti in questione, sopra ricordate" (1996, p. 14).

pulverizado (grande número de acionistas). É que o sistema de ações escriturais envolve o custo dos serviços da instituição financeira contratada para administrá--lo, representando um elevado dispêndio.

As limitações à circulação de ações, para que sejam válidas, observarão minucioso disciplinamento estatutário, de modo a deixar sempre aberta ao acionista a possibilidade de alienar sua participação acionária. Uma das limitações mais comuns, na prática societária, é a que faz depender a alienação do prévio oferecimento da preferência, preço por preço, aos demais acionistas. Não exercida a preferência no prazo fixado, qualquer terceiro poderá adquirir as ações.

A cláusula estatutária que fizesse depender a transmissão das ações da aprovação dos demais acionistas seria ilegal, tanto que conflitaria com o art. 36, na parte em que proíbe a sujeição do acionista "ao arbítrio dos órgãos de administração da companhia ou da maioria acionária".

A limitação à circulação de ações pode constar do estatuto original ou ser introduzida através de alteração estatutária; nesse caso, as restrições alcançarão apenas as ações cujos acionistas as aceitarem, mediante pedido de averbação no livro de registro (art. 36, parágrafo único).

A ação, como unidade do capital, não pode ser fracionada, salvo no caso de desdobramento (*split*)[2] deliberado, de forma genérica, pela própria sociedade (art. 12).

---

[2] O desdobramento (*split*) e o grupamento de ações representam procedimentos de natureza técnica destinados a dar razoabilidade ao valor das ações quando este se torna demasiadamente elevado ou extremamente diminuto. Um valor muito elevado pode, em certas circunstâncias, até mesmo dificultar a negociação das ações. Nesses casos, a assembleia geral poderá deliberar o desdobramento, ou seja, a subdivisão de cada ação em duas ou mais ações. Com isso, o acionista multiplica o seu número de ações, recebendo, para cada ação possuída, duas ou mais ações, segundo o que for deliberado. A rigor, o desdobramento não traz nenhuma riqueza nova para o acionista, pois o patrimônio social é o mesmo e o capital social não se modifica. A fração representada pela ação é que se refaz, tornando-se menor, e, por conseguinte, em maior número. Passa-se a ter um maior volume de unidades, e cada unidade (ação) naturalmente reflui para um valor menor.

O grupamento de ações corresponde à operação inversa. As ações representariam um valor unitário irrisório, sendo por isso necessário agrupá-las, juntando duas ou mais ações em uma só. Essa operação, no comum dos casos, decorria da extrema desvalorização da moeda e da consequente perda de zeros, que era comum no passado, determinando, em certas situações, que a ação se retraísse para um valor nominal ou um valor de referência de frações de centavo. Nesses casos, era preciso grupar ações, transformando, conforme a hipótese, dez ações em uma, cem ações em uma, mil ações em uma. A assembleia geral, ao tomar esse tipo de decisão, terá que disciplinar a situação resultante das frações de ações. Ou seja, alguns acionistas, se cada ação nova corresponder, por exemplo, a dez ações antigas, poderão não ter número suficiente de ações para compor uma única ação, ou, mesmo compondo algumas, poderão ter um saldo de ações que representarão frações de uma ação nova. O que fazer com essas frações? Costuma-se abrir um prazo para que os acionistas, comprando ou vendendo ações, componham as suas frações. Findo esse prazo, e uma vez

Dessarte, se forem vários os seus proprietários, haverá entre estes um condomínio indivisível, cumprindo indicar à sociedade um representante comum, sem o que os direitos de sócio não poderão ser exercidos. Como as ações costumam apresentar um valor unitário relativamente pequeno, a indivisibilidade não prejudica a circulação.

Na companhia aberta (art. 29), a transmissão das ações depende de uma realização mínima de 30% do preço de emissão, enquanto nas fechadas a negociação poderá ocorrer desde logo, quando a ação contará, eventualmente, apenas com a realização mínima exigida na subscrição, que é de 10%.

Convém lembrar que o alienante de ações não integralizadas, durante dois anos contados da transmissão, responde solidariamente com o adquirente pela correspondente integralização (art. 108). Se assim não fosse, tornar-se-ia muito fácil fugir ao dever de integralização. Bastaria alienar as ações para um aventureiro qualquer, de preferência sem patrimônio.

Se várias transferências ocorrerem na fase precedente à integralização, todos os sucessivos titulares responderão solidariamente pelo que faltar para preencher o preço de emissão da ação.

100 CONVERSIBILIDADE

Ocorre conversão quando a ação passa de uma espécie ou classe a outra, ou ainda quando muda de forma.

A conversão poderá decorrer da vontade do acionista ou de manifestação da própria sociedade; em ambos os casos, a conversão dependerá de norma estatutária que a preveja.

Essas normas estatutárias regularão o processo e as condições de conversão, inclusive a questão da iniciativa, definindo se cabe à sociedade ou ao acionista.

Segundo o disposto no art. 19, o estatuto da companhia com ações preferenciais poderá prever a conversão:

a) de ações de uma classe em ações de outra classe;

---

operado o grupamento, a companhia compra as frações dos acionistas que não conseguiram se compor, indenizando-as em dinheiro. O grupamento não deverá ser adotado jamais de má-fé, isto é, com o intuito de eliminar acionistas que possam influir no controle e que não atinjam o número de ações necessário à continuidade na companhia. O grupamento terá que encontrar justificativas no pequeno valor das ações agrupadas, e o novo valor adotado para a ação não poderá discrepar dos níveis de razoabilidade. Sempre que alguma manobra abusiva estiver embutida na decisão de grupar ações, poderão os acionistas prejudicados pleitear judicialmente a anulação do grupamento. Observe-se, entretanto, que o grupamento que elimina ações de valor inexpressivo, e que não têm qualquer relevância para o controle ou para o gozo de quaisquer prerrogativas legais ou estatutárias, representa uma medida legítima e inatacável, desde que fundada no já referido critério de razoabilidade.

b) de ações preferenciais em ações ordinárias; e

c) de ações ordinárias em preferenciais.

A diversidade de classes das ações ordinárias (art. 16) poderá fundar-se exatamente na conversibilidade dessas ações em ações preferenciais.

Na alteração do estatuto social para introduzir normas sobre conversão de espécie ou classe (vantagens das ações), as proporções e as preferências estarão sendo potencialmente modificadas, do que resultará a incidência das normas sobre *quorum* qualificado e recesso, constantes respectivamente dos arts. 136 e 137.

A conversão por iniciativa da sociedade, se não abranger todas as ações nas mesmas condições, ficará sujeita a sorteio, a fim de evitar favorecimento ou discriminação.

A conversão de forma de circulação (nominativa ou escritural), considerando que, nesse caso, os direitos do acionista não serão modificados, dependerá de *quorum* ordinário.

101 LIVROS SOCIAIS

A sociedade anônima encontra-se obrigada, como os comerciantes em geral, a dispor de livros comerciais e fiscais, nos quais são feitos os lançamentos de suas operações.

A par desses, existem os chamados livros sociais, que são específicos da sociedade anônima, pelo que muitos preferem denominá-los livros corporativos. A Lei nº 6.404/1976 enumera-os no art. 100.

Os livros sociais podem ser agrupados em duas categorias: livros de atas e livros de registro e transferência de títulos.

Os livros de atas são os seguintes: livro de "Atas das Assembleias Gerais", livro de "Presença dos Acionistas" (este não é propriamente de ata, mas representa em relação a esta uma função auxiliar, já que se destina a documentar o comparecimento do acionista à assembleia geral), livro de "Atas de Reuniões do Conselho de Administração", livro de "Atas de Reuniões da Diretoria" e livro de "Atas e Pareceres do Conselho Fiscal".

Os livros de registro e transferência de títulos são os seguintes: livro de "Registro de Ações Nominativas", livro de "Transferência de Ações Nominativas", livro de "Registro de Partes Beneficiárias Nominativas", livro de "Transferência de Partes Beneficiárias Nominativas", livro de "Registro de Debêntures Nominativas" e livro de "Transferência de Debêntures Nominativas (ver seção 118).

Verifica-se que, enquanto os livros de atas são comuns a todas as companhias, os livros de registro e transferência de títulos têm a sua exigibilidade condicionada à emissão pela sociedade dos títulos a cujos registros eles se destinam. Exemplificando: enquanto uma dada sociedade não emitir partes beneficiárias nominativas, não precisará dispor do livro de "Registro de Partes Beneficiárias Nominativas".

Os livros de atas, não obstante imprescindíveis em qualquer sociedade, comportam exceção quanto ao livro de "Atas de Reuniões do Conselho de Administração", o qual somente se afigura necessário na hipótese de adoção desse órgão.

Tratam os livros de atas de assuntos internos da companhia, não podendo ser exibidos senão nos casos previstos em lei. Algumas atas, todavia, devem ser publicadas.

Os livros de registro e transferência de títulos de emissão da sociedade têm caráter completamente distinto, correspondendo a uma espécie de registro público, pelo que deveriam permanecer inteiramente abertos a qualquer pessoa que, de seus assentamentos, pedisse certidão, tal como acontece, por exemplo, com o registro de imóveis.

A Lei nº 9.457/1997, através da redação conferida ao § 1º do art. 100, condicionou, porém, o fornecimento de certidões a determinadas finalidades para as quais se destinariam, que seriam "a defesa de direitos e esclarecimento de situações de interesse pessoal ou dos acionistas ou do mercado de valores mobiliários".

Essa mudança adveio das reações existentes no mercado contra pessoas que requeriam a lista dos acionistas da sociedade para fins às vezes sabidamente estranhos ao conhecimento da titularidade acionária, características das ações e eventuais ônus existentes, que seriam a razão teórico-institucional desse direito de certidão. Algumas pessoas requeriam a relação de acionistas a fim de compor, por exemplo, uma mala direta.

Com a atual redação, transformou-se um direito que deveria ser amplo e irrestrito em um direito condicionado, cujo mérito é submetido à administração da companhia, tanto que se prevê a possibilidade de "indeferimento" e de "recurso", nessa hipótese, à Comissão de Valores Mobiliários.

Deve-se ressalvar, embora a lei não o tenha explicitado, que o recurso à CVM, por razões óbvias, encontra-se circunscrito aos casos de companhias abertas.

Essas restrições apresentam o risco de retardar informações que, em certas circunstâncias, poderão ser fundamentais para o fechamento de negócios ou o equacionamento de direitos. Eventuais danos ao acionista ou a terceiro interessado decorrentes de denegação ou retardamento injustificados de certidão afiguram-se potencialmente capazes de suscitar pretensões indenizatórias contra a sociedade e os administradores responsáveis.

As dúvidas suscitadas a respeito dos lançamentos, averbações ou registros serão dirimidas pelo juiz da vara de registros públicos ou por aquele que tenha funções equivalentes (art. 103, parágrafo único, da Lei nº 6.404/1976).

Os livros sociais, que poderão ser digitais, acham-se sujeitos às mesmas formalidades intrínsecas e extrínsecas que são aplicáveis aos livros comerciais em geral, impondo-se inclusive a legalização de cada livro perante a Junta Comercial.

Permite-se, ainda, que, nas companhias abertas, observadas as normas baixadas pela CVM, sejam os livros de registro e transferência de títulos, assim como os livros de atas de assembleias gerais e de presença de acionistas, substituídos por processos mecanizados ou eletrônicos.

Todos os registros e averbações são procedidos sob a responsabilidade da companhia, cumprindo-lhe apurar, em cada caso, a regularidade dos atos a serem lançados nos livros sociais, sob pena de vir a responder por perdas e danos.

A exibição integral dos livros sociais somente será judicialmente ordenada quando solicitada (art. 105) por acionistas que representem 5%, no mínimo, do capital e desde que sejam apontados atos ilícitos ou indícios de graves irregularidades.[3] Para tanto, não é preciso provar, mas apenas indicar os atos ilícitos ou os indícios de grave irregularidade.

Como meio de prova no curso de uma demanda, os livros poderão ser periciados por determinação judicial, limitando-se o exame aos lançamentos relativos à matéria objeto da demanda, ressalvadas as certidões dos livros de registro e transferência de títulos, que serão concedidas a qualquer pessoa que as requeira, uma vez observadas as exigências legais.

Havendo agente emissor de certificados, os livros de registro e transferência ficarão sob sua guarda, podendo, no entanto, ser substituídos pela escrituração do próprio agente, que manterá registros adequados, segundo sistema aprovado pela CVM.

102 CERTIFICADOS DAS AÇÕES

Os certificados das ações são os títulos emitidos pela sociedade para atestar (ações nominativas) a titularidade acionária.

Poderá o certificado corresponder a uma única ação (título unitário) ou a várias ações (título múltiplo).

Tratando-se de ações integralizadas com bens ou créditos, a emissão dos certificados dependerá ainda da efetiva transmissão dos bens, no primeiro caso, e da realização do crédito, no segundo.

O desdobramento ou grupamento de certificados não se confunde com o desdobramento ou grupamento de ações (ver seção 99, nota 2), porquanto o certificado apenas documenta a titularidade das ações, e, como corresponde a uma ou mais ações, poderá ser sempre rearrumado, de forma diferente, sem qualquer repercussão de natureza substancial. O desdobramento ou grupamento de ações atinge, todavia,

---

[3] A CVM, valendo-se da delegação que lhe foi outorgada pelo art. 291 da Lei nº 6.404/1976, emitiu a Resolução nº 70, de 22 de março de 2022, por meio da qual, no que tange às companhias abertas, foi reduzindo, gradativamente, esse percentual de 5%, segundo a expressão (faixas) do capital social, para 4%, 3%, 2%, até fixá-lo em 1% para companhias com capital superior a R$ 10 bilhões de reais.

a unidade do capital, que é a ação, e significa necessariamente uma mudança de natureza substancial, posto que ou quebra a unidade, para dividi-la, ou funde essa unidade com outra ou outras, de modo a obter-se uma unidade maior. Quando se mexe no certificado, a medida é puramente administrativa.

Os cupons destacáveis a que se refere o art. 26, e que podiam ser anexados aos certificados, apenas diziam respeito às ações ao portador, estando atualmente, em face da revogação dessa modalidade acionária, inteiramente afastados.

Hoje, entretanto, com o fim das ações ao portador e endossáveis, essa matéria ganhou conotações distintas, perdendo relevância. As ações nominativas, cujos certificados são meros documentos probatórios, e como tais insuscetíveis de transferirem a propriedade, não se prestam às irregularidades que as ações ao portador, cujos certificados eram representativos das ações, costumavam propiciar. Assim, afigura-se muito mais simples e mais barato, nas companhias fechadas, emitir, em nome do acionista, uma simples certidão dos livros de registro. Nas companhias abertas, os certificados deveriam ser formalmente emitidos, mas nestas o que tem prevalecido é a forma da ação escritural, que dispensa certificados. A instituição financeira responsável pelo sistema escritural apenas emite um extrato da chamada "conta de depósito".

103   AGENTE EMISSOR DE CERTIFICADOS

Embora a lei não faça distinções, o agente emissor de certificados (art. 43) destinava-se basicamente às grandes companhias abertas, as quais, com efeito, preferem as ações escriturais, que não têm certificados.

Assim, cumpre considerar que o certificado de depósito de ações somente se afigurava viável na medida e na extensão em que existiam ações ao portador e endossáveis, que eram as que estavam antes referidas como capazes de serem representadas por um certificado. Revogadas que foram essas formas de ações, igualmente revogado resultou o título representativo do depósito dessas ações.

Somente as ações ao portador e endossáveis são suscetíveis de depósito, posto que se corporificam nos títulos que as representam.

As ações nominativas e escriturais não têm materialidade e, consequentemente, como bens incorpóreos que são, não se compatibilizam com a figura do depósito. A sua propriedade não resulta de um título ou certificado, mas sim dos lançamentos efetivados nos livros de registro de ações ou nos sistemas de registro da instituição financeira para tanto contratada. Ainda que se cogitasse de um depósito virtual, nada seria acrescentado pelo referido certificado, posto que este (documento meramente probatório) apenas atestaria o que já estaria atestado pelo certificado ou extrato das ações.

104   CUSTÓDIA DE AÇÕES FUNGÍVEIS

A custódia de valores mobiliários em geral encontra-se definida, pelo parágrafo único do art. 24 da Lei nº 6.385/1976, como "o **depósito** para guarda, recebimento de dividendos e bonificações, resgate, amortização ou reembolso, e exercício de direito de subscrição, sem que o depositário tenha poderes, salvo autorização expressa do depositante em cada caso, para alienar os valores mobiliários depositados ou reaplicar as importâncias recebidas".

A custódia, portanto, compreende a guarda e a administração do título, sendo o depósito um meio de assegurar a guarda e, ao mesmo tempo, de viabilizar a administração.

Hoje, todavia, com a desmaterialização das ações (as ações nominativas e escriturais – as únicas formas existentes – são imateriais), a expressão *depósito das ações* passa a assumir um caráter simbólico, como tal destinado a instrumentalizar a administração das ações ditas custodiadas.[4]

Tratando-se de custódia de ações fungíveis, deve-se atentar para conceito de fungibilidade constante do Código Civil (art. 85): "São fungíveis os móveis que podem substituir-se por outros da mesma espécie, qualidade e quantidade."

A custódia de ações fungíveis significa, por conseguinte, que a instituição depositária[5] das ações não estará obrigada a devolver ao depositante as mesmas ações que recebeu, cumprindo-lhe simplesmente restituir quaisquer outras que sejam da mesma espécie, classe e companhia. Entretanto, depois de extintas as formas ao portador e endossável, todas as ações de uma mesma classe passaram à condição de bens fungíveis por natureza, posto que não se distinguem entre si. Serão sempre fungíveis. Até mesmo o número de ordem das ações, que era de fundamental importância na época em que existiam ações ao portador e endossáveis, não guarda hoje qualquer significado, tanto que poderá ser dispensado (art. 27, § 3º, da Lei nº 6.404/76).

A chamada "entrega das ações" ao depositário, para fins de custódia, considerando que a propriedade e posse das ações decorrem de um registro, somente se poderá processar através da transferência fiduciária das ações conforme referido no próprio art. 41.

A restituição compreenderá, naturalmente, a quantidade de ações originariamente custodiadas, acrescidas das bonificações distribuídas e das ações subscritas, estas, evidentemente, dependentes da colocação pelo depositante, à disposição do depositário, dos recursos necessários ao pagamento do respectivo preço de emissão.

Cabe acrescentar, no entanto, que o contrato de custódia equivale, atualmente, a um contrato de administração de valores mobiliários, sendo que a diferença entre

---

[4] "Não há, rigorosamente falando, nenhum contrato de depósito, mas de prestação de serviços, em que a instituição financeira se obriga a administrar os certificados das ações de emissão da companhia contratante" (Fábio U. Coelho, 2021, p. 254).

[5] A expressão *instituição depositária* corresponde, meramente, a uma nomenclatura, pois, sendo a ação desmaterializada, não ocorreria, evidentemente, um depósito, mas sim uma outorga de poderes para administrar uma carteira de ações.

a custódia comum e a custódia com transferência fiduciária das ações residiria na condição da instituição responsável pela custódia, que, no primeiro caso, corresponderia à de um mandatário, e, no segundo, à de um titular fiduciário que, assim, exerceria a administração em nome próprio. A custódia com transferência fiduciária das ações apenas faria sentido no caso em que se pretendesse que o chamado "depositário" funcionasse como um *escrow*,[6] mantendo as ações em seu poder, para segurança de terceiro, até que um determinado fato ou uma dada situação viesse a se definir. Nesse caso, a transferência fiduciária das ações assumiria um sentido instrumental, destinado a proporcionar uma garantia ou a viabilizar um evento futuro.

Para fins circunscritos à pura e simples administração, a transferência fiduciária das ações constitui uma inutilidade, posto que a outorga de um mandato alcança, de forma muito mais direta, o mesmo objetivo.

Os demais valores mobiliários também poderão ser objeto de custódia fungível (art. 41, § 2º, da Lei nº 6.404/76).

105 PERDA OU EXTRAVIO DO CERTIFICADO

A perda ou extravio do certificado de uma ação nominativa soluciona-se através da emissão de uma segunda via, pois, tratando-se de documento meramente probatório, nenhum valor intrínseco lhe é reconhecido.

As ações ao portador e endossáveis, quando existiam, estavam sujeitas a um tratamento inteiramente diverso, porquanto funcionavam como valores em si, delas decorrendo a qualidade de sócio. Sendo bens móveis, nos quais se incorporava a condição de acionista, a perda ou extravio do certificado arrastava consigo a própria titularidade acionária.

Para contornar e evitar o dano que daí resultaria para o acionista, estabelecera o legislador (art. 38 da Lei nº 6.404/1976) que o titular do certificado perdido ou extraviado poderia ajuizar uma ação de anulação e substituição dos certificados, na qual teria que provar a propriedade e a perda dos títulos. A ação de recuperação ou substituição de título ao portador, com o CPC de 2015, passou a revestir o rito ordinário, observando-se, porém, a exigência especial (art. 259, II, do CPC) de que sejam publicados editais para conhecimento dos interessados incertos e desconhecidos.

Essas observações sobre ações endossáveis e ao portador extraviadas apenas se aplicariam a antigos certificados de ações ainda não convertidas em nominativas ou escriturais.

---

[6] Quando há um *escrow agreement*, o depositário, em virtude da custódia funcional que se estabelece, torna-se responsável pelo bem custodiado, e responde pelo encargo de, no momento adequado, transferir o bem àquele que, nos termos do acordo, e segundo os fatos ocorridos, tenha o direito de recebê-lo.

XXII
AÇÕES (D)

106. Negociação com as próprias ações; **107.** Direitos reais e outros ônus sobre ações; **108.** Resgate, amortização e reembolso de ações; **108.1.** Amortização e resgate; **108.2.** Reembolso.

106 NEGOCIAÇÃO COM AS PRÓPRIAS AÇÕES

O legislador, após proibir que a sociedade negocie com as próprias ações (art. 30), enumera, nos parágrafos do artigo, as exceções à proibição e as condições para a negociação.

Quase todas as hipóteses de negociação permitida, e que seriam as operações de resgate, reembolso, amortização e compra para redução do capital, a serem estudadas posteriormente, conduzem à extinção das ações ou a certas mudanças na relação, mas nunca à integração dessas ações no patrimônio da própria sociedade.

A aquisição para permanência em tesouraria, esta sim, configura uma efetiva negociação de ações pela própria sociedade. As ações adquiridas passam a integrar o ativo da companhia, tornando-se esta acionista de si própria.

Embora se afigure estranho, o que na verdade acontece é uma autoparticipação. A sociedade compra ações de seu capital, investindo nos seus próprios títulos.

Para que essa aquisição se efetive, algumas condições legais devem ser atendidas: (1ª) a sociedade não poderá despender na compra senão o saldo de lucros ou reservas, exceto a legal, vale dizer, reservas livres e lucros acumulados; (2ª) o capital social deverá permanecer o mesmo.

A exigência de reservas ou lucros destina-se à preservação do capital social, pois, se assim não fosse, a compra das próprias ações redundaria na anulação do ativo correspondente. Ao comprar as ações de seu capital, adquire a sociedade bens que, no caso de liquidação, terão valor zero. Por isso, impõe o legislador que essa aquisição se limite às forças das reservas e lucros, de modo a não comprometer o capital, mas apenas a parcela do patrimônio líquido que o excede (ver seção 22).

Determinou o legislador (art. 182, § 5º) que no passivo, na conta correspondente à reserva aplicada na aquisição, fosse o seu valor destacado como dedução.

Observa-se, então, que o montante aplicado na compra das ações é deduzido da reserva correspondente, somente podendo a ela retornar no caso de alienação, e de acordo com o montante obtido na venda, que será suficiente ou não para repor aquele valor.

Esse entendimento apoia-se na circunstância de, na hipótese de liquidação da companhia, terem essas ações valor zero, embora, durante a fase ativa da sociedade, possam apresentar um expressivo valor de revenda. Por cautela, determinou o legislador que o montante aplicado na aquisição dessas ações pela própria sociedade tivesse um efeito redutor sobre a reserva de onde saíram os recursos nelas investidos.

Consumada a compra das próprias ações, cumprirá à sociedade permanecer indefinidamente com elas, ou recolocá-las em circulação, alienando-as a terceiros. A alienação poderá, conforme o preço da operação, trazer resultado positivo, que será contabilizado, como retorno, na reserva correspondente, ou trazer resultado negativo, que será debitado definitivamente à respectiva conta de reserva.

Outra alternativa prevista em lei é o cancelamento das ações de tesouraria, com as seguintes consequências: (a) débito definitivo na reserva correspondente; (b) aumento do valor nominal das demais ações, se estas o tiverem (menor número de ações para o mesmo capital).

A doação de ações (de seu próprio capital) à sociedade seria outra forma de aquisição das próprias ações pela sociedade.

Explicitou o legislador que as ações de propriedade da sociedade não votam nas assembleias gerais nem fazem jus a dividendos; ao assim proceder, reproduziu o disposto na lei de mercado de capitais, sob a inspiração da orientação doutrinária já consagrada em relação à sociedade limitada, a primeira em que se admitiu a autoparticipação (ver seção 52).

As restrições relativas a voto e dividendo (art. 30, § 4°) perduram apenas enquanto as ações se mantiverem na propriedade da sociedade; alienadas a terceiros, automaticamente recuperarão os direitos de que estavam privadas.

Tratando-se de companhia aberta, a aquisição das próprias ações deverá observar, sob pena de nulidade, as normas baixadas pela Comissão de Valores Mobiliários (art. 30, § 2°, da Lei n° 6.404/1976). Para tanto, baixou a CVM a Resolução n° 77, de 29/03/22, que substitui instruções anteriores sobre o mesmo tema.

107 DIREITOS REAIS E OUTROS ÔNUS SOBRE AÇÕES

As ações prestam-se a figurar como objeto de direitos reais e dos demais ônus aplicáveis aos bens móveis.

PENHOR – a forma mais comum de onerar os bens móveis é a constituição de um penhor, também denominado caução, que é vocábulo sinônimo, embora de emprego mais corrente sempre que o ônus recaia sobre títulos.

Sendo a caução um direito real de garantia, a sua finalidade é a vinculação de determinados bens ao cumprimento da obrigação garantida.

Em um contrato de mútuo, por exemplo, o mutuário poderá constituir, em favor do mutuante, um penhor ou caução de ações. Assim fazendo, as ações apenhadas passam a garantir, através de vínculo real, o pagamento da importância mutuada. Se o devedor não cumpre, no vencimento, a obrigação pactuada, as ações poderão ser vendidas judicialmente[1], ou até particularmente, se o contrato o autorizar, para, com o produto da venda, satisfazer-se o crédito do mutuante. O saldo eventualmente apurado será entregue ao mutuário.

A caução de ações deve ser celebrada por escrito, mediante instrumento público ou particular, no qual as obrigações garantidas sejam devidamente descritas, inclusive no que tange a valor, encargos e prazo de amortização. Igualmente caracterizadas deverão estar as ações oneradas, com a indicação de quantidade, espécie, classe, forma e companhia emissora.

O instrumento de caução destina-se à perfeita configuração das obrigações garantidas e dos bens onerados, mas não constitui efetivamente a caução, uma vez que se impõe, para tanto, a observância das formas próprias, previstas na lei das sociedades anônimas (art. 39), e que são as seguintes:

a) no caso de ações nominativas, a *averbação* do instrumento de caução no livro de "Registro de Ações Nominativas";

b) no caso de ações escriturais, a *averbação* do instrumento de caução nos livros da instituição financeira responsável pelo sistema de registro.

A eficácia da garantia funda-se sempre em uma averbação que ora se faz nos livros da sociedade (nominativas), ora em livros de instituição financeira (escriturais).

A constituição de uma caução de ações não retira ao caucionante a sua condição de acionista. Dentro dessa linha de raciocínio, determinou o art. 113 que o acionista cujas ações forem apenhadas não perde o direito de voto, ressalvadas as limitações que forem fixadas no instrumento de penhor. Semelhante tratamento deve ser conferido à questão dos dividendos, como também a qualquer outro direito fundado na qualidade de sócio.

As ações nominativas e escriturais – únicas formas atualmente existentes –, como têm a titularidade apoiada em registros constantes dos livros a tanto destinados, não oferecerão qualquer dificuldade material ao exercício do direito de voto e ao dividendo pelo acionista.

---

[1] De acordo com o CPC (art. 876, § 7º), no caso de penhora de ações de companhia fechada, a sociedade será intimada da praça, a fim de que esta comunique o fato aos seus acionistas, com vistas ao eventual exercício do direito de preferência.

Convém lembrar que as bonificações, por terem a natureza de acessão e não de rendimento, integram a caução.[2]

OUTROS ÔNUS – todos os direitos e ônus sobre ações, tais como o usufruto, o fideicomisso, a alienação fiduciária em garantia, a promessa de venda, o direito de preferência, sujeitam-se, segundo a forma das ações, a averbação nos livros adequados, de sorte a ganharem eficácia *erga omnes*.

USUFRUTO – durante a vigência do usufruto, todos os rendimentos produzidos pelas ações pertencerão ao usufrutuário, encontrando-se nessa situação os dividendos e demais frutos. As bonificações, representando mera expansão dos bens originais (acessão), não correspondem a frutos, pelo que ingressam na titularidade do acionista, não obstante ampliem a base de cálculo dos dividendos do usufrutuário (art. 169, § 2º). O direito de preferência pertence ao acionista, mas se este não o exercer até dez dias antes do término do prazo para a subscrição, transfere-se ao usufrutuário (art. 171, § 5º). O direito de voto, se não estiver regulado no instrumento de constituição do usufruto, somente poderá ser exercido se houver prévio acordo entre o proprietário e o usufrutuário (art. 114). Na ausência de acordo, as ações gravadas de usufruto ficarão impossibilitadas de votar.

FIDEICOMISSO – no fideicomisso, o acionista é o fiduciário, cabendo ao fideicomissário uma expectativa de sucessão por morte do fiduciário, transcurso de prazo ou implemento de condição. Enquanto não ocorrida a substituição, o fiduciário exercerá o voto, receberá dividendos, que serão seus definitivamente, e auferirá bonificações, que se integrarão no lote de ações para futura transferência ao fideicomissário. O direito de preferência para a subscrição de ações poderá ser exercido pelo fiduciário, que, assim procedendo, pagará o preço de emissão e receberá ações que se integrarão, livres de quaisquer ônus, em seu patrimônio. Não subscritas as ações até dez dias antes do término do prazo estipulado, poderá o fideicomissário subscrevê-las para si (art. 171, § 5º).

Tal como no usufruto, os dez dias finais do prazo de subscrição competem ao fideicomissário.

ALIENAÇÃO FIDUCIÁRIA EM GARANTIA – na alienação fiduciária, as ações têm a propriedade resolúvel transferida ao credor, única e exclusivamente para o efeito de garantia de determinadas obrigações. O alienante mantém-se, porém, no exercício dos direitos de fruição que da ação decorrem, ressalvado, naturalmente, o vínculo real que subordina essas ações ao cumprimento das obrigações garantidas. O legislador (art. 113, parágrafo único) explicitou, nessa linha de entendimento, que o credor fiduciário não teria direito de voto; concedeu, contudo, que o devedor somente poderia exercê-lo de acordo com o contrato. A percepção de dividendos

---

[2] Nelson Eizirik comunga desse entendimento ao afirmar que: "O penhor, salvo estipulação em contrário, estende-se às ações bonificadas" (2015, p. 280).

e a preferência para a subscrição permanecem, da mesma forma, com o devedor[3], mas as bonificações, que têm natureza de acessões, apenas expandem o volume das ações alienadas.

PROMESSA DE VENDA DE AÇÕES – a promessa de venda de ações, desde que averbada, é oponível a terceiros, tendo assim efeitos reais (art. 40, parágrafo único). Isto significa que, pago o preço ajustado, o promitente-comprador, na hipótese de recusa do promitente-vendedor em efetivar a venda, poderá obter, judicialmente, a adjudicação compulsória das ações. A sentença de adjudicação será título bastante para operar a transferência das ações nos livros da sociedade ou nos registros da instituição financeira encarregada, no caso de ações escriturais.

DIREITO DE PREFERÊNCIA – conferindo o acionista direito de preferência a determinada pessoa para a aquisição de suas ações e averbando esse compromisso, daí decorrerão também efeitos reais. Consequentemente, a venda das ações a terceiros, sem a prévia oferta da preferência ao beneficiário do compromisso, dá a este o direito de depositar em juízo o preço das ações, obtendo-as para si.

108 RESGATE, AMORTIZAÇÃO E REEMBOLSO DE AÇÕES

O resgate, a amortização e o reembolso de ações (arts. 44 e 45) são operações em virtude das quais a sociedade paga ao acionista o valor de suas ações.

O resgate e a amortização, que subentendem a existência de lucros ou reservas livres, decorrem de autorização estatutária ou de assembleia geral, enquanto o reembolso é uma prerrogativa do acionista, a ser exercida nas hipóteses em que a lei lhe assegura o direito de recesso.

108.1 Amortização e resgate

O resgate, como o próprio nome o indica, representa a recuperação da ação pela sociedade, que a retira definitivamente da circulação – a ação se extingue, consequenciando a redução do capital ou, mantido o mesmo capital, a elevação do valor nominal das ações, se estas o tiverem. O preço do resgate deve corresponder ao valor real da ação (valor patrimonial ou de mercado). Com a Lei nº 10.303/2001, que acrescentou um § 6º ao art. 44 da Lei nº 6.404/1976, o resgate passou a depender, salvo disposição estatutária em contrário, de manifestação favorável de acionistas que representem pelo menos metade da classe atingida pelo resgate.

A amortização corresponde ao pagamento parcial ou total do valor da ação (valor nominal ou de referência), como antecipação daquilo que o acionista receberia na liquidação da sociedade. Se o pagamento for total, correspondendo ao valor nominal ou à fração do capital que a ação representa, poderá a companhia substituir

---

[3]   Ver Nelson Eizirik (2015, p. 287).

a ação amortizada por uma ação de fruição (ver seção 93). Quando da liquidação da sociedade, substituída ou não por uma ação de fruição, a ação amortizada sofrerá, no rateio final, o desconto do que já recebeu por antecipação.

Não abrangendo todas as ações de uma mesma classe, o resgate e a amortização se farão mediante sorteio.

108.2 Reembolso

O reembolso representa um direito do acionista dissidente de certas deliberações da assembleia geral, cumprindo à sociedade promovê-lo à conta de lucros ou reservas ou, inexistindo estas, do próprio capital. No primeiro caso, as ações reembolsadas poderão permanecer em tesouraria, equiparando-se o reembolso a uma aquisição; no segundo, terão que ser alienadas no prazo de 120 dias, contados da publicação da ata da assembleia que suscitou o recesso, findos os quais, sem a alienação, o capital estará automaticamente reduzido em montante correspondente ao valor nominal das ações, ou, inexistindo este, em cifra equivalente à fração do capital representada pelas ditas ações.

O montante a ser pago ao acionista, quando do reembolso, será o que for apurado segundo os critérios estabelecidos no estatuto, não podendo esse montante ser inferior ao valor patrimonial das ações, segundo o último balanço aprovado pela assembleia geral.

A redação atribuída ao § 1º do art. 45 pela Lei nº 9.457/1997 permite, todavia, que esse montante seja inferior ao valor patrimonial, desde que não seja inferior ao valor econômico da companhia.

Ora, o que é o valor econômico da companhia senão o resultante de sua avaliação a preço de mercado? Nesse processo, cada item do patrimônio terá que ser computado com base em sua cotação, quando existir, ou de acordo com o possível valor de venda ou reposição. Os próprios intangíveis, inclusive eventual fundo de comércio, deverão ser também objeto de especial consideração.

A ideia, por alguns sustentada, de que o valor econômico deveria se fundar no "fluxo de caixa descontado" não se afigura procedente, porquanto deslocaria o problema exatamente para o terreno pantanoso que o legislador quis evitar. O estatuto pode estabelecer normas para a determinação do valor de reembolso (art. 45, § 1º), desde que não conduzam a valor inferior ao patrimonial ou, segundo o que for apurado por avaliadores especialmente designados, ao valor econômico da companhia.

Esse valor econômico funda-se em norma de proteção aos acionistas minoritários, pelo que não poderá ficar ao sabor de critérios optativos ou preferenciais, sob pena de implantar-se o arbítrio.[4]

---

[4] Nesse passo, Paulo Afonso Amaral sustenta posição diversa, ao afirmar: "O valor econômico de uma companhia não é um conceito unívoco, há mais de uma técnica ou método para

Para efeito de reembolso, o que se perquire é o valor do ativo líquido existente, seja pelo critério contábil (valor patrimonial), seja pelo critério econômico (valor de mercado desse ativo).

Aliás, o legislador cortou qualquer dúvida nessa matéria ao determinar (art. 45, § 3º) que os "peritos ou empresa especializada" satisfizessem, em seu laudo de avaliação, os "requisitos do § 1º do art. 8º", no qual se exige que o laudo seja instruído com "os documentos relativos aos bens avaliados". Trata-se, portanto, sem qualquer sombra de dúvida, de avaliação promovida com base no valor de mercado de cada bem integrante do ativo da sociedade. E não poderia ser diferente, sob pena de quebrar-se a certeza que se pretende imprimir ao critério adotado.[5]

Essa disposição, conforme se verifica, embora criando uma alternativa válida e até mais consistente, posto que mais próxima da realidade, estabelece, com efeito, um procedimento que poderá gerar um elevado custo para a sociedade. A avaliação de uma empresa a preço de mercado, especialmente se de grande porte, representa um trabalho de elevadas dimensões e grande rigor técnico, pelo que certamente envolverá o pagamento de vultosos honorários aos peritos designados.

De qualquer sorte, mesmo anteriormente à atual redação do § 1º do art. 45, essa avaliação a preço de mercado já poderia ser requerida por acionista dissidente que demonstrasse a existência de visível descompasso entre os valores contábeis e a realidade patrimonial da sociedade.[6]

É fato de conhecimento corrente que os valores contábeis nem sempre refletem a realidade das empresas. Os índices inflacionários costumavam, no passado, ser escamoteados a cada plano econômico do governo. Hoje, com a eliminação da correção monetária dos balanços, alguns valores já não guardam consonância com a realidade.

Quando a lei se refere ao valor patrimonial, o pressuposto dessa referência é a consistência desse valor patrimonial, sob pena de consumar-se uma lesão aos interesses do acionista.

---

determiná-lo" (1998, p. 55). Em termos genéricos, não teríamos dúvida em concordar com essa afirmação, mas no contexto dogmático destinado a estabelecer um sistema de proteção para o acionista minoritário, não encontramos espaço para tamanha flexibilidade.

[5]   Fábio Ulhoa Coelho, por motivos diversos, chega à mesma conclusão: "Na medida em que continua vigente o mecanismo que possibilita ao retirante pleitear a elaboração de balanço especial quando transcorridos mais de 60 dias da data do último balanço aprovado (art. 45, § 2º), a única forma de se conciliarem, de um lado, o dispositivo da tutela do dissidente, e, de outro, as inovações da reforma de 1997, é interpretar 'valor econômico da companhia' como referência pouco técnica a 'valor patrimonial *real* da ação'" (1999, p. 302).

[6]   Ao decidir o REsp nº 1.572.648, concernente ao direito de recesso, o STJ fez constar da Ementa a seguinte afirmação: "O Tribunal de origem, ao acolher o valor justo de mercado como critério a ser utilizado para pagamento do valor de reembolso das ações do acionista dissidente retirante por ocasião da incorporação da companhia controlada em detrimento do patrimônio líquido contábil não infringiu o disposto no artigo 45, § 1º, da Lei nº 6.404/1976". Decisão datada de 12.09.2017.

Assim, uma vez apurado o valor da ação a preço de mercado, ainda que os critérios constantes do estatuto conduzam a um valor inferior, embora superior ao valor patrimonial, o valor a preço de mercado terá que prevalecer, tanto que este evidencia a expressão efetiva da ação. O valor da ação a preço de mercado corresponde, com efeito, ao valor patrimonial real da ação.

Se o valor da ação a preço de mercado for inferior ao valor patrimonial contábil, também deverá prevalecer o valor a preço de mercado, posto que este se afigura o mais próximo da realidade.

Cabe anotar, finalmente, que ao art. 45 foram acrescentados os §§ 3º e 4º, com a renumeração dos antigos, objetivando determinar que a avaliação, se for esse o procedimento adotado, seja feita por três peritos ou empresa especializada, que serão escolhidos pela assembleia geral, a partir de lista tríplice para o caso de empresa especializada, ou de lista sêxtupla para o caso de peritos, a serem compostas por indicação do conselho de administração ou, se este inexistir, da diretoria. Dispõe ainda a lei que, na assembleia de designação dos avaliadores, todos os acionistas, independentemente das características de suas ações, terão direito de voto. Essa complexa sistemática de listas tríplices e sêxtuplas burocratiza o processo, sem grandes proveitos, uma vez que o conselho de administração e a diretoria, órgãos que comporão as listas, encontram-se sob o poder de compulsão do acionista controlador.

XXIII
DEBÊNTURES (A)

109. Conceito e finalidade; **109.1.** O título e suas modulações; **110.** Confronto com ações; **111.** Emissão e séries; **112.** Correção monetária; **113.** Rendimento; **114.** Vencimento, amortização e resgate; **115.** Garantias; **116.** Limites de emissão.

109 CONCEITO E FINALIDADE

A debênture, a uma primeira apreciação de sua natureza, despertaria a ideia de associá-la a uma promissória, pois, como esta, também incorpora uma declaração unilateral de vontade, consubstanciando uma promessa de pagamento em dinheiro.

Todavia, a um exame mais detido, verifica-se que ela não se identifica com nenhum outro título, sendo bastante numerosas as suas características específicas.

Trata-se de um título de massa, porquanto as debêntures são, em regra, sempre emitidas em bloco.

A relação fundamental da qual deriva a série de debêntures é quase sempre um mútuo, sendo cada debênture um título representativo de uma fração desse mútuo. Assim, embora cada debênture, *per se*, seja um título autônomo, há uma evidente vinculação, sob diversos ângulos, aos demais títulos da mesma série ou emissão, principalmente no que concerne a privilégios, garantias e comunhão de interesses, constituindo essa vinculação uma das suas características mais marcantes.

Ressalvados esses vínculos, os quais tendem a comprometer a literalidade do papel, pode-se afirmar que a debênture participa do gênero título de crédito, desde que corporifica e representa a obrigação nela consignada.[1]

No regime do Decreto nº 177-A, de 1893, a debênture tinha a sua emissão definida como um empréstimo (art. 1º), daí resultando a configuração de um título

---

[1] Todos os autores que se detiveram sobre essa matéria não tiveram dúvida em ressaltar o caráter de título de crédito da debênture. José Waldecy Lucena, ao abordar o tema, mostrou-se definitivo: "A debênture é um título de crédito, asserto que conta com a unanimidade da doutrina" (2009, vol. 1, p. 530).

causal.[2] Mas, mesmo então, essa causalidade era apenas aparente, pois, o mais das vezes, a emissão resultava não de um mútuo, mas de uma diversa relação fundamental, como, por exemplo, uma dação em pagamento ou a constituição de um penhor.

Na lei atual, nenhuma referência se faz a mútuo ou empréstimo, de modo que a debênture ganhou o sentido muito mais próprio de um título de crédito abstrato. A empresa, ao emitir uma série de debêntures, simplesmente cria papéis. Esses papéis, no comum dos casos, atuarão como um meio de tomar um empréstimo ao público. No entanto, qualquer outra finalidade legalmente admissível servirá para fundamentar a sua colocação. Uma mesma série poderá, inclusive, ter a sua colocação motivada por negócios jurídicos diversificados, destinando-se uma parte da série a uma efetiva captação de recursos para a sociedade (mútuo), outra parte a garantir obrigações da empresa (penhor) e, ainda, uma terceira parte à efetivação de doação a uma fundação de empregados.[3] Dessa mesma série ainda poderia restar um saldo em carteira para qualquer eventualidade futura.

A debênture é, pois, um título abstrato de dívida que a sociedade tem a prerrogativa de criar. Dívida, vale dizer, na perspectiva do devedor, que é a sociedade emitente do papel. Para o tomador, que é o credor, assim como para o mercado em geral, o que se tem, a toda evidência, é um título de crédito.

As debêntures prestam-se, normalmente, a propiciar à empresa emitente recursos de longo prazo, destinando-se, em regra, a financiar investimento fixo. São uma alternativa para o aumento de capital, sendo indicadas nos casos em que o mercado não se encontre predisposto à absorção de ações ou, ainda, quando aos antigos acionistas não convenha aumentar o capital próprio – com isso reduzindo o lucro por ação – bem como nas hipóteses em que um lançamento vultoso de ações (excesso de oferta) seja julgado inconveniente, dados os reflexos negativos que poderia operar sobre sua cotação em bolsa de valores.

Mas não só os investimentos fixos poderão ser financiados por debêntures, servindo estas também para atender às necessidades de capital de giro da sociedade.[4] E nesse particular, através das técnicas do resgate antecipado, terá a companhia

---

[2] Tullio Ascarelli, ao tratar dos títulos causais, emite considerações esclarecedoras: "A causa, justamente por ser tal, deve determinar uma conexão, constante e típica, com uma típica e constante relação fundamental. Importa isso em afirmar que cada título causal, como ressalta, aliás, intuitivamente, de qualquer um dos títulos que se costumam aduzir como exemplo dessa categoria, deve corresponder a um negócio típico fundamental" (1969, p. 117).

[3] Nelson Eizerik adota esse mesmo entendimento (2015, p. 356).

[4] As debêntures também têm sido utilizadas em processos de securitização, vocábulo que deriva de mais um barbarismo, dentre os muitos que têm invadido a linguagem técnico-jurídica. Securitização deriva do vocábulo *securitization*, que por sua vez deriva de *securities*, palavra que significa títulos-valores em geral. Por securitização, portanto, entende-se a conversão de créditos contratuais ou dos chamados "recebíveis" em geral em títulos de crédito ou em valores mobiliários. A securitização, entre nós, encontra seus antecedentes

condições de fazer flutuar o volume de debêntures em circulação, segundo as suas contingências.

Em outras palavras, poder-se-ia dizer que os títulos seriam colocados ou retirados do mercado conforme as exigências do fluxo de caixa da emitente.

Apenas as sociedades anônimas e as em comandita por ações têm legitimação para emitir debêntures. As demais sociedades encontram-se impedidas de fazê-lo, inclusive a sociedade limitada (ver seção 45).[5]

109.1 O título e suas modulações

Diferentemente de alguns sistemas, notadamente o norte-americano, que classificam as debêntures em tipos especiais, como se fossem modalidades diferenciadas do título, a legislação nacional mantém um regime unificado de regência, que define os elementos essenciais do instituto e, ao mesmo tempo, admite, por meio de cláusulas específicas, variações previstas na própria lei, além de outras que se afigurem compatíveis com a natureza do título.

Assim, a outorga, a uma emissão de debêntures, de uma garantia hipotecária não altera a natureza do título, apenas lhe atribui um lastro real. A cláusula de correção monetária também não transmuda a debênture, posto que se destina apenas a protegê-la contra a desvalorização da moeda. As obrigações participativas (direito

---

na cédula hipotecária, a qual, tendo por fundamento um crédito hipotecário, é emitida e lançada no mercado, como meio de mobilizar e fazer circular o crédito contratual com garantia hipotecária. Sobre o assunto, remete-se o leitor à monografia *A Comercialização da Hipoteca*, de Dora Carvalho (1970, p. 35). Todavia, a securitização, tal como é entendida atualmente, tem objetivos mais amplos do que a simples emissão de títulos fundados, de forma direta e linear, em créditos individualizados e determinados. O objetivo maior da securitização é a segregação de ativos, representativos de créditos diversificados, para reestruturá-los, reagrupando-os de acordo com certas características comuns, de forma a transformá-los em lastro para a emissão de títulos-valores (ver MARZORATI, 1997, p. 394). Com a securitização, ativos tradicionalmente ilíquidos podem ser objeto de transação nos mercados organizados de valores (ver BUSTAMANTE, 1998, p. 96). O lastro adotado nas operações de securitização poderá estar representado por créditos com garantia hipotecária ou pignoratícia, por créditos decorrentes de contratos de locação, de cartões de crédito ou de simples empréstimos, ou ainda por contas a cobrar em geral (os chamados recebíveis). Internacionalmente, os meios empregados para viabilizar a securitização vão desde a constituição de uma sociedade de propósito específico (ver a nota 15 à seção 9), que emite os títulos, normalmente debêntures, até a criação de um "fundo de créditos", a ser administrado por uma instituição financeira, que emite e coloca no mercado, sob o modelo condominial, cotas desse fundo. Alguns países consagram ainda, para tal fim, o fideicomisso financeiro, instituto que, no direito brasileiro, encontra-se restrito ao âmbito sucessório.

[5] As instituições financeiras que, nos termos do disposto no art. 3º, § 2º, da Lei nº 13.506/2017, não estão autorizadas a emitir debêntures poderão, de acordo com os arts. 37 a 43 da Lei nº 12.249/2010, emitir letras financeiras, que são títulos, sob vários aspectos, semelhantes às debêntures, mas com uma regulação própria.

de participação nos lucros) gozam de um benefício aleatório que não lhes desnatura o conceito. O mesmo pode ser dito das debêntures conversíveis em ações, uma vez que estas não perdem o seu *status* básico de título de crédito, ao qual se soma o de um título de subscrição de ações, que não representa senão uma condição acessória.

Até mesmo as chamadas debêntures de investimento e debêntures de infraestrutura não constituem novas espécies ou modalidades de debêntures, uma vez que, no caso, continua-se diante da mesma debênture, à qual se agrega, atendidos os preceitos fixados pelo legislador, um benefício fiscal. O gozo do benefício depende, portanto, do atendimento desses requisitos, cabendo, para tanto, incluí-los entre as condições da emissão. Tem-se, então, uma debênture incentivada, e, como tal, mais uma modulação do papel.[6]

Convém, porém, assinalar que as letras financeiras, embora sob alguns aspectos semelhantes às debêntures, com estas não se confundem, uma vez que contam com uma regulação independente e, sob muitos aspectos, essencialmente distinta da que é aplicável às debêntures. São, além do mais, títulos de emissão exclusiva das instituições financeiras.

110 CONFRONTO COM AÇÕES

As sociedades anônimas têm seu capital fracionado em ações, as quais apresentam a natureza de títulos de participação, atribuindo a seus titulares a condição de sócios da sociedade emitente.

As ações, por conseguinte, representam capital próprio da sociedade, figurando no seu patrimônio líquido. Os rendimentos desses títulos – os dividendos – somente serão atribuídos se a empresa apresentar lucro disponível.

As debêntures, ao contrário, não configuram capital próprio da sociedade. A companhia, ao emiti-las, contrai uma dívida, colocando-se, dessarte, diante de uma obrigação que figura no seu passivo exigível. A debênture, em princípio, tem data de vencimento determinada e confere a seu titular, salvo em caso de taxa variável ou de mera participação nos lucros (ver seção 113), uma renda fixa – o juro –, a qual independe do desempenho da sociedade, sendo, por isso, exigível, quer haja lucro, quer haja prejuízo. O credor por debênture, quando não atendido no vencimento, seja do título, seja de prestação de juros, poderá executar a sociedade inadimplente.

Quem adquire ações torna-se sócio da empresa – terá renda variável, participando do risco do empreendimento; quem investe em debêntures torna-se credor da empresa – terá, em regra, renda fixa, não se sujeitando ao sucesso ou ao insucesso da sociedade.

111 EMISSÃO E SÉRIES

Como título fracionário que é, a debênture possibilita a subdivisão da emissão pretendida em inúmeros títulos. Esses títulos, em seu conjunto, compõem uma série única de debêntures ou um grupo de séries.

---

[6] Sobre os requisitos a serem atendidos, confira-se Garcia do Amaral (2014, p. 100).

Cada série será composta por debêntures necessariamente iguais, estando previsto no parágrafo único do art. 53 que elas terão igual valor nominal e que conferirão a seus titulares os mesmos direitos. Essa exigência não abrange, contudo, as debêntures de séries diferentes, ainda que integrantes de uma mesma emissão. A regra é a da igualdade dentro da série, mas não entre as séries.

Nesses termos, poderão ser estabelecidas condições diferentes para as várias séries de uma mesma emissão, tendo cada qual, por exemplo, a sua taxa própria de juros, bem como data distinta de criação e vencimento.

Para efeito do privilégio geral que vier a ser conferido às debêntures, estabelece a lei (art. 58, § 3º, na redação da Lei 14.711, de 2023) que a emissão anterior prefere à mais recente, importando, para tanto, a data do arquivamento do ato societário que deliberou sobre a emissão.

112 CORREÇÃO MONETÁRIA

A debênture, segundo o art. 54, terá valor nominal expresso em moeda nacional. Nos casos, contudo, em que se permite estipulação de pagamento em moeda estrangeira (art. 13, inciso II, da Lei nº 14.286/21),[7] a emissão poderá fazer-se em outras moedas, o que ocorreria, notadamente, quando uma série de debêntures se destinasse a ser inteiramente colocada no exterior.

O valor nominal não corresponde, necessariamente, ao preço de emissão, pois este dependerá do tipo da debênture, admitindo-se a fixação de um ágio[8] ou de um deságio. Assim, somente quando o tipo for "ao par", isto é, sem ágio ou deságio, é que o valor nominal e o preço de emissão guardarão equivalência. Adotada a correção monetária, o valor nominal da debênture irá sendo automaticamente reajustado.[9]

Com a reforma da Lei das Sociedades Anônimas, que se operou através da Lei nº 10.303, de 31 de outubro de 2001, o parágrafo único do art. 54, alusivo à correção monetária das debêntures, foi convertido em § 1º e recebeu a seguinte redação:

> Art. 54. [...]
>
> § 1º A debênture poderá conter cláusula de correção monetária, com base nos coeficientes fixados para a correção dos títulos da dívida pública, na variação da taxa cambial, ou em outros referenciais não expressamente vedados por lei.

---

[7] O art. 318 do Código Civil, que proíbe a convenção de pagamento em moeda estrangeira, excetua "os casos previstos na legislação especial", ficando assim preservada a exceção prevista no Dec.-lei nº 857/1969, cuja revogação ocorreu com a vigência da Lei nº 14.286, de 29.12.2021, que passou a reger a matéria um ano depois de sua publicação, e que consagra o pagamento em moeda estrangeira quando uma das partes é não residente.

[8] Esse ágio também é chamado de prêmio de emissão.

[9] Observe-se que, com o Plano Real, para efeito de correção monetária, foi adotado o princípio da anualidade. Entretanto, a Lei nº 12.431/2011 (art. 8º) permitiu que a correção monetária das debêntures tivesse a mesma periodicidade dos juros, ainda que inferior a um ano. Assim, se os juros forem, por exemplo, trimestrais, a correção também poderá ser trimestral.

Conforme se verifica, a correção das debêntures poderá basear-se nos índices de correção dos títulos da dívida pública, como também na variação cambial, tendo ainda sido admitidos outros referenciais, vale dizer, outros índices gerais de preços não proibidos por lei.

A matéria ganhou, portanto, não apenas uma ampla liberdade de estipulação, como ainda o *status* de reserva legal. Assim, somente a lei poderá afastar ou vedar a adoção de referenciais de correção monetária que sejam compatíveis com o objetivo colimado, que é a preservação do poder aquisitivo da moeda.

Falece, com essa disposição, poder ou competência administrativa para limitar ou excluir índices de correção monetária das debêntures.

A correção monetária em geral encontra-se sujeita ao princípio da anualidade, o qual, todavia, não se aplica aos casos de antecipação de pagamento, hipóteses em que deve ser utilizado o critério *pro rata*. Com relação às debêntures e às letras financeiras, permitiu a Lei nº 12.431/2011 (art. 8º) que a periodicidade da correção monetária seja igual à estipulada para o pagamento de juros, ainda que inferior a um ano.

113 RENDIMENTO

A debênture, como título de renda fixa, deveria oferecer sempre uma taxa determinada de juros. A lei, entretanto, estabeleceu que "a debênture poderá assegurar juros fixos ou variáveis, participação no lucro da companhia e prêmio de reembolso".[10]

Criam-se, desse modo, alternativas várias para a empresa emitente, que poderá optar entre uma taxa certa de juros e uma taxa variável, ou, até mesmo, fazer depender o rendimento do título do lucro da empresa, dando-lhe o caráter de mera participação.

Essa flexibilidade não se afigura conveniente, pois atenta contra a tradição brasileira, a qual, em matéria de títulos de crédito, sempre se fundou na certeza. Uma debênture cujo rendimento depende do desempenho da emitente não é uma verdadeira debênture, e sua existência, sob o aspecto psicológico, apresenta a desvantagem de esgarçar a consistência do título, descaracterizando-o.

E o prêmio de reembolso? Poderia ser este o único rendimento do título? A resposta é sim, pois o art. 56, ao enumerar as vantagens atribuíveis ao título, a elas se refere como condições facultativas. Não as torna cumulativa ou alternativamente obrigatórias, convindo atentar para a redação empregada: "a debênture poderá...".

---

[10] Fernando Mendonça não aceita uma debênture sem juros, e assim desenvolve o seu entendimento: "Há quem admita, em virtude dos termos da lei atual, que o rendimento da debênture possa consistir, tão somente, em participação no lucro. Não nos parece ser o melhor entendimento." E depois de transcrever o art. 56: "Interpretação diversa, no sentido de se poder deixar de atribuir juros à debênture, levaria à descaracterização do título. Com efeito, debênture sem juro, com participação no lucro apenas, não teria a natureza de debênture, mas a de parte beneficiária" (1988, p. 14).

Por isso, conclui-se que as vantagens da emissão serão todas aquelas, ou algumas em conjunto, ou qualquer delas isoladamente.[11]

Tem sido também empregada, na prática, a fórmula da taxa de juros, com repactuação. Nesse sistema, estabelece-se uma taxa de juros para o primeiro período (um ano, por exemplo) e, antes do início de cada período que se seguir, a emitente fixa uma nova taxa de juros, cabendo ao debenturista, se não a aceitar, pedir o resgate antecipado de suas debêntures. Verifica-se uma espécie de renegociação da operação a cada período, com uma parte refixando a taxa e a outra concordando ou encerrando a relação. Se não houvesse essa faculdade de encerrar a relação, a condição seria puramente potestativa e, portanto, ilegítima.

Com a Lei nº 14.905, de 2024, foi modificada a redação anterior do art. 591 do Código Civil, o qual determinava que, nos mútuos com finalidade econômica, os juros não poderiam exceder, sob pena de redução, a taxa a que se referia, na redação anterior, o art. 406 do CC. Essa matéria foi completamente reformulada pela mencionada lei, que extinguiu a referida pena, ou seja, extinguiu o limite da taxa de juros devidos nos mútuos feneratícios. A mencionada Lei nº 14.905, de 2024, prevê ainda, no seu art. 3º, que o Decreto nº 22.626/1933 (Lei de Usura) não se aplicaria às obrigações contratadas entre pessoas jurídicas, nas obrigações representadas por títulos de crédito ou valores mobiliários, como ainda nas contratadas perante instituições financeiras, fundos ou clubes de investimento, ou realizadas no mercado financeiro, de capitais ou de valores mobiliários.

Anteriormente a referida inovação legislativa, apenas os bancos, em suas operações, não se encontravam sujeitos a esse limite, mas apenas (art. 4º, IX, da Lei nº 4.595/1964) aos que fossem fixados pelo Conselho Monetário Nacional.

As empresas em geral, todavia, eram obrigadas a observar, como credoras ou devedoras, o antigo limite legal dos juros, que, se desrespeitados, sofreriam a pena de redução. Considerando, porém, que, em certos períodos, os índices de correção monetária podiam não refletir a real desvalorização da moeda, as empresas, para viabilizar os seus títulos, de modo a compensar a real desvalorização da moeda, precisavam remunerar também acima daquele teto e, para contornar o impedimento legal, criava o mercado expedientes destinados a dissimular uma taxa mais elevada de juros. Assim, eram comuns os denominados prêmios remuneratórios, que eram pagos juntamente com os juros e que, com efeito, tinham a mesma natureza destes. Costumava-se igualmente desagiar a debênture, de forma a colocá-la no mercado por um preço inferior ao respectivo valor nominal. Ora, se a debênture é adquirida com um desconto, a taxa real de juros será efetivamente maior do que aquela que nominalmente se declara.[12]

---

[11]   Confira Nelson Eizirik (2015, p. 385).

[12]   Marina Grimaldi de Castro, com muita propriedade, assinala que as debêntures conversíveis, em virtude do princípio da realidade do capital, não poderão ser emitidas com deságio:

Sempre que os índices de atualização monetária estivessem aquém da real inflação, os juros estariam a embutir uma parcela de correção monetária, de tal forma que os juros reais seriam aqueles que remanescessem após a dedução da parcela que suplementaria a correção monetária.[13]

Diante desse quadro, cabe anotar que o mercado vinha praticando, para remunerar as debêntures, taxas de juros que ora se combinavam com índices de correção monetária, ora se limitavam à própria taxa de juros, embora nesta incluindo um fator inflacionário.

Com a Lei nº 14.905, de 2024, essas manobras não serão mais necessárias, pois foi extinto o limite da taxa de juros na operações de mútuo com fins econômicos.

114 VENCIMENTO, AMORTIZAÇÃO E RESGATE

As debêntures de uma mesma série deverão ter vencimento em uma data determinada, a qual será prefixada na escritura de emissão.

Permite a lei, todavia, que a sociedade emita a chamada debênture permanente, cujo vencimento fica condicionado ao inadimplemento ou à dissolução da empresa. Essa é também uma hipótese em que a debênture se apresenta descaracterizada (art. 55, § 4º).

Embora as debêntures de uma mesma série tenham vencimento uniforme, faculta-se à sociedade, se assim o dispuser a escritura de emissão, promover amortizações periódicas ou o resgate antecipado de parte ou da totalidade dos títulos.

Amortizar significa fazer cessar, paulatinamente, a obrigação, através de pagamentos parcelados, enquanto resgatar significa retirar títulos (debêntures) de circulação.

O resgate parcial importa, com efeito, na extinção de parte das debêntures da série, ao passo que a amortização alcançará todas as debêntures da série, corres-

---

"Não será permitida a emissão de debêntures conversíveis com deságio, a fim de evitar prejuízos para a companhia emitente e para os acionistas existentes quando forem criados esses títulos. Afinal, se fosse permitida a emissão de debêntures conversíveis com deságio, o capital seria aumentado, mas a integralização do mesmo não corresponderia exatamente ao valor do aumento. A companhia teria um ingresso de capital menor do que o valor declarado por ocasião do aumento do capital social, o que seria prejudicial, além de ir de encontro ao princípio de preservação do capital social e da vedação legal à emissão de ações por valor inferior ao seu valor nominal (art. 13, LSA)" (2010, p. 75).

[13] Ressalte-se que, anteriormente à Lei nº 14.905/2024, se a sociedade, a fim de tornar competitiva a sua emissão de debêntures, adotasse uma taxa de juros efetivamente superior ao antigo limite legal, não seria dado a essa sociedade alegar a extrapolação do limite, pois, se o fizer, estaria alegando a própria torpeza. Nesse sentido, o acórdão proferido pelo STJ (REsp 784.881/CE – 2005/0161178-0), de cujo relatório consta a seguinte assertiva: "Assinalo que a pretensão da autora, como posto corretamente no acórdão, se admitida, equivale a escancarar a porta do mercado de debêntures para todo tipo de manobra em prejuízo do investidor que acreditou nas condições aprovadas pela emitente, por seu órgão diretivo, que detém competência privativa para tanto".

pondendo ao pagamento de uma percentagem de cada debênture, como antecipação de parte do capital a esta correspondente.

A lei (art. 55) refere-se a "estipular amortizações" e a "reservar-se o direito de resgate antecipado", o que daria a entender que, segundo o legislador, a amortização, quando adotada, seria uma obrigação da sociedade, e o resgate, quando previsto, configuraria para esta uma mera faculdade.

Essa regra, todavia, não tem sido assim entendida, nem pelo mercado nem pela doutrina, que, adotando terminologia diversa, considera a amortização ou resgate programado como sendo uma obrigação da emissora, e a amortização ou resgate facultativo como sendo uma decisão espontânea. Ou seja, tanto a amortização como o resgate poderão ser obrigatórios ou facultativos, para tanto sendo relevantes apenas e tão somente os termos adotados pela escritura de emissão.

A Lei nº 12.431, de 27.06.2011, atribuiu nova redação aos parágrafos do art. 55 da Lei nº 6.404/1976, corrigindo as impropriedades da redação anterior, de modo a deixar claro que, no caso de amortização (§ 1º), esta se fará mediante rateio, ou seja, o montante da amortização contemplará, de forma igualitária, todas as debêntures da série, dispensando-se, consequentemente, o sorteio. Em se tratando de resgate, se este for parcial (§ 2º, I), impor-se-á o sorteio, de modo a preservar-se o princípio da igualdade. O resgate parcial poderá fazer-se também por compra no mercado organizado de valores mobiliários, se os títulos estiverem cotados por preço inferior ao valor nominal (§ 2º, II), observando-se, para tanto, as normas expedidas pela CVM.

Cuida, ainda, o legislador (§ 3º) da simples compra de títulos pela própria sociedade emissora, desde que o faça por valor igual ou inferior ao nominal.

A compra distingue-se fundamentalmente do resgate, pois que não extingue o título como este. A debênture adquirida nos termos do § 3º do art. 55 poderá ser recolocada no mercado pela sociedade quando lhe for oportuno. A aquisição representa um bom instrumento para a sustentação do valor das debêntures no mercado. Permite-se ainda (art. 55, § 2º, II) que a compra se faça por valor superior ao nominal, desde que observadas as regras expedidas pela CVM, que deverá, ao regulamentar a matéria, adotar preceitos que evitem o favorecimento de determinados debenturistas.

A Lei nº 10.303/2001 acrescentou ao art. 54 da Lei nº 6.404/1976 um § 2º prevendo que a "escritura de debênture poderá assegurar ao debenturista a opção de escolher receber o pagamento do principal e acessórios, quando do vencimento, amortização ou resgate, em moeda ou em bens avaliados nos termos do art. 8º'".

Trata-se de regra estranha e de difícil operacionalização, somente explicável como casuísmo destinado a atender a situação específica de debenturista interessado em determinados ativos da sociedade emissora. Como se trata de opção, essa cláusula, evidentemente, poderia ser incluída na escritura de emissão independentemente de previsão legal.

115 GARANTIAS

A debênture poderá (art. 58) "ter garantia real ou garantia flutuante, não gozar de preferência ou ser subordinada aos demais credores da companhia".

Tem-se, assim, um sistema de garantias e antigarantias, sendo modalidades da primeira as garantias real e flutuante, e consistindo a segunda na subordinação aos demais credores.

Entre as garantias (real ou flutuante) e a antigarantia (subordinação), tem-se a debênture sem preferência, ou seja, a quirografária.

A debênture comum corresponde, portanto, a um título quirografário.

O privilégio geral, o qual vem rotulado como garantia flutuante, encontra-se na dependência de convenção que o adote.

As garantias reais poderão ser constituídas englobadamente para todas as séries da emissão, ou especificamente para determinadas séries.

Embora a legislação em vigor não o refira, uma outra modalidade de garantia seria a fiança, podendo-se, inclusive, dotar a debênture de coobrigação de uma instituição financeira.

A antigarantia encontra-se definida como uma subordinação aos credores quirografários, preferindo apenas aos acionistas. Instaurou-se, com a Lei nº 6.404/1976, uma nova categoria para efeito de classificação de créditos na falência. O credor quirografário, até então o derradeiro, passara a ter sob si uma casta ainda mais inferior, qual fosse a do credor por debênture subordinada – uma espécie de credor subquirografário. Com a Lei de Recuperação e Falências (art. 83, VII e VIII), além de ser interposta mais uma categoria (a dos créditos por multas contratuais e penas pecuniárias) entre os créditos quirografários e os créditos subordinados, ainda dilargou-se este último conceito, incluindo-se, entre os créditos subordinados, em concurso com os resultantes das debêntures com essa característica, outros créditos assim definidos em lei ou contrato, e igualmente os que forem de titularidade de sócio ou administrador da empresa falida, sem vínculo empregatício cuja contratação não tenha observado condições comutativas e as práticas de mercado.[14] A debênture subquirografária, assim como os demais créditos compreendidos nesse conceito, estará, naturalmente, sujeita aos efeitos da recuperação judicial, a qual abrange (art. 49 da Lei nº 11.101/2005)

---

[14] Os créditos de sócios e administradores, que se classificam como subordinados, são os que discrepam da normalidade (Lei 14.112/2020). Sobre o tema, ver Ronald Sharp Jr. e Luiz Henrique Beviláqua (2005, p. E2). Ressalte-se, porém, que os grandes empréstimos concedidos pelo controlador a sociedades em dificuldades financeiras tendem, no caso de insolvência, a ser considerados capital, e, como tal, classificados. Essa é uma linha de entendimento que vem se manifestando, de forma significativa, na jurisprudência europeia (Suíça, Suécia etc.). Esse entendimento funda-se na evidência de que as sociedades em dificuldade, para que possam continuar a operar responsavelmente, devem ser capitalizadas pelos seus controladores. O empréstimo configuraria, então, uma capitalização disfarçada, destinada a prejudicar credores, devendo, por isso mesmo, se insolvência houver, ser reclassificado como capital.

"todos os créditos existentes na data do pedido". O crédito subquirografário – uma expressão que adotamos na primeira edição deste livro – é um crédito degradado, mas apenas e tão somente para efeito de falência ou de liquidação da sociedade. Em condições de normalidade, deverá ser pago no respectivo vencimento; no curso do processo de recuperação, deverá igualmente ser pago segundo as condições fixadas para o atendimento dos demais créditos. Além disso, cabe observar que, segundo a Lei nº 6.404/1976 (art. 58, § 4º), a subordinação opera "em caso de liquidação da companhia". Como a recuperação não acarreta a liquidação da sociedade, daí se segue que os créditos subordinados, durante o processo de recuperação, não se distinguem, para efeito de pagamento, dos demais créditos quirografários.

116   LIMITES DE EMISSÃO

A Lei nº 12.431, de 27 de junho de 2011 (art. 56, I), revogou o art. 60 da Lei nº 6.404/1976, que tratava exatamente dos limites de emissão de debêntures.

Com isso, as sociedades por ações encontram-se liberadas para emitir debêntures de forma irrestrita e descontrolada.

No Brasil, as debêntures se sujeitaram, inicialmente (Decreto nº 177-A, de 1893), ao limite representado pelo capital social. A Lei do Mercado de Capitais (1965) adotara como limite o valor do patrimônio líquido da emissora. Com a Lei nº 6.404 (1976), retornou-se (art. 60) ao parâmetro representado pelo capital social, que poderia ser elevado até 80% do valor dos bens gravados, se houvesse garantia real, ou até 70% do ativo não onerado, no caso de debêntures com garantia flutuante. As debêntures subordinadas já estavam liberadas de qualquer limite.

A CVM, segundo o § 3º do art. 60, poderia fixar outros limites, além dos estabelecidos em lei, para as debêntures destinadas ao mercado.

Com a revogação do art. 60, cessam todos os limites, inclusive os que poderiam ser fixados pela CVM.

A questão – limitar ou não a emissão de debêntures – tem suscitado, em vários países, importantes discussões. Nuno Barbosa, em seu livro *Competência das assembleias de obrigacionistas* (2002, p. 75 e seguintes), analisa o tratamento da matéria ao longo do tempo e do espaço, demonstrando que a tendência inicial foi no sentido da limitação, para depois, em tempos mais recentes, encontrar a matéria tratamento bastante diversificado, de tal forma que alguns países (França, Luxemburgo, Suíça, Alemanha) optaram pela emissão sem restrições, enquanto outros (Espanha, Itália, Portugal, Dinamarca) preferiram limitar as emissões ao valor do capital, ora referindo-se o capital mais reservas, outras vezes o capital realizado e existente, ou ainda a metade do valor do capital social.

O debate tem girado em torno do papel que a limitação representaria, indagando-se a respeito de sua função, se seria uma **função de garantia ou uma função de equilíbrio entre meios de financiamento**. Nuno Barbosa, depois de analisar essas funções, argumenta que não se tem, na prática, **nem garantia**, posto que a emissora, malgrado a limitação, não se encontrará impedida de consumir ou comprometer, em prejuízo dos debenturistas, a totalidade do patrimônio social, **nem equilíbrio entre meios de financiamento**, tanto que a emissora poderá se endividar, ilimitadamente, junto ao sistema financeiro.

Cabe, no entanto, ponderar que a ilimitação das emissões traz o risco de lançamentos de debêntures em volume incompatível com a realidade das empresas. A ausência de qualquer parâmetro estimula e acirra a irresponsabilidade de administradores temerários.

A obtenção de um empréstimo bancário subentende análise rigorosa, por parte da instituição financeira, tanto do projeto que se tem em pauta, quanto das garantias e da solvência da empresa. O lançamento de debêntures, que são valores mobiliários destinados ao mercado, atinge investidores qualificados ou não, e que nem sempre têm condição de avaliar o produto que lhe está sendo oferecido. Até mesmo os investidores qualificados, como fundos de pensão e fundos de investimento, não raro têm embarcado em emissões ruinosas.

A experiência brasileira com as debêntures subordinadas, que já não estavam, desde antes, sujeitas a limites de emissão, não se mostrou promissora. A debênture subordinada, como se sabe, é uma debênture degradada, um título podre, mas mesmo assim algumas emissões foram colocadas por empresas de capital irrisório, que se valeram da ausência de limite de emissão, para colocar no mercado volumes consideráveis de títulos natimortos.

De qualquer sorte, cumpre assinalar que as sociedades que emitem debêntures ou assumem obrigações superiores às suas forças (sociedades subcapitalizadas ou com perda grave de capital) estarão abusando da personalidade jurídica, por desvio de finalidade, e, por essa razão, os seus controladores e administradores, que assim procederem, caso beneficiados por essa prática, ainda que indiretamente, poderão ser pessoalmente responsabilizados, por via da desconsideração da personalidade jurídica das sociedades emissoras (ver seções 9 e 9.1).

Observe-se, por outro lado, que o acionista controlador encontra-se obrigado a usar o poder para "fazer a companhia realizar o seu objeto e cumprir a sua função social" (art. 116, parágrafo único, da Lei nº 6.404/1976), considerando-se abuso de poder a "emissão de valores mobiliários ... que visem a causar prejuízo ... a investidores em valores mobiliários emitidos pela companhia" (art. 117, § 1º, da Lei nº 6.404/1976). Os administradores também estão sujeitos ao dever de observar, em todos os seus atos, "as exigências do bem público e da função social da empresa" (art. 154 da Lei nº 6.404/1976).

Somem-se a isso os deveres impostos pela boa-fé objetiva, que se aplica, extensivamente, a todas as relações jurídicas. A decisão de emitir debêntures sem o lastro patrimonial e financeiro que seja capaz de suportar adequadamente o cumprimento futuro do dever de resgatar esses títulos corresponde, no mínimo, a uma atuação desleal dos controladores, que aprovarem a operação, e dos administradores, que a encaminharem com violação do dever de cuidado, que é inerente à boa-fé objetiva e que se aplica a todas as obrigações.

Ora, se a sociedade não conta com uma situação patrimonial que lhe assegure índices de liquidez compatíveis com as obrigações a serem assumidas por meio das debêntures, os controladores e os administradores estariam criando uma situação de risco anormal para os investidores e, por essa razão, que caracterizaria a chamada administração temerária, deverão responder, pessoalmente, por todas as dívidas que vierem a ser inadimplidas pela emissora das debêntures. Nesse caso, nem mesmo seria necessário invocar a teoria da desconsideração da personalidade jurídica, uma vez que a hipótese seria classificada, mais apropriadamente, no âmbito da responsabilidade solidária decorrente da quebra do dever de lealdade, que resulta da boa-fé objetiva.

XXIV
DEBÊNTURES (B)

117. Formalidades preliminares à colocação de debêntures; **118.** Colocação e circulação; **119.** Comunhão de interesses; **120.** Agente fiduciário; **121.** Cédula de debêntures; **122.** Emissão no estrangeiro.

117 FORMALIDADES PRELIMINARES À COLOCAÇÃO DE DEBÊNTURES

Para que a companhia promova uma colocação de debêntures, algumas formalidades preliminares devem ser atendidas.

A primeira formalidade da qual depende uma emissão de debêntures é a aprovação pelo órgão competente da sociedade emissora. A ata correspondente deverá ser arquivada no registro público de empresas e também publicada.

A assembleia ou o órgão que deliberar sobre a emissão deverá, necessariamente, fixar as condições da emissão, enumeradas no art. 59, tais como: valor, séries, garantias, correção monetária, se houver, conversibilidade ou não em ações, vencimento, amortização, resgate, rendimentos, modo de subscrição ou colocação e o tipo (ao par, com ágio ou com deságio) das debêntures, além do desdobramento do valor nominal, dos juros e dos demais direitos conferidos pelo título. Essa última exigência decorre da Lei nº 14.711/2023, que estabelece ainda que caberá à CVM disciplinar a matéria, o que logicamente afasta da norma as emissões privadas.

O § 1º do art. 59, em virtude da redação que lhe foi atribuída pela Lei nº 14.711/2023, outorgou ao conselho de administração ou a diretoria poderes para deliberar, salvo disposição estatutária em contrário, sobre a emissão de debêntures não conversíveis em ações.

Assim sendo, somente debêntures que forem conversíveis em ações continuam dependendo de deliberação de assembleia geral. Assinale-se, porém, que, nas companhias abertas, até mesmo as debêntures conversíveis em ações, desde que haja autorização estatutária (§ 2º do art. 59, com a redação resultante da Lei nº 12.431/2011), poderão ter a sua emissão deliberada pelo conselho de administração, contanto que respeitados os limites do capital autorizado em que as debêntures poderão ser convertidas. Nesse caso, até o vencimento do direito de conversão, o capital autorizado deverá sofrer um bloqueio (reserva de valor ou de ações) que comporte, plenamente, a eventual conversão.

A segunda formalidade a ser cumprida, igualmente essencial, é a assinatura da escritura de emissão. Esse documento, que tem a natureza de uma declaração unilateral de vontade, será firmado pela emissora e contará com a interveniência do agente fiduciário dos debenturistas, se houver. Da escritura constará o conjunto de condições da emissão, devendo esse instrumento ser objeto de inscrição no Registro de Empresas. As garantias reais ou fidejussórias que lastrearem a emissão poderão ser constituídas nessa mesma escritura ou em separado, impondo-se, no caso de hipoteca, o instrumento público. Cabe assinalar que é a escritura de emissão que confere existência legal às debêntures. A deliberação da assembleia geral ou do órgão competente autoriza a emissão, mas esta apenas se consubstancia quando da formalização e assinatura, pelos diretores da sociedade, da escritura de emissão.

A escritura de emissão envolverá, naturalmente, todas as séries em que se dividir a emissão. Todavia, se a colocação das várias séries não se fizer concomitantemente, a negociação de cada nova série deverá ser objeto de aditamento à escritura, fazendo-se a competente averbação no registro respectivo.

As garantias reais, quando adotadas, deverão ser também constituídas e registradas preliminarmente à colocação dos títulos.

Se as debêntures se destinarem à colocação pública, além dos registros da ata, da escritura de emissão e das garantias reais, impor-se-á o registro da emissão na Comissão de Valores Mobiliários, observadas as exceções que forem admitidas em normas expedidas pela CVM.

Somente após o cumprimento de todas essas exigências estarão os títulos em condições de oferta pública.

A falta de deliberação da assembleia geral ou do conselho de administração ou da diretoria, conforme o caso, ou a inexistência da escritura de emissão implicam a anulabilidade das debêntures emitidas, pois que lhes faltariam os pressupostos essenciais. A anulação seria decretada por sentença, em benefício dos debenturistas, que deveriam ser plenamente ressarcidos, com responsabilização, inclusive, da sociedade emissora e de seus controladores e administradores.

Se a omissão, porém, for dos registros exigidos (registro da emissão e, quando for o caso, registro na CVM), estaremos diante de irregularidades cujas consequências poderão ser bastante danosas aos debenturistas, mas que se afiguram sanáveis, com efeitos *ex nunc,* através de iniciativa do agente fiduciário ou de qualquer debenturista.

Os administradores da companhia respondem, perante a sociedade e terceiros, pelas perdas e danos resultantes do não cumprimento das formalidades preliminares à emissão.

118 COLOCAÇÃO E CIRCULAÇÃO

As debêntures tanto poderão ser oferecidas à subscrição, como simplesmente vendidas.

A subscrição envolve uma fase preliminar, na qual a emissão é colocada, sendo os títulos somente a seguir criados.

O procedimento comum é, no entanto, o da criação dos títulos independentemente de subscrição.

As debêntures, uma vez criadas, passam a ter imediata existência jurídica, o que se mostra consoante à teoria da criação, vigente no direito cambiário. A sociedade emissora terá, por conseguinte, a faculdade de colocá-las em conjunto ou parceladamente, mediante venda.

A colocação dos papéis, em qualquer dos casos (subscrição ou venda), e desde que pública, deverá processar-se através da intermediação (*underwriting*) de uma instituição financeira ou das demais entidades a que se refere o art. 15 da Lei nº 6.385, de 07.12.1976. Essa intermediação ora assumirá o caráter de mero agenciamento, ora ganhará a natureza de efetiva aquisição da emissão pela instituição financeira, que a revenderá em nome próprio. Às vezes a instituição financeira assume o compromisso de adquirir o saldo não colocado em um determinado prazo.[1]

Segundo o art. 63 da Lei das Sociedades por Ações, "as debêntures serão nominativas, aplicando-se, no que couber, o disposto nas seções V a VII do Capítulo III".

Como a seção VI do Capítulo III trata das ações escriturais, essas e suas regras seriam também aplicáveis às debentures, que podem, portanto, assumir as formas nominativa ou escritural.

Como, entretanto, conceber uma debênture escritural, se a debênture é um título de crédito, tendo, como tal, na cartularidade, um de seus elementos essenciais?

Excluída a cártula ou certificado, continuaria a existir um título de crédito?

O que ocorre é que a teoria dos títulos de crédito vem sofrendo, nos anos recentes, um acentuado processo de mudança. Quando concebida, em plena Idade Média, a teoria dos títulos de crédito fundou-se na cártula ou certificado, daí evoluindo para a definição clássica de Vivante: "Título de crédito é o documento necessário e suficiente para o exercício do direito literal e autônomo que nele se contém".

Essa noção que se objetivava na cártula, instrumento de representação e incorporação do próprio crédito, e que circulava como uma coisa móvel corpórea,

---

[1] No Brasil, normalmente, as debêntures não são negociadas em bolsas de valores, mas sim no mercado de balcão, mesmo que se trate de mercado secundário. Para efeito de registro, custódia e liquidação financeira das debêntures, havia a CETIP, hoje integrada na B-3, em que se registra a colocação primária, e em que se operam as negociações secundárias.

hoje se volatiza nos processos informatizados que na verdade substituem a cártula por um mero registro eletrônico.[2]

Vivemos hoje em um mundo computadorizado, próprio de uma civilização de massa, que modifica não apenas processos e rotinas, mas igualmente hábitos e tradições. A teoria jurídica, em muitos de seus conceitos e formulações, teve que se adaptar. Pode-se talvez afirmar, na hipótese específica dos títulos de crédito, que a cártula de papel vem sendo substituída pela cártula eletrônica. O título de crédito escritural manteria uma cartularidade forjada nos circuitos dos sistemas de registro, estando a tradição (*tradere*) substituída pelos comandos translativos.

A segurança que se cristalizava no papel hoje se cristaliza na memória do computador.

As debêntures escriturais afirmaram-se, pois, como um produto da realidade emergente, pelo que coube ao direito acolhê-las, com as naturais adaptações, no âmbito dos princípios doutrinários aplicáveis.

Embora o legislador não tenha tratado dos livros próprios para o registro e a transferência desses títulos, a omissão deve, porém, ser suprida pelo intérprete. Trata-se de procedimento indispensável à viabilização da transferência da debênture nominativa não endossável.

Cabe, portanto, afirmar que, no direito brasileiro, existem duas formas de circulação de debêntures: a nominativa e a escritural.

119 COMUNHÃO DE INTERESSES

No regime da legislação anterior, a comunhão de interesses entre debenturistas estava condicionada a uma especial convenção nesse sentido. A lei atual tornou-a, ao invés disso, automaticamente compulsória, ao dispor (art. 71) que os "titulares de debêntures da mesma emissão ou série podem, a qualquer tempo, reunir-se em assembleia, a fim de deliberar sobre matéria de interesse da comunhão de debenturistas". A comunhão de interesses decorre, como se vê, do fato mesmo da emissão, intervinculando os vários tomadores dos títulos.

Os debenturistas de uma mesma série ou emissão reúnem-se em assembleia a fim de deliberar sobre seus interesses comuns.[3] A convocação poderá partir do agente fiduciário, da emissora, da Comissão de Valores Mobiliários ou de debenturistas que representem, no mínimo, 10% dos títulos (art. 71, § 1º).

---

[2] Hervé Causse, ao analisar o tema, acentua a ideia de que a escritura, que é peculiar aos títulos de crédito, não terá que se vincular necessariamente à existência de um papel: "Tout d'abord, on doit souligner que le *concept d'*écriture se distingue de celui de papier. Historiquement, l'écriture a précédé le papier [...] elle lui succedera. L'écrit s'oppose à la parole non au papier ou à tout autre matière servant de support" (1993, p. 257).

[3] Sobre a votação à distância em assembleia de debenturistas, emitiu a CVM a Resolução nº 81/2022.

A aprovação de modificações nas condições das debêntures depende do voto favorável de metade das debêntures em circulação (art. 71, § 5º).

Cumpre, porém, distinguir as condições acessórias das condições substanciais, as quais, por afetarem o direito de propriedade, dependem, para serem alteradas, de manifestação unânime.

As alterações aprovadas pela assembleia dos debenturistas serão submetidas à assembleia geral da emissora, para efeito de aceitação. A alteração nas condições da emissão funciona como uma espécie de renegociação da operação, pois conta, de um lado, com a aprovação da emissora e, de outro, a dos debenturistas através da respectiva maioria.[4]

A assembleia de debenturistas, segundo o art. 71, reúne todos aqueles que são titulares de uma "mesma emissão ou série", daí resultando a configuração de uma comunhão de interesses cujos limites poderiam alcançar a totalidade da emissão. Seria isso possível, mesmo que a emissão reunisse séries regidas por condições diversas? Ou a comunhão de interesses, pela sua natureza, subentende posições equivalentes?

A assembleia, quando se reúne, delibera a respeito dos interesses dos debenturistas, podendo até mesmo alterar as condições da emissão.[5] Se todos os títulos conferem iguais direitos, os interesses são comuns, afigurando-se razoável que a decisão da maioria obrigue a minoria.[6] Mas, se os direitos não são exatamente os

---

[4]   A extensão desse poder de alterar as condições da emissão, que no Brasil foi conferido a metade pelo menos das debêntures em circulação, vem sendo objeto, em vários países, de discussões e divergências, a fim de bem definir quais as condições que podem ser objeto de modificação. Manuel Antonio Domínguez García desenvolve acurado exame dessas controvérsias, para depois afirmar, com relação ao direito espanhol: "Nuestra doctrina y jurisprudencia, en líneas generales, adoptan una tesis intermedia, en base a la distinción entre condiciones accesorias y sostanciales y entre modificación y reducción o abandono de los derechos del obligacionista. La asamblea sólo estaría facultada para la modificación de condiciones accesorias de la relación cartular de mutuo." (1994, p. 106).

[5]   Com relação à distinção entre condições substanciais, que somente podem ser modificadas mediante decisão unânime, e condições acessórias, que podem ser modificadas pela maioria, remetemos o leitor ao nosso livro Das debêntures. Rio de Janeiro: Renovar, 2005. p. 144. O STJ, por sua Quarta Turma, em decisão unânime, da qual foi relator o Min. Ruy Rosado de Aguiar, acolheu o entendimento de que a assembleia geral de debenturistas não tem poderes para reduzir o valor das debêntures, apresentando o acórdão a seguinte ementa: "Debêntures. Assembleia geral. Redução de valor. A assembleia geral dos debenturistas não está autorizada pelo art. 71, § 5º, da Lei 6.404/76 a reduzir o valor das debêntures. Omissão inexistente. Questão dos honorários vinculada à matéria de fato. Recurso não conhecido" (Recurso Especial nº 403.825-SP, DJ 29.10.2001, p. 211).

[6]   A matéria funda-se no conceito de maioria, que apresenta bases essencialmente democráticas, pois se todos têm os mesmos direitos e os mesmos interesses, a decisão da maioria é a melhor decisão para todos e deve a todos obrigar, ressalvados, evidentemente, os direitos de natureza substancial ou patrimonial, uma vez que estes, por integrarem a esfera subjetiva

mesmos, os interesses poderão ser divergentes ou desiguais, inexistindo, portanto, comunhão.

Por isso, o legislador, ao empregar no art. 71, de forma alternativa, os vocábulos "emissão ou série", teria, ao que parece, situado a comunhão na emissão apenas quando esta se compusesse de séries idênticas. Diversas as séries, a comunhão se deslocaria da globalidade da emissão para cada série separadamente e, nesse caso, ter-se-ia para cada série uma comunhão específica.

Convém observar, adicionalmente, que a Lei n° 14.711/2023 acrescentou quatro parágrafos ao art. 71, com o objetivo de: a) regular os efeitos do desdobramento da debênture, expediente também criado por essa lei (inciso IX do art. 59), e, para tanto, dispõe que, nesse caso, o cômputo dos votos se dará de forma proporcional; b) permitir, por autorização da CVM, a redução do quórum de aprovação das matérias, no caso de companhias abertas, e desde que as debentures estejam dispersas no mercado, aplicando-se, porém, a redução do quórum apenas em terceira convocação. E, para tanto, considera que as debêntures se encontram dispersas no mercado quando nenhum debenturista detiver, direta ou indiretamente, mais de metade das debêntures.

Estranho o conceito de dispersão adotado pelo legislador, porquanto, pois, com apenas dois debenturistas, cada um com 50% das debêntures, haveria dispersão.

120   AGENTE FIDUCIÁRIO

A figura do agente fiduciário, inspirada no *trustee* do direito anglo-americano, foi introduzida no Brasil pela atual Lei das Sociedades Anônimas. A legislação anterior aludia ao representante dos debenturistas, a ser escolhido em assembleia geral.

O agente fiduciário é o representante da comunhão de debenturistas perante a companhia emissora, e deve agir como se fora ele o próprio titular, competindo-lhe proteger os interesses dos debenturistas, elaborar relatório anual para ciência destes, determinar medidas judiciais contra a companhia, declarar vencidos antecipadamente os títulos na hipótese de inadimplência, promover a excussão das garantias, requerer a falência da emitente e tomar toda e qualquer providência que considere necessária à tutela dos interesses dos debenturistas.

---

de seu titular, somente com a concordância dos próprios titulares poderão ser modificados ou condicionados. Os direitos modificáveis são aqueles que dizem respeito à comunhão de interesses, estando, portanto, limitados aos direitos acessórios.

Para que se preserve, todavia, a pureza da decisão, impõe-se, em qualquer caso, uma estrita observância das normas que impedem o voto abusivo e o voto conflitante (art. 115 da Lei n° 6.404/1976). Ressalte-se que as debêntures de propriedade de empresas que controlem a emissora ou que estejam sob seu controle e igualmente de pessoas em geral a elas ligadas não poderão votar em assembleias de debenturistas destinadas a modificar as condições da emissão, posto que se encontrariam em situação de conflito de interesses.

A escolha inicial do agente fiduciário cabe à companhia emitente, ocorrendo quando da assinatura da escritura de emissão. Mas, uma vez colocadas as debêntures, poderão os debenturistas substituí-lo, se assim lhes aprouver. Ocorrendo renúncia, o fato será comunicado aos debenturistas, para que estes, reunidos em assembleia, escolham um substituto.

Embora o agente fiduciário seja um fiscal dos debenturistas, a cujos interesses presta serviços, a sua remuneração é arcada pela companhia emissora. Trata-se, na verdade, de mais um custo do negócio, cumprindo à emissora suportá-lo, como, de resto, acontece com todas as despesas da emissão, inclusive as que sejam realizadas pelo agente para proteger direitos e interesses ou realizar créditos dos debenturistas (art. 68, § 5º).

O agente fiduciário poderá ser uma pessoa física ou uma instituição financeira, exigindo-se de uma ou de outra uma situação de independência perante a emitente.[7]

A Resolução CVM nº 17/2021, que dispõe sobre o exercício da função de agente fiduciário de emissões públicas, exige que o agente fiduciário, nas emissões públicas, seja uma instituição financeira previamente autorizada pelo BCB, que tenha por objeto a administração ou a custódia de bens de terceiros, afastando, portanto, de forma ampla e geral, o exercício da função por pessoas ou entidades que não cumpram essa condição.[8]

O art. 68, § 3º, da lei em vigor confere ao agente fiduciário poderes para propor qualquer ação destinada a "proteger direitos ou defender interesses dos debenturistas".

Essa outorga excluiria a ação individual do debenturista?

Se não houver agente fiduciário, poderá o debenturista, em qualquer hipótese de inadimplemento, exercer, individualmente, e desde logo, o seu direito de ação.

Havendo, porém, agente fiduciário, como a lei a este conferiu poderes para agir em juízo no interesse dos debenturistas, configura-se mais um caso de substituição processual. A titularidade da ação foi, nesse caso, deslocada para o agente fiduciário, somente a este cabendo agir em juízo. Os debenturistas poderão figurar como meros assistentes (assistência simples).[9]

---

[7] De acordo com a redação atribuída ao § 3º do art. 66 da Lei nº 6.404/1976 pela Lei nº 12.431/2011, a pessoa não pode ser agente fiduciário de mais de uma emissão da mesma companhia, a não ser que se encontre para tanto autorizada pelas normas expedidas pela CVM, que deverá ter o cuidado de evitar as situações de conflito de interesses.

[8] Em Portugal, adota-se a figura do "representante comum", que poderá ser uma sociedade de advogados ou uma sociedade de revisores de contas (CORDEIRO, 2006, p. 705).

[9] Carlos Gabriel Yomha examina a questão no direito norte-americano, chegando a conclusões que se aplicariam igualmente em nosso sistema: "Por regla general, los contratos de emisión limitan la posibilidad de una acción individual de los obligacionistas. Corresponde al *trustee* la obligación de vigilar a la sociedad para que ésta cumpla con sus obligaciones. Casi siempre, los tenedores ven prohibidas sus facultades ordinarias de iniciar toda acción judicial sin haber advertido antecipadamente al *trustee,* que es la única persona que en

Convém ressaltar que a designação de um agente fiduciário é obrigatória apenas nas emissões destinadas ao mercado (emissões públicas).

Nos processos de falência, recuperação e intervenção ou liquidação extrajudicial da emissora, também caberá ao agente fiduciário a representação dos debenturistas, a não ser que estes, reunidos em assembleia, deliberem a adoção de procedimento diverso (art. 68, § 3º, *d*).

121 CÉDULA DE DEBÊNTURES

A cédula de debêntures (originariamente, cédula pignoratícia de debêntures) foi criada pela Lei nº 6.404/1976, como um título de emissão de instituição financeira, com garantia pignoratícia constituída por debêntures.

Todavia, a Lei nº 9.457/1997 conferiu nova redação ao art. 72 da Lei das Sociedades Anônimas, de modo a retirar às debêntures a função de garantia pignoratícia das cédulas emitidas por instituições financeiras, as quais passam a ter nas debêntures um mero lastro financeiro. Assim, as debêntures simplesmente lastreiam, vale dizer justificam a emissão, mas não a garantem. Prevê a lei, inclusive, que as cédulas contarão com outras garantias (garantia própria).

122 EMISSÃO NO ESTRANGEIRO

A emissão de debênture no estrangeiro, quer por empresa brasileira, quer por empresa estrangeira aqui estabelecida, deverá ser objeto de registro no Banco Central do Brasil, caso se pretenda fazer remessas para o exterior a título de principal e encargos (art. 73, § 2º).

A constituição de garantia real ou de privilégio geral sobre bens situados no Brasil exigirá, além do simples registro para fins de remessa, uma especial aprovação do Banco Central do Brasil (art. 73) e, ainda, no caso de empresa estrangeira, a aplicação do produto da emissão em estabelecimento situado no Brasil (art. 73, § 1º).

A emissão no estrangeiro por empresa brasileira exigirá a observância dos requisitos do art. 62, assim como a divulgação no sítio eletrônico da companhia dos documentos exigidos pelo país da emissão (art. 73, § 3º). Por outro lado, a negociação, no mercado de capitais brasileiro, de debêntures emitidas no exterior depende de autorização da CVM (art. 73, § 4º).

---

principio puede actuar. Sólo en caso de negligencia del *trustee* el obligacionista es libre de intentar las acciones en justicia. La jurisprudencia se ha pronunciado en el sentido de que este tipo de cláusulas (*no action clauses*) debe entendérselas solamente como limitativas de aquellas acciones que son iniciadas en el interés de todos los obligacionistas, tomados como una clase o categoría, y no aquellas cuyo fin es proteger los intereses de un obligacionista en particular" (1983, p. 129). Assim, as ações correspondentes aos interesses comuns dos debenturistas seriam privativas do agente fiduciário, enquanto aquelas que se refiram ao interesse particular de um debenturista poderiam ser intentadas individualmente.

XXV
DEBÊNTURES CONVERSÍVEIS EM AÇÕES

123. Conceito de debêntures conversíveis; **124.** Bases da conversão; **125.** O aumento de capital consequente à conversão; **126.** A elaboração no direito europeu; **127.** As cláusulas de proteção; **128.** A cláusula de resgate antecipado.

123 CONCEITO DE DEBÊNTURES CONVERSÍVEIS

As debêntures conversíveis asseguram a seu titular o direito de convertê-las em ações da empresa emitente. Cria-se uma opção para o debenturista: conservar a sua debênture até o vencimento ou adquirir ações da emitente mediante a "troca" da debênture por ações.[1]

Pode-se, pois, vislumbrar na debênture conversível, além do direito de crédito, um direito à aquisição de ações da emitente, cujo preço será pago com o valor da debênture que, para tanto, será resgatada até mesmo antes do vencimento, isto é, na data da opção pela conversão.

Os partidários da teoria da novação pretenderam ver na conversão um mero processo de substituição de uma obrigação por outra. A obrigação de resgatar a debênture estaria sendo substituída pela obrigação de atribuir ao portador do título uma posição de acionista.

Essa teoria não se afigura, porém, aceitável, uma vez que, no caso, a obrigação de resgatar a debênture não é substituída, mas sim satisfeita. Com a conversão, resgata-se a debênture, a qual se extingue, emitindo-se, em contrapartida, um predeterminado montante de ações. Há, inclusive, um deslocamento do plano da relação. O debenturista, enquanto tal, é um credor da sociedade; ao transformar-se em acionista, torna-se participante da sociedade.

---

[1] A opção pela conversão é um direito exclusivo do debenturista. Nesse sentido Carvalhosa (1979, p. 540); Lacerda Teixeira e Tavares Guerreiro (1979, v. 1, p. 345); Waldecy Lucena (2009, p. 594). Em sentido contrário Alfredo Lamy Filho (2007, p. 305). Sobre o tema, remete-se o leitor ao nosso *Das Debêntures*, p. 214 e segs.).

Convém acentuar, ademais, que a aquisição das ações, pelo processo de conversão, já se encontrava prevista quando da emissão da debênture. Era, pois, um dos direitos emergentes do título, representando a conversão o exercício desse direito.

Da debênture conversível derivam, com efeito, dois direitos: o direito de crédito e o direito de subscrição de ações.

O exercício do direito de subscrição de ações, o qual, em princípio, pode ser exercido a qualquer tempo, acarreta o vencimento antecipado do crédito, correspondendo o montante respectivo ao preço de subscrição das ações.

Opera-se, por conseguinte, uma efetiva compensação entre o crédito e o débito do debenturista – crédito representado pelo valor da debênture resgatada e débito consistente no preço das ações adquiridas.

Fundada nessa angulação da questão, erigiu-se a teoria da compensação.

Uma outra teoria seria a da permuta, a qual, entretanto, não resiste a um estudo crítico. Na permuta, troca-se um bem por outro bem, o que não ocorre na hipótese.

A debênture não é trocada por ações existentes na carteira da sociedade, mas sim por ações emitidas em consequência da conversão. O exercício da conversão determina a criação das ações, tratando-se, na verdade, de uma subscrição,[2] cujo preço de emissão corresponde ao valor das debêntures convertidas e, por via de consequência, resgatadas.

O valor do resgate paga o preço da subscrição, configurando-se, dessarte, como já acentuado, uma compensação entre o crédito e o débito respectivos.

A debênture conversível é, ao mesmo tempo, um título de renda fixa e um título de renda variável.

O debenturista, ao adquirir uma debênture conversível, torna-se titular de um papel de crédito, e como tal passa a fazer jus à percepção de juros e ao reembolso, em prazo certo, do capital aplicado, devidamente corrigido. Facultado lhe é, todavia, permanecer nessa posição até o vencimento do título, ou, a seu critério, converter a debênture em ações, transmudando a sua posição de credor em uma posição de acionista.

Através da debênture conversível, o investidor ingressa no jogo de bolsa, sem se expor aos riscos inerentes a esse mercado. A renda fixa da debênture conversível representa o seu conteúdo mínimo. Se as ações da emitente ingressam em uma curva

---

[2] Alguns autores, especialmente na doutrina francesa, veem no direito de conversão, assim como nas demais situações que asseguram o direito de subscrição de ações (bônus de subscrição, opção de compra de ações), um aumento de capital com subscrição condicional. Henri Hovasse (1988, p. 6) trata detidamente da matéria: "Ainsi définies, les augmentations de capital à souscription conditionnelle recouvrent assurément l'émission de bons de souscription autonomes, d'obligations convertibles et avec bons de souscription ou encore d'actions avec bons de souscription ainsi que la création d'options de souscription au bénéfice de salariés et des dirigeants sociaux."

descendente, com cotações cada vez mais baixas, o valor da debênture conversível tende a se estabilizar no próprio valor corrigido do título, que é o seu preço de resgate. Verificando-se, todavia, a hipótese contrária, com acentuada valorização das ações da emitente, a cotação da debênture conversível acompanhará, naturalmente, o nível de valorização das ações. Ora, se a debênture, para efeito de conversão, corresponde a um determinado número de ações, qualquer elevação do valor destas determina, como consequência necessária, idêntica elevação no valor da debênture.

A debênture acompanha, ilimitadamente, a curva ascendente das ações, mas, na curva descendente, repousa na proteção representada pelo seu valor nominal corrigido, que é a sua dimensão como título de crédito.[3]

O debenturista, por conseguinte, aproveita as virtudes da renda fixa, sem se privar da possibilidade de realizar ganhos de capital.[4]

124 BASES DA CONVERSÃO

A empresa emitente deverá estabelecer, na assembleia que autorizar a emissão, as condições para a conversão, fixando a espécie e a classe das ações em que as debêntures poderão ser convertidas, o prazo ou época para o exercício desse direito, bem como todas as demais regras aplicáveis, inclusive as bases da conversão.

Definir as bases da conversão afigura-se problema tormentoso. Como, para fins de conversão (compensação), estabelecer o valor da ação? Quanto deve custar cada ação para o debenturista ou, em outras palavras, quantas ações o debenturista poderá receber relativamente a cada debênture?

A lei, ao tratar da questão (art. 57), enuncia que as bases serão definidas em: (a) número de ações a que corresponde cada debênture; ou (b) esquema de relação entre o valor nominal da debênture e o preço de emissão da ação.

No primeiro sistema não se leva em conta o valor da debênture nem o da ação, importando apenas a cota estabelecida, ou seja, o número fixo de ações em que a debênture se converte. Esse sistema, muito comum nos Estados Unidos da América, é protegido contra a diluição através de fórmulas que assegurem o aumento do número de ações por debênture, sempre que as ações perderem substância em decorrência de bonificação ou de lançamento de ações a preços inferiores aos que informaram a fixação das bases da conversão, ou até mesmo como consequência da emissão de debêntures com bases de conversão mais favorecidas.

Em função das perspectivas da empresa e da presumível valorização das participações, tem-se, igualmente, dado ao número fixo de ações um caráter regressivo. Assim, a debênture, em determinado período, seria conversível, por exemplo, em 100 ações; no período seguinte, em 96 ações; e, findo este, em 94 ações.

---

[3]   Sobre o tema, Dario Velo (1975).

[4]   Conf. Henry Tilbery (1977, p. 18).

No segundo sistema, em uma operação aritmética de divisão, considera-se o valor da debênture (dividendo) e o da ação (divisor), e em função dessa relação calcula-se o número de ações (quociente) a que a debênture dá direito. Por esse processo, adota-se, para a debênture, o seu valor nominal, o que vale dizer, no caso da debênture com correção monetária, o valor corrigido do título. E, para a ação, qual seria o valor a considerar? Refere-se a lei ao preço de emissão. Mas qual será esse preço?

Tanto no primeiro sistema, ao cotar a ação para o fim de estabelecer um número fixo por debênture, como no segundo, ao preestimar um valor para a ação, não poderá a sociedade deixar de considerar os preceitos consignados no § 1º do art. 170 da lei em vigor, alusivos a preço de emissão (ver seção 88).

As bases de conversão das debêntures em ações deverão refletir os critérios destinados à fixação do preço de emissão, os quais serão empregados, na época em que for autorizada a emissão, a fim de definir o número de ações a que a debênture corresponde, ou, conforme o sistema adotado, o preço da ação para efeito de conversão.

Como o preço de emissão é fixado, de forma determinada ou determinável, pela assembleia, o título poderá, eventualmente, por força das oscilações da bolsa e do próprio comportamento da emitente, vir a se tornar extremamente especulativo.

Uma debênture de R$ 100 dava direito, quando da emissão, a 50 ações, porque o preço de emissão da ação situava-se em torno de R$ 2. Algum tempo depois, tomando a bolsa uma curva ascendente e, além disso, experimentando a empresa um extraordinário incremento de negócios, a cotação de suas ações no mercado ter-se-ia elevado para R$ 8. O preço da ação, para efeito de conversão, continuaria a ser o mesmo, ou seja, 50 ações por debênture, o que significaria uma quadruplicação do valor efetivo do título.

Atente-se, ainda, para a circunstância de que qualquer aumento de capital, por subscrição normal, teria que observar um novo preço de emissão, enquanto as debêntures, por representarem uma relação pré-constituída, continuariam a dar direito a uma aquisição de ações por preço de emissão antigo e, por conseguinte, muito inferior, eventualmente, ao vigente na data do exercício do direito de conversão.

O mais adequado, e que daria uma efetiva força de mercado à debênture conversível, seria a fixação de bases de conversão que estabelecessem um determinado número de ações por debênture, ou um valor fixo corrigível, como preço de emissão da ação.

A prática brasileira, entretanto, não vinha sendo essa. Comumente adotava-se para a ação o valor de bolsa, o preço-lucro ou o valor patrimonial, a ser apurado na época da conversão.

Essas fórmulas retiram à debênture conversível o seu mérito principal, qual seja, o de conferir ao debenturista uma posição de acionista virtual, fundada em relação capaz de lhe atribuir um número predeterminado de ações.

Em tempos mais recentes, todavia, as emissões vêm adotando a sistemática da conversão fundada em determinado número de ações por debênture, o que estaria a indicar a configuração de uma nova tendência. Vem sendo inclusive praticada a fórmula dos números fixos regressivos de ações por debêntures. Em algumas emissões, todavia, a regressão é tão abrupta que demonstra, não os efeitos das perspectivas da empresa, mas sim a intenção deliberada de dificultar a conversão, com violação evidente dos preceitos sobre preço de emissão.

125   O AUMENTO DE CAPITAL CONSEQUENTE À CONVERSÃO

O debenturista, ao exercer o seu direito de conversão, recebe ações da sociedade. Consequentemente, esta terá que promover o aumento de seu capital em nível equivalente ao que corresponda às ações emitidas. Em uma sociedade cujo estatuto contém autorização para aumento de capital, essa contingência se situaria, naturalmente, dentro do capital autorizado. Mas, mesmo em uma sociedade de capital fixo, a conversão e o aumento de capital independem da assembleia geral, constando, inclusive, do art. 166, III, da Lei das Sociedades por Ações, entre as hipóteses de aumento de capital, a conversão de debêntures em ações. Esse aumento, que é automático, será averbado no registro de empresas, no prazo de 30 dias, cumprindo à sociedade, na primeira assembleia geral que se seguir, cuidar de ajustar o capital registrado no estatuto ao verdadeiro capital social, declarando-o aumentado em valor correspondente às ações emitidas em consequência da conversão de debêntures.

No momento da conversão não há o que cogitar a respeito de direito de preferência, pois que este já foi oferecido quando da subscrição das debêntures conversíveis, não tendo, pois, aplicação ao ser exercido o direito de conversão (art. 171, § 3º).

Sempre que as debêntures se destinarem à subscrição pública ou à venda em bolsa, o direito de preferência dos antigos acionistas poderá ser excluído pelo estatuto (art. 172).

126   A ELABORAÇÃO NO DIREITO EUROPEU

A Lei nº 6.404/1976 apresenta-se, de modo geral, pródiga, tendo chegado ao requinte de importar do sistema anglo-americano formas de debêntures inteiramente divorciadas, à época, da nossa tradição, tais como a debênture subordinada (subquirografária), a debênture permanente (sem vencimento) e a debênture escritural (sem cártula).

No que tange, porém, à debênture conversível, a pobreza do texto legal situa-se em nível lastimável, resumindo-se a sua regulamentação em um artigo (art. 57) e dois parágrafos.

Não atentou, outrossim, o legislador para o direito europeu e a sua extraordinária criatividade.

No direito francês surgiram as chamadas *obligations échangeables,* as quais podem ser permutadas por ações da sociedade emitente, exercendo-se, porém, o direito de permuta não perante a própria sociedade emitente, e sim perante um terceiro.[5]

Esse terceiro, uma instituição financeira ou um consórcio de bancos, subscreve ações da emitente e assume o compromisso de atender aos pedidos de permuta que vierem a ser formulados pelos debenturistas.

Essa espécie acha-se compreendida no âmbito da teoria da permuta, correspondendo à efetiva troca de um bem (debênture) por outro (ações).

Ao exercer o direito de permuta, receberá o debenturista não só as ações previstas, como também as bonificações correspondentes, e ainda as ações subscritas em decorrência do exercício do direito de preferência, estas mediante o pagamento, devidamente corrigido, do montante despendido pela instituição financeira, quando da respectiva subscrição.

Essa modalidade do título, que entre nós poderia chamar-se "debênture permutável", permite que o problema de conversibilidade seja deslocado da sociedade emitente para uma instituição financeira. A permuta em nada afeta a sociedade emitente, cuja emissão guarda características de debênture comum.

O pacto de permuta é assumido pela instituição financeira, a qual, para tanto, deverá firmar, como interveniente, a escritura de emissão.

Embora não prevista em nossa legislação, não existem óbices à adoção da "debênture permutável", pois tudo se resumiria em uma emissão de debêntures comuns, com cláusula de permuta.

No direito italiano, alude-se a duas modalidades de debênture conversível: debênture conversível "por procedimento direto" e debênture conversível "por procedimento indireto".

---

5   Paul Didier nos proporciona sintética e expressiva apresentação dessa modalidade de debênture: "Les obligations échangeables sont des obligations qui peuvent être échangées contre des actions déjà émises par la société ou creés par elle au plus tard à l'occasion de l'émission de ces obligations. Les actions destinées à l'échange sont détenues par des tiers, appelés tiers détenteurs ou tiers souscripteurs selon le cas. Ces tiers détenteurs ou souscripteurs doivent être des banques ou des personnes ayant la caution des banques et seules les sociétés dont les actions sont inscrites à la cote officielle d'une bourse de valeurs peuvent émettre des actions échangeables. Les tiers détenteurs ou souscripteurs doivent, à compter de l'émission des obligations et aussi longtemps qu'il en existe, exercer tous les droits de souscription à titre irréductible et tous les droits d'attribution attachés aux actions souscriptes. Les titres nouveaux ainsi obtenus sont offerts, en cas d'échange, aux obligataires, à charge pour ceux-ci de rembourser aux tiers détenteurs ou souscripteurs toutes les avances qu'ils ont faites. Les tiers détenteur ou souscripteur s'engage à échanger les actions qu'il détient contre les obligations qui lui sont proposées par les obligataires et pour cela les actions en sa possession sont nominatives, inaliénables et insaisissables et garantissent, à titre de gage, l'exécution des engagements pris par le tiers détenteur ou souscripteur. L'échange peut être demandé à tout moment jusqu'à l'expiration du délai de trois mois qui suit la date à laquelle l'obligation vient à remboursement" (1970, p. 484).

A primeira, tal como a nossa debênture, é conversível em ações da sociedade emitente, enquanto a segunda (por procedimento indireto) é conversível em ações de uma outra sociedade que não a emitente.

A sociedade emitente das debêntures mantém em carteira ações de uma terceira sociedade, geralmente subsidiária, por estas permutando, segundo bases preestabelecidas, as debêntures emitidas.

Essa modalidade de debênture atende, convenientemente, a sociedade cujas subsidiárias se encontrem em fase de implantação de seus projetos.

A sociedade controladora pretende captar recursos para projetos de suas subsidiárias, as quais, todavia, não têm ainda a credibilidade necessária a uma emissão de debêntures.

Assim, a emissão se faz pela sociedade controladora, a qual, no entanto, não deseja que as debêntures sejam convertidas em suas próprias ações.

A conversão, nesse caso, poderia fazer-se "por procedimento indireto", outorgando-se ao debenturista a faculdade de converter suas debêntures em ações da subsidiária.

As perspectivas da conversão, em certas circunstâncias, tornar-se-ão bastante atraentes para o investidor, considerando que um projeto em implantação, quando bem dimensionado, poderá representar, uma vez atingida a fase de maturação, uma boa garantia de rentabilidade.

A nossa legislação também não cuidou da debênture conversível "por procedimento indireto". Apesar disso, afigura-se viável a sua emissão, desde que, a fim de não a confundir com a debênture conversível regulada na Lei n° 6.404/1976, venha rotulada como debênture comum, com cláusula de permuta por ações de subsidiária.

Como as ações da subsidiária preexistem à conversão, compondo a carteira da emitente, a teoria aplicável a essa relação jurídica será, evidentemente, a da permuta.

127 AS CLÁUSULAS DE PROTEÇÃO

Como o titular de uma debênture conversível é, virtualmente, um acionista, as ações da sociedade deverão estar protegidas contra decisões que alterem sua substância.

A Lei n° 6.404/1976 fez depender da concordância dos debenturistas ou de seu agente fiduciário tanto a mudança do objeto social como as decisões que alterem ou modifiquem as vantagens das ações preferenciais em que são conversíveis as debêntures (art. 57, § 2°). Igual aprovação foi exigida para a incorporação, fusão ou cisão da emitente, mesmo que as debêntures não sejam conversíveis, dispensando-se, porém, a exigência nos casos em que se assegure ao debenturista o direito de resgatar, durante o prazo mínimo de seis meses, as debêntures de que seja titular (art. 231).

Omitiu-se, entretanto, o legislador, no que concerne à proteção das bases da conversão. Ora, as bases da conversão serão estabelecidas em função de determinado preço de emissão, a partir do qual faz-se a apuração do número de ações a que cada debênture corresponde.

Essa correlação debênture-ação pode ser desequilibrada em suas bases, com profundas repercussões sobre a cotação das debêntures, sempre que, em virtude de certas deliberações assembleares, resultar diluído o valor da ação.[6]

Se a debênture corresponde a número certo de ações e essas ações são diluídas, verificar-se-á um consequente vazamento na substância econômica das debêntures.

Esse desajuste das bases da conversão tem lugar quando a empresa distribui bonificações, emite ações a preços inferiores, ou coloca uma nova série de debêntures com bases mais favorecidas.[7]

Objetivando contornar os efeitos dessas situações, têm sido adotadas, principalmente na prática americana, fórmulas matemáticas de proteção contra a diluição, de modo a atribuir ao debenturista ações suplementares que o compensem da desvalorização sofrida.[8]

Mesmo sem qualquer previsão explícita, a proteção contra a diluição decorre da própria natureza da relação em que se fundam as bases da conversão, podendo o debenturista, sempre que se julgue lesado pela diluição, pleitear judicialmente a competente reparação.

---

[6] Penalva Santos, desde a Lei de Mercado de Capitais, já se mostrara sensível à questão: "É inegável que a conversão produz uma espécie de efeito retroativo, e os debenturistas têm, em todos os casos, durante o prazo de opção, direitos eventuais, associados intimamente à sociedade. Não poderiam, por exemplo, ficar impassíveis diante de um aumento de capital lesivo de seus direitos, ou de atos de diretoria dilapidatórios do patrimônio social. Por isso, essa matéria deveria ser objeto de regulamentação, sobretudo no que concerne à posição dos debenturistas durante o prazo de opção" (2005, p. 76).

[7] As cláusulas de proteção contra a diluição foram profundamente analisadas por Carlos Gabriel Yomha: "El objetivo primero de las cláusulas *antidilución* ha sido, casi desde siempre, asegurar una modificación en el número de las acciones subyacentes a remitir al obligacionista, a fin de compensar en su favor ciertos cambios intervenidos en el valor del título. Estas cláusulas comenzaron a ser aplicadas antes de la primera guerra mundial. Resulta claro que se la sociedad, después de haber emitido los títulos convertibles, introduce en el mercado nuevas acciones a precios sensiblemente inferiores a aquel en que ha sido estimado el valor potencial de las acciones subyacentes, éste tenderá a bajar en su cotización, por el simple juego de la ley económica de la oferta y demanda. Era necesario entonces encontrar ciertas respuestas tuitivas." E, depois, ao comentar especificamente a legislação argentina: "El régimen específico de protección de la ley argentina de sociedades de 1972, establecido para los debentures convertibles en acciones, se resume en una lista de prohibiciones. Si una sociedad argentina emite esta clase de títulos no podrá en adelante efectuar cualquiera de las siguientes operaciones: amortizar o reducir el capital, aumentarlo por incorporación de reservas ou de beneficios, distribuir las reservas, modificar los estatutos en lo que concierne a la distribución de los beneficios" (1933, p. 307 e 379).

[8] Sobre o tema, Hunt, Williams e Donaldson (1961, v. 2, p. 165).

128 A CLÁUSULA DE RESGATE ANTECIPADO

Em uma emissão de debêntures conversíveis, a cláusula de resgate antecipado assume relevante importância, pois através dela faculta-se à companhia atuar, quando lhe for conveniente, no sentido de forçar a conversão.

Assinale-se que o chamamento a resgate antecipado, em se tratando de debêntures conversíveis, deverá fazer-se acompanhar de um prazo para o exercício da conversão, sem o que estaria sendo negado um dos direitos emergentes do título.

As debêntures poderão alcançar, no mercado, com a boa cotação das ações em que são conversíveis, valores imensamente superiores ao seu valor corrigido.

Os investidores, portanto, nem sempre terão interesse em efetivar a conversão, preferindo, às vezes, continuar a operar, no mercado, com as próprias debêntures, já então valorizadas por força e em consequência da cotação das ações a que correspondem.

Nessa hipótese, e desde que o resgate antecipado esteja previsto entre as condições da emissão,[9] as debêntures poderão ser chamadas a resgate, o que forçará os seus titulares, sob pena de perdas substanciais, a exercerem o direito de conversão.

O resgate antecipado é importante ainda como forma de diminuir o custo do dinheiro, em face do eventual decesso das taxas vigorantes no mercado. Para tanto, a sociedade emitirá uma outra série, com taxa inferior de juros e, mediante a aplicação do produto da colocação dos novos papéis, resgatará a antiga série.

Se, com o chamamento a resgate, os debenturistas converterem as debêntures em ações, a sociedade terá, de qualquer sorte, atingido o seu fim, liberando-se, para o futuro, dos juros elevados.

---

[9] Conf. Carlos Fulgêncio da Cunha Peixoto (1972/1973, v. 3, p. 159).

XXVI
OUTROS TÍTULOS DE EMISSÃO DAS SOCIEDADES ANÔNIMAS

129. Partes beneficiárias; **130.** Bônus de subscrição; **131.** Opção de compra de ações.

129 PARTES BENEFICIÁRIAS

As partes beneficiárias são títulos de criação da sociedade anônima, tendo por finalidade a atribuição a seus titulares do direito de participar dos lucros anuais.

Esses títulos se distinguem claramente das ações, uma vez que não correspondem a qualquer contrapartida no capital da sociedade. Por outro lado, os direitos privativos de acionista, salvo o de fiscalizar, não lhes podem ser atribuídos. Distinguem-se também das debêntures, porquanto não correspondem a um valor de reembolso, a ser exigido da emitente, mas tão só a um crédito eventual, cuja efetividade permanece na dependência dos lucros de cada exercício.[1]

As partes beneficiárias de uma companhia serão todas absolutamente iguais quanto aos direitos que conferem, constituindo assim uma classe única.

A parcela dos lucros a ser atribuída às partes beneficiárias será indicada nos estatutos da sociedade, não podendo, porém, ultrapassar um décimo desses lucros. Se a sociedade constituir uma reserva para resgate das partes beneficiárias, os recursos a tanto destinados também deverão estar compreendidos na mesma décima parte dos lucros. A reserva de capital constituída com o produto da venda de partes beneficiárias também poderá ter essa destinação (ver seção 181.2).

Para efeito de cálculo da participação das partes beneficiárias, devem-se tomar o resultado do exercício, dele deduzindo os prejuízos acumulados, se houver, e a provisão para o imposto de renda. Em seguida, serão apuradas as participações

---

[1] Castro Rebello acentua que, como "simples credor da sociedade, é o titular da parte beneficiária assimilável ao obrigacionista" (1962, p. 183).

estatutárias de empregados e administradores, fazendo-se incidir sobre o valor remanescente o percentual conferido às partes beneficiárias.

As partes beneficiárias assumirão as formas nominativa ou escritural, conforme dispuser o estatuto. A forma escritural somente se justificaria em uma emissão pulverizada, o que não costuma ser o caso.

Na companhia aberta, a emissão de partes beneficiárias, por força da redação do parágrafo único do art. 47, encontra-se completamente proibida.

Na companhia fechada, além da alienação onerosa, permite-se a atribuição gratuita de partes beneficiárias a fundadores, acionistas ou terceiros como contraprestação de serviços prestados à companhia. Atente-se para o sentido remuneratório dessa atribuição, do que decorre a necessária caracterização de efetiva e suficiente prestação de serviços à empresa, sem o que a outorga das partes beneficiárias configuraria liberalidade e abuso de poder.

As partes beneficiárias devem ter um prazo de duração, o qual não ultrapassará dez anos para as que forem atribuídas gratuitamente, salvo a entidades de empregados.

Ao estatuto é dado convencionar a conversão das partes beneficiárias em ações, mediante a capitalização da reserva para tanto criada. Para que isso aconteça, impõe-se a prévia acumulação, no fundo de reserva, de recursos suficientes para atender ao preço de emissão das ações. Do contrário, esse preço estaria sendo vazado, com evidente comprometimento do princípio da realidade do capital. A cláusula de conversibilidade em ações acarreta a incidência, quando da emissão, das normas sobre direito de preferência, as quais, todavia, e por razões óbvias, somente se aplicam nas hipóteses de alienação onerosa (art. 171, § 3°).

Qualquer modificação nas vantagens das partes beneficiárias depende de aprovação, em assembleia especial, de metade, no mínimo, dos respectivos titulares. Para tanto, cada parte beneficiária corresponderá a um voto, não podendo a sociedade votar com os títulos que mantiver em tesouraria.

A emissão de novas partes beneficiárias, além do número inicialmente aprovado, somente poderá fazer-se na medida em que aumente, na mesma proporção, o percentual a elas destinado (observado o limite de um décimo dos lucros), pois, do contrário, estaria sendo ampliado o divisor, e, consequentemente, rebaixada a expectativa de lucro de cada titular. A não ser que, em assembleia especial, concordem todos os interessados com a desvantagem que da ampliação lhes advirá.

130 BÔNUS DE SUBSCRIÇÃO

O bônus de subscrição outorga ao seu titular, durante um determinado prazo, o direito de adquirir ações da emitente a um preço de emissão determinado ou determinável, segundo critérios preestabelecidos.

Cada bônus permitirá a subscrição de tantas ações quantas estiverem indicadas no respectivo certificado, mediante o pagamento do preço de emissão convencionado.

Trata-se de um título de subscrição de ações, cabendo ao respectivo titular exercer ou não esse direito, segundo sua conveniência.

Apenas as sociedades cujos estatutos contenham autorização para aumento de capital poderão emitir bônus de subscrição. Além disso, exige o legislador (art. 75) que a emissão se situe dentro dos limites do capital autorizado. Consequentemente, e uma vez emitidos os bônus, deverá a sociedade proceder a uma reserva de ações, dentro do capital autorizado, para fazer face ao eventual exercício do direito de subscrição, somente liberando o saldo dessa reserva após o término do prazo de validade dos bônus.

Esse título poderá ser vendido pela sociedade, ou atribuído gratuitamente aos subscritores de ações ou debêntures, aplicando-se, em qualquer caso, as normas atinentes ao direito de preferência dos antigos acionistas.

O bônus, segundo o art. 78, com a redação que lhe foi atribuída pela Lei nº 9.457/1997, pode assumir as formas nominativa ou escritural.

Para efeito de venda original, o bônus ganhará um preço, a ser estimado pela emitente.[2] A partir de então, o seu preço oscilará no mercado em função da cotação das ações, a cuja subscrição ele se destina. Como o bônus dá direito a uma subscrição por um preço preestabelecido, a elevação da cotação das ações provocará uma imediata valorização do bônus, tornando-o eminentemente especulativo.

131 OPÇÃO DE COMPRA DE AÇÕES

A opção de compra de ações encontra-se regulada em um único parágrafo (3º) do artigo (168) que trata do capital autorizado.

Tal como ocorre com o bônus de subscrição, a opção também deverá se situar dentro do limite do capital autorizado.

Diversamente do que acontece com os demais títulos que conferem direito de subscrição de ações, a opção não se encontra sujeita às normas sobre direito de preferência.

A opção depende de previsão estatutária e de plano aprovado pela assembleia geral.

A outorga da opção é sempre gratuita e tem como destinatários exclusivos os administradores, empregados e prestadores autônomos de serviços à companhia ou às suas subsidiárias.

---

[2] Henri Hovasse (1988, p. 90) destaca esse caráter discricionário da fixação do preço: "Les promesses d'émission peuvent être émises isolément sous la forme de bons de souscription autonomes. Dans une telle hypothèse, la contrapartie s'exprime nécessairement en un prix. Ce prix consiste en une somme d'argent d'un montant *forfaitaire*, payée comptant lors de la souscription de ces bons autonomes."

Embora a lei não o explicite, pode-se deduzir que a opção confere ao seu titular o direito de, durante um prazo especificado, subscrever ações da emitente a um preço de emissão determinado ou determinável, segundo critérios estabelecidos na oportunidade da outorga.

A finalidade da opção, obviamente, é o engajamento de administradores, empregados e prestadores autônomos de serviço no esforço de crescimento da sociedade. As opções refletem o preço de emissão em um dado momento; o subsequente progresso da sociedade promoverá a valorização de suas ações, propiciando àqueles que contribuíram, ainda que teoricamente, para esse progresso a oportunidade de realizar um lucro efetivo, adquirindo ações da companhia por um preço inferior ao vigente.

Não tendo a lei regulado a opção, caberá ao estatuto e à assembleia minudenciar as respectivas condições.

Uma importante condição é a concernente à negociabilidade ou não das opções. Se forem negociáveis, poderão, segundo o estatuto, assumir as formas nominativa ou escritural.

Cabe, contudo, afirmar, considerada a finalidade do instituto, que o mais adequado seria a adoção da intransferibilidade da opção, ressalvada a sucessão universal. Desse modo, poder-se-ia condicionar o direito de subscrição à permanência do vínculo que determinara a outorga.

Ou seja, independentemente do prazo da opção, o seu exercício somente seria admitido enquanto os respectivos titulares (administradores, empregados ou autônomos) se mantivessem ligados à companhia.

É claro que qualquer desses titulares, quando o afastamento resultar de iniciativa da companhia, deverá contar com um prazo (30 dias, por exemplo) para o exercício da opção. Se assim não fora, haveria uma frustração de direito.

Deve-se ressaltar, ademais, que a lei brasileira, ao disciplinar os títulos de emissão das sociedades anônimas, arrola-os em capítulos sequenciados (III, IV, V e VI), que tratam respectivamente de ações, partes beneficiárias, debêntures e bônus de subscrição. A opção que, tal como as debêntures conversíveis e os bônus de subscrição, confere direito de subscrição de ações, é tratada, como já acentuado, em um parágrafo do artigo que disciplina o capital autorizado. Houve, portanto, uma indicação clara do legislador no sentido de demonstrar a especificidade desse instituto. A opção não é um valor mobiliário, não se destina à circulação, não se coloca no âmbito das relações externas da companhia.

A opção estaria, na verdade, quanto ao conteúdo, muito próxima do bônus de subscrição, pois, semelhantemente a este, outorga ao seu titular, durante um determinado prazo, o direito de adquirir ações a um preço determinado ou determinável segundo critérios preestabelecidos. O bônus de subscrição é, no entanto, um título que pode ser vendido pela companhia, inclusive através de colocação pública. A sua emissão se fará sempre sob a forma de um título nominativo ou escritural, sendo de sua natureza a circulabilidade. Cuida-se, então, de título que pode ser objeto de negociações de mercado.

É essa a grande distinção entre o bônus de subscrição e a opção de compra de ações. O primeiro destina-se ao universo externo da sociedade, objetivando o mercado; o segundo circunscreve-se ao âmbito das relações internas.

A própria lei, ao definir a opção, não a trata como um título a ser emitido pela companhia, mas sim como um direito a ser assegurado a determinadas pessoas.[3]

Se a opção assumir a forma de um título transmissível, o que não estaria em consonância com a sua natureza e finalidade, ter-se-ia um título semelhante ao bônus de subscrição, por cujos princípios deveria reger-se.

A opção intransmissível, salvo por sucessão hereditária, configura, porém, a toda evidência, um direito contratual de subscrição de ações, conferido no âmbito interno da sociedade, o que lhe retira, por inteiro, qualquer conotação com valores mobiliários ou qualquer outro instrumento de circulação de valores.

A opção pode, então, ser definida como um instrumento de natureza corporativa, destinado a conferir um benefício potencial a pessoas ligadas à empresa e ao seu desempenho.

A opção de compra de ações (*stock option*) tem representado, nos Estados Unidos da América, uma prática corrente. Os titulares das opções, se as ações da sociedade se valorizarem, poderão participar desse resultado, mediante o exercício de seu direito de subscrição, que subentende um preço preestabelecido.

Na prática, têm ocorrido até mesmo exageros e abusos. Algumas companhias americanas, ao longo dos anos 90, vinham outorgando a seus altos executivos, especialmente a diretores, opções em excesso, de tal forma que, uma vez que tivessem essas sociedades apresentado uma grande valorização de suas ações, até mesmo em função de políticas imediatistas e de curto prazo, viabilizava-se para esses administradores a oportunidade de realizar, às vezes no estreito período de um ano, ganhos de dezenas de milhões de dólares.

As retribuições fabulosas recebidas por determinados executivos americanos despertaram inclusive um grande movimento, iniciado na imprensa, e depois manifestado nas assembleias gerais, com o objetivo de destituir administradores que extrapolaram na percepção de benefícios.

Todavia, e desde que os exageros sejam colocados à parte, a opção de compra de ações poderá representar um eficiente veículo de coparticipação do trabalho (empregados e executivos) nos resultados da empresa.

---

[3]   Marcos Paulo de Almeida Salles (1980, p. 13), ressalta esse caráter contratual da opção: "A opção de compra de ações é um contrato unilateral celebrado nos termos do art. 168, § 3º, da Lei nº 6.404/1976. Desta última, portanto, somente podemos ter, dos direitos constantes da opção, a cessão civil." Nesta mesma linha se situa Roberto Papini (1987, p. 119), que enuncia: "A opção de compra de ações constitui modalidade contratual contemplada no § 3º do art. 168 da Lei nº 6.404/1976."

Têm, entretanto, surgido algumas controvérsias de natureza tributária e previdenciária quanto à natureza da opção, as quais vão se dissipando no sentido de entender-se que não se trata de uma remuneração do trabalho, mas sim de um ganho eventual, a depender do desempenho das ações da empresa, e pelas quais pagará o portador da opção o valor convencionado. Em setembro de 2024, o STJ, ao julgar os Recursos Especiais 2.069.644/SP e 2.074.564/SP, firmou a seguinte tese: "a) No regime do *Stock Option Plan* (art. 168, § 3º, da Lei n. 6.404/1976), porque revestido de natureza mercantil, não incide o imposto de renda pessoa física/IRPF quando da efetiva aquisição de ações, junto à companhia outorgante da opção de compra, dada a inexistência de acréscimo patrimonial em prol do optante adquirente; b) Incidirá o imposto de renda pessoa física/IRPF, porém, quando o adquirente de ações no *Stock Option Plan* vier a revendê-las com apurado ganho de capital" (Tese 1.226). Com isso, a matéria passou a ter o entendimento compatível com a verdadeira natureza do instituto.

A questão do controle da sociedade, que poderia ser afetado pelo exercício das opções, não oferecerá esse risco se o volume de opções estiver bem dimensionado, ou ainda se a opção contemplar apenas ações preferenciais sem voto.

XXVII

O ACIONISTA

132. O acionista; **133.** A obrigação de integralizar o capital; **134.** O acionista remisso; **135.** Os direitos do acionista; **135.1.** O acesso ao Poder Judiciário e a arbitragem; **135.2.** A suspensão do exercício dos direitos do acionista; **136.** O representante do acionista domiciliado no exterior.

132 O ACIONISTA

Acionista é todo aquele, pessoa física ou jurídica, que é titular de ações de uma sociedade anônima.

Dentre os acionistas, há os que se envolvem na vida da sociedade, participando de suas assembleias, e os que se põem à distância, tendo nas ações meros instrumentos de renda ou de especulação bursátil.[1]

Na grande companhia aberta, os ausentes costumam constituir a maioria, concentrando-se em uma minoria o quadro ativo da sociedade.

No quadro ativo, às vezes verifica-se uma homogeneidade de posicionamento. Outras vezes, esse quadro se divide em dois grupos, um majoritário, que passa a comandar a sociedade, e outro minoritário, que se coloca como dissidente, numa espécie de oposição.[2]

---

[1]   Griffi refere-se ao *scopo-fine*, que é comum a todos os acionistas, e ao *scopo-mezzo*, que varia segundo a motivação de cada um (1971, p. 250).

[2]   Dominique Schmidt realça sobremaneira esse contraponto: "Une minorité ne peut être déterminée que par rapport à une majorité. Et cela paraît si vrai que l'on définit la minorité comme étant la différence entre la majorité et la totalité. Mais la simplicité de ce calcul peut faire illusion: en effet, la notion de majorité n'est qu'une notion relative non déterminée d'après le capital social, mais appréciée par rapport à une minorité. C'est la majorité à l'assemblée générale qui impose sa loi, non la majorité absolue du capital. Le calcul comporte donc deux inconnues, la majorité et la minorité. Enfin si l'on veut cerner la notion de minorité, il ne suffit pas de la distinguer de la majorité; il faut encore rechercher si elle se distingue de la masse du capital non-majoritaire" (1970, p. 3).

Quer integrado no grupo ativo, quer entre os ausentes, o proprietário de ações, ainda que sem voto, mantém a condição de acionista.

133 A OBRIGAÇÃO DE INTEGRALIZAR O CAPITAL

Embora possa estar o acionista sujeito a outras obrigações decorrentes da lei ou dos estatutos,[3] a sua obrigação básica e fundamental é a de integralizar as próprias ações (ver seção 60).

A ação considera-se integralizada quando o montante correspondente ao preço de emissão já foi transferido à sociedade. Até então, tem-se uma ação a integralizar.

Quando a subscrição é a vista, a integralização ocorre simultaneamente.

Sendo a prazo, ter-se-á uma parcela inicial (ver seção 82) e parcelas subsequentes de realização. Convém notar que cada parcela corresponde a uma realização de capital, destinando-se o vocábulo *integralização* a designar a plena realização do preço de emissão.

Os prazos ou datas em que as realizações de capital se consideram devidas poderão constar do estatuto ou boletim de subscrição. Omissos esses documentos, o vencimento da obrigação dependerá das "chamadas de capital" a serem expedidas pela diretoria, mediante avisos publicados com, no mínimo, 30 dias de antecedência, e por três vezes, no jornal em que a sociedade costuma fazer as suas publicações.

---

[3] A sociedade não pode sujeitar o titular de suas ações a obrigações que não sejam compatíveis com a condição de acionista. A condição de acionista apoia-se na responsabilidade limitada e na livre transferibilidade das ações, que pode ser condicionada nas companhias fechadas, mas que é absoluta nas companhias abertas. A cláusula estatutária que criasse obrigações, de natureza financeira ou patrimonial, que conflitassem com os referidos pressupostos, seria ilegal e, por conseguinte, inválida. Não seria admissível, por exemplo, cláusula estatutária que obrigasse o acionista a subscrever lotes adicionais de ações. Igualmente ilegítima seria a cláusula que o impedisse de vender as suas ações ou que o obrigasse a comprar ações dos demais acionistas ou a fazer ofertas públicas nesse sentido. Assim, cabe acentuar que as cláusulas chamadas "*poison pills*", adotadas estatutariamente, seriam, perante o direito brasileiro, manifestamente ilegais, pois que estariam impondo ao acionista obrigação incompatível com a natureza da ação. Essas cláusulas, naturalmente, poderiam ser objeto de acordo de acionistas, nos quais operariam no plano da relação contratual; jamais no estatuto, que é um ato-regra, de natureza institucional, e que tem por objeto regular as relações da sociedade com os seus acionistas, mas que não se presta a tutelar, fora dos padrões legais, os interesses de grupos de acionistas ou dos acionistas controladores. Quando se exige, para proteger a sociedade de um *take-over* hostil, que o acionista que atingir um determinado percentual do capital tenha que fazer uma oferta pública para comprar todas as demais ações (expediente inibitório), o que, na verdade, se objetiva é a proteção dos controladores (controle minoritário ou controle gerencial) contra a tomada do controle por terceiros. O controlador poderá combater o *take-over*, se o interesse da empresa o exigir, mas jamais estabelecer, no seu interesse, as chamadas *poison pills*, posto que estas representariam instrumentos espúrios de afirmação do arbítrio do grupo controlador, sendo, portanto, incompatíveis com a natureza da participação acionária.

Na data fixada para o pagamento, deverá o acionista efetivar a realização da parcela prevista, sob pena de ser considerado, de pleno direito, constituído em mora, nos termos do disposto no § 2º do art. 106.

Da mora decorre a incidência "dos juros, da correção monetária e da multa que o estatuto determinar, esta não superior a dez por cento do valor da prestação" (art. 106, § 2º).

Uma questão que se coloca é a de saber se os juros e a correção monetária, para incidirem, dependem de uma previsão estatutária, ou se essa previsão apenas seria necessária para o caso de multa.

O art. 106, § 2º, poderia comportar a interpretação de que a previsão estatutária apenas seria necessária para a multa, considerando que é a esse termo da oração que se liga a expressão "que o estatuto determinar".

Ocorre, entretanto, que, para uma situação análoga, qual seja, a venda das ações do acionista inadimplente em leilão na bolsa de valores, a condicionante se dirige, manifestamente, a todos os termos em questão, conforme se deduz da parte final do § 2º do art. 107, a seguir:

> Do produto da venda serão deduzidos as despesas com a operação e, *se previstos no estatuto*, os juros, a correção monetária e a multa, ficando o saldo à disposição do ex-acionista, na sede da sociedade.

Verifica-se, assim, que a Lei das Sociedades Anônimas não oferece respaldo para uma automática incidência de juros, correção e multa.[4]

Anote-se, todavia, que a Lei nº 6.899/1981, posterior, portanto, à Lei das Sociedades Anônimas, generalizou a correção monetária para todas as obrigações líquidas e certas, impondo-se a sua aplicação a partir do vencimento da prestação, independentemente de qualquer determinação estatutária.[5]

Ressalte-se que a correção monetária incide, por força de lei, a partir do vencimento da prestação, e não a partir da subscrição.

Para que se corrija cada parcela do preço de emissão, desde a subscrição, ou até mesmo desde a deliberação do aumento, torna-se necessário que haja uma determinação nesse sentido, seja no estatuto social, seja na deliberação sobre o aumento de capital, e que a condição conste do boletim de subscrição.[6]

No que tange aos juros, estes incidem por força do disposto no Código Civil:

> Art. 406. Quando não forem convencionados, ou quando o forem sem taxa estipulada, ou quando provierem de determinação da lei, os juros serão fixados de acordo com a taxa legal. (Redação dada pela Lei nº 14.905, de 2024)

---

[4]   Paes de Barros Leães manifesta-se nesse mesmo sentido (1980, p. 207).

[5]   Quanto ao índice de correção a ser adotado, ver seção 11.

[6]   Observe-se que, em virtude do Plano Real, a correção convencional encontra-se sujeita ao princípio da anualidade, o qual não atinge a correção legal de natureza moratória.

§ 1º A taxa legal corresponderá à taxa referencial do Sistema Especial de Liquidação e de Custódia (Selic), deduzido o índice de atualização monetária de que trata o parágrafo único do art. 389 deste Código. (Incluído pela Lei nº 14.905, de 2024)

Pode-se, portanto, concluir que, na ocorrência de mora, acrescem à dívida correção monetária e juros legais, os quais, segundo a Lei nº 14.905, de 2024, encontram-se englobados na taxa SELIC (ver seção 11); a incidência de multa condiciona-se a previsão estatutária.

134 O ACIONISTA REMISSO

Considera-se remisso o acionista que incorrer em mora, inadimplindo sua obrigação de integralizar as ações subscritas ou adquiridas.

Diante da inadimplência, coloca a lei à disposição da sociedade, à sua opção exclusiva, duas providências alternativas:

a) executar o acionista remisso;
b) mandar vender as ações em bolsa de valores.

O processo de execução, que observará as normas do Código de Processo Civil, se fundará no título extrajudicial representado pelo boletim de subscrição, ao qual se adicionará, quando for o caso, o aviso de chamada.

A venda em bolsa de valores não será promovida no pregão, mas em um leilão especial, de cuja realização se publicará aviso, por três vezes, com antecedência mínima de três dias.

Tanto na execução como no leilão, o objetivo a ser atingido é a integralização das ações. Tanto isso é verdade que, se o preço alcançado no leilão for superior à parcela a integralizar mais despesas e encargos, o saldo será posto à disposição do ex-acionista.

Se a execução for bem-sucedida, a ação será integralizada com o respectivo produto, e o acionista permanecerá na sociedade.

Vendidas as ações em leilão, o arrematante substituirá, no quadro social, o acionista remisso.

Essa alternativa – executar ou vender em bolsa – não poderá ser excluída ou limitada pelas disposições estatutárias (art. 107, § 1º). Trata-se, evidentemente, de um preceito de ordem pública, de tal importância que, até mesmo depois de iniciada a execução, faculta-se à companhia mandar vender as ações em bolsa:

Art. 107. [...]

§ 3º É facultado à companhia, mesmo após iniciada a cobrança judicial, mandar vender a ação em bolsa de valores; a companhia poderá também promover a cobrança judicial se as ações oferecidas em bolsa não encontrarem tomador, ou se o preço não bastar para pagar os débitos do acionista.

Convém perquirir o que acontecerá com a execução se, após iniciada, decidir a companhia pela venda em bolsa.

Ora, a venda em bolsa, que se fará em leilão, poderá encontrar licitante ou não. Considere-se, ademais, embora a lei não o explicite, que nesse leilão o preço mínimo a ser praticado deverá equivaler ao montante necessário à integralização, pois, do contrário, essas ações correriam o risco de permanecer em aberto, o que seria de todo incompatível com a sistemática legal.

É bem verdade que a execução contra o primitivo acionista poderá prosseguir, ou até iniciar-se, conforme previsto no citado § 3º do art. 107, "se o preço apurado não bastar para pagar os débitos do acionista".

Acontece, porém, que essa execução poderá resultar inteiramente infrutífera.

Garantida a integralização com a venda em bolsa, a execução poderá prosseguir, isto sim, para buscar do ex-acionista o ressarcimento das despesas de alienação e mais os encargos por ele devidos, tais como correção monetária, juros e multa.

Obtendo-se na venda em bolsa recursos suficientes para o atendimento da integralização das ações e bem assim das despesas e encargos, a execução estará extinta, pois que satisfeita a obrigação (art. 924, II, do Código de Processo Civil), não pelo devedor diretamente, mas através de alternativa legal (venda em bolsa) posta à disposição do exequente.

Frustradas a execução, por falta de bens penhoráveis, e a venda em bolsa, pela não ocorrência de interessados, restará à sociedade declarar a caducidade das ações não integralizadas, hipótese em que as entradas a ela relativas passarão à sua titularidade. Nesse caso, se a sociedade dispuser de lucros ou reservas livres, poderá integralizar as ações em questão, que assim se transformarão em ações de tesouraria.

Não dispondo de recursos para a integralização, terá a sociedade o prazo de um ano, contado da declaração de caducidade, para encontrar comprador que pague pelas ações o seu preço de emissão, uma vez que essa colocação equivale a uma subscrição.

A não colocação da ação no prazo legalmente estabelecido acarretará a declaração, pela assembleia geral, da redução do capital em montante correspondente ao valor das ações extintas.

135 OS DIREITOS DO ACIONISTA

Da condição de acionista resulta um complexo de direitos, a serem exercidos perante a sociedade.

Esses direitos distribuem-se em duas categorias: a dos direitos essenciais e a dos direitos modificáveis.

Os direitos essenciais são inerentes à titularidade acionária, não cabendo ao estatuto ou à assembleia geral excluir qualquer acionista do seu âmbito de incidência.

Os direitos modificáveis ora decorrem da lei, ora do estatuto, podendo estender-se a todas as ações ou ter algumas classes excluídas, pelo estatuto, de sua incidência, como costuma acontecer com o direito de voto relativamente às ações preferenciais.

A Lei das Sociedades Anônimas (art. 109) enumera os direitos essenciais, que são os seguintes: direito de participar dos lucros; direito de participar do acervo social, no caso de liquidação; direito de fiscalização; direito de preferência para a subscrição de ações, partes beneficiárias conversíveis em ações, debêntures conversíveis em ações e bônus de subscrição; e direito de recesso, nos casos previstos em lei.

Os direitos modificáveis são todos os demais, vale dizer, todos aqueles que não estejam arrolados como essenciais.

Os direitos essenciais não apresentam, contudo, a rigidez que seria de esperar. O direito de preferência para a subscrição de ações, por exemplo, poderá ser negado nos casos em que as ações se destinem à colocação pública.

O direito de participar dos lucros e do acervo não se aplica, necessariamente, de modo equânime, a todos os acionistas. As ações preferenciais, com prioridade na percepção do dividendo ou no reembolso do capital, têm pesos diversos nesses direitos. É que as ações de uma sociedade nem sempre conferem os mesmos direitos, pois, sendo diferentes as espécies ou classes, distintos serão os respectivos direitos. Dentro de uma mesma classe, impõe-se, contudo, a regra da igualdade de direitos.

A fiscalização dos acionistas não se processa de forma direta, mas através do conselho fiscal, de funcionamento não obrigatório, e das auditorias independentes, cuja contratação é compulsória nas companhias abertas (art. 177, § 3º). Funda-se, ainda, a fiscalização na massa de informações que a sociedade está obrigada a divulgar e no direito à exibição integral dos livros sociais, a qual poderá ser requerida por acionistas representando, no mínimo, cinco por cento do capital.

135.1 O acesso ao Poder Judiciário e a arbitragem

Para fazer respeitar os seus direitos, poderá o acionista recorrer ao Poder Judiciário, não se admitindo que o estatuto ou a assembleia geral afastem ou restrinjam esse acesso (art. 109, § 2º).

O § 3º, que a Lei nº 10.303/2001 agregou ao art. 109, permite, no entanto, que o estatuto estabeleça "que as divergências entre os acionistas e a companhia, ou entre os acionistas controladores e os acionistas minoritários" sejam "solucionadas mediante arbitragem, nos termos em que especificar".

Essa norma afronta o equilíbrio contratual, posto que confere ao controlador, que tem o poder de alterar o estatuto, a prerrogativa de fixar as regras para a solução, mediante arbitragem, das controvérsias entre ele e os minoritários ou a companhia. Cabe, pois, antes de tudo, interpretar o preceito à luz dos princípios e regras que coíbem o abuso de direito, o voto abusivo ou conflitante e as práticas não equitativas.[7]

Além disso, impõe-se analisar a própria constitucionalidade dessa regra, uma vez que, nos termos do disposto no inciso XXXV do art. 5º da Constituição Federal, "a lei não excluirá da apreciação do Poder Judiciário lesão ou ameaça a direito".

Ora, o entendimento corrente quanto à legitimidade da cláusula compromissória assenta-se na manifestação de vontade da parte, que, pessoalmente, e por cláusula expressa, decide submeter-se à arbitragem.

O Supremo Tribunal Federal, ao apreciar o Agravo Regimental nº 5.206 (SE 5206 AgR/EP-Espanha), considerou a Lei de arbitragem (Lei nº 9.307/1996) compatível com a universalidade da jurisdição do Poder Judiciário, e, portanto, legítima, por entender que a cláusula compromissória se apoiaria na "manifestação de vontade da parte, na cláusula compromissória, quando da celebração do contrato".

Tanto o compromisso arbitral como a cláusula compromissória fundam-se no consentimento do interessado. A submissão à arbitragem, por representar um ato de renúncia, tem que ser específica e direta, tanto que, obviamente, não se admitiria que duas pessoas contratassem que todos os conflitos jurídicos em que se envolvessem seriam decididos por arbitragem. Tal pacto violaria o direito, constitucionalmente assegurado, de acesso ao Poder Judiciário.

O estatuto de uma sociedade anônima constitui um ato-regra, podendo ser classificado como norma jurídica de natureza menor, e, por isso mesmo, os seus preceitos são gerais e abstratos.

O estatuto, ao submeter os acionistas da companhia, nas controvérsias entre si ou com a sociedade, ao procedimento arbitral, estaria instituindo uma arbitragem compulsória, que não se apoiaria na manifestação de vontade das partes. Se a lei, segundo a Constituição, não pode excluir a lesão de direito da apreciação judicial, muito menos poderia essa mesma lei autorizar que o estatuto o fizesse.

Os acionistas que o quiserem poderão, através de acordo de acionistas, adotar, para as controvérsias em que se envolverem, cláusula compromissória.[8] O estatuto,

---

[7] Pietro Trimarchi demonstra que o acionista minoritário, em determinadas situações, detém interesses individuais que se contrapõem aos interesses da sociedade e de outros acionistas, correspondendo esses interesses a direitos subjetivos, que nem mesmo a assembleia geral poderia validamente negar, pois "la deliberazione che tenda a violarli è inefficace, secondo i principi generali sulla invalidità, esposti a suo luogo" (1958, p. 145).

[8] A arbitragem, face à jurisdição estatal, oferece vantagens e desvantagens, que deverão ser sopesadas pelas partes quando de sua adoção: (a) a jurisdição estatal é mais previsível, graças à jurisprudência; (b) a arbitragem é mais célere; (c) a jurisdição estatal consagra o sistema recursal, enquanto a arbitragem, normalmente, decide em caráter irrecorrível; (d) os profissionais escolhidos para atuar como árbitros são, ordinariamente, mais especializados do que os juízes; (e) os custos de uma arbitragem são, em regra, mais elevados do que os da jurisdição estatal.

como ato-regra, de natureza normativa, a tanto não se presta. A lei que o autorizou a fazê-lo (Lei nº 10.303/2001) padece de inconstitucionalidade, pois não poderia autorizar o estatuto a fazer o que a própria lei estava impedida de fazer (art. 5º, XXXV, da CF). Não se delega senão a própria competência. Delegar mais do que se tem ofende, evidentemente, a mais elementar lógica jurídica.

A Lei nº 13.129, de 26.05.2015, ao acrescentar à Lei nº 6.404/1976 o art. 136-A, não superou a inconstitucionalidade da referida arbitragem compulsória. Exigir a maioria do capital votante para a aprovação da arbitragem compulsória não elimina a inconstitucionalidade, pois a minoria discordante ou omissa continuaria excluída, por um ato de força, da proteção constitucional representada pelo direito de acesso ao Poder Judiciário. O direito de recesso, que é também assegurado pelo art. 136-A (com restrições – § 2º), em nada suaviza a lesão, pois o direito de retirada, como alternativa à arbitragem compulsória, representa uma forma reflexa do mesmo ato de força, uma vez que coloca o acionista minoritário diante do seguinte dilema: submeta-se ou retire-se. Seria essa alternativa compatível com o princípio segundo o qual somente a vontade manifestada pela parte interessada pode afastar a universalidade da jurisdição estatal?

Diante da garantia constitucional de acesso à jurisdição estatal, não se afigura admissível a imposição do processo arbitral, a não ser quando as próprias partes, por um ato de vontade, tenham elegido, livremente, essa forma privada de solução de controvérsias.

135.2 A suspensão do exercício dos direitos do acionista

O acionista, para exercer os seus direitos, deverá cumprir os seus deveres; a assembleia geral tem competência (art. 120) para suspender o exercício dos direitos do acionista que descumprir as obrigações que lhe são impostas pela lei ou pelo estatuto.

A suspensão abrangerá não apenas os direitos modificáveis, como igualmente os essenciais, pois suspender não significa privar, tanto que o acionista, uma vez cumprida a obrigação, recupera, com efeitos *ex tunc*, os direitos que estavam suspensos. A suspensão alcança apenas o exercício, não afetando o direito em si mesmo, ressalvadas naturalmente as situações que, por uma contingência temporal, resultem prejudicadas, como seria o caso do direito de voto em assembleia realizada durante o período de suspensão.

A suspensão funciona como medida suasória, destinando-se a estimular o acionista ao cumprimento do dever.[9]

---

[9] A suspensão não se confunde com a exclusão. Em princípio, nenhum acionista pode ser excluído da sociedade, salvo se inadimplente na integralização do capital, ou quando se configura uma situação de fato que, por si mesma, seja capaz de eliminar a titularidade acionária. Nesse mesmo sentido pronuncia-se Philippe Merle, ao comentar o direito francês:

136 O REPRESENTANTE DO ACIONISTA DOMICILIADO NO EXTERIOR

O acionista domiciliado no exterior deve manter representante no Brasil, com poderes para receber citação (art. 119).

Procura-se simplificar assim o processo, de modo a evitar as delongas e despesas de uma citação no exterior, a qual envolveria a expedição de carta rogatória e toda uma tramitação que passaria pelo Itamarati e pela justiça estrangeira.

A fim de contornar as situações em que os poderes para receber citação não estejam explícitos, dispôs o legislador:

> Art. 119. [...]
>
> Parágrafo único – O exercício, no Brasil, de qualquer dos direitos de acionista, confere ao mandatário ou representante legal qualidade para receber citação judicial.

Assim, qualquer mandatário ou representante legal de acionista estrangeiro, ainda que sem poderes explícitos, encontra-se apto a receber citação, desde que tenha aqui exercido qualquer direito de acionista. Por exemplo: o mandatário com poderes apenas para receber dividendos ou para votar nas assembleias terá também, por força de lei, poderes para receber citação.

"L'actionnaire a un droit fondamental, celui de rester associé. Il ne peut pas être expulsé de la société par les dirigeants ou par une décision de l'assemblée générale" (1998, p. 324). A seguir, refere-se o citado autor a algumas situações excepcionais, que podem levar à exclusão do acionista, e que são, além da hipótese da inadimplência na integralização do capital, o grupamento de ações, o *squeeze-out*, a nacionalização, entre outras.

XXVIII
O DIREITO DE VOTO

137. O voto; **137.1.** O voto plural; **138.** A ação preferencial e o direito de voto; **139.** A forma da ação em face do direito de voto; **140.** O exercício abusivo do direito de voto e o voto conflitante.

137 O VOTO

O voto é uma manifestação individual e unilateral de vontade, tendente a produzir uma decisão coletiva.[1]

Sempre que se tem uma coletividade e dela se pretende uma decisão, colhe-se o voto de cada um, a fim de revelar-se a vontade dominante naquele grupo.

Desde a Grécia antiga, quando se instaurou o Estado democrático, a prática do voto passou a representar um instrumento efetivo de manifestação coletiva organizada.

As sociedades comerciais, especialmente a sociedade anônima, acolheram a prática do voto como um meio de consultar o quadro de sócios, definindo a vontade social.

Entretanto, o que conta para esse efeito não é a pessoa do acionista, mas sim a quantidade de ações, correspondendo cada ação, em princípio, a um voto nas deliberações da assembleia geral.

---

[1]   Adriano Fiorentino enfatiza esse caráter unilateral do voto, que considera não receptício: "Il voto è una *dichiarazione unilaterale,* non recettizia, in quanto essa, per produrre il suo effeto, non è, nè deve essere, specificamente diretta ad alcuno, ma solo emessa nel luego e nel tempo prescritto" (1950, p. 42). Dominique Schmidt, por seu turno, concentra-se no aspecto funcional do voto, o qual deverá estar sempre voltado para o interesse coletivo: "Cette présentation, cependant, apparaît contradictoire; depuis longtemps déjà, le droit de vote de l'actionnaire est qualifié de droit-fonction et la jurisprudence n'hésite pas à sanctionner l'abus de majorité ou l'abus de minorité par la théorie du détournement de pouvoir. Doctrine et jurisprudence entendent par là exprimer que, parmi les droits individuels de l'actionnaire, certains ne peuvent être exercés qu'en consideration de l'intérêt de tous" (1970, p. 10).

Essa regra – a cada ação um voto – não é totalmente verdadeira, uma vez que se faculta ao estatuto o poder de excluir o direito do voto das ações preferenciais. Permite-se, por outro lado, que determinada classe de ações ordinárias possa contar com mais de um voto por ação, ou seja, com o chamado voto plural.

Admite-se, ainda, que o estatuto limite o número de votos por acionista, mediante o estabelecimento de um teto (art. 110, § 1°). Ou seja, nenhum acionista poderá ter, individualmente, mais do que, por exemplo, mil votos. Essa faculdade não tem sido utilizada na prática estatutária, em face, certamente, da facilidade com que o preceito seria fraudado. O acionista, diante de uma decisão importante, transferiria lotes de ações para terceiros, "testas de ferro", que exerceriam o voto no seu interesse.

Pode-se, assim, afirmar que, em princípio, a cada ação corresponde um voto, ressalvadas as exceções legais e estatutárias.

Cabe observar, por outro lado, que o direito de voto se encontra vinculado à titularidade acionária. Consequentemente, não pode o acionista ceder o seu exercício separadamente da ação, nem tampouco a ele renunciar.[2]

137.1   O voto plural

A Lei n° 14.195, de 26.08.2021 (art. 5°), através de reforma da Lei n° 6.404/76, introduziu no direito brasileiro o chamado voto plural, permitindo que determinadas classes de ações ordinárias possam ter direito a mais de um voto nas deliberações da assembleia geral.

Essa pluralidade de votos encontra-se legalmente limitada a dez votos por ação (art. 110-A, que foi acrescentado à Lei n° 6.404/76 pela Lei n° 14.195/21).

Com isso, acolheu o direito brasileiro a possibilidade de criação de ações superdotadas, vale dizer, de ações que, sob o aspecto político, podem ter até o décuplo do poder decisório das demais ações. Tais ações permitirão controlar a sociedade com uma participação de capital relativamente irrisória.

As novas sociedades poderão adotar, amplamente, através de norma estatutária, a ação de voto plural, quando de sua constituição, mas as sociedades já existentes quando da promulgação da Lei n° 14.195/21, bem como aquelas que se constituírem sem a regulação do voto plural, somente poderão adotá-lo através dos procedimentos previstos no art. 110-A, §§ 1° a 3°, a seguir analisados, cabendo, porém, acrescentar que, se essa sociedade for uma companhia fechada que já contava com diversidade de classes de ações, qualquer alteração nas prerrogativas dessas ações exigirá a concordância de todos os titulares das ações atingidas (art. 16, parágrafo único, da Lei n° 6.404/76).

A sociedade poderá adotar mais de uma classe de ações com voto plural, atribuindo, por exemplo, à classe A 10 votos por ação e à classe B 5 votos por ação.

---

[2]   Confira Philippe Merle (1998, p. 331).

Na companhia fechada, a criação de ação com voto plural poderá ocorrer a qualquer tempo, mas, nas companhias abertas, apenas previamente à negociação de suas ações ou valores mobiliários conversíveis em ações nos mercados organizados de valores mobiliários.

Para a adoção da ação ordinária com voto plural, exige a legislação (art. 110-A, § 1º) votos favoráveis de, no mínimo, metade dos votos conferidos pelas ações com direito a voto e, igualmente, de metade, no mínimo, das ações preferenciais sem direito a voto ou com voto restrito, devendo essa segunda aprovação ser objeto de assembleia especial.

O estatuto da companhia, seja esta aberta ou fechada, poderá exigir um *quorum* mais elevado para a deliberação concernente à adoção do voto plural.

Em qualquer das hipóteses, o acionista dissidente terá direito de recesso. Criou-se, assim, uma nova hipótese de recesso, que se acrescentou às demais existentes.

Cabe observar que, não obstante o voto plural não afete a condição do acionista preferencial sem voto, o legislador o contemplou com o direito de votar contra a sua adoção, e bem assim com o direito de recesso.

O voto plural (art. 110-A, § 6º) poderá ter um prazo de vigência atrelado a uma condição resolutiva ou a um termo final.

Em qualquer caso, o voto plural terá sempre um prazo de vigência que, inicialmente, não poderá ser superior a sete anos, de tal forma que, findo esse prazo, passará a contar com apenas um voto. Esse prazo inicial poderá, porém, ser prorrogado pela assembleia geral, por qualquer prazo (§ 7º), desde que sejam observados os mesmos requisitos, inclusive de *quorum*, exigidos para a criação original da ação com voto plural, assegurando-se, igualmente, aos dissidentes o direito de recesso. Nessa votação, relativa à prorrogação do voto plural, os titulares dessas ações, que serão beneficiados pela prorrogação, estarão impedidos de votar. Curioso observar que, embora o prazo máximo inicial de vigência do voto plural seja de sete anos, a prorrogação não tem limite de prazo ("por qualquer prazo").

As ações com voto plural perderão automaticamente a pluralidade de voto se forem transferidas a terceiro, exceto nas seguintes hipóteses: a) se a transferência se fizer para uma empresa majoritariamente controlada pelo alienante, caso em que este permanecerá no controle indireto dos direitos políticos assegurados pela ação; b) se o adquirente já for titular de ações com voto plural da mesma classe de ações a ele alienadas; c) se a transferência tiver caráter fiduciário, para fins de depósito centralizado, situação em que a titularidade material das ações permanecerá com o alienante.

Outra situação que conduz à perda automática do voto plural é a que decorre da celebração de acordo de acionistas entre titulares de ações com voto plural e acionistas sem voto plural, tendo por objeto o exercício conjunto do direito de voto. Em outras palavras, o acionista com voto plural não pode celebrar acordos de voto senão com acionistas que também sejam portadores de ações com voto plural, sob pena de perderem, de forma irremediável, a pluralidade de votos.

Um outro ponto relevante, quanto ao exercício do voto plural, é o que decorre do § 9º do art. 110-A, o qual determina a desconsideração da pluralidade de votos em todos os casos em que a lei adote *quorum* de deliberação expresso em percentual de ações ou do capital, sem mencionar o número de votos conferidos pelas ações. Vale dizer, a pluralidade de votos apenas se exerce quando a lei é expressa quanto aos "votos conferidos pelas ações". Passa-se, portanto, para o efeito de cômputo de votos, a observar o seguinte: a) se a lei se refere, para a aprovação da matéria, a percentual do capital ou das ações, a ação com voto plural terá apenas um voto, como as demais ações; b) o voto plural apenas se exercerá nos demais casos, ou seja, naqueles em que o *quorum* esteja indicado como tendo por base o "número de votos conferidos pelas ações". A ação com voto plural não dispõe, portanto, de um poder abrangente, que compreenda todas as matérias sujeitas à decisão da assembleia. Impõe-se, consequentemente, a indagação, em cada caso, se os votos serão computados segundo a maioria do capital, segundo a maioria das ações ou segundo os votos conferidos pelas ações, sendo que apenas nessa última hipótese o voto plural exercerá o seu superpoder. A Lei nº 6.404/76 teve vários de seus artigos modificados pela Lei nº 14.195/21, exatamente para prever as hipóteses em que o voto plural ("votos conferidos pelas ações") seria levado em consideração, afastando, com isso, casuisticamente, as expressões "maioria do capital" ou "maioria das ações".

As operações de incorporação, incorporação de ações, fusão e cisão, que envolverem companhia aberta com ações ou valores mobiliários conversíveis em ações negociados em mercados organizados, e que não adotem o voto plural, encontram-se proibidas sempre que a incorporadora, ou a outra empresa a ser com elas fusionada, ou ainda em caso de cisão, a nova sociedade ou a incorporadora da parcela cindida sejam companhias que adotem o voto plural (§ 11 do art. 110-A). Evita-se, com esse preceito, que o voto plural seja adotado de forma indireta.

Existem, ainda (§ 12), algumas hipóteses em que o voto plural não poderá ser exercido, ou seja, situações em que a ação, mesmo contando com o voto plural, terá apenas um voto. São estas as seguintes: a) remuneração dos administradores; e b) transações com partes relacionadas, em casos cuja relevância será definida pela CVM. Cabe lembrar, todavia, que, se a operação envolver parte relacionada, a hipótese, em tese, já recairia sob o impedimento de voto concernente ao conflito de interesses.

Adotado o voto plural, deverá o estatuto da sociedade (§ 13) disciplinar a matéria, indicando o número de votos atribuído a cada ação, o prazo de duração do voto plural, o eventual *quorum* qualificado para a prorrogação desse prazo, além de, se for o caso, as outras hipóteses de fim de vigência do voto plural.

138 A AÇÃO PREFERENCIAL E O DIREITO DE VOTO

No silêncio do estatuto, todas as ações terão direito de voto, inclusive as preferenciais. Permite-se, no entanto (art. 111), que o estatuto retire às ações preferen-

Cap. XXVIII • O DIREITO DE VOTO 269

ciais, ou a uma classe destas, o direito de voto, ou ainda que, embora admitindo-o, faça-o com restrições, estabelecendo matérias ou situações em que essas ações não votarão. Uma outra forma de restrição seria a atribuição do voto apenas a um determinado bloco de ações, fixando-se, por exemplo, para cada grupo de cinco ações preferenciais um voto.

Ocorrem, contudo, algumas hipóteses nas quais, mesmo sem voto, as ações preferenciais, por determinação legal, votarão como qualquer outra ação. É o que acontece na assembleia de constituição (art. 87, § 2º) e nas deliberações sobre transformação da sociedade (art. 221) e mudança de nacionalidade (art. 1.127 do Código Civil). Votarão, ainda, para a adoção do voto plural (art. 110-A, § 1º, II). Não se deve esquecer, outrossim, que certas deliberações da assembleia geral (art. 136, § 1º) têm a sua eficácia condicionada à aprovação de uma assembleia especial dos titulares de ações preferenciais. Igualmente votarão as ações preferenciais para escolher o seu representante no conselho fiscal (art. 161, § 4º, *a*), e, em certas situações (ver seção 159.1), e desde que atendidas determinadas condições, também no conselho de administração.

As ações preferenciais sem voto ou com voto restrito, que fizerem jus a um dividendo prioritário e não o receberem, adquirirão, em toda plenitude, o direito de voto.

Esse voto terá, no entanto, um caráter contingente, cessando quando do pagamento do dividendo fixo ou mínimo estipulado no estatuto, ou do total acumulado, se cumulativo.

Poderá o estatuto (art. 111, § 1º) condicionar a aquisição do direito de voto pela ação preferencial ao decurso de um prazo, não superior a três exercícios, sem pagamento de dividendos. Se o estatuto nada dispuser a respeito, a aquisição do voto se dará logo após a primeira omissão da companhia quanto à atribuição do dividendo prioritário,[3] porquanto a regra imperativa, posta na lei, é no sentido da aquisição do voto, sendo o prazo uma faculdade a ser adotada ou não pelo estatuto.

---

[3] Alguns autores silenciam quanto a essa questão. Todavia, os que dela tratam, fazem-no, de um modo geral, no sentido da imediata aquisição do direito de voto. José Waldecy Lucena, depois de lembrar que Philomeno da Costa, à época, já afirmava, com relação ao tema, que não se poderia "alongar por presunção uma exceção", conclui, em face da atual e semelhante disposição da Lei nº 6.404/1976, que "não estabelecido nenhum prazo no estatuto, o não pagamento dos dividendos restabelece o direito de voto ou suspende as limitações ao seu exercício de imediato, inclusive no próprio ano (exercício) em que ocorrer" (2009, v. I, p. 1.040). No mesmo sentido, manifestam-se Modesto Carvalhosa (2000, v. I, p. 417), Fábio Ulhoa Coelho (2016, v. 2, p. 119) e Carlos Augusto da Silveira Lobo (2012, p. 72), o qual, inclusive, lembra que Fran Martins (um dos poucos autores a sustentar que, na falta de estipulação expressa nos estatutos, o voto somente seria adquirido após o decurso de três anos (1979, v. 2, p. 54), terminou por se redimir da posição anterior, pois em parecer constante de obra datada de 1988 (*Novos Estudos de Direito Societário*, p. 94) adotou a tese da imediata aquisição do direito de voto. Alfredo Lamy

Como algumas companhias têm um processo de implantação demorado, o que acontece, notadamente, com as indústrias pesadas, faculta-se ao estatuto a estipulação de que as normas sobre aquisição do direito de voto pelas ações preferenciais somente vigorarão a partir da entrada da empresa em operação (art. 111, § 3º).

139 A FORMA DA AÇÃO EM FACE DO DIREITO DE VOTO

A forma da ação já não interfere no direito de voto, posto que, atualmente, todas as ações revestirão a forma nominativa ou escritural.

A restrição outrora existente (art. 112) excluía a ação ao portador do exercício do direito de voto.

Extinta a ação ao portador, o problema já não se coloca. O objetivo da legislação anterior era o de impedir que acionistas desconhecidos influíssem nos destinos da sociedade.

140 O EXERCÍCIO ABUSIVO DO DIREITO DE VOTO E O VOTO CONFLITANTE

O voto, na sociedade anônima, não se destina a respaldar objetivos inferiores, determinando a lei que seja exercido no interesse da companhia.

Cada acionista terá a sua versão do que convém à sociedade e votará conforme o seu entendimento, mas não poderá abusar de seu direito, transformando o voto em um "vale-tudo" destituído de significado ético.

O interesse da companhia deve, pois, nortear o voto do acionista, ao qual cumprirá avaliar esse interesse, adotando solução condizente.

O legislador alude expressamente a duas modalidades de voto contrário ao interesse social, quais sejam: (a) o voto abusivo; (b) o voto conflitante.

O voto abusivo envolve sempre um elemento subjetivo – o dolo – caracterizando-se pela intenção deliberada do acionista de causar dano à companhia ou a outros acionistas ou de obter vantagem indevida para si próprio ou para terceiros, em detrimento da companhia ou de outros acionistas.[4]

Filho, sem maior discussão sobre o tema, opina no sentido da aquisição do direito de voto, no silêncio dos estatutos, somente depois de três exercícios, sendo esta uma posição isolada (2017, p. 185).

[4] Dominique Schmidt, com esteio em decisões da Corte de Cassação, apresenta uma expressiva definição de abuso de maioria: "La Cour de Cassation qualifie d'abus de majorité la décision prise dans l'intérêt personnel des majoritaires et au détriment de la minorité. La rupture d'égalité entre actionaires est ainsi consummée lorsque deux éléments sont reunis: un avantage personnel au profit de certains et un préjudice subi par les autres. L'ensemble est harmonieux car il évoque le jeu d'une balance dont les bassins portent respectivement les intérêts des majoritaires et ceux des minoritaires; l'abus est réalisé dés que les bassins ne sont plus sur un plan horizontal" (1970, p. 156).

O voto conflitante é o que coloca o acionista em situação de conflito de interesse com a companhia, configurando uma colocação inteiramente objetiva. Ou seja, se o acionista, em dada matéria, tem interesse pessoal diverso do da companhia, estará, *ipso facto,* impedido de votar.[5] O art. 115, § 1º, em enumeração meramente exemplificativa, uma vez que termina em generalização, arrola algumas hipóteses em que o acionista se encontra em situação de conflito de interesse com a companhia e que são as seguintes: deliberação sobre o laudo de avaliação de bens com que pretenda integralizar subscrição de capital, aprovação das próprias contas como administrador, decisão sobre matéria que possa beneficiá-lo de modo particular.[6] Esses impedimentos ficam excepcionados, no caso do laudo, quando os bens pertencerem em condomínio a todos os acionistas (art. 115, § 2º), e, no caso das contas, quando os diretores, nas sociedades fechadas, forem os únicos acionistas (art. 134, § 6º). Independentemente de excepcionamento legal, sempre que todos os acionistas estiverem em situação de conflito, a deliberação poderá ser tomada, desde naturalmente que sejam preservados os superiores interesses da companhia.

O acionista, ao votar em si mesmo para cargo de administração, não estará incorrendo em conflito de interesse, pois a eleição representa uma forma de servir à sociedade e não um benefício particular. Em contrapartida, a deliberação sobre a remuneração dos administradores é um exemplo típico de conflito e consequente impedimento de voto para os acionistas que detêm cargos de direção.

Todo voto contrário ao interesse social, quer se trate de voto abusivo, quer de voto conflitante, determina, como consequência, a obrigação de o acionista responsável indenizar a sociedade pelos prejuízos sofridos.

---

[5] Norma Parente desenvolve relevantes considerações sobre esse tema: "A técnica legislativa optou por tipificar de maneira objetiva os casos em que há conflito de interesse flagrante. São eles: (i) a deliberação acerca do laudo de avaliação de bens com que o acionista concorre para a formação do capital social; e (ii) a aprovação de suas contas como administrador. Essas hipóteses são conhecidas como 'tipificadas fechadas', pois sua verificação não comporta qualquer ramificação abstrata ou concreta. Em relação a essas modalidades de conflito de interesses, não há maiores controvérsias, uma vez que prescindem de maiores interpretações. No entanto, na impossibilidade de enumerar todas as possíveis hipóteses, o legislador fez uso de cláusulas gerais, a partir das quais é possível inferir casos outros de conflito, quais sejam: (iii) quaisquer outras matérias que puderem beneficiar o acionista, ou a quem ele esteja vinculado, de modo particular; e (iv) qualquer situação em que tiver interesse conflitante com o da companhia (hipóteses residuais de conflito de interesse). Diferente das hipóteses tipificadas fechadas, o benefício particular e as hipóteses residuais de conflito de interesses são conceitos abertos e, portanto, devem ser interpretados de acordo com cada situação fática. Em vista disso, estas duas últimas hipóteses são conhecidas como 'tipificadas abertas'" (2018, p. 394).

[6] "Perciò, diremo che il socio si deve considerare in conflitto di interessi con la società, e rispetto a una certa deliberazione, quando quest'ultima riguarda le sorti di un contratto o, più in generale, di un rapporto giuridico extra-sociale del quale il socio sia titolare, o contitolare, di fronte alla società" (TRIMARCHI, 1958, p. 178).

Prevê o legislador (art. 115, § 3º) que essa responsabilidade indenizatória atingirá o acionista, "ainda que seu voto não haja prevalecido".

Ora, se o voto não prevaleceu, não contribuiu para uma decisão, tratando-se de mero voto vencido. Inexistindo decisão, o voto teria caído no vazio, não se configurando prejuízo capaz de suscitar uma indenização.

Verifica-se, todavia, que o voto vencido nem sempre será inteiramente inofensivo. A repercussão que venha a ter poderá, em certas circunstâncias, afetar o conceito da companhia, abalando a sua posição no mercado, com consequentes prejuízos. O acionista, por exemplo, que, de má-fé, votar favoravelmente à confissão de falência da sociedade, sem que haja motivos para tanto, mesmo que seu voto não seja vencedor, terá colocado a empresa sob suspeição, trazendo-lhe consequências manifestamente danosas.

O voto conflitante, além de gerar responsabilidade indenizatória e obrigação de transferir à sociedade as vantagens auferidas, acarreta a anulabilidade da deliberação para a qual tenha sido decisivo. Em outras palavras: se, afastado o voto conflitante, os votos remanescentes não se afigurarem suficientes para manter a prevalência da decisão, poderá esta ser anulada, mediante iniciativa de qualquer interessado (art. 115, § 4º).

Um dos aspectos mais controvertidos na jurisprudência da Comissão de Valores Mobiliários (CVM) diz respeito ao momento em que o conflito de interesses deve ser suscitado: se antes ou após a deliberação que envolva matéria de especial interesse do acionista controlador.

Os defensores da tese do "conflito formal" argumentam que a norma prevista no art. 115, § 1º, da Lei das Sociedades por Ações deve ser aplicada previamente à deliberação em assembleia geral, tornando desnecessária a análise do conteúdo do voto do controlador. Segundo essa interpretação, o conflito de interesse acarretaria um controle *a priori*, que impediria o acionista conflitado de exercer o direito de voto. Assim, qualquer decisão que potencialmente pudesse gerar conflito seria suficiente para vedar o voto, independentemente de uma avaliação meritória ou de circunstâncias fáticas. Essa abordagem promove um controle formal, abstrato e preventivo (*ex ante*).

Por outro lado, para os defensores da tese do "conflito material", dever-se-ia admitir o voto do controlador conflitado, mas, se houver uma impugnação por algum minoritário, o controlador deveria provar que votou no melhor interesse da companhia, ou seja, o conflito geraria um controle *a posteriori*. Note-se, portanto, que, pela tese do conflito material, o controlador, mesmo conflitado, poderia votar, recaindo sobre o minoritário o ônus de impugnar o voto do controlador judicialmente ou em sede de tribunal arbitral.

Usualmente, os críticos da tese do conflito formal alegam que: a) sua adoção implicaria em violação ao princípio majoritário, uma vez que o acionista controlador restaria impedido de votar; b) o art. 115, § 4º, da Lei das Sociedades por Ações utiliza o termo "anulável" para se referir à deliberação tomada com base no voto de acionista em situação de conflito de interesse, em vez de classificá-la como "nula". Essa distinção é juridicamente relevante, pois os efeitos de atos nulos e anuláveis são substancialmente distintos. Enquanto os atos nulos, por afetarem o interesse público, podem ser declarados de ofício pelo juiz e possuem efeitos *ex tunc* (retroativos), os atos anuláveis atingem interesses privados, necessitando de provocação por parte das partes legitimadas e, se não arguidos no prazo legal, podem ser convalidados pelo decurso do tempo. Ademais, a nulidade é imprescritível, enquanto a anulabilidade está sujeita a prazo decadencial. Os críticos argumentam, assim, que a utilização do termo "anulável" pelo art. 115, § 4º, da LSA autoriza o acionista conflitado a votar, cabendo aos minoritários a impugnação judicial no prazo de dois anos a contar da deliberação, conforme previsto no art. 286 da LSA. Caso o legislador pretendesse impedir o voto do controlador a priori, teria classificado o ato como "nulo", e não como "anulável"; c) a redação do art. 115, § 1º, da LSA emprega conceitos abertos, o que, implicitamente, demandaria a análise do mérito da deliberação para a aplicação da norma. Tal exigência seria incompatível com a vedação formal, abstrata e a priori do voto do acionista conflitado, conforme preconiza a tese do conflito formal; d) por fim, os críticos da tese do conflito formal alegam que as regras da Lei das Sociedades Anônimas sobre deveres do controlador (art. 116, parágrafo único) e dever de reparar em contratações não equitativas (art. 117, § 1º, f) seriam despiciendas se adotada a tese do conflito formal. Esses argumentos sustentam que a tese do conflito material é mais coerente com a sistemática da legislação societária brasileira, preservando o equilíbrio entre os direitos do controlador e dos minoritários.[7]

Por outro lado, muitas são igualmente as críticas formuladas contra a tese do conflito material, dentre as quais vale destacar: a) alega-se que a tese do conflito material não funcionaria adequadamente em países em que o sistema de justiça é lento e imprevisível, como o é o Poder Judiciário Brasileiro, na medida em que a companhia é um organismo vivo, e decisões tomadas repercutem em inúmeras outras relações societárias e empresariais; b) argui-se que a tese do conflito material colocaria o minoritário em posição de extrema desvantagem, haja vista que teria que assumir todos os custos e riscos de ingressar em um litígio em face do controlador; c) alega-se ainda que a tese do conflito material representaria uma violação literal de lei, na medida em que o art. 115 da LSA preceitua, expressamente, que o acionista conflitado não poderia votar, o que inviabilizaria interpretações no sentido de que o conflitado poderia votar, desde que seja no melhor interesse da companhia; d) defendem que a referência à expressão "anulável" no art. 115, § 4º, da LSA não poderia levar à interpretação da tese material, pois a regra no direito

---

[7] Sobre o assunto: BORBA, Gustavo Tavares. *Conflito de interesses no âmbito societário.* São Paulo: Quartier Latin, 2023.

societário é anulabilidade (*vide* item 206)[8]; e) por fim, a tese do conflito material acentua o "risco de drenagem", que consiste no risco de o controlador extrair benefícios privados da empresa.

A jurisprudência administrativa da CVM tem variado em movimento pendular entre a tese do conflito formal e material. Desde 2010, com o caso Tractebel,[9] a CVM vinha adotando, consistentemente, a tese do conflito formal. A partir de 2020, com o caso Stone,[10] seguido em 2022 pelo caso Saraiva,[11] a jurisprudência da CVM tem adotado desde então a tese do conflito material.[12]

---

[8] "Direito societário e processo civil. (...). Incorporação de companhia. A deliberação assemblear constitui-se a vontade da sociedade anônima, em sua forma mais genuína e soberana, tendo o poder de afetar as pessoas que estão institucionalmente vinculadas à companhia. Há distanciamento da nulidade em direito societário da teoria clássica das nulidades. Tendência no direito nacional e comparado de entender as nulidades no âmbito societário como relativas, relegando-se a nulidade absoluta para situações realmente excepcionais, preservando-se os efeitos já produzidos. A lei estabelece prazos de prescrição reduzidos para mitigar a instabilidade e insegurança decorrente da possibilidade de anulação de atos societários por um longo período. Reexame de provas, em sede de recurso especial. Inviabilidade. (...) 3. Embora existam correntes diversas defendidas por doutrinadores de renome, prevalece hodiernamente o entendimento – inclusive, com amparo na Lei n. 6.404/1976, no direito comparado e em precedentes das duas turmas de direito privado do STJ – que impõe certo distanciamento da nulidade em direito societário da teoria clássica das nulidades, sendo reconhecido os seguintes traços peculiares: a) prazos de prescrição bem mais curtos; b) irretroatividade dos efeitos da invalidade, que acarretam apenas a liquidação da sociedade (não há o pleno retorno ao status quo ante); c) ampla possibilidade de o vício ser sanado a qualquer tempo, ainda que se trate de vício que, segundo o direito comum, acarretaria a nulidade do ato; d) diverso enfoque, quando comparado à teoria geral das nulidades, para os atos nulos e anuláveis, havendo 'tendência nacional e mundial de entender as nulidades do âmbito societário como relativas, relegando-se a nulidade absoluta para situações realmente excepcionais', preservando-se os efeitos já produzidos" (REsp 1.330.021).

[9] Processo Administrativo CVM n° RJ2009/13179.

[10] Processo Administrativo CVM n° 19957.005563/2020-75.

[11] Processo Administrativo Sancionador CVM n° 19957.003175/2020-50, Dir. Alexandre Rangel.

[12] Para um retrospecto completo da evolução da jurisprudência da CVM a respeito do tema conflito de interesses, recomenda-se a leitura do artigo de YAZBEK, Otávio; DUARTE, Anelise Paschoal Garcia. Novamente conflito de interesses – o caso dos fundos de investimentos imobiliários. In: KUYVEN, Fernando (coord.). Fundos de investimento. São Paulo: Thomson Reuters Revista dos Tribunais, 2023.

XXIX

O ACIONISTA CONTROLADOR

141. O controle e suas formas; **142.** O acionista controlador; **143.** Responsabilidades do controlador; **144.** A proteção da minoria; **145.** Acordo de acionistas; **146.** Eficácia do acordo perante a companhia; **147.** Execução específica do acordo.

141 O CONTROLE E SUAS FORMAS

O controle é um fenômeno de poder.[1]

Controla uma sociedade quem detém o poder de comandá-la, escolhendo os seus administradores e definindo as linhas básicas de sua atuação.

Esse poder funda-se no voto e se manifesta, basicamente, nas assembleias gerais, onde se exerce de forma ostensiva. Mas, mesmo fora das assembleias, continua a se exercer, de forma indireta, em face da dependência em que se colocam os administradores diante do titular do poder de controle.

O controle se exerce a partir das ações com voto, cabendo ao acionista que reunir, em sua titularidade, metade dessas ações mais uma o domínio das assem-

---

[1] Comparato parte da "possibilidade de dissociação entre propriedade acionária e poder de comando empresarial", fenômeno "já anunciado *ante litteram* por Karl Marx e largamente demonstrado, pela primeira vez, na célebre pesquisa de Berle e Means nos Estados Unidos", para chegar à definição do controle como o poder de dispor de bens alheios, ou seja, dos bens da empresa, sem que haja, porém, qualquer hierarquia dos controladores em relação aos não controladores. E assim se expressa: "A doutrina germânica elaborou uma distinção análoga entre direitos formadores (*Gestaltungsrechte*), poderes (*Manchtbefugnisse*) e direitos de gestão ou administração (*Verwaltungsrechte*). Essas três categorias pertencem ao gênero comum dos direitos de atuação sobre a esfera jurídica alheia. Mas enquanto o primeiro – correspondente ao direito potestativo da doutrina italiana – se exerce no interesse do próprio titular (*eigennützig*), os demais existem no interesse dos sujeitos, sobre cuja esfera jurídica produzem efeitos (*frendnützig*). Os poderes propriamente ditos comportam, diversamente dos direitos de gestão ou administração, a possibilidade de disposição dos bens alheios como prerrogativa própria e não, simplesmente, derivada. O poder de controle entraria, pois, tipologicamente, nessa categoria" (1977, p. 100).

bleias; tem-se aí o chamado controle majoritário. Havendo voto plural (sessão 137.1), o processo decisório, no que tange à maioria das matérias, dependerá do número de votos conferidos pelas ações, ficando o controle assim condicionado.

Nas grandes companhias abertas, cujo capital votante se encontre disseminado no mercado, enfrenta-se o problema do absenteísmo dos acionistas nas assembleias. Essa ausência que, em muitos casos, se estende à maioria das ações faz com que às assembleias apenas compareça uma parcela minoritária do capital votante. Nessas circunstâncias, a maioria será apurada em relação a esse grupo ativo, o que possibilita a polarização do controle na maioria dos presentes. Se o grupo ativo que costuma comparecer à assembleia representar, por exemplo, 18% do capital votante, o acionista que contar com 9% desse capital mais uma ação terá o controle da companhia. A essa forma de controle, apoiada em menos de 50% do capital, dá-se o nome de controle minoritário.

Às vezes, um grupo de acionistas se organiza, passando a exercer em conjunto o controle da sociedade. O poder assim ordenado poderá resultar tanto no controle majoritário como no minoritário.

A constituição do grupo de controle encontrará no "acordo de acionistas" o instrumento de sua formalização, mas, em muitos casos, fundar-se-á exclusivamente em uma situação de fato. Ora, basta que alguns acionistas se articulem, em função de determinados interesses comuns, para que acumulem o poder de fogo consequente à conjugação de suas ações.

Além do controle majoritário e do controle minoritário, alude a doutrina ao controle gerencial e ao controle externo.

O controle gerencial será o detido por administradores, em face da extrema pulverização do capital, o que lhes permitiria, através da obtenção de procurações, perpetuar-se na direção da sociedade. No Brasil ainda não se configura essa forma de controle, bastante frequente nos Estados Unidos da América.[2]

O controle externo caberia a entidades estranhas ao capital social, basicamente credores da sociedade ou dos acionistas controladores, às quais, por força de cláusula contratual (contrato entre os acionistas e o credor), se asseguraria o poder de influir em certas deliberações da sociedade. É claro que o acionista, ao se vincular contratualmente a essa espécie de compromisso, não se libera de seus deveres para com a sociedade, aos quais terá que atender precipuamente. Melhor

---

[2] Galbraith, ao referir-se à grande empresa americana, demonstra que o poder, em alguns casos, concentra-se, na verdade, na estrutura técnica: "Na empresa grande e altamente organizada, a autoridade passa para a própria organização – para a estrutura técnica da companhia. Neste nível mais elevado de desenvolvimento – exemplificado pela General Motors Corporation, General Electric, Shell, Unilever, IBM – o poder da estrutura técnica, enquanto a empresa estiver ganhando dinheiro, é completo. O dos donos do capital, a saber os acionistas, é nulo" (1975, p. 41).

dizendo, o chamado controle externo não é propriamente uma forma de controle, mas sim um processo de influição sobre o controle. De qualquer forma, envolverá responsabilidades evidentes, posto que algumas decisões dependerão da vontade desses terceiros. Quando o chamado controle externo é estabelecido em favor de bancos credores, o descumprimento da recomendação do banco costuma acarretar o vencimento antecipado dos empréstimos contratados. Em certas situações, essa condição poderá representar uma verdadeira *vis compulsiva*.

142 O ACIONISTA CONTROLADOR

A lei das sociedades anônimas supera a ilusão de uma assembleia geral democrática e, em consequência, destaca a figura do acionista controlador, reconhecendo os enormes poderes de que se encontra investido.

Como corolário dessa posição de força, compõe-se um sistema de responsabilidade ao qual se submete o controlador, de modo a coibir e punir qualquer desvio que venha a cometer relativamente à missão que lhe foi conferida, qual seja, a de exercer o poder em benefício da sociedade e dos demais interesses nela representados (ver seção 58).

O acionista controlador encontra-se legalmente definido:

> Art. 116. Entende-se por acionista controlador a pessoa natural ou jurídica, ou o grupo de pessoas vinculadas por acordo de voto, ou sob controle comum, que:
>
> a) *é titular de direitos de sócio* que lhe assegurem, de modo *permanente,* a *maioria* dos votos nas deliberações da assembleia geral e o poder de eleger a maioria dos administradores da companhia; e
>
> b) *usa* efetivamente seu poder para dirigir as atividades sociais e orientar o funcionamento dos órgãos da companhia.

Trata-se de definição eminentemente centrada na realidade material, porquanto apenas considera controlador quem tem a maioria dos votos nas assembleias e, ao mesmo tempo, usa essa maioria para comandar a sociedade.

Quem tem a maioria e não a utiliza é sócio majoritário, mas não é controlador.

As maiorias eventuais também não caracterizam o controle, pois para tanto exige a lei um poder permanente.[3]

---

[3] Esse poder permanente, que se apura recorrendo à história das assembleias, pode resultar da manifesta predominância de um acionista ou de um grupo de acionistas nas duas últimas assembleias, posto que essa sequência fática de poder já seria um indicador de permanência. Fábio Ulhoa Coelho prefere adotar as três últimas assembleias, para tanto se fundando no critério estabelecido pela Resolução nº 401 (item IV), do Banco Central do Brasil (já revogada), que, no regime anterior à Lei nº 9.457/1997, regulava a matéria para os fins da oferta pública obrigatória de ações na alienação de controle, assim se pronunciando: "O critério continua pertinente: quem não dispõe de ações correspondentes a mais de metade do

A permanência não se apoia, necessariamente, na maioria do capital votante, referindo-se o texto legal à "maioria dos votos nas deliberações da assembleia geral". O que indica a maioria nas assembleias é a própria história das assembleias, em função do comparecimento que normalmente se verifica. O nível de presença mostrará a maioria necessária e, consequentemente, o titular do poder de controle.

A definição legal ajusta-se, portanto, não só ao controle majoritário como também ao minoritário.

Quando várias pessoas exercem, em conjunto, o controle, todas serão consideradas controladoras e terão idênticas responsabilidades. Cumpre acentuar que participam do grupo de controle, nos termos da lei, "as pessoas *vinculadas por acordo de votos, ou* sob *controle comum*". Vinculadas por acordo de voto – expressão genérica – são não apenas as pessoas que firmarem um "acordo de acionistas"[4], mas igualmente as que, embora de modo informal, constituírem um evidente bloco de comando, estando os seus integrantes interligados por laços de família, relações de amizade ou intercâmbio de interesses econômicos. É claro que, nesses casos, a prova da existência do acordo de votos competirá a quem a alegar.

O controle comum permite que um grupo de empresas, todas acionistas de uma terceira, possa, eventualmente, somar um número de ações capaz de assegurar para o grupo, que votaria de forma unificada, o controle da terceira empresa.

Em suma, pode-se concluir que acionista controlador é todo aquele que tem o poder e o exerce efetivamente, imprimindo à sociedade a marca de sua atuação.

143   RESPONSABILIDADES DO CONTROLADOR

O acionista controlador deve conduzir-se de acordo com os padrões éticos e jurídicos que informam a atividade empresarial, desenvolvendo toda a sua ação no sentido de servir à sociedade e promover os interesses dos acionistas em geral, dos empregados e da comunidade em que atua a empresa.[5]

Desempenha, ou deve desempenhar, o controlador, com efeito, o papel de agente do bem comum, cumprindo-lhe, no âmbito de atuação da sociedade, velar

---

capital com direito a voto deve ser considerado controlador se, nas três últimas assembleias, fez a maioria nas deliberações sociais" (1999, p. 278).

[4]   Nem todos os signatários de um acordo de acionistas, cujo objeto seja o exercício do voto, deverão ser considerados controladores, com idênticas responsabilidades. O acionista minoritário que, por meio do acordo, assegurou-se algumas prerrogativas (acordo de defesa), que não interfiram no processo decisório da companhia, não integra o grupo de controle e, consequentemente, apenas será responsabilizado no limite e no alcance das decisões que dele dependam.

[5]   David Chivers e Ben Shaw desenvolveram acurado estudo sobre o substrato do poder da maioria, que deve sempre se apoiar no conceito de "bona fide for the benefit of the company as a whole" (2008, p. 3).

para que ela não se afaste dos interesses básicos representados. Qualquer desvio do acionista controlador, que venha a significar a utilização do poder para atender a fins pessoais em prejuízo da sociedade ou dos demais interesses que tem o dever de preservar, importará na prática de abuso de poder, acarretando a obrigação de indenizar perdas e danos.

A Lei das Sociedades Anônimas (art. 117, § 1º) enumera várias práticas que caracterizam exercício abusivo do poder. A enumeração não é exaustiva, tanto que vem rotulada sob a rubrica "modalidades". Dessarte, o abuso de poder poderá ser identificado em qualquer ato contrário ao interesse social e seus desdobramentos.

Dentre as práticas enumeradas como abusivas, podem ser destacadas resumidamente as seguintes:

1. orientar a companhia para fim estranho ao objeto social ou lesivo ao interesse nacional ou dos acionistas minoritários;
2. liquidar ou reorganizar sociedade em prejuízo dos demais acionistas ou dos que nela trabalham;
3. alterar o estatuto ou promover a emissão de valores mobiliários, com o objetivo de prejudicar acionistas minoritários, empregados e investidores;
4. contratar com a sociedade em condições mais favorecidas do que as do mercado;
5. aprovar contas irregulares, por motivo de favorecimento pessoal;
6. deixar de apurar denúncia de possível procedência;
7. eleger administrador ou fiscal sabidamente incapaz ou moralmente contraindicado.

A Lei nº 9.457/1997 acrescentou a essa enumeração, que é exemplificativa, mais uma hipótese explícita de abuso de poder, qual seja: "subscrever ações, para os fins do art. 170, com a realização em bens estranhos ao objeto social da companhia".

O legislador, nesse passo, incorreu, todavia, em manifesta impropriedade, pois os bens não são estranhos ou pertinentes ao objeto social, mas sim compatíveis ou não com o interesse social. Um imóvel, por exemplo, pode ser ou não do interesse da companhia, independentemente de tratar-se de uma empresa imobiliária. A integralização de capital com créditos, semelhantemente, poderá interessar à sociedade, ainda que não se cuide de uma instituição financeira.

A questão básica a ser perquirida concerne à ocorrência de um efetivo interesse da sociedade em adquirir o bem objeto da integralização. O dinheiro representa o instrumento comum de realização de capital, porquanto, considerada a sua natureza de meio de pagamento, atenderá, em qualquer circunstância, ao interesse da sociedade. Os demais bens somente serão admitidos se um especial interesse da sociedade sobre determinado bem for previamente determinado.

Consequentemente, a interpretação lógico-sistemática da nova disposição deverá entender a expressão "objeto social" como se fora "interesse social".

Além do mais, e independentemente dessa norma, qualquer integralização de capital com bem estranho ao interesse social já significaria um desvio de conduta do controlador em detrimento da sociedade, trazendo como resultado a caracterização de abuso de poder.

Do abuso de poder deriva a obrigação de indenizar. O titular da indenização será aquele que sofreu as perdas e danos: em alguns casos, a própria sociedade; em outros, os acionistas minoritários, os empregados, a comunidade, os investidores.

144   A PROTEÇÃO DA MINORIA

A minoria se apresenta sob dois aspectos distintos: o da minoria ativa e o da minoria ausente.

A minoria ativa constitui uma espécie de oposição. Os seus integrantes comparecem às assembleias, discutem as questões a serem decididas, fiscalizam a atuação dos administradores, lançam mão de expedientes legais destinados à proteção da minoria e terminam por influir, até pelo protesto, nos destinos da companhia.[6]

A minoria ausente é passiva e distante, não se interessando em exercer qualquer forma de participação. Na grande empresa essa minoria se transforma em maioria, uma vez que parcela representativa de mais de metade do capital tem por hábito não comparecer às assembleias. Por isso, costuma-se dizer que as normas de proteção à minoria destinam-se, de certa maneira, a proteger a maioria ausente contra a minoria controladora (controle minoritário).

As normas de proteção à minoria destinam-se, em última análise, a tutelar todos aqueles que não acompanham o grupo de controle.[7]

Para resguardar os acionistas em geral contra a atuação dos controladores foram estabelecidos os direitos essenciais (ver seção 135), bem como matérias para cuja aprovação se exige manifestação unânime (mudança de nacionalidade, transformação da sociedade).

Além disso, vários instrumentos de atuação foram postos à disposição dos acionistas minoritários, de modo a assegurar-lhes certos poderes, em alguns casos mediante a titularidade de apenas uma ação, em outros, mediante um percentual

---

[6]   Dominique Schmidt considera a minoria um órgão subsidiário de controle: "La minorité exerce dans la société une fonction de contrôle. Elle est chargée de veiller au fonctionnement régulier de l'organisme social. Elle intervient ainsi soit pour faire sanctionner une irrégularité, soit pour pallier l'inaction des organes sociaux. Mais là s'arrête son pouvoir d'agir; c'est pourquoi il n'est que subsidiaire. La minorité, parce qu'elle est organe de contrôle, n'est qu'organe subsidiaire" (1970, p. 225).

[7]   Ver Goldschimidt (1946, p. 36).

mínimo do capital (ora 10%, ora 5%, ora 1%, ora 0,5%).[8] Alguns desses instrumentos de atuação minoritária são extremamente importantes, como, por exemplo: (a) o processo do voto múltiplo; (b) o direito de pedir a instalação do conselho fiscal; (c) o direito de eleger, em separado, um membro e respectivo suplente do conselho fiscal e até mesmo do conselho de administração; (d) o poder de convocar, em certas circunstâncias, a assembleia geral; (e) a prerrogativa de exigir a exibição integral dos livros da companhia.[9]

Considere-se, ademais, que a administração se encontra obrigada a produzir uma massa constante de informações, abrindo a sociedade ao conhecimento dos acionistas em geral.

A atual Lei das Sociedades Anônimas trouxe ao minoritário uma garantia da maior relevância – o dividendo obrigatório –, coibindo a prática, frequente sob a legislação anterior, de manter a totalidade dos lucros na conta de reservas. A companhia fechada que tiver receita bruta anual de até R$ 78.000.000,00 (setenta e oito milhões de reais) poderá, na omissão do estatuto quanto à distribuição de dividendos, estabelecê-los livremente por decisão da assembleia geral. Nesta hipótese, não se aplicará o disposto no art. 202, contanto que não seja prejudicado o direito dos acionistas preferenciais de receber os dividendos fixos ou mínimos a que tenham prioridade (art. 294, § 4º).

No caso de companhia de menor porte, que são aquelas que aufiram receita bruta anual inferior a R$ 500.000.000,00 (quinhentos milhões de reais), a CVM poderá regulamentar condições facilitadas de acesso ao mercado de capitais, hipótese em que poderá dispensar ou modular a regra do dividendo obrigatório (art. 294-A, III c/c art. 294-B).

Várias outras disposições que reforçam a posição do acionista estranho ao controle serão examinadas no momento próprio, cumprindo, nesse passo, apenas constatar que cabe à CVM, quando a companhia for aberta, funcionar como uma aliada, fiscalizando a atuação dos administradores e controladores, a fim de apurar a eventual ocorrência de fraude ou abuso de poder.

---

[8] Conf. Bulgarelli (1977, p. 108).

[9] O direito francês prevê e regula, para a defesa dos interesses da minoria, as associações de acionistas. Philippe Merle assim se refere a essas entidades: "La loi du ler mars 1984 avait invité les accionnaires a se grouper, sous quelque forme que ce soit, et donc sous forme d'association, afin d'atteindre le minimum de 10% du capital social, leur permettant de demander la désignation d'un expert de gestion (art. L. 226, infra nº 523). Une loi du 23 juin 1989 a permis aux associations de défense de investisseurs en valeurs mobilières ou en produits financiers d'agir en justice dès lors qu'elles sont agréés" (1998, p. 312). E mais adiante, na p. 313: "Le pouvoirs conférés par le nouveau texte à ces associations sont nombreux: demander en justice la convocation d'une assemblée générale, requérir l'inscription à l'ordre du jour des assemblées de projets de résolution; demander en justice le relèvement ou la récusation d'un commissaire aux comptes; demander la nomination d'un expert de gestion; poser par écrit des questions aux dirigeants; intenter l'action sociale *ut singuli*."

145 ACORDO DE ACIONISTAS

Destina-se o acordo de acionistas a regrar o comportamento dos contratantes em relação à sociedade de que participam, funcionando, basicamente, como instrumento de composição de grupos.

Sendo um contrato, a ele se aplicam os preceitos gerais, concernentes a essa categoria jurídica. Assim, e como contrato atípico, vinha sendo celebrado no período anterior à atual lei das sociedades anônimas.

Com a Lei nº 6.404/1976, ganhou o acordo de acionistas (art. 118) uma regulação específica.

Limitou-o, porém, o legislador a três objetivos determinados: compra e venda de ações, preferência para adquiri-las e exercício do direito de voto.

A Lei nº 10.303/2001 acrescentou às hipóteses objeto de acordo de acionistas, logo após a referência a "exercício do direito a voto", a expressão "ou do poder de controle".

Por evidente, o poder de controle é um dado de fato, fundado no exercício do direito de voto. Ao celebrar um acordo de acionistas sobre o exercício do direito de voto, criam as partes um sistema de poder que conduz ao controle compartilhado.

Assim, e pelo que se pode entender, a referência ao "poder de controle" nada adiciona, posto que não poderia ter o efeito de permitir um acordo de acionistas sobre o próprio poder de controle em si mesmo. O controle resulta do voto, o qual se acha essencialmente vinculado à condição de acionista. Não se transfere o controle sem transferir as ações, e não se pactua sobre o poder de controle sem pactuar sobre o direito de voto, tanto que o controle (art. 116, *a*) encontra o seu fundamento na titularidade dos "direitos de sócio", que asseguram "a maioria dos votos".

Não obstante possam ser celebrados acordos de acionistas com outras finalidades, somente os que consagrarem os objetivos previstos na Lei das Sociedades Anônimas gozarão da proteção por ela instituída. Os demais estarão fundados na autonomia da vontade, mas, para que sejam eficazes, terão que respeitar não apenas os princípios e normas que regem a sociedade anônima, mas, igualmente, todos os preceitos que resultam do ordenamento jurídico como um todo.[10]

O acordo de compra e venda de ações equivale a uma promessa de contratar; o acordo de preferência acarreta a obrigação de não alienar a terceiro sem previamente afrontar os signatários do contrato; o acordo de voto estabelece o

---

[10] Rodrigo Borba analisa esse aspecto da questão: "A invalidade dos acordos de acionistas, à semelhança do que ocorre com os demais contratos, deriva de sua incompatibilidade com o ordenamento jurídico, considerado em sua unidade, complexidade e coerência sistemática. (...) Para tanto, as ilicitudes serão divididas em ilicitudes subjetivas e ilicitudes objetivas. As subjetivas relacionam-se aos sujeitos do acordo de acionistas; já as objetivas decorrem do conteúdo das disposições contratuais" (BORBA, Rodrigo, 2018, p. 53).

disciplinamento da atuação dos contratantes nas assembleias gerais, fixando o sentido e os critérios que deverão observar ao votar. A vinculação do acionista ao acordo de voto não o libera, porém, do dever superior de exercer o direito de voto no interesse da sociedade.

O acordo de acionistas destinado a disciplinar o direito de voto é o que ganha maior importância, em face da influência que poderá exercer sobre a definição do poder de controle.

Dois ou mais acionistas, que isoladamente não são capazes de controlar a sociedade, poderão, por via do acordo, alcançar a supremacia nas assembleias. Propicia, igualmente, o acordo a divisão dos cargos de administração entre os candidatos indicados pelos diversos membros do acordo, ficando, por exemplo, estabelecido que o acionista "A" indicará o diretor-presidente, o acionista "B", o diretor financeiro e o acionista "C", o diretor técnico, os quais receberão os votos de todos os contratantes.

O acordo também se presta à cooptação da minoria ativa pelo controlador, o qual, a fim de calar o acionista incômodo, poderá lhe oferecer algumas vantagens, inclusive cargos administrativos, em troca de sua integração na maioria.[11]

O acordo, como qualquer contrato, poderá ser celebrado por prazo determinado ou indeterminado.

Havendo determinação de prazo, não poderão as partes dele se desvincular, a não ser por mútuo consentimento ou uma vez findo o prazo, quando os efeitos do acordo estarão extintos.

Se o prazo for indeterminado, qualquer das partes poderá, unilateralmente e a qualquer tempo, denunciar o acordo. Essa denúncia, caso procedida de boa-fé e mediante prévio aviso, não acarretará a obrigação de indenizar perdas e danos. Poderão as partes, no entanto, estipular uma multa para a hipótese de denúncia.

A ideia, por alguns já esboçada, de vincular o prazo do acordo ao prazo de duração da sociedade afigura-se insustentável, posto que vincularia os membros do acordo indefinidamente, e sem oportunidade de denúncia.

Deve-se considerar que o acordo de acionistas, por ser um contrato, encontra--se sujeito aos princípios gerais aplicáveis à espécie, entre os quais o que submete todos os contratos por tempo indeterminado à denúncia unilateral.

As sociedades anônimas, por força de regulação especial, e em decorrência de sua própria natureza – sociedade de capitais –, não se encontram subordinadas

---

[11] Celso de Albuquerque Barreto ressalta, apropriadamente, que "não podem ser objeto de acordo os chamados atos de verdade, ou seja, aqueles que dependem do exame de determinadas situações concretas, insuscetíveis de negociação, como a exatidão das contas dos administradores, o valor da correção anual do capital social [que não mais ocorre], a boa ou má gestão dos administradores, montante do dividendo obrigatório fixado pelo estatuto" (1982, p. 66).

à denúncia unilateral. Da mesma forma a sociedade limitada, esta por força do Código Civil (art. 1.077).

As demais formas societárias (Código Civil, art. 1.029), quando por tempo indeterminado, podem ser denunciadas por qualquer dos sócios (ver o nº 35). Essas sociedades poderão prosseguir com os sócios remanescentes, mas o que as denunciou terá os seus haveres apurados e se retirará da sociedade.

O que acontece com as sociedades anônimas e limitadas é que a relação entre os contratantes perde o caráter de vinculação pessoal para assumir a natureza, muito mais própria, de uma aplicação de capital. A forma de se desvincular da relação é a alienação das ações ou cotas.

O acordo de acionistas, diferentemente, envolve uma vinculação pessoal, pois que estabelece para as partes um determinado comportamento. Essa vinculação pessoal é incompatível com a perpetuidade.

Assim, os acordos de acionistas ou serão por prazo determinado, tendo um tempo certo de duração, ou serão por prazo indeterminado, podendo qualquer de seus membros dele se desvincular através de denúncia.

O § 6º do art. 118, que decorre da Lei nº 10.303/2001, estabelece que o acordo de acionistas "cujo prazo for fixado em função de termo ou condição resolutiva somente pode ser denunciado segundo suas estipulações".

Ora, de acordo com os princípios já normalmente aplicáveis, os contratos sujeitos a condição resolutiva ou a termo final são contratos por prazo determinado,[12] e, como tais, não podem ser denunciados, salvo se o próprio contrato contiver alguma regra nesse sentido. Deve-se, porém, ter presente que a condição meramente potestativa é ineficaz e que a condição que as circunstâncias demonstrarem que não se verificará é considerada inexistente.

A indeterminação de prazo torna o acordo bastante frágil, levando as partes a conviverem com o risco permanente da denúncia. Deve-se, então, preferir o acordo a prazo certo, para que as relações se desenvolvam entre os contratantes em nível de segurança e estabilidade, podendo-se inclusive adotar prazos efetivamente longos.

O acordo, para que seja observado pela companhia, deverá ser arquivado na sua sede. A oponibilidade a terceiros depende, entretanto, de averbação nos livros de registro (nominativas) e nos controles da instituição financeira responsável (ações escriturais), ficando as ações assim averbadas excluídas das negociações de mercado (bolsa ou balcão).

O simples arquivamento na sede da sociedade não é, portanto, suficiente para alcançar terceiros, aos quais somente se opõem as obrigações e os ônus averbados nos registros. Inexistentes as averbações, a obrigação da sociedade, de observar o acordo, sucumbirá sempre que se defrontar com interesses de terceiros.

---

[12] Confira Orlando Gomes (1971b, p. 142).

146 EFICÁCIA DO ACORDO PERANTE A COMPANHIA

A companhia deverá observar os acordos de acionistas arquivados na sua sede (art. 118).

Essa observância dos acordos pela companhia importa no dever de evitar, no que depender de sua atuação, qualquer ato ou providência contrária ao convencionado no instrumento.

No que tange aos acordos de compra e venda e de preferência, caberá à sociedade, ou ao banco "depositário", se as ações forem escriturais, recusar a lavratura de termos de transferência de ações ou o lançamento de averbações que não estejam em consonância com o pactuado.

Quanto aos acordos de voto, o tratamento a ser conferido chegou a suscitar alguma controvérsia, mas, com efeito, assemelha-se ao precedente. À mesa diretora dos trabalhos da assembleia, especialmente ao presidente, cumprirá desconsiderar, no cômputo dos votos, todo sufrágio contrário ao que ficou consignado no acordo. Só assim a sociedade, da qual a assembleia é um órgão, estará observando o acordo.

Exemplificando: determinado acionista, nos termos do acordo, deveria votar no candidato indicado pelo acionista "A" para o cargo de diretor-presidente. Ao enunciar o seu voto, contemplou um nome diferente, indicado pelo acionista "B". A mesa diretora excluirá os seus votos, não os computando para qualquer dos candidatos.

O § 8º do art. 118 (acrescentado pela Lei nº 10.303/2001) explicita esse entendimento, que já era amplamente aceito pela doutrina.

O § 9º desse mesmo artigo, contudo, estende aos órgãos colegiados da sociedade, que não são destinatários do acordo de acionistas, essa prerrogativa, o que se mostra incompatível com o sistema de responsabilidade dos administradores. A pretendida extensão incorre, assim, nos efeitos da chamada interpretação ab-rogatória, que se analisará subsequentemente.

Anote-se, outrossim, que o presidente da assembleia, ao recusar o voto contra o acordo, o faz como membro de um órgão da sociedade, e nos limites de sua atuação institucional. O voto a ser recusado é aquele que, de forma clara e frontal, viola o acordo arquivado na sociedade. Se a matéria for controvertida, ou se envolver problemas interpretativos, o presidente da assembleia nada poderá fazer, sob pena de arrogar-se competência que é própria do Poder Judiciário – a de julgar conflito de interesses.

Além disso, há a questão da isenção na avaliação do conflito, e o risco, sempre presente, de o presidente da assembleia, que é escolhido pelo controlador, incorrer na prática de desvio de poder, ao favorecer determinado grupo.

Cabe, pois, ao grupo prejudicado arguir suspeição, e recorrer ao Poder Judiciário, se for o caso, não só para obter a revisão do ato, mas igualmente para pleitear a reparação civil que a hipótese comportar.

O § 9º do art. 118, já referido, consagra, porém, uma aberração, ao permitir que uma das partes do acordo de acionistas possa votar pela outra, que não compareceu ou se absteve de votar. Essa norma conflita com vários outros preceitos e princípios da própria lei das sociedades anônimas, primeiro porque dissocia o voto da ação, e depois porque afeta a questão da responsabilidade pelo voto, que é pessoal e intransferível. Ademais, quem seria o juiz da adequação entre o compromisso de votar em determinado sentido e o sentido efetivo do voto proferido pela chamada "parte prejudicada"? Seria a própria parte prejudicada? Seria a mesa da assembleia, que depende do controlador?

A norma, por se achar em desconformidade com os princípios aplicáveis, especialmente com os preceitos que definem o voto como uma emanação da ação (art. 110), e o acionista como o agente responsável pelo seu exercício (art. 115), não tem como incidir.

O voto é indissociável da ação[13] e por isso não pode ser objeto de negociação autônoma (*il voto è res extra commercium*). A lei (art. 110) vincula o voto à ação, de tal forma que, sem a titularidade acionária, impossível será o exercício do voto. O acordo de acionistas não cede, nem poderia ceder, o direito de voto; apenas dispõe a respeito do exercício, pelo acionista, desse direito.

Quando as disposições de uma lei se contradizem, cabe ao intérprete fazer prevalecer o preceito maior e mais abrangente (a vinculação entre a ação e o voto) sobre o preceito menor (a comercialização do voto).[14]

Deve-se, pois, entender que, a despeito do § 9º, a ausência ou abstenção de voto por parte de acionista integrante de acordo de acionistas somente podem ser supridas mediante execução específica, a ser obtida judicialmente.

A extensão do comando do § 9º, conforme consta do seu texto, ao conselho de administração, de tal forma que os conselheiros eleitos nos termos de acordo de acionistas possam ter os seus votos, nos casos de ausência ou abstenção, proferidos pelos conselheiros eleitos pela parte prejudicada, não resiste igualmente, e até com maiores razões, ao confronto com as demais normas da própria Lei nº 6.404/1976, que impõem aos conselheiros um mandato indelegável (art. 139), além de responsabilidade pessoal e intransferível (arts. 154 e 155), a ser exercida no interesse da sociedade (art. 153), observados os ditames de sua consciência. Essas normas maiores

---

[13]   Confira Gastone Cottino (1958, p. 10); Philippe Merle (1998, p. 331).

[14]   Carlos Maximiliano refere-se à prevalência das disposições principais sobre as secundárias (1988, p. 135); Karl Engisch (1979) analisa com proficiência essa contradição: "Ao contrário, facilmente acontece que um legislador, ao editar novas normas, não se dê conta de uma contradição com normas individuais preexistentes no todo jurídico mais amplo em que ele insere a nova regulamentação" (p. 253), para em seguida aduzir: "Contradição valorativa. Designa por essa expressão aquelas contradições no seio da ordem jurídica que resultam de o legislador – embora isso não o leve diretamente a cair em contradição normativa – se não mantiver fiel à valoração por ele próprio realizada" (p. 255). Quando a contradição é insanável, chega-se à chamada interpretação ab-rogatória, de que fala José de Oliveira Ascensão: "Podemos chegar também à interpretação ab-rogante. Aí o intérprete não mata a regra, verifica que ela está morta. Após a busca de sentido possível, tem de concluir que há contradição insanável, donde resulta nenhuma norma. A fonte tem, pois, de ser considerada ineficaz" (1980, p. 373).

e mais abrangentes, com conotações de princípios, afastam, naturalmente, o preceito menor, que não se ajusta nem aos princípios nem à lógica do sistema, até mesmo porque os conselheiros não são, e não poderiam ser, partes no acordo de acionistas.

A subordinação dos conselheiros aos acionistas que os elegeram seria contrária aos arts. 139, 153, 154 e 155 da Lei nº 6.404/1976,[15] consubstanciando uma hipótese típica, no que concerne ao efeito pretendido pelo § 9º, de interpretação ab-rogatória (nota 14, *retro*).

Mais do que isso. O acordo de acionistas somente obriga a sociedade no que tange ao direito de voto nas assembleias, direito de preferência para aquisição de ações e preferência para adquiri-las (art. 118), matérias que, a toda evidência, não cabem nem se colocam no âmbito das reuniões do conselho de administração.[16] Trata-se, sob esse ângulo, de norma sem conteúdo, circunstância que também conduz o exegeta para os domínios da interpretação ab-rogatória.

147 EXECUÇÃO ESPECÍFICA DO ACORDO

A sociedade proporciona ao membro do acordo uma prestação negativa consistente em impedir a prática de ato contrário ao que estiver pactuado.

A prestação positiva, ou seja, o real cumprimento do que se convencionou – a venda das ações, o voto em determinado sentido – não poderá ser obtido senão judicialmente.

O art. 118, § 3º, confere ao acionista a prerrogativa de "promover a execução específica das obrigações assumidas".

Executar, de forma específica, significa obter, em juízo, estritamente, a mesma prestação que, ajustada entre as partes, foi, contudo, inadimplida.[17] No acordo de

---

[15] Com relação ao direito francês, atente-se para o magistério de Yves Guyon: "Les accords extra-statutaires qui limitent les pouvoirs légaux des organes d'administration ou de direction suscitent les mêmes réserves que les clauses statutaires qui parviennent à un résultat similaire parce qu'elles créent des organes non prévus par la loi, qui empiètent sur les prérogatives des dirigeants" (1995, p. 352).

[16] Pierre-Gilles Gourlay, em consistente monografia sobre conselho de administração, sustenta a nulidade de convenções de voto que vinculem administradores ao voto em determinado sentido (1971, p. 215). Ronald Charles Wolf, ao tratar dessa matéria (*Voting on the Board of Directors*), em sua obra sobre acordo de acionistas, foi também explícito ao enunciar: "Indicating how votes shall be counted on what itens can, and often is, a subject for the shareholder's agreement. However, it must be remembered that the board of directors, or other management entity, have a duty to the owners to discharge their functions with good judgment and exercising an independent will. Consequently, having the shareholder's agreement, to which only the shareholders and perhaps the corporation shall be signatories, cannot and shall not be binding on the directors. Whatever the signatories agree to is not going to bind the directors" (2014, p. 234).

[17] É o que assinala Sérgio Dulac Müller: "Certo, vedada como regra geral a 'justiça de mão própria', incumbindo recorrer-se ao Estado e ao processo [...]" (2003, p. 84).

compra e venda, a execução específica envolve a transferência efetiva das ações (adjudicação); no acordo de voto, compreende a emissão e o cômputo do voto na direção e para o fim ajustado.[18]

O Código de Processo Civil, no art. 501, regula exatamente o procedimento a ser adotado para a execução específica do voto contratado, mas não emitido:

> Art. 501. Na ação que tenha por objeto a emissão de declaração de vontade, a sentença que julgar procedente o pedido, uma vez transitada em julgado, produzirá todos os efeitos da declaração não emitida.

Dessarte, se o acionista inadimplente contava com mil votos, que deveriam ter sido declarados em favor da eleição de "A" para o conselho de administração, a sentença transitada em julgado equivalerá à emissão daqueles votos que, somados aos já computados em assembleia, poderão representar a automática eleição de "A". Cuidar-se-á de arquivar a sentença no registro de empresas, de modo a suplementar a ata já anteriormente arquivada.

Na pendência da ação principal, poderá o interessado instaurar um procedimento cautelar destinado a impedir a posse de diretor ou a prática de ato contrário ao acordo.[19]

Alcança-se, por sentença, a eleição do administrador; supera-se o sistema em que a obrigação de fazer resolvia-se em perdas e danos, para ter-se, na execução específica, a satisfação plena da prestação contratada.

Como, até o trânsito em julgado da sentença, o decurso de tempo poderá ser longo, com naturais riscos de graves lesões, poderá o juiz, no procedimento cautelar instaurado pelo autor da ação principal, ou mesmo através de antecipação de tutela, determinar medidas imediatas, destinadas à preservação dos interesses em litígio.

---

[18] Conf. José Carlos Barbosa Moreira (2001, p. 209).

[19] Como se sabe, o Poder Judiciário costuma ser lento, e às vezes pouco sensível à premência de uma decisão que resolva, em tempo hábil, esse tipo de pendência. Tem-se, nesse entretempo, efetivamente, um grave transtorno, que a alternativa da arbitragem, quando adotada, também não resolve satisfatoriamente, em face da imprevisibilidade de suas decisões, as quais, além do mais, costumam ser irrecorríveis e ainda dependentes, quando não cumpridas espontaneamente, de execução judicial. A criação de varas especializadas em questões empresariais tem, porém, ajudado, nos estados em que foram adotadas, no sentido da melhor e mais efetiva solução de tais contendas.

XXX

ASSEMBLEIA GERAL

148. Assembleia geral; **149.** Convocação; **150.** *Quorum*; **151.** Representação e legitimação; **152.** O pedido de procuração; **153.** Assembleia geral ordinária; **154.** Assembleia geral extraordinária; **154.1.** *Quorum* qualificado; **154.1.1.** Hipóteses de *quorum* qualificado; **154.1.2.** *Quorum* qualificado e ações preferenciais; **154.2.** Publicidade; **155.** Assembleias especiais; **156.** Direito de recesso.

148 ASSEMBLEIA GERAL

A sociedade anônima, como qualquer pessoa jurídica, manifesta-se através de órgãos aos quais compete produzir a vontade social.

Assim, quando um órgão social se pronuncia é a própria sociedade que está emitindo o pronunciamento.

Os órgãos da sociedade anônima são a assembleia geral, o conselho de administração, a diretoria e o conselho fiscal. Além desses, dos quais apenas o primeiro e o terceiro são de funcionamento obrigatório em todas as sociedades anônimas, poderá o estatuto criar outros órgãos com funções técnicas ou de aconselhamento (art. 160).

A assembleia geral é o órgão supremo da sociedade, uma vez que nela reside a fonte maior de todo o poder.

Compõe-se a assembleia de todos os acionistas que, com voto ou sem voto, para ela são convocados. De acordo com o disposto no parágrafo único do art. 121 da Lei n° 6.404/1976, com a redação dada pela Lei n° 14.030/2020, o acionista poderá participar e votar à distância, nas companhias abertas e fechadas, nos termos do disposto em regulamentação da CVM, para as primeiras, e do órgão competente do poder executivo federal (DREI), para as segundas. Atentando-se para os termos da lei ("o acionista poderá"), cabe concluir que se trata de uma prerrogativa do acionista, pelo que deverá ficar-lhe sempre assegurada a opção entre o voto à distância e o voto presencial, salvo se a assembleia for inteiramente digital (art. 124, § 2°-A), hipótese em que todos os acionistas participarão à distância.

Sabe-se, no entanto, que a assembleia não é um cenáculo democrático, em que as decisões aconteçam ao acaso de maiorias acidentais; sobre a assembleia impera, no comum dos casos, o acionista controlador.

As atribuições da assembleia são, na sua totalidade, de natureza deliberativa, não lhe competindo a prática de atos executivos, os quais estão reservados à diretoria. A assembleia não obriga a sociedade perante terceiros, apenas autoriza essa obrigação, a ser assumida, se o for, através da diretoria.[1]

Quando a assembleia se reúne, tem-se uma pluralidade de pessoas – os acionistas – a debater e a decidir, sendo coletivo o processo de tomada de decisão. A deliberação em si é, todavia, um ato unitário, eis que praticado por uma só pessoa, a sociedade. Não importa o número de pessoas que participam da formação do ato; participam porque integram o órgão – relação interna –, mas o ato final não é dos acionistas, é da sociedade, por um de seus órgãos.[2]

Ainda mesmo que a decisão tomada envolva duas assembleias, uma geral e outra especial, esses dois momentos configurarão um procedimento dotado de complexidade interna, mas cujo resultado é a deliberação da sociedade – ato unitário.[3]

---

[1] "A doutrina dominante é, com efeito, no sentido de que a assembleia não tem o poder de formar e declarar diretamente a terceiros a vontade social" (CAMPOS, 1957, p. 87). Seguindo essa mesma linha, manifesta-se Gustavo Borba: "A assembleia geral apenas tem o poder de afetar a esfera jurídica das pessoas que estão institucionalmente vinculadas à sociedade (*v.g.*, acionistas, debenturistas, titulares de partes beneficiárias), posto que apenas essas pessoas podem ter direitos criados ou extintos em decorrência de uma deliberação. É o que ocorre, por exemplo, quando a assembleia delibera distribuir dividendos, fazendo surgir o direito dos acionistas ao recebimento do percentual correspondente à participação acionária. Fora dessas hipóteses, contudo, as deliberações da assembleia vinculam apenas administradores, posto que a sua eficácia está limitada à relação interna da pessoa jurídica, com o escopo de 'formar' a vontade da sociedade, que, por meio de seus administradores, irá se relacionar com terceiros" (BORBA, Gustavo, 2015, p. 372).

[2] Adriano Fiorentino estudou aprofundadamente esse caráter unitário das deliberações assembleares: "La deliberazione (come ogni altro atto collegiale) si apresenta così come formata de una *pluralità di dichiarazioni*, pluralità che per altro non influisce sull'unitarietà od *unicità* dell'atto – deliberazione: questo, malgrado la complessità della sua struttura interna, è un'atto *unico* e *unitario*, perchè la unitarietà o complessità di un atto non va determinata in base al numero dei soggetti che vi partecipano, ma in base al numero dei suggetti (o, nel caso di enti, degli organi) ai quali l'atto è *referibile. E,* nel caso nostro, non vi è dubbio che la deliberazione, non è atto *dei soci,* ma dell'assemblea, non è quinde referibile ai soci, ma all'assemblea, cioè alla società" (1950, p. 56).

[3] Sobre o tema, convém atentar para as pertinentes observações de José Nuno Marques Estaca, o qual, à luz da legislação portuguesa, afirma o seguinte: "A deliberação social é imputável à própria sociedade, independentemente do órgão que a produziu – aquilo a que o Código das Sociedades Comerciais chama impropriamente de deliberação dos sócios ou dos acionistas, são deliberações da própria sociedade, e tanto assim é, que, quando se verifica uma impugnação judicial de uma deliberação social, é a sociedade que ocupa a posição de demandada, ou seja, de acordo com o nº 1 do art. 60 do C.S.C., a legitimidade

A assembleia tem ampla competência, podendo deliberar sobre qualquer assunto relativo aos interesses da sociedade, sendo que algumas matérias se inserem na sua competência privativa (art. 122), não podendo ser atribuídas a nenhum outro órgão social.

São as seguintes as matérias de competência privativa da assembleia geral:

a) *Reforma do estatuto social* – o estatuto, como ato-regra, é a lei interna da sociedade, correspondendo a atribuição de reformá-lo a uma espécie de poder legislativo. Atente-se, porém, para a hierarquia que se deve colocar entre as normas legais imperativas e o estatuto, cujos preceitos não poderão subsistir quando conflitantes com aquelas. A deliberação que introduz no estatuto uma norma ilegal apresenta objeto ilícito, o que a fulmina com a sanção de nulidade (ver seção 206).

Hipótese diversa, de simples anulabilidade (art. 286), é a da norma estatutária perfeitamente compatível com a legislação aplicável, apresentando, porém, defeito em seu processo formativo, vale dizer, cujo vício não concerne ao conteúdo da norma, mas sim ao procedimento que levou à sua elaboração (irregularidade na convocação ou na realização da assembleia).

b) *Eleição ou destituição de administradores e fiscais* – os administradores e fiscais poderão ser eleitos ou destituídos a qualquer tempo, sendo o prazo do mandato um referencial que não assegura a permanência no cargo. Efetivada a destituição, caberá à assembleia eleger substituto para a conclusão do mandato do administrador ou fiscal destituído.

Nas sociedades que têm conselho de administração, a assembleia elege os conselheiros, cabendo a estes eleger os diretores.

c) *Tomar as contas dos administradores e deliberar sobre as demonstrações financeiras* – a assembleia exerce, nesse item, funções típicas de um tribunal de contas.

d) *Autorizar a emissão de debêntures* – ressalvada a competência do conselho de administração e da diretoria, conforme analisado na seção 117.

e) *Suspender os direitos do acionista inadimplente* – (ver seção 135).

f) *Deliberar sobre a avaliação dos bens destinados à integralização de capital* – (ver seção 83).

g) *Autorizar a emissão de partes beneficiárias* – (ver seção 129).

h) *Deliberar sobre liquidação, transformação, incorporação, fusão e cisão* – (ver os capítulos XXXVI e XXXVII).

i) *Autorizar os administradores a confessar falência e a requerer a recuperação judicial* – Face ao tempo que a convocação de uma assembleia demanda, poderão os administradores se defrontar com o risco de graves consequências para a sociedade,

---

processual passiva incumbe à sociedade, pelo que não poderá esta ser considerada sujeito de direito distinto do autor do ato deliberativo" (2003, p. 124).

se tiverem de esperar a assembleia, para só após confessar a falência ou requerer o deferimento da recuperação. Além disso, a falência e a recuperação, pelas implicações que lhes são inerentes, não comportam a divulgação prévia que uma convocação despertaria. São na verdade atos que, segundo a prática do comércio, devem revestir uma considerável condição de surpresa. Para contornar essa contingência, permitiu o legislador (art. 122, parágrafo único) que, em caso de urgência, houvesse a prévia formulação do requerimento de recuperação ou da confissão de falência, "com a concordância do acionista controlador, se houver, convocando-se imediatamente a assembleia geral, para manifestar-se sobre a matéria". Havendo acionista controlador, impõe-se a sua prévia concordância, sem o que não poderão os administradores tomar a iniciativa de tão grave decisão. Tendo havido a concordância do controlador, a assembleia certamente ratificará a iniciativa. A questão torna-se mais delicada na sociedade em que não há um controlador evidente, em face do risco de a assembleia geral deliberar contrariamente à decisão dos administradores. A confissão de falência e o requerimento de recuperação apresentam efeitos irreversíveis. A eventual precipitação dos administradores poderá levá-los a responder por perdas e danos.

j) *Deliberar, no caso de companhia aberta, sobre transação com partes relacionadas e alienação de ativos que correspondam a mais de 50% dos ativos totais da companhia.*

As assembleias gerais poderão ser de três espécies distintas: assembleia geral ordinária, com época predeterminada de realização e com destinação prevista em lei; assembleia geral extraordinária, a realizar-se quando houver necessidade, destinando-se a apreciar qualquer matéria de interesse da sociedade; e assembleia especial, que se compõe de classe determinada de acionistas, tendo por objeto apreciar questões de seu interesse específico. Pode-se falar ainda em assembleia de constituição, mas esta não é órgão da sociedade, pois que precede à sua existência; trata-se, muito mais, de uma reunião de subscritores.

O lugar de realização da assembleia deve ser o edifício-sede da sociedade; em razão de força maior, poderá transferir-se para outro local, desde que situado no mesmo município da sede, devendo-se, neste caso, indicar, nos anúncios, com a devida clareza, essa circunstância.

Da assembleia lavra-se ata, no livro próprio, relatando os fatos acontecidos e as decisões tomadas (art. 130). A ata pode ser lavrada em forma de sumário, hipótese em que os documentos que a fundamentarem ficarão arquivados na sociedade. Ainda que lavrada detalhadamente, a publicação poderá se fazer através de extrato sumarizado.

No caso de assembleia cumulativamente ordinária e extraordinária, pode-se ter uma ata única para as duas seções da assembleia.

149 CONVOCAÇÃO

A realização de uma assembleia geral pressupõe a sua prévia convocação, a qual somente será dispensável se todos os acionistas comparecerem, tanto os que têm direito a voto como os que não o têm.

A convocação corresponde a um anúncio em que se indicam local, data e hora da assembleia, bem como a ordem do dia, isto é, a pauta dos assuntos que serão tratados; se um desses assuntos for a reforma do estatuto, devem-se destacar os artigos ou os capítulos que serão objeto de modificação.

A competência normal para a convocação da assembleia geral situa-se no conselho de administração, se a sociedade contar com esse órgão, e na diretoria, nos demais casos. Na sociedade em liquidação essa competência se transfere para o liquidante.

Caberá, contudo, ao conselho fiscal, se em funcionamento, convocar a assembleia geral ordinária que for retardada por mais de um mês, e a extraordinária, sempre que se verificarem motivos graves e urgentes.

Qualquer acionista, ainda que com uma única ação, poderá convocar a assembleia cuja realização esteja prevista em lei ou no estatuto, e que seja retardada por mais de 60 dias (art. 123, parágrafo único, *b*).

Os administradores encontram-se no dever de convocar, no prazo de oito dias contados do pedido, assembleia geral solicitada, fundamentadamente, e com indicação da pauta, por acionistas representativos de, no mínimo, 5% do capital social. A falta de atendimento ao pedido de convocação confere aos acionistas interessados o direito de convocarem, eles próprios, a assembleia.

Essa matéria, que se encontra regulada no art. 123, parágrafo único, da Lei nº 6.404/1976, teve a redação da alínea *c* modificada pela Lei nº 9.457/1997, para o fim de deslocar essa faculdade, que antes pertencia a acionistas representando no mínimo 5% do capital votante, para acionistas representando 5% do capital social.[4]

Assim, o direito de requerer a convocação de uma assembleia geral tornou--se uma faculdade inerente à condição de acionista, sem qualquer consideração quanto ao direito de voto dos requerentes, contanto que estes reúnam cinco por cento do capital social. É claro que, não dispondo do direito de voto, o acionista, embora provocando a assembleia, não participará do processo de deliberação propriamente dito. Poderá, evidentemente, discutir as matérias constantes da ordem do dia, mas a tanto se limitará a sua atuação, salvo se alguma questão, pela sua especial natureza, depender do seu voto, como ocorreria, por exemplo, com relação à instalação do conselho fiscal, que pode ser deliberada, inclusive, por acionistas representando no mínimo cinco por cento das ações sem direito de voto (art. 161, § 2º, da Lei nº 6.404/1976).

---

[4]   A CVM, valendo-se da delegação que lhe foi outorgada pelo art. 291 da Lei nº 6.404/1976, emitiu a Resolução nº 70/2022, por meio da qual, relativamente às companhias abertas, foi reduzindo, gradativamente, esse percentual de 5%, segundo a expressão (faixas) do capital social, para 4%, 3%, 2%, até fixá-lo em 1% para companhias com capital superior a R$ 10 bilhões de reais.

Ao requerer a convocação de uma assembleia geral, deverão os acionistas fundamentar o seu pedido e indicar as matérias a serem tratadas, uma das quais poderia ser a instalação do conselho fiscal.

Com a Lei nº 9.457/1997, acrescentou o legislador mais uma alínea, a da letra *d*, ao parágrafo único do art. 123, reproduzindo quase a mesma redação da alínea *c*, mas, nesse caso, especialmente para prever o pedido de convocação de assembleia geral para o fim específico de instalar o conselho fiscal.

Nessa alínea *d*, confere-se a faculdade de requerer a convocação a "acionistas que representem cinco por cento, no mínimo, do capital *votante, ou* cinco por cento, no mínimo, *dos acionistas sem direito a voto*".

Trata-se de uma alternativa que permite, com apenas cinco por cento do capital votante ou cinco por cento das ações sem voto, requerer a convocação.

Na hipótese, portanto, não é necessário deter cinco por cento do capital social como um todo; basta reunir cinco por cento da parcela do capital que vota ou da parcela que não vota.

A convocação, em qualquer caso, deverá ser publicada, por três vezes, em jornal de grande circulação, exigindo-se que a primeira publicação ocorra com a antecedência de, no mínimo, oito dias na companhia fechada, e 21 dias na companhia aberta, em relação à data da assembleia. Exemplificando: se a assembleia estiver prevista para o dia 10, a publicação, na companhia fechada, terá que ocorrer até o dia 2, sem o que a assembleia não poderá ser realizada.

Essa antecedência de oito dias e 21 dias concerne à primeira convocação; para a segunda convocação o prazo é de cinco dias e oito dias, respectivamente, prescrevendo a lei a publicação de um novo anúncio.

Com isso, afastou-se a praxe dominante na vigência da lei anterior, quando era comum publicarem-se, de uma só vez, os anúncios de primeira e segunda convocações.

O acionista que contar com cinco por cento do capital social, em companhia fechada, poderá, independentemente da publicação dos anúncios, que continuará obrigatória, solicitar que a companhia lhe remeta convocação por telegrama ou carta registrada, com a antecedência prevista. Os administradores da companhia, se não atenderem a essa solicitação, responderão por perdas e danos (art. 124, § 3º).

Com relação às companhias abertas (art. 124, § 5º), poderá a CVM, em certas circunstâncias, determinar o adiamento da assembleia por até 30 dias, em caso de insuficiência das informações, contado esse prazo da data em que as informações completas forem colocadas à disposição dos acionistas.[5]

---

[5] A regularidade das assembleias depende do cumprimento não só das formalidades legais para a sua convocação e instalação, como ainda da legalidade das deliberações adotadas. "A sociedade anônima tem legitimidade para figurar no polo passivo da ação em que

150 QUORUM

Refere-se a Lei das Sociedades Anônimas a um *quorum* de instalação (art. 125) e a um *quorum* de deliberação (art. 129).

O quorum de instalação corresponde ao número mínimo de votos necessários à instalação da assembleia. Esse número, em primeira convocação, corresponde a um quarto do total de votos conferidos pelas ações com direito a voto (essa redação, que se refere a "votos conferidos pelas ações com direito a voto", conferida ao art. 125 da Lei nº 6.404/76, resultou da lei que instituiu o voto plural), mas, em segunda convocação, reduz-se para qualquer número, o que significa bastar a presença de um acionista, com uma única ação votante, para que a assembleia se instale validamente. Na assembleia destinada à reforma do estatuto, o *quorum* de instalação, em primeira convocação, eleva-se para dois terços do total de votos conferidos pelas ações com direito a voto (redação também resultante da lei que instituiu o voto plural) (art. 135), caindo, em segunda convocação, também para qualquer número.

O quorum de deliberação refere-se à maioria necessária para a aprovação de determinada matéria, estando fixado, genericamente, em metade mais um dos votos válidos, ou seja, na maioria absoluta de votos presentes, não computados os votos em branco. Como esse quórum está fixado em votos e não em capital ou número de ações, o voto plural deverá ser considerado nesse cômputo.

Na companhia aberta, a regra da maioria absoluta admite apenas as exceções previstas em lei. Na companhia fechada, poderá o estatuto estabelecer certas matérias para as quais exigirá uma maioria ampliada, também chamada de *quorum* qualificado (art. 129, § 1º).

Estabelece o legislador (art. 136) um *quorum* de deliberação qualificado de metade, no mínimo, do total de votos conferidos pelas ações com direito a voto, para uma série de deliberações que, pela sua relevância, atingem intensamente os interesses dos acionistas.

Esse *quorum* corresponde à maioria necessária em qualquer convocação, de tal modo que, sendo a presença inferior a 50% dos votos, nem mesmo haverá interesse prático em colocar a matéria em votação, pois a sua aprovação estará, de plano, inviabilizada. Poderá a CVM (art. 136, § 2º) reduzir o *quorum* aplicável à companhia aberta que preencher determinadas condições, aplicando-se essa redução apenas em terceira convocação.

---

se objetiva a anulação de uma sua assembleia geral. A normalidade das assembleias, como já se acentuou, se constitui em condição indispensável para a normalidade da vida societária. A afirmação das nulidades, que eventualmente as viciem devem ser por ela controladas, pois, mais do que a ninguém, lhe provocará consequências." Excerto do acórdão unânime da 1ª Câmara do TJSP, AgI 53.765-1, *RJTJESP* (apud MIRANDA JUNIOR, (1990, p. 12).

O quorum de metade dos votos poderá, teoricamente, levar a um empate, na hipótese em que os votos se dividam, metade a favor e metade contra a proposta. Se assim acontecer, a matéria não estará aprovada, pois, atentando-se para a teleologia do art. 136, o que se conclui, sem muita dificuldade, é que o legislador, para essas matérias, procurou exigir um rigor maior, sem, é bem de ver, abrir mão do princípio da maioria absoluta dos votos presentes (art. 129).[6]

O empate encontra na lei (art. 129, § 2º), seja qual for a situação ou assembleia em que ocorra, as indicações para a sua superação. Primeiro, recorre-se ao estatuto, que poderá estabelecer alguma solução, inclusive a do arbitramento.[7] Nada dispondo o estatuto, será convocada uma nova assembleia, que não deverá distar da anterior menos de dois meses, para reexaminar a matéria. Renovado o empate, se os acionistas não chegarem a um acordo para a indicação de um árbitro, restará a provocação do Poder Judiciário que, ao decidir a questão, deverá levar em conta, segundo o art. 129, § 2º, o interesse da companhia. Na sentença que proferir, o juiz não estará simplesmente interpretando e aplicando a lei, mas assumindo um julgamento de marcante conteúdo econômico-negocial, ao definir, dentre as versões controvertidas, e que geraram o empate, qual aquela que corresponde ao interesse da sociedade.

O equacionamento do que convém à empresa, considerada a formação profissional do juiz, que é técnico-jurídica e não econômico-negocial, certamente exigirá a produção de um laudo pericial que lhe sirva de subsídio.

151 REPRESENTAÇÃO E LEGITIMAÇÃO

A assembleia é uma reunião de acionistas, não sendo, em princípio, admissível que terceiros dela participem.

É claro que administradores, fiscais, auditores e empregados comparecerão à assembleia para desempenhar funções de apoio.

No mais, apenas os acionistas ou seus representantes terão ingresso ao recinto.[8]

---

[6] Nesse mesmo sentido, Romano Cristiano (1982, p. 35). Em sentido contrário, Miranda Valverde (1959, v. II, p. 116 e 157).

[7] Observe-se que a arbitragem (ou, melhor dizendo, o arbitramento) a que alude o § 2º do art. 129, cujo texto remonta a 1976 (quando nem mesmo existia a lei de arbitragem), não é o mesmo processo a que se refere o art. 109, § 3º (ver seção 135.1), que foi introduzido através de emenda datada de 2001. Esta se destina a solucionar conflitos entre a sociedade e os sócios, ou que envolvam os sócios entre si, enquanto aquela teria por objeto superar o impasse decorrente do empate em determinada votação. Ora, havendo empate, o que se tem é uma divisão linear e equivalente de opiniões sobre matéria determinada. A adoção do arbitramento, nesse caso, teria por escopo dirimir o impasse, elegendo, entre as teses controvertidas, a que deveria ser adotada. Não se troca, na hipótese, a jurisdição estatal pela arbitragem. Não se decide um litígio, mas sim, e em vez disso, integra-se, através dos árbitros escolhidos de comum acordo, o processo decisório inconcluso.

[8] O acionista poderá se fazer acompanhar de advogado, uma vez que, entre as prerrogativas do advogado, encontra-se a de acompanhar seus clientes (art. 7º, VI, *d*, da Lei nº 8.906/1994).

A representação do acionista compreende tanto a representação legal como a representação convencional (mandato).

O representante legal terá sempre qualidade para comparecer à assembleia. É o caso, por exemplo, do pai que representa o filho menor, ou do diretor que representa a pessoa jurídica acionista.

Tratando-se de representação convencional (mandato), as restrições à pessoa do procurador são bastante rígidas, exigindo a lei que a escolha recaia em outro acionista, em administrador da sociedade ou em advogado (art. 126, § 1°, da Lei n° 6.404/1976). Nas companhias abertas, as instituições financeiras e os administradores de fundos de investimento em condomínio também poderão funcionar como mandatários. A procuração, em qualquer caso, terá a validade máxima de um ano.

Para comprovar a condição de acionista (legitimação), deverão as pessoas presentes à assembleia apresentar:

a) se as ações forem nominativas, documento de identidade (ver seção 95);

b) se escriturais ou em custódia nos termos do art. 41 (custódia de ações fungíveis), "além do documento de identidade, exibirão, ou depositarão na companhia, se o estatuto o exigir, comprovante expedido pela instituição financeira depositária" (art. 126, II).

Cumpre observar que o inciso II do art. 126 não foi feliz ao juntar, em um só item, as ações escriturais e as ações custodiadas, pois misturou as exigências de legitimação a serem aplicadas.

O documento de identidade, este sim, deverá ser exigido em ambas as situações, não havendo qualquer observação a fazer quanto a essa primeira parte da disposição.

A segunda parte, onde se prevê que o acionista exibirá ou depositará na companhia, se o estatuto o exigir, comprovante expedido pela instituição financeira depositária, não deve ser aplicada à ação escritural, uma vez que esta somente se transfere pelo lançamento operado pela instituição financeira depositária, cujas relações de acionistas, fornecidas à sociedade, serão documentos necessários e suficientes para comprovar a titularidade (ver seção 98). A apresentação do chamado extrato da conta de depósito afigura-se inútil e desaconselhável, mesmo porque, no momento da assembleia, poderá já estar superado por alienações posteriores.

Já com relação à ação em custódia fungível, exija-o ou não o estatuto, o comprovante a ser expedido pela instituição financeira depositária funciona como documento de apresentação imprescindível, visto que a custódia fungível (ver seção 104) retira as ações da titularidade formal do acionista. Como as ações não mais figuram em seu nome e sim no nome da instituição financeira, somente através de uma espécie de atestado fornecido pelo depositário poderá o acionista documentar a sua titularidade. A cada assembleia corresponderá um atestado específico, a fim de evitar a desatualização.

Os acionistas e seus representantes, uma vez demonstrada a titularidade, assinarão o "Livro de Presença".

Segundo o disposto no parágrafo único do art. 121 da Lei nº 6.404/76, o acionista, nas companhias abertas e fechadas, poderá participar das assembleias e votar à distância, nos termos da regulamentação expedida pela CVM e pelo DREI, respectivamente. O registro da presença à distância observará a forma prevista na regulamentação (art. 127, parágrafo único).

152 O PEDIDO DE PROCURAÇÃO

Qualquer pessoa que tenha condições de comparecer à assembleia (administrador, acionista ou advogado) poderá expedir correspondência ou publicar anúncio solicitando procuração dos acionistas de uma sociedade, a fim de representá-los em assembleia geral (art. 126, § 2º).

Todo pedido público de procuração deverá fornecer ao acionista elementos informativos que o capacitem a avaliar o voto a ser proferido em seu nome, ao tempo em que se lhe oferecerá a oportunidade de não só recusar esse voto, como de ainda votar em sentido contrário, para o que lhe será indicado um procurador alternativo. Atente-se para a circunstância de que o voto estará vinculado à linha de atuação que constar das informações enviadas ao acionista juntamente com o pedido de procuração. Outra questão curiosa é a que concerne ao procurador alternativo, porquanto aquele que pede a procuração deve indicar ao acionista o seu contrário, aquele que lhe faz oposição, de tal forma que o acionista, se o preferir, a ele outorgará a sua procuração.

O pedido de procuração formulado por anúncio dispensa a relação dos acionistas; o que se fizer por correspondência deverá ser dirigido, necessariamente, a todos os acionistas cujos endereços constem da companhia. Essa exigência legal de que o pedido de procuração seja enviado a todos os acionistas deve ser entendida como circunscrita aos que têm voto, pois, em relação aos demais, seria um pedido inconsistente, uma vez que o pedido de procuração objetiva o exercício do direto de voto.

A emissão de carta-circular a todos os acionistas fica, com efeito, restrita aos administradores e aos acionistas que disponham de, pelo menos, meio por cento do capital social, na medida em que os primeiros têm acesso direto aos endereços e os segundos têm o direito de solicitá-los à companhia (art. 126, § 3º).

As condições para a obtenção da relação de endereços são, portanto, as seguintes:

a) deterem os requerentes, no mínimo, meio por cento do capital social;

b) alegarem que pretendem emitir pedido de procuração aos acionistas.

Considerando que o pedido de procuração deve indicar o sentido em que o voto será proferido, deve-se, então, concluir que os seus efeitos se limitarão a uma única assembleia, cabendo promover novo pedido a cada assembleia que se programar.

Cap. XXX · ASSEMBLEIA GERAL | 299

Cabe assinalar que a sistemática adotada para o pedido de procuração afigura-se extremamente complexa, o que certamente dificulta a sua aplicação prática.

De qualquer sorte, abre-se um caminho em direção ao controle gerencial (ver seção 141).

153 ASSEMBLEIA GERAL ORDINÁRIA

A assembleia geral ordinária (AGO), como o próprio nome sugere, é aquela que ocorre rotineiramente, devendo ser realizada, todos os anos, dentro dos quatro meses que se seguem ao término do exercício social.

Tem a administração o dever de convocá-la na época própria, mas, se o fizer com atraso, mesmo assim a assembleia será validamente realizada.

Respondem, porém, os administradores por perdas e danos que, eventualmente, resultarem do retardamento. Além disso, sendo a demora superior a um mês ou a 60 dias, a convocação poderá ser feita, respectivamente, pelo conselho fiscal ou por qualquer acionista (ver seção 149).

Tem a assembleia geral ordinária propósitos específicos, exaustivamente declinados em lei, quais sejam: apreciação das contas e demonstrações financeiras; deliberação sobre a destinação do lucro, fixando, inclusive, os dividendos a serem distribuídos; eleição dos administradores e fiscais; e aprovação da correção da expressão monetária do capital (hoje suspensa, em face da eliminação da correção monetária do balanço).

Havendo outros assuntos a tratar, dever-se-á convocar, simultaneamente, uma assembleia geral extraordinária (AGE), já que a ordinária tem pauta limitada.

Os documentos sobre os quais a AGO vai deliberar (relatório da administração, demonstrações financeiras e, se for o caso, parecer dos auditores) devem ficar à disposição dos acionistas, em local a ser divulgado mediante anúncio publicado por três vezes, com a antecedência de um mês em relação à assembleia, cumprindo publicar os próprios documentos até cinco dias antes da respectiva realização (art. 133). Publicados os próprios documentos com a antecedência mínima de 30 dias, estará dispensada, por óbvias razões, a divulgação dos anúncios de que esses documentos se acham à disposição dos acionistas. Devem ficar também à disposição dos acionistas, embora sem exigência de publicação, o parecer do conselho fiscal, inclusive votos dissidentes, e demais documentos pertinentes.

Comparecendo todos os acionistas, com voto e sem voto, os anúncios estarão dispensados, e a publicação dos documentos poderá ocorrer até a véspera da realização da assembleia.

Poderão os acionistas, durante a assembleia, discutir amplamente os documentos sob sua apreciação, aplicando-se a pelo menos um administrador e ao auditor independente, quando houver, a obrigação de comparecer à reunião, a fim de prestar esclarecimentos aos presentes. Se, apesar de tudo, os acionistas se considerarem insatisfeitos, terão a faculdade de suspender a assembleia para a produção de novos esclarecimentos ou para a produção de diligências.

As demonstrações financeiras apresentadas pela administração constituem, com efeito, um projeto, de tal forma que a assembleia se encontra capacitada a aprová-las ou recusá-las em seu todo, ou a ordenar modificações e retificações em seu texto, hipótese em que os administradores promoverão, após os competentes ajustes, a republicação.

Dispõe a Lei das Sociedades Anônimas (art. 134, § 3º) que a aprovação das contas e das demonstrações financeiras, sem reserva, "exonera de responsabilidade os administradores e fiscais, salvo erro, dolo, fraude ou simulação".

Os acionistas, ao deliberarem sobre as demonstrações financeiras, a não ser quando previamente avisados e movidos pela suspeição, não dispõem de elementos para um exame aprofundado desses documentos. Sabe-se que uma empresa de auditoria, para pronunciar-se com segurança, consome muitas horas e muita experiência em seu trabalho. Consequentemente, não se poderia esperar que os acionistas, até mesmo o controlador, dispusessem, na assembleia, de pleno conhecimento de causa a respeito dos vários negócios e operações resumidos nas demonstrações financeiras e nas notas explicativas.

Desse modo, a exoneração dos administradores, que decorre da aprovação das demonstrações financeiras, é relativa e aparente, pois tudo aquilo que tenha escapado ao conhecimento dos acionistas, e que seja substancial, posto que suficiente para demovê-los de aprovar as contas, caracterizará uma hipótese de erro, consequenciando a reabertura do problema, para efeito de responsabilização dos envolvidos.[9] Acresce a circunstância de que as demonstrações financeiras são elaboradas pelos administradores, o que propiciará grandes facilidades para o cometimento de dolo, mediante a preparação de um balanço enganoso (ver seção 206).

Pode-se, então, concluir que a aprovação das demonstrações financeiras não inibe a responsabilização dos administradores pelas irregularidades que, posteriormente à assembleia, vierem à ciência dos acionistas.[10]

---

[9] A tendência, em todo o mundo, é no sentido de conferir à aprovação das contas (*quitus*) um efeito menor, destinado apenas à liberação de eventuais garantias de gestão, conforme assinala Berdah: "La seule utilité du quitus, au cas de démission par un administrateur de ses fonctions, étant de lui permettre la récuperation des actions affectées en garantie de sa gestion" (1974, p. 29).

[10] Fran Martins entende que "a aprovação não isenta os administradores e fiscais no caso de ser provado que agiram eles com erro, dolo, fraude ou simulação" (1979, v. 2 p. 234). O erro, todavia, não é dos administradores, mas sim dos acionistas. Miranda Valverde, ao comentar disposição idêntica da legislação anterior, foi extremamente preciso: "A deliberação da assembleia geral ordinária que aprovou o balanço e as contas da diretoria, pode ser anulada (art. 156), quando eivada de erro, dolo, fraude ou simulação. O balanço não representava, no momento em que foi levantado, a situação real da sociedade, é falso, ou

Cap. XXX · ASSEMBLEIA GERAL | 301

A ata da assembleia geral ordinária encontra-se sujeita a arquivamento e a publicação obrigatórios.

154 ASSEMBLEIA GERAL EXTRAORDINÁRIA

A assembleia geral extraordinária (AGE) tem competência ampla, podendo-se convocá-la a todo tempo, para apreciar qualquer matéria. Exige a lei (art. 135, § 3º), com a redação resultante da Lei nº 10.303/2001, que os documentos pertinentes às matérias que serão debatidas sejam postos à disposição dos acionistas quando do primeiro anúncio de convocação.

154.1 *Quorum* qualificado

Alguns assuntos incluídos entre as atribuições da AGE foram especialmente destacados pelo art. 136, tendo em vista a necessidade, para aprovação, do *quorum* qualificado de metade, no mínimo, do total de votos conferidos pelas ações com direito a voto (ver seção 150). Ou seja, não basta a aprovação pela maioria dos votos presentes; exige-se a aprovação por metade, no mínimo, do total de votos, considerando-se, se for o caso, o voto plural.

Esse rigor da lei justifica-se plenamente, porquanto os temas contemplados no art. 136 e seus incisos afetam as próprias bases da relação social.

A Lei nº 9.457/1997 renumerou os incisos do art. 136, ora partindo um inciso em dois, ora modificando a ordem da enumeração, sem, todavia, afetar a sua substância, salvo no que tange ao inciso relativo a "alteração do dividendo obrigatório", cuja redação mudou para "redução do dividendo obrigatório". Consequentemente, não mais se aplica a exigência de *quorum* qualificado a qualquer modificação das regras estatutárias sobre dividendo obrigatório, mas apenas aos casos em que se delibere sobre a sua redução.

No *caput* do artigo, que também foi modificado, onde antes se previa a possibilidade de adoção, estatutariamente, de *quorum* mais elevado na companhia fechada (inclusive superior a 50%), houve a troca da expressão "companhia fechada" por "companhia cujas ações não estejam admitidas à negociação em bolsa ou no

---

contém dados ou elementos, que encobriam operações ou atos violadores da lei ou dos estatutos prejudiciais à sociedade. No relatório, a diretoria fez afirmações falsas sobre as condições econômicas da sociedade, ou ocultou, fraudulentamente, no todo ou em parte, fatos a ela relativos (art. 161, 1º). Poderá também suceder que o balanço exprimisse, com sinceridade, a situação real da sociedade, mas a aprovação dele e das contas da diretoria ter sido conseguida mediante informações mentirosas sobre as causas dos resultados que o balanço acusa. Em qualquer dos casos, é manifesto que a deliberação da assembleia geral, que aprovou o balanço e as contas, foi obtida por meio de atos, processos ou expedientes, que viciaram o consentimento dos acionistas, tornando, pois, anulável a deliberação. Tanto a sociedade como qualquer acionista poderão pleitear, judicialmente, a anulação da deliberação" (1959, v. II, p. 143).

mercado de balcão". Com isso, conforme ressalta Paulo Afonso Amaral, a regra foi ampliada, de modo a abranger companhias abertas apenas para a emissão de outros valores mobiliários que não ações, tais como debêntures e bônus de subscrição, que poderão, tal como as companhias fechadas, adotar *quorum* qualificado superior a 50% dos votos conferidos pelas ações com direito a voto.[11]

Em 2021, a redação do art. 136 foi novamente alterada para refletir, quando for o caso, a aplicação do voto plural, exigindo-se, no mínimo, metade do total de votos conferidos pelas ações com direito a voto.

154.1.1 Hipóteses de quorum *qualificado*

Considerados os vários incisos do art. 136, que definem as hipóteses de *quorum* qualificado, pode-se assim distribuí-los, de acordo com a forma segundo a qual afetam as bases da relação social:

1. *afetam a estrutura do capital ou a participação nos lucros:* criação, mudança nas proporções ou alteração nas vantagens das ações preferenciais (incisos I e II); criação de partes beneficiárias (inciso VIII); redução do dividendo obrigatório (inciso III);

2. *afetam a individualidade da companhia:* mudança do objeto (inciso VI); incorporação da companhia em outra (se a companhia considerada é a incorporadora, não se exige o *quorum* qualificado) e fusão (inciso IV); cisão (inciso IX); participação em grupo de sociedade (inciso V);

3. *afetam a própria existência da relação:* dissolução da companhia (inciso X); cessação do estado de liquidação (inciso VII).

154.1.2 Quorum *qualificado e ações preferenciais*

As hipóteses relativas às ações preferenciais podem ser assim desdobradas:

- criação de ações preferenciais;
- aumento de classes de preferenciais existentes em desproporção com as demais classes de preferenciais;
- alteração nas preferências, vantagens e condições de resgate ou amortização de uma ou mais classes;
- criação de nova classe mais favorecida.

A criação de ações preferenciais significa a introdução, na estrutura de capital da sociedade, de um processo de diferenciação entre acionistas. Essa mudança, como altera substancialmente o pacto inicial, levou o legislador a colocá-la na dependência

---

[11] AMARAL, 1998, p. 60.

de *quorum* qualificado. O mesmo acontecia com a alteração nas proporções entre as várias espécies e classes de ações, na medida em que esse desajuste desmonta a equação anterior, fundada na distribuição do capital em um determinado percentual de ações ordinárias (60%, por exemplo) e em outro de ações preferenciais (40%, por exemplo). Com a reforma decorrente da Lei nº 10.303/2001, a desproporção que depende de *quorum* especial passou a ser apenas a que se opera entre classes de preferenciais. Consequentemente, e sem quórum qualificado, os aumentos de capital poderão se fazer somente em ações ordinárias, com o desmonte da equação original, e o consequente aviltamento do nível de participação das ações preferenciais no capital social.

Caso autorizadas pelo estatuto (art. 136, I), tanto a criação das ações preferenciais como a alteração nas proporções independerão de *quorum* qualificado, mas se essa autorização (para criar ações preferenciais ou para alterar as proporções entre estas) não constar do estatuto inicial da companhia, a reforma estatutária que a adotar, ou seja, que consagrar a referida autorização, incorrerá para tanto, por força da mais elementar lógica jurídica, na necessidade do mesmo *quorum* qualificado de 50% do capital votante. Se assim não fora, a exigência legal não teria qualquer significado prático, tanto que seria facilmente invalidada mediante duas decisões em lugar de uma, ambas por maioria simples: primeiro se promoveria a autorização estatutária e, ato contínuo, praticar-se-ia a providência questionada.

Verifica-se, em todas as situações analisadas, uma evidente intenção de proteção ao pacto original: ora são razões econômicas, ora são razões políticas, ora são razões de mera estabilização da relação jurídica.

As deliberações de que tratam os incisos I e II, quando alteram a proporção de ações preferenciais ou as suas características, ou criam classe mais favorecida, encontram-se sujeitas à prévia aprovação ou à ratificação pela assembleia especial de cada classe de ações preferenciais prejudicadas.

A expressão "classe de ações preferenciais *prejudicadas*" resultou de modificação introduzida pela Lei nº 9.457/1997, uma vez que a redação anterior se referia a "classe de ações preferenciais *interessadas*".

A convocação da assembleia especial dos acionistas preferenciais passou a fazer-se preceder de uma indagação investigatória a respeito do prejuízo determinado ou potencializado pela deliberação da assembleia geral, e de qual a classe ou classes atingidas por esse prejuízo.

A deliberação da assembleia geral, cuja eficácia depende de uma assembleia especial, não se aperfeiçoa sem que esta se verifique e conceda a ratificação reclamada.

O § 4º do art. 136 determinou que conste da "ata da assembleia geral que deliberar sobre as matérias dos incisos I e II, se não houver prévia aprovação, que a deliberação só terá eficácia após a sua ratificação pela assembleia especial prevista no § 1º". Trata-se de uma espécie de aviso, para conhecimento público, do caráter condicional da norma que, embora aprovada pela assembleia geral, somente integrará efetivamente o estatuto após a respectiva ratificação pela assembleia especial da classe prejudicada. Nesse quadro, cria-se, com efeito, uma curiosa situação, posto que a norma estatutária vigente é a norma revogada pela nova norma cuja eficácia encontra-se condicionada. De qualquer sorte, estabeleceu-se (art. 136, § 1º) um prazo improrrogável de um ano para a efetivação da ratificação. Consequentemente, se a ratificação não ocorrer nesse prazo, a deliberação da assembleia geral ficará automática e definitivamente excluída do mundo jurídico.

154.2 Publicidade

Ao contrário da ata da AGO, cuja publicidade é compulsória, a ata da AGE somente se subordina a arquivamento e publicação obrigatórios quando encerrar reforma do estatuto ou outras deliberações que devam produzir efeitos em relação a terceiros (como, por exemplo, a eleição de administrador, que é própria de AGO, mas pode ocorrer em AGE em caso de vacância), e bem assim em todas as circunstâncias em que a lei determinar.

A ata de reforma do estatuto, ao transitar pelo registro do comércio, será submetida a apreciação semelhante à conferida aos atos constitutivos, quando da criação da sociedade (ver seção 81).

155 ASSEMBLEIAS ESPECIAIS

As assembleias especiais reúnem acionistas de classe determinada de ações.

As mais importantes são as previstas no § 1º do art. 136, as quais têm por finalidade obter uma manifestação dos acionistas preferenciais, na forma de prévia aprovação ou de ratificação de decisão da AGE, alterando a proporção de ações preferenciais ou as suas características, ou criando nova classe mais favorecida.

A substância dessas modalidades de decisão já foi analisada na seção anterior, cumprindo agora fixar a exegese no ângulo reflexo em que se situam as classes de preferenciais prejudicadas.

A assembleia especial se circunscreve às classes prejudicadas, isto é, àquelas que, de alguma maneira, são sacrificadas pela deliberação.

A alteração das características das ações envolverá a assembleia especial dos respectivos titulares, sempre que a decisão reduzir ou limitar as suas prerrogativas.

A alteração nas proporções entre as ações preferenciais prejudicará, em todos os casos, os preferencialistas, porque afeta o equilíbrio das participações e o próprio exercício do direito de preferência.

A criação de nova classe mais favorecida atinge, de forma frontal, as demais classes a ela inferiores. Mesmo em se tratando de criação de classe menos favorecida, a assembleia especial impor-se-á como meio de preservar as proporções e o interesse político das classes existentes, que, com uma nova classe em desproporção, correriam o risco, por exemplo, de perder para esta, que eventualmente se tornaria majoritária, a prerrogativa de eleger um dos membros do conselho fiscal (art. 161, § 4º, *a*).

O resgate de ações (art. 44), salvo disposição em contrário no estatuto, também depende de aprovação de acionistas que representem, no mínimo, metade da classe atingida (§ 6º).

A assembleia especial será convocada e instalada semelhantemente às demais, somente se considerando acolhida a proposta de deliberação que obtiver a aprovação de titulares de mais de metade das ações que compõem a classe interessada. Se várias forem as classes interessadas, várias serão as assembleias, uma para cada classe. A redação atribuída pela Lei nº 10.303/2001 ao § 3º do art. 136, e reformulada pela Lei nº 14.195/21, permite que a CVM, com relação às companhias abertas, possa reduzir, para efeito de assembleias especiais, em terceira convocação, o *quorum* de aprovação de pelo menos metade das ações que compõem a classe interessada. Eliminou-se, assim, uma das garantias maiores dos acionistas minoritários.

O art. 18, parágrafo único, consagra uma outra hipótese de assembleia especial a ocorrer quando o estatuto subordina determinadas alterações do seu texto à aprovação de uma ou mais classes de preferenciais. Para essa assembleia, no entanto, não se encontra indicado o *quorum* qualificado de mais de metade das ações. Contudo, considerando que, nesse caso, também se altera uma das vantagens da ação preferencial (art. 136, II), o *quorum* qualificado deverá ser exigido.

Quando as ações ordinárias estão distribuídas em classes (ver seção 91), as disposições estatutárias relativas à diversidade de classes têm a sua modificação condicionada a uma assembleia da classe interessada, cujo *quorum* de deliberação corresponde à unanimidade dos titulares.

Os titulares de debêntures e de partes beneficiárias, quando se reúnem em assembleia, não funcionam como órgãos da sociedade, inocorrendo uma assembleia no sentido que vimos tratando, mas, isto sim, uma reunião de credores da sociedade à qual se aplicam algumas regras típicas de assembleia.

156 DIREITO DE RECESSO

O art. 137 da Lei nº 6.404/1976 assegura aos acionistas dissidentes de determinadas deliberações da assembleia geral o direito de se retirar da sociedade, recebendo, mediante uma operação de reembolso, o valor de suas ações (ver seção 108).

As deliberações que motivam o recesso ou retirada acham-se indicadas no art. 137, através de remissão a determinados incisos do art. 136 (ver seção 154.1).

Dentre os incisos do art. 136 (casos para os quais se exige *quorum* qualificado), não conferem direito de recesso a "criação de partes beneficiárias" (inciso VIII), a "cessação do estado de liquidação" (inciso VII) e a "dissolução da companhia" (inciso X). Esses dois últimos casos foram excluídos do direito de recesso pela Lei nº 9.457/1997. A "fusão da companhia, ou sua incorporação em outra", e bem assim a "participação em grupo de sociedades", que haviam sido excluídas do recesso pela Lei nº 7.958/1989, foram reincluídas pela Lei nº 9.457/1997, muito embora de forma restrita, como será analisado a seguir.

A cisão, que também fora excluída do direito de recesso pela Lei nº 7.958/1989, assim se mantivera sob a égide da Lei nº 9.457/1997. O pressuposto dessa exclusão era o entendimento de que a cisão significava a mera divisão da sociedade, com a manutenção dos mesmos acionistas nas várias empresas resultantes da reestruturação, situação que, em linha de princípio, não acarretaria qualquer dano real ou potencial aos interesses dos acionistas. Entretanto, uma das hipóteses de cisão é a da cisão com incorporação, tal como previsto no art. 229 da Lei nº 6.404/1976, ao definir o instituto. Nesse caso, cabe observar que os efeitos da cisão são semelhantes aos da incorporação, devendo-se, consequentemente, aplicar as normas sobre o direito de recesso, inclusive por força do disposto no § 3º do art. 229, que manda aplicar à cisão com incorporação as disposições sobre incorporação.

Com a Lei nº 10.303/2001, a cisão voltou a ser incluída entre as hipóteses de recesso, mas apenas (art. 137, III) quando o recesso já ocorreria em virtude de outros incisos do art. 136 (mudança de objeto, redução do dividendo obrigatório, participação em grupo de sociedades), situações em que a doutrina, a partir da interpretação sistemática da lei, já considerava aplicável o recesso.

A criação de partes beneficiárias representa hipótese tradicional de decisão que, não obstante exija *quorum* qualificado, não assegura o direito de recesso.

As decisões que asseguram o direito de recesso são as contempladas nos incisos I a VI e IX do art. 136, as quais, pelas características que apresentam, podem ser agrupadas em três subdivisões: a primeira, compreendendo os incisos I, II, que tratam de ações preferenciais; a segunda, os incisos IV, V e IX, alusivos a fusão, incorporação, participação em grupo de sociedades e cisão; e a terceira, os incisos III e VI, concernentes a redução do dividendo obrigatório e a mudança do objeto da companhia.

No que concerne às ações preferenciais, o conceito introduzido pela Lei nº 9.457/1997 no inciso I do art. 137, como condicionante do recesso, é o de "espécie ou classe prejudicada". Somente a classe, de alguma forma prejudicada pela deliberação adotada, estará habilitada ao recesso.

Observe-se ainda que, no caso de ações preferenciais, algumas deliberações somente ganharão eficácia após a ratificação pela assembleia especial da classe prejudicada. Nesse caso, o prazo de 30 dias para o exercício do recesso conta-se da publicação da ata da assembleia especial. A Lei nº 9.457/1997, ao explicitar o conceito da ineficácia da deliberação dependente de assembleia especial, explicitou também que o prazo para o exercício do direito de retirada somente se inicia com a publicação da ata de ratificação da aludida deliberação, momento a partir do qual a deliberação ganha eficácia (art. 137, V).

A fusão, a incorporação em outra sociedade e a participação em grupo de sociedades encontravam-se, como causa de recesso, definitivamente eliminadas do direito brasileiro pela Lei nº 7.958/1989, tendo sido restauradas, de forma limitada, pela Lei nº 9.457/1997.

A restauração do direito de recesso nas incorporações, fusões e participação em grupo de sociedades apresenta caráter marcadamente circunscrito às companhias fechadas e a algumas companhias abertas que não se enquadram nas situações indicativas de liquidez e dispersão, fixadas pelo legislador no inciso II, alíneas *a* e *b*, do art. 137, com a redação que lhe foi atribuída pela Lei nº 9.457/1997, depois reformulada pela Lei nº 10.303/2001.

Enuncia a atual redação:

II – nos casos dos incisos IV e V do art. 136, não terá direito de retirada o titular de ação de espécie ou classe que tenha liquidez e dispersão no mercado, considerando-se haver:

a) liquidez, quando a espécie ou classe de ação, ou certificado que a represente, integre índice geral representativo de carteira de valores mobiliários admitido à negociação no mercado de valores mobiliários, no Brasil ou no exterior, definido pela Comissão de Valores Mobiliários; e

b) dispersão, quando o acionista controlador, a sociedade controladora ou outras sociedades sob seu controle detiverem menos de metade da espécie ou classe de ação;

Por esse texto, os indicadores de liquidez e dispersão compõem-se de dois fatores distintos (liquidez e dispersão), que são postos na lei como condições cumulativas (uma e outra) para que o acionista não desfrute do direito de retirada.

Consequentemente, impor-se-á o direito de recesso, tanto na ausência de liquidez como na ausência de dispersão.

A liquidez ocorre quando a espécie ou classe de ação considerada integra índice geral representativo de carteira de valores mobiliários admitidos à negociação nos mercados de valores mobiliários, no Brasil ou no exterior.[12] A dispersão se verifica quando o acionista controlador, seja este uma pessoa física ou uma sociedade, detiver menos de metade das ações da espécie ou classe considerada.

Conforme se observa, o legislador de 2001 centrou as questões da liquidez e da dispersão na espécie ou classe de ações considerada, e não na totalidade das ações. Essa conotação poderá conduzir a resultados ilusórios, pois embora o controlador não possua ações da classe considerada, estas poderão, em sua maioria, pertencer a grupos isolados que não as negociem no mercado. Como o que busca a lei é a configuração de um mercado de revenda, situações concretas especiais poderão elidir a indicação de dispersão, sempre que as ações não contarem com uma história efetiva de negociação.

---

[12] Sobre o tema (índice de ações), confira-se Norma Parente (2018, p. 197).

Além disso, é preciso levar em conta que as expressões ações do "controlador" e de "sociedade controladora ou outras sociedades sob seu controle" deverão compreender igualmente as ações de propriedade de empresas que, de alguma forma, encontrem-se subordinadas ao poder e à influência do controlador. Se houver acordo de acionistas, as ações de propriedade dos diversos membros do acordo deverão ser consideradas ações do controlador, visto que, nessa situação, tem-se um grupo de controle.

A eventual caracterização de um grupo de fato também militará em favor da configuração de um controle compartilhado.

Se a teleologia da lei se encontra assentada na dispersão das ações (ações em circulação no mercado), os fatores indicativos da concentração deverão atuar no sentido de que se entenda como sendo ações "de propriedade do controlador" todas aquelas que, de um modo ou de outro, estejam sujeitas a um mesmo foco polarizador.

As demais hipóteses de recesso (redução do dividendo obrigatório e mudança do objeto da companhia) são de natureza genérica, como tal dependendo apenas da AGE, e com aplicação indistinta a companhias fechadas e abertas. Convém ressaltar que a incorporação, fusão e cisão poderão representar, em certas circunstâncias, formas indiretas de mudar o objeto da companhia ou de reduzir o dividendo obrigatório. Se esse for o caso, o recesso poderá ser pleiteado, independentemente da liquidez e dispersão das ações, com fundamento na mudança de objeto ou na redução do dividendo. A prova da simulação caberá naturalmente a quem a alegar.

O § 1º do art. 137, em sua atual redação, subordina o direito de recesso ao fato de portar o requerente a qualidade de acionista na data da primeira publicação do edital de convocação da assembleia geral em que se adotou a deliberação questionada, ou na data da publicação da "comunicação do fato relevante" alusiva ao assunto, prevalecendo o que ocorrer primeiro.

Esse tratamento estreita e compromete acentuadamente o direito de recesso, posto que o edital de convocação, que apenas enuncia genericamente as matérias que serão objeto de deliberação, não transmite aos eventuais interessados uma ideia nítida das decisões que ocorrerão na assembleia, nem tampouco as minúcias que, ocasionalmente, poderão ser fundamentais para a avaliação do dano sofrido pelo acionista.

A preocupação do legislador em afastar a chamada "indústria do recesso", vale dizer, a compra de ações com a intenção deliberada de exercer o direito de retirada, poderá comprometer o legítimo interesse de acionistas que, ao adquirir as ações da sociedade, não obstante publicado o edital de convocação da assembleia geral, não teriam como avaliar a extensão e as características essenciais das decisões que seriam adotadas.

O conceito de acionista dissidente continua abrangendo não apenas o que vota contra a deliberação, como igualmente o que esteve ausente à assembleia, o que compareceu, mas se absteve de votar, e o que não tem direito de voto (§§ 1º e 2º do art. 137 da Lei nº 6.404/1976).

O prazo para o exercício de recesso permanece sendo de 30 dias, que se contarão da data da publicação da ata da assembleia geral, ou, se esta estiver sob a dependência de ratificação, da data da publicação da ata da assembleia especial a tanto destinada (art. 137, IV e V).

Permite a lei (art. 137, § 3º) que a sociedade se retrate da deliberação questionada, de modo a torná-la sem efeito, evitando o recesso. Essa faculdade, no entanto, somente poderá ser exercida se a sociedade convocar a assembleia geral destinada à reconsideração ou ratificação da decisão em apreço, no prazo máximo de dez dias contados do término do prazo fixado para o exercício do recesso. A possibilidade da retratação funciona como um instrumento de preservação da estabilidade financeira da companhia nos casos em que se verifique um considerável interesse pelo recesso, o que poderia levar, se implementado o reembolso, a avultado dispêndio de recursos.

Cumpre acrescentar que o art. 137 não esgota as situações que justificam o recesso, eis que várias outras deliberações conferem ao acionista dissidente esse mesmo direito, consoante se relaciona a seguir:

- transformação da sociedade, com base em previsão estatutária (art. 221);
- desapropriação do controle (art. 236), única hipótese em que o prazo para o exercício do recesso é de 60 dias, excepcionando-se a regra geral dos 30 dias;
- incorporação de ações (art. 252, §§ 1º e 2º), que, por constituir fenômeno semelhante à incorporação, havia sido revogado pela Lei nº 7.958/1989, mas que foi repristinado pela Lei nº 9.457/1997, através da redação atribuída aos referidos §§ 1º e 2º do art. 252, cabendo, porém, acentuar que, também nesse caso, o direito de retirada apresenta-se igualmente restrito às companhias fechadas e às companhias abertas que não atendam aos requisitos de liquidez e dispersão referidos no art. 137, II, tal como analisado anteriormente;
- aquisição, por companhia aberta, de controle de sociedade por preço superior ao decorrente dos parâmetros indicados (art. 256, § 2º);
- hipótese analisada na seção 188 deste livro, a qual concerne ao direito especial de recesso previsto no art. 223, § 4º, da Lei nº 6.404/1976 (as sucessoras, em virtude da incorporação, fusão ou cisão de uma companhia aberta, também deverão, no prazo de 120 dias, tornar-se companhias abertas, sob pena de instaurar-se, em favor dos seus acionistas, o direito de recesso).

Para essa penúltima hipótese, que nenhuma correlação guarda com incorporação, fusão ou participação em grupo de sociedades, a redação decorrente da Lei n° 9.457/1997 também restringiu o direito de retirada às companhias fechadas e às abertas sem liquidez e dispersão (remissão ao art. 137, II).

Com a Lei n° 14.195/21, que introduziu na legislação brasileira o voto plural, mais uma hipótese de recesso foi acolhida pela legislação das sociedades por ações, qual seja, a que decorre da criação dessa classe de ações nas sociedades existentes ou de prorrogação do seu prazo de vigência (art. 110-A, §§ 2° e 7°, III).

XXXI
ADMINISTRAÇÃO

157. Órgãos administrativos; **158.** Conselho de administração; **159.** A eleição dos conselheiros e o processo do voto múltiplo; **159.1.** A eleição em separado de conselheiros; **160.** Diretoria; **161.** A investidura dos administradores; **162.** Remuneração; **163.** Deveres dos administradores; **163.1.** Dever de lealdade; **163.2.** Dever de informar; **163.3.** Proibições; **164.** Responsabilidades dos administradores; **164.1.** Responsabilidade administrativa; **164.2.** Responsabilidade civil; **164.3.** Responsabilidade penal.

157 ÓRGÃOS ADMINISTRATIVOS

Os órgãos administrativos são os que dão vida à sociedade, fazendo-a funcionar (ver seção 21). São dois esses órgãos: o conselho de administração e a diretoria.

O conselho de administração tem funções deliberativas e de ordenação interna, enquanto a diretoria exerce atribuições efetivamente executivas, as quais, aliás, são de sua competência exclusiva e indelegável.[1]

A diretoria constitui-se órgão indispensável, não podendo a sociedade anônima dela prescindir. O conselho de administração é, no entanto, optativo,

---

[1] O nosso sistema, diferentemente do direito norte-americano, distingue claramente as funções deliberativas do conselho de administração das funções executivas da diretoria. Por essa razão, não se deve extrair, da jurisprudência americana, indicações ou inspiração para a solução dos conflitos aqui configurados. Nos Estados Unidos, os diretores (*executive officers*) guardam uma estreita subordinação em face dos conselheiros de administração (*directors*). Nesse sentido, convém anotar, quanto às características do modelo norte-americano, as ilustrativas observações de Klein e Ramseyer: "In the legal model, the CEO and other officers of a corporation are supposed to be subservient to the will of the board of directors. It is the board that has the legal power and the responsibility to manage, or at least supervise the management of the corporation. While the CEO and other members of the management team must and do have authority to make routine operating decisions, and develop corporate plans and strategies, major decisions require board approval. For the board to be effective in its supervisory role, it must be well informed and, to a considerable extent, must participate in formulation of plans and strategies. One good rule of thumb to the board is, 'no faits accompli and no surprises'" (1997, p. 320).

cabendo ao estatuto adotá-lo ou não, salvo com relação às companhias abertas e às de capital autorizado, assim como às de economia mista, nas quais a lei o tornou obrigatório (art. 138, § 2º, da Lei nº 6.404/1976, e art. 13, I, do Estatuto das Empresas Estatais).

158 CONSELHO DE ADMINISTRAÇÃO

O conselho de administração, na estrutura orgânica da sociedade, coloca-se em posição intermédia entre a assembleia e a diretoria.

Eleitos pela assembleia geral, têm os conselheiros competência para eleger e destituir os diretores a qualquer tempo.

Formando um colegiado, reúnem-se os conselheiros periodicamente, a fim de orientar, em termos gerais, os negócios da companhia, bem como para acompanhar e fiscalizar a atuação dos diretores.

O estatuto pode conferir ao conselho poder para, dentro do limite do capital autorizado, deliberar sobre a emissão de ações e bônus de subscrição. Poderá, ainda, o conselho, na companhia aberta, deliberar sobre a emissão de debêntures não conversíveis em ações, e até sobre a emissão de debêntures conversíveis, se o estatuto assim permitir (art. 59, §§ 1º e 2º).

Verifica-se, dessa forma, que o conselho assume atribuições que normalmente seriam da assembleia (orientação geral dos negócios, eleição de diretores, delibe-ração sobre a emissão de valores mobiliários), incumbindo-se, porém, por outro lado, de encargos típicos de diretoria (convocação de assembleia geral, escolha e destituição de auditores independentes e, se o estatuto o exigir, aprovação de atos ou contratos). A escolha e a destituição do auditor independente estarão sujeitas a veto por parte dos conselheiros eleitos em votação em separado (art. 142, § 2º). Esse veto deverá estar fundamentado e, se caracterizada falsa ou inconsistente fundamentação, poderá ser recusado pelos demais conselheiros, sujeitando-se a recusa a revisão pelo Poder Judiciário. Como se trata de veto fundamentado, a sua eficácia condiciona-se à procedência e à suficiência dos fundamentos apresenta-dos e comprovados. E não poderia ser diferente, posto que se trata de matéria de extrema gravidade, com riscos para a empresa e a totalidade de seus acionistas, especialmente nos casos de destituição que, em determinadas circunstâncias, terá que se fazer de modo pronto e imediato.

Outra atribuição do conselho de administração, da maior importância, e que se encontra consignada no inciso VIII do art. 142, é a que concerne ao poder de autorizar os seguintes atos:

- alienação de bens do ativo não circulante (quaisquer bens, uma vez que não se fez distinção, bastando que integrem o ativo não circulante);
- constituição de ônus reais (a regra é abrangente, compreendendo móveis e imóveis tanto do ativo não circulante como do ativo circulante);

Cap. XXXI · ADMINISTRAÇÃO **313**

– prestação de garantias a obrigações de terceiros (toda espécie de garantia real ou fidejussória destinada a respaldar obrigações de terceiros; afigura--se, porém, evidente que a autorização deve apoiar-se em um interesse da sociedade na outorga da garantia, como aconteceria, por exemplo, sempre que a beneficiária fosse uma sociedade controlada, ou quando se destinasse a viabilizar um negócio relevante para a empresa ou ainda quando tivesse a natureza de contraprestação salarial).

Esses poderes do inciso VIII incumbem ao conselho de administração no silêncio do estatuto, sendo assim possível, mediante norma expressa, conferi-los à assembleia geral ou à diretoria.

Não havendo conselho, cumprirá ao estatuto disciplinar a matéria, mas, na omissão, esses poderes, por serem de natureza extraordinária, e como tal destacados na lei, refluirão para a assembleia geral, que é o órgão maior da sociedade.[2]

O estatuto deverá regular o conselho, fixando o número de seus membros, o prazo do mandato, o processo de escolha e substituição do presidente do órgão e todas as demais normas aplicáveis.

Admite a lei que, em lugar de número determinado de conselheiros, estabeleça o estatuto o mínimo e o máximo permitidos, cabendo à assembleia preencher todos os cargos ou apenas alguns, deixando vagos os demais. Em qualquer hipótese, deverá o conselho contar com, no mínimo, três cargos preenchidos. Os conselheiros poderão ter suplentes, eleitos conjuntamente com eles e com a função de substituí-los. A eventualidade da existência de suplentes encontra-se prevista no art. 141, § 3º.

O prazo do mandato não poderá ser superior a três anos, mas os conselheiros poderão ser reeleitos para mandatos consecutivos (art. 140, III); a assembleia poderá destituir conselheiros, a qualquer tempo, independentemente do prazo do mandato e da existência de motivo justo (art. 122, II).

Deverão constar, ainda, do estatuto as regras sobre o funcionamento do conselho, estabelecendo-se as formas de convocação e instalação, inclusive o *quorum* para tanto necessário, o qual poderá ser diferenciado, conforme a natureza das matérias que serão examinadas.

O quorum de deliberação encontra-se fixado na lei (art. 140, IV), como sendo "a maioria dos votos", mas o estatuto poderá, para determinadas matérias, exigir *quorum* qualificado.

Das reuniões do conselho de administração dever-se-á lavrar ata no livro próprio. Essa ata, caso qualquer das deliberações nela consignadas deva produzir efeitos perante terceiros, será objeto de arquivamento e publicação, o que acontecerá, notadamente, quando houver eleição de diretores, aumento de capital por emissão

---

[2]   É esse o entendimento de Fran Martins (1979, v. II, p. 292).

159 A ELEIÇÃO DOS CONSELHEIROS E O PROCESSO DO VOTO MÚLTIPLO

de ações e decisões que se reflitam, de alguma forma, sobre interesses externos à pessoa jurídica da sociedade.

Pelo processo ordinário, o controlador tem o poder de eleger todos os conselheiros.

Como a eleição se faz por chapa, votando-se em bloco para todos os cargos, o grupo que tiver a preferência da maioria da assembleia torna-se vitorioso, daí decorrendo o preenchimento de todos os cargos do conselho pelos integrantes de uma mesma facção.

Autoriza, entretanto, o art. 141 que acionistas representando, no mínimo, um décimo do capital votante exijam da sociedade, ainda que o estatuto não o preveja, a adoção do processo do voto múltiplo.[3]

A CVM, no exercício da faculdade, que lhe foi conferida pelo art. 291 da Lei nº 6.404/1976, de reduzir, em função do capital social, os percentuais mínimos aplicáveis à companhia aberta previstos em diversos artigos da lei acionária, estabeleceu, através da Resolução nº 70/2022, uma tabela que reduz o suprarreferido percentual mínimo de 10%, fixando, para cada faixa de capital, um determinado percentual, até o limite mínimo de 5%, que se aplica a sociedades com capital acima de R$ 100.000.001,00.

O descumprimento dessas disposições constitui infração grave (art. 5º da Resolução nº 70/22).

A adoção do voto múltiplo multiplica o número de votos de cada ação pelo número de cargos de conselheiro a serem preenchidos, correspondendo, porém, cada voto a um só cargo e não a uma chapa (todos os cargos), como no processo normal. Faculta-se, então, ao acionista a prerrogativa de concentrar todos os seus votos em um só candidato ou de dispersá-los entre vários.[4]

Exemplificando: se o capital se divide em 10.000 ações, cada uma com um voto, e são seis os cargos a preencher, cada ação dará direito a seis votos, assim distribuídos entre os acionistas:

---

[3] Para o efeito de requerer a adoção do voto múltiplo, mesmo que a sociedade tenha ações com voto plural, o percentual necessário tomará como referência o capital social.

[4] Essa matéria foi substancialmente afetada pela Lei nº 14.195/21, que adotou entre nós o voto plural. Assim, se a sociedade contar com ações de voto plural, o voto múltiplo tomará em consideração não o número de ações, mas sim o número de votos conferidos pelas ações, desfigurando-se, portanto, o objetivo primacial do voto múltiplo, qual seja, o de distribuir proporcionalmente o poder.

Acionista A – 5.100 ações ....30.600 votos

Acionista B – 2.500 ações........15.000 votos

Acionista C – 2.400 ações........14.400 votos

TOTAL ....60.000 votos

Ora, como temos um total de 60.000 votos e são seis os cargos a preencher, o acionista que tiver 10.000 votos contará, seguramente, com a eleição de um membro do conselho, desde que concentre todos esses votos em um só nome. No exemplo apresentado, "B" e "C" poderiam eleger cada um o seu conselheiro, restando quatro para o controlador.

Ressalte-se, no entanto, que se "B" e "C" se reunissem, somando 29.400 votos, poderiam eleger três conselheiros, mediante a atribuição de 9.800 votos a cada qual, igualando-se, dessa forma, ao controlador que, se tentasse eleger quatro conselheiros, teria apenas 7.650 votos por cabeça, do que resultaria a necessidade de distribuir os seus votos por simplesmente três conselheiros, cada um recebendo 10.200 votos.

Elevando-se, nessa mesma sociedade, o número de membros do conselho para sete, o controlador faria, certamente, quatro conselheiros, garantindo assim o domínio do órgão.

Segundo o § 2º do art. 141, "os cargos que, em virtude de empate, não forem preenchidos, serão objeto de nova votação, pelo mesmo processo, observado o disposto no § 1º, *in fine*", ou seja, a informação, à vista do livro de presença, do número de votos necessários para a eleição de cada membro do conselho. Essa disposição sempre despertou uma certa perplexidade, pois, nessa eleição suplementar, também pelo processo do voto múltiplo, para preencher os cargos não preenchidos por força do empate, seriam utilizados todos os votos múltiplos presentes na assembleia ou apenas aqueles que não elegeram nenhum conselheiro? Estaríamos diante de uma eleição em que apenas seriam utilizados os votos remanescentes, vale dizer, os votos que, em decorrência do empate, resultaram ineficazes, ou haveria uma duplicação do direito de voto, com os mesmos votos que já elegeram vários conselheiros sendo mais uma vez utilizados. Essa reutilização de votos representaria uma grave distorção do sistema do voto múltiplo, sendo, portanto, juridicamente inaceitável. Por outro lado, a utilização apenas dos votos que remanesceram não eficazes em decorrência do empate significaria a reprodução dos mesmos votos empatados, com a provável repetição de empate.

Diante desse quadro de alternativas inconsistentes, o entendimento de Waldecy Lucena,[5] que não se ajusta à letra da lei, mas que é o que melhor se afei-

---

[5] "Se houver empate na votação, todo o procedimento eleitoral terá que ser renovado, e isso na mesma assembleia, havendo tantas renovações quanto necessárias até que se supere o incidente (§ 2º). A eleição ou eleições em que ocorrerem empates são consideradas inefica-

çoa à teleologia da norma, afigura-se o mais adequado à solução da questão, uma vez que, simplesmente, para superar o empate, aponta para uma nova eleição para todos os cargos do conselho de administração. Assim, com manifesta amplitude, poderão os acionistas reconsiderar os seus votos, recalcular as sobras de cada um, bem como refazer os acertos entre os vários acionistas, de modo a superar o empate, preenchendo todos os cargos.

A distribuição dos votos pelos candidatos é questão delicada, exigindo diligente avaliação do procedimento dos demais acionistas, a fim de, concentrando ou dispersando votos, e fazendo alianças, poder-se eleger um maior número de conselheiros.

O processo do voto múltiplo tem o mérito de quebrar o poder monolítico da maioria, permitindo que a minoria se integre no conselho de administração.

A adoção do processo do voto múltiplo depende de requerimento formulado até 48 horas antes da assembleia, convindo assim que o requerente obtenha recibo da sociedade, em que se especifiquem a data e a hora em que entregou o seu pedido. Havendo oposição da sociedade em fornecer o recibo, deve-se promover a entrega do requerimento através de cartório de títulos e documentos, de modo a deixar-se o fato documentado.[6]

Estabelece a lei (art. 141, § 1º) que a mesa diretora da assembleia, em que for adotado o voto múltiplo, deverá informar, previamente, aos acionistas, "à vista do 'Livro de Presença', o número de votos necessários para a eleição de cada membro do conselho". Essa comunicação referirá, naturalmente, o número normal, isto é, àquele que garante a eleição de um conselheiro, a ser obtido através das fórmulas matemáticas para tanto existentes.[7] O número efetivo de votos necessários à eleição

---

zes, em razão do que todos os conselheiros terão que ser novamente votados e não somente aqueles que deram causa ao empate" (LUCENA, 2002, p. 308).

[6] O processo do voto múltiplo, uma vez regularmente requerido, terá que ser adotado pela assembleia, posto que, segundo o art. 141, do requerimento se seguirá a atribuição do voto múltiplo. Afigura-se, pois, isolada a posição de Sampaio Lacerda, que concede à assembleia a prerrogativa de decidir se será admitido ou não o voto múltiplo (1978, p. 155).

[7] Observe-se que o quociente da divisão do número de votos múltiplos presentes pelo de cargos a preencher garante a eleição de um conselheiro, independentemente da aplicação de fórmulas especiais de cálculo ou de composições ou extrapolações entre os acionistas. Todavia, a quantidade de votos que garante a eleição de um conselheiro – e é este que a mesa diretora deve informar à assembleia – poderá ser, na verdade, inferior àquele quociente, e para tanto é possível determiná-lo através de fórmulas matemáticas, como a que sugere Alfredo Sérgio Lazzareschi Neto (2008, p. 369), e que se transcreve a seguir, de modo a determinar o número mínimo de votos múltiplos que são necessários para assegurar a eleição de um conselheiro:

$$N = \frac{A.C+1}{C+1}$$

de um conselheiro não poderá ser informado abstratamente, porquanto dependerá do grau de concentração ou dispersão de votos e das composições que se articularem entre os acionistas.[8] Convém lembrar ainda que alguns acionistas poderão ter sobras de votos não utilizadas, circunstância que influirá no número efetivo de votos necessários para a eleição de um membro do conselho.

Ocorrendo vaga em conselho de administração eleito pelo voto múltiplo, seja por destituição, seja por qualquer outro motivo, e desde que não haja suplente, todo o conselho será renovado, pois, do contrário, o processo estaria comprometido substancialmente. Para essa nova eleição, deverão, no entanto, os interessados requerer, se lhes interessar, a adoção do voto múltiplo, sem o que proceder-se-á de forma ordinária.

O legislador originário, por meio do § 4º do art. 141, facultara aos acionistas com um mínimo de 20% do capital votante, em sociedades com menos de cinco conselheiros de administração, o direito de eleger, de forma apartada, um dos membros do conselho. Tratava-se de uma salvaguarda destinada a evitar a frustração do voto múltiplo, pois, com menos de cinco conselheiros, acionistas com apenas 20% do capital votante não conseguiriam, por meio do voto múltiplo, eleger sequer um conselheiro. O voto apartado era, portanto, uma variação do voto múltiplo e, como tal, sujeito às mesmas regras e condições, apenas podendo ser exercido no bojo da adoção do processo do voto múltiplo, em relação ao qual funcionava como alternativa. Esse antigo § 4º foi, todavia, revogado pela Lei nº 10.303/2001, que o substituiu por outros parágrafos, de números 4º a 8º, destinados a regular uma diversa sistemática de eleição de conselheiros por acionistas minoritários ou sem voto. Criou-se um novo instituto, inteiramente autônomo, e independente dos pressupostos e condições que disciplinam o voto múltiplo.

Procedeu, no entanto, o legislador, ao regular esse novo instituto, de forma manifestamente atécnica, uma vez que o inseriu em artigo da lei acionária (art. 141), que regula o voto múltiplo, cujos pressupostos (requerimento prévio, pelo menos 48 horas antes da assembleia, por pelo menos 10% do capital votante) não se ajustam ao novo instituto, sob pena de desqualificá-lo. Configurou-se, assim, uma dificuldade interpretativa, que somente a lógica e a teleologia da norma foram capazes de dilucidar. Foi preciso quebrar o art. 141, de modo a considerar os seus

---

Onde:

"N" – número de votos necessários para eleger um conselheiro;

"A" – número total de votos conferidos pelas ações com direito a voto detidas pelos acionistas presentes à assembleia;

"C" – número total de conselheiros a serem eleitos na assembleia.

[8] Observam Lacerda Teixeira e Tavares Guerreiro: "Se, todavia, os acionistas não agirem prudentemente, dentro de uma cuidadosa estratégia de concentração e dispersão de votos, será possível, em tese e na prática, a distorção dos resultados finais" (1979, p. 447).

§§ 4º a 8º como preceitos autônomos e independentes do restante do artigo, e, portanto, imunes ao *caput* e aos demais parágrafos do mesmo artigo.

159.1 A eleição em separado de conselheiros

Instituiu a Lei nº 10.303/2001 a chamada votação em separado para eleição de membros do conselho de administração. Acionistas de companhias abertas com, no mínimo, 15% do capital votante (§ 4º, inciso I, do art. 141)[9] poderão exercer, na assembleia geral em que forem eleitos os conselheiros, o direito de, em votação em separado, eleger, por maioria, um membro do conselho de administração e seu suplente.

A mesma prerrogativa foi conferida (inciso II do mesmo § 4º), nas companhias abertas, aos acionistas preferenciais sem voto ou com voto restrito, os quais, com um mínimo de 10% do capital social, e desde que não contem com preferência política (art. 18), também poderão eleger, na mesma assembleia, igualmente em votação em separado, e por maioria, um membro do conselho de administração e seu suplente.

Se ambos os grupos solicitarem a votação em separado, formar-se-ão dois colégios eleitorais especiais dentro da assembleia, um integrado por todos os acionistas minoritários que requereram esse processo de eleição e outro por todos os acionistas preferenciais também interessados na eleição de um conselheiro.

A adoção desse processo de eleição depende de requerimento dos interessados, a ser formulado perante a própria mesa da assembleia, antes do início da votação, o que demandará a apuração tanto do preenchimento dos percentuais mínimos de adesão exigidos pela legislação, como ainda do atendimento do requisito do § 6º (antiguidade da participação acionária).

Além disso, cabe observar que, por razões de lógica jurídica, ao acionista não será dado exercer duplamente o seu direito de voto, participando, com as mesmas ações, do processo do voto múltiplo e da eleição em separado. O voto em separado, para o acionista com direito de voto, consubstancia uma opção entre o seu direito de integrar a assembleia geral e o de compor o colégio em separado que elegerá autonomamente, sem a participação do controlador, um membro do conselho de administração.

O acionista que participar da eleição em separado ficará excluído, naturalmente, do exercício do voto múltiplo, ou, se for o caso, do processo de eleição por chapa (se não requerido o voto múltiplo). Impõe-se, pois, identificar, através de requerimento prévio, os acionistas que votarão em separado. Os acionistas que requererem a eleição em separado escolherão o seu conselheiro, enquanto os demais acionistas votarão normalmente, pelo processo da votação por chapa ou pelo processo do voto múltiplo, para preencher os demais cargos.

---

[9] Não se aplica na votação em separado o voto plural, uma vez que a lei se refere a 15% do capital votante e não a 15% dos votos.

A eleição em separado somente será adotada se o requerimento nesse sentido vier a ser formulado, perante a mesa da assembleia, no caso de acionistas ordinários minoritários, por um mínimo de 15% do capital votante, e, no caso dos acionistas preferenciais sem voto, por um mínimo de 10% do capital social. Esses percentuais, segundo a redação atribuída pela Lei nº 10.303/2001 ao art. 291 da Lei nº 6.404/1976, não poderão ser reduzidos pela CVM, uma vez que apenas prevê a redução dos percentuais previstos no *caput*. Caso os acionistas interessados na eleição em separado não venham a compor os percentuais para tanto exigidos, prevê o § 5º do art. 141 que será facultada a agregação dos dois colégios em um único colégio, cujo *quorum* será de 10% do capital social, para a eleição em separado de um conselheiro e seu suplente.

Caso a eleição em separado não se viabilize, os acionistas ordinários que a requereram não ficarão privados do direito de voto, que refluirá normalmente para o processo do voto múltiplo ou, se for o caso, para o processo do voto por chapa.

O direito ao voto em separado acha-se, porém, restrito aos acionistas que já o eram durante os três meses anteriores à assembleia (§ 6º), cabendo ainda à sociedade manter registro indicativo dos acionistas que exercerem esse direito (§ 8º).

A adoção **cumulativa** do voto múltiplo e da eleição em separado (§ 7º) confere ao acionista majoritário ou ao grupo majoritário, mediante acordo de votos ("mais de 50% do total de votos conferidos pelas ações com direito de voto"), o privilégio de eleger tantos conselheiros quantos os eleitos pelos demais acionistas mais um, independentemente do número previsto de cargos. A redação do § 7º foi modificada, a fim de acolher, quando for o caso, o voto plural, na medida em que foi substituída a expressão "ações com direito de voto" por "total de votos conferidos pelas ações com direito a voto".

Esses conselheiros suplementares quebram e desarticulam a equação de forças que resulta do voto múltiplo, pois as proporções fundadas no capital votante, que deveriam determinar o número de conselheiros de cada grupo de acionistas, cedem lugar à graciosa atribuição de cadeiras ao acionista majoritário. Convém lembrar que, no caso de controle minoritário, o benefício não se coloca, tanto que a lei foi explícita ao contemplar apenas o titular ou titulares de mais de 50% do capital votante. Convém, consequentemente, evitar, em companhias abertas sob controle minoritário, que o conselho de administração seja composto por apenas três membros, pois, nesse caso, se os minoritários elegerem um membro e os preferencialistas outro, restaria apenas um cargo para o controlador.

De acordo com § 4º do art. 141 antes citado, os mesmos acionistas que promoverem a eleição em separado terão o poder de destituir, também em separado, os respectivos conselheiros, em assembleia especialmente convocada. Para tanto (§ 8º), a companhia manterá um registro, com identificação, dos acionistas que exerceram esse direito.

Nada impede, entretanto, que a maioria do capital votante, por meio de decisão motivada, a ser exercida também em assembleia geral, venha a destituir esses diretores. Nessa hipótese, a destituição se faria mediante proposta fundada em justa causa, e sujeita, portanto, a revisão judicial e até mesmo a eventual indenização por dano material ou moral. O que não se mostraria admissível seria o entendimento de que a maioria deveria se quedar inerte diante de um conselheiro que estivesse agindo de forma desleal e danosa aos interesses da sociedade. O princípio majoritário, que ocupa, no direito societário, uma posição dominante, deverá operar no sentido da prevalência do poder de destituição que, havendo justa causa, compete ao controlador, que é o responsável maior pelos interesses da companhia. Ocorrendo a destituição, o substituto será eleito pelo mesmo grupo, ou respectivos sucessores que elegeram o conselheiro destituído.

O estatuto poderá prever ainda (art. 140, § 1°) a figura do conselheiro representante dos empregados, a ser por estes eleito. Essa disposição é apenas permissiva, de tal forma que caberá ao estatuto acolher ou não a figura do conselheiro empregado. A eleição desse conselheiro não se processará na assembleia geral, na qual apenas votam os acionistas. No caso, votarão os empregados da companhia, em eleição organizada pela empresa em conjunto com o sindicato da categoria. Na companhia aberta, nos termos e nas condições definidas pela CVM, a participação de conselheiros independentes será obrigatória (art. 140, § 2°, da Lei das Sociedades Anônimas, na redação resultante da Lei n° 14.195/21).

160 DIRETORIA

A diretoria compõe o corpo executivo da sociedade, sendo seus membros os detentores exclusivos da representação social.

Os diretores vivem o dia a dia da empresa, pois lhes compete a direção da sociedade, em todos os planos: desenvolvimento dos negócios, comando dos empregados, conquista de mercados, adoção de novas técnicas, programação financeira, concessão de crédito.

O sucesso de uma sociedade depende, fundamentalmente, da competência e do dinamismo dos diretores, posto que são estes os verdadeiros senhores do comando empresarial direto.

Cada diretor tem, em princípio, amplos poderes para dirigir a sociedade, podendo praticar todos os atos que sejam compatíveis com o objeto social e guardem adequabilidade ao interesse da empresa, ressalvadas apenas a alienação de bens do ativo não circulante, a constituição de ônus reais e a prestação de garantia a obrigações de terceiros, atos estes que, salvo autorização estatutária, somente poderão ser praticados após manifestação favorável da assembleia geral ou do conselho de administração (ver seção 158).

O estatuto ou o conselho de administração poderão disciplinar os poderes dos diretores, estabelecendo as atribuições de cada um, com a especificação inclusive de áreas de atuação determinadas, sendo frequente a própria outorga de denominação aos cargos: diretor-presidente, diretor-financeiro, diretor-comercial, diretor-técnico etc.

Admite-se, mais, que o estatuto condicione a prática de determinados atos à assinatura deste ou daquele diretor específico ou que exija, para tanto, mais de uma assinatura.

Alguns atos de competência da diretoria poderão exigir, por força de disposição estatutária, a prévia aprovação dos diretores, em reunião para a qual o próprio estatuto estabelecerá livremente o *quorum* de instalação e o *quorum* de deliberação.

Os poderes de diretores são indelegáveis, não cabendo, por conseguinte, transferi-los a terceiros.

A sociedade, no entanto, poderá constituir procuradores, os quais representarão a própria sociedade, e não os diretores que firmaram o instrumento (ver seção 48). Tanto isso é verdade que a ocorrência de morte[10] ou destituição dos diretores que firmaram a procuração não extingue o mandato.[11]

As procurações outorgadas por sociedades anônimas devem ser específicas, cumprindo declinar no instrumento os atos que o procurador está autorizado a praticar; ficam assim afastadas as chamadas procurações genéricas.

A Lei das Sociedades Anônimas eliminou as procurações por prazo indeterminado, ressalvadas apenas as que forem *ad judicia*.

Todas as procurações de natureza negocial outorgadas por sociedades anônimas devem conter, portanto, obrigatoriamente, o respectivo prazo de duração, sob pena de comprometimento do ato a ser praticado.

Os diretores são eleitos e destituíveis, a qualquer tempo, pela assembleia geral ou, se houver, pelo conselho de administração.

O estatuto deve estabelecer o número de diretores ou o máximo e o mínimo permitidos, podendo ter apenas um diretor. Deverá estabelecer também o processo de substituição e o prazo do mandato, que não poderá ser superior a três anos, admitida a reeleição.

Dispõe o art. 143, § 1º:

> § 1º Os membros do conselho de administração, até o máximo de 1/3 (um terço), poderão ser eleitos para cargos de diretores.

---

[10] A morte do diretor signatário da procuração não invalida o mandato. Nesse sentido, a decisão proferida pelo STJ: "A personalidade da sociedade empresária é distinta da personalidade jurídica de seus sócios e de seus representantes legais. Assim, a procuração outorgada pela pessoa jurídica aos seus patronos não perde a validade com o falecimento do sócio ou do representante legal que assinou o instrumento de mandato" (AgInt no REsp 1.997.964/SC, j. 12.11.2024).

[11] A mudança do nome da sociedade, inclusive em virtude de transformação ou reorganização, não afeta as procurações anteriormente outorgadas, as quais permanecem plenamente válidas pelo prazo nelas consignado, como aliás permanecem válidos todos os contratos e negócios pendentes que foram celebrados com o nome anterior, cumprindo apenas em cada ato a eles relativo referir o antigo e o novo nome, por razões meramente informativas. Mostra-se, portanto, lastimável o entendimento do STJ, que vem se repetindo em vários acórdãos, no sentido de que, "sobrevindo alteração na denominação social da pessoa jurídica antes da interposição do recurso, deve a parte apresentar procuração na qual figure como outorgante a sociedade com a nova denominação, sob pena de não conhecimento do meio impugnativo" (EDcl no REsp 551.384/SC, 2003/0115493-8, j. 28.03.2005, publicado em 20.08.2005). E, mais recentemente, no mesmo sentido, o AgInt no REsp 1.861.579/RS, julgado em 03.05.2021.

Daí se deduz que os conselheiros, até um terço dos membros do conselho, poderão ser eleitos diretores. Com relação ao número de cargos da diretoria a serem ocupados por conselheiros não há qualquer limitação, podendo eventualmente todos os diretores portarem a condição de conselheiros.

Se a sociedade contar com três conselheiros, apenas um terá condições de integrar a diretoria, mas, se forem nove os conselheiros, três estarão para tanto habilitados.

Com relação às companhias abertas, a Lei nº 14.195/21, que acrescentou um § 3º ao art. 138 da Lei nº 6.404/76, proibiu a acumulação dos cargos de presidente do conselho de administração com o cargo de diretor presidente ou executivo principal da companhia, podendo a CVM excepcionar a regra relativamente a companhias de menor porte (ver a seção 78.4).

161 A INVESTIDURA DOS ADMINISTRADORES

Para se investir nas funções de administrador é preciso, além da eleição, o atendimento de certos requisitos.

Estabelece a lei (art. 146), antes de tudo, que se trate de pessoa natural, ficando, pois, excluídas as pessoas jurídicas.[12]

Exigia-se, tanto de diretores como de conselheiros, a residência no Brasil. A Lei nº 10.194, de 14.02.2001, reformulou, contudo, o art. 146 da Lei nº 6.404/1976, para restringir a exigência de residência no país apenas aos diretores. A Lei nº 14.195/21 reformulou, mais uma vez, o art. 146, para excluir, também para diretores, a exigência de residência no Brasil. Consequentemente, os conselheiros de administração e os diretores poderão ser pessoas físicas residentes no Brasil ou no exterior.

A posse de conselheiro ou diretor residente ou domiciliado no exterior condiciona-se, todavia (§ 2º do art. 146), à constituição de procurador residente no país, com poderes para receber citação em ações propostas contra o administrador com base na legislação societária, bem como, se companhia aberta, citações e intimações em processos instaurados pela CVM. A procuração deve ter prazo de validade que corresponda ao prazo do mandato, acrescido de, no mínimo, mais três anos.

O preenchimento dos requisitos legais para o cargo de administrador deve estar comprovado, através de documentos hábeis, que ficarão arquivados na sociedade, demonstrando-se inclusive a inexistência: (a) de impedimentos constantes de lei especial; (b) de condenação pela prática de crimes de natureza econômica ou pa-

---

[12] A Lei nº 12.431/2011, ao atribuir nova redação ao art. 146 da Lei nº 6.404/1976, revogou, em boa hora, a exigência de que os conselheiros de administração fossem acionistas. Cessou, assim, o artificialismo, até então existente, de transferir, para esse fim, uma ação para cada conselheiro.

trimonial, ou a pena que vede o acesso aos cargos públicos; (c) de declaração de inabilitação pela CVM, quando se tratar de companhia aberta.

A Lei nº 10.303/2001 acrescentou um § 3º ao art. 147, para declarar que os conselheiros devem ter reputação ilibada. Ora, não apenas os conselheiros, mas igualmente os diretores devem ter reputação ilibada, conforme já se deduzia da natureza do cargo e do disposto no art. 117, § 1º, *d*, que responsabiliza o controlador pela eleição de administrador que sabe moralmente inapto. A impugnação de qualquer candidato sob o fundamento de que lhe falta reputação ilibada dependerá de prova a ser produzida por quem faz a impugnação.

Rejeitada a impugnação, seja pela assembleia geral, seja pelos respectivos acionistas no caso de voto múltiplo ou voto em separado, restará ao impugnante apenas a via judicial.

Prevê ainda o mesmo § 3º que não pode ser eleito conselheiro, salvo dispensa da assembleia, aquele que ocupa cargo em empresa concorrente ou que tenha "interesse conflitante com a sociedade". Assim, poderá a assembleia exigir, conforme previsto no § 4º do mesmo artigo, que os candidatos eleitos declarem, como condição para a posse, que não têm o impedimento. Com relação às companhias abertas, poderá a CVM disciplinar a forma e o conteúdo da declaração de desimpedimento.

A constituição de garantia de gestão, pelos administradores, somente se aplicará se o estatuto a prescrever, não sendo comum encontrá-la na prática.

A investidura dos conselheiros e diretores formaliza-se mediante a assinatura de termo de posse, nos livros de atas, respectivamente, do conselho de administração e da diretoria, o que deverá ocorrer, salvo justificação, no prazo máximo de 30 dias contados da eleição. Do termo de posse deverá constar o domicílio no qual os administradores receberão citações e intimações. Excepcionalmente, a posse poderá ocorrer perante a própria assembleia geral, cuja ata, que fará referência ao fato, deverá ser firmada pelo empossado.

A posse dos novos administradores tem ainda o efeito de extinguir os mandatos dos antigos, os quais, com efeito, se estendem, ainda que vencido o prazo normal, até a investidura dos sucessores (§ 4º do art. 150). Evita-se, desse modo, solução de continuidade na administração da empresa.

A renúncia de qualquer administrador tem a natureza de declaração receptícia de vontade, operando os seus efeitos desde o momento em que a correspondente comunicação escrita é entregue à companhia, mas, perante terceiros de boa-fé, resta a eficácia condicionada ao arquivamento e publicação do ato, podendo o próprio renunciante tomar essas providências.

A vacância de qualquer cargo se resolve, normalmente, com a eleição de um substituto (art. 150 e seu § 1º).[13]

---

[13] Aluysio Lopes Pontes analisa a questão atinente ao impedimento do administrador, que é o "afastamento temporário do efetivo exercício das funções do cargo, v.g., no caso de doença,

Questão mais grave ocorre quando da vacância de todos os cargos da diretoria em sociedade que não disponha de conselho de administração, situação para a qual previu o legislador que o conselho fiscal, se em funcionamento, ou qualquer acionista convocará a assembleia geral. Mas, enquanto pendente a eleição, a fim de que a pessoa jurídica não permaneça acéfala, o que poderia acarretar grandes prejuízos, sagrou a lei (art. 150, § 2º) um administrador extraordinário, concedendo ao representante de maior número de ações a representação da sociedade, para a prática de atos urgentes.

Refere-se a lei a "representante de maior número de ações", sem esclarecer se contemplou qualquer ação ou exclusivamente as ações com voto, o que poderá gerar alguma perplexidade. Partindo-se, entretanto, de uma interpretação sistemática da lei, toda ela apoiada na figura do acionista controlador, pode-se concluir, sem muita dificuldade, que as ações consideradas no texto são unicamente as que compõem o capital votante.

Como a companhia pode carecer de um acionista controlador, preferiu o legislador aludir ao representante de maior número de ações, de necessária existência.

162 REMUNERAÇÃO

Compete à assembleia geral fixar a remuneração dos administradores, o que fará com base nos indicadores constantes da lei (art. 152) e que são os seguintes: responsabilidades e tempo exigido pelo cargo, competência e reputação do profissional eleito, cotação de seus serviços no mercado.[14]

A partir dos parâmetros legais, que são flexíveis, e da realidade do mercado profissional, que é multiforme, a assembleia terá uma ampla margem de discricio-

---

de viagem de férias ou licença, ou por qualquer outro motivo pelo qual o diretor, sem perder o cargo, se vê provisoriamente forçado a deixar o exercício das funções inerentes ao mesmo" (1954, v. II, p. 525). A doença, nos seus vários graus, poderá impedir, dificultar ou apenas interromper o exercício da função. Durante o impedimento, os outros diretores, de acordo com o estatuto, distribuirão entre si os encargos do diretor enfermo, até que este retorne.

[14] As relações entre a sociedade e seus administradores apresentam natureza comercial e não trabalhista; os chamados diretores-empregados, ou seja, os empregados que se elevam à posição de diretores têm o seu contrato de trabalho suspenso enquanto exercem funções de diretores. Nesse sentido, a Súmula nº 269 do TST, segundo a qual "O empregado eleito para ocupar cargo de diretor tem o respectivo contrato de trabalho suspenso, não se computando o tempo de serviço desse período, salvo se permanecer a subordinação jurídica inerente à relação de emprego". Todavia, se ao empregado, mesmo enquanto diretor, são asseguradas as condições de seu contrato de trabalho, mantém-se, a toda evidência, uma relação trabalhista. A esse respeito, decidiu o Supremo Tribunal Federal, no Recurso Extraordinário nº 100531-SP (1ª T.), por unanimidade: "Empregado de sociedade anônima eleito diretor-presidente e a quem a empresa assegurou todos os direitos trabalhistas decorrentes do vínculo empregatício. Competência da Justiça do Trabalho para julgar a ação de cobrança movida pela sociedade contra o seu ex--Diretor, exigindo-lhe o numerário recebido como adiantamento anteriormente à renúncia do cargo. Recurso Extraordinário de que se não conhece" (Public. na *RTJ* nº 109/419).

nariedade, mas não lhe caberá ultrapassar os limites do razoável, pois que infringiria os indicadores mencionados na lei.[15]

A assembleia poderá estabelecer uma remuneração individual para cada administrador (avaliação da pessoa) ou uma retribuição global para o conjunto dos administradores (avaliação do grupo). Nesse último caso, cumprirá aos próprios administradores, ou a um comitê designado pela assembleia, fazer a distribuição da verba entre os titulares dos vários cargos.

Explicita-se, no art. 152, que, na remuneração dos administradores, deverão ser considerados incluídos "os benefícios de qualquer natureza" e as "verbas de representação".

Assim, a assembleia geral, no exercício de sua competência para fixar a remuneração dos administradores, constitui-se o único órgão autorizado a estabelecer, em favor dos administradores, os chamados benefícios indiretos, tais como residência, automóvel de uso pessoal, viagens de recreio, plano de assistência médica ou de pensões, verbas de representação e tudo o mais que possa ser considerado uma utilidade dirigida à pessoa do administrador, ao invés de uma atribuição funcional, necessária ao exercício do cargo ocupado.

É evidente que a assembleia geral não terá, necessariamente, que enumerar essas vantagens, posto que, estabelecendo um limite de remuneração para o administrador, esses benefícios poderão ser concedidos pela própria diretoria, desde que, somados à remuneração específica, não ultrapassem o limite fixado pela assembleia.

Embora a lei não o preveja expressamente, a fixação da remuneração dos administradores poderá se processar na assembleia geral ordinária, uma vez que é uma consequência da respectiva eleição.

Além da remuneração propriamente dita, admite-se a concessão aos administradores de uma verba de participação nos lucros.

Entretanto, pelo que se depreende do § 1º do art. 152, a participação nos lucros somente pode ser concedida quando estatutariamente definida. Não se trata, portanto, de uma *benesse* da assembleia, mas, isto sim, de uma outorga do estatuto.

A concessão estatutária da participação encontra-se, porém, condicionada à fixação, também no estatuto, de um dividendo mínimo obrigatório de 25% do lucro líquido.

Subordina-se, ainda, a participação a dois limites concorrentes, prevalecendo o que for menor. O primeiro diz respeito à verba total a ser distribuída, a qual não

---

[15] Muitos países vêm adotando limitações legais à excessiva remuneração de conselheiros e diretores de companhias abertas. A Suíça, em março de 2013, aprovou legislação que submete todos os benefícios dos administradores à aprovação anual pelos acionistas, a partir de relatório que os justifique. Procura-se assim evitar os abusos que às vezes são cometidos pelos chamados "*fat cats*".

poderá ultrapassar o montante global anual da remuneração dos administradores; o segundo concerne à parcela do lucro destinada ao rateio, cujo termo máximo corresponde a um décimo desses mesmos lucros.

Assim, se o estatuto instituir uma participação de 10% dos lucros, e esse percentual conduzir a um montante superior à remuneração anual dos administradores, prevalecerá o valor da remuneração anual; adotada pelo estatuto uma participação igual ao valor da remuneração anual, e vindo esta a exceder a 10% dos lucros, a tanto se restringirá o benefício.

Em sequência ao § 1º do art. 152, o § 2º do mesmo artigo coloca mais uma condição para a percepção da participação nos lucros, qual seja, a efetiva atribuição do dividendo obrigatório aos acionistas. À condição teórica, garantia estatutária do dividendo obrigatório de 25%, soma-se a condição prática, pagamento do dividendo obrigatório.[16]

163 DEVERES DOS ADMINISTRADORES

Os administradores têm vários deveres para com a sociedade,[17] podendo-se afirmar que o primeiro de todos esses deveres é o de bem administrá-la; deve o administrador agir com a competência, eficiência e honestidade que seriam de esperar de um homem "ativo e probo" que estivesse a cuidar de seu próprio negócio.[18]

---

[16] A única hipótese em que se admite, se o estatuto for omisso, o pagamento da participação dos administradores, sem a efetiva atribuição do dividendo obrigatório, é a consignada no art. 294, § 2º, que trata de companhias fechadas com receita bruta de até R$ 78 milhões, e mesmo assim se houver aprovação unânime.

[17] A distinção entre obrigação e dever foi muito bem desenvolvida por Sami Kouhaiz (2020, p. 70), ao afirmar: "L'obligation apparaît comme une notion qualitativement plus précise e juridique que le devoir. Elle correspond à une prestation économique ou patrimoniale qui consiste à faire, ne pas faire ou à donner, tandis que le devoir serait seulement une norme de comportement. La première aurait pour objet une *prestation matérielle*, ce à quoi le débiteur est tenu; alors que le second serait une norme comportementale dont l'objet est une *manière d'être*. C'est ainsi que l'exigence de loyauté a pu être présentée comme une manière de proceder".

[18] André Tunc (1985, p. 130), ao comentar a sociedade anônima americana, teve a oportunidade de asserir: "Les dirigeants sont des personnes à qui les actionnaires ont confié l'avenir de la société. Ils doivent se montrer dignes de cette confiance. Ils héritent des devoirs fiduciaires (fiduciary duties) qui pèsent normalement sur des *trustee,* ceux qui, dans le cadre traditionnel du *trust,* se voient confier des biens dans l' intérêt d'autrui. Certes, ils ne sont pas exactement des *trustees:* ils ont pour mission essentielle, non pas de gerir, mais de faire fructifier. Mais leurs devoirs en sont plutôt augmentés. Si l'on met à part le devoir qui leur incombe de respecter les limites de la personnalité morale de la société ainsi que les limites de leurs pouvoirs, devoir qui ne pose pas normalement de problème, leur devoir en tant que fiduciaires prend deux aspects fondamentaux: le devoir de diligence (duty of care) et le devoir de loyauté (duty of loyalty). C'est le dernier devoir qui est le plus important. Les directeurs, dans leurs décisions, ne doivent considérer que les intérêts qui leur sont confiés,

O interesse fundamental ao qual se aplica o administrador é o da própria empresa, a cujos fins ele serve, ainda que tenha sido eleito por um grupo determinado de acionistas. O interesse da empresa não corresponde, porém, a uma abstração, pois que nele se resumem as conveniências de acionistas, empregados e da comunidade (ver seção 58), tudo isso condicionado pela indicação legal genérica (art. 154) de que devem ser satisfeitas "as exigências do bem público e da função social da empresa".

O legislador, tal como o fizera ao dispor sobre o acionista controlador, volta ao tema ao tratar dos administradores, a fim de explicitar que um e outros encontram-se comprometidos com todos os interesses representados na sociedade anônima, os quais se estendem do lucro do acionista ao bem-estar do empregado, passando pelas conveniências da comunidade.

163.1 Dever de lealdade

O dever de lealdade encontra-se destacado na lei (art. 155) e compreende a reserva que deve ser mantida sobre os negócios da companhia, assim como a não utilização em proveito próprio ou de terceiros das oportunidades de negócio de que tenha ciência em função do cargo. Tratando-se de empresa aberta, as informações ainda não divulgadas, e que possam influir sobre a cotação dos valores mobiliários da companhia, devem ficar sob completo sigilo, estando os administradores, além disso, impedidos de, utilizando-as, obter vantagens para si ou para outrem, comprando ou vendendo ações em condições privilegiadas, eis que de posse de informações desconhecidas dos demais. A utilização dessas informações constitui o que se costuma chamar *insider trading,* conferindo à pessoa prejudicada o direito de pleitear perdas e danos.[19] A Lei nº 10.303/2001 acrescentou um § 4º ao art. 155, que, repetindo a regra do § 1º, estendeu a proibição de utilização de informação privilegiada a qualquer pessoa que a ela tenha acesso.

---

non les leurs! Ils doivent même éviter le plus possible les situations de conflits d'intérêts, car on pourrait les soupçonner de ne pas se donner entièrement aux intérêts sociaux."

[19] Robert Clark, a partir do direito norte-americano, define, de forma sintética e completa, o que se deve entender por *insider trading*: "In ordinary usage, 'insider trading' is said to occur when a person buys or sells securities of a corporation on the basis of material inside information. Usually the information is 'inside' in the sense that it concerns a new development in the corporation's business but is not yet widely known by the general investing public – in particular, the corporation's public security holders and those investors who are interested in buying its securities. The information is 'material' or important in that, if it were publicly available, it would influence the market value of the corporation's securities or, at the least, would probably be considered an important factor by investors considering whether to buy or sell the corporation's securities. The person who buys or sells on the basis of material nonpublic information is usually someone who would be colloquially termed an 'insider': a director, officer, or controlling shareholder of the company or a person who has received the inside information from them (a tippee). Insider trading may be based on undisclosed bad news as well as undisclosed good news" (1986, p. 264).

163.2 Dever de informar

O dever de informar (art. 157) também foi objeto de disposições expressas, todas concernentes à companhia aberta. Em primeiro lugar, exigiu-se do administrador que, ao tomar posse, declarasse os valores mobiliários de emissão da companhia e de outras empresas do mesmo grupo de que seja titular, ficando, daí por diante, obrigado, por solicitação de acionistas que representem mais de 5%[20] do capital, a revelar os negócios que celebrar envolvendo essas mesmas modalidades de valores mobiliários, bem como todos os benefícios e vantagens diretas ou indiretas que receba tanto de empresas do grupo como de coligadas, e ainda qualquer outro fato relevante. Os administradores deverão ainda comunicar à CVM e às bolsas de valores as modificações relevantes de suas posições acionárias.

Os administradores têm, por outro lado, a obrigação de comunicar à bolsa de valores e à CVM e de divulgar pela imprensa todas as deliberações ou fatos ocorridos que possam influir na cotação dos valores mobiliários de emissão da companhia.[21] Divulgando amplamente a sua realidade (*disclosure*), a sociedade evita prejuízos aos investidores desavisados.[22] É bem verdade que, em certas situações, a revelação a ser procedida poderá criar risco de grave dano à companhia, o que justificará a omissão.

O dever de informar não conflita com o dever de sigilo,[23] porquanto com este evita-se o vazamento da notícia para pessoas específicas, e com aquele estimula-se a sua difusão para todos.

163.3 Proibições

Além de ressaltar certos deveres, cuidou o legislador de assentar algumas proibições:

> Art. 154. [...]
>
> § 2º É vedado ao administrador:

---

[20] A CVM, valendo-se da delegação que lhe foi outorgada pelo art. 291 da Lei nº 6.404/1976, emitiu a Resolução nº 70/22, por meio da qual, no que tange às companhias abertas, foi reduzindo, gradativamente, esse percentual de 5%, segundo a expressão (faixas) do capital social, para 4%, 3%, 2%, até fixá-lo em 1% para companhias com capital superior a R$ 10 bilhões de reais.

[21] Essa "divulgação de fato relevante" encontra-se disciplinada pela Resolução CVM nº 44/2021, a qual, inclusive, arrola, exemplificativamente, 22 modalidades de fato relevante.

[22] Richard Lindsey define com precisão o que se deve entender por transparência na informação: "The concept of transparency contemplates that all relevant information about an investment will be readily available so that any individual who is making an investment decision can find it quickly and in sufficient time to be able to use that information" (1999, p. 298).

[23] Sobre esse dever de sigilo, que se aplica a todos os iniciados internos, remete-se o leitor às lições de Gaston Legarde (1980, p. 466).

a) praticar ato de liberalidade à custa da companhia;

b) sem prévia *autorização* da assembleia geral ou do conselho de administração, tomar por empréstimo recursos ou bens da companhia, ou usar em proveito próprio, de sociedade em que tenha interesse, ou de terceiros, os seus bens, serviços ou crédito;

c) receber de terceiros, sem *autorização* estatutária ou da assembleia geral, qualquer modalidade de vantagem pessoal, direta ou indireta, em razão do exercício de seu cargo.

As proibições das letras *b* e *c* comportam excepcionamento mediante autorização da assembleia ou do conselho (tomar empréstimo ou fazer uso de bens sociais) e do estatuto ou da assembleia (receber, em razão do cargo, vantagens atribuídas por terceiros).

A proibição da letra *a* (prática de atos de liberalidade) somente pode ser afastada, por deliberação do conselho ou da diretoria, nas situações especiais previstas no § 4º do art. 154, ou seja, quando se tratar de liberalidade razoável, que tenha como beneficiários os empregados ou a comunidade de que participe a empresa.

Liberalidade razoável é a que se encontra justificada tanto na sua extensão como na sua finalidade, e que não afete, de modo relevante, o patrimônio da sociedade.

Comunidade de que participe a empresa é o núcleo urbano ou rural em que se desenvolve a sua atividade, devendo-se considerar que algumas sociedades atuam em várias comunidades.

Outra proibição expressa, e que decorre da configuração de conflito de interesses, é a constante do art. 156, onde se veda a atuação do administrador em qualquer operação ou deliberação em que os seus interesses sejam conflitantes com os da companhia. Ainda assim, qualquer contrato entre o administrador e a companhia deverá observar, rigorosamente, as condições do mercado, sob pena de anulabilidade.[24]

164 RESPONSABILIDADES DOS ADMINISTRADORES

Os administradores que agirem dentro dos padrões de regularidade exigidos pela lei não respondem pessoalmente pelos atos que praticarem, ainda que estes venham a causar prejuízo à sociedade.

---

[24] O compromisso ético, fundado nas regras morais, ganha relevância nas relações caracterizadas pela confiança, conforme acentuado por Roy Goode: "Even so, the courts have continued to observe the distinction between breaches of law and breaches of moral obligation. A person is not required to be ethical or high-minded in mere social relationships falling outside the purview of legal responsibility, nor even in duty relationships where the position of the parties is essentially adversarial and governed by considerations of mutual self-interest. Only where the relationship between the parties or the nature of the agreed arrangements involves one party having to repose trust and power in the other does the higher standard of behavior set by equity come into play" (1998, p. 12).

Qualquer deslize cometido levará, entretanto, o administrador a ter sua conduta apreciada sob três ângulos diversos:

1. o da responsabilidade administrativa;
2. o da responsabilidade civil;
3. o da responsabilidade penal.

164.1 Responsabilidade administrativa

A responsabilidade administrativa decorre da má gestão pura e simples, quer pela incompetência, quer pela falta da necessária dedicação ao cargo, quer pelo desentrosamento com os demais administradores ou com as diretrizes baixadas pelos órgãos superiores.

As falhas administrativas tanto poderão acarretar o rebaixamento do administrador para uma posição mais modesta, como a sua destituição. Essas medidas, não obstante se coloquem no âmbito da responsabilização administrativa, não exigem processo formal, mesmo porque, independentemente do cometimento de qualquer falta, poderá a sociedade rebaixar ou destituir qualquer de seus administradores.

A responsabilidade administrativa também poderá ser vista sob o ângulo de atuação das autoridades públicas de controle e fiscalização, e, nesse caso, estar-se-ia tratando do papel exercido sobre as empresas por entidades como a CVM, o CADE, o Banco Central do Brasil.

164.2 Responsabilidade civil

Consiste a responsabilidade civil na obrigação de indenizar a sociedade por perdas e danos, a tanto se sujeitando o administrador que proceder:

I – dentro de suas atribuições ou poderes, com culpa ou dolo;
II – com violação da lei ou do estatuto.

Quando o administrador atua no âmbito de seus poderes e em consonância com as normas legais e estatutárias aplicáveis, a caracterização do ilícito civil depende da comprovação de que houve culpa (negligência, imprudência ou imperícia) ou dolo (intenção deliberada de produzir o resultado danoso).

Na segunda hipótese, tendo o administrador infringido o estatuto da sociedade ou a legislação aplicável, não se indaga a respeito da efetiva ocorrência de culpa, posto que esta se presume, como consequência do fato mesmo da infração cometida.

A configuração do ilícito depende, pois, de dois elementos: um material (ato danoso à sociedade) e outro subjetivo (culpa real ou presumida do administrador).

Do ato ilícito origina-se a responsabilidade civil, cumprindo ao administrador compor o prejuízo sofrido pela sociedade.[25]

Permite a lei, todavia (art. 159, § 6º), a exclusão da responsabilidade do administrador, sempre que este tenha agido de boa-fé e com vista ao interesse da empresa.

A exclusão da responsabilidade, embora enunciada como uma circunstância a ser reconhecida pelo juiz que apreciar a ação de responsabilidade civil, também poderá resultar, por via da interpretação extensiva, de reconhecimento da assembleia geral, instância original na apreciação da matéria.

Nos casos de atos dolosos, a exclusão da responsabilidade não se aplica, tanto que a boa-fé é incompatível com o dolo.

A negligência igualmente não se conjuga com a boa-fé, e muito menos com a ideia do interesse da empresa.

Restariam, então, as ocorrências de imprudência ou imperícia e de infração à lei e ao estatuto, nas quais, em certas circunstâncias, poder-se-ia divisar uma atuação do administrador que, conquanto contrária aos padrões ditados pela normalidade, tenha se imposto como uma tentativa de salvar a sociedade ou os seus interesses superiores.

A responsabilidade dos administradores é pessoal, exceto quando houver conivência ou negligência em relação às irregularidades de que tiverem conhecimento. Pela adoção das providências necessárias ao funcionamento normal da sociedade, salvo nas companhias abertas, todos os administradores são, contudo, solidariamente responsáveis. Solidária é ainda a responsabilidade dos administradores nos casos de distribuição irregular de dividendos.

Compete à assembleia ordinária ou extraordinária, mesmo que não conste da ordem do dia, mas dela decorra, deliberar sobre a propositura de ação de responsabilidade civil (*ação social ut universi*) contra o administrador que lhe tenha causado prejuízo, circunstância que o afastará imediatamente do cargo (art. 159).

A sociedade tem o prazo de três meses para propor a ação, findo o qual qualquer acionista (§ 3º) estará extraordinariamente legitimado a fazê-lo em nome próprio, embora no interesse da sociedade (substituição processual derivada).

Deliberando a assembleia não promover a ação de responsabilidade civil (§ 4º), acionistas que representem cinco por cento,[26] no mínimo, do capital social poderão ajuizá-la na qualidade de substitutos processuais autônomos da companhia.

---

[25] Veja Hans Albrecht Fischer (1938, p. 47 e segs.); Agostinho Alvim (1980, p. 180 e segs.).

[26] Esse percentual de 5% do capital foi reduzido, gradativamente, segundo a expressão do capital social, pela CVM (Resolução nº 70/22), em virtude da delegação resultante do art. 291 da lei das sociedades anônimas, para percentuais menores, que chegam até 1% para companhias com capital superior a R$ 10 bilhões de reais.

A legitimação extraordinária do acionista representa um recurso moralizador, evitando que conluios internos favoreçam a impunidade de administradores inescrupulosos.

Como a ação é proposta no interesse da companhia, a esta caberão os respectivos resultados, cumprindo, porém, até onde o comportarem os resultados da ação, ressarcir o acionista que teve a iniciativa da ação de todas as despesas em que incorreu, incluídos os juros e a correção monetária respectivos (§ 5º).

À margem de suas responsabilidades perante a companhia, respondem ainda os administradores (art. 159, § 7º) pelos prejuízos que causarem a terceiros ou a algum acionista individualmente, hipótese em que o interessado terá ação individual contra o administrador culpado.

Diversamente da ação social, que é proposta no interesse da companhia, a ação individual compete "ao acionista ou terceiro diretamente prejudicado por ato de administrador".

Com esta ação, buscará o acionista uma indenização pessoal fundada em dano ou prejuízo que lhe tenha sido diretamente causado.

A matéria objeto dessa ação não se confunde nem concorre com a que é objeto da ação social.

Juridicamente, o prejuízo coletivo que afeta a sociedade somente à sociedade diz respeito. O interesse do acionista nesse prejuízo, que é indireto, permite-lhe agir como substituto processual da companhia, em proveito da companhia, conforme já analisado (ação social *ut singuli*). Não lhe é dado pleitear pessoalmente, através de ação individual, qualquer quinhão desse prejuízo, pois essa faculdade violaria o princípio da separação patrimonial, que é inerente ao direito societário.

A ação individual concerne a dano direto, pessoal e específico que a administração da sociedade tenha causado a determinado acionista ou grupo de acionistas.[27]

---

[27] Veja Trajano de Miranda Valverde (1959, v. II, p. 47); Sampaio Lacerda (1978, p. 47); Jean-Pierre Berdah (1974, p. 166). Ainda sobre o tema, a decisão do STJ proferida no Recurso Especial nº 1.014.496-SC, Rel. Min. Nancy Andrighi, com o seguinte teor: "Processo Civil e Societário. Ação proposta por acionistas minoritários em face de administradores que supostamente subcontabilizaram receitas. Ajuizamento de ação individual para ressarcimento de danos causados à sociedade empresária. Ilegitimidade ativa reconhecida. Os danos diretamente causados à sociedade, em regra, trazem reflexos indiretos a todos os seus acionistas. Com o ressarcimento dos prejuízos à companhia, é de se esperar que as perdas dos acionistas sejam revertidas. Por isso, se os danos narrados na inicial não foram diretamente causados aos acionistas minoritários, não detêm eles legitimidade ativa para a propositura da ação individual com base no art. 159, § 7º, da Lei das Sociedades por Ações. Recurso Especial não conhecido. Acórdão unânime da 3ª Turma, datado de 04.03.2008." No mesmo sentido a decisão, também unânime, da mesma 3ª Turma do STJ, datada de 12.06.2018 (REsp 1.741.678/SP).

164.3 Responsabilidade penal

A irregularidade cometida pelo administrador, em certas circunstâncias, corresponderá a um tipo penal, vale dizer, a uma conduta tipificada em lei como criminosa.[28]

O Código Penal, no título que trata de "Crimes contra o patrimônio", capítulo destinado ao "Estelionato e outras fraudes", arrola alguns crimes típicos de administradores de sociedades anônimas (art. 177), que são resumidamente os seguintes:

– fazer, inclusive o fundador, afirmação falsa ou omissão fraudulenta de fato relevante em qualquer documento destinado ao público;

– promover, artificialmente, falsa cotação de valores mobiliários da sociedade;

– tomar empréstimo à sociedade ou usar bens sociais, sem prévia autorização do órgão competente;

– promover, fora dos casos permitidos em lei, negociação com as próprias ações da sociedade;

– distribuir lucros sem levantar o balanço, com base em balanço falso ou em desacordo com seus resultados;

– obter a aprovação irregular de contas, através de conluio com acionistas ou através de interposta pessoa.

De acordo com a Lei de Economia Popular (Lei nº 1.521/1951), também constitui crime a adoção de medidas destinadas a fraudar escrituração, relatórios, pareceres ou qualquer informação devida aos acionistas, com o fim de sonegar lucros e dividendos ou promover o desvio de fundos.

---

[28] A subjetividade da culpa, nos delitos societários, foi acentuada pelo Supremo Tribunal Federal, sendo ilustrativa dessa posição a decisão adotada em julgamento datado de 06.08.1996, pela 1ª Turma (*Habeas Corpus* nº 73.590-SP), de cujo acórdão transcreve-se parcialmente a ementa: "Persecução penal dos delitos societários. Sócio quotista minoritário que não exerce funções gerenciais. Condenação inválida. – O simples ingresso formal de alguém em determinada sociedade civil ou comercial – que nesta não exerça função gerencial e nem tenha participação efetiva na regência das atividades empresariais – não basta, só por si, especialmente quando ostente a condição de quotista minoritário, para fundamentar qualquer juízo de culpabilidade penal. A mera invocação da condição de quotista, sem a correspondente e objetiva descrição de determinado comportamento típico que vincule o sócio ao resultado criminoso, não constitui, nos delitos societários, fator suficiente apto a legitimar a formulação da acusação estatal ou a autorizar a prolação de decreto judicial condenatório. A circunstância objetiva de alguém meramente ostentar a condição de sócio de uma empresa não se revela suficiente para autorizar qualquer presunção de culpa e, menos ainda, para justificar, como efeito derivado dessa particular qualificação formal, a decretação de uma condenação penal" (acórdão pub. na *RTJ* nº 163, p. 268).

A Lei n° 7.492, de 16.06.1986, define os crimes contra o sistema financeiro nacional e, ao fazê-lo, tipifica, como criminosos, entre outros, os atos dos administradores de instituições financeiras que, nos lançamentos de títulos e valores mobiliários, divulguem informações falsas ou enganosas.

A Lei n° 8.137, de 27.12.1990, trata dos crimes contra a ordem tributária, econômica e contra as relações de consumo, estabelecendo um imenso rol de crimes de responsabilidade de administradores, basicamente caracterizados pela prática de atos irregulares ou pela conotação de abuso do poder econômico.[29]

A Lei n° 6.385/1976 (arts. 27-C, 27-D e 27-E) tipifica os seguintes crimes contra o mercado de capitais: manipulação do mercado; uso indevido de informação privilegiada; exercício irregular de cargo, profissão, atividade ou função.

A Lei de Falências (Lei n° 11.101/2005) tipifica (arts. 168 a 178) os chamados crimes falimentares, os quais têm por pressuposto, como condição objetiva de punibilidade (art. 180), a efetiva decretação da falência, a concessão da recuperação judicial ou a homologação da recuperação extrajudicial.[30]

Além dessas leis, várias outras poderiam ser citadas, tais como as que regulam os crimes ambientais, os de lavagem de dinheiro, os cometidos contra a propriedade industrial e contra o consumidor.

---

[29] O STF (Rel. Min. Celso de Melo), ao deferir medida cautelar no HC 105953 MC/ SP (decisão publicada no *DJ* de 11.11.2010), enfatizou, com base nos precedentes do próprio STF, a inadmissibilidade, nos delitos societários, de acusação genérica, e, ao fazê-lo, exarou a seguinte ementa: "Crime contra a Ordem Tributária. Imputação Penal deduzida contra sócios da empresa. Acusação que deve narrar, de modo individualizado, a conduta específica que vincula cada sócio ao evento supostamente delituoso. A questão dos delitos societários e a inadmissível formulação de acusação genérica. Ofensa aos postulados constitucionais da plenitude da defesa e da presunção da inocência. Medida Cautelar deferida. A invocação da condição de sócio e/ou administrador de organização empresarial, sem a correspondente e individualizada descrição de determinada conduta típica que os vincule, de modo concreto, ao evento delituoso, não se revela fator suficiente apto a justificar, nos delitos societários, a formulação de acusação estatal genérica ou a prolação de sentença penal condenatória."

[30] "Como já consignado, os fatos praticados antes da sentença declaratória são indiferentes ao direito penal se não sobrevier a quebra [ou a recuperação], vez que os mesmos caem no vácuo, por não se formar diante deles o objeto da tutela penal que poderiam atingir" (FÜRER, 1972, p. 35).

XXXII
CONSELHO FISCAL

165. O órgão e sua composição; 166. Funcionamento permanente ou eventual; 167. Remuneração e responsabilidades; 168. As auditorias independentes.

165 O ÓRGÃO E SUA COMPOSIÇÃO

O conselho fiscal é também um órgão da sociedade, tendo, por qualquer de seus membros, função fiscalizadora sobre os administradores.

Compete-lhe acompanhar a atuação da empresa, a fim de verificar a regularidade dos procedimentos adotados e dos negócios realizados, opinando sobre o relatório anual dos administradores, as demonstrações financeiras da companhia e, especialmente, sobre propostas de modificação do capital, emissão de debêntures ou bônus de subscrição, planos de investimento ou orçamentos de capital, distribuição de dividendos, transformação, incorporação, fusão e cisão.

Para o exercício de suas funções, faculta-se ao conselho fiscal a prerrogativa de solicitar aos administradores esclarecimentos e informações, cabendo-lhe, ademais, denunciar, por qualquer de seus membros, ao conselho de administração ou à assembleia geral os erros, fraudes ou crimes que descobrirem.

A Lei nº 9.457/1997, reforçando os poderes do conselho fiscal, modificou o § 4º do art. 163, a fim de facultar a qualquer dos conselheiros, individualmente, a prerrogativa de solicitar aos auditores independentes esclarecimentos, informações e apuração de fatos. Acrescentou-se, ainda, mais um parágrafo (8º) ao referido art. 163, no qual se assegura ao conselho fiscal, como órgão colegiado, independentemente da existência ou não de auditores independentes, o poder de formular, justificadamente, questões a serem respondidas por peritos especiais, a serem indicados pela diretoria em lista de três, entre os quais o conselho fiscal escolherá um, cujos honorários serão pagos pela companhia.

O conselho fiscal terá no mínimo três e no máximo cinco membros, e igual número de suplentes.

Os acionistas preferenciais sem voto ou com voto restrito[1] e os acionistas minoritários que representarem pelo menos dez por cento das ações com voto têm o direito de eleger, em votações apartadas, cada grupo o seu representante, e respectivo suplente, no conselho fiscal. Para esse fim, os titulares de ações preferenciais sem voto, incluídas todas as classes nessas condições, serão chamados, durante a assembleia geral, para, em separado, manifestar o seu voto. Os minoritários exercerão o seu direito pelo mesmo processo, não cabendo a pessoas vinculadas, de alguma forma, aos controladores, infiltrar-se entre os minoritários, pois, se tal ocorresse, a representação minoritária estaria desfigurada.

Os membros do conselho fiscal deverão ser pessoas físicas, residentes no Brasil, com curso de nível universitário ou experiência mínima de três anos como administrador de empresa ou conselheiro fiscal, exigindo-se ainda que não sejam membros de órgãos de administração ou empregados da companhia ou de sociedade controlada ou do mesmo grupo, nem cônjuge ou parente até terceiro grau de administrador da companhia, aí devendo-se compreender o parentesco por afinidade, uma vez que, por essa via, também os interesses se comunicam.

166 FUNCIONAMENTO PERMANENTE OU EVENTUAL

A companhia terá sempre, formalmente, um conselho fiscal, cujo funcionamento, conforme dispuser o estatuto, será permanente ou eventual.[2]

Assim, deverá o estatuto disciplinar a composição e o funcionamento do conselho, mesmo porque, ainda que o seu funcionamento não seja permanente, a instalação se processará, de imediato (art. 161, § 2º), na assembleia (qualquer assembleia) em que o solicitarem (independentemente da ordem do dia) acionistas representativos de dez por cento das ações com voto, ou cinco por cento das ações sem voto.[3] Nessa mesma assembleia serão eleitos os seus membros, e o conselho fiscal, assim instalado, funcionará até a assembleia geral ordinária que a esse fato se seguir.[4]

---

[1] Os acionistas preferenciais sem voto, segundo o art. 161, § 4º, elegerão um membro do conselho fiscal. A lei não distinguiu e, portanto, para esse efeito, votariam todos os acionistas que integram essa categoria, inclusive, se for o caso, o controlador. Em sentido contrário, e com fundadas razões, manifestou-se o Parecer de Orientação CVM nº 19/1990, que exclui o controlador, caso tenha ações preferenciais, dessa votação.

[2] Ver a seção 197.8.

[3] A CVM, valendo-se da delegação que lhe foi outorgada pelo art. 291 da Lei nº 6.404/1976, baixou a Resolução nº 70/2022, através da qual reduziu, em virtude do montante do capital das companhias abertas, o percentual exigido para a solicitação de instalação do conselho fiscal. Os percentuais previstos na lei para as ações com voto e para as ações sem voto vão sendo gradativamente diminuídos até atingirem, respectivamente, 2% e 1%, para companhias com capital social superior a R$ 150.000.001,00.

[4] De acordo com o disposto no art. 122, II, a assembleia geral tem competência privativa para "eleger ou destituir, a qualquer tempo, os administradores e fiscais da companhia".

Convém lembrar que, se os minoritários elegerem um membro do conselho, e os preferencialistas outro, ainda que o estatuto preveja um conselho de três membros, terão os demais acionistas o direito de eleger a maioria, vale dizer, três membros, passando assim a composição do órgão para cinco membros (art. 161, § 4º, *b*).

167   REMUNERAÇÃO E RESPONSABILIDADES

A mesma assembleia geral que eleger os conselheiros fiscais fixar-lhes-á a remuneração, impondo-se observar o limite mínimo fixado em lei (art. 162, § 3º). Para o cálculo desse limite, extrai-se a média da remuneração de todos os diretores, sem considerar a participação nos lucros; sobre essa média, calculam-se dez por cento, encontrando-se assim o valor mínimo a ser atribuído a cada conselheiro fiscal.

A Lei nº 9.457/1997, ao conferir essa redação ao suprarreferido § 3º do art. 162, estabeleceu duas inovações, a primeira determinando o "reembolso obrigatório das despesas de locomoção e estada necessárias ao desempenho da função" e a segunda excluindo da base de cálculo da remuneração os "benefícios" e as "verbas de representação".

A obrigação de a sociedade promover o reembolso das despesas necessárias ao exercício da função exercida pelos conselheiros fiscais certamente concerne àquelas viagens que se mostrarem relevantes para o esclarecimento de dúvidas ou para o levantamento de dados relativos às matérias objeto de exame pelo conselho fiscal. Essas despesas compreenderão passagens, hospedagem e alimentação incorridas em municípios ou distritos diversos do da sede.

O objetivo da norma não é, evidentemente, indenizar as despesas arcadas, na sede, pelo conselheiro fiscal que resida em município diverso, posto que, nesse caso, a despesa decorreria do interesse ou da conveniência do conselheiro.

O conselheiro que não reside na sede da sociedade terá feito uma opção pessoal, e seria um despropósito sobrecarregar a empresa com as despesas constantes e rotineiras que o seu deslocamento para a sede acarretaria. O conselheiro fiscal de uma sociedade sediada no Rio Grande do Sul, que tivesse residência no Amazonas, seria um fator de elevados gastos.

Afigura-se, porém, evidente, por força de interpretação sistemática da Lei nº 6.404/1976, que os conselheiros fiscais eleitos por minoritários e preferenciais somente por estes poderão ser destituídos, salvo culpa grave no exercício da função, hipótese em que os substitutos serão eleitos por minoritários e preferenciais. Nesses casos, a destituição, que teria sido promovida pelo acionista controlador, poderá ser submetida ao Poder Judiciário, que, não provada a culpa grave, poderá condenar os responsáveis pela destituição ao pagamento de indenização por danos materiais e morais, tanto em favor dos acionistas interessados, como do conselheiro destituído. Anote-se, ademais, que a própria demissibilidade *ad nutum* do conselheiro fiscal tem sido objeto de algumas críticas doutrinárias (conf. RIPERT, 1948, p. 448).

As despesas reembolsáveis a que alude a lei são, portanto, as correlacionadas aos encargos da função, que, pelas suas características, exijam o deslocamento do conselheiro para lugares diversos daqueles onde exerce normalmente as atribuições de seu cargo.

Além disso, é preciso guardar os limites da razoabilidade, situando essas despesas nos padrões e parâmetros praticados pelo corpo gerencial da empresa, de nível compatível com o dos conselheiros fiscais, em suas viagens e deslocamentos de serviço.

A necessidade da viagem também deverá ficar plenamente caracterizada, tanto que esta é a condição fixada pelo legislador para o respectivo reembolso.

Os conselheiros fiscais têm os mesmos deveres dos administradores, salvo no que tange ao dever de informar que, embora também o tenham, têm-no circunscrito às matérias de sua competência. Suas responsabilidades, *mutatis mutandis,* são semelhantes às dos administradores.[5]

168 AS AUDITORIAS INDEPENDENTES

Na verdade, em nossa prática societária, jamais funcionou eficientemente o conselho fiscal, tendo-se inclusive cogitado de sua extinção, quando das discussões em torno do projeto da atual lei das sociedades anônimas.

Mesmo com a possibilidade de participação dos minoritários, o conselho fiscal permanece desprestigiado, sendo frequente a adoção da regra do funcionamento não permanente.

Em paralelo, foram se afirmando as auditorias independentes, as quais são obrigatórias apenas nas companhias abertas (art. 177, § 3º).

As companhias fechadas podem também contratar auditoria independente, o que às vezes fazem por injunção de bancos credores ou até por conveniência dos grupos que compõem a sociedade. O próprio conselho fiscal tem poderes para determinar a contratação de uma empresa de auditoria.

As companhias abertas somente poderão contratar auditores registrados na CVM, à qual compete expedir normas sobre os relatórios e pareceres a serem elaborados.

Através da Resolução nº 23/2021, regulou a CVM o exercício da atividade de auditoria independente, estabelecendo normas e procedimentos, deveres e responsabilidades, além de penalidades administrativas.

---

[5] O conselho fiscal, segundo o disposto no § 6º do art. 163 da Lei nº 6.404/1976, deverá fornecer aos acionistas que representem, pelo menos, 5% do capital, sempre que solicitadas, informações sobre matéria de sua competência. A CVM, relativamente às companhias abertas, por intermédio da Resolução nº 70/2022, reduziu esse percentual, segundo a expressão do capital social, para 4%, 3%, 2% e 1%, valendo-se para tanto da outorga que lhe foi conferida pelo art. 291 da Lei nº 6.404/1976.

O trabalho desenvolvido pela auditoria objetiva, basicamente, a apuração, através de levantamentos contábeis, da autenticidade das demonstrações financeiras, informando se correspondem ou não à realidade patrimonial, financeira e econômica da sociedade. As auditorias, apesar da especialização de que se encontram revestidas, também têm cometido falhas significativas em sua função revisora.

Historicamente, os serviços das auditorias independentes vivenciaram uma significativa evolução em sua finalidade e metodologia. Inicialmente concebida como uma prática voltada predominantemente para a detecção de fraudes, transformou-se em um sistema de controles de segunda ordem (*second-order controls of controls*), orientado à verificação dos sistemas de governança, moldado pela lógica da auditabilidade. Essa lógica prioriza a produção de documentos e processos formalmente consistentes e auditáveis, capazes de assegurar o funcionamento adequado de sistemas de controle verificáveis.

Apesar dessa transição, a dissociação completa entre o serviço prestado pelas auditorias e a expectativa do grande público em sua capacidade na detecção de fraudes tem sido historicamente difícil. Em geral, a opinião pública continua a associar o serviço de auditoria com a missão de identificar irregularidades, o que contrasta, como destacado, com a posição dos profissionais de auditoria, que buscam restringir sua atividade na missão de exercer um controle sobre os mecanismos de gerenciamento da companhia (ou controle de segunda ordem), e não o de identificar fraudes propriamente ditas. Esse desalinhamento entre as expectativas do grande público e os objetivos profissionais da auditoria é frequentemente descrito na doutrina internacional como "audit expectations gap".[6]

---

[6] "The continuing confict over what the public expects from an audit (e.g. with regards to fraud detection) and what the auditing profession prefers the audit objectives to be, has come to be described in terms of an 'audit expectations gap,' which, according to Humphrey et al. 'has shown considerable continuity and resilience against solution' (1992: 137; but see also Sikka et al., 1998)" (MENNICKEN, Andrea; POWER, Michael. Auditing and Corporate Governance. In: WRIGHT, Mike (ed.). The Oxford Handbook of Corporate Governance. Oxford: Oxford University Press, 2013. p. 308-327. Disponível em: https://doi.org/10.1093/oxfordhb/9780199642007.013.0014. Acesso em: 30 nov. 2022.

XXXIII
AS MUTAÇÕES DO CAPITAL

169. Aumento de capital; **170.** Correção monetária do capital; **171.** Subscrição de ações; **172.** Capitalização de reservas e lucros; **173.** Capital autorizado; **174.** Direito de preferência; **175.** Redução de capital.

169 AUMENTO DE CAPITAL

O capital social (ver seções 22 e 85), que é um valor formal e estático, constitui um fundo de atuação destinado à atividade social, somente modificável por um ato também formal.

O aumento do capital significa a elevação desse fundo e corresponde, basicamente, às hipóteses de subscrição de ações ou de incorporação de reservas e lucros. Na subscrição, ingressam novos recursos ou bens na sociedade, que lhe são transferidos pelos subscritores; na incorporação de reservas e lucros, são recursos gerados pela própria sociedade que passam a integrar a conta de capital.

O art. 166 arrola os atos formais que conduzem ao aumento do capital, como segue:

I – *deliberação da AGO* que corrige a expressão monetária do capital; a partir do exercício de 1996, encontra-se revogada a correção monetária das demonstrações financeiras (art. 4º da Lei nº 9.249/1995), daí resultando a inexistência da reserva de correção monetária, que era a base para a correção monetária do capital; assim, não mais se vem adotando essa modalidade de aumento de capital;

II – *deliberação da AGE ou do conselho de administração* que emite ações dentro do limite autorizado pelo estatuto;

III – *ato de conversão* de debêntures ou partes beneficiárias em ações; *ato de exercício* do direito de subscrição de ações conferido pelo bônus de subscrição ou pela opção de compra de ações;

IV – *deliberação da AGE,* reformando o estatuto para aumentar o capital, quando inexiste autorização de aumento ou esta estiver esgotada.

Em todos esses casos verifica-se uma subscrição ou uma incorporação, inclusive na conversão de debêntures em ações (subscrição de ações, cujo preço de emissão é pago com o crédito decorrente do resgate do título – ver seção 123) e na conversão de partes beneficiárias em ações (incorporação da reserva destinada ao respectivo resgate – ver seção 129).

Em qualquer das situações previstas, a companhia deverá, no prazo de 30 dias, requerer ao registro do comércio o arquivamento de documento formal que positive o aumento, o que se processará, tratando-se de deliberação de AGO, AGE ou conselho de administração, por meio da respectiva ata e, nas demais hipóteses, que independam de deliberação (ver os nᵒˢ 125, 129, 130 e 131), mediante declaração expedida pela diretoria, atestando o aumento.

Não obstante o legislador (art. 166, § 1º) se refira a casos de averbação e de arquivamento, na nomenclatura do registro do comércio apenas se cuida de arquivamento.

O aumento de capital, uma vez efetivado, amplia a garantia dos credores, porquanto a sociedade somente poderá distribuir aos acionistas a parcela do patrimônio líquido que ultrapassar o novo capital social (ver seção 22).

170 CORREÇÃO MONETÁRIA DO CAPITAL

As constantes desvalorizações da moeda, consequentes aos elevados níveis de inflação verificados no passado, vinham retirando ao capital social toda e qualquer representatividade, pois, na medida em que perdia substância, descaracterizava-se como fundo de atuação real e intangível, e não mais era capaz de garantir os credores contra a distribuição de lucros fictícios ou inexistentes.

Por essa razão, a Lei nº 6.404/1976, ao instituir a correção monetária anual obrigatória, dera um passo importante no sentido de restaurar a consistência do capital social.

Quando do levantamento do balanço do exercício, constituía-se uma reserva correspondente à correção monetária do capital realizado, cumprindo capitalizá-la, necessariamente, na AGO que aprovava o balanço (art. 167).

Com a revogação da correção monetária das demonstrações financeiras, inclusive para fins societários (art. 4º e seu parágrafo único da Lei nº 9.249/1995), deixou-se de constituir, a partir do exercício de 1996, a reserva de correção monetária do capital, que era capitalizada anualmente. Ficou, pois, afastada, desde 1997, e enquanto não restaurada a correção monetária das demonstrações financeiras, essa hipótese de aumento de capital. Com isso, o capital social vem perdendo representatividade, sobretudo em virtude dos índices de inflação que vêm se acumulando.

171 SUBSCRIÇÃO DE AÇÕES

O aumento de capital por subscrição de ações merece um destaque especial, em face da relevância que apresenta para a sociedade anônima.

Oferecer ações à subscrição significa captar poupança privada, a título de investimento de risco, carreando novos recursos para a empresa.

Com o aumento do capital, ou os antigos acionistas ampliam o seu investimento, ou terceiros, estranhos à sociedade, nela ingressam, trazendo-lhe bens ou dinheiro.

Para que a companhia delibere um aumento por subscrição, a primeira condição a observar é a verificação de que o capital social se encontra realizado em, no mínimo, três quartas partes do seu valor.

A operação desenvolve-se em três momentos sucessivos: o primeiro, em que se delibera aumentar o capital; o segundo, em que se obtêm subscritores para as novas ações; o terceiro, em que se homologa o aumento.

Esses três momentos, em se tratando de subscrição particular, poderão estar concentrados, desde que, naturalmente, a subscrição de todo o aumento de capital se faça simultaneamente à deliberação de aumentá-lo.

No comum dos casos, tem-se uma primeira deliberação da assembleia geral ou do conselho de administração, conforme dispuser o estatuto, autorizando o oferecimento à subscrição de um determinado aumento de capital e, após a completa subscrição do aumento pretendido, uma outra deliberação do mesmo órgão, homologando o novo capital, o qual só a partir desse segundo instante estará efetivamente aumentado.

Tal como na constituição da sociedade (ver seção 77), o aumento somente se efetivará se o capital oferecido à subscrição for inteiramente subscrito,[1] e se as entradas correspondentes a cada subscrição (mínimo de dez por cento do preço de emissão) forem recolhidas à sociedade, não se exigindo, porém, o depósito bancário dessas importâncias.

A deliberação autorizativa do aumento especificará as várias condições que o nortearão, inclusive as espécies e classes das ações a serem emitidas, o preço de emissão (ver seção 88) e o prazo de subscrição, findo o qual, se o capital não estiver inteiramente subscrito, ficará sem efeito o pretendido aumento, cabendo a cada subscritor receber de volta os valores correspondentes às entradas.

O ato de subscrição é, todavia, irretratável, não podendo o subscritor dele se desvincular, contanto que seja respeitado o prazo fixado. Não tem, outrossim, a sociedade a faculdade de recusar subscritores, ressalvados os casos de excesso de subscrição, em que se adotará a solução consignada no prospecto (ver seção 77).[2]

---

[1] "Diante da exigência de subscrição integral do capital social, cada subscrição fica condicionada à subscrição integral, de modo que se esta não for conseguida, cada subscritor se considera desobrigado e pode mesmo demandar a restituição de suas entradas" (VAMPRÉ, 1914, p. 26).

[2] Admite-se que, preliminarmente à deliberação que venha a definir o aumento de capital, promovam os intermediários uma sondagem de mercado, colhendo "intenções de inves-

A subscrição de capital tem natureza contratual, correspondendo a oferta de subscrição à proposta, e a subscrição propriamente dita à aceitação. A eficácia desse contrato encontra-se subordinada à obtenção de subscritores para todo o aumento proposto[3] e à consequente homologação do novo capital pelo órgão competente (assembleia ou conselho). A homologação do aumento é, no entanto, um ato vinculado, não podendo ser recusada, uma vez atendidos todos os pressupostos legais e estatutários. A hipótese é diversa da que se coloca quando da constituição, pois, nessa fase de formação, a sociedade ainda inexiste, competindo à assembleia dos subscritores conceder-lhe ou não existência.

No aumento de capital, os subscritores não participam da assembleia de homologação do aumento, posto que ainda não são acionistas, a não ser que já participem do capital anterior, condição em que votarão com as antigas ações.

O aumento de capital processar-se-á mediante subscrição pública ou particular, aplicando-se a uma e a outra, no que couber, as mesmas normas que regem esses institutos na constituição da sociedade (ver seções 78 e 79).

Tratando-se de subscrição pública, cumpre observar a regulamentação constante da Resolução CVM nº 160/2022.

A integralização do capital subordina-se a preceitos idênticos aos que regulam a matéria na constituição da sociedade. Assim, remete-se o leitor ao Capítulo XVIII, no qual se analisa esse tema.

172 CAPITALIZAÇÃO DE RESERVAS E LUCROS

Toda sociedade bem-sucedida acumula resultados positivos, os quais, quando não distribuídos integralmente, determinam o crescimento do patrimônio líquido, fazendo-o superar o capital. Esse excesso patrimonial compõe as chamadas reservas ou lucros acumulados.

O aumento de capital mediante capitalização de reservas ou lucros consiste exatamente na transferência dessas reservas para a conta de capital. Aumenta-se, dessarte, o capital com recursos gerados pela própria sociedade.

---

timento", e até mesmo pedidos de reserva, com apuração inclusive do preço de emissão aceitável pelo mercado (*bookbuilding*). Tudo isso funciona como um procedimento preparatório, posto que, a partir do momento em que a sociedade delibera formalmente a respeito do aumento a ser oferecido à subscrição, tanto o montante do aumento quanto o preço de emissão tornam-se rígidos e inflexíveis, sob pena de afrontar-se a disciplina legal da matéria (art. 170, § 6º, c/c o art. 80, I, e art. 170, § 1º, da Lei nº 6.404/1976). Além disso, a chamada "oferta suplementar" de ações ao mercado deverá se situar dentro do limite que caberia aos controladores e que estes liberam para a subscrição pública.

[3] Algumas legislações, diferentemente da nossa, como é o caso da legislação espanhola (art. 61 da *Ley de las Sociedades Anónimas*), admitem a "*subscripción incompleta*", desde que esta possibilidade tenha constado expressamente das condições da emissão.

Se as ações têm valor nominal, do aumento de capital segue-se, como consequência, o aumento do valor nominal das ações ou a emissão de novas ações a serem distribuídas gratuitamente aos acionistas, recebendo cada um uma quantidade de ações proporcional às de que é detentor.

As novas ações assim distribuídas constituem uma bonificação, levando ao acionista a ilusão do crescimento de sua carteira de títulos. Na verdade, essas ações bonificadas, também chamadas de "filhotes", apenas diluem as antigas, tanto que se referem ao mesmo patrimônio. Sabe-se, inclusive, que, após a concessão de uma bonificação, a cotação em bolsa das ações tende a cair na mesma razão ou em razão aproximada da diluição ocorrida. Por exemplo: se o valor patrimonial da ação correspondia a R$ 120 em um patrimônio de R$ 120.000,00, após uma bonificação de 50% (uma ação nova para cada duas ações possuídas), a ação passaria a corresponder a R$ 80, pois o patrimônio que antes se dividia por 1.000 ações agora divide-se por 1.500.

As ações bonificadas representam mera expansão das antigas, tendo a natureza de acessões. Por isso, todos os ônus e direitos que gravam as ações das quais derivaram (usufruto, fideicomisso, caução, alienação fiduciária, promessa de venda, direito de preferência, inalienabilidade e incomunicabilidade) estendem-se às novas ações (ver seção 107 e o art. 169, § 2°), salvo quando os respectivos instrumentos tenham afastado expressamente essas implicações.

Não havendo valor nominal, a incorporação de reservas e lucros dispensa qualquer providência quanto às ações, primeiro porque estas não têm valor declarado e, depois, porque o número de ações poderá continuar o mesmo, ainda que se refira a um capital nominalmente maior.

De qualquer sorte, mesmo nesse caso, não haveria impedimento, caso se preferisse, para a elevação do número de ações, por efeito da incorporação de reservas.

Conquanto haja autorização para aumento de capital, a incorporação de reservas e lucros transcende a competência do conselho de administração, inserindo-se nos poderes da assembleia geral, único órgão habilitado a deliberar sobre a destinação do lucro da sociedade (arts. 132, 192 e 199). Ademais, como a incorporação retira aos acionistas a possibilidade de distribuir, como dividendos, as reservas e lucros incorporados, unicamente os próprios acionistas poderão decidir da conveniência ou não de consumar a capitalização.

173 CAPITAL AUTORIZADO

Como o capital social consta do estatuto, a sua elevação impõe, ordinariamente, a alteração da cláusula estatutária que o disciplina.

A autorização para o aumento de capital expressa tão somente que, até o limite estabelecido pelo próprio estatuto, e sem emendá-lo, faculta-se a elevação do capital social.

Caberá ao estatuto, havendo autorização de aumento, declinar o capital social efetivo e o limite da autorização, o qual funciona como um teto para futuros aumentos de capital.[4]

Até o teto estabelecido, o capital social, por deliberação da assembleia geral ou do conselho de administração, poderá sofrer sucessivos aumentos, não obstante se mantenha inalterada a cláusula de capital.

Opera-se um descompasso entre o verdadeiro capital social, quando já aumentado, e o que o estatuto enuncia. A publicidade fica, no entanto, preservada, visto que a sociedade se obriga a arquivar no registro do comércio, no prazo de 30 dias, os atos concernentes aos aumentos de capital que ocorrerem (art. 166, § 1°).

Periodicamente, na oportunidade de uma assembleia geral, o artigo do estatuto que cuida do assunto deve ser ajustado à realidade, passando a expressar o verdadeiro capital social, incluídos os vários aumentos.

O limite da autorização nem sempre estará fixado em valor do capital, tanto que é possível especificá-lo em número de ações. Essa maneira de autorizar os aumentos afigura-se mais própria das companhias cujas ações não têm valor nominal, mas, quando da incorporação de reservas e lucros sem modificação do número de ações, o limite não é afetado, cumprindo assim aos acionistas, na mesma assembleia, se lhes parecer conveniente, promover a redução do número de ações que poderão ser emitidas sem alteração do estatuto.

A autorização deverá indicar ainda as espécies e classes de ações que poderão ser emitidas, as condições para a emissão, a dispensa, se for o caso, do direito de preferência ou a redução do prazo para o seu exercício (art. 172), e o órgão competente para deliberar o aumento: se a assembleia geral ou o conselho de administração.

A autorização para aumento de capital ganha maior sentido quando o órgão competente para a deliberação é o conselho de administração, de fácil e simples convocação.

Deve-se, contudo, atentar para certas situações em que, embora autorizado a deliberar o aumento de capital, não tem o conselho competência para providências paralelas essenciais. É o que acontece, por exemplo, na integralização do aumento de capital em bens, cuja avaliação depende de aprovação privativa da assembleia geral (art. 122, VI). A incorporação de reservas e lucros, conforme foi analisado na seção anterior, igualmente se subordina à prévia aprovação da assembleia geral. Ora, uma vez convocada a assembleia geral, já não remanesce o interesse prático de transferir a deliberação do aumento ao conselho.

O que se persegue com a autorização de aumento pelo conselho de administração é, com efeito, dinamizar os aumentos de capital destinados ao mercado, os

---

[4] O § 2° do art. 168 da Lei n° 6.404/76, que prevê a correção anual do limite de autorização pelo mesmo índice adotado para a correção do capital social, já não subsiste, em face da revogação da correção monetária do capital (ver a seção 170).

quais exigem decisões rápidas e prontas, além de afinadas a uma realidade mutável. Por isso, até mesmo quando a deliberação se encontra reservada à assembleia geral, faculta-se-lhe delegar ao conselho a fixação do preço de emissão das ações a serem distribuídas no mercado, matéria extremamente sensível, e somente mensurável às vésperas do lançamento (ver seção 88).

174 DIREITO DE PREFERÊNCIA

A preferência é um dos direitos essenciais do acionista, resumindo-se na prerrogativa de subscrever, em cada aumento de capital, uma quantidade de ações proporcional à sua participação na sociedade.[5]

A preferência se exerce não apenas no plano geral das ações, como ainda, especificamente, no de cada classe, uma vez que ao acionista cabe o direito de situar a subscrição na classe correspondente a suas ações, desde que emitidas. Assim, se o aumento observar a proporção existente entre as classes de ações, o acionista exercerá a preferência em relação a ações idênticas às de que dispuser. Não observada a proporção, a preferência se exercerá primeiro sobre ações idênticas e, se essas não bastarem, estender-se-á a outras, a fim de suplementar a insuficiência da primeira. Envolvendo a emissão espécies e classes diversas daquelas de que o acionista é detentor, caberá a este exercer a preferência sobre todas as classes emitidas, de tal modo que, tendo dez por cento do capital, poderá subscrever dez por cento de cada classe objeto do aumento, ressalvada, naturalmente, a preferência dos que são titulares de cada classe emitida.

A preferência encontra-se assegurada não apenas na emissão de ações, mas igualmente na de quaisquer outros valores mobiliários que outorguem direito de subscrição de ações (debêntures conversíveis, partes beneficiárias conversíveis, bônus de subscrição), excetuando-se a opção de compra de ações, que é título de colocação restrita aos servidores da companhia. As partes beneficiárias distribuídas gratuitamente a fundadores, acionistas ou terceiros, como contraprestação de serviços prestados, mesmo que conversíveis, também não se sujeitam ao direito de preferência (art. 171, § 3º).

Uma questão que provocava muitas divergências era a atinente ao direito de preferência na subscrição de ações com integralização em bens e créditos. A lei vigente (art. 171, § 2º) pôs fim à controvérsia, ao estipular que, nesses casos, a

---

[5] Assim, no caso de subscrição de valores mobiliários em decorrência do exercício do direito de preferência, ainda que se trate de companhia aberta, "não há, por definição, oferta pública, dado o relacionamento direto existente entre a companhia emissora e os subscritores" (EIZIRIK, 2008, p. 148). Em tal hipótese, não há necessidade de efetivação de registro na CVM, uma vez que a oferta não se destina ao público indiscriminado, mas, em vez disso, a pessoas relacionadas. Caso, após o exercício da preferência, resulte um saldo de ações a ser ofertado ao mercado, o registro na CVM, para esse efeito, será indispensável.

preferência poderá ser exercida pelos acionistas em geral, cabendo ao proprietário do bem a ser incorporado ou do crédito a ser capitalizado o direito de levantar as importâncias pagas pelos subscritores.

Vindo os acionistas a subscrever integralmente o aumento, os proprietários dos bens e créditos, em lugar de receber ações, como previam, receberão o montante correspondente ao preço de emissão das ações.[6]

Se a subscrição pelos acionistas for parcial, os proprietários dos bens farão jus a ações e a dinheiro, este na proporção da preferência exercida.

Para o exercício da preferência, o estatuto, a assembleia ou o conselho de administração, quando a este competir deliberar sobre o aumento, fixará um prazo não inferior a 30 dias, cumprindo divulgar esse prazo, através da publicação de aviso em jornal de grande circulação. A lei não se refere expressamente à publicação de aviso, mas não se pode deixar de efetivá-lo, sob pena de provocar-se incerteza quanto ao termo inicial e ao próprio prazo de preferência, que, sendo decadencial, transcorre de forma ininterrupta.

Durante o prazo para o exercício da preferência, poderão os acionistas subscrever diretamente as ações ou ceder os seus direitos a terceiro.

Exaurido o período destinado ao exercício da preferência, o aumento proposto estará ou não inteiramente subscrito.

Restando ações a subscrever, tem-se a enfrentar a questão das sobras. Teriam os acionistas o chamado direito de acrescer, ou seja, estar-lhes-ia assegurado o privilégio de subscrever preferencialmente esse saldo?

Na companhia fechada, garantiu o legislador, de forma absoluta, o direito de acrescer, determinando que as ações remanescentes serão rateadas, na proporção dos valores subscritos, entre os acionistas que, no boletim de subscrição, pedirem reserva de sobras.

Na companhia aberta, a destinação das sobras encontra-se indefinida, cabendo ao órgão que deliberar sobre a emissão assegurar o direito de acrescer ou mandar vender as sobras "em bolsa, em benefício da companhia".

O que quer dizer 'mandar vender as sobras em bolsa'? Sobras de quê? Sobras de ações? Não, porque as ações ainda não existem. No momento, apenas se cogita de subscrição. As sobras verificadas concernem ao direito de subscrição, sendo

---

[6] Nos casos de incorporação de bens (imóveis, por exemplo), havendo o exercício pleno da preferência, sofrerá o incorporador desses bens uma profunda reversão de expectativa, posto que a sua intenção de se tornar acionista seria convertida em uma pura e simples alienação do bem considerado. Cabe indagar se, nesse caso, não estaria facultado ao incorporador o direito de retratação, hipótese em que o aumento de capital com bens não se consubstanciaria, nada obstante a subscrição de ações seja, em linha de princípio, irretratável. Trata-se de questão não prevista em lei, e que, portanto, uma vez surgida a controvérsia, deveria ser elucidada caso a caso, com base, inclusive, na jurisprudência dos interesses (ver seção 13, nota 7), podendo-se, inclusive, converter a integralização em bens em integralização em dinheiro.

este o que pode ser vendido em bolsa de valores. E por isso diz-se que a venda se fará "em benefício da companhia".

A venda do direito de subscrição, através de leilão na bolsa de valores, trará um ganho extra à companhia, pois o que for pago pelo arrematante não se confunde com o preço de emissão das ações, encargo que o subscritor arrematante terá que assumir normalmente, como qualquer outro subscritor.

A venda de direitos de subscrição em bolsa de valores exigirá, naturalmente, o registro da emissão na CVM.

Apesar de todas as cautelas que parecem cercar o direito de preferência, permitiu o legislador que o estatuto da companhia aberta, em que há autorização de aumento de capital sem modificação do estatuto, excluísse o direito de preferência dos antigos acionistas ou facultasse a redução do prazo mínimo de 30 dias para o exercício da preferência, bastando para tanto que a colocação dos valores mobiliários se fizesse (art. 172):

> I – por venda em bolsa ou subscrição pública; ou
>
> II – mediante permuta por ações, em oferta pública de aquisição de controle, nos termos dos arts. 257 e 263.

A venda em bolsa e a permuta por ações certamente se referem às debêntures conversíveis, partes beneficiárias conversíveis e bônus de subscrição, títulos esses que podem ser criados e vendidos diretamente.

As ações, para serem criadas, subentendem uma fase anterior de subscrição; a exclusão da preferência impõe, portanto, a adoção da subscrição pública.

O estatuto da companhia aberta ou fechada poderá, ainda, excluir o direito de preferência nos casos de subscrição de ações nos termos de lei especial sobre incentivos fiscais (art. 172, parágrafo único).

175 REDUÇÃO DE CAPITAL

A redução do capital representa providência quase sempre evitada, em face das implicações negativas que acarreta perante credores.

Duas causas de redução de capital são alinhadas pelo legislador: uma fundada no excesso de capital, e a outra, na irrealidade do capital.

O excesso de capital traduziria uma situação em que a sociedade estaria bloqueando, na conta de capital, valores muito superiores às suas necessidades, considerados o objeto social e a atividade desenvolvida.

A irrealidade exprimiria um capital superior ao patrimônio da sociedade que, sendo deficitária, passara a ter um capital sem correspondência patrimonial (perda de capital).[7]

---

[7]   Ver seção 22.

Sempre que algum valor é restituído ao acionista como decorrência da redução do capital, os credores da sociedade sofrem um decesso no nível de segurança de suas posições.

Nessas condições, e após ressalvar a redução de capital decorrente do exercício do direito de recesso (art. 45), bem como a consequente à extinção das ações do acionista remisso (art. 107, § 4º), dispõe o art. 174 que as demais hipóteses de redução de capital que envolvam restituição de parte do valor das ações[8] ou diminuição do valor destas, quando não integralizadas, à importância das entradas, somente se tornarão efetivas 60 dias após a publicação da ata da assembleia respectiva.

Convém notar que, nesta última hipótese, não seria o caso de simplesmente reduzir o valor das ações não integralizadas, posto que, se assim se procedesse, a sociedade passaria a ter ações de valores nominais diferentes, no caso de ações com valor nominal, e, independentemente desse aspecto, cabe a assertiva de que não se poderia reduzir o valor da integralização daquele bloco de ações sem reduzir o número dessas ações, sob pena de chegar-se a resultado inteiramente incompatível com as normas sobre preço de emissão, pois, mantido o número original de ações, os acionistas beneficiários da redução estariam pagando por essas ações uma quantia inferior ao preço de emissão, com prejuízo para os demais acionistas, que sofreriam a consequente diluição do valor patrimonial de suas posições acionárias.

A deliberação, no caso, diz respeito, na verdade, à redução de determinado aumento de capital, ainda não integralizado, por conveniência da sociedade (excesso de capital), à parcela já realizada, reduzindo-se, por isso mesmo, o número de ações relativas ao referido aumento, como consequência da distribuição das entradas recebidas por um bloco de ações, que terá que ser menor, e que, por força dos recursos já transferidos à sociedade, resultaria desde logo integralizado. Vale dizer: divide-se o montante realizado pelo preço de emissão da ação, daí resultando o número de ações a ser considerado, que será rateado, proporcionalmente, entre os respectivos acionistas (subscritores do aludido aumento).

Durante o prazo de 60 dias antes aludido, qualquer credor quirografário, anterior à publicação, poderá se opor à redução do capital, ficando, porém, afastada a oposição se o valor do crédito for pago ou depositado judicialmente.

Constando debêntures em circulação, a efetivação da redução de capital sujeitar-se-á, ademais, à prévia aprovação de assembleia dos debenturistas.

---

[8] A restituição ao acionista de parte do valor das ações, que decorra de redução do capital, opera mediante uma distribuição especial, que não tem a natureza de dividendo. O dividendo tem natureza de rendimento, enquanto a restituição de capital concerne ao principal, ou seja, ao próprio bem, sendo de lembrar que, no caso de usufruto, a restituição de capital não irá para o usufrutuário, mas, sim, para o nu-proprietário, que deverá, todavia, manter esses recursos aplicados, em benefício do usufrutuário, enquanto o ônus subsistir.

XXXIV
DEMONSTRAÇÕES FINANCEIRAS

176. Exercício social; **177.** Demonstrações financeiras; **178.** Balanço patrimonial; **179.** Demonstração do resultado do exercício e lucro líquido; **179.1.** Outras demonstrações financeiras.

176 EXERCÍCIO SOCIAL

A vida das sociedades, como a das pessoas em geral, flui de modo contínuo. Entretanto, a fim de expressar, periodicamente, a real situação da empresa, e bem assim o seu desempenho, estabeleceu-se um espaço de tempo, em relação ao qual processa-se o levantamento geral das contas e dos resultados, para efeito, inclusive, de obter-se uma base adequada na qual fundar a distribuição do lucro, o pagamento do imposto de renda e o planejamento das atividades futuras.[1]

A esse espaço de tempo dá-se o nome de exercício social, determinando a lei que tenha a duração de um ano.

O exercício social poderá corresponder ao ano civil, iniciando-se em 1° de janeiro e terminando em 31 de dezembro, ou situar-se em qualquer outro período, desde que observada a duração de um ano. Certas empresas, em função da sazonalidade de sua atuação, preferem um exercício que termine logo após a colheita e venda de seus produtos. Como, porém, a legislação fiscal considera sempre, para efeito de imposto de renda, o exercício representado pelo ano civil, convém, para evitar distorções, igualmente adotá-lo para fins mercantis.

O estatuto (art. 175) deverá fixar a data exata do término do exercício, demarcando assim, por via de consequência, também a data de início, já que o exercício é de um ano.

Admite-se que o primeiro exercício social seja superior ou inferior a um ano, a fim de adequar-se o exercício normal da sociedade ao período que se pretende, o mesmo acontecendo quando o estatuto é alterado com o objetivo de mudar o

---

[1] Conf. Américo Oswaldo Campiglia (1978, p. 8).

exercício, pois da mudança pode resultar, entre o término do antigo exercício e o início do novo, um período inferior que poderá compor um exercício-tampão.

177 DEMONSTRAÇÕES FINANCEIRAS

A sociedade manterá uma escrituração permanente de seus negócios, na qual observará a legislação comercial e os princípios de contabilidade geralmente aceitos.

Com base nessa escrituração, deverão ser elaboradas, ao final de cada exercício, as demonstrações financeiras do período, expressando a situação econômico--financeira da companhia e as mutações patrimoniais ocorridas.[2]

Ao lado dos valores do exercício considerado serão obrigatoriamente indicados os do exercício anterior, a fim de que se possa, pelo confronto, apurar a evolução desses dados.

Compõem-se as demonstrações financeiras de cinco documentos (art. 176), sendo que o quinto apenas se aplica às companhias abertas, que são os seguintes:

a) balanço patrimonial;

b) demonstração de lucros ou prejuízos acumulados;

c) demonstração do resultado do exercício;

d) demonstração dos fluxos de caixa;

e) se companhia aberta, demonstração do valor adicionado.

A análise das demonstrações permite ao interessado uma avaliação bastante circunstanciada da empresa tanto sob o ângulo patrimonial, como no concernente a índices de liquidez, nível de lucratividade e grau de endividamento.

---

[2] A Lei nº 11.638/2007 promoveu várias alterações no capítulo da Lei nº 6.404/1976 que trata das demonstrações financeiras, com o objetivo de aproximar a sistemática brasileira dos padrões internacionais, especialmente no que tange às companhias abertas. Os preceitos estabelecidos por essa lei, conjugados com as regras baixadas pela CVM, destinam-se a acolher os *standards* (IFRS) fixados pelo *International Accounting Standards Board (IASB)*. Esses preceitos propõem-se a promover, no plano mundial, regras uniformes para a elaboração das demonstrações financeiras. Esse conjunto de regras é fixado pelo IASB, que tem sede em Londres e cuja finalidade é o estabelecimento de padrões contábeis de elevada qualidade, destinados ao mundo, como meio de alcançar uma linguagem contábil de caráter universal. Cada país acolherá ou não essas regras, podendo fazê-lo de forma ampla ou limitada, ou mesmo gradativa. No âmbito da União Europeia, o sistema alcança apenas os balanços consolidados, mas não os balanços individuais de cada empresa. No Brasil, alguns padrões já decorrem da Lei nº 11.638/2007, enquanto outros vêm sendo implantados gradativamente pela CVM. Para complementar a Lei nº 11.638/2007, a Lei nº 11.941/2009, alterou, mais uma vez, a Lei nº 6.404/1976, especialmente nos capítulos atinentes a demonstrações financeiras e reservas.

As notas explicativas, que acompanharão necessariamente as demonstrações financeiras, destinam-se a facilitar o seu pleno entendimento.

Acentue-se que, enquanto não aprovadas pela assembleia geral, as demonstrações financeiras constituem mero projeto de deliberação, elaborado sob a responsabilidade dos órgãos de administração da sociedade, delas constando, inclusive, proposta de destinação dos lucros (art. 176, § 3º).

Todas as sociedades anônimas abertas encontram-se obrigadas a elaborar demonstrações financeiras completas. As companhias fechadas em geral, conforme já referido, não estão obrigadas a elaborar demonstração do valor adicionado, e as companhias fechadas cujo patrimônio líquido, na data do balanço, seja inferior (art. 176, § 6º) a dois milhões de reais encontram-se dispensadas da elaboração de demonstração dos fluxos de caixa.

178 BALANÇO PATRIMONIAL

O balanço patrimonial é a mais importante das demonstrações financeiras, pois funciona como uma espécie de radiografia da sociedade.

Arrola o balanço, de um lado, as contas ativas e, do outro, as contas passivas.

O ativo compreende todos os bens e créditos de que a sociedade é titular, enquanto o passivo aglutina todos os débitos existentes. A diferença entre o ativo e o passivo constitui o patrimônio líquido, o qual, para efeitos contábeis, é inserido no passivo, de modo a permitir que os dois lados do balanço – o ativo e o passivo – apresentem o mesmo somatório, conforme o exigem as técnicas contábeis.

Existe, por conseguinte, um passivo real ou exigível, que corresponde a débitos efetivos da sociedade, e um passivo nominal ou não exigível, que não é senão o patrimônio líquido da sociedade.

As contas do ativo, com indicação apenas do conteúdo principal, são as seguintes:

a) ativo circulante: disponibilidades imediatas (dinheiro em caixa, bancos etc.) e ainda os créditos realizáveis até o término do exercício seguinte;

b) ativo não circulante: ativo realizável a longo prazo, investimentos, imobilizado e intangível.

As contas do passivo, com indicação apenas do conteúdo principal, são as seguintes:

a) passivo circulante: débitos vencíveis até o término do exercício seguinte;

b) passivo não circulante: débitos vencíveis após o término do exercício seguinte;

c) patrimônio líquido, subdividido em: capital social, reservas de capital, ajustes de avaliação patrimonial, reservas de lucros, ações em tesouraria e prejuízos acumulados.

Verifica-se, portanto, que o patrimônio líquido, força efetiva da sociedade, compõe-se, basicamente, do capital e das reservas, além dos ajustes de avaliação. Se os prejuízos acumulados excederem o capital mais reservas e ajustes de avaliação, o patrimônio líquido será negativo, compondo-se um quadro de sociedade deficitária.

Os critérios de avaliação dos elementos que compõem o ativo e o passivo acham-se indicados nos arts. 183 e 184.

179 DEMONSTRAÇÃO DO RESULTADO DO EXERCÍCIO E LUCRO LÍQUIDO

A demonstração do resultado do exercício destina-se a apresentar o processo de formação do resultado, desde a receita bruta da empresa até o lucro líquido final.

A *receita bruta* representa o faturamento da sociedade. Do seu montante deduzem-se abatimentos e impostos, chegando-se à *receita líquida*. Desta, retiram-se os custos das mercadorias e serviços vendidos, de modo a alcançar-se o *lucro bruto*. Vêm então as despesas com as vendas, os encargos financeiros e as despesas gerais e administrativas, chegando-se ao *lucro ou prejuízo operacional*.

O lucro ou prejuízo operacional exprime o efeito da atividade própria da sociedade. A este, todavia, se somam e se deduzem, respectivamente, as outras receitas e despesas, vale dizer, aquelas que não provierem da atividade normal da empresa, mas sim de efeitos outros, como acontece, por exemplo, com os rendimentos obtidos no mercado financeiro, chegando-se ao *resultado do exercício antes do imposto de renda*. Calculado o imposto de renda e feita a respectiva provisão, tem-se o *resultado depois do imposto de renda*. Cumpre agora subtrair do resultado, nos termos do disposto no art. 189, os prejuízos acumulados, caso existam. Passa-se, subsequentemente, ao cálculo das participações estatutárias de empregados, as quais deverão ser subtraídas do resultado, apurando-se, sobre o que restar, as participações dos administradores, a serem também diminuídas do resultado. Contribuições devidas a fundos de assistência e previdência de empregados serão ainda descontadas.

Declarar-se-á, finalmente, em função do que remanescer, qual foi o *lucro ou prejuízo líquido do exercício*. Esse montante, dividido pelo número de ações, expressará o lucro ou prejuízo correspondente a cada ação do capital social. Se existirem partes beneficiárias, o percentual do lucro a estas conferido será deduzido previamente ao cálculo do lucro por ação.

Assinale-se que a Lei nº 6.404/1976 adotou o regime de competência e não o de caixa, do que decorre a inclusão, nos resultados de determinado exercício, das receitas e despesas a ele referentes, ainda que não tenha ocorrido a sua realização em dinheiro.[3]

---

[3]   Conf. Bulhões Pedreira (1989, p. 487).

Vindo o exercício a se apresentar negativo, o prejuízo líquido apurado será obrigatoriamente absorvido pelos lucros acumulados[4] e, se esses não bastarem, pelas reservas de lucros, exceto, nesse primeiro estágio, a reserva legal. Persistindo a insuficiência, serão utilizadas, para o mesmo fim, sucessivamente, as reservas de capital e a reserva legal (art. 200, I, c/c o art. 189, parágrafo único).[5]

179.1 Outras demonstrações financeiras

As outras demonstrações financeiras são a "Demonstração de lucros ou prejuízos acumulados", que indicará os saldos dessas contas, a "Demonstração dos fluxos de caixa", que discriminará os fluxos das operações, dos financiamentos e dos investimentos, e a "Demonstração do valor adicionado", que expressará o valor da riqueza gerada pela companhia, e a sua distribuição pelos fatores que contribuíram para a geração dessa riqueza: empregados (salários, benefícios), financiadores (juros, encargos), acionistas (dividendos, juros ao acionista, outras atribuições), governo (impostos, taxas, contribuições) etc., mostrando ainda a parcela não distribuída dessa riqueza.

---

[4] Ver seção 182, nota 5.

[5] A precedência da utilização da reserva de capital sobre a utilização da reserva legal decorre de previsão (art. 200, I) de que a reserva de capital pode ser utilizada para absorver "prejuízos que ultrapassem os lucros acumulados e as reservas de lucros", sendo que o art. 189, parágrafo único, determina que, obrigatoriamente, sejam utilizados para absorver prejuízos os lucros acumulados, as reservas de lucros e a reserva legal, "nessa ordem". Embora a reserva legal seja uma reserva de lucros, a lei, para esse fim, separou-a das demais reservas de lucros, impondo-se então, nesse estágio, a prévia utilização das reservas de capital, que, segundo o referido art. 200, I, poderão absorver os prejuízos que ultrapassem os lucros acumulados e as reservas de lucros. As reservas de capital precedem, portanto, a reserva legal, que foi preservada para somente ser utilizada, também obrigatoriamente, mas apenas quando todas as demais reservas, inclusive as de capital, estivessem esgotadas. Nesse sentido, deve-se considerar também a lógica do sistema, uma vez que, para o fim de recompor o capital social, as reservas de capital, pela sua natureza, devem preceder a reserva legal, posto que esta se destina a proteger os credores. Cabe acrescentar que, nada obstante o art. 200 se refira aos fins nos quais as reservas de capital podem ser aplicadas como destinações facultativas ("poderão ser utilizadas"), o fato é que alguns desses fins são manifestamente imperativos, sendo isso o que acontece com o pagamento de dividendo, quando for o caso, às ações preferenciais que contarem com esse benefício (trata-se de um direito). Igualmente obrigatória e, nessa hipótese, com evidente precedência sobre os demais itens, situa-se a absorção de prejuízos que ultrapassem os lucros acumulados e as reservas de lucros, tal como previsto no art. 200, I.

XXXV
RESERVAS E DIVIDENDOS

180. Destinação do lucro; 181. Reservas; 181.1. Reservas de lucros; 181.2. Reserva de capital; 181.3. Ajustes de avaliação patrimonial; 182. Dividendos; 182.1. Dividendos intermediários; 182.2. O pagamento dos dividendos; 182.3. Juros ao acionista; 183. Dividendo obrigatório; 183.1. Redução do dividendo obrigatório; 183.2. O dividendo obrigatório em face do dividendo prioritário; 183.3. A não distribuição do dividendo obrigatório; 183.4. O dividendo obrigatório e as companhias fechadas com receita bruta anual de até R$ 78 milhões.

180 DESTINAÇÃO DO LUCRO

O lucro líquido do exercício, cuja destinação será objeto de deliberação da assembleia geral ordinária, é o que se encontra definido no art. 191. Corresponde, portanto, ao resultado do exercício, já escoimado da provisão para o imposto de renda, do eventual prejuízo acumulado e das participações estatutárias (ver seção 179).

Compete à assembleia, atendendo ou não à proposta dos órgãos administrativos, determinar as parcelas do lucro: (a) que serão distribuídas como dividendo; (b) que serão apropriadas às reservas de lucros.

No que tange ao dividendo, uma vez respeitado o mínimo obrigatório e o dividendo preferencial, poderá a assembleia deliberar livremente quanto ao montante a ser distribuído.[1]

Em matéria de reservas de lucros, apenas é obrigatória a reserva legal, sendo todas as demais facultativas ou livres.

Os lucros acumulados correspondem a resultados sem destinação definida, nessa conta se conjugando os saldos anuais de lucros não distribuídos nem apropriados a reservas. A Lei nº 10.303/2001 vedou a não destinação dos resultados, para tanto acrescentando ao art. 202 um § 6º, que manda distribuir como dividendos os lucros não destinados.

---

[1]   Conf., no que tange ao direito comparado, Manoel Antônio Pita (1989, p. 71 e segs.).

Os lucros acumulados, quando eram permitidos, ajudavam a sociedade a enfrentar os tempos de crise, sem grandes abalos financeiros. Com a sistemática atual, que esvazia os fundos disponíveis, recomenda-se que a sociedade institua reservas estatutárias destinadas a futuros aumentos de capital, ou para garantir margem operacional e futuros negócios, ou ainda para capital de giro.

181 RESERVAS

As reservas representam parcelas do patrimônio apropriadas a um fim específico.

Ao lado das reservas de lucros, que se originam do lucro do exercício, existem outras reservas, cujo fundamento é diverso.

181.1 Reservas de lucros

As reservas de lucros são as seguintes:

a) *Reserva legal:* de constituição obrigatória, tem por escopo oferecer ao capital uma margem de segurança; compõe-se de 5% do lucro anual, até atingir 20% do capital social; alcançado esse teto, cessa a aplicação de novas parcelas do lucro a essa conta, salvo se em virtude de prejuízos ou de incorporação ao capital vier a ser desfalcada, hipótese em que se restabelecerá a alocação de recursos à conta até que se restaure o teto legal. No exercício em que as reservas de capital, somadas à reserva legal, excederem 30% do capital social, dispensada estará a contribuição para essa reserva.

b) *Reservas estatutárias*: criadas pela assembleia, mediante norma estatutária, devem explicitar a sua finalidade, os critérios de atribuição de lucros à conta e o limite máximo de valor. Exemplo: reserva para resgate de partes beneficiárias.[2]

c) *Reservas para contingências:* destinam-se a compensar perdas prováveis que a sociedade viria a sofrer em exercícios futuros, como, por exemplo, as decorrentes de ação judicial em curso, desde, naturalmente, que a ação apresente consistente viabilidade; essa reserva deve ser desconstituída no exercício em que cessar o risco ou ocorrer a perda.

d) *Reserva de retenção de lucros*: objetiva atender à necessidade de recursos prevista em orçamento de capital, sujeito a revisão anual, voltando-se, basicamente, para a execução de projeto de investimento.[3]

---

[2] As reservas estatutárias são definidas estatutariamente e têm caráter de permanência, tanto que, observados os parâmetros estabelecidos, a alocação de recursos, a cada exercício, independe de nova decisão assemblear. Por outro lado, as reservas para contingências, de retenção de lucros e de lucros a realizar dependem da assembleia geral que definirá, a cada exercício, os recursos a serem apropriados a essas reservas.

[3] Embora alguns autores pretendam divisar, na retenção de lucros, uma natureza distinta das demais reservas de lucros, nada justifica esse entendimento. Lucena é explícito a respeito

Cap. XXXV · RESERVAS E DIVIDENDOS | **359**

e) *Reserva de lucros a realizar*: *os* lucros a realizar correspondem ao resultado líquido positivo da equivalência patrimonial (decorrente de participações em subsidiárias) mais os lucros (inclusive rendimentos ou ganhos líquidos) de operações a prazo, cuja realização supere o término do exercício social seguinte; se o dividendo obrigatório, calculado de acordo com o art. 202, exceder a parcela realizada do lucro líquido do exercício, o excesso poderá ser destinado à constituição de reserva de lucro a realizar; vale dizer, o dividendo obrigatório será ajustado à parcela realizada do lucro líquido.

f) *Reserva de incentivos fiscais*: a parcela do lucro líquido decorrente de doações ou subvenções governamentais para investimentos poderá integrar essa reserva.

Há reservas que afetam o dividendo obrigatório, reduzindo-lhe a base de cálculo, sendo isto o que acontece com as reservas legal, para contingências, de lucros a realizar e de incentivos fiscais; outras (estatutárias e de retenção de lucros) não poderão prejudicá-lo. Já o dividendo preferencial encontra-se imune a qualquer reserva de lucros, exceto a legal, a única que pode prejudicá-lo.

O saldo das reservas de lucros tem, como limite genérico, o valor do capital social, impondo-se aplicar o excesso na integralização ou no aumento do capital, ou ainda na distribuição de dividendos. Desse limite encontram-se, contudo, excluídas as reservas para contingências, de lucros a realizar e de incentivos fiscais.

Os lucros que não forem destinados à constituição de reservas de lucros deverão, de acordo com o § 6° do art. 202, resultante da Lei n° 10.303/2001, ser objeto de distribuição como dividendo, cabendo à assembleia deliberar a respeito. Poderão, todavia, a critério da assembleia, ser destinados à capitalização.

Além das reservas de lucros, trata a lei de duas outras reservas, quais sejam: reserva de capital e ajustes de avaliação patrimonial.

181.2 Reserva de capital

A *reserva de capital* compõe-se de contas que, por apresentarem uma certa conotação com o capital, embora não o integrem, foram destinadas a compor essa rubrica, na qual se classificam: o ágio ou parcela a tanto equivalente, na subscrição de ações; e o preço obtido na alienação de partes beneficiárias e bônus de subscrição (art. 182, § 1°).

---

do tema: "A nós nos parece que se trata, tal como as outras, de uma reserva assemblear, já que submetida ao mesmo regime jurídico das demais reservas assembleares: ..." (2012, vol. 3, p. 51).

As reservas de capital apenas podem ser empregadas na absorção de prejuízos; resgate, reembolso e compra de ações; resgate de partes beneficiárias; incorporação ao capital social; e pagamento de dividendo às ações preferenciais que contem com esse específico privilégio (art. 200).

181.3 Ajustes de avaliação patrimonial

A conta de *ajustes de avaliação patrimonial* (art. 182, § 3°) representa a diferença de valor atribuída a elementos do ativo e do passivo em virtude de nova avaliação a preço justo, aplicando-se apenas nos casos previstos na Lei n° 6.404/1976 e em normas expedidas pela CVM. Substitui a antiga reserva de reavaliação.

A nova avaliação, no caso de companhias abertas, observará as normas expedidas pela CVM (art. 177, §§ 3° e 5°), as quais, por opção, também poderão ser observadas pelas companhias fechadas. O valor justo será apurado em consonância com os critérios fixados pela CVM, e ainda de acordo com o disposto no inciso I do art. 183, e no § 3° do art. 226. Cabe explicitar que a reserva de reavaliação espontânea de bens do ativo imobilizado, que havia sido mantida pela Lei n° 11.638/2007, foi inteiramente afastada pela Lei n° 11.941/2009 (atual redação do § 3° do art. 182 da Lei n° 6.404/1976), posto que os "ajustes de avaliação" se encontram restritos aos casos mencionados.

Os valores decorrentes dessas avaliações serão classificados na conta de ajustes de avaliação, e nela permanecerão enquanto não computados no resultado do exercício. Essas contrapartidas de avaliação somente deverão figurar no resultado do exercício quando de sua realização.

182 DIVIDENDOS

Os lucros distribuídos pelas sociedades anônimas a seus acionistas recebem o nome de dividendos.

Os dividendos são, por conseguinte, frutos das ações, devendo ser pagos em dinheiro, uma vez que é este o instrumento normal de pagamento. Discute-se, porém, se não poderia o dividendo ser pago *in natura,* como, por exemplo, em ações de uma subsidiária. Deve-se considerar que qualquer pagamento processado através de um meio que não seja o dinheiro corresponderá a uma dação em pagamento, e que esta dependerá sempre da concordância expressa do acionista-credor. Até mesmo a previsão de dividendos *in natura* seria ilegítima, pois não se afigura juridicamente aceitável impor ao acionista pagamentos em bens que não são de seu interesse receber. Observe-se que, na liquidação de sociedade, a partilha *in natura* apenas pode ocorrer mediante a aprovação de 90% dos votos conferidos pelas ações com direito a voto e com sujeição à impugnação dos dissidentes (art. 215, §§ 1° e 2°). A interpretação sistemática da lei estaria, portanto, a indicar também que, no caso de dividendos, à falta de especial previsão legal, o pagamento não poderia se fazer senão em dinheiro.[4]

A distribuição de qualquer importância aos acionistas, a título de dividendo, encontra-se condicionada à existência de lucros na sociedade, apenas podendo ter essa destinação o lucro líquido do exercício, os lucros acumulados[5] e as reservas de lucros (exceto a reserva legal). As ações preferenciais, com prioridade na distribuição de dividendo cumulativo, têm, quando assim assegurado no estatuto, a prerrogativa de, na insuficiência do lucro do exercício, receber o seu dividendo prioritário à conta das reservas de capital (art. 201).

A preservação da integridade do capital constitui matéria de tal modo relevante, que a distribuição irregular de dividendos acarreta a responsabilização solidária dos administradores, não apenas no plano civil, como igualmente no criminal, neste, naturalmente, condicionada à caracterização individual do dolo. Os acionistas de má-fé serão obrigados a restituir os dividendos, presumindo-se (presunção absoluta) que todos estejam de má-fé, se a distribuição se fizer sem levantamento de balanço ou em desacordo com este.

O primeiro requisito para a distribuição de dividendos é a ocorrência de lucros; o segundo requisito é a deliberação determinante de sua distribuição.

É bem verdade que a lei atual consagra o dividendo obrigatório e, ao mesmo tempo, promove o dividendo prioritário, tornando-o compulsório. Tanto é verdadeira essa conclusão, que o art. 203 estabelece expressamente que não poderão ser constituídas reservas de lucros, salvo a reserva legal, em prejuízo de dividendo prioritário.

O dividendo obrigatório limita-se, contudo, ao lucro líquido do exercício, conforme se deduz do disposto no art. 202 (dividendo obrigatório), em que o lucro líquido se encontra expressamente mencionado, como sendo a base de sua apuração.

O dividendo prioritário compromete, no entanto, não apenas o lucro líquido do exercício, como igualmente as reservas de lucros e lucros acumulados.

---

[4] Admite-se, na França, o dividendo em ações, mas, para tanto, foi necessária uma previsão legal específica e, mais do que isso, a opção de cada acionista, individualmente. Comenta Philippe Merle: "Normalement le dividende est payable en argent. Mais, depuis la loi du 3 janvier 1983 sur le développement des investissements et la protection de l'épargne, la société peut offrir à ses actionnaires une *option* entre le paiement en numéraire et un paiement en actions" (1998, p. 314). No sistema da *common law*, o pagamento de dividendos, por outro meio que não dinheiro, depende de especial previsão nos "artigos de associação": "unless power is given in the articles, dividends declared must be paid in cash, and a shareholder can restrain the company from paying them in any other way. Accordingly, if it is desired to have the power to pay dividends otherwise than in cash, the articles should give such power (as does the current table A, article 105)" (CHARLESWORTH; MORSE, 1999, p. 434).

[5] A Lei nº 10.303/2001, através do acréscimo de um § 6º ao art. 202, proibiu reter recursos sem destinação na conta de lucros acumulados. Estes, todavia, poderão existir e permanecer, se formados em exercícios anteriores à vigência dessa norma, tal como previsto nos arts. 189, parágrafo único, e 201.

Observa-se que o art. 203, ao enunciar que as reservas estatutárias, para contingências, de incentivos fiscais, de retenção de lucros e de lucros a realizar não prejudicarão o dividendo prioritário, implicitamente colocou esse dividendo na condição de ser obrigatoriamente pago, quer com o lucro do exercício, quer com as reservas de lucros e lucros acumulados. Ora, se a sociedade não pode constituir reservas de lucros em prejuízo do dividendo preferencial, semelhantemente não poderá mantê-las, se existentes, em prejuízo desse mesmo dividendo. Os lucros acumulados, que são lucros sem destinação específica, estarão, com maiores razões do que as reservas, também sujeitos ao dividendo prioritário.

Pode-se, pois, estabelecer a assertiva de que o dividendo obrigatório apenas compromete o lucro do exercício, enquanto o dividendo prioritário compromete o lucro líquido do exercício, as reservas de lucros, exceto a reserva legal, e os lucros acumulados.

O dividendo prioritário pode até mesmo alcançar as reservas de capital (art. 17, § 6º), desde que preenchidas as seguintes condições: lucro insuficiente, dividendo cumulativo, previsão estatutária dessa vantagem.

Convém recordar que a participação nos lucros sociais se encontra arrolada no art. 109 como sendo um dos direitos essenciais do acionista; todavia, a palavra *direito* foi aí empregada em sentido genérico, vale dizer, na acepção de que nenhum acionista pode ser teoricamente privado do direito ao dividendo.

A inserção do direito ao dividendo na esfera subjetiva do acionista depende, no entanto, de deliberação que o conceda, transformando-o em um crédito.

Antes disso, tem-se apenas, mesmo a partir da evidência de lucros, mera expectativa de direito, que se eleva, na parcela concernente aos dividendos preferencial e obrigatório, à condição de direito futuro.

Configurado o lucro líquido do exercício, e uma vez deduzida a reserva legal, cumpre proceder, antes de qualquer outra atribuição, ao destaque do dividendo prioritário (fixo ou mínimo) das ações preferenciais, o qual não poderá ser prejudicado por qualquer outra reserva de lucros nem tampouco pelo dividendo obrigatório (art. 203).

As ações preferenciais marcaram um evidente progresso em relação à legislação anterior, que lhes assegurava uma simples prioridade; a atual, além de prioridade sobre as ações ordinárias, confere-lhes o direito à atribuição obrigatória do dividendo prioritário, para tanto bastando a apuração de lucro líquido no exercício ou de lucros disponíveis de outros exercícios (art. 203).

A assembleia geral, ao deliberar sobre a distribuição de dividendos, defronta-se com dois limites: o mínimo, representado pelos dividendos prioritário e obrigatório, e o máximo, constituído pelo somatório das seguintes contas: lucro líquido do exercício, lucros acumulados e reservas de lucro. Sempre que o limite máximo for igual a zero, o limite mínimo estará prejudicado.[6]

---

[6]   Normas (que às vezes surgem) destinadas a proibir que as pessoas jurídicas, que se encontrem em débito para com a Fazenda Pública, distribuam bonificações, lucros e

182.1 Dividendos intermediários

Dividendos intermediários são os que correspondem a balanços levantados semestralmente ou em períodos menores. Para tanto, impõe-se que os balanços levantados decorram de disposições estatutárias ou de determinação legal (as instituições financeiras deverão levantar obrigatoriamente balanços semestrais – art. 31 da Lei nº 4.595/1964).

Os balanços intermediários não são submetidos à deliberação da assembleia. Servem apenas para atestar a existência de lucros no período, cabendo aos órgãos de administração, se autorizados pelo estatuto, declarar dividendos semestrais, com base nos lucros apurados. A distribuição de dividendos em períodos menores (inferiores a seis meses) deverá apoiar-se não apenas nos resultados dos balanços respectivos, que serão levantados, como ainda no montante das reservas de capital, que representarão o limite máximo dos dividendos assim declarados.

Admite-se, outrossim (art. 204, § 2º), que o estatuto autorize os órgãos de administração a declararem dividendos intermediários à conta de lucros acumulados ou reservas de lucros apurados no último balanço anual ou semestral. Nessa

---

participações a sócios e administradores afiguram-se manifestamente inconstitucionais. O problema da lei arbitrária já fora objeto de estudo profundo e erudito de San Tiago Dantas, sob o título *Igualdade perante a lei e due Process of law*, no qual afirma: "O problema da lei arbitrária, que reúne formalmente todos os elementos da lei, mas fere a consciência jurídica pelo tratamento absurdo ou caprichoso que impõe a certos casos, determinados em gênero ou espécie, tem constituído, em todos os sistemas de direito constitucional, um problema de grande dificuldade teórica e de relevante interesse prático" (1953, p. 37). A jurisprudência do STF tem reiteradamente tratado desse tema, e assim construído uma linha de entendimento que rejeita por inconstitucionais, as leis que condicionam o exercício de atividade ou faculdade econômica legítima e regular ao pagamento ou à garantia de tributos reclamados pela Fazenda Pública. Nesse sentido, o acórdão proferido no RE 374981/RS, que teve por relator o Min. Celso de Mello, cuja ementa apresenta o seguinte teor: "Ementa: Sanções políticas no direito tributário. Inadmissibilidade da utilização, pelo poder público, de meios gravosos e indiretos de coerção estatal, destinados a compelir o contribuinte inadimplente a pagar o tributo (Súmulas 70, 323 e 547 do STF). Restrições estatais que, fundadas em exigências que transgridem os postulados da razoabilidade e da proporcionalidade em sentido estrito, culminam por inviabilizar, sem justo fundamento, o exercício, pelo sujeito passivo da obrigação tributária, de atividade econômica ou profissão lícita. Limitações arbitrárias que não podem ser impostas pelo estado ao contribuinte em débito, sob pena de ofensa ao 'substantive due process of law'. Impossibilidade constitucional de o estado legislar de modo abusivo ou imoderado (RTJ 160/140-141 – RTJ 178/807-808 – RTJ 178/22-24). O poder de tributar – que encontra limitações essenciais no próprio texto constitucional, instituídas em favor do contribuinte – 'não pode chegar à desmedida do poder de destruir' (Min. Orosimbo Nonato, *RDA* 34/132). A prerrogativa estatal de tributar traduz poder cujo exercício não pode comprometer a liberdade de trabalho, de comércio e de indústria do contribuinte. A significação tutelar, em nosso sistema jurídico, do 'Estatuto Constitucional do Contribuinte'. Doutrina. Precedentes. Recurso Extraordinário conhecido e provido."

hipótese, o dividendo independe de um balanço para cada período, pois a base de distribuição situa-se em balanços preexistentes.

O dividendo intermediário não funciona como uma antecipação do dividendo anual, porquanto a lei (art. 204) não lhe conferiu esse caráter. Cada dividendo declarado – algumas empresas o fazem até mensalmente – apresenta-se sob a forma de concessão autônoma e individuada.

Em cada uma dessas concessões, a questão do dividendo obrigatório, desde que este se apresente como um percentual do lucro líquido, não ofereceria maiores dificuldades, posto que seria calculado sobre o resultado do período.

Problema de solução mais complexa é o que se oferece no âmbito das ações preferenciais. Considerando que o dividendo prioritário vem fixado, em regra, como um percentual sobre o valor nominal ou uma importância fixa por ação, cuja correspondência é o exercício social, qual seria o dividendo prioritário a atender em cada distribuição intermediária?

Seria o caso de estabelecer-se uma proporção, de tal modo que, exemplificando, o dividendo semestral corresponderia à metade do previsto e o mensal a um duodécimo?

Não parece ser essa a melhor solução. O acionista preferencial goza de uma prioridade consistente na prerrogativa de receber o seu dividendo anual com precedência em relação aos demais. Ora, sem que lhe seja assegurado o montante integral previsto, ilícita se afigura a outorga de qualquer parcela do lucro, ainda que parcial, aos acionistas ordinários. No mínimo, pode-se afirmar que essa distribuição se faria sob a responsabilidade pessoal dos administradores que a deliberarem. Atente-se, ademais, para o risco da não distribuição de dividendos, nos períodos subsequentes do mesmo exercício, face à verificação de prejuízo.

182.2 O pagamento dos dividendos

Os dividendos, contanto que declarados, devem ser pagos no prazo de 60 dias, salvo deliberação em contrário da assembleia geral. De qualquer sorte, incumbe não ultrapassar o exercício social em que forem declarados. Para os dividendos intermediários, não se estabeleceu prazo específico, cabendo ao órgão que deliberar sobre a distribuição declinar a data do pagamento.

182.3 Juros ao acionista

Prevê a Lei nº 9.249/1995 (art. 9º), o pagamento de juros ao acionista. Assim, poderá a sociedade pagar juros aos acionistas, desde que observados os seguintes parâmetros: (a) base de cálculo – patrimônio líquido (neste consideradas apenas as seguintes contas: capital social integralizado; reservas de capital de que tratam o § 2º do art. 13 e o parágrafo único do art. 14 da Lei nº 6.404; reservas de lucros, exceto a reserva de incentivo fiscal de que trata o art. 195-A da Lei nº 6.404; ações em tesouraria; e lucros ou prejuízos acumulados); (b) taxa máxima a ser aplicada –

variação *pro rata dia* da TJLP;[7] (c) limite de valor – 50% dos lucros do exercício ou dos lucros acumulados e reservas de lucros.

Os juros pagos poderão ser compensados para efeito do dividendo obrigatório (art. 9º, § 7º, da Lei nº 9.249/1995).

A grande vantagem do pagamento de juros ao acionista reside na dedutibilidade do respectivo montante como despesa, representando, portanto, um significativo benefício para a companhia, não obstante estejam esses juros sujeitos à incidência de imposto de renda na fonte.

Como os juros guardam um evidente paralelismo com o dividendo, a deliberação de pagá-los, bem como o equacionamento das questões jurídicas envolvidas devem seguir os mesmos princípios.

Dessarte, a decisão de pagá-los compete à assembleia geral, ou ao conselho de administração ou diretoria, se o estatuto assim dispuser, uma vez que, como os juros se fundam em lucros já apurados em balanço, verifica-se, sob esse aspecto, situação análoga à dos dividendos intermediários.

Cabe acentuar que, quando da atribuição dos juros, os direitos dos acionistas preferenciais deverão ser objeto de equacionamento, de modo a que os seus privilégios se reflitam nesse pagamento.[8]

183 DIVIDENDO OBRIGATÓRIO

Representa a instituição do dividendo obrigatório a mais significativa alteração operada, pela atual Lei das Sociedades Anônimas, em relação ao regime anterior.

Para o acionista, principalmente o minoritário, a finalidade precípua da participação acionária poderá ser a pretensão ao dividendo. No entanto, algumas sociedades acumulavam e capitalizavam lucros, por anos a fio, sem que promovessem qualquer distribuição ao acionista. O dividendo obrigatório coíbe práticas dessa natureza, e, ao mesmo tempo, traz uma motivação maior ao investidor não especulativo, isto é, àquele que vê a ação como título de renda.

Corresponde o dividendo obrigatório a uma espécie de compromisso mínimo, exprimindo a parcela do lucro que não poderá a sociedade deixar de distribuir.

---

[7]   O Banco Central continua fixando a TJLP, em cumprimento ao disposto no art. 6º da Resolução nº 4.645, de 16 de março de 2018.

[8]   A controvérsia existente com a Fazenda Pública, a respeito da dedução dos juros sobre o capital próprio, mesmo em relação a exercícios anteriores, vai sendo pacificada pelo STJ no sentido da admissão (REsp nº 197537-SP-2021/0352371-7). Esse entendimento foi reafirmando recentemente no REsp 1.950.577. Por outro lado, existem projetos de lei, no Congresso, tanto para extinção dos juros sobre o capital próprio, como para elevação do percentual do imposto de renda incidente.

Estabeleceu o legislador, de forma imperativa, a necessidade de um dividendo obrigatório,[9] cujo disciplinamento caberia em princípio ao estatuto, mas, desde logo, através de norma supletiva, ficou assentado que, na omissão, metade do lucro líquido ajustado seria objeto de distribuição aos acionistas (art. 202).

Na constituição da companhia, a fixação estatutária do critério determinador do dividendo obrigatório é inteiramente livre, admitindo-se a estipulação de qualquer formulação, desde que observadas as exigências legais de precisão e minúcia. O dividendo obrigatório pode ser até irrisório, contanto que esteja claramente definido, de modo a afastar, na sua determinação, o poder de decisão dos controladores ou órgãos de administração. Exemplifica a lei (art. 202, § 1º) com o estabelecimento de um percentual do lucro ou do capital social, deixando, porém, à imaginação dos fundadores o convite à estruturação de outros critérios.

A precisão e minúcia encontram-se colocadas como condicionantes da fixação estatutária do dividendo obrigatório, do que decorre, por via de consequência lógica, a equiparação da imprecisão à omissão.

A omissão e a imprecisão acarretam a incidência da norma supletiva em que se assegurou a distribuição de metade do lucro líquido ajustado.

O chamado lucro líquido ajustado não é senão o lucro líquido do exercício, diminuído das importâncias destinadas à reserva legal, reserva de incentivos fiscais, reserva para contingência e reserva de lucros a realizar e, ao mesmo tempo, acrescido das parcelas que, anteriormente destinadas a essas duas últimas reservas, tenham sido, no exercício considerado, objeto de desconstituição, em face da superação da contingência ou da realização do lucro.

183.1 Redução do dividendo obrigatório

A redução do dividendo obrigatório encontra-se sujeita a normas bastante restritivas, a começar pela exigência da aprovação de metade, no mínimo, do capital votante (art. 136, III).

Além disso, deve-se observar que qualquer redução do dividendo obrigatório se subordina à observância do disposto no § 2º do art. 202:

> Art. 202. [...]
>
> § 2º Quando o estatuto for omisso e a assembleia geral deliberar alterá-lo para introduzir norma sobre a matéria, o dividendo obrigatório não poderá ser in-

---

[9] Preceitua a Lei nº 12.838, de 09.07.2013 (art. 16), que as instituições financeiras e outras entidades autorizadas a funcionar pelo Banco Central do Brasil somente poderão distribuir os dividendos previstos nos arts. 202 e 203 da Lei nº 6.404/1976 se cumpridos os requisitos prudenciais estabelecidos pelo CMN. Assim sendo, caso não cumpridos os requisitos prudenciais, nem mesmo os dividendos obrigatórios serão distribuídos. Cabe, porém, alocá-los (ver a seção 183.3) a uma reserva especial, na qual permanecerão, se não forem absorvidos por eventuais contingências, até que os requisitos prudenciais estejam atendidos.

ferior a vinte e cinco por cento do lucro líquido ajustado nos termos do inciso I deste artigo.

A interpretação puramente gramatical da norma levaria à conclusão de que a sua abrangência se limitaria a hipóteses de estatutos omissos. Considere-se, no entanto, que ao estatuto omisso corresponde um dividendo obrigatório de 50% do lucro líquido ajustado. O que se objetiva – a *mens legis* – é, portanto, evitar que esse dividendo de 50% se reduza, em qualquer alteração estatutária, a menos de 25%. Ora, se o dividendo obrigatório se situar ao nível de 40 ou 30%, as mesmas razões que impedem a redução do dividendo de 50% (estatuto omisso) impediriam também a redução do de 30% (estatuto expresso) a menos de 25%. Maiores razões até estariam a atuar no caso do estatuto expresso, pois, aí, a vontade estatutariamente manifestada é que estaria sendo objeto de modificação.

Não haveria, por outro lado, qualquer razão lógica capaz de justificar a redução do dividendo expresso, mas não a do dividendo omisso, que corresponde a 50%.

A teleologia do preceito, combinada com a interpretação lógico-sistemática da lei, conduz, de forma muito nítida, à ilação de que qualquer redução do dividendo obrigatório deverá observar, necessariamente, a extrema mínima de 25% do lucro líquido ajustado.

183.2   O dividendo obrigatório em face do dividendo prioritário

Tem lavrado, entre os estudiosos da matéria, acesa controvérsia quanto à inclusão ou não do dividendo prioritário das ações preferenciais dentro do dividendo obrigatório.

Constituiriam o dividendo prioritário e o dividendo obrigatório sistemas distintos e incomunicáveis? Ou faria parte, o dividendo prioritário, do dividendo obrigatório?

O dividendo obrigatório, cuja definição consta do art. 202, não faz qualquer distinção entre espécies ou classes de ações. "Os *acionistas* têm o direito de receber como dividendo obrigatório, em cada exercício social, a parcela dos lucros [...]." O destinatário da norma é o acionista em geral, não o acionista ordinário ou mesmo o acionista sem dividendo prioritário.

O dividendo obrigatório, conforme já foi afirmado, não é nada mais nada menos do que um compromisso de distribuição mínima. Calculado o *quantum* correspondente, a sociedade o distribuirá aos acionistas. Se uma classe de ações goza de prioridade, o dividendo fixo ou mínimo conferido aos seus titulares classifica-se como parte do dividendo obrigatório. E não poderia ser diferente, porquanto se trata de lucro da sociedade distribuído aos acionistas. Se o dividendo obrigatório se afigurar insuficiente para atender plenamente a todos os acionistas, ou se, até mesmo, vier a ser inteiramente consumido pela prioridade dos preferenciais, a companhia terá, de qualquer sorte, se desincumbido de sua obrigação. Convém aduzir que, na conformidade do disposto no art. 203, o dividendo obrigatório não prejudica o dividendo prioritário. Em outras palavras, o dividendo obrigatório, não obstante se destine a remunerar todos os acionistas, sofre os efeitos das prioridades.[10]

183.3 A não distribuição do dividendo obrigatório

Nas companhias fechadas, com exceção das controladas por companhias abertas, admite-se que a assembleia, se não houver oposição dos acionistas presentes (com voto e sem voto), delibere não distribuir dividendos ou mesmo distribuí-los em montante inferior ao obrigatório. Essa regra foi estendida, pela Lei nº 10.303/2001, às companhias que, embora sejam consideradas abertas, apenas se encontrem autorizadas a fazer a colocação pública de debêntures não conversíveis em ações (art. 202, § 3º). Essas sociedades, por não terem acionistas de mercado, foram, para efeito de retenção do dividendo, equiparadas às fechadas.

No exercício social em que a situação financeira da companhia não comportar a distribuição do dividendo obrigatório, ouvido o conselho fiscal, se em funcionamento, os órgãos de administração comunicarão o fato à assembleia geral. Acolhida a ponderação,[11] os valores que seriam distribuídos como dividendo obrigatório

---

[10] Alguns autores não veem o dividendo prioritário como uma parte do dividendo obrigatório, considerando-os mesmo incomunicáveis. Nessa linha de orientação situa-se Maria Thereza Werneck Mello: "As disposições previstas no art. 17 relativas ao dividendo fixo ou mínimo das ações preferenciais contrapõem com nitidez esse dividendo prioritário ao dividendo das ações ordinárias, ou seja, das demais ações da companhia sem preferência no recebimento do dividendo. Nos termos do § 2º [atualmente, § 4º] do art. 17, a ação preferencial com dividendo fixo não participa dos lucros remanescentes, isto é, dos lucros que excederem e forem distribuídos às ordinárias como dividendos. A lei, claramente, evidencia a distribuição de um determinado valor – o dividendo fixo – às ações preferenciais e de outro às ações ordinárias. Do mesmo modo, o art. 203 ao tratar da prioridade dos dividendos das ações preferenciais estipula que a constituição das reservas de lucros, exceto a legal (arts. 194 a 197), bem como o pagamento do dividendo obrigatório às demais ações (art. 202) 'não prejudicará os direitos dos acionistas preferenciais de receber os dividendos fixos ou mínimos a que tenham prioridade inclusive os atrasados, se cumulativos'" (MELLO, 1979, p. 1.096). Fran Martins adota essa mesma posição (1979, p. 738). O que parece é que o legislador, para efeito do dividendo obrigatório, não distinguiu as ações ordinárias das preferenciais. O art. 17, § 4º, tão somente cogita da limitação do dividendo fixo, enquanto o art. 203 reafirma a prioridade da ação preferencial, mesmo no que tange ao dividendo obrigatório. Esse artigo, com efeito, coloca o dividendo preferencial dentro do obrigatório, embora dotado do poder de priorizar-se.

[11] Há quem sustente que a assembleia, nesse caso, estaria vinculada à posição adotada pelos órgãos de administração. Não parece ser esse o melhor entendimento, primeiro porque, sendo a assembleia um órgão soberano, não poderia se subordinar ao entendimento de um organismo subalterno, e segundo porque, sobre a manifestação dos órgãos de administração (art. 202, § 4º), se pronunciará o Conselho Fiscal, se em funcionamento. Por que ouvir o Conselho Fiscal, se a posição da administração fosse definitiva? Afigura-se evidente que

constituirão uma reserva especial que, se não for absorvida por prejuízos de exercícios subsequentes, será distribuída tão logo o permita o estado da sociedade. A suspensão do dividendo somente se justifica se a situação for efetivamente grave, representando o pagamento um risco à sobrevivência da sociedade.

183.4 O dividendo obrigatório e as companhias fechadas com receita bruta anual de até R$ 78 milhões

Com relação às companhias fechadas, com receita bruta de até R$ 78 milhões de reais, a Lei Complementar nº 182/2021 consagrou um lamentável retrocesso, pois as excluiu das regras que asseguram o dividendo obrigatório ao afastar a incidência do art. 202 (art. 294, § 4º).

Nessas sociedades, se o estatuto for omisso, fica afastada a regra geral que assegura um dividendo mínimo obrigatório de 50% do lucro líquido ajustado. Nessas condições, o dividendo a ser distribuído será aquele que for livremente estabelecido pela assembleia geral que, sendo dominada pelo controlador, poderá deixar os acionistas à mingua de qualquer distribuição de dividendos. A esse efeito soma-se o agravante de que, afastada que foi a incidência do art. 202, afastada igualmente ficou a incidência do § 2º do art. 152, que condiciona o pagamento da participação nos lucros pelos administradores ao efetivo pagamento do dividendo obrigatório previsto no art. 202. Abre-se espaço, portanto, para o sacrifício do acionista minoritário em proveito dos administradores que, em muitos casos, são os próprios acionistas controladores da companhia. Foi, todavia, resguardado o direito dos acionistas preferenciais de receber os dividendos fixos ou mínimos a que tenham prioridade.

---

a decisão final é da assembleia, sendo a manifestação do Conselho Fiscal um elemento a mais para informar a decisão da assembleia.

XXXVI
A EXTINÇÃO DA SOCIEDADE

184. Dissolução; **185.** Liquidação; **186.** Partilha e extinção.

184 DISSOLUÇÃO

A matéria objeto deste capítulo já foi examinada, em seus aspectos gerais, no Capítulo VIII, ao qual deve retornar o leitor. Assim, o estudo que agora se desenvolve terá abrangência limitada às peculiaridades da sociedade anônima.

A dissolução não extingue a sociedade, mas tão só determina o início do processo de liquidação, no final do qual, aí sim, a sociedade se encerra.[1]

Os atos e fatos que determinam a dissolução foram agrupados, pelo art. 206 da Lei nº 6.404/1976, em três categorias, segundo a maneira como operam: (a) de pleno direito; (b) por decisão judicial; e (c) por decisão administrativa.

Entre as causas de dissolução de pleno direito, merece destaque a concernente à redução do quadro social a um único acionista, hipótese que somente determina a dissolução se esse fato, constatado em uma assembleia geral ordinária, prolongar-se até à do ano seguinte. Verifica-se, desse modo, que à sociedade anônima é dado permanecer, por mais de um ano, na condição de sociedade unipessoal, sem considerar, naturalmente, a subsidiária integral, na qual a unipessoalidade é permanente.

As sociedades que dependem de autorização do governo para funcionar também se dissolvem de pleno direito, ao atingir o termo final da autorização concedida a prazo certo.

As demais causas de dissolução de pleno direito não oferecem nenhuma particularidade especial (término do prazo de duração, que poderá ser prorrogado;[2]

---

[1]   Conf. Ruy Carneiro Guimarães (1960, v. III, p. 212).

[2]   O prazo de duração da sociedade, com relação às demais sociedades (art. 1.033, I, do Código Civil), pode ser tacitamente prorrogado (ver seção 35); não é esse o caso das sociedades por ações que, no particular, mantêm regra própria, determinando a dissolução (art. 206, I), salvo prorrogação.

casos previstos no estatuto, todos sujeitos a modificação; e deliberação da assembleia geral que, eventualmente, poderá, depois, decidir a cessação do estado de liquidação, hipótese em que a sociedade retornará à vida normal).

A dissolução por decisão judicial verifica-se nos casos de falência (em que se adotarão os procedimentos previstos na legislação própria), irregularidade capaz de anular a constituição da sociedade (em que se procederá mediante requerimento de qualquer acionista) e inviabilidade da empresa (em que se procederá por iniciativa de acionistas que representem cinco por cento ou mais do capital social).[3]

A dissolução por decisão administrativa acontece quando a autoridade governamental tem o poder de determinar a liquidação extrajudicial da sociedade, o que sucede, por exemplo, com as instituições financeiras, em face do Banco Central do Brasil (Lei nº 6.024, de 13.03.1974).

Nos casos de dissolução de pleno direito, enquanto não houver uma atuação da sociedade no sentido de implementar a liquidação, esta não se inicia. Por isso, conferiu o legislador a qualquer acionista legitimação para, na omissão dos órgãos da companhia em promover a liquidação ordinária, requerer a liquidação judicial. Conclui-se daí que todas as hipóteses de dissolução de pleno direito podem evoluir, na omissão da sociedade, para uma liquidação judicial.

Tratando-se de dissolução em virtude do término da autorização para funcionar, cabe ao Ministério Público a iniciativa da liquidação judicial, desde que a liquidação ordinária não se inicie no prazo de 30 dias após a dissolução, ou, iniciada, venha a se interromper por mais de 15 dias (art. 1.037 do Código Civil).

185 LIQUIDAÇÃO

Durante a liquidação, realiza-se o ativo, paga-se o passivo e rateia-se o saldo apurado entre os acionistas.

Existem três modalidades de liquidação: *liquidação ordinária,* em que os próprios órgãos da companhia nomeiam o liquidante e supervisionam a sua atuação; *liquidação judicial,* à qual se aplica a legislação processual (essa matéria, que se encontrava regulada por artigos remanescentes do CPC de 1939, cuja vigência fora ressalvada pelo CPC de 1973, encontra-se, com o atual CPC, entregue ao procedimento comum – ver a seção 35), cabendo ao juiz nomear o liquidante; e *liquidação extrajudicial,* sob a responsabilidade do Banco Central do Brasil ou outros órgãos administrativos que, inclusive, têm a prerrogativa de nomear o liquidante.

---

[3] A declaração de falência dissolve a sociedade (art. 206, II, *c*, da Lei nº 6.404/1976). Embora entre em liquidação, a sociedade mantém a personalidade jurídica até a completa liquidação de seu patrimônio e encerramento do processo. Os administradores da falida perdem a gestão da massa, que passa para o administrador judicial, mas não a representação institucional da sociedade. Conf. R. Limongi França (1980, p. 420). "A extinção da sociedade somente ocorrerá após o encerramento do processo de falência" (REQUIÃO, 1975 v. 1, p. 146).

O liquidante, uma vez nomeado, assume a administração da sociedade, substituindo a diretoria. Falta-lhe, no entanto, competência para prosseguir na atividade social, uma vez que a sua órbita de atribuições se circunscreve à prática dos atos necessários à liquidação.

Muitas são as obrigações do liquidante, cumprindo ressaltar as seguintes: arquivar e publicar a ata ou sentença que decidir a liquidação; levantar balanço patrimonial; ultimar negócios pendentes; realizar o ativo; pagar o passivo; partilhar o saldo patrimonial entre os acionistas; exigir, se o ativo for insuficiente para atender ao passivo, a integralização das ações ainda não integralizadas; convocar assembleias gerais; confessar a falência, se for o caso;[4] submeter suas contas finais à assembleia geral; arquivar e publicar a ata da assembleia de encerramento da liquidação.

Tem o liquidante todos os poderes necessários à liquidação da sociedade, podendo inclusive alienar os bens imóveis, mesmo que o estatuto não o preveja, pois a finalidade de sua atuação é a redução de todo o ativo a dinheiro. Não lhe cabe, contudo, onerar os bens sociais ou contrair empréstimos, sem expressa autorização da assembleia geral, exceto em situações urgentes e imprevisíveis.

Ao longo da liquidação deverão ser convocadas assembleias gerais destinadas a apreciar os relatórios e balanços periódicos produzidos pelo liquidante, bem como para deliberar sobre os demais interesses da liquidação. Nessas assembleias, todos os acionistas terão o direito de voto, independentemente das características de suas ações, até mesmo para votar eventual proposta de destituição do liquidante. Tratando-se de liquidação judicial, as assembleias serão convocadas por ordem do juiz competente, que as presidirá.

A liquidação, ao contrário da falência, não produz o vencimento antecipado das dívidas da sociedade.

Atente-se, porém, para o disposto a respeito do pagamento do passivo:

> Art. 214. Respeitados os direitos dos credores preferenciais, o liquidante pagará as dívidas sociais proporcionalmente e sem distinção entre vencidas e vincendas, mas, em relação a estas, com desconto às taxas bancárias.
>
> Parágrafo único – Se o ativo for superior ao passivo, o liquidante poderá, sob sua responsabilidade pessoal, pagar integralmente as dívidas vencidas.

Ora, iniciada a liquidação, e uma vez levantado o balanço patrimonial especial, terá o liquidante diante de si um quadro da situação da companhia. A partir

---

[4] O liquidante, anteriormente à atual lei de falências, considerando a situação da sociedade em liquidação, poderia requerer concordata; hoje, revogada que foi a concordata, não mais poderá fazê-lo, e tampouco lhe será dado recorrer ao instituto da recuperação, posto que esta se destina a resguardar a sobrevivência da empresa, através de um plano específico. A liquidação, por sua própria natureza, afigura-se incompatível com o objetivo da recuperação.

daí, cumprir-lhe-á estabelecer uma programação de pagamento baseada no fluxo previsto de caixa.

A primeira preocupação do liquidante deverá dirigir-se aos credores preferenciais, cujos direitos não poderão ser prejudicados, cabendo nessa rubrica todos os créditos supraquirografários, inclusive os privilegiados, tanto que o privilégio é uma forma de preferência. Dentre os credores preferenciais, a ordem de classificação, segundo a prioridade, é a seguinte: créditos trabalhistas até 150 salários mínimos por credor, e os decorrentes de acidente do trabalho, créditos com garantia real (limitados aos bens onerados), créditos tributários, créditos com privilégio especial e créditos com privilégio geral.

Assegurados os recursos ou bens necessários ao atendimento dos credores preferenciais, poderá o liquidante dedicar-se aos credores quirografários e aos que lhes são inferiores. Alguns credores (art. 83, VII e VIII, da Lei n° 11.101/2005 – Lei de Falências) foram degradados para uma posição de inferioridade relativamente aos credores quirografários. Entretanto, considerando que a liquidação não significa falência, os rateios a serem procedidos pelo liquidante não terão que fazer essa distinção. Deverá o liquidante, todavia, se houver o risco de falência, ser bastante cauteloso nesses pagamentos, a fim de não comprometer a *par conditio creditorum*.

Para efeito de liquidação, qualquer dívida social poderá ser paga antecipadamente. Além disso, impõe-se ao credor, por força da antecipação, a efetivação de um desconto, em nível equivalente às taxas bancárias, vale dizer, à taxa média praticada pelos bancos nas operações de desconto.

As dívidas da sociedade, a fim de evitar o favorecimento de alguns credores em detrimento de outros, deverão ser pagas proporcionalmente – verdadeiros rateios –, considerando-se tanto as vencidas como as vincendas. Isso não significa que os credores cujos títulos estejam vencidos tenham que aguardar os rateios. Qualquer credor poderá executar a sociedade em liquidação, ou até requerer-lhe a falência, se os seus créditos não forem atendidos no vencimento. Na prática, os credores preferem aguardar os rateios, em face das consequências, quase sempre catastróficas, de uma decretação de falência.

Apresentando o patrimônio social folga suficiente para o resgate de todo o passivo, faculta-se ao liquidante, sob sua responsabilidade pessoal, o pagamento integral das dívidas que se forem vencendo.

O pagamento do passivo reveste-se, é bem de ver, de cautelas destinadas a evitar que, a partir da liquidação, seja quebrada a *par conditio creditorum*.[5] Inviabilizado o pleno atendimento dos credores, a liquidação se converterá em falência.[6]

---

[5] Sobre a *par conditio creditorum*, conf. José Augusto Brilhante Ustra (1976, p. 32).

[6] A chamada dissolução parcial não se aplica à sociedade anônima, a qual mantém regras próprias sobre direito de recesso e reembolso de ações. Todavia, algumas decisões vêm admitindo, no caso de sociedades familiares, que, havendo quebra da *affectio societatis*,

Cap. XXXVI • A EXTINÇÃO DA SOCIEDADE | 375

186 PARTILHA E EXTINÇÃO

Uma vez pagos todos os débitos da sociedade, poder-se-á passar, segundo o que for deliberado pela assembleia, à partilha entre os acionistas, mediante rateios, dos valores que forem sendo realizados. Nesses rateios deverão ser atendidos, em primeiro lugar, os acionistas que tiverem prioridade no reembolso do capital; cumpridos os respectivos valores, inclusive o prêmio, se houver, os rateios serão dirigidos aos demais acionistas, até que estes também se reembolsem do capital correspondente a suas ações. A partir de então, se ainda existirem valores a partilhar, os rateios se processarão de forma igualitária.

Admite-se que a assembleia geral, mediante deliberação aprovada por acionistas representativos de, no mínimo, 90% "dos votos conferidos pelas ações com direito a voto", determine condições especiais de partilha, atribuindo-se aos sócios os próprios bens da sociedade e não o produto de sua venda (art. 215, § 1°). Essa disposição da Lei n° 6.404/76, tal como agora se apresenta, resultou da redação que lhe foi atribuída pela Lei n° 14.195/2021, a qual substituiu a expressão "90% do capital" por "90% dos votos conferidos pelas ações com direito a voto". Essa reforma adveio do objetivo de adaptar a norma aos interesses decorrentes do voto plural. Entretanto, nada justificava a modificação da norma, pois a liquidação *in natura* representa uma medida extrema que, segundo a redação anterior, exigia a aprovação de 90% da totalidade das ações, ou seja, das ações com voto e sem voto.

A nova redação excluiu as ações sem voto dessa deliberação e, além disso, acolheu o voto plural nesse processo, entregando, assim, tão grave decisão a uma parcela do capital que, eventualmente, poderá mostrar-se irrisória. Cabe até mesmo cogitar que os formuladores dessa disposição não teriam se dado conta, ao formulá--la, de seus perversos efeitos.

Essa fórmula de partilha ajusta-se exclusivamente às companhias fechadas, com poucos acionistas, mas, mesmo assim, qualquer acionista dissidente, que prove ter sido prejudicado pela partilha *in natura,* poderá obter, judicialmente, a suspensão da medida, ou, se esta já estiver consumada, uma indenização dos majoritários pelos prejuízos apurados.

---

seja promovida a sua dissolução parcial (Ag.Rg no Recurso Especial n° 1.079.763-SP – 2008/0171572-0, conf. decisão unânime de 25.08.2009, que, em embargos de divergência, recebeu vários votos contrários, embora vencidos, entre estes o expressivo voto da Min. Maria Isabel Galotti). Esse entendimento, que admite a dissolução parcial de sociedade anônima, por não se ajustar aos princípios e normas que regem a espécie, e que é até mesmo contra a lei, deveria se limitar a situações excepcionais de sociedades fechadas, desprovidas de qualquer mercado para as suas ações, e em que estivesse caracterizada a opressão da minoria pela maioria. Apenas nessas hipóteses de anormalidade, em que estivesse configurado o abuso de direito (art. 187 do CC), poderia o intérprete aplicar uma solução de equidade capaz, por si mesma, de restabelecer o equilíbrio da relação jurídica. Excluídas, porém, essas situações extremas, cumpre preservar o sistema, sob pena de grave comprometimento da legalidade e da segurança jurídica.

Completado o rateio do ativo remanescente, o liquidante apresentará à assembleia geral a sua prestação de contas, e, aprovadas estas, a companhia estará extinta. A ata respectiva deverá ser arquivada no registro de empresas e, em seguida, publicada.

O credor eventualmente não satisfeito durante a liquidação não mais poderá agir contra a sociedade, eis que esta já se encontrará extinta. Poderá, no entanto, agir contra os acionistas individualmente, até o limite dos valores por estes recebidos na liquidação. O ex-acionista executado terá direito de regresso contra os demais, observadas as devidas proporções.

XXXVII
TRANSFORMAÇÃO, INCORPORAÇÃO, FUSÃO E CISÃO

187. Transformação; **187.1.** Transformação imprópria, de empresário individual em sociedade e vice-versa; **187.1.1.** Transformação de empresário individual em sociedade; **187.1.2.** Transformação de sociedade em empresário individual; **188.** Aspectos gerais da incorporação, fusão e cisão; **189.** Incorporação; **190.** Fusão; **191.** Cisão; **192.** Providências complementares.

187 TRANSFORMAÇÃO

Quando a sociedade passa de um tipo a outro, opera-se como que uma metamorfose.

A transformação muda-lhe as características, mas não a individualidade, que permanece a mesma, mantendo-se íntegros a pessoa jurídica, o quadro de sócios, o patrimônio, os créditos e os débitos.

Não se verifica, na transformação, a extinção da sociedade para a criação de outra, porquanto a sociedade transformada representa a continuidade da pessoa jurídica preexistente, apenas com uma roupagem jurídica diversa.

Não ocorre, por conseguinte, o fenômeno da sucessão, pois que ninguém pode ser sucessor de si próprio; a sociedade permanece com todos os créditos e débitos anteriores exatamente porque eram e continuam sendo de sua titularidade. Os bens que constituem o patrimônio social não serão objeto de transmissão, uma vez que não mudaram de titular, cumprindo promover, nos registros de propriedade, uma mera averbação do novo nome da sociedade.

Os preceitos da Lei das Sociedades Anônimas sobre transformação (arts. 220 a 222) aplicavam-se a todas as espécies societárias, não apenas à S.A. Com o atual Código Civil (arts. 1.113 a 1.115), as demais sociedades passaram a contar com uma regulação própria, semelhante à da sociedade anônima.

O instituto da transformação, em termos gerais, tem o seu raio de abrangência circunscrito às sociedades: transforma-se uma sociedade em nome coletivo em sociedade limitada, ou esta em sociedade anônima, ou ainda qualquer tipo societário (ver seção 30) em qualquer outro tipo societário.

Qualquer outro ente, sem natureza societária, afigura-se estranho ao processo ordinário de transformação, posto que esta envolve a continuidade do ente transformado, efeito por si mesmo incompatível com a natureza distinta de qualquer ente não societário.

Não cabe, outrossim, em face da ausência de estrutura societária, transformar fundação ou autarquia em sociedade, estando igualmente vedada a operação inversa.

Com relação ao convertimento de uma sociedade simples em empresária ou vice-versa, mantido o tipo (espécie) original, conquanto o Código Civil (art. 984, parágrafo único) subordine a inscrição às normas que regem a transformação, a hipótese não é de transformação. Opera-se, no caso, uma simples mudança de atividade, com o efeito de deslocar a sociedade do âmbito da sociedade simples para o da sociedade empresária.

A consequência maior da transformação manifesta-se no campo da responsabilidade dos sócios, posto que esta se rege pela forma (tipo) da sociedade (ver seção 26).

Em sendo assim, cuidou o legislador (art. 221) de condicionar a transformação ao consentimento unânime dos sócios ou acionistas. Será, portanto, preciso que todos e cada um, com voto ou sem voto, aquiesçam na proposta.

Admite-se, todavia, a transformação por deliberação da maioria, quando, para tanto, constar expressa e específica autorização do estatuto ou do contrato social. A autorização estatutária ou contratual, caso não se contenha no estatuto ou contrato social original da sociedade, somente poderá ser neles introduzida, obviamente, através de deliberação unânime.

A transformação por maioria confere aos dissidentes o direito de recesso, o qual não pode ser afastado pelo estatuto da S. A., nem pelo contrato social dos demais tipos societários (art. 1.114 do Código Civil).

Como a transformação afeta a responsabilidade dos sócios, ampliando-a ou reduzindo-a, dela dimanam efeitos evidentes sobre os interesses dos credores. Por isso, assegurou-lhes a lei (art. 222) que, não obstante a transformação, os créditos a ela anteriores conservarão todas as prerrogativas que a espécie pretérita de sociedade lhes proporcionava, mantendo-se, para o fim de solvê-los, as responsabilidades primitivas dos sócios.

Estabelece a lei (art. 220, parágrafo único) que a transformação observe "os preceitos que regulam a constituição e o registro do tipo a ser adotado pela sociedade".

Essa observância das normas sobre constituição far-se-á, contudo, até onde couber. Na transformação da limitada em sociedade anônima, as regras sobre subscrição e integralização não serão aplicadas, na medida em que o capital já estará integralizado. Igualmente desnecessária afigura-se a designação de peritos para avaliação dos bens sociais, tanto que estes já integram a realidade da empresa. Deve-se, contudo, considerar ilícita a criação de uma limitada, e sua subsequente transformação em S. A., com o objetivo de fugir à avaliação dos bens destinados à integralização do capital. Ter-se-iam aí uma fraude e a consequente responsabilização de todos os envolvidos.

Inexiste, na transformação, a figura do fundador.

Impõe-se, porém, a elaboração de um estatuto, bem como a realização de uma assembleia geral ou a lavratura de uma escritura pública de transformação.

Se a hipótese for de transformação de S. A. em limitada, a assembleia geral, aprovada a medida, oferecerá aos acionistas o contrato social da limitada, para que todos o assinem.

187.1 Transformação imprópria, de empresário individual em sociedade e vice-versa

A Lei Complementar nº 128/2008 instituiu o que se poderia chamar de transformação imprópria, pois permitiu que o empresário individual fosse transformado em sociedade (art. 968, § 3º), como permitiu, em norma hoje revogada, também que a sociedade fosse transformada em empresário individual. Essas regras, naturalmente, não se aplicam às sociedades por ações, posto que estas se encontram sujeitas a disciplina própria.

Considerando que a transformação ordinária se circunscreve a uma mera mudança de tipo societário, pode-se afirmar que a Lei Complementar nº 128/2008 criou, com efeito, um conceito paralelo de transformação – "transformação imprópria".

Impõe-se, inclusive, construir os contornos desse instituto, uma vez que a lei não dispõe a respeito de várias questões que, nesse procedimento, precisam ser equacionadas.

187.1.1 Transformação de empresário individual em sociedade

A Lei Complementar nº 128/2008 acrescentou um § 3º ao art. 968 do Código Civil, que trata da inscrição do empresário individual, nos seguintes termos:

> § 3º Caso venha a admitir sócios, o empresário individual poderá solicitar ao Registro Público de Empresas Mercantis a transformação de seu registro de empresário para registro de sociedade empresária, observado, no que couber, o disposto nos arts. 1.113 a 1.115 deste Código.

Ora, na transformação ordinária, já se têm um capital social, um patrimônio social e um quadro de sócios, que continuam os mesmos, operando-se apenas a mudança do tipo societário.

Nessa especial modalidade de transformação, não se tem capital anterior, posto que, em termos jurídicos, o empresário individual não dispõe de capital. Inexiste patrimônio empresarial, uma vez que não há distinção entre o patrimônio aplicado à empresa e o patrimônio pessoal do empresário individual.

Verifica-se, portanto, que, na realidade, o que se tem é a criação de uma sociedade, que sucederá, sem solução de continuidade, e como sucessora universal, o empresário individual.

E, para esse efeito, será necessário delimitar os elementos ativos e passivos que se encontram afetos à atividade do empresário individual, e que deverão ser arrolados, fazendo-se, inclusive, a avaliação da expressão líquida desse acervo. O montante líquido (ativo menos passivo) corresponderá, inclusive, ao capital que será atribuído ao empresário individual (que passará à condição de sócio da nova sociedade) em virtude da transformação.[1]

O capital da sociedade, resultante da transformação, corresponderá a esse patrimônio líquido nela invertido, ao qual se acrescerão os demais bens que o próprio empresário individual e os novos sócios conferirem à sociedade.

Essa avaliação dos bens que integralizarão o capital da sociedade é de responsabilidade dos próprios sócios (o empresário individual e os novos sócios), tal como em qualquer sociedade regida pelo Código Civil, e esses sócios (art. 1.055, § 1º, do CC) respondem solidariamente pela consistência dessa avaliação.

Definido o capital social, bem como os novos sócios da sociedade e as cláusulas do contrato social que a regerá, o empresário individual e os seus novos sócios firmarão o instrumento de transformação (do qual fará parte o contrato social), que será apresentado ao Registro Público de Empresas Mercantis, passando a sociedade, com o registro, à condição de sucessora do antigo empresário individual.

Assim, e nos termos do art. 1.113 do Código Civil, a que se refere a LC nº 128/2008, integra-se o negócio do empresário individual, independentemente de liquidação, na nova sociedade, cujo tipo societário deverá ser explicitamente definido no instrumento de transformação.

O art. 1.114 do Código Civil, embora referido, não se aplica à hipótese, pois o empresário individual e os sócios que a ele se agregarem serão os únicos possíveis partícipes da operação, não se colocando, no caso, a eventualidade da dissidência.

A sociedade resultante da transformação responderá por todas as dívidas do empresário individual afetas ao seu negócio, e que tenham sido relacionadas no ato de transformação. Além disso, o ex-empresário individual continuará a responder, pessoalmente, e de forma solidária com a nova sociedade, por todas as dívidas de sua antiga empresa individual, anteriores à transformação. Atender-se-á, assim, ao art. 1.115 do Código Civil, invocado pelos novos preceitos, que assegura aos credores anteriores à operação que os seus direitos não serão modificados ou prejudicados.

---

[1] Tem-se, nessa modalidade de integralização, uma evidente novidade, pois, no comum dos casos, não se integraliza capital com acervo líquido (ativo menos passivo), mas apenas com valores ativos.

187.1.2 Transformação de sociedade em empresário individual

Nessa segunda modalidade de transformação imprópria, o que se objetivava era a continuidade da empresa, nos casos de sociedade cujo quadro social fosse reduzido a um único sócio, sem que tivesse havido (art. 1.033, IV, do CC) a recomposição da pluralidade no prazo de 180 dias. Essa sociedade, pela legislação de então, teria que se dissolver.

Foi acrescentado, então, pela Lei Complementar nº 128/2008, um parágrafo único ao art. 1.033 do CC, que, com a redação atribuída pela Lei nº 12.441/2011, passara a permitir, sem solução de continuidade, a sua transformação imprópria em empresário individual ou em Eireli. Essa norma, entretanto, foi revogada, pela Lei nº 14.195/21, uma vez que havia perdido, de forma evidente, o seu conteúdo. A necessidade de converter-se em empresa individual não mais subsistia, uma vez que, segundo o art. 1.052, § 1º, do CC, na redação resultante da Lei nº 13.874/2019, a sociedade limitada pode permanecer indefinidamente com um único sócio, e, por conseguinte, com o benefício da limitação da responsabilidade, benefício que a Lei nº 14.195/2021 estendeu à sociedade simples (ver seção 32.15).

188 ASPECTOS GERAIS DA INCORPORAÇÃO, FUSÃO E CISÃO

A incorporação, a fusão e a cisão desempenham destacado papel como técnicas de reorganização empresarial, servindo as duas primeiras à concentração e a última à desconcentração societária.[2]

A matéria, anteriormente ao atual Código Civil, vinha regulada na Lei das Sociedades Anônimas de forma abrangente, compreendendo todas as espécies societárias, tanto que as referidas operações poderão processar-se entre sociedades do mesmo tipo ou de tipos diferentes.

Com a atual legislação, a matéria, no concernente a todas as demais sociedades, excluídas as sociedades por ações, passou à disciplina do Código Civil, que, nos arts. 1.116 a 1.122, regulou esses institutos mediante um extrato resumido da própria Lei nº 6.404/1976.

Tem-se, assim, uma regulação extremamente sintética e que deixa sem resposta muitas questões já resolvidas na Lei das Sociedades Anônimas, a qual não mais exercendo, em relação à sociedade limitada, uma automática função supletiva, apenas poderá ser invocada por remissão expressa do contrato ou por analogia (ver a seção 45). Com relação aos demais tipos societários a invocação apenas se faria por analogia.

Quando a operação incluir sociedade anônima e outros tipos societários, a Lei nº 6.404/1976, por ser mais abrangente, deverá incidir não apenas no que diz respeito aos atos específicos da sociedade anônima, como ainda com

---

[2] Conf. Michel Vasseur (1959, p. 110).

relação a todos os documentos comuns ou que se reflitam sobre todas as partes envolvidas.

Na incorporação, uma sociedade absorve outra ou outras que, para tanto, se extinguem; na fusão, duas ou mais sociedades se extinguem, para que, da conjugação dos vários patrimônios, surja uma nova sociedade;[3] na cisão, a sociedade se subdivide, dando lugar a novas sociedades ou à integração das partes separadas em sociedades existentes.

A incorporação, a fusão e a cisão de uma companhia conduzem o acionista, independentemente de concordar ou não com a operação, a participar de outra sociedade, ressalvado, nos casos em que é admitido, o direito de recesso.

Se a empresa objeto de reestruturação é uma companhia aberta, a lógica jurídica indica que as suas sucessoras também deverão ser companhias abertas.

Sim, porque quem participa de uma companhia aberta dispõe de um sistema de informação e de proteção ao minoritário muito mais eficiente do que na companhia fechada, sem contar que, nesta última, as condições de liquidez, para efeito de alienação das ações, são extremamente limitadas.

Assim, a Lei nº 9.457/1997 não fez mais do que explicitar um direito já existente, ao acrescentar um parágrafo (3º) ao art. 223, estabelecendo que, na incorporação, fusão e cisão, que envolvam companhias abertas, as sucessoras também serão companhias abertas.

Foi acrescentado ainda um outro parágrafo (4º) a esse mesmo artigo, criando um direito especial de recesso para a hipótese em que, no prazo máximo de 120 dias contados da assembleia geral que aprovou a operação, não promovam as sucessoras a admissão de suas ações à negociação no mercado secundário.

Com relação a essas disposições, dois comentários afiguram-se pertinentes.

O primeiro comentário refere-se ao prazo de 120 dias, o qual se destina a que a sociedade providencie a admissão de suas ações no mercado secundário, registrando-se na Comissão de Valores Mobiliários. A obrigação da sociedade, obviamente, restringe-se à adoção das medidas para tanto necessárias, fazendo o que dela depende. Assim, eventuais atrasos decorrentes de delongas burocráticas não conduzirão ao recesso.

O segundo comentário objetiva acentuar que o descumprimento do prazo de 120 dias, embora faculte o recesso, não inibe o direito de o acionista pleitear, inclusive judicialmente, que se promova a abertura do capital da sociedade sucessora.

Ao acionista são, portanto, assegurados dois direitos: (a) o direito de se manter em uma companhia aberta; (b) o direito de recesso, se não observado o prazo de

---

[3] Algumas legislações preferem reunir a incorporação e a fusão em um só instituto, o da fusão, mas terminam por se referir, como o faz a legislação italiana, a fusão por absorção e a fusão por criação (WOUTERS; VAN; WYNENDAELE; HUYBRECHTS, 1973, p. 407).

120 dias. Cabe, pois, ao acionista, alternativamente, permanecer na companhia e exigir a abertura do capital da nova empresa, ou recorrer ao recesso.

A interpretação que estamos adotando decorre da exegese conjunta dos §§ 3º e 4º do art. 223, uma vez que o § 3º estabelece uma obrigação da sociedade e o § 4º uma prerrogativa do acionista.

O prazo de 120 dias, quando descumprido, coloca a sociedade em mora, não a exime da obrigação.

O direito de recesso é uma faculdade do acionista, a ser exercida no prazo de 30 dias contados do término do prazo de 120 dias.

O § 4º do art. 223 manda observar, com relação ao recesso, os §§ 1º e 4º do art. 137. O § 1º do art. 137 refere-se a acionista dissidente, conceito que não se aplica à presente hipótese, tanto que o direito de recesso, nesta circunstância específica, não decorre de dissidência em assembleia, mas de descumprimento pela administração da sociedade de obrigação legal. Não há, portanto, como cogitar de dissidência. O § 4º do art. 137, que trata da decadência do direito de recesso, se não exercido no prazo legal, afigura-se pertinente, mas de alguma forma repetitivo, em face do § 4º do art. 223, que já fixara o prazo fatal de 30 dias para o exercício da retirada.

Importante ressaltar que o § 4º do art. 223, ao mandar observar os §§ 1º e 4º do art. 137, excluiu, implicitamente, a aplicação do § 3º desse mesmo artigo, alusivo ao direito de retratação por parte da sociedade, no que procedeu acertadamente, uma vez que sendo o recesso, nesse caso, uma consequência da mora, já consumada, não haveria retratação possível.

O processo de incorporação, fusão ou cisão começa com a elaboração de um protocolo (art. 224) firmado pelos órgãos de administração ou administradores ou sócios[4] das sociedades interessadas, completando-se com as aprovações das respectivas assembleias gerais ou reuniões de sócios.

O protocolo define as várias condições da operação, especificando, entre outros, os seguintes aspectos: características das ações a serem atribuídas aos sócios das sociedades que se extinguirão e critérios de apuração dos respectivos quantitativos; critérios de avaliação do patrimônio líquido das sociedades envolvidas; projetos de estatuto das sociedades a serem criadas e de alterações estatutárias das que permanecerem; o valor do capital das sociedades a serem criadas ou do aumento ou redução do capital das sociedades envolvidas na operação.

---

[4]   O art. 224 refere-se igualmente aos sócios, como podendo estes firmarem o protocolo. Quando então os sócios e que sócios firmariam o protocolo? Apenas em situações especiais em que os administradores das sociedades se negassem a fazê-lo, e desde que esses sócios viessem a representar a maioria do capital votante. Na prática, essa situação não costuma ocorrer, pois os administradores, em regra, encontram-se afinados com os acionistas ou sócios controladores.

A avaliação do patrimônio líquido poderá se fazer a valores contábeis ou a preço de mercado. Tratando-se de incorporação de controlada, ver seção 203.

No comum dos casos, poderá o protocolo estabelecer, como critério de avaliação do patrimônio líquido, a adoção dos respectivos valores contábeis. Esse critério simplifica enormemente a avaliação, pois os peritos terão apenas que confirmar a exatidão contábil do balanço e, ao mesmo tempo, verificar se o patrimônio líquido real corresponde, no mínimo, ao patrimônio líquido contábil. Essa verificação é necessária, a fim de evitar que o princípio da realidade do capital seja desatendido.

Adotada a avaliação a preço de mercado, cada item do patrimônio terá que ser considerado segundo a sua cotação, quando existir, ou de acordo com o possível valor de venda ou reposição. Essa tarefa, quando se tratar de uma grande empresa, envolverá elevados custos.

O balanço da incorporada ou das empresas fusionadas ou cindidas, que serviu de base à incorporação, fusão ou cisão, não deverá contar com mais de 30 dias na data da assembleia geral que efetiva a reestruturação (art. 21 da Lei nº 9.249/1995). De acordo com a legislação fiscal, os negócios posteriores a esse balanço base já se integram na contabilidade da incorporadora ou da nova empresa, conforme o caso. No prazo de 30 dias contados da assembleia que efetiva a incorporação, fusão ou cisão, deverá ser apresentada uma declaração de imposto de renda da empresa extinta, com o pagamento do imposto correspondente aos meses decorridos do exercício em curso.

Sempre que houver criação de sociedade, deverão ser observadas, no que couberem, as normas concernentes à respectiva constituição (ver seção 187).

À assembleia geral deverão ser fornecidos, além do protocolo, todos os esclarecimentos necessários a uma tomada de posição, especialmente as justificativas da operação e as causas de eventuais modificações nos direitos dos acionistas preferenciais.

Ao apreciar o protocolo, as assembleias das várias sociedades implicadas no ajuste decidirão livremente quanto à conveniência ou não de acolhê-lo.

Anote-se, portanto, que o protocolo não tem a natureza de pré-contrato, posto que não obriga à conclusão do negócio. Trata-se, na verdade, de um acordo preparatório, com a natureza de simples negociação preliminar, como tal destituída de efeito vinculativo.[5]

O protocolo funciona como uma espécie de projeto sobre o qual deliberam as assembleias gerais.

Convém observar que as próprias sociedades conduzem o processo de incorporação, fusão e cisão, primeiro, através dos órgãos de administração, que firmam o protocolo, e, depois, através da assembleia geral, que delibera sobre a operação. Até mesmo a sociedade que se destina a ser incorporada, mesmo essa, depois de

---

[5] Conf. Caio Mário da Silva Pereira (2003, p. 37).

todos os trâmites, ainda subscreve as ações da incorporadora, em favor de seus acionistas, para, em seguida, extinguir-se (art. 227, §§ 2° e 3°).

A fusão e a cisão, assim como a incorporação da companhia em outra, exigem, na assembleia geral que aprovar o protocolo ou justificação, maioria qualificada. Na incorporadora, basta maioria simples.

O direito de preferência dos antigos acionistas fica automaticamente afastado.

De acordo com a redação atribuída pela Lei n° 11.941/2009 ao § 3° do art. 226 da Lei n° 6.404/1976, "a Comissão de Valores Mobiliários estabelecerá normas especiais de avaliação e contabilização aplicáveis às operações de fusão, incorporação e cisão que envolvam companhias abertas".

Um outro aspecto a ser considerado, nas incorporações e fusões, é o concernente à concentração de mercado, devendo-se, para tanto, observar os parâmetros estabelecidos pelo CADE e, atingidos, em virtude da operação, determinados níveis de faturamento, o projeto não poderá ser consumado a não ser após a aprovação do referido órgão regulador.[6]

189 INCORPORAÇÃO

A incorporação se processa mediante duas assembleias na incorporadora e uma assembleia em cada uma das incorporadas. As assembleias da incorporadora destinam-se: a primeira a aprovar o protocolo e a nomear os peritos que avaliarão o patrimônio líquido das sociedades a serem incorporadas, e a segunda a aprovar o laudo dos peritos e a efetivação da incorporação. A assembleia da incorporada tem por objetivo aprovar o protocolo e autorizar seus administradores a subscreverem o capital da incorporadora, mediante a versão do seu patrimônio líquido.

As duas assembleias da incorporadora podem se resumir em uma única assembleia, sempre que os peritos estiverem pré-indicados e já se apresentarem na assembleia com o laudo elaborado. Nesse caso, e desde que a assembleia os

---

[6] As restrições e exigências das agências reguladoras, no que tange a incorporações e fusões (*mergers*), vêm se tornando cada vez mais complexas, especialmente no âmbito internacional. A esse respeito, convém atentar para as conclusões de Peter Alexiades, Elsa Sependa e Laura Vlachos, em exaustiva monografia sobre a matéria: "The process of merger review has become increasingly complex over the past decade, reflected not only in the number of jurisdictions now embracing merger control rules, but also in the increasing forensic scrutiny being adopted by competition authorities to review more complex deals, and the inexorable expansion of merger review timetables (including lengthy pre-notification discussions and an increasing number of 'stop-the-clock' possibilities). As international cooperation between the competition authorities of jurisdictions such as the EU, the US, Canada, China and Brazil has increased, the difficulties of dealing with different theories of harm in different markets across the world, and forging appropriate remedies that satisfy those competition authorities, has added a further layer of complexity and delay to an already difficult process" (ALEXIADES; SEPENDA; VLACHOS, 2018, p. 201).

nomeie, poderão eles apresentar de imediato o laudo pericial, com o consequente prosseguimento da pauta, que concentraria toda a matéria pertinente à incorporação. Esse expediente costuma ser empregado basicamente em companhias fechadas ou mesmo em companhias abertas sob controle majoritário.

Com a incorporação, a incorporadora sucede a incorporada em todos os direitos e obrigações, operando-se uma sucessão universal.[7] O patrimônio líquido da incorporada, que passa à incorporadora, gera nesta um aumento de capital equivalente e, como consequência, a emissão das ações a serem entregues aos acionistas da incorporada em substituição às de que eram titulares. A sociedade incorporada extingue-se sem se liquidar, posto que a sua realidade econômico-jurídica (ativo, passivo e acionistas) integra-se na incorporadora.

Os acionistas da sociedade incorporada recebem, em troca de suas antigas ações que se extinguem, ações do capital da incorporadora. As ações do capital da incorporada pertencentes à incorporadora convertem-se em ações de tesouraria da incorporadora, até o limite dos lucros acumulados e reservas livres, ou são simplesmente extintas sem qualquer contrapartida em ações. Nesse caso, o aumento de capital a ser procedido na incorporadora em virtude da incorporação sofrerá redução correspondente ao percentual que as ações de propriedade da incorporadora representavam no capital da incorporada. Assim sendo, no patrimônio da incorporadora, onde anteriormente figuravam as ações da incorporada, passa a figurar a parcela do patrimônio da incorporada correspondente às ações extintas.

Quando a sociedade incorporada já possuía ações do capital da incorporadora, da incorporação resultará a aquisição, pela incorporadora, de ações de seu próprio capital. Nesse caso, considerando o paralelismo estabelecido pelo legislador entre participação recíproca (art. 244) e aquisição das próprias ações (art. 30), deverá ser adotada a solução prevista no § 5º do art. 244, combinada com a regra do art. 30, § 1º, *b*, de tal modo que, se for o caso, o excesso de autoparticipação (por insuficiência de reservas livres ou lucros acumulados) deverá ser eliminado no prazo de um ano. Essa eliminação se fará mediante a venda das ações excedentes ou, se a venda não se mostrar viável, a sua extinção, sem redução de capital.

Tanto na incorporação como na fusão, poderão os credores que se sentirem prejudicados requerer judicialmente, no prazo decadencial de 60 dias, a anulação da operação.[8] A medida não será deferida se o crédito do requerente for consignado, ou, se ilíquido, garantido.

---

[7]   A questão da sucessão universal, que se funda em norma legal expressa (art. 227), tem suscitado algumas controvérsias tópicas, mas a tendência manifesta, inclusive no direito comparado, tem sido no sentido de sua plenitude, ressalvadas as situações muito especiais, basicamente no âmbito das relações personalíssimas, em que "la fusión ataque el elemento fiducia que constituyó el presupuesto del contrato" (GUIRAO, 1953, p. 414).

[8]   Mauro Brandão Lopes critica o legislador por não ter estendido aos credores da sociedade cindida esse mesmo direito de requerer a anulação da operação (1980, p. 250).

Ocorrendo falência no prazo supra, qualquer credor poderá pleitear a separação dos patrimônios.

No que tange aos direitos dos debenturistas, encontra-se a matéria examinada na seção 127.

190 FUSÃO

A fusão exige, em uma primeira fase, a realização de assembleia geral em cada uma das sociedades incluídas na operação, com o fito de aprovar o protocolo e nomear os peritos que avaliarão os patrimônios das outras companhias.

Em uma segunda fase, convocar-se-á uma assembleia conjunta das várias sociedades, na qual serão apreciados e votados os laudos de avaliação, com impedimento dos sócios de cada sociedade para votar a respeito da avaliação do respectivo patrimônio. Aprovados os laudos, deliberar-se-á sobre a constituição definitiva da nova sociedade.

Com a fusão, a nova sociedade sucede às sociedades fusionadas em todos os direitos e obrigações, sendo este também um caso de sucessão universal. O capital da nova sociedade corresponde à soma dos patrimônios líquidos das sociedades fusionadas. As ações representativas desse capital serão entregues, observadas as devidas proporções, aos sócios das várias sociedades extintas em virtude da fusão.

Os direitos dos credores na fusão, por terem tratamento idêntico, foram objeto de exame na seção anterior, atinente à incorporação.

191 CISÃO

Diversamente da incorporação e da fusão, que são fenômenos de aglutinação, a cisão opera por cissiparidade.

Na cisão, a sociedade se fragmenta, dividindo-se em duas ou mais parcelas.

Essas parcelas patrimoniais (valores ativos e passivos) tanto poderão originar novas sociedades como integrar-se em sociedades existentes.[9] No primeiro caso, não haverá protocolo, pois todo o processo se desenvolverá no âmbito interno da sociedade cindida. No segundo, como as parcelas patrimoniais serão incorporadas por outras sociedades, entre estas e a cindida celebrar-se-á o protocolo.

---

[9] Herbert Jorge Fritsch distingue o que chama de cisão pura de outros tipos de cisão: "Doutrinariamente, pode-se distinguir a cisão pura de outros tipos assemelhados, como: a) a cisão pura, em que a sociedade divide o seu patrimônio entre vários novos e se extingue; b) a cisão-absorção, em que a sociedade divide o seu patrimônio entre sociedades existentes e desaparece; c) a falsa cisão ou *apport partiel d'actif* em que a sociedade transfere parte do seu patrimônio, permanecendo; d) a cisão *holding,* em que a sociedade reparte o seu patrimônio entre duas ou mais sociedades constituídas para esse fim, permanecendo como sociedade *holding*" (1993, p. 107). Essa última hipótese configuraria mais propriamente a constituição de subsidiárias, posto que o pressuposto da cisão – a subdivisão da titularidade acionária – não se encontra presente.

A assembleia geral da sociedade que se vai cindir deverá receber dos administradores informações detalhadas sobre a operação, inclusive, quando não houver protocolo, todas as indicações que deste constariam.[10] Decidida a cisão, serão indicados os peritos que avaliarão o patrimônio a ser transferido, cabendo à nova assembleia que for convocada para a apreciação do laudo pericial, se o aprovar, funcionar como assembleia de constituição das novas sociedades. Tratando-se de cisão com incorporação em sociedades existentes, realizarão estas as assembleias previstas para uma operação de incorporação.

Se a cisão importar na completa transferência do patrimônio, a sociedade cindida se extinguirá; remanescendo uma parcela do patrimônio em seu poder, preservada estará a primitiva sociedade, com o capital naturalmente reduzido na proporção do patrimônio líquido transmitido.

Os acionistas da sociedade cindida receberão as ações integralizadas com as parcelas patrimoniais transferidas, na proporção das anteriormente possuídas.

A redação atribuída ao § 5º do art. 229, pela Lei nº 9.457/1997, mantém a regra da proporcionalidade, mas admite proporções distintas, desde que haja aprovação unânime, incluídas as ações sem direito de voto.

E, com efeito, apenas a unanimidade poderia decidir a desproporção, tanto que não se poderia conferir à maioria o privilégio, que seria não equitativo, de quebrar a correlação de forças.

Tendo os acionistas interesse em alterar as proporções, o que se tem praticado, posto que a unanimidade se afigura raramente alcançável, é a permuta de ações, a ser negociada individualmente entre os titulares, segundo a vontade pessoal de cada um.

As sociedades que absorverem parcelas do patrimônio da cindida sucedem a esta nos direitos e obrigações relacionados no ato da cisão; as obrigações e os direitos não relacionados permanecerão com a sociedade primitiva, mas, se a cisão se fizer com extinção, àquelas sociedades se transferirão na proporção dos patrimônios líquidos para elas deslocados.

Perante credores, a responsabilidade da sociedade primitiva e das que absorverem parcelas de seu patrimônio será, contudo, solidária,[11] salvo se o ato de cisão determinar o contrário, hipótese em que se assegura ao credor, que notificar a sociedade no prazo de 90 dias contados da publicação dos atos de cisão, o direito de continuar a contar com a solidariedade (art. 233, parágrafo único). Essa regra de

---

[10]   Sobre o tema, Guy Baudeu (1968, p. 19 e segs.).

[11]   Essa prevalência da solidariedade foi acentuada pelo Superior Tribunal de Justiça, ao julgar o Recurso Especial nº 195.077/SC, através de decisão unânime datada de 04.05.2000, de cuja ementa consta o seguinte: "I – Em se tratando de cisão parcial, nada pactuando as partes acerca da responsabilidade das obrigações sociais em relação a terceiros, prevalece a responsabilidade solidária prevista no *caput* do art. 233 da Lei nº 6.404/76, restando afastada a aplicação de seu parágrafo único" (Decisão publicada no *DJ* de 26.06.2000, p. 158).

exclusão da solidariedade funciona como instrumento de lesão aos credores que não estiverem atentos à divulgação da cisão. Evidenciada, todavia, a prática de fraude, consistente no esvaziamento patrimonial de uma sociedade em proveito de outra, que não assuma, em contrapartida, parcela compatível do passivo, poderá o credor, independentemente do prazo supra, caracterizar o ilícito e atingir a sociedade dele beneficiária.[12]

192 PROVIDÊNCIAS COMPLEMENTARES

Os atos de incorporação, fusão e cisão devem ser arquivados na junta comercial e ainda publicados.

Como essas operações envolvem transmissão de bens, nos registros de propriedade respectivos, inclusive no registro de imóveis, deve-se promover não a simples averbação enunciada na lei (art. 234), mas o registro efetivo, já que se trata de uma transmissão.

O documento hábil para o registro é a certidão passada pelo registro do comércio, com esteio nas atas arquivadas.

Assinale-se que, não obstante configurada uma alienação, o imposto de transmissão de bens imóveis não incide sobre a operação, por força do disposto no art. 156, § 2º, I, da Constituição Federal, e no art. 36, II, do Código Tributário Nacional, ressalvadas as empresas de natureza imobiliária.[13]

Cabe acentuar que nos processos de incorporação, fusão e cisão os estabelecimentos das empresas envolvidas não sofrem solução de continuidade. Por força do fenômeno da sucessão, os vários estabelecimentos continuam a funcionar normalmente, inclusive com os mesmos alvarás de que eram detentores. Os cadastros fiscais deverão ser ajustados à nova situação, mas, no período de transição, a empresa operará com a simples informação, em seu documentário, do fato ocorrido.

Os contratos, negócios, compromissos fiscais, relações empregatícias e todo o universo de interesses das empresas abrangidas na operação continuarão a fluir, sem que nem mesmo se torne necessário qualquer aditivo ou providência, salvo a comunicação do evento.

---

[12] O STJ, ao julgar, em 12.09.2017, o REsp 1.642.118-SP (Rel. para o acórdão: Min. Marco Aurélio Bellizze), decidiu, por maioria, que, tendo determinado debenturista convertido suas debêntures em ações antes da cisão e, depois da cisão, obtido, por meio de decisão judicial, o reconhecimento do direito de receber, da emissora das debêntures (empresa cindida), um lote adicional de ações (direito convertido em indenização por perdas e danos), que se exerceu perante a emissora das debêntures (empresa cindida), tem esta o direito de, regressivamente, obter de empresa que resultou da cisão uma reparação (ressarcimento) proporcional ao patrimônio líquido a esta transferido em virtude da cisão (acórdão pub. no *DJ* em 20.01.2018).

[13] Aliomar Baleeiro (2001, p. 270).

XXXVIII
EMPRESAS ESTATAIS

193. Aspectos gerais; **194.** Legislação aplicável; **195.** Normas especiais; **195.1.** A falência e a recuperação; **196.** A gestão normativa do controle; **197.** O Estatuto jurídico da empresa pública, da sociedade de economia mista e de suas subsidiárias; **197.1.** Empresas de menor faturamento; **197.1.1.** Tratamento diferenciado para empresas estatais de menor faturamento (menor porte); **197.2.** Participações minoritárias; **197.3.** Vigência do Estatuto; **197.4.** Os conceitos de empresa pública e de sociedade de economia mista; **197.4.1.** Empresa pública; **197.4.2** Sociedade de economia mista; **197.4.3.** As subsidiárias das sociedades de economia mista e das empresas públicas; **197.5.** O regime jurídico das empresas estatais; **197.5.1.** As formas de fiscalização; **197.5.2.** Códigos, comitês e auditorias; **197.5.3.** Restrições relativas à empresa pública; **197.5.4.** Arbitragem; **197.6.** Acionista controlador; **197.6.1.** O controle compartilhado; **197.6.2.** Encargos especiais do controlador; **197.6.3.** Abuso de poder; **197.7.** Os administradores; **197.7.1.** Treinamento dos administradores; **197.7.2.** Seguro de responsabilidade civil; **197.7.3.** Conselho de administração; **197.7.3.1.** Conselheiros representantes de acionistas minoritários e de empregados; **197.7.3.2.** Conselheiro representante dos minoritários; **197.7.3.3.** Conselheiro representante dos empregados; **197.7.3.4.** Conselheiro independente; **197.7.4.** Diretoria; **197.8.** Conselho fiscal; **197.9.** A função social da empresa estatal; **197.9.1.** Despesas com publicidade e patrocínio; **197.10.** Licitações e contratos; **197.11.** A fiscalização pelo estado e pela sociedade.

193 ASPECTOS GERAIS

A administração pública subdivide-se em administração centralizada ou direta e administração descentralizada ou indireta.

A administração centralizada é a exercida diretamente pela União, estados e municípios, que para tanto utilizam ministérios, secretarias, departamentos, divisões e demais organismos de seu aparelhamento subordinado. Descentralizada é a indiretamente exercida, ou seja, é aquela que se faz por pessoas jurídicas outras que não a própria União, os estados ou os municípios, mas por entidades outras por estes criadas, como sejam: autarquias, sociedades de economia mista, empresas públicas e fundações públicas.[1]

As autarquias destinam-se ao exercício de funções com características de serviço público, sendo os seus atos administrativos e a sua personalidade jurídica de direito público.[2]

As sociedades de economia mista e as empresas públicas dispõem-se, por outro lado, a empreendimentos empresariais, pelo que a sua personalidade jurídica é de direito privado.

Na sociedade de economia mista acasalam-se interesses e capitais públicos e privados, ao contrário da empresa pública, cujo capital é inteiramente estatal.

O que demarca a existência de uma economia mista não é, porém, a simples participação do Estado, ainda que majoritária, em seu capital acionário. Uma participação transitória e eventual não transmudaria os fins ou a rotulação da entidade, que permaneceria a mesma sociedade anônima. A economia mista é uma sociedade anônima ajustada, de modo permanente, a objetivos de interesse público, sem descurar, naturalmente, o proveito dos acionistas privados.

O Decreto-lei nº 200, de 25 de fevereiro de 1967, com a redação que lhe foi dada pelo Decreto-lei nº 900, de 29 de setembro de 1969, ao dispor sobre a "Reforma Administrativa", estabelecera (art. 5º, inciso III), em definição analítica, os seguintes elementos caracterizadores da sociedade de economia mista:

a) personalidade jurídica de direito privado;

b) criação por lei;

c) objeto ligado à exploração de atividade econômica;

d) forma de sociedade anônima;

e) controle majoritário da União ou de entidades de administração indireta.

A Lei nº 13.303, de 30 de junho de 2016 (Estatuto Jurídico da Empresa Pública, da Sociedade de Economia Mista e de suas Subsidiárias), reproduz essa definição nos seguintes termos: "Art. 4º A sociedade de economia mista é a entidade dotada de personalidade jurídica de direito privado, com criação autorizada por lei, sob a forma de sociedade anônima, cujas ações com direito a voto pertençam em sua

---

[1] "Atualmente, como já tivemos oportunidade de estudar nos capítulos anteriores, a Constituição da República deu às fundações públicas um tratamento muito assemelhado ao das autarquias, o que nos leva a admiti-las, agora, como entes de Direito Público, integrantes da Administração Pública indireta (v. caps. II e VI). Assim, toda fundação instituída, mantida ou subvencionada pelo Poder Público é fundação pública" (MEIRELES, 2003, p. 709). Ver a Lei nº 7.596/1987 (art. 1º, I).

[2] A Lei nº 11.107/2005 instituiu uma esdrúxula entidade, a *associação pública*, e a assimilou às autarquias, através da nova redação conferida ao art. 41, IV, do Código Civil.

maioria à União, aos Estados, ao Distrito Federal, aos Municípios ou a entidade de administração indireta".

A Lei das Sociedades Anônimas (art. 236), dentro dessa mesma linha de orientação, assentara que "a constituição de companhia de economia mista depende de prévia autorização legislativa".

Consagrou-se, legislativamente, o entendimento que, antes mesmo do Decreto-lei nº 200/1967, já se vinha afirmando na doutrina e na jurisprudência, no sentido de que somente mediante prévia autorização legislativa podia ser constituída uma sociedade de economia mista. Desde a promulgação da Constituição de 1988, essa exigência tem assento constitucional (art. 37, inciso XIX, da Constituição Federal), estabelecendo-se, inclusive, que a lei seja específica.

A Emenda Constitucional nº 19/1998 deu nova redação a esse inciso XIX, a fim de corrigir a impropriedade da redação anterior, que exigia "lei específica" para a *criação* de empresa pública, sociedade de economia mista, autarquia ou fundação pública. A redação atual, muito mais técnica e precisa, estabelece: "somente por lei específica poderá ser criada autarquia e *autorizada a instituição de empresa pública, de sociedade de economia mista* e de fundação [...]".

A autarquia, pessoa jurídica de direito público, é efetivamente criada por lei, mas as sociedades de economia mista e empresas públicas têm na lei apenas uma autorização para a sua criação.

A lei, na verdade, não constitui a sociedade, tanto que a constituição observará a forma própria prevista na lei das sociedades anônimas, mas é da lei – lei específica – que deriva o caráter de economia mista da sociedade. E não basta a lei genérica, como deixou claro a Constituição de 1988. A atribuição à sociedade a ser criada do caráter de economia mista – que é um ajustamento aos fins do Estado – somente se faz possível em concreto. É a lei que sagra a sociedade a ser criada, tornando-a de economia mista. A Lei nº 13.303/2016 (art. 2º, § 1º) exige, ademais, que a lei autorizativa indique, de forma clara, o "relevante interesse coletivo" ou o "imperativo de segurança nacional" que justificam a criação da sociedade.

As próprias subsidiárias das sociedades de economia mista ou empresas públicas dependem, para serem criadas, de autorização legislativa, a qual é igualmente exigida para a mera participação no capital de qualquer empresa privada (art. 37, inciso XX, da Constituição Federal). Observe-se, no entanto, que, não obstante a Constituição se refira a "autorização legislativa, em cada caso", a expressão *cada caso* deve ser entendida como no *caso de cada entidade* que se proponha a criar subsidiárias ou a participar de sociedades.[3] Atente-se

---

[3]   "É dispensável a autorização legislativa para a criação de empresas subsidiárias, desde que haja previsão para esse fim na lei de instituição da empresa pública, sociedade de economia mista ou fundação matriz, tendo em vista que a lei criadora é também a medida autorizadora"

para a circunstância de o legislador não ter se referido a lei específica, como na hipótese de criação de sociedades de economia mista ou empresas públicas, mas sim a cada caso, vale dizer, ao caso de cada empresa. Nessas condições, somente as entidades cujas leis de criação ou leis posteriores lhes tiverem atribuído a faculdade de participar do capital de outras sociedades poderão incluir, no seu objeto social, essa atividade.[4]

O entendimento contrário, que exigiria uma lei específica para cada participação, além de desarrazoado, inviabilizaria a existência de entidades governamentais de participação, como é o caso da BNDESPAR, uma vez que as operações de participação não poderiam ficar na dependência de projetos de lei e de toda a tramitação que reveste a elaboração legislativa.

A sociedade de economia mista tanto poderá estar sob controle da União, de estado, do Distrito Federal ou de município, como de qualquer outra entidade de administração indireta (autarquia, empresa pública ou outra sociedade de economia mista). O que é imprescindível é a atribuição legal da condição de economia mista.

A sociedade de economia mista que constitui uma subsidiária, ainda que integral, não terá, como já se demonstrou, criado uma economia mista de segundo grau; para tanto, seria necessária legislação atributiva do caráter de economia mista à subsidiária. Essa subsidiária estará, contudo, sujeita ao Estatuto da Empresa Pública, da Sociedade de Economia Mista e de suas Subsidiárias (art. 1º da Lei nº 13.303/2016).

A Emenda Constitucional nº 19/1998, por meio do art. 173, § 1º, da CF, previu que a lei estabeleceria o estatuto das sociedades de economia mista, empresas públicas e suas subsidiárias. Esse estatuto (Estatuto Jurídico da Empresa Pública, da Sociedade de Economia Mista e suas Subsidiárias), que foi promulgado através da Lei nº 13.303, de 30.06.2016, passou a reger, observados os preceitos constitucionais e a legislação privada por estes invocada, a atuação empresarial do Estado.

(**ADI 1.491 MC**, Red. do ac. Min. Ricardo Lewandowski, j. 08.05.2014, P, *DJE* 30.10.2014). **ADI 1.649**, Rel. Min. Maurício Corrêa, j. 24.03.2004, P, *DJ* 28.05.2004. "Pelo inc. XIX do art. 37 da Constituição da República, a autorização legislativa para criação de sociedade de economia mista há de ser dada por lei específica, mas, para a criação das subsidiárias, no inc. XX do mesmo art. 37, exige-se apenas autorização legislativa genérica. No caso da Petróleo Brasileiro S/A – Petrobras, essa autorização foi dada pela Lei n. 9.478/1997, pela qual se dispõe sobre a política energética nacional e sobre as atividades referentes ao monopólio do petróleo e se instituem o Conselho Nacional de Política Energética e a Agência Nacional do Petróleo" (Rcl 42.576-MC, Red. do ac. Min. Alexandre de Moraes, voto da Min. Cármen Lúcia, j. 1º.10.2020, P, *DJE* 17.06.2021).

[4] Uma vez prevista, na lei que autorizou a sua criação, a participação no capital de outras sociedades, poderá a sociedade de economia mista, assim como a empresa pública, após autorização de seus órgãos decisórios, promover a criação de subsidiárias, que poderão, igualmente, por decisão desses mesmos órgãos, ser liquidadas ou alienadas.

194 LEGISLAÇÃO APLICÁVEL

A legislação aplicável à sociedade de economia mista e à empresa pública é, em termos gerais, exatamente a mesma que rege as empresas privadas.

A Constituição Federal, no art. 173, § 1º, estabelecera, de forma peremptória, essa regra:

> Art. 173. [...]
>
> § 1º A empresa pública, a sociedade de economia mista e outras entidades que explorem atividade econômica sujeitam-se ao regime jurídico próprio das empresas privadas, inclusive quanto às obrigações trabalhistas e tributárias.

A Emenda Constitucional nº 19/1998 conferiu, todavia, uma nova redação a essa disposição, nos seguintes termos:

> Art. 173. [...]
>
> § 1º A lei estabelecerá o estatuto jurídico da empresa pública, da sociedade de economia mista e de suas subsidiárias que explorem atividades econômicas de produção ou comercialização de bens ou de prestação de serviços, dispondo sobre:
>
> I – sua função social e formas de fiscalização pelo Estado e pela sociedade;
>
> II – a sujeição ao regime jurídico próprio das empresas privadas, inclusive quanto aos direitos e obrigações civis, comerciais, trabalhistas e tributárias;
>
> III – licitação e contratação de obras, serviços, compras e alienações, observados os princípios da administração pública;
>
> IV – a constituição e o funcionamento dos conselhos de administração e fiscal, com a participação de acionistas minoritários;
>
> V – os mandatos, a avaliação de desempenho e a responsabilidade dos administradores.

Conforme se verifica, a formulação de um estatuto jurídico para a sociedade de economia mista era uma norma programática, mas a determinação de que o seu regime jurídico fosse, em termos gerais, o da empresa privada era norma autoexecutável, imperativamente fixada no preceito constitucional (inciso II), tanto que, sobrepondo-se ao legislador ordinário, enunciava, desde logo, que o "estatuto" disporia sobre "a sujeição [da sociedade] ao regime jurídico próprio da empresa privada".

A aplicação da legislação privada às sociedades de economia mista e empresas públicas seguiu sendo a norma geral imperativa, de natureza constitucional.

Os demais incisos do preceito ora examinado (incisos I, III, IV e V) contêm, com efeito, normas programáticas, que foram disciplinadas no Estatuto.

Cabe observar que a redação atribuída ao § 1º do art. 173 contemplou a empresa pública, a sociedade de economia mista e suas subsidiárias que explorem atividade econômica de produção ou comercialização de bens ou de prestação de serviços.

A pergunta que de pronto se impôs foi quanto a saber se alguma subsidiária escaparia a essa condição e, por conseguinte, não se sujeitaria ao estatuto.

Em princípio, todas as subsidiárias de uma sociedade, se sociedades também são, têm fins econômicos e, por via de consequência, exploram uma atividade econômica.[5] Nada obstante, o legislador constitucional restringe essas atividades ao âmbito da "produção ou comercialização de bens ou de prestação de serviços".

Quais são as atividades econômicas que refugiriam dessa enumeração? Pode-se afirmar que nenhuma, posto que até mesmo as atividades financeiras, que não estão expressamente referidas, poderiam enquadrar-se, em sentido lato, no âmbito das atividades comerciais ou de prestação de serviços. Além do mais, não haveria argumento ou razão lógica a fundamentar a distinção.

Muito embora uma subsidiária seja, por definição, uma sociedade controlada, pode-se entender que o legislador constitucional estaria apenas excluindo do estatuto as entidades, sem fins econômicos, mantidas ou administradas pelas empresas estatais, tais como fundações, inclusive de previdência privada, institutos culturais ou educacionais, associações beneficentes, enfim, entidades sem finalidade de lucro.

As sociedades controladas, por serem empresas e, portanto, entidades que exploram a atividade econômica, estariam sujeitas, todas elas, ao estatuto, como, aliás, entendeu o legislador ordinário, o qual, ao regular a matéria (Lei nº 13.303/2016), solucionou a controvérsia (ver a seção 197).

Anote-se, por outro lado, que o âmbito de incidência da legislação privada é amplo e genérico, e que a redação acolhida pela emenda constitucional explicitou ainda mais essa amplitude. A redação anterior referia-se à aplicação do "regime jurídico próprio das empresas privadas, inclusive quanto às obrigações trabalhistas e tributárias." Sobre essa redação, havíamos afirmado: "Observe-se, ademais, que a Constituição não limitou a regra do art. 173, § 1º, às normas sobre obrigações trabalhistas e tributárias, com as quais tão somente exemplificou, tanto

---

5   A exploração de atividade econômica é inerente à condição de sociedade. Se a entidade não se dispõe a exercer uma atividade econômica, ela poderá ser uma autarquia, uma fundação, uma associação, mas jamais uma sociedade. O serviço público, quando entregue a uma sociedade, seja ela controlada pelo governo ou por pessoas privadas, passará a ser objeto de uma exploração econômica, como ocorre com as concessionárias de serviço público. O serviço poderá ser público, mas, quando exercido por uma empresa, torna-se objeto de uma atividade econômica. O Estado, ao escolher, para o exercício de uma atividade, a forma societária, a essa forma quer se submeter; se assim não desejasse, adotaria a forma autárquica. A Constituição Federal acolheu esse entendimento, que a doutrina administrativista e os tribunais têm tido dificuldade em assimilar. Theophilo de Azeredo Santos, em monografia editada em 1964, já acentuava o caráter privado da sociedade de economia mista: "Sustentamos, nesta oportunidade, que a participação majoritária do Estado não deforma a estrutura jurídica da empresa privada, que conserva a sua natureza privada, revestida de características próprias, impostas pela lei que autorizou a constituição da sociedade" (1964, p. 51).

que se valeu do vocábulo **inclusive**." O texto atual, embora mantendo a mesma amplitude de aplicação da legislação privada, exemplificou não apenas com as normas trabalhistas e tributárias, mas também e igualmente com o direito civil e o direito comercial.

Apenas e tão somente a Constituição Federal pode afastar, ou permitir que se afaste, a legislação privada, estabelecendo disciplina diversa para a sociedade de economia mista e a empresa pública.

O "estatuto jurídico da empresa pública, da sociedade de economia mista e de suas subsidiárias" regulamentou as matérias a que alude o § 1º, incisos I, III, IV e V, do art. 173, da Constituição Federal, e, no que tange a essas matérias, construiu uma disciplina distinta daquela que resulta da legislação privada.

Essas matérias concernem: (1) à função social da sociedade, que, em termos gerais, já se encontrava regulada pela Lei nº 6.404/1976; (2) às formas de fiscalização pelo Estado, já regidas, em seus aspectos mais gerais, pela própria Constituição Federal, que confere atribuições fiscalizatórias ao Tribunal de Contas; (3) às formas de fiscalização pela sociedade, entendendo-se sociedade, nesse caso, como sendo a comunidade, que já contava com os instrumentos da ação popular e da ação civil pública; (4) à licitação e aos contratos, que sempre estiveram sujeitos aos princípios da administração pública, que são basicamente os princípios da moralidade, da impessoalidade, da publicidade e da eficiência; (5) à constituição e funcionamento dos conselhos de administração e fiscal, com a participação de representante dos acionistas minoritários, que, nos termos da lei geral, depende de um percentual mínimo do capital; (6) à questão dos mandatos e da responsabilidade dos administradores, que se encontra equacionada na lei geral das sociedades anônimas, mas que passaria, como passou, a se sujeitar a um tratamento especial; e, finalmente, (7) à matéria atinente à avaliação de desempenho dos administradores, que é uma questão de política interna de cada sociedade, mas que, conforme permissivo constitucional, passaria a contar com um regramento legal próprio. O Estatuto das Empresas Estatais tratou de todas essas matérias, atribuindo-lhes uma regulamentação especial.

Ressalte-se, por outro lado, que o art. 37 da Constituição Federal, embora se refira à administração pública direta e indireta, o seu âmbito de incidência, com relação às empresas públicas e sociedades de economia mista, é manifestamente parcial.

A regra, nessas entidades de natureza empresarial, é a legislação privada (art. 173, § 1º, da CF). O art. 37 refere-se genericamente à administração direta e indireta, mas quando pretende atingir efetivamente a economia mista e a empresa pública, fá-lo de forma específica, como é o caso da acumulação de cargos: "a proibição de acumular estende-se a empregos e funções e abrange autarquias, fundações, empresas públicas, sociedades de economia mista e suas subsidiárias, e sociedades controladas, direta ou indiretamente, pelo poder público" (art. 37, XVII). A redação, que decorre da Emenda Constitucional nº 19/1998, estende, na verdade, a proibição de acumulação de cargos ou empregos a todas as sociedades, direta ou indiretamente, controladas pelo poder público.

Entre os vários incisos do art. 37, apenas alcançariam a economia mista e a empresa pública aqueles que as refiram de modo expresso.[6]

Há dois princípios, que são os da moralidade e da impessoalidade, cuja aplicação se impõe, como uma constante, a toda a administração pública. Esses princípios, aliás, se aplicam igualmente às empresas privadas em geral, especialmente às sociedades anônimas, nos termos do disposto no art. 154 da Lei nº 6.404/1976, em que se dispõe que "o administrador deve exercer as atribuições que a lei e o estatuto lhe conferem para lograr os fins e o interesse da companhia, satisfeitas as exigências do bem comum e da função social da empresa".

Pode-se, porém, afirmar que, no âmbito das empresas do Estado, esses princípios teriam uma carga mais acentuada.

A Lei nº 13.303/2016 (Estatuto das Empresas Públicas, Sociedades de Economia Mista e suas Subsidiárias) veio completar o arcabouço regulatório das empresas estatais, disciplinando, inclusive, a questão atinente à exigibilidade de licitação, matéria que sempre foi objeto de grandes controvérsias.

Convém lembrar, igualmente, que as atribuições dos Tribunais de Contas, em face das empresas governamentais, foram bastante ampliadas pela Constituição Federal, competindo-lhes (art. 71 da CF) o julgamento das contas dos respectivos administradores, bem como a realização de inspeções e auditorias eventuais.

No regime da Constituição anterior, a fiscalização do Tribunal de Contas atingia as empresas estatais de forma indireta, quando do exame das contas do Executivo. Atualmente, há uma participação direta, cumprindo às empresas, inclusive, remeter cópia de suas demonstrações financeiras ao Tribunal de Contas, tão logo estas estejam elaboradas, de tal modo que, quando de sua aprovação pela assembleia geral, possa o Tribunal, se o desejar, sobre elas se pronunciar.

A aprovação ou rejeição das contas, no entanto, continua privativa da assembleia geral, cabendo ao Tribunal de Contas representar ao Legislativo, caso entenda que a aprovação se operou de forma irregular.

Vale destacar, contudo, que o Supremo Tribunal Federal vem, equivocadamente, endossando a distinção entre estatais prestadoras de serviço público e estatais exploradoras de atividade econômica. A partir dessa distinção, diversas diferenciações vêm sendo feitas. Por exemplo, no que concerne ao bloqueio ou sequestro por não pagamento de dívidas, a tese firmada na ADPF 873 foi no

---

[6] O STF assentou o entendimento de que, após a Constituição de 88, a contratação de pessoal, sem concurso público, para emprego em sociedade de economia mista ou empresa pública viola o art. 37, II, da Constituição Federal. A interpretação adotada encontra substrato e arrimo nos princípios constitucionais da moralidade e da impessoalidade.

sentido de que "Os recursos públicos vinculados ao orçamento de estatais prestadoras de serviço público, em regime não concorrencial e sem intuito lucrativo primário, não podem ser bloqueados ou sequestrados por decisão judicial para pagamento de suas dívidas, em virtude do disposto no art. 100 da CF/1988". Em outras ADPFs, invocou-se ainda os princípios da legalidade orçamentária (art. 167, VI, da CF/1988), da separação dos poderes (arts. 2º e 60, § 4º, III, da CF/1988) e da eficiência da administração pública (art. 37, *caput*, da CF/1988) para sustentar o afastamento das regras gerais do regime privado. Assim, diante dos preceitos constitucionais que determinam a aplicação da legislação privada, seriam equivocadas essas exceções não embasadas em norma constitucional, pois, se o objetivo é seguir o regime de precatórios, o correto seria a criação de uma autarquia ou fundação pública, e não uma estatal.

195 NORMAS ESPECIAIS

Normas especiais, no que tange ao objeto ora estudado, são todas aquelas que excepcionam a Lei Geral das Sociedades Anônimas. Essas exceções são exatamente as que decorrem, no âmbito permitido pela Constituição Federal, da disciplina estabelecida pelo Estatuto das Empresas Estatais. A Lei das Sociedades Anônimas (Lei nº 6.404/1976) dedicou, porém, um capítulo (Capítulo XIX) às sociedades de economia mista.

Nesse capítulo, além de normas que apenas repetem preceitos constitucionais ou que apresentam conteúdo conceitual, encontram-se outras tantas que estabelecem disposições especiais para as sociedades de economia mista, verdadeiras exceções ao regime comum da sociedade anônima.

Essas exceções encontram-se em manifesto conflito com o art. 173, § 1º, da Constituição Federal, que lhes é posterior, pelo que devem ser consideradas por esta revogadas. A hipótese é, com efeito, de revogação e não de inconstitucionalidade. A Constituição, como sistema normativo superveniente e superior, recepciona as leis que lhe são compatíveis e revoga as que a contrariam.

Portanto, do capítulo da Lei nº 6.404/1976 dedicado à economia mista, apenas se salvam aqueles artigos de natureza conceitual e os que tenham uma abrangência que extrapole a economia mista propriamente dita, como, por exemplo, o art. 236, parágrafo único, que trata da desapropriação do controle de uma sociedade anônima, para convertê-la ou não em economia mista. A questão, aí, não é a economia mista, mas sim a desapropriação do controle. A norma afigura-se, no caso, perfeitamente constitucional, porquanto, quer ocorra, quer não ocorra a conversão, os acionistas terão direito de recesso, contando-se o prazo de 60 dias, para tanto fixado, da data da publicação da ata da primeira assembleia realizada após a desapropriação; observe-se que não se dará o recesso quando se tratar de concessionária de serviço público ou de sociedade que já se achava sob controle direto ou indireto de outra pessoa jurídica de direito público.

O art. 237, que trata do objeto social da sociedade de economia mista, restringindo-o às atividades previstas na lei que autorizou a sua criação e vedando à assembleia modificá-lo sem autorização legislativa, afigura-se compatível com a norma constitucional que faz depender a criação da sociedade de autorização legal específica, tendo até, em relação a este preceito, um caráter interpretativo.

As regras especiais sobre conselho de administração (art. 239) e conselho fiscal (art. 240) foram revogadas, pois alteram o regime privado em relação à economia mista, mas essas matérias encontram-se agora legitimamente reguladas pelo Estatuto das Empresas Estatais. O art. 241, que atribuía ao ministério a que estivesse vinculada a sociedade a prerrogativa de autorizar a limitação da correção monetária do ativo permanente ao montante da correção do patrimônio líquido, evitando a formação do chamado "lucro inflacionário", foi revogado pelo art. 31 do Decreto-lei nº 2.287, de 23.07.1986. Desde 1995, a própria correção monetária das demonstrações financeiras encontra-se, em termos gerais, revogada (Lei nº 9.249/1995).

195.1 A falência e a recuperação

As sociedades de economia mista e empresas públicas, semelhantemente às demais sociedades empresárias, deveriam sujeitar-se à falência e poderiam requerer recuperação judicial ou promover a recuperação extrajudicial.

Esse é o "regime jurídico próprio das empresas privadas" que, por força do disposto no art. 173, § 1º, II, da Constituição Federal, se aplica às empresas do Estado.

A Lei das Sociedades Anônimas, no entanto, concedera à matéria um tratamento marcadamente discrepante:

> Art. 242. As companhias de economia mista não estão sujeitas à falência, mas seus bens são penhoráveis e executáveis, e a pessoa jurídica que as controla responde, subsidiariamente, pelas suas obrigações.

A Lei nº 10.303/2001 (art. 10) revogara, porém, expressamente, o art. 242 da Lei nº 6.404/1976, parecendo haver assim encerrado a controvérsia e afastado qualquer dúvida quanto à sujeição das sociedades de economia mista à falência. Ocorre, porém, que a atual Lei de Falências, que lhe é posterior, restaura a controvérsia, ao dispor (art. 2º, I) que os seus preceitos não se aplicam às empresas públicas e às sociedades de economia mista. Trata-se de mera reedição de norma flagrantemente inconstitucional. As sociedades de economia mista e empresas públicas, como qualquer sociedade – esse é o comando constitucional – regem-se pelas mesmas normas aplicáveis às empresas privadas (art. 173, § 1º, II, da Constituição Federal).

A responsabilidade subsidiária do poder público, a que também aludia o revogado art. 242, conflitava também com o já examinado art. 173, § 1º, da Constituição Federal, posto que estabelecia norma distinta da aplicável à empresa privada.

Com a revogação do art. 242, cessou, porém, toda essa discussão, ficando afastado qualquer risco de comprometimento do patrimônio público, ressalvados os casos em que o Estado seja chamado a responder, como qualquer controlador, por abuso de poder, ou ainda nos casos em que seja aplicável a teoria da desconsideração da personalidade jurídica.

No que concerne, todavia, à recuperação e à falência, instalou-se, mais uma vez, por efeito da atual Lei de Falências e Recuperação, essa lamentável controvérsia. O Estatuto das Empresas Estatais (Lei nº 13.303/2016) não fez qualquer referência ao tema da falência ou recuperação das empresas públicas e sociedades de economia mista, até porque não era sua função fazê-lo, uma vez que, entre os itens objeto das exceções que cabia ao Estatuto regulamentar, não incluiu a Constituição a falência e recuperação.

Cabe, portanto, acentuar que a norma, de natureza constitucional (art. 173, § 1º, II da CF), que manda aplicar a legislação privada, torna manifestamente inconstitucional o preceito da lei de falência e recuperação, que exclui de sua incidência as empresas estatais.

196 A GESTÃO NORMATIVA DO CONTROLE

Cabe distinguir, no que concerne às empresas estatais, um campo de relações inteiramente aberto ao disciplinamento especial, que é o das relações entre o poder público controlador e as administrações das sociedades sob seu controle. Ao disciplinar essa matéria, agirá o poder público como qualquer empresário privado que detenha o controle de um conjunto de empresas e que, por isso mesmo, precise manter um sistema de acompanhamento permanente e ordenado.

Nessa linha de entendimento estruturou-se a supervisão ministerial, ou, no que concerne aos Estados e Municípios, a supervisão dos secretários e do próprio governador ou prefeito.

A supervisão insere-se no nível das relações internas de natureza administrativa e pode comportar normas muito particulares, desde que respeitados os princípios e regras consagrados na legislação das sociedades anônimas e no Estatuto das Empresas Estatais.

Essas normas, quando de caráter permanente, poderão ser definidas em decreto.[7] Não serão normas de direito comercial, mas sim de direito administrativo, uma vez que se destinam a regular as relações entre o poder público controlador e a administração da empresa. Funcionam como recomendações dirigidas aos administradores das várias sociedades sob o comando daquele controlador. Poderão,

---

[7] As recomendações do controlador, mesmo quando baixadas por decreto, não obrigam os administradores, uma vez que estes têm deveres próprios e intransferíveis, mas, como partem do poder de controle, ganham uma evidente proeminência. O seu descumprimento não torna o ato praticado anulável; coloca, todavia, o administrador em linha de conflito com o controlador que, como em qualquer sociedade, poderá promover a sua destituição, respeitados, porém, eventuais acordos de acionistas.

por conseguinte, ser produzidas em qualquer esfera de governo (federal, estadual e municipal), mesmo porque não integram o direito comercial, este reservado, com exclusividade, à competência da União (art. 22, I, da Constituição Federal). Alguns dos preceitos instituídos pelo Decreto nº 8.945/2016, que regulamenta, no âmbito da União, o Estatuto das Estatais, inserem-se nesse âmbito da chamada gestão normativa.

197 O ESTATUTO JURÍDICO DA EMPRESA PÚBLICA, DA SOCIEDADE DE ECONOMIA MISTA E DE SUAS SUBSIDIÁRIAS

Atendendo ao disposto na Constituição Federal (art. 173, § 1º), a Lei nº 13.303, de 30 de junho de 2016, estabeleceu o Estatuto da Empresa Pública, da Sociedade de Economia Mista e de suas Subsidiárias, que, para efeito de simplificação, passa-se a designar simplesmente como Estatuto das Empresas Estatais, Estatuto das Estatais, ou apenas Estatuto.

De acordo com os incisos do referido § 1º do art. 173 da CF, caberia ao Estatuto **(inciso II)** dispor sobre "a sujeição [das empresas estatais] ao regime próprio das empresas privadas", sendo esta a norma geral impositiva que decorre da própria Constituição, devendo ainda o estatuto das estatais, por meio de normas especiais que poderiam discrepar do regime geral, disciplinar: **inciso I** – a função social das empresas estatais e a forma de fiscalizá-las tanto pelo Estado como pela sociedade, sendo o vocábulo sociedade aqui entendido como uma referência à sociedade civil como um todo; **inciso III** – as licitações e contratações, cabendo para tanto observar os princípios da administração pública; **inciso IV** – a constituição e o funcionamento dos conselhos de administração e fiscal, com participação dos acionistas minoritários; e **inciso V** – os mandatos, a avaliação de desempenho e as responsabilidades dos administradores.

O Estatuto (art. 1º) começa definindo o seu âmbito de incidência, o qual compreende, conforme já estava previsto na Constituição Federal, as empresas públicas, as sociedades de economia mista e suas subsidiárias que explorem atividade econômica de produção e comercialização de bens ou de prestação de serviços.

A fim de afastar a grave distorção que medrou na doutrina e na jurisprudência, no sentido de promover uma artificial distinção entre sociedades de economia mista que explorem atividade econômica e as que prestem serviços públicos, cuidou o legislador de enunciar, com todas as letras, que o Estatuto se aplica "a toda e qualquer empresa pública e sociedade de economia mista", além de acrescentar, de modo a espancar todas as dúvidas, que estão sujeitas ao Estatuto até mesmo as atividades em "regime de monopólio" e as que envolvam a "prestação de serviços públicos".

Diante de tão óbvia explicitação, não mais se justifica a equivocada distinção, sustentada por alguns administrativistas, entre sociedade com atividade econômica e sociedade prestadora de serviço público. Na verdade, não existe sociedade que não exerça atividade econômica. A prestação de serviços públicos por uma sociedade, seja ela uma economia mista ou uma concessionária, ou até mesmo uma empresa pública, tem por objeto uma atividade econômica, pois, se não tivesse, não seria uma sociedade, mas, sim, uma associação, uma autarquia ou uma fundação.

O Estatuto das Empresas Estatais, por meio de norma expressa, explicitou a unidade do conceito, com isso desautorizando o nefasto entendimento que costuma viciar a interpretação constitucional e comprometer o sistema através de decisões que ora desconhecem a natureza privada dos bens transferidos pelo estado à sociedade, ora submetem a execução de algumas empresas estatais ao regime de precatório. Esses graves desvios perderam, pois, toda e qualquer base de sustentação, na medida em que o Estatuto (art. 1º) preceituou que o regime é um só, ainda que a "atividade econômica (...) seja de **prestação de serviços públicos**".[8]

Todas as subsidiárias das empresas públicas e das sociedades de economia mista regem-se também pelo Estatuto das Empresas Estatais (§ 6º do art. 1º), mesmo que sejam de propósito específico (SPE). Não poderia ser diferente, uma vez que o propósito específico não altera a natureza da sociedade, apenas reduz e delimita o seu campo de atuação e, normalmente, o seu tempo de vida.

A participação em consórcio não libera a empresa estatal (§ 5º do art. 1º) das normas impostas pelo Estatuto das Empresas Estatais. Os direitos e obrigações decorrentes do contrato de consórcio deverão com elas se harmonizar, embora as outras empresas que integram o consórcio, e que não são estatais, não estejam sujeitas a essas normas. O consórcio, todavia, por contar entre os seus membros uma empresa estatal, deverá ser constituído de molde a observar as normas de controle, transparência e governança que são inerentes a essa participação. Essa será a condição negocial para a participação da empresa estatal na formação do consórcio.

O Decreto nº 8.945, de 27.12.2016, regulamentou, no âmbito da União, o Estatuto das Estatais. Trata-se de mero regulamento de execução, tendo por objeto, como não poderia deixar de ser, o simples encaminhamento das providências impostas pelo Estatuto. No geral, repete regras constantes da lei que regulamenta, e disciplina a gestão das estatais no plano dos poderes que competem à União como controladora (ver a seção 196). Qualquer discrepância do decreto, relativamente às normas que regulamenta, deve, naturalmente, ser entendida como ilegal, e, portanto, inaplicável.

---

[8]   Lamentavelmente, o TST, ao decidir o Recurso Ordinário nº TST-RO-64-32.2017.5.13.0000, entendeu, à revelia da Constituição e da lei, por intermédio de sua Subseção II, especializada em dissídios individuais, que a execução contra a CAGEPA (sociedade de economia estadual) deveria ser processada por meio do sistema de precatórios. O acórdão unânime foi publicado em 21.06.2019. Em 2022, na ADPF nº 844, o STF igualmente acolheu esse equivocado entendimento: "Este Supremo Tribunal Federal pacificou a interpretação segundo a qual as sociedades de economia mista prestadora de serviço público essencial, atividade desenvolvida em regime de exclusividade (não concorrencial) e sem intuito lucrativo deve se submeter ao regime de precatórios".

197.1 Empresas de menor faturamento

Alguns preceitos do Estatuto (art. 1º, § 1º) não se aplicam a empresas públicas e a sociedades de economia mista que, em conjunto com suas subsidiárias, tenham tido, no exercício anterior, receita bruta inferior a R$ 90 milhões de reais. Os preceitos não aplicáveis são, basicamente, os que tratam de: a) estrutura e prática de gestão de riscos e controle interno; b) elaboração de Código de Conduta e Integridade; c) normas sobre auditoria interna; d) criação de comitê estatutário; e) normas relativas a requisitos e vedações para o exercício de cargo de administrador; f) normas sobre conselho de administração, diretoria, comitê de auditoria estatutário e conselho fiscal. Cuida-se, com essas exceções, de suavizar, relativamente às empresas estatais de menor porte, o complexo normativo destinado a estabelecer uma ampla e, portanto, onerosa governança corporativa. Para tanto, porém (§ 3º), deverão os chefes dos respectivos poderes executivos editar atos que estabeleçam, para essas empresas, normas simplificadas de governança. Na ausência dessa regulamentação especial (§ 4º), para cuja edição fora estabelecido um prazo de até 180 dias, contados da vigência do Estatuto, as normas gerais de governança previstas no Estatuto das Estatais serão plenamente aplicáveis a essas empresas de menor receita bruta, até que a regulamentação especial venha a ser efetivamente editada. O chefe do poder executivo federal, por meio do Decreto nº 8.945, de 27.12.2016, que regulamenta o Estatuto das Estatais, cuidou, especificamente em seu Capítulo V, de dispor sobre o "tratamento diferenciado das empresas estatais de menor porte".

Vale assinalar, entretanto, como se afigura óbvio, que o regulamento simplificado opera apenas nos limites permitidos pelo próprio Estatuto das Estatais, sendo-lhe vedado ultrapassar essas fronteiras para, por meio da norma regulamentar, ir além, simplificando ou afastando, em qualquer outra matéria, "o regime jurídico próprio das empresas privadas" (art. 173, § 1º, II, da CF).

197.1.1 *Tratamento diferenciado para empresas estatais de menor faturamento (menor porte)*

No âmbito federal, o tratamento diferenciado resume-se aos aspectos definidos no Capítulo V do Decreto nº 8.945/2016, o qual rotula essas empresas como "estatais de menor porte". Esclarece também o decreto que a empresa de menor porte (faturamento inferior a R$ 90 milhões no exercício anterior) que, em dado exercício, igualar ou exceder o referido montante de R$ 90 milhões de faturamento, extrapolando assim a condição para o tratamento diferenciado, disporá do prazo de um ano, contado do início do ano subsequente, para se adequar ao regime geral das estatais.

Nessas empresas de menor porte, as regras simplificadas, de acordo com o decreto, são, resumidamente, as seguintes: I – o conselho de administração terá um mínimo de três conselheiros, ficando a figura do conselheiro independente a critério do estatuto; II – a diretoria poderá compor-se de apenas dois diretores; III – reduz para metade o tempo de experiência exigido dos administradores; IV – reduz amplamente as vedações impostas aos administradores, de modo a permitir a eleição, por exemplo, de parentes de autoridades, de pessoas que tenham participado, nos últimos trinta e seis meses da estrutura decisória de partido político,[9] assim como daqueles que exerçam cargos em organização sindical; V – simplifica as exigências para o exercício do cargo de conselheiro fiscal; VI – o comitê de auditoria estatutário passa por acentuado processo de simplificação; VII – a representação dos acionistas minoritários no conselho passa a reger-se pelos preceitos gerais da lei das sociedades anônimas.

No mais, mantêm-se as mesmas normas e exigências que são aplicáveis às estatais em geral (art. 51 do Decreto nº 8.945/2016).

197.2 Participações minoritárias

Determina, outrossim, o Estatuto que a participação das empresas estatais ou de suas subsidiárias, minoritariamente e sem poder de controle, em sociedade empresária privada, importará no dever de, no exercício da fiscalização que a condição de acionista assegure, promover práticas de fiscalização e governança compatíveis com o grau de sua participação no capital da sociedade. Essas boas práticas de governança e fiscalização poderão se fundar, eventualmente, em acordo de acionistas que o ente estatal exigirá como condição para a sua participação no empreendimento.

197.3 Vigência do Estatuto

O Estatuto das Empresas Estatais encontra-se em vigor desde a data de sua publicação, que ocorreu em 1º de julho de 2016 (art. 97). As empresas já existentes na data da vigência desfrutaram, entretanto, de um prazo de vinte e quatro meses, que se encerrou no dia 1º de julho de 2018, para se adequarem às disposições da nova lei (art. 91).

197.4 Os conceitos de empresa pública e de sociedade de economia mista

O Estatuto, ao definir a empresa pública e a sociedade de economia mista, reproduz quase que integralmente os termos que foram adotados pelo Decreto-lei nº 200/1967, apenas acrescentando, como já era o entendimento corrente, que esses conceitos são aplicáveis à União, Estados, Distrito Federal e Municípios.

Além disso, exige o Estatuto que a lei que autorizar a criação de empresa pública ou de sociedade de economia mista, indique, de forma clara, qual o "relevante interesse coletivo" ou o "imperativo de segurança nacional" que justificam a constituição da sociedade. Esses requisitos, que são alternativos, decorrem do art. 173 da Constituição Federal. O Estatuto enfatiza essa exigência constitucional.

---

[9] Os que detenham, quando da indicação, a condição de dirigente estatutário de partido político encontram-se sujeitos à vedação.

Além da exigência *supra*, que tem base constitucional, exige o Estatuto (art. 13), sem base constitucional, que a lei autorizativa da criação de sociedade de economia mista ou empresa pública disponha sobre as diretrizes e restrições a serem consideradas na elaboração do estatuto da empresa a ser criada. Essa exigência mostra-se extravagante, uma vez que uma lei ordinária não pode se sobrepor a outra lei ordinária. Falta-lhe hierarquia e, portanto, obrigatoriedade. Todavia, e quanto a isto não remanesce dúvida, a lei autorizativa poderá, se assim entender o poder legislativo, e desde que não afrontem a legislação privada, estabelecer diretrizes, que deverão ser observadas pelo Executivo quando da elaboração estatutária, contanto, naturalmente, que não invadam as atribuições do próprio Poder Executivo.

Nem mesmo as leis estaduais e municipais estariam hierarquicamente sujeitas à mencionada regra do art. 13, pois a competência para definir diretrizes e restrições casuísticas para cada empresa a ser criada por uma dada esfera de poder é privativa dessa esfera de poder. Não se estaria, no caso, tratando de normas de direito mercantil, que seriam de competência da União (art. 22, I, da CF), mas, sim, de opções de natureza administrativo-operacional, como tais afetas ao poder legislativo interessado.

Ademais, as diretrizes a que aludem os vários incisos do referido art. 13 são impróprias como predefinição abstrata, já que cada empresa, uma vez criada, tem vida própria, que é evolutiva, e, por conseguinte, incompatível com o engessamento das regras estatutárias sobre constituição e funcionamento do conselho de administração, do conselho fiscal, do comitê de auditoria, requisitos para o exercício dos cargos de diretor, avaliação de desempenho, contribuição para o resultado do exercício, prazo de gestão etc. Todavia, os limites e parâmetros relativos a conselho de administração, diretoria e conselho fiscal, que se encontram consignados, de forma compulsória, no referido art. 13, incidem de forma direta, pelo que deverão ser observados quando da elaboração do estatuto de cada empresa (ver as seções 197.7 e 197.8).

197.4.1 Empresa pública

A empresa pública (art. 3º) tem personalidade jurídica de direito privado e depende, para ser criada, de autorização legal. O seu capital deve ser inteiramente público, devendo a totalidade desse capital ou, pelo menos, o controle da sociedade (a maioria do capital votante) pertencer à União, a Estado, ao Distrito Federal ou a Município.

A necessidade de capital público impede a presença de sócios privados na empresa pública, mas não a de sociedades de economia mista, que dela poderão participar minoritariamente ou com ações sem voto (parágrafo único do art. 3º), como igualmente poderão fazê-lo as autarquias e outras empresas públicas.

Estados e municípios, bem como suas entidades de administração indireta, poderão participar minoritariamente de uma empresa pública federal, como igualmente poderá fazê-lo a União com relação a uma empresa pública estadual ou municipal. Em qualquer dos casos estará preservada a integralidade do capital público.

A empresa pública será, portanto: a) unipessoal (a unipessoalidade encontra-se expressamente prevista no art. 3º do Estatuto, tal como antes estava no art. 5º, II, do Decreto-lei nº 200/1967), caso em que a totalidade do capital pertencerá à União, a Estado, ao Distrito Federal ou a Município; ou b) pluripessoal, hipótese em que serão admitidos outros sócios, desde que estes sejam pessoas jurídicas de direito público ou entidades de administração indireta, vale dizer, outras empresas públicas, sociedades de economia mista ou autarquias.

O Estatuto das Empresas Estatais, diferentemente do Decreto-lei nº 200/1967, não previu que a empresa pública poderá assumir qualquer das formas previstas em direito. Todavia, como se trata de uma entidade com personalidade jurídica de direito privado, com natureza empresarial, a sua forma, naturalmente, será uma daquelas previstas na legislação societária. Deve-se, porém, atentar para o disposto nos arts. 48, II, e 167, II, da Constituição Federal, dos quais dimana o princípio de que ao poder público não é dado contratar obrigações de valor ilimitado. Destarte, a empresa pública terá que se fixar nas formas societárias limitativas da responsabilidade dos sócios: sociedade limitada ou sociedade anônima.

A empresa pública, quando unipessoal, poderá estruturar-se de forma muito simplificada, visto que todas as normas destinadas a equacionar os interesses sociais estarão naturalmente afastadas. Adotar-se-á apenas o arcabouço societário, mera forma de atuação empresarial. Entretanto, convém acentuar que, mesmo com um único sócio, a empresa pública será tratada como pessoa jurídica de direito privado, com contratos e patrimônio regidos pelo direito privado. Os bens transferidos pelo poder público à empresa, a título de integralização de capital, passam a integrar o patrimônio da empresa, perdendo a sua condição de bem público. Em contrapartida a esses bens, o poder público recebe cotas ou ações da empresa, as quais, estas sim, passam a integrar o patrimônio público.

Diferentemente da sociedade de economia mista, cujo foro é o da justiça comum, a empresa pública federal sujeita-se à justiça federal (art. 109, I, da Constituição Federal), enquanto as empresas públicas estaduais e municipais, por força da simetria, devem ser demandadas nas varas da fazenda pública, onde estas existirem.

197.4.2 Sociedade de economia mista

A sociedade de economia mista foi definida pelo estatuto exatamente nos mesmos termos em que o fazia o Decreto-lei nº 200/1967, e, como tal, foram destacados: a) o seu caráter de pessoa jurídica de direito privado; b) a necessidade de lei autorizativa para a sua criação; c) a forma de sociedade anônima; e d) a titularidade da maioria do capital votante em poder da União, de Estado, do Distrito Federal ou de Município ou ainda de entidade de administração indireta, vale dizer, de empresa pública, de autarquia ou de outra sociedade de economia mista. As ações preferenciais sem direito de voto poderão pertencer inteiramente ao capital privado, posto que não afetam o poder de controle. Cabe, porém, assinalar que essas ações, quando o dividendo fixo a elas destinado deixar de ser pago, poderão, pela regra geral (art. 111, § 1º, da Lei nº 6.404/1976), adquirir o direito de voto, o que poderia interferir sobre o poder de controle. Esse efeito, todavia, considerada a natureza da sociedade de economia mista, cujo controle deve pertencer ao poder público, não seria aplicável nos casos e na medida em que viesse a afetar a efetividade do poder de controle estatal.[10]

A autorização legal será para que o Poder Público ou uma entidade de administração indireta crie uma sociedade de economia mista. Nesse caso, a sociedade, uma vez criada, por força da outorga legal, será uma sociedade de economia mista. Caso a autorização seja apenas e tão somente para a simples criação de subsidiária de empresa pública ou de sociedade de economia mista existente, o ente a ser criado estará sujeito ao Estatuto das Estatais, mas não será uma sociedade de economia mista.

Para a criação de sociedade de economia mista ou empresa pública a lei terá que ser específica (art. 37, XIX, da CF). Para a criação de simples subsidiária, a autorização poderá ser genérica ("em cada caso", ou seja, no caso de cada empresa, conforme o art. 37, XX, da CF). A simples participação em empresa privada também depende de autorização legal genérica (art. 37, XX, da CF), que poderá se resumir na simples previsão, na lei autorizativa, da prerrogativa de poder a sociedade participar do capital de outras empresas. A exigência de que o objeto social da empresa investida (art. 2º, § 2º, do Estatuto das Estatais) esteja relacionado com o da investidora contraria e extrapola o comando constitucional, que não inclui esse requisito. Trata-se de exigência manifestamente inconstitucional, que deverá, portanto, ser desconsiderada.

O Estatuto das Estatais (art. 2º, § 3º) libera da exigência de autorização legal a participação em empresa privada nos casos de "operações de tesouraria, adjudicação de ações em garantia e participações autorizadas pelo Conselho de Administração em linha com o plano de negócios da empresa pública, da sociedade de economia mista e de suas respectivas subsidiárias". Essa liberação, com a extensão em que foi posta, conflita com o art. 37, XX, da CF, pois bastaria uma autorização do Conselho e um plano de negócios para poder a empresa furtar-se à exigência de prévia autorização legal para a participação em empresa privada. A participação em empresa privada depende de autorização legal, ainda que genérica, salvo se se tratar de uma situação contingente resultante, por exemplo, da realização de garantias ou

---

[10] Nas sociedades de economia mista, o acionista preferencial sem voto, que adquirir o direito de voto, não poderá exercê-lo enquanto a sociedade mantiver a sua condição de economia mista, salvo quando o acionista estatal estiver, por qualquer motivo (conflito de interesse em matéria não estratégica), impedido de votar, hipótese em que o acionista preferencial, juntamente com os demais acionistas ordinários não impedidos, exercerá, episodicamente, o direito de voto.

de adjudicação ocorrida em processo de execução, cabendo, em qualquer dessas hipóteses, alienar essas participações tão logo quanto possível.

Convém assinalar que a lei autorizativa simplesmente permite a criação de sociedade de economia mista ou de empresa pública. O ato de constituição da sociedade compete ao poder executivo, que poderá constituí-la de imediato ou depois de alguns anos, ou até mesmo jamais constituí-la. A lei é autorizativa, a constituição da sociedade é um ato administrativo, cuja competência encontra-se adstrita ao chefe do poder executivo, ao qual cabe também a decisão, quando for o caso, de dissolver e liquidar a empresa estatal.[11]

Enuncia o Estatuto das Estatais que a pessoa jurídica que controla a sociedade de economia mista tem as responsabilidades próprias de controlador, tal como estatuídas na lei das sociedades anônimas. Trata-se de mera explicitação de implicação inerente ao poder de controle.

Caso a sociedade de economia mista venha a se registrar na Comissão de Valores Mobiliários, passará à condição de companhia aberta, e, consequentemente, estará sujeita a todas as obrigações e normas que resultam dessa condição.

Afigura-se relevante ressaltar que o Estatuto das Empresas Estatais (art. 4º, § 1º) preceitua que o acionista controlador "deverá exercer o poder de controle no interesse da companhia, respeitado o interesse público que justificou sua criação". Tal norma coloca essa questão, às vezes controvertida, em seus exatos termos, pois se estamos diante de uma sociedade em que se acasalam interesses públicos e privados, torna-se imperioso preservar em primeiro lugar, como, aliás, deve ocorrer em qualquer sociedade anônima, o interesse da companhia, no qual se resumem os interesses de todos os acionistas, nestes compreendidos os interesses dos acio-

---

[11] O STF, ao decidir a Ação Direta de Inconstitucionalidade (ADI) 5.624, entendeu que a venda de controle de subsidiárias e controladas de empresas públicas e sociedades de economia mista não depende de autorização legislativa, a qual, no entanto, será necessária quando se tratar da alienação das "empresas-matrizes". A decisão foi adotada, por maioria, em 06.06.2019. Deve-se, todavia, ponderar, a partir de uma interpretação extensiva do entendimento do STF, que mesmo as chamadas "empresas matrizes", que seriam as diretamente controladas pela União, Estados, Municípios ou o Distrito Federal, poderiam ser alienadas, independentemente de lei autorizativa, em todos os casos em que inexistisse, para tanto, alguma forma de restrição legal, uma vez que a lei que simplesmente autoriza a criação da sociedade não impõe a sua efetiva criação, tampouco, se criada, a sua permanência. A Lei nº 9.491/1997, que disciplina o Programa Nacional de Desestatização, apenas exclui do programa (art. 3º) o Banco do Brasil, a Caixa Econômica Federal, as instituições financeiras de caráter regional e as demais empresas estatais que exerçam atividades de competência exclusiva da União (regime de monopólio). Nesses casos e em alguns outros como, por exemplo, o do BNDES, que foi efetivamente criado por lei (Lei nº 1.628/1952, que o criou como autarquia, depois convertida em empresa pública), ter-se-ia uma restrição legal à sua extinção ou alienação, sendo que sua desconstituição demandaria uma autorização legal específica. Nos demais casos, a desestatização dependeria apenas de decisão do poder executivo, independentemente de serem essas sociedades "empresas-mães" ou "empresas-filhas".

nistas privados e os interesses do poder público. Acresce considerar que, sendo a sociedade de economia mista, impõe-se respeitar o interesse público que justificou a sua criação. Cabe, portanto, ao controlador, que é o poder público, velar pelo interesse público, mas sem perder de vista os interesses dos acionistas privados, que colocaram seus recursos na empresa e que, assim, fazem jus à preservação do objetivo de lucro que é inerente à atividade empresarial. Em situações especiais, em que o governo, como controlador, se veja forçado a, de forma significativa, sacrificar a lucratividade em função do interesse público, a companhia deverá ser indenizada pelo poder público, de modo a que se promova uma justa compensação.

197.4.3 As subsidiárias das sociedades de economia mista e das empresas públicas

De plano, convém elucidar o que se deve entender por subsidiária. Com efeito, nem a legislação nem a doutrina estabelecem uma definição precisa do que seja uma subsidiária. De qualquer sorte, ninguém tem dúvida em afirmar que uma sociedade subsidiária é uma sociedade controlada.

A questão consiste em saber se o conceito de subsidiária subentende, necessariamente, o controle majoritário, ou se o simples controle minoritário de uma sociedade já a tornaria uma subsidiária. O que distingue, no que concerne ao poder de comando do controlador, o controle majoritário do minoritário é a segurança do primeiro em face da precariedade do segundo. Quem tem o controle majoritário (mais de metade do capital votante) não perderá essa condição a não ser por um ato de vontade (alienação do controle). Diferentemente, uma posição de controle minoritário encontra-se sujeita a várias contingências que poderão ir de um *take-over* hostil a uma organização de grupos minoritários dispersos, via acordo de acionistas, com vistas ao controle.

Para os efeitos do Estatuto das Estatais, devem-se considerar subsidiárias apenas as sociedades sob controle majoritário, posto que apenas estas desfrutam de uma condição de permanência compatível com a regra do art. 2º, no qual se prevê que "a exploração de atividade econômica pelo Estado será exercida por meio de empresa pública, sociedade de economia mista e de suas subsidiárias". Se a subsidiária é um instrumento da atuação empresarial do Estado, esse instrumento deverá, necessariamente, revestir-se da condição de permanência que somente o controle majoritário assegura.[12]

Quando o controle decorre de acordo de acionistas, e desde que o poder estatal, direto ou indireto, atue de forma prevalecente, essa sociedade, enquanto perdurar tal condição, e no que tange ao poder do estado, deverá se sujeitar aos preceitos do Estatuto que se mostrarem compatíveis. A escolha de administradores, por exemplo, na medida em que competir ao Estado, deverá observar, logicamente, os requisitos e condições previstos no Estatuto.

---

[12] O Decreto nº 8.945/2016, que regulamentou o Estatuto das Estatais, acompanha esse entendimento (art. 2º, IV), ao definir a subsidiária como sendo a "empresa estatal cuja maioria das ações com direito de voto pertença direta ou indiretamente a empresa pública ou a sociedade de economia mista".

O § 7º do art. 1º do Estatuto contempla a participação sem controle, hipótese para a qual se prevê um disciplinamento fundado no poder de fiscalização que é inerente à participação societária. Uma vez detido o controle, ainda que minoritário, a situação se transmuda – o comando passa a ser estatal – devendo o poder público conduzir a empresa, a partir do poder de controle, e enquanto este se mantiver, de modo a que todas as exigências do Estatuto, desde que compatíveis, sejam plenamente atendidas.

As subsidiárias sujeitas ao estatuto serão não apenas aquelas que se encontrem sob controle direto, como igualmente todas as demais em que a linha de controle se exerça de forma indireta. Assim, a subsidiária de uma subsidiária de uma empresa pública ou de uma sociedade de economia mista também será considerada uma subsidiária para os efeitos do Estatuto. E assim sucessivamente.

197.5   O regime jurídico das empresas estatais

Conforme já analisado, o regime jurídico das empresas estatais é o regime próprio das empresas privadas, tal como consagrado na Constituição Federal (art. 173, § 1º, II), com as modificações decorrentes da Lei nº 13.303/2016, circunscritas estas às matérias previstas no permissivo constante dos demais incisos (I, III, IV e V) da mesma disposição supracitada.

Com relação à sociedade de economia mista, reafirma o Estatuto no art. 5º, tal como já o fizera no art. 4º, que a sua forma é a da sociedade anônima, sujeitando-se ao regime previsto na Lei nº 6.404/1976 (Lei das Sociedades por Ações), ressalvadas apenas as exceções que resultam do próprio Estatuto das Estatais.[13]

197.5.1   As formas de fiscalização

Com o objetivo de alcançar a desejada transparência, de modo a propiciar a ampla fiscalização das empresas estatais, determina o estatuto que essas entidades, mesmo quando forem de capital fechado, estarão sujeitas (art. 7º) às normas expedidas pela Comissão de Valores Mobiliários sobre escrituração e demonstrações financeiras, bem como à obrigatoriedade de contratação de auditor independente registrado na CVM. A empresa pública, a sociedade de economia mista e suas subsidiárias, quando fechadas, não estarão sujeitas, evidentemente, à fiscalização e ao poder sancionatório da CVM, mas, com relação às matérias indicadas, deverão cumprir as normas expedidas pelo referido órgão regulador, sob pena de respon-

---

[13]   A Lei nº 14.195/2021, ao acrescentar à Lei nº 6.404/76 o art. 110-A, enunciou, no respectivo § 14, que as disposições sobre o voto plural não se aplicariam às empresas públicas, às sociedades de economia mista, suas subsidiárias, e às sociedades controladas direta ou indiretamente pelo poder público. Embora se trate essa exclusão de uma exceção à legislação privada, sem respaldo direto no permissivo constitucional, a norma afigura-se legítima, uma vez que o voto plural poderia desfigurar e comprometer o controle estatal, razão de ser da participação do poder público na sociedade.

sabilização civil e administrativa das pessoas (administradores e empregados) às quais o descumprimento seja imputável.

Dentro dessa linha de ampla regulação, exige a Lei nº 13.303/2016 (art. 6º) que o estatuto da empresa pública, da sociedade de economia mista e de suas subsidiárias observe regras de governança corporativa, transparência, gestão de riscos, controle interno e, havendo acionistas minoritários, normas para a sua proteção. Essa disposição destina-se a comandar a elaboração estatutária e, no que concerne aos acionistas minoritários, é de manifesta pertinência, pois, embora explicite o óbvio, ou seja, a necessidade de proteger a minoria, como, aliás, deve ocorrer em qualquer sociedade, a ênfase faz sentido, para que não se entenda que o interesse público pode relegar os interesses dos sócios privados à total irrelevância. O interesse público e o interesse privado devem conviver harmoniosamente, de modo a que se preserve o primeiro, sem sacrificar o segundo.

Com o objetivo de disciplinar o escopo de transparência, que dimana do propósito de ampla fiscalização das empresas estatais pelo Estado e pela sociedade, exige-se que os conselheiros de administração das empresas públicas e das sociedades de economia mista, inclusive no que tange às respectivas subsidiárias, firmem uma "carta anual", na qual demonstrem como será atendido o interesse coletivo ou o imperativo de segurança nacional que justificou a criação da sociedade.

Com vistas ao amplo exercício da transparência (art. 8º), deverão ser divulgadas informações relevantes, política de distribuição de dividendos, transações com partes relacionadas, relatório de sustentabilidade, assim como "toda e qualquer forma de remuneração dos administradores". Quanto à política de distribuição de dividendos, deve-se acentuar que esta terá que respeitar o dividendo obrigatório, tal como previsto na legislação das sociedades por ações, assim como, quando for o caso, o dividendo prioritário das ações preferenciais.

197.5.2 *Códigos, comitês e auditorias*

Impõe o Estatuto (art. 9º) a criação, em cada empresa pública ou sociedade de economia mista, de um "comitê de auditoria estatutário", que supervisionará todo o sistema de controle interno e que se vinculará diretamente ao conselho de administração. Objetiva-se, assim, a estruturação de um sistema de controle capaz de atuar de forma independente em face da administração executiva da sociedade. Determina-se, ainda, que o estatuto da sociedade preveja que a área de *compliance*, sempre que haja suspeita de envolvimento do diretor-presidente em alguma irregularidade, deva se reportar diretamente ao conselho de administração (art. 9º, § 4º).

Cada empresa deverá contar também com um "Código de Conduta e Integridade", que deverá nortear, sob o aspecto ético, a atuação da entidade, e que propiciará o acolhimento de denúncias e informações, as quais deverão estar devidamente protegidas contra qualquer tipo de retaliação.

Encontra-se ainda prevista (art. 10) a criação de um "comitê estatutário" destinado a verificar se as pessoas indicadas para os cargos de conselheiros de administração e fiscal atendem satisfatoriamente aos requisitos legais e regulamentares para o exercício da função.

Todos esses mecanismos de controle destinam-se a prevenir as irregularidades e os desvios éticos que têm malsinado algumas empresas estatais. A extensão das exigências certamente burocratizará a atuação dessas sociedades, que se tornarão mais lentas e mais tímidas no que tange ao processo decisório. Cabe, contudo, ponderar que todas as grandes empresas, especialmente as multinacionais, são altamente burocratizadas, e que esses mecanismos de controle, depois de devidamente absorvidos e incorporados à prática de cada empresa, também se ajustarão à rotina da atividade, sem qualquer prejuízo para a dinâmica do negócio, e com evidente ganho ético e financeiro para a atividade empresarial do Estado.

Para as estatais de menor faturamento (art. 1°, §§ 1° e 3°), conforme já analisado, poderá o chefe do respectivo poder executivo editar normas de governança mais simplificadas, desde que observadas as diretrizes gerais constantes do Estatuto.

197.5.3 *Restrições relativas à empresa pública*

O art. 11 do Estatuto proíbe as empresas públicas de emitir debêntures ou outros títulos conversíveis em ações, e bem assim partes beneficiárias. Essa norma restritiva, por afastar a legislação privada fora e além das matérias em que exceções são admitidas, seria inconstitucional, se não fosse apenas didática.

Afigura-se imanente à própria condição da empresa pública a proibição de emissão de títulos conversíveis em ações. Se o capital da empresa pública tem que ser inteiramente estatal, como admitir a emissão de título que, sendo conversível em ações, poderia, uma vez exercida a conversão, trazer uma participação privada para o capital da empresa pública? Esse efeito seria incompatível com a condição da empresa pública e, portanto, legalmente inadmissível.

Nada impede, todavia, que a empresa pública emita debêntures comuns como forma de financiar-se no mercado de capitais, hipótese em que deveria, previamente, obter os necessários registros na Comissão de Valores Mobiliários.

As partes beneficiárias, por afetarem os lucros da companhia, sem contrapartida no capital, e por poderem ser distribuídas gratuitamente ou mediante uma contraprestação não definida, tangenciam a prodigalidade, o que as torna incompatíveis com a condição da empresa pública. Assim, o Estatuto, ao vedar a sua emissão por empresa pública, não fez senão explicitar o óbvio.

197.5.4 *Arbitragem*

A arbitragem, como forma de solução de controvérsias entre acionistas e a sociedade ou entre acionistas controladores e minoritários, encontra-se expressamente admitida pelo Estatuto das Estatais (parágrafo único do art. 12), desde que regulada no estatuto social. Trata-se de mera reprodução do § 3º do art. 109 da Lei nº 6.404/1976, envolvendo questão altamente controvertida (ver seção 135.1).

A arbitragem negociada por meio de acordo de acionistas, ou mediante pacto firmado pelas partes interessadas, afigura-se perfeitamente aceitável. A imposição da arbitragem, por força de norma estatutária, atenta contra o princípio constitucional que consagra a universalidade da jurisdição oficial, a qual, com efeito, somente pode ser afastada quando as partes, livremente, e de forma expressa e específica, escolherem essa forma privada de jurisdição.

197.6 Acionista controlador

A União, o Estado, o Distrito Federal ou o Município, como controladores da sociedade de economia mista ou da empresa pública, têm, naturalmente, todas as responsabilidades e todas as prerrogativas que são inerentes à condição de controlador, e que se encontram consignadas na legislação própria da espécie societária adotada.

No caso da sociedade de economia mista, necessariamente uma sociedade anônima, essas responsabilidades se acentuam, uma vez que cabe ao controlador, como titular do poder de comando, velar não apenas pelo atendimento do interesse público que justificou a criação da sociedade, como ainda pelos demais interesses que nela se aglutinam e que são os interesses dos acionistas minoritários, dos empregados da empresa e da comunidade em que a sociedade se encerra (art. 116, parágrafo único, da Lei nº 6.404/1976). O controlador responde ainda por abuso de poder sempre que infringir os seus deveres legais, os quais vêm enumerados, de forma exemplificativa, na lei das sociedades anônimas (art. 117, § 1º). Se se tratar de uma companhia aberta, essas responsabilidades serão ainda maiores, uma vez que envolvem o dever de cumprir, na parte que lhe compete, todo o arsenal de normas e instruções expedidas pela CVM, cujo escopo é a proteção dos investidores de mercado, pequenos ou grandes, que alocaram seus capitais na empresa.

197.6.1 O controle compartilhado

O acionista controlador da sociedade de economia mista não está impedido de firmar acordo de acionistas e de, por meio desse pacto, assegurar aos sócios minoritários da companhia algumas parcelas de poder, tal como é comum acontecer em qualquer sociedade anônima privada. Esse compartilhamento do poder costuma ocorrer em sociedades fechadas, nas quais sócios estratégicos sejam associados ao empreendimento, com aportes de capital efetivamente vultosos. Nessas parcerias, os sócios privados, além de investirem valores elevados, ainda podem aportar à empresa tecnologia e experiência gerencial, configurando-se autêntica *joint venture*.

Na sociedade de economia mista, o poder público controlador deverá deter, obrigatoriamente, mais de metade do capital votante. A parcela restante do capital votante poderá pertencer a sócios privados, os quais poderão deter também a totalidade das ações preferenciais sem voto. Essa composição do capital permite que o poder público controlador, com uma participação minoritária no capital total, possa captar recursos substanciais para a sociedade, sem se desfazer do controle.

Todavia, sócios estratégicos, que tragam investimentos maciços para a sociedade, necessitam de regras estatutárias estáveis e de alguma forma de participação na gestão da empresa, objetivos que somente poderão ser alcançados mediante acordo de acionistas. Esses acordos poderão estabelecer normas que não apenas garantam a participação dos sócios minoritários na administração da sociedade, como ainda a manutenção de determinadas normas estatutárias, que apenas poderiam ser modificadas mediante consenso.

Essas concessões não significam o comprometimento do controle estatal, que se mantém efetivo, embora compartilhado. Grandes empresas privadas também se engajam, comumente, em acordos de acionistas, sem que isto represente o esgarçamento do controle.

A moderna sociedade de economia mista não reclama o poder absoluto do Estado, até porque a participação privada no processo de decisão da empresa favorece o profissionalismo da gestão, evitando o aparelhamento da companhia em favor de interesses políticos inferiores. A maioria do capital votante em poder do Estado garante a este a preservação do interesse público, enquanto o compartilhamento de parcelas do poder de decisão e gestão profissionalizam a administração, de modo a trazer à sociedade aptidão e eficiência, que é o que almeja o Estado ao se associar ao capital privado.[14]

O compartilhamento do poder de controle acarreta, naturalmente, o igual compartilhamento das responsabilidades que são inerentes a essa condição, de tal forma que os sócios minoritários que coparticiparem do controle também responderão, na medida e na extensão de suas prerrogativas, pelos deveres legais e estatutários que lhe sejam imputáveis.

197.6.2 Encargos especiais do controlador

O Estatuto (art. 14) atribui ao controlador o encargo de fazer constar do Código de Conduta e Integridade da empresa (art. 9º, § 1º) a vedação de divulgação, sem autorização do órgão interno competente, de informação que possa afetar a

---

[14]   Alexandre Santos de Aragão, forte em José Serpa de Santa Maria, Adilson de Abreu Dallari e Carlos Ari Sundfeld, refere-se ao controle compartilhado nos seguintes termos: "Dentro dessa lógica de atuação cada vez mais próxima do mercado, pautada pela busca de aperfeiçoamento e eficiência, o Estado pode, como forma de atrair os assim chamados "parceiros estratégicos", mitigar o exercício desse controle, seja através dos inúmeros instrumentos negociais de direito societário, como os acordos de acionistas e regras especiais constantes do estatuto social, como, também, através da adoção unilateral e voluntária de *standards* de governança corporativa (2017, p. 423).

cotação dos títulos da sociedade ou as suas relações com o mercado, com os seus consumidores ou com os seus fornecedores.

Procura-se, por meio de norma de caráter didático, sistematizar o dever de sigilo que deve permear a atividade empresarial. Cabe, todavia, não esquecer que, relativamente às companhias abertas, impõe-se estabelecer um necessário equilíbrio entre o dever de sigilo e o dever de informação. A fim de evitar a chamada informação privilegiada (*insider information*), deve-se manter o sigilo, mas, ao mesmo tempo, deve-se, no momento certo, divulgar amplamente toda notícia que possa, de alguma forma, influenciar a cotação das ações e dos demais títulos emitidos por sociedade de economia mista aberta. A matéria encontra-se, inclusive, regulada pela CVM mediante resoluções que disciplinam a chamada "divulgação de fato relevante". O uso indevido de informação privilegiada configura, inclusive, tipo penal específico (ver a seção 164.3).

Ressalta-se, ainda, no art. 14 antes referido, o dever do controlador de preservar a independência do conselho de administração, com isso enfatizando a autonomia dos seus membros, os quais, conforme consignado na própria lei das sociedades anônimas, têm atribuições e deveres próprios, que não se subordinam nem ao controlador nem aos acionistas que os indicaram.

Constitui, igualmente, encargo do controlador a estrita observância das normas que disciplinam o processo de escolha e indicação dos membros da administração e do conselho fiscal.

197.6.3 Abuso de poder

O acionista controlador da empresa pública e da sociedade de economia mista, vale dizer, o poder público, responde, como qualquer controlador, pelos atos praticados com abuso de poder. Essa responsabilidade, como não poderia deixar de ser (art. 15), será apurada e exercida nos termos e nas condições previstas na Lei nº 6.404/1976.

Quem serão os titulares da correspondente ação de responsabilidade civil a ser proposta contra o controlador? Essa titularidade, obviamente, pertence à própria sociedade prejudicada pelo abuso de poder, e pertence, igualmente, a qualquer acionista ou grupo de acionistas que preencha os requisitos legais, hipótese em que estes atuarão como substitutos processuais da companhia. Para tanto, deverão ser observadas as normas previstas no § 1º do art. 246 da Lei nº 6.404/1976, que exigem que o acionista, como condição para a propositura da ação, detenha 5% do capital ou preste caução pelas custas e pelos honorários que venham a ser eventualmente devidos. Sobre o tema, remete-se o leitor à seção 198.4, em que a matéria (responsabilidade civil da sociedade controladora) encontra-se analisada, inclusive com a demonstração de que a expressão "sociedade controladora", no caso, deve ser interpretada, por razões de lógica jurídica, de forma extensiva, de sorte a compreender qualquer controlador, seja este uma sociedade, um acionista individual, um grupo de acionistas, um condomínio acionário, um fundo de investimento, ou, e este é o caso da sociedade de economia mista, uma pessoa jurídica de direito público.

O Estatuto das Empresas Estatais (art. 15, § 2°) estabelece para essa ação um prazo de prescrição de seis anos contados da data em que foi praticado o ato abusivo. Trata-se de norma inconstitucional, pois os prazos de prescrição não se incluem no âmbito das matérias que poderiam ser objeto de disciplinamento especial. O prazo de prescrição a ser aplicado será, evidentemente, o previsto na legislação privada (Lei n° 6.404/1976) para as sociedades por ações em geral, e que, para as ações de reparação civil contra a sociedade de comando (art. 287, II, *b*), adota um prazo de três anos contados da data da publicação da ata que aprovar o balanço respectivo.

Prevê o § 1° do art. 15 do Estatuto que essa ação também poderá ser proposta pelo terceiro prejudicado. Ora, a ação do terceiro não é a ação do art. 246 da lei das sociedades anônimas, cuja titularidade material compete à própria sociedade controlada, que a exercerá diretamente ou através de seu substituto processual expresso, que é o acionista (art. 246, § 1°). O terceiro prejudicado poderá agir contra o controlador apenas e tão somente quando vier a sofrer um dano pessoal e direto que seja imputável ao controlador da empresa de que participa. No caso, não estará acionando no interesse da companhia de que participa, mas, sim, no seu próprio interesse, que deverá ser direto e pessoal. O prazo de prescrição, nesse caso, não se encontra regulado pela legislação societária, até porque a matéria estaria compreendida no âmbito da responsabilidade civil em geral, tal como regulada no Código Civil. Incorreu, portanto, o Estatuto em manifesta impropriedade ao misturar a ação social (*ut universi* ou *ut singuli*) com a ação individual do terceiro prejudicado.

197.7 Os administradores

Nessa matéria, começa o legislador por afirmar que, ressalvado o que dispõe o próprio Estatuto, o administrador da empresa pública e da sociedade de economia mista encontra-se submetido aos preceitos que emanam da Lei n° 6.404/1976. Acrescenta que são administradores tanto os membros de conselho de administração quanto os da diretoria, reproduzindo, assim, a mesma norma já consagrada na legislação das sociedades anônimas.

Inova, no entanto, o legislador ao estabelecer uma enorme lista de requisitos e vedações que se aplicam aos indicados para os cargos de conselheiro de administração e de diretor, e que, naturalmente, se somam às exigências que já decorrem da legislação comum e que são, basicamente, as de reputação ilibada, aptidão para o cargo e inexistência de impedimentos constantes de lei especial ou de condenação pela prática de crime de natureza econômica ou patrimonial ou que vede o acesso a cargos públicos. Nos casos de companhia aberta, também não são elegíveis para esses cargos os que houverem sofrido declaração de inabilitação pela CVM.

As exigências são, todavia, mais específicas e, certamente, destinam-se a melhorar a qualidade técnica e moral dos administradores das estatais. O processo de indicação torna-se, evidentemente, mais lento e mais burocratizado, mas, em compensação, haverá um ganho qualitativo, uma vez que as recomendações políticas, que continuarão inevitáveis, terão que passar pelo crivo das novas regras, as quais têm por objetivo evitar a nomeação de administradores despreparados ou que tenham antecedentes indesejáveis ou posição incompatível com o cargo a ser preenchido.

O sistema adotado (art. 17) estabelece requisitos e vedações. Dentre os **requisitos**, temos, no inciso I, predicativos alternativos, que devem se somar, cumulativamente, aos que se encontram indicados nos incisos II e III.

O pretendente a um cargo de conselheiro ou diretor deverá ter, na área de atuação da empresa ou em área conexa, **experiência profissional** mínima de: **a**) dez anos, no setor público ou privado, em função de direção superior; ou **b**) quatro anos, (i) em cargo de direção ou de chefia superior, entendendo-se como tal os dois níveis mais altos abaixo dos cargos de diretor estatutário, em empresa de porte ou objeto social semelhante ao da empresa estatal considerada, ou (ii) em cargo em comissão ou função de confiança (DAS-4 ou superior) no setor público, ou (iii) em cargo de docente ou pesquisador, que guarde correlação com o que se propõe a ocupar; ou **c**) quatro anos como profissional liberal em atividade direta ou indiretamente vinculada à da empresa considerada. Esses requisitos são alternativos, de tal forma que basta o preenchimento de um deles para que essa primeira exigência seja considerada atendida. Essa exigência de experiência poderá ainda ser considerada suprida (§ 5º), se o indicado para o cargo for empregado há pelo menos dez anos da própria empresa pública ou sociedade de economia mista, na qual tenha ingressado por meio de concurso público, além de ter nela ocupado, de forma exitosa, cargo de gestão superior.

Cumulativamente a esse primeiro requisito (inciso I), exige-se ainda que o pretendente ao cargo cumpra mais dois requisitos, quais sejam o de formação acadêmica compatível com o cargo (inciso II), além do não enquadramento (inciso III) nas hipóteses de inelegibilidade previstas na Lei Complementar nº 64/1990 (art. 1º, inciso I), com as alterações da Lei Complementar nº 135/2010. Assim, encontram-se excluídos os que não portarem título universitário e os que estiverem inseridos em quaisquer dos casos de inelegibilidade previstos na aludida lei complementar, que inclui, entre muitas outras, as hipóteses da "ficha suja" e a dos que sofreram a sanção de perda de cargo eletivo.

Aos requisitos somam-se as **vedações** (§ 2º do art. 17). Destinam-se estas a evitar que pessoas em posições politicamente estratégicas, mas nem sempre devidamente habilitadas, valham-se dessas posições e das conexões que delas decorrem para galgar as altas esferas da administração das estatais (conselho de administração e diretoria).

Com esse objetivo, impede o Estatuto das Estatais que as seguintes pessoas, e bem assim os seus parentes consanguíneos ou afins até o terceiro grau, possam ser indicadas para a administração das estatais: a) representante do órgão regulador respectivo; b) ministro de estado ou secretário estadual ou municipal; c) ocupantes de cargo em comissão, que não sejam titulares de cargos efetivos; d) dirigente de partido político; e) titular de mandato, ainda que licenciado; f) aquele que atuou, nos últimos 36 meses, na estrutura decisória de partido político ou na organização de campanha eleitoral; g) detentor de cargo em organização sindical; h) aquele que, nos últimos três anos, tenha contratado com a empresa ou seus controladores; i) quem quer que se encontre em situação de conflito de interesse com a empresa.[15]

Cabe promover, portanto, quando da indicação de administrador, um verdadeiro *checklist*, de modo a apurar se todos os requisitos e todas as vedações encontram-se devidamente observados. Segundo o Estatuto das Estatais (art. 10), deverá ser instituído, em cada sociedade, um Comitê Estatutário, cuja atribuição será auxiliar o controlador na tarefa de verificar se os indicados para cargos de conselheiro de administração e fiscal preenchem todas as condições legais para o exercício da função. Das reuniões do comitê, deverão ser lavradas atas, das quais constem, inclusive, as divergências de seus membros quanto aos nomes indicados para os cargos a serem preenchidos.

197.7.1 *Treinamento dos administradores*

Determina o Estatuto (art. 17, § 4º) que os administradores eleitos devem participar, quando da posse, e depois anualmente, de treinamento específico sobre: a) legislação societária e de mercado de capitais; b) divulgação de informações, controle interno e código de conduta; c) lei anticorrupção; d) demais temas relacionados às atividades da estatal.

Impõe a legislação, portanto, que os administradores sejam submetidos, independentemente de sua experiência anterior, a um verdadeiro curso de preparação para o cargo, assim como a uma reciclagem anual. Cabe assinalar, contudo, que,

---

[15] Na ADIn 7.331-DF, foi arguida a inconstitucionalidade dos incisos I e II do § 2º do art. 17 da Lei nº 13.303/2016 (Lei das Estatais), que estabelecem determinadas vedações para a indicação de integrantes dos conselhos de administração e das diretorias de empresas públicas, de sociedades de economia mista e suas subsidiárias. O STF, por maioria, julgou improcedente o pedido formulado na ação direta, declarando a constitucionalidade dos incisos I e II do § 2º do art. 17 da Lei nº 13.303/2016, vencidos os Ministros Ricardo Lewandowski (Relator), Nunes Marques, Flávio Dino e Gilmar Mendes, que julgavam parcialmente procedente a ação em diferentes extensões. Por unanimidade, o Tribunal manteve as nomeações ocorridas durante a vigência da liminar deferida pelo Relator em 16.03.2023 ou anteriormente a essa decisão. Foi fixada a seguinte tese de julgamento: "1. São constitucionais as normas dos incisos I e II do § 2º do art. 17 da Lei 13.303/2016, que impõem vedações à indicação de membros para o Conselho de Administração e para a diretoria de empresas estatais (CF, art. 173, § 1º)". Tudo nos termos do voto do Ministro André Mendonça, Redator para o acórdão. Não votou o Ministro Cristiano Zanin, sucessor do Relator. Presidência do Ministro Luís Roberto Barroso. Plenário, 09.05.2024.

considerados os requisitos de experiência e habilitação que já funcionam como condição para o exercício do cargo, esses cursos poderão ser bastante simplificados e sintéticos, desde que sistemáticos e elucidativos quanto aos deveres e responsabilidades dos administradores relativamente aos temas comtemplados na disposição legal antes citada.

197.7.2 Seguro de responsabilidade civil

Segundo o previsto no § 1º do art. 17 do Estatuto das Empresas Estatais, poderá o estatuto específico de qualquer dessas empresas "dispor sobre a contratação de seguro de responsabilidade civil pelos administradores". Trata-se de norma ambígua, uma vez que não fica claro se o preceito contempla a contratação do seguro como ônus do administrador ou como ônus da sociedade.

De qualquer sorte, como se cuida de norma simplesmente permissiva, poderá o estatuto da empresa disciplinar ou não a matéria, e, ao fazê-lo, optar pela contratação do seguro de responsabilidade civil como um encargo do administrador ou como um dever da própria sociedade, que arcará com o seu custo.

Muitas empresas, inclusive estatais, tanto no Brasil como no exterior, já vinham praticando, a expensas próprias, a contratação de seguro de responsabilidade civil de seus administradores.

Cabe lembrar que o administrador não é pessoalmente responsável "pelas obrigações que contrair em nome da sociedade e em virtude de ato regular de gestão" (art. 158 da Lei nº 6.404/1976). As obrigações contraídas, por serem obrigações da sociedade, apenas comprometem o patrimônio social. Ainda que esses atos tenham causado danos à sociedade ou a terceiros, esses efeitos apenas alcançarão a própria sociedade, posto que a esta serão imputados.

Respondem, todavia, os administradores pelos danos que causarem à sociedade ou a terceiros sempre que se desviarem dos padrões de conduta deles exigíveis, procedendo, ainda que dentro de suas atribuições, com culpa ou dolo, ou quando agirem com violação da lei ou dos estatutos (art. 158, I e II, da Lei nº 6.404/1976). Tais desvios de comportamento acarretam a responsabilização civil dos administradores, tanto perante a sociedade como perante terceiros.

A responsabilidade civil dos administradores bifurca-se, porém, em duas categorias totalmente distintas. A primeira concerne a atos dolosos, eivados de má-fé, ou contaminados pela negligência ou desatenção ao interesse da empresa, assim acarretando a obrigação do administrador de indenizar as perdas e danos causados à empresa ou a terceiros. A segunda compreende atos que embora decorrentes de erro, imprudência, imperícia, infração à lei ou ao estatuto, fundaram-se na lealdade à empresa e aos seus interesses e tiveram na boa-fé a sua qualificação evidente.

Essa segunda categoria de atos tanto pode afastar a responsabilidade civil dos conselheiros e diretores por eventuais danos sofridos pela companhia (art. 159, § 6º, da Lei nº 6.404/1976), como propicia a esta a condição de preservá-los contra

Cap. XXXVIII • EMPRESAS ESTATAIS | 421

ações propostas por terceiros, o que poderá ser feito por meio da contratação de seguro de responsabilidade civil.

O seguro também poderia cobrir as responsabilidades que os administradores assumem pessoalmente, quando, em se tratando de companhias abertas, têm que fazer declarações relativas à empresa perante o mercado ou órgãos regulatórios, situação muito comum quando a sociedade, especialmente em programas de ADR (ver a seção 68.2), necessita cumprir as exigências de agência reguladoras, como é o caso da SEC americana.

Poderia ainda o seguro abranger as situações em que, por força da desconsideração da personalidade jurídica, órgãos da justiça (especialmente da justiça do trabalho), às vezes sem qualquer fundamento válido, redirecionam a execução de dívida da empresa para a pessoa do administrador, com a penhora, inclusive, do respectivo patrimônio pessoal.

197.7.3 Conselho de administração

A lei das sociedades anônimas não exige, para as companhias em geral, a adoção de conselho de administração, o qual é obrigatório apenas nas companhias abertas e nas de capital autorizado. O Estatuto das Estatais prescreve, porém (art. 13, I), tanto para a empresa pública como para a sociedade de economia mista, "a constituição e o funcionamento do conselho de administração". Essa exigência, assim tão genérica, não se justificaria, pois, em alguns casos, de pequenas estatais, o conselho poderia ser dispensado, por desnecessário, evitando-se ademais os custos envolvidos na sua atuação, hipótese em que as suas atribuições poderiam ser conferidas à diretoria, que, no caso, poderia atuar como colegiado. Entretanto, considerados os termos empregados pelo art. 13, a adoção do conselho afigura-se inevitável, salvo com relação às empresas de faturamento inferior a R$ 90 milhões, e desde que o chefe do poder executivo do respectivo ente federativo tenha editado regulamento simplificado que exclua ou modifique esses parâmetros (ver a seção 197.1). Os demais parâmetros a seguir analisados, e que se referem à administração e ao conselho fiscal, também poderão, nas mesmas condições, ser objeto de simplificação.

O conselho de administração, nas sociedades anônimas em geral, deverá contar, no mínimo, com três cargos de conselheiro. Nas empresas estatais (art. 13, I, do Estatuto), esse mínimo encontra-se fixado em sete cargos, havendo ainda a estipulação de um número máximo de onze conselheiros. Para as sociedades anônimas em geral, o número máximo encontra-se em aberto.

Nas estatais, o prazo do mandato não poderá ser superior a dois anos, encurtando-se, assim, o prazo máximo de três anos previsto na Lei nº 6.404/1976, que também não estabelece limite máximo para eleições consecutivas. Para as estatais, prescreve-se o limite de três reconduções consecutivas.

As regras adotadas pelo Estatuto das Estatais afiguram-se inconvenientes na medida em que impõem o número mínimo de sete membros, que pode se mostrar excessivo em alguns casos, assim como um limite máximo de onze, que pode se mostrar insuficiente na hipótese de macroempresas estatais. O limite de mandatos consecutivos também tem o efeito pernicioso de determinar a substituição de conselho de administração que venha atuando, eventualmente, de forma exitosa.

Explicita, outrossim, o Estatuto (art. 20) que os membros da administração pública, vale dizer, os servidores públicos em geral, não poderão participar, de forma remunerada, de mais de dois conselhos de administração ou fiscal. Fica, então, subentendido que, ausente a remuneração, a participação poderá se multiplicar.

No que tange às atribuições do conselho de administração, além daquelas funções que decorrem da lei das sociedades anônimas, outras lhe são irrogadas (art. 18), tais como: aprovação e acompanhamento das práticas de governança corporativa e da política de gestão de pessoas e do código de conduta; supervisão dos sistemas de gestão de riscos, inclusive no que tange à integridade das informações contábeis e à prevenção de ocorrências de corrupção e fraude; política de porta-vozes, de modo a evitar contradições; avaliação dos diretores e dos membros dos comitês. Compete, ainda, ao conselho de administração (art. 23) aprovar as metas e resultados, assim como o plano de negócios e a estratégia de longo prazo, a serem alcançados e cumpridos pela diretoria, que para tanto sofrerá a fiscalização do mesmo conselho.

Além disso, encontra-se vinculado ao conselho de administração, como órgão auxiliar (art. 24), o comitê de auditoria estatutário, que atuará como um colegiado, composto por três a cinco membros, e com uma ampla gama de atribuições, que compreendem, entre outras, a de supervisionar os auditores independentes e as áreas de controle e auditoria internas, assim como a de avaliar e monitorar a exposição a riscos, a remuneração da administração e os gastos ocorridos em nome da empresa. O comitê encontra-se também habilitado a receber denúncias, inclusive sigilosas, de origem interna ou externa. As condições mínimas para integrar o comitê encontram-se arroladas no § 1º do art. 25 do Estatuto, que também exige (§ 2º) que um dos membros do comitê tenha reconhecida experiência em contabilidade societária.

Esses encargos adicionais tornam a função de conselheiro de estatal muito mais onerosa do que nas demais sociedades, e exige, para que se torne efetiva, uma estrutura de apoio bastante sofisticada. A presença dos conselheiros terá que ser muito mais constante, não se resumindo, como ocorre nas sociedades em geral, à simples participação em reuniões periódicas. Pode-se até mesmo afirmar que, nas empresas estatais, ganhou o conselho de administração uma enorme proeminência, que o afasta claramente do papel que lhe é destinado pelo direito comum das sociedades anônimas. O conselho de administração das estatais aproxima-se, com efeito, do *board of directors* do direito norte-americano, uma vez que os diretores passam a sofrer, tal como se fossem *executive officers*, uma permanente ingerência do colegiado, tanto no planejamento como na execução de suas ações, todas sujeitas à supervisão e à fiscalização daquele organismo.

197.7.3.1 Conselheiros representantes de acionistas minoritários e de empregados

A legislação das sociedades anônimas estabelece regras e condições para a participação dos acionistas minoritários no conselho de administração, sendo que, quando não atendidas essas condições, esses acionistas minoritários não serão representados. Nas empresas estatais, a representação encontra-se garantida, independentemente de qualquer condição.

Relativamente à representação dos empregados, que é facultativa nas demais empresas, nas estatais ela se torna obrigatória, tal como já o era, por força da Lei nº 12.353/2010, que permanece em vigor.

197.7.3.2 Conselheiro representante dos minoritários

Na sociedade anônima, os acionistas minoritários e preferenciais (ver a seção 159), desde que detentores de determinado volume de participação no capital, habilitam-se à eleição em separado de representante no conselho de administração. Essa representação também poderá ser obtida através do voto múltiplo. Nas estatais, os minoritários, qualquer que seja a sua participação no capital, ainda que irrisória, poderão eleger um dos membros do conselho de administração. Esse privilégio não afasta o direito de, optando pelo voto múltiplo, e se for o caso, elegerem os minoritários um número superior de conselheiros (art. 19, § 2º).

Nas empresas públicas, cujo capital é inteiramente estatal, os sócios minoritários serão pessoas jurídicas de direito público ou entidades de administração indireta que participem do capital da sociedade, mas que não se encontrem sob a órbita de poder do controlador. Essa situação, na prática, é, porém, excepcional, uma vez que as empresas públicas não costumam contar com sócios minoritários, e, assim mesmo, quando os têm, situam-se todos, em regra, sob a mesma esfera de poder, não configurando assim, sob o aspecto substancial, uma efetiva minoria.

197.7.3.3 Conselheiro representante dos empregados

Os empregados, pela lei geral das sociedades anônimas, poderão, se o estatuto assim estabelecer, contar com um representante no conselho de administração. Trata-se de mera possibilidade, cuja implementação depende de decisão do poder de controle, que introduzirá ou não essa norma no estatuto social.

Nas empresas estatais, essa representação é compulsória, encontrando-se prevista no Estatuto das Estatais (art. 19, § 1º), que contempla, para esse efeito, os empregados "da empresa pública, da sociedade de economia mista e de suas subsidiárias e controladas e das demais empresas em que a União, direta ou indiretamente, detenha a maioria do capital social com direito a voto." A norma abrange todo o universo das empresas sob controle estatal, devendo-se, inclusive, entender que a referência à União deve ser interpretada de forma extensiva aos estados, Distrito Federal e municípios, pois não seria razoável que uma lei geral sobre empresas estatais, que regulamenta uma disposição constitucional, operasse qualquer distinção entre as diferentes esferas de governo.

A forma de escolha do representante dos empregados encontra-se disciplinada pela Lei nº 12.353/2010, que prevê um colégio eleitoral formado pelos empregados ativos da sociedade, os quais, mediante voto direto, em eleição organizada pela empresa, em conjunto com a entidade sindical respectiva, elegerão um dos membros do conselho de administração. Trata-se, portanto, de processo eleitoral que refoge à competência da assembleia geral.

Cabe, contudo, assinalar que todos os requisitos e vedações estabelecidos no Estatuto das Estatais, como condição de elegibilidade para cargo de conselheiro, serão plenamente aplicáveis ao conselheiro representante dos empregados. Assim, se nenhum empregado cumprir as exigências legais para o exercício do cargo, essa vaga não será preenchida.

Serão também imponíveis ao conselheiro empregado todos os preceitos legais sobre conflito de interesses, do que decorre a sua inabilitação para votar em propostas que envolvam relações sindicais ou qualquer matéria de interesse específico dos empregados (art. 2º, § 3º, da Lei nº 12.353/2010).

Preceitua a Lei nº 12.353/2010 (art. 5º) que, nas empresas com menos de duzentos empregados, não terão estes o direito de eleger representante no conselho de administração. Essa norma, à primeira vista, poderia parecer conflitante com o art. 19 do Estatuto das Estatais, que garante a participação dos empregados no conselho. Todavia, considerando que o próprio Estatuto (§ 1º do mesmo art. 19) submete essa representação às normas previstas na Lei nº 12.353/2010, o conflito se dissipa em favor da legislação regulamentar invocada.

197.7.3.4 Conselheiro independente

O Estatuto das Estatais, inspirado nos códigos de governança corporativa, que operam no âmbito da autorregulação, incorpora a figura do conselheiro independente e dispõe no sentido de que 25%, no mínimo, dos membros do conselho sejam independentes. Assim sendo, tem o controlador o dever de observar, relativamente aos conselheiros que eleger, que um quarto destes atenda às características arroladas pelo legislador (art. 22, § 1º) como indicativas da almejada independência.

O conselheiro, para ser classificado como independente, deve preencher os seguintes requisitos: a) não pode ter ou ter tido nos últimos três anos, ainda que como empregado ou diretor, qualquer vínculo com a empresa considerada ou suas controladas ou coligadas, salvo participação no capital social; b) não ser cônjuge ou parente consanguíneo ou afim até o terceiro grau do respectivo chefe do poder executivo, ou de seus ministros ou secretários, ou ainda de administrador da sociedade de economia mista ou da empresa pública objetivada; c) não ser fornecedor ou comprador, direto ou indireto, nem tampouco funcionário ou administrador de empresa ou entidade que mantenha ou se proponha a manter relações comerciais com a empresa estatal em questão; d) não receber da empresa estatal qualquer outra remuneração senão aquela inerente ao cargo de conselheiro, salvo eventuais dividendos, caso seja acionista.

Esses conselheiros independentes, se adotado o voto por chapa, que é o que normalmente acontece, serão todos eleitos pelo controlador, o qual, todavia, terá que observar, com relação aos conselheiros independentes, os requisitos impostos pelo legislador. O número de conselheiros independentes será fixado no estatuto, que observará o mínimo de 25%, com arredondamento para mais quando a fração for igual ou superior a cinco décimos, e para menos quando inferior aos mesmos cinco décimos. Assim, se forem sete os conselheiros, e considerando que 25% de sete correspondem a 1,75, serão dois os conselheiros independentes.

Requerido, porém, o voto múltiplo (ver a seção 159), a eleição observará o critério da proporcionalidade, com o que minoritários elegerão os seus representantes no conselho, restando para o controlador um número de conselheiros que corresponderá a sua participação no capital votante. Nesse caso, como os minoritários poderão eleger os seus representantes, que, em tese, seriam independentes, o controlador estará obrigado a eleger, se for o caso, apenas os conselheiros independentes que forem necessários para completar a cota mínima.

O conselheiro eleito pelos empregados não será computado na cota dos conselheiros independentes (art. 22, § 3º), mas aqueles que forem eleitos pelos minoritários, por força do art. 19, § 2º, que lhes garante a eleição de um conselheiro, serão considerados independentes (art. 22, § 4º), e como tal computados.

Essa eleição de conselheiro pelos minoritários configura uma espécie de voto em separado (ver seção 159), e, por essa razão, os sócios minoritários da economia mista, ainda que preencham as condições do art. 141, § 4º, I, da Lei nº 6.404/1976, para a eleição de um conselheiro em separado, não farão jus à eleição de mais um conselheiro, pois, se o fizessem, estaria havendo uma duplicação, de todo incompatível com a finalidade da lei, cujo escopo foi o de apenas garantir um representante, independentemente do número de ações detidas pelos acionistas minoritários da empresa estatal.

Caso tenha a sociedade de economia mista, em seu quadro social, acionistas preferenciais, e desde que estes detenham votos suficientes para requerer o voto em separado (art. 141, § 4º, II, da Lei nº 6.404/1976), e através dele eleger um conselheiro, este, por razões de lógica jurídica, posto que não teria sido eleito pelo controlador, também seria computado como conselheiro independente.

197.7.4 Diretoria

A diretoria das empresas estatais será composta de, no mínimo, três diretores, adotando-se, portanto, uma regra distinta da que vigora para a sociedade anônima em geral, a qual poderá ter apenas um diretor. O mandato será de, no máximo, dois anos, o que excepciona igualmente a regra geral, que admite um mandato de até três anos. Exige ainda o estatuto que os mandatos dos conselheiros e diretores sejam unificados, o que significa dizer que se iniciarão e terminarão na mesma data. Consequentemente, como diretores e conselheiros poderão ser destituídos a qualquer tempo, o substituto, nesse caso, será sempre eleito para complementar o mandato daquele que foi destituído. Os diretores, tal como os conselheiros, têm a sua recondução ao cargo, quando consecutiva, limitada a três. Assim, o limite máximo será de quatro mandatos consecutivos (o mandato original e mais três reconduções).

A investidura do diretor, vale dizer a sua posse, depende da assunção de compromisso com metas e resultados estabelecidos e fiscalizados pelo conselho de administração, e que deverão ser alcançados nos prazos fixados.

Os diretores encontram-se também obrigados a submeter à aprovação do conselho de administração, a cada ano, plano de negócios para o exercício seguinte e estratégia de longo prazo para os próximos cinco anos. O conselho de administração, sob pena de responder por omissão, deverá acompanhar e analisar a execução do plano de negócios e o atendimento das metas e resultados, fazendo publicar as suas conclusões, que serão informadas ao poder legislativo e ao tribunal de contas respectivo. Informações estratégicas, que devam ser mantidas em sigilo, não deverão ser incluídas na publicação.

197.8 Conselho fiscal

Com relação ao conselho fiscal, cumpre assinalar que esse órgão, segundo a Lei nº 6.404/1976 (art. 161), conforme dispuser o estatuto da sociedade, terá funcionamento permanente ou não. No caso das empresas estatais, a permanência encontra-se compulsoriamente estabelecida pela Lei nº 13.303/2016 (art. 13, IV). Trata-se, portanto, nessa condição, de órgão de funcionamento permanente. Os seus membros terão mandato de, no máximo, dois anos, encontrando-se as reconduções consecutivas limitadas a duas.

Os membros do conselho, pela lei geral, devem ser portadores de nível universitário **ou** ter experiência mínima de três anos como administrador de empresa ou conselheiro fiscal. Tais requisitos são, pois, alternativos. Nas estatais, exige--se, porém, cumulativamente, esses mesmos requisitos, com a diferença de que a formação acadêmica deva ser compatível com a função (contabilidade, finanças ou administração de empresas) e, quanto à experiência mínima de três anos, acrescenta o Estatuto que poderá ser também em cargo de direção ou assessoramento na administração pública.

O conselho fiscal, pela Lei nº 6.404/1976, terá de três a cinco membros, conforme dispuser o estatuto, estando assegurada aos acionistas preferenciais a eleição de um desses membros. Os acionistas minoritários, se detentores de um mínimo de 10% do capital votante, também farão jus à eleição do seu representante no conselho. Na empresa estatal, essa representação dos minoritários independe do grau de participação no capital, estando assegurada mesmo na hipótese de participação irrisória.

O Estatuto das Estatais dispõe ainda no sentido de que o controlador, que é o poder público, contará com pelo menos um membro do conselho que seja "servidor público com vínculo permanente com a administração pública", ou seja, um funcionário público efetivo. Os demais conselheiros eleitos pelo poder público poderão não preencher essa condição.

O controlador terá sempre, contudo, o direito de eleger tantos membros do conselho fiscal quantos sejam os eleitos pelos acionistas minoritários e preferenciais mais um (art. 161, § 4º, *b*, da Lei nº 6.404/1976). Assim, mesmo que o conselho fiscal, segundo o estatuto, seja composto de três membros, se dois forem eleitos pelos minoritários e preferenciais, o controlador terá o direito de eleger três membros, garantindo assim a sua supremacia no órgão.

197.9   A função social da empresa estatal

As sociedades em geral, por deterem a titularidade empresarial, encontram-se sujeitas aos princípios gerais da ordem econômica, que consagram a função social da propriedade, nos termos do disposto no art. 170, III, da Constituição Federal. No caso das estatais, essa função social ganha um relevo especial, uma vez que se acha qualificada pelo imperativo de segurança nacional ou pelo relevante interesse coletivo que justificou a sua criação (art. 173 da mesma Constituição).

Exige o Estatuto das Empresas Estatais (art. 2º, § 1º) que a lei que autorizar a constituição de empresa pública ou de sociedade de economia mista indique, de forma clara, o relevante interesse coletivo ou o imperativo de segurança nacional que justifica a criação da empresa. A partir dessa indicação, preceitua o Estatuto (art. 27) que a função social da estatal será a realização do interesse coletivo ou o atendimento do imperativo de segurança nacional indicados na respectiva lei autorizativa. A fim de melhor positivar essa vinculação, determina a Lei nº 13.303/2016 (art. 8º, I) que os conselheiros de administração firmarão uma carta anual, na qual explicitarão as políticas públicas que serão desenvolvidas, a fim de atender ao interesse coletivo ou ao imperativo de segurança nacional que justificou a criação da sociedade, para tanto informando os recursos a serem empregados e os correspondentes impactos financeiros. Essa carta, embora a lei não o declare, deverá ser dirigida ao poder público controlador.

Essa indicação (do interesse coletivo ou do imperativo de segurança nacional), que deverá constar obrigatoriamente das novas leis autorizativas, não era comum no passado, até porque essa exigência, nada obstante se encontrasse latente, carecia de explicitação. Cabe, assim, no que concerne às antigas estatais, cujas leis foram silentes, inferir, a partir de seu objeto social, qual o interesse coletivo ou imperativo de segurança nacional que justificou a sua criação.

Independentemente, no entanto, da diretriz básica indicada na lei autorizativa, o Estatuto das Estatais estabelece, com relação à função social da entidade, alguns parâmetros que deverão ser perseguidos pelos controladores e administradores, e que são, resumidamente, os seguintes: I – alcançar o bem estar econômico, mediante: a) ampliação economicamente sustentada do acesso dos consumidores aos produtos ou serviços desenvolvidos pela empresa; b) desenvolvimento ou emprego de tecnologia brasileira, desde que economicamente justificável; II – adoção de práticas de sustentabilidade ambiental e responsabilidade social corporativa compatíveis com o mercado em que atuam; III – celebração de contratos de patrocínio para promoção de atividades culturais, sociais, esportivas, educacionais e de inovação tecnológica, desde que vinculadas ao fortalecimento de sua marca.

Convém acentuar que a função social, que nas empresas estatais apresenta uma intensidade maior do que nas demais empresas, deve ser desenvolvida e praticada nos limites das possibilidades econômicas e financeiras da entidade. Nenhuma sociedade pode prescindir da estabilidade financeira, que é a condição de sua subsistência como empresa.

Toda e qualquer sociedade tem na busca do lucro a sua condição existencial. É com base no lucro que a sociedade cresce, ganha longevidade e alcança o objetivo de atender aos interesses representados pelo objeto social a ser atingido, pela sua função social e pelo interesse dos seus acionistas.

As empresas estatais somente exercem efetivamente o seu papel quando são capazes de produzir lucro para, através dele, exercer a sua função social, remunerar os seus acionistas, inclusive o poder público, manter e desenvolver os seus empregados, além de atender eficientemente os consumidores de seus produtos ou serviços.

Quando a empresa estatal não persegue o lucro, passando a depender do orçamento público, nada a justifica. A sua criação não teria passado de um mero equívoco, posto que, em seu lugar, deveria ter sido criada uma autarquia ou uma fundação pública.

Impõe-se, todavia, lembrar que o lucro a ser perseguido pela sociedade de economia mista, como também por qualquer empresa privada, é aquele que se situa nos limites da normalidade, e não o que extrapola os padrões da razoabilidade, caminhando para a deformação que conduz ao lucro abusivo.

197.9.1 Despesas com publicidade e patrocínio

Embora o Estatuto, como indicado na seção 179.9, refira os contratos de patrocínio de atividades culturais, sociais, esportivas, educacionais e de inovação tecnológica, desde que vinculados ao fortalecimento da marca, como inerentes à função social da empresa estatal, cumpre observar que as despesas gerais com publicidade e patrocínio encontram-se limitadas, em cada exercício, a 0,5% da receita operacional do ano anterior, podendo ser elevadas para até 2%, mediante proposta da diretoria, baseadas em parâmetros de mercado e aprovação do conselho de administração (art. 93). Anote-se, ainda, que, em ano eleitoral para cargos do respectivo ente federativo, essas despesas não poderão exceder nem a média de gastos dos últimos três anos que antecedem o pleito, nem tampouco o montante dos gastos incorridos no ano imediatamente anterior. Esses limites são cumulativos.

Caberia indagar se essa limitação encontraria respaldo nas exceções à legislação privada, de que trata o art. 173, § 1º, da Constituição Federal, e que, portanto, poderiam ser regulamentadas pelo Estatuto das Estatais. A resposta a essa indagação afigura-se positiva, em primeiro lugar porque se insere no contexto da função social, que se encontra expressamente prevista no rol das possíveis exceções, e depois porque tem uma conotação de ordem ética, que a situa no âmbito específico do princípio da moralidade, aplicável a toda a administração pública.

197.10 Licitações e contratos

As licitações e os contratos das sociedades de economia mista e empresas públicas, assim como de suas subsidiárias, passaram a reger-se pelo Título II do Estatuto das Estatais, que, assim, e para tal fim, substituíram a Lei Geral de Licitações. Além disso, foram revogados os regimes especiais, decorrentes da Lei nº 3.890-A/1961 e da Lei nº 9.478/1997, que disciplinavam as licitações da Eletrobrás e da Petrobras, respectivamente.

Essa disciplina das licitações e contratos das empresas estatais vem solucionar uma velha controvérsia, pois sempre se discutiu até onde e em que casos a Lei Geral das Licitações (atualmente a Lei nº 14.133/2021) era aplicável às empresas públicas e sociedades de economia mista. A venda dos bens produzidos ou comercializados por essas entidades em virtude de suas finalidades já estava dela excluída, até mesmo porque seria impraticável promover uma licitação para comercializar os próprios produtos.

O Estatuto submete, no geral, as atividades das empresas públicas e sociedades de economia mista e, obviamente, também, as de suas subsidiárias ao processo licitatório, mas, por meio de norma expressa (art. 28, §§ 3º e 4º), exclui, de forma ampla, da observância desse processo, todos os casos em que houver: a) a comercialização de produtos, a prestação de serviços ou a execução de obras especificamente relacionadas com o exercício do respectivo objeto social; b) a escolha de parceiro com características particulares, vinculadas a oportunidades de negócio, que justifiquem a inviabilidade de procedimento competitivo, como tais sendo consideradas as parcerias em geral, as associações de natureza societária ou contratual e as operações realizadas no mercado de capitais.

Fica, portanto, definitivamente consagrado o entendimento de que as empresas estatais, no que tange ao exercício de seu objeto social (venda de seus produtos ou prestação de seus serviços), atuarão como qualquer empresa privada. Encontram-se igualmente autorizadas a firmar parcerias, de qualquer natureza, com sócios estratégicos, que serão escolhidos em função de suas qualidades, que deverão estar justificadas, mas sem necessidade de um processo competitivo, que somente dificultaria a escolha, uma vez que não há como definir, por critérios objetivos, as afinidades eletivas que sejam capazes de identificar um sócio estratégico.

Afigura-se relevante ressaltar que foi, também, dirimida uma antiga controvérsia, uma vez que, entre as várias hipóteses de dispensa de licitação, foi incluída a contratação entre empresas públicas ou sociedades de economia mista e suas respectivas subsidiárias para a aquisição ou alienação de bens e prestação de serviços que se relacionem com o objeto social da contratada, desde que os preços sejam compatíveis com os vigentes no mercado (art. 29, XI). Fica, portanto, elucidado, conforme já determinava a boa razão, que as empresas estatais de uma mesma esfera de poder independem de licitação para se contratarem umas às outras. Essa regra, pelas mesmas razões, poderá alcançar, mediante interpretação extensiva, as contratações entre as empresas estatais e o poder público que as controla.

Instituiu-se, com a nova regulação, um verdadeiro código de licitações destinado, de forma exclusiva, às empresas estatais, que passam a contar com regras próprias a respeito dos casos em que a licitação é exigida, assim como das situações em que ocorre a sua dispensa ou inexigibilidade. O processo licitatório em si mesmo foi objeto de exaustiva disciplina que se estende, inclusive, às características especiais que deverão presidir a formulação dos consequentes contratos. Cabe, entretanto, observar que o complexo normativo concernente a licitações e contratos das empresas estatais, por constituir uma área especializada, ultrapassa os objetivos deste livro, deixando, assim, de ser analisado no seu todo.

197.11   A fiscalização pelo Estado e pela sociedade

Independentemente da fiscalização das estatais pelos vários organismos de controle interno, que foram instituídos pelo Estatuto, bem como dos que já resultam da legislação ordinária, cuidou, ainda, o legislador, em cumprimento do disposto no inciso I do art. 173, § 1º, da CF, de ordenar um sistema de controle externo, de que participam os tribunais de contas e o próprio cidadão.

Os órgãos de controle externo (art. 85), especialmente os tribunais de contas, terão amplo e irrestrito acesso às informações e aos documentos das empresas estatais, inclusive das que forem domiciliadas no exterior, e até das que revestirem caráter transnacional, de modo a poderem avaliar a legitimidade, a economicidade e a eficácia da respectiva gestão. As informações sigilosas deverão, todavia, sob pena de responsabilização, ter a sua confidencialidade preservada pelos organismos que, institucionalmente, a elas tiverem acesso. Trata-se do que vem sendo designado como "transferência do sigilo".

Ressalva, outrossim, o Estatuto (art. 90) que as ações e deliberações dos órgãos de controle, e entre estes devemos incluir os tribunais de contas (ver a seção 195), não poderão implicar ingerência na gestão das empresas, que é privativa dos seus administradores.

Enuncia-se, igualmente (art. 89), que a supervisão ministerial ou das secretarias estaduais ou municipais não tem o condão de reduzir ou suprimir a autonomia da empresa estatal, que é inerente à condição de pessoa jurídica, não autorizando, portanto, qualquer forma de ingerência na atuação da empresa, salvo a que resulta da relação societária que compete ao poder público controlador.

A fiscalização pelo cidadão encontra-se assegurada por meio dos seguintes mecanismos: a) impugnação, por qualquer cidadão, de edital de licitação que não observe a legislação aplicável (art. 87, § 1º); b) representação ao tribunal de contas, por qualquer pessoa física ou jurídica, em face de irregularidade na aplicação do Estatuto (art. 87, § 2º); c) disponibilização, para conhecimento público, de informações relativas à execução orçamentária e contratual da sociedade (art. 88).

XXXIX
CONTROLADORAS E CONTROLADAS

198. Controladas e coligadas; **198.1.** Sociedades controladas; **198.2.** Sociedades coligadas; **198.3.** Relações entre controladoras, controladas e coligadas; **198.4.** Responsabilidade civil da sociedade controladora; **198.5.** Investimentos, demonstrações consolidadas e Código Civil; **199.** Participação recíproca; **200.** Subsidiária integral; **201.** Alienação de controle; **201.1.** Aquisição de controle de sociedade por companhia aberta; **202.** Oferta pública para aquisição de controle; **203.** Incorporação de companhia controlada; **204.** Grupo de sociedades; **205.** Consórcio.

198 CONTROLADAS E COLIGADAS

198.1 Sociedades controladas

A definição de controlada (art. 243, § 2º) guarda inevitável correlação com a definição de acionista controlador (art. 116), porquanto uma e outro representam os dois lados de uma mesma realidade – a relação de controle.

Ambas as definições apoiam-se no poder que tem o controlador de comandar as assembleias, não importando tratar-se de controle majoritário ou minoritário (ver seções 141 e 142).

Algumas distinções devem, contudo, ser ressaltadas.

A definição de controlada poderia ser inferida naturalmente da de acionista controlador.

O legislador, ao trazê-la expressamente para o texto legal, exatamente para o capítulo que cuida de "Sociedades Coligadas, Controladoras e Controladas" objetivou, com efeito, a disciplina da controlada em face da sociedade controladora, no que, inclusive, é explícito:

> Art. 243. [...]
>
> § 2º Considera-se controlada a sociedade na qual a *controladora*, diretamente ou através de outras controladas, é titular de direitos de sócio que lhe assegurem, de modo permanente, preponderância nas deliberações sociais e o poder de eleger a maioria dos administradores.

Anote-se que o art. 243 não exigiu, como fez o art. 116, que a sociedade controladora "use efetivamente seu poder", como condição para a caracterização do controle.

No caso do sócio pessoa física, não basta o poder teórico, pois, para que alguém seja controlador, é preciso ter e usar esse poder. Tratando-se de sociedade, contentou-se o legislador com a simples circunstância do poder. A sociedade que, de forma direta ou indireta, tem o poder de conduzir uma outra sociedade terá nesta uma controlada, ainda que não exerça de fato esse poder.

A distinção inspira-se na constatação de que uma sociedade, considerado o profissionalismo que rege a sua atuação, não poderá deixar de exercer o poder de que dispõe;[1] a eventual omissão não excluirá nem reduzirá as suas responsabilidades e deveres, sem prejuízo de igual comprometimento daquele que eventualmente for o efetivo agente do controle.

198.2 Sociedades coligadas

Há sociedades que, embora não sujeitas ao controle, encontram-se a outras ligadas em virtude da relação de participação entre elas existente. Quando, consideradas duas sociedades, uma detenha influência significativa sobre a outra, essas companhias serão consideradas coligadas. Preceitua a lei (§ 4º do art. 243 da Lei nº 6.404/1976) "que há influência significativa quando a investidora detém ou exerce o poder de participar nas decisões das políticas financeira ou operacional da investida, sem controlá-la", presumindo-se essa influência (§ 5º) "quando a investidora for titular de pelo menos 20% dos votos conferidos pelo capital votante da investida". Trata-se, evidentemente, de uma presunção relativa.

A coligação corresponde, portanto, a um nível de influência que não seja capaz de conduzir ao controle, haja vista a possibilidade de controlar-se uma companhia (controle minoritário) com, por exemplo, 20% do capital ou até com uma participação inferior.

O Código Civil, no que tange às demais sociedades, regulou as controladas em termos aproximados aos que vigoram para a sociedade anônima, mas, no que tange às coligadas, regulou-as diferentemente, estabelecendo que são coligadas as sociedades de cujo capital outra participe com 10% ou mais, sem controlá-la

---

[1]   Esse poder, todavia, se não envolver o controle majoritário, que se afirma por si mesmo, dependerá de um exercício efetivo, uma vez que o controle minoritário apenas se expressa quando efetivamente exercido. Convém, porém, lembrar que o controle majoritário também poderá decorrer, pura e simplesmente, de um acordo de acionistas ou da formação de um grupo de controle, condição que por si só já configuraria o controle e bem assim as responsabilidades que dele decorrem.

Cap. XXXIX · CONTROLADORAS E CONTROLADAS | **435**

(art. 1.099 do CC, que foi ressalvado pelo art. 46, parágrafo único, da Lei nº 11.941/2009, mantendo-se assim em vigor).

198.3 Relações entre controladoras, controladas e coligadas

As relações entre controladoras, controladas e coligadas devem pautar-se, rigorosamente, pelos padrões de mercado, não se admitindo (art. 245) o favorecimento de uma companhia em detrimento de outra; os administradores responderão pessoalmente por perdas e danos daí decorrentes.

198.4 Responsabilidade civil da sociedade controladora

A sociedade controladora terá as mesmas responsabilidades do acionista controlador (ver seção 143), podendo qualquer acionista da controlada acionar a controladora com o objetivo de obter indenização por perdas e danos (art. 246).

Essa ação será proposta no interesse da sociedade controlada, funcionando assim o acionista como substituto processual autônomo.[2] Se o acionista não for detentor de, no mínimo, 5% do capital, deverá prestar caução pelas custas e honorários de advogado.[3] Condenada a sociedade controladora, os honorários do advogado do acionista deverão corresponder, necessariamente, a 20% do montante da indenização, cabendo ainda um prêmio de 5% para o autor da ação, o qual representa uma retribuição e um estímulo a sua iniciativa saneadora. Tal ação, embora prevista e regulada como uma ação a ser proposta por acionistas da controlada contra a sociedade controladora, poderá ser proposta contra qualquer controlador, seja este uma sociedade, um acionista individual, um grupo de acionistas, um condomínio acionário, um fundo de investimentos, pois o que importa é a existência de uma estrutura de controle, que tenha causado danos à companhia controlada. Essa é a teleologia da norma. O art. 246 regula a responsabilidade civil do controlador, assim como o art. 159 regula a responsabilidade civil dos administradores. A ação contra o controlador, por razões óbvias, não se

---

[2] O acionista tem a titularidade formal desta ação, mas não a titularidade material, posto que o interesse a ser discutido em juízo é o da sociedade, não o do acionista, que não terá qualquer participação direta na eventual indenização, a ser atribuída integralmente à sociedade. O valor dessa ação corresponderá, naturalmente, ao montante da indenização que se pleiteia para a sociedade prejudicada. Se o valor for incerto, caberá promover uma estimativa, ficando o valor efetivo para a execução.

[3] O legislador atribuiu essa legitimação extraordinária a qualquer acionista. Se este não dispuser de pelo menos 5% do capital, terá que prestar caução às custas e honorários. Com isso, embora dificultando a iniciativa do acionista, objetivou o legislador afastar ações temerárias ou irresponsáveis. A Resolução CVM nº 70/2022 (arts. 1º, VIII, e 2º) reduziu, porém, esse percentual de 5% , em função do valor do capital, através de escala gradativa, para até 1% do capital social.

sujeita, como a que é dirigida contra os administradores, à prévia manifestação da assembleia geral (ver seção 164.2).[4]

198.5 Investimentos e demonstrações consolidadas

Os investimentos da companhia em controladas e coligadas, que serão avaliados pelo método da equivalência patrimonial, deverão ser relacionados no relatório anual da administração, cumprindo oferecer sobre eles, nas notas explicativas que acompanham as demonstrações financeiras, precisas e minuciosas informações.

A companhia aberta que tiver mais de 30% de seu patrimônio líquido representado por investimentos em controladas (art. 249) deverá elaborar demonstrações financeiras consolidadas, de modo a apresentar a situação integrada do grupo, observadas as normas especiais constantes da lei (art. 250).

199 PARTICIPAÇÃO RECÍPROCA

A participação recíproca entre sociedades leva à formação de capital inteiramente artificial. Para que assim se conclua, basta exemplificar com duas socieda-

---

[4] Esta ação, uma vez iniciada, opera litispendência, de tal forma que a própria companhia prejudicada, se desejar também ingressar em Juízo para o mesmo fim, deverá fazê-lo como litisconsorte. Se o acionista propôs a ação como substituto processual da companhia, dele é a titularidade da ação. A respeito do tema, *vide* a Ementa do REsp 2.084.987/SP, julgado em 23.04.2024: "Recurso especial. Ação de reparação de danos. Abuso de poder de controle. Negativa de prestação jurisdicional. Não ocorrência. Substituição processual. Intervenção de terceiro. Colegitimado extraordinário. Possibilidade. 1. Ação ajuizada em 19/9/2018. Recurso especial interposto em 12/12/2022. Autos conclusos à Relatora em 24/7/2023. 2. O propósito recursal consiste em definir (i) se houve negativa de prestação jurisdicional e (ii) se é cabível o ingresso de colegitimado extraordinário como assistente litisconsorcial do autor da ação. 3. Examinada a integralidade das questões devolvidas ao tribunal de origem e devidamente fundamentado o acórdão recorrido, sem vícios que o maculem, não há falar em negativa de prestação jurisdicional.4. A atuação na posição de substituto processual da companhia controlada, em situações como a dos autos, constitui faculdade passível de ser exercida por qualquer acionista, conforme disposto no art. 246, § 1º, da Lei 6.404/76. 5. Uma vez que o FUNDO DE INVESTIMENTO recorrido encontrava-se, antes do ajuizamento da demanda, na mesma situação legitimante do autor (acionista da sociedade controlada), não havia obstáculo a que a pretensão fosse deduzida conjuntamente, por ambos, em litisconsórcio. 6. Consequentemente, se a posição processual de litisconsorte era assegurada, desde o início, pelo ordenamento jurídico, não há razão lógica que autorize a conclusão de que o ingresso de um dos legitimados extraordinários em momento posterior deva alterar tal situação. Vale dizer, a posição a ser ocupada no processo não depende do momento em que a participação tem início, mas, sim, da comunhão de situações subjetivas. Doutrina. Precedente. 7. É cabível, portanto, a intervenção de colegitimado extraordinário na posição de assistente litisconsorcial do substituto processual da sociedade controlada na ação de reparação de danos prevista no art. 246 da Lei das Sociedades Anônimas. 8. Recurso especial não provido".

des, "A" e "B", cujos patrimônios se constituam exclusivamente por ações uma da outra: o patrimônio de "A" compõe-se de ações do capital de "B" e o patrimônio de "B" de ações do capital de "A". Liquidando-se essas sociedades, mesmo que não existam dívidas, o patrimônio apurado será igual a zero, porquanto composto apenas de papéis de sociedades em extinção.

A participação recíproca acarreta a chamada imbricação das participações, do que decorre a anulação dos respectivos capitais, na proporção em que se sobrepõem.

Para evitar esse efeito, proibiu o legislador a participação recíproca (art. 244), mas excepcionou a vedação nas hipóteses em que uma das sociedades participa da outra com observância das condições em que se permite a aquisição das próprias ações, vale dizer, até o valor do saldo dos lucros acumulados e reservas, não computada a reserva legal (ver seção 106).

Permanecerá suspenso o direito de voto das ações do capital da controladora que ingressam na propriedade da controlada, pois, se assim não fora, os administradores da controlada, sujeitos que se acham ao poder dos administradores da controladora, funcionariam como instrumentos do poder gerencial.

Ocorrendo redução dos lucros acumulados e reservas, deverá a sociedade alienar as ações em excesso, no prazo de seis meses.

Decorrendo a participação recíproca de incorporação, fusão, cisão ou aquisição de controle, será de um ano o prazo para a eliminação dos quantitativos que ultrapassarem os parâmetros legais.

200 SUBSIDIÁRIA INTEGRAL

A subsidiária integral é uma sociedade anônima unipessoal.

Conta a subsidiária integral (art. 251) com um único sócio, o qual deverá ser uma sociedade brasileira, isto é, com sede no Brasil e constituída de acordo com as leis brasileiras (ver seção 73).

As sociedades estrangeiras, ainda que autorizadas a funcionar no Brasil, não poderão aqui constituir subsidiárias integrais.

Não se exige que a instituidora seja uma sociedade anônima, tanto que a lei simplesmente se refere a "sociedade brasileira", cabendo entender que qualquer espécie societária – a limitada, por exemplo – poderá criar uma subsidiária integral.

Revestirá a subsidiária integral, forçosamente, a forma de sociedade anônima. Vários dos institutos da S.A. ser-lhe-ão, todavia, inaplicáveis, em virtude da unipessoalidade.

As assembleias gerais serão substituídas por uma escritura declaratória (instrumento público ou particular), a ser firmada pelo acionista único. Essa escritura declaratória é por alguns chamada "termo de resolução", podendo ter os efeitos de uma AGO ou uma AGE, ou ainda de uma AGO/AGE. Na prática, às vezes, realiza-se, por extremado apego ao formalismo, uma assembleia geral de um só participante.

As normas destinadas à proteção dos minoritários perdem a sua razão de ser, eis que estes inexistem.

Os atos da diretoria que dependem de aprovação da assembleia geral ficarão na dependência de mera manifestação do titular exclusivo das ações.

Sendo o acionista único uma pessoa jurídica, as suas manifestações se processarão através de seus órgãos executivos (administradores), os quais, havendo cláusula estatutária ou contratual nesse sentido, submeterão as deliberações relevantes a serem tomadas, na subsidiária integral, à prévia aprovação da assembleia ou dos sócios da sociedade que representam.

A subsidiária integral poderá ser criada por constituição original, mediante escritura pública, ou por conversão de sociedade existente, hipótese em que a instituidora adquirirá todas as suas ações (art. 251, § 2°) ou as incorporará (art. 252).

Na incorporação de todas as ações de uma sociedade, para o fim de convertê-la em subsidiária integral, seguir-se-á procedimento semelhante ao de incorporação de sociedade, sendo que, em lugar do patrimônio líquido, as ações é que serão incorporadas, recebendo os antigos titulares dessas ações, em substituição, títulos representativos do aumento de capital da incorporadora, integralizado com as ações incorporadas.[5]

A admissão de acionistas na subsidiária integral (art. 253) significará a quebra da unipessoalidade e o fim do particularismo, pelo que a sociedade deixará de ser uma subsidiária integral. Essa decisão dependerá da assembleia geral da controladora, na qual inclusive será oferecida aos seus acionistas a preferência (art. 171) para a aquisição das ações que serão alienadas ou, se for o caso (aumento de capital), oferecidas à subscrição. Observe-se que o art. 253 apenas se reportou à aplicação do art. 171, que trata do direito de preferência, não fazendo qualquer alusão ao art. 172, este concernente aos casos de exclusão do direito de preferência. Assim, o direito de preferência, ainda que se trate de uma oferta pública, afigura-se inafastável.

201 ALIENAÇÃO DE CONTROLE

O controle de uma sociedade corresponde, normalmente, a um valor de mercado bastante superior à simples soma dos valores das ações que o compõem.

O bloco de ações representativo do controle significa um instrumento de poder, uma vez que, além do direito de participar da sociedade, traz consigo o comando da empresa; vem daí o sobrevalor que o acompanha.

---

[5] É o que ensina José Luiz Bulhões Pedreira: "A incorporação de ações é, tal como a de sociedade, negócio jurídico contratual cujas partes são as companhias, e não os seus acionistas. O negócio é formado pelo acordo de vontades das duas companhias, manifestadas por meio de suas assembleias gerais ao aprovarem o protocolo de incorporação, e o aumento de capital da incorporadora é subscrito pelos diretores da incorporada por conta dos acionistas desta" (2009, p. 1.994).

A alienação do controle, na companhia fechada, sempre se processou normalmente, sem qualquer interferência de órgãos governamentais.

Na companhia aberta, estabelecera, contudo, o legislador (arts. 254 e 255) um sistema especial, que foi revogado pela Lei nº 9.457/1997.

Com a Lei nº 10.303/2001, restaurou-se a oferta pública obrigatória, introduzindo-se na Lei nº 6.404/1976 um art. 254-A, que regula a matéria em condições bastante diversas das que prevaleciam na vigência do primitivo art. 254.

A primeira inovação concerne ao que chama alienação de controle, tanto que estende o conceito à transferência direta ou **indireta** do bloco de controle. Assim, a transferência do controle de *holding*, ainda que fechada, que controle uma companhia aberta, será considerada para esse efeito. Ou seja, os acionistas da controlada, ainda que a transferência do controle tenha se dado por meio da transferência do controle da *holding*, terão o direito de receber uma oferta pública de aquisição de suas ações.

A discussão que grassou sobre a eventual abrangência das ações sem voto na oferta pública não mais se coloca, posto que a lei é expressa quando se refere às "ações com direito a voto" como sendo as destinatárias do benefício.

A oferta deixa de ser simultânea, como o era na legislação anterior, para tornar-se condição suspensiva ou resolutiva do contrato de compra e venda de ações.

O preço a ser pago na oferta pública observará o valor mínimo de 80% do que for adotado para as ações do bloco de controle,[6] inaplicando-se assim o tratamento igualitário que prevalecera no passado. Desse modo, e por essa razão, consagra-se na legislação o reconhecimento do prêmio de controle.

O art. 254-A compreende ainda um § 4º, que, logicamente, não tem outro sentido que não seja o de conferir ao adquirente do controle a faculdade de oferecer aos acionistas minoritários a opção de receber, para não exercer o seu direito de alienação de suas ações, uma determinada importância em dinheiro, ou seja, um prêmio equivalente à "diferença entre o valor de mercado das ações e valor pago por ação integrante do bloco de controle".

A lei consagrou, portanto, em favor dos acionistas com voto, mas que não integrem o bloco de controle, o direito de receber uma oferta pública de compra de suas ações por no mínimo 80% do preço pago aos controladores. A norma é imperativa: a alienação do controle "somente poderá ser contratada sob a condição suspensiva ou resolutiva" da formulação da oferta pública. O acionista poderá ou não aceitar a oferta, de acordo com o seu interesse. Para estimular a não aceitação, o adquirente do controle poderá oferecer-lhe, como alternativa à aceitação da oferta de compra de suas ações, o prêmio previsto. Competirá ao acionista a escolha.

---

[6] Se a alienação de controle se der por meio da alienação do controle da *holding*, o cálculo do valor mínimo de 80%, a ser pago aos acionistas da controlada, será obtido mediante operação matemática que apure, reflexamente, o que de fato estaria sendo indiretamente pago pelas ações da controlada.

A alienação do controle de empresas que dependem de autorização do governo para funcionar (instituições financeiras, companhias seguradoras) continua sujeita a autorização prévia da autoridade pública para tanto competente (art. 255). Essa autorização, todavia, não guarda qualquer relação com a preservação dos interesses dos acionistas; destina-se apenas a aferir se o novo grupo controlador é capaz de assegurar a preservação do interesse público que se encontra correlacionado com o objeto social da empresa.

201.1 Aquisição de controle de sociedade por companhia aberta

A aquisição do controle de sociedade por companhia aberta (art. 256) depende de aprovação da assembleia geral desta, sempre que se tratar de investimento relevante (representar 10%, no mínimo, de seu patrimônio líquido) ou se o custo médio por ação ultrapassar uma vez e meia o maior dos seguintes parâmetros: valor de bolsa ou mercado de balcão organizado (cotação média dos últimos 90 dias), valor patrimonial (avaliado o patrimônio a preços de mercado), valor preço-lucro, observado o índice 15 (lucro líquido por ação nos dois últimos exercícios multiplicado por 15). Vindo o preço de compra a exceder uma vez e meia o maior desses três parâmetros, os acionistas dissidentes terão direito de recesso, observadas as limitações instituídas pelo inciso II do art. 137 da Lei nº 6.404/1976 (ver seção 156).

202 OFERTA PÚBLICA PARA AQUISIÇÃO DE CONTROLE

A aquisição do controle de uma companhia aberta, cujo capital votante se encontre disseminado no mercado, tanto poderá operar-se através da compra de ações em bolsa, como de oferta pública.

A oferta pública compreenderá, em regra, o montante de ações necessário à obtenção do controle; sendo o ofertante acionista, a oferta poderá restringir-se a um número de ações capaz de, somando-se às suas, compor o controle.

Nas ofertas públicas, impõe-se a contratação de uma instituição financeira, que assumirá o papel de intermediária e garantidora da operação. A proposta processa-se através de publicação pela imprensa, na qual as várias condições do negócio serão divulgadas (art. 258), inclusive o prazo da oferta.

A aceitação da oferta será manifestada junto às instituições financeiras indicadas na publicação, às quais os interessados entregarão ordens irrevogáveis de venda de ações.

A oferta e a aceitação configuram, por conseguinte, um quadro de pré-contrato irrevogável, ressalvadas naturalmente as hipóteses de não preenchimento do número mínimo de ações previsto na proposta – condição da operação – ou do surgimento de oferta concorrente, circunstância que revoga a aceitação (art. 262, § 1º).[7]

---

[7] Conf. Modesto Carvalhosa (1979, p. 48).

A oferta pública bifurca-se em duas modalidades: oferta de compra e oferta de permuta. Na oferta de compra devem-se indicar, no instrumento publicado, o preço a ser pago e as condições de pagamento. Na de permuta, que será previamente submetida à CVM, as ações oferecidas em troca deverão estar devidamente caracterizadas.

O ofertante, até dez dias antes do término do prazo, tem a faculdade de melhorar uma vez a sua proposta, estendendo-se as novas condições para todos os aceitantes.

Surgindo oferta concorrente, pode o primeiro ofertante prorrogar o prazo de sua proposta, de modo a operar-se a coincidência do termo final.

Ao término do prazo da oferta, se o número de ações representativas da aceitação atingir o mínimo previsto, o negócio se concluirá com a efetivação da transferência das ações e o pagamento do preço, alcançando o ofertante o controle da sociedade. Havendo excesso de ações (aceitação excessiva da oferta), proceder-se-á a rateio.

Baixou a CVM a Resolução n° 85/22, na qual regula a oferta pública para a aquisição de ações de companhia aberta.

203 INCORPORAÇÃO DE COMPANHIA CONTROLADA

Quando uma sociedade incorpora companhia controlada, a parcela do patrimônio da controlada que corresponde às ações de propriedade da controladora irá exatamente substituir essas ações no patrimônio da controladora. No ativo da controladora, onde antes havia ações da controlada, com a incorporação e a consequente extinção dessas ações, situar-se-á a parcela do patrimônio líquido da controlada a elas concernente.

O aumento do capital da controladora, consequente à incorporação, corresponderá apenas à parcela patrimonial relativa às ações dos não controladores. Tratando-se de subsidiária integral, estará dispensando o aumento de capital e a emissão de ações, posto que, nesse caso, inexiste acionista não controlador.

As ações a serem emitidas, pela incorporadora, serão integralizadas com a parcela patrimonial relativa à participação dos não controladores, devendo as ações emitidas ser a estes entregues em substituição às de que eram titulares na sociedade extinta.

Para efeito das informações que deverão constar da justificação da incorporação, os patrimônios da incorporadora e da incorporada serão avaliados pelos mesmos critérios e na mesma data, a preço de mercado, ou, no caso de companhias abertas (art. 264), "com base em outro critério aceito pela Comissão de Valores Mobiliários", calculando-se, em função desse levantamento, as relações de substituição das ações dos não controladores. Se a empresa a ser incorporada for uma subsidiária integral, a avaliação das sociedades a preço de mercado será desnecessária, já que não existirão acionistas minoritários a serem protegidos.

Se o protocolo de incorporação, para o fim de estabelecer as relações de substituição das ações, não refletir esse levantamento (a preço de mercado), os acionistas dissidentes que exercerem o recesso terão direito de escolher entre o valor normal de reembolso (ver a seção 108) e o valor do patrimônio líquido a preço de mercado, ou, no caso de companhia aberta, o valor apurado segundo critério aceito pela CVM. O recesso encontra-se subordinado às limitações constantes do inciso II do art. 137 (ver a seção 156).

Na incorporação de controladora por sua controlada, fusão de controladora e controlada, incorporação de ações de controlada ou controladora e na incorporação, fusão e incorporação de ações de sociedade sob controle comum, aplicam-se, igualmente, os preceitos especiais ora examinados.

204 GRUPO DE SOCIEDADES

Sempre que várias sociedades se encontram sob controle comum, tem-se um grupo de sociedades.[8]

O grupo será considerado de direito ou de fato, segundo tenha ou não tenha sido objeto de um ato formal de constituição.

Para os fins do Capítulo XXI da Lei nº 6.404/1976, somente se aproveitarão os grupos de direito aos quais, inclusive, foram reservadas as designações "grupo de sociedades" ou "grupo".

Do grupo apenas poderão participar a controladora e as sociedades que estejam sob seu controle direto ou indireto.

Da sociedade controladora ou de comando exige-se a nacionalidade brasileira, mas o controle dessa sociedade poderá estar ou não domiciliado no Brasil, o que deverá ser declarado.

O grupo se constitui através de uma convenção ou contrato, no qual são declinados os fins almejados, os recursos que serão combinados, as atividades a serem empreendidas em comum, as relações entre as sociedades, a estrutura administrativa do grupo e as condições de coordenação ou de subordinação dos administradores das filiadas à administração geral.

A formação do grupo não conduz à constituição de uma nova sociedade, tanto que não se cria uma pessoa jurídica, não se estabelece um capital comum, não se tem um patrimônio distinto.

Implantado o grupo de direito, configura-se apenas um sistema ordenado de comando e integração de proveitos, viabilizando-se a subordinação dos interesses de uma ou algumas sociedades aos de outras (art. 276), prática esta que, sem a existência do grupo, estaria vedada pelo art. 245. E, assim mesmo, o grupo deve ser estruturado de forma a que os interesses das várias empresas se mantenham,

---

[8]   Sobre o tema, Jorge Lobo (1978, p. 111).

sob o aspecto financeiro, em posição de equilíbrio. Do contrário, os interesses dos acionistas minoritários, especialmente se externos ao grupo, poderiam estar sendo sacrificados.

A participação em grupo de sociedades dependerá de aprovação de assembleia geral (*quorum* qualificado).

205 CONSÓRCIO

Enquanto a formação de grupo tem um sentido amplo e abrangente, o consórcio, que também é um contrato entre sociedades, restringe-se à conjugação de empresas para a execução de empreendimento determinado.

Os membros do consórcio serão quaisquer sociedades, não exigindo a lei que se achem ligadas por relações de participação.[9]

A aprovação do contrato de consórcio exigirá a simples manifestação do órgão da sociedade que tem competência para autorizar a alienação de bens do ativo não circulante.

O consórcio não corresponde a uma pessoa jurídica e, por essa razão, não dispõe de patrimônio próprio, de obrigações próprias, de direitos próprios.

Os consorciados ou consortes, em decorrência do contrato que celebraram entre si, assumem obrigações e encargos que se destinam à viabilização do empreendimento que se propuseram realizar.

Cada membro do consórcio terá as suas obrigações específicas, não havendo, entre os consorciados, nem mesmo presunção de solidariedade (art. 278, § 1º, da Lei nº 6.404/1976).[10]

As empresas consorciadas, por se aplicarem, em conjunto, ao empreendimento, necessitam, normalmente, de uma coordenação comum. Assim, é frequente a designação, dentre os consorciados, de uma empresa líder, que, nos termos do contrato, passa a agir em nome dos vários consorciados, até mesmo para o recebimento de receitas à conta dos consortes. Essas receitas não pertencem ao consórcio, posto que este não é um sujeito de direito, mas a cada um dos consortes, nos termos e nas condições estabelecidas no respectivo contrato.[11]

---

[9] Mauro Penteado (1979, p. 141).

[10] Lacerda Teixeira e Tavares Guerreiro (1979, v. 2, p. 797); Fran Martins (1979, v. 3, p. 485). O STJ, nada obstante reconheça a inexistência de solidariedade entre os consorciados, entende que a legislação consagra algumas exceções: "Na hipótese derivada da relação de consumo, afasta-se a regra geral da ausência de solidariedade entre os consorciados por força de disposição expressa contida no art. 28, § 3º, do CDC" (Acórdão proferido no REsp 1.635.637/RJ, em 18.09.2018).

[11] A Lei nº 12.402, de 02.05.2011, estabelece (art. 1º) que os consorciados respondem proporcionalmente pelas obrigações tributárias. Contudo, os §§ 1º e 2º preceituam que, sempre que o consórcio realizar "contratações em nome próprio", poderá reter os tributos, hipótese em que os consorciados responderão solidariamente, o que ocorrerá ainda quando a retenção for

A empresa líder do consórcio atua, com efeito, na condição de mandatária dos demais consortes.

O consórcio não tem órgãos como a sociedade; tem mandatários e agentes de coordenação e de tomada de decisões de interesse comum.

As receitas e os resultados lucrativos advindos das atividades do consórcio pertencem às empresas que o integram, cada uma na expressão e na extensão definidas no contrato. À empresa líder do consórcio cumprirá partilhar esses resultados entre os consortes, na medida em que se disponibilizem.

No que se refere à capacidade processual, esta não seria do consórcio propriamente, que não é pessoa jurídica, mas do conjunto das sociedades que o integram, podendo esse conjunto, nos termos do contrato de consórcio, fazer-se representar pela empresa líder, que atuaria em nome de todos.

Tem-se admitido, no entanto, embora sem previsão legal expressa, que o consórcio também possa figurar em juízo como parte formal processual (Recurso Especial nº 147.997-RJ).

Na prática empresarial, os contratos de consórcio vêm se tornando bastante comuns, especialmente para a realização de obras de grandes dimensões que, por isso mesmo, requerem o esforço conjugado de várias empresas.

---

feita pela empresa líder. Cabe, entretanto, observar que, a rigor, o consórcio nunca realiza negócios em nome próprio, posto que não constitui uma pessoa jurídica. O consórcio, ao firmar um contrato, firma-o em nome dos consorciados – trata-se de uma representação que é conferida aos administradores do consórcio. Com essa lei, os consórcios passam, porém, a ser tratados, para fins tributários, em determinadas situações, como se pessoas jurídicas fossem, e os consorciados transformam-se, para os mesmos fins, em sócios de responsabilidade ilimitada, além de solidária. Essas regras (§ 4º do art. 1º) aplicam-se tão somente aos tributos federais, o que as torna inconstitucionais, posto que as normas gerais de direito tributário não podem, sem razão bastante, criar privilégios fiscais, de natureza instrumental, restritos à União.

XL

PRESCRIÇÃO E PUBLICAÇÕES

206. Prescrição; **207.** Publicações.

206 PRESCRIÇÃO

A Lei nº 6.404/1976 (arts. 285 a 288) trata dos prazos especiais de prescrição aplicáveis às sociedades anônimas.

Saliente-se, no entanto, que, embora se aluda a prazos prescricionais, esses prazos, em parte, correspondem, mais apropriadamente, a prazos decadenciais, tanto que, em alguns desses prazos, a ação e o direito de impugnação surgem concomitantemente, verificando-se a decadência pelo decurso de um prazo extintivo que nasce com o direito e com ele se encerra. Na prescrição, um direito preexistente é violado, e dessa violação é que desponta o direito de ação (*actio nata*).

Atentando-se para os arts. 285 (ação para anular a constituição da companhia) e 286 (ação para anular deliberação de assembleia), observa-se que a ação não se destina a proteger um direito anterior violado, sendo, ao invés disso, uma manifestação do próprio direito que decorre das irregularidades viciadoras das deliberações adotadas.[1] Nesses casos, evidentemente, o prazo é de decadência.

A ação para haver dividendos *postos à disposição do acionista*, segundo o art. 287, II, *a*, prescreve em três anos. Os dividendos são postos à disposição dos acionistas e, portanto, devidos a partir da deliberação da assembleia geral que os declara, devendo ser pagos, salvo deliberação em contrário da própria assembleia, no prazo de 60 dias. A eventual deliberação em contrário da assembleia encontra-se limitada pelo § 3º do art. 205, que não permite ultrapassar o final do exercício.

---

[1]   O Código Civil de 2002, ao fixar um prazo para a ação de anulação da constituição das pessoas jurídicas de direito privado, nomeou-o, expressamente, como sendo um prazo de decadência: "Art. 45, § único. *Decai* em três anos o direito de anular a constituição das pessoas jurídicas de direito privado, por defeito do ato respectivo, contado o prazo da publicação de sua inscrição no registro" (Ressalte-se que esse prazo de três anos não se aplica à S.A., cujo prazo, para esse mesmo fim, é de apenas um ano – art. 285 da Lei nº 6.404/1976).

DIREITO SOCIETÁRIO – *José Edwaldo Tavares Borba e Rodrigo Tavares Borba*

Exaurido o respectivo prazo de pagamento, tem o acionista o direito de ação (*actio nata*) para reclamar o dividendo, o que poderá fazer no prazo de três anos, sendo esse prazo, consequentemente, um prazo prescricional.[2]

As demais ações previstas no art. 287 também decorrem da violação de um direito, estando todas, portanto, sujeitas a prazos de prescrição.

Sobre a distinção entre prescrição e decadência, convém atentar para os critérios propostos por Agnelo Amorim Filho.[3]

Os prazos consignados na Lei das Sociedades por Ações variam de um ano a três anos, salvo quando o fato envolver implicações criminais, circunstância que os dilargará até a prescrição da ação penal.

Findo o prazo, esgotadas estarão, de forma genérica, as possíveis ações.[4]

Anote-se que a Lei nº 10.303/2001 adicionou mais uma alínea (*g*) ao inciso II do art. 287, que trata de ações que prescrevem em três anos, com o seguinte

---

[2] "Uma vez postos à disposição do acionista, os dividendos assumem o caráter de exigibilidade concreta da companhia, que não lhes poderá recusar o pagamento, sob pena de sofrer a competente ação de cobrança" (TEIXEIRA/GUERREIRO, 1979, p. 825).

[3] Agnelo Amorim Filho (s.d., p. 30), no mais profícuo estudo sobre prescrição e decadência, sustenta que as ações condenatórias se sujeitam a prazos de prescrição, enquanto as ações constitutivas, quando sujeitas a um prazo, este seria de decadência. Por esse critério, os prazos relativos à ação para anular a constituição da sociedade (art. 285) e para anular deliberação de assembleia geral (art. 286) seriam de decadência, enquanto os demais prazos seriam de prescrição.

[4] O prazo para a ação de responsabilidade civil contra administradores, a que se refere o art. 287, II, *b*, que é de três anos, não se subordina, nos casos em que tenha havido a aprovação das contas dos administradores, à prévia anulação dessa aprovação. A aprovação, sem reservas, das contas confere a esses administradores (art. 134, § 3º) uma presunção *juris tantum* de exoneração de responsabilidade. Para a desconstituição dessa presunção genérica seria necessária a propositura de ação de anulação da correspondente deliberação, e, para tanto, o prazo é de dois anos. Para a ação de responsabilidade civil contra administradores, cujo prazo é de três anos, far-se-á, na própria ação, a prova do ato ilícito cometido, afastando--se assim, no caso concreto, a aludida presunção de exoneração de responsabilidade. Se a presunção é relativa, ela deverá ceder à prova em contrário, que se produzirá na ação de anulação da deliberação de aprovação de contas – efeito genérico, com prazo de dois anos; ou na ação de responsabilidade civil – efeito específico, com prazo de três anos. O STJ, no Recurso Especial nº 257.573-DF, ao entender que a ação de responsabilidade civil contra administradores, que tiveram as suas contas aprovadas, estava condicionada à anulação da deliberação que as aprovou, incorreu em manifesto equívoco, pois, se a aprovação das contas sem ressalvas (art. 134, § 3º) produz uma presunção relativa de exoneração de responsabilidade ("salvo erro, dolo, fraude ou simulação"), o ato ilícito praticado vicia essa aprovação e a mantém viciada, independentemente da prescrição da pretensão de anulá-la. A pretensão de anular a aprovação genérica não mais poderá ser exercida (depois de dois anos), mas nem por isso a presunção que decorre da aprovação deixa de ser relativa para se tornar absoluta. A presunção continua relativa e, por essa razão, não poderá resistir à prova do ilícito, que se produzirá na ação de responsabilidade civil, cujo prazo de prescrição é superior ao da ação de anulação. Afastada, na ação de responsabilidade civil, a presunção relativa e abstrata, em decorrência de prova específica da prática do ilícito, promove-se, em concreto, e nos limites da prova produzida, a responsabilização civil do administrador.

teor: "a ação movida por acionista contra a companhia, qualquer que seja o seu fundamento".

Nesse caso, evidentemente, tem-se mais um prazo de prescrição, tanto que a decadência nunca é genérica. Assim, o prazo somente começará a correr a partir da violação do direito do acionista.

Embora a norma se refira, de forma genérica, a qualquer ação movida pelo acionista contra a companhia, afigura-se curial que esse prazo reduzido de prescrição somente poderá se aplicar a ações que tenham por fundamento a relação societária, vale dizer, a condição de acionista. Outras ações, de natureza diversa, reger-se-ão, posto que nada substancialmente as distingue, pelos prazos gerais de prescrição.[5]

É relevante observar que os vícios ou defeitos na constituição da companhia, assim como as deliberações violadoras da lei ou do estatuto ou tomadas em assembleia irregularmente convocada ou instalada, encontram-se sujeitos a prazos de decadência. Isso significa que os atos societários (atos constitutivos e deliberações dos órgãos colegiados) não estão subordinados à teoria das nulidades, tal como esta foi consagrada no Código Civil. Os atos societários, uma vez arquivadas as atas correspondentes no registro do comércio, desencadeiam uma série de efeitos junto a terceiros que se relacionam com a sociedade. Sendo a companhia um organismo vivo, que atua no mundo jurídico, a ela não se aplica a teoria das nulidades, a qual implicaria um retorno ao *status quo ante*. Gudesteu Pires,[6] para ressaltar essa impossibilidade, chegou a lembrar os "múltiplos interesses que transitam dentro da órbita da atividade social".

---

[5]   Nessa linha, o STJ (REsp 2.095.475/SP) entendeu, em 09.04.2024, que: "4. Acerca do regime das invalidades das deliberações assembleares, há significativa divergência sobre a aplicabilidade estrita das normas societárias, a incidência do regime civil das invalidades ou sua regência por um regime especial, em que se complementam ambas as disciplinas, sendo que o Código Civil de 2002 estabelece, em seu art. 1.089, que sociedade anônima rege-se por lei especial, aplicando-se-lhe, nos casos omissos, as disposições do estatuto civil. 5. A partir do disposto no art. 286 da LSA, infere-se que há um regime especial de invalidades aplicado à companhia, partindo, ordinariamente, da regulação setorial, que estabelece a sanção de anulabilidade às invalidades, mas coexiste com a sistematização civil, a depender do interesse violado, vale dizer, a determinação do regime a ser aplicado dependerá dos interesses jurídicos tutelados ou dos interesses em jogo. Considerando a diversidade de relações jurídicas que decorrem do exercício da atividade da sociedade por ações, a melhor exegese consiste em restringir, em princípio, a aplicação da legislação setorial apenas às relações intrassocietárias – relações entre os sócios ou, ainda, relações entre os sócios e a própria sociedade –, remanescendo a disciplina geral estabelecida pela lei civil tão somente àquelas hipóteses em que os efeitos das deliberações alcancem a esfera jurídica de terceiros. 6. A aplicação eventual e residual do regime civil de invalidades à seara empresarial, ademais, deve sofrer adaptações, como a (i) não aplicabilidade do princípio de que o ato tido por nulo não produz nenhum efeito, de molde a preservar os interesses de terceiros, (ii) a existência de prazos de invalidação mais exíguos, em virtude da necessidade premente de estabilização das relações societárias, e (iii) a ampla possibilidade de sanação dos atos ou negócios jurídicos".

[6]   1942, p. 91.

Os atos societários nunca são nulos, mas apenas anuláveis. Por isso, uma vez esgotados os prazos decadenciais aplicáveis, ocorre a convalidação, não mais sendo possível alegar a eventual irregularidade.

Trajano de Miranda Valverde,[7] dentro dessa linha que é a da grande maioria dos autores nacionais, e em face do texto da lei anterior que é semelhante ao da atual, sustentou que a lei (S.A.) "não admite a possibilidade de sociedades anônimas nulas ou inexistentes. Repeliu, pois, o decreto-lei o regime comum das nulidades, o qual, como iremos ver em seguida, seria, como é, de difícil senão impossível aplicação".

Pontes de Miranda[8] opôs-se a esse posicionamento, talvez preocupado em preservar a inteireza da teoria geral das nulidades.

Ripert,[9] no direito francês, já havia, entretanto, observado que a jurisprudência fora obrigada a afastar, com relação às sociedades comerciais, o regime jurídico das nulidades.

Dentro dessa mesma linha, afirmou Tullio Ascarelli[10] que "a orientação hoje dominante abandona a clássica distinção entre nulidade e anulabilidade".[11]

Com efeito, os atos societários ilegítimos são apenas anuláveis, e se a causa de anulabilidade atinge a sociedade ela própria, a consequência será a liquidação, preservando-se ou equacionando-se, nesse processo, e nos termos da lei, os vários interesses envolvidos.

Anote-se, porém, que as normas estatutárias *contra legem*, ainda que exauridos os prazos de prescrição ou decadência, continuarão impugnáveis, posto que, como atos-regras que são, contêm uma irregularidade que se renova a cada dia, sendo assim insuscetíveis de prescrição. Sob esse aspecto, seriam disposições nulas.

É bem verdade que os atos concretos praticados com base nos dispositivos estatutários ilegais são passíveis de prescrição ou decadência. A prerrogativa de

---

7   1959, v. III, p. 94.

8   1984, v. 51, p. 119.

9   1948, p. 262.

10   1969, p. 360.

11   O STJ, ao decidir o Recurso Especial nº 35.230/SP (4ª Turma), tendo como Relator o Min. Sálvio de Figueiredo Teixeira, teve oportunidade de afirmar: "I – Em face das peculiaridades de que se reveste a relação acionista 'versus' sociedade anônima, não há que se cogitar da aplicação, em toda a sua extensão, no âmbito do direito societário, da teoria geral das nulidades, tal como concebida pela doutrina e dogmática civilistas. II – Em face disso, o direito de impugnar as deliberações tomadas em assembleia, mesmo aquelas contrárias à ordem legal ou estatutária, sujeita-se a prescrição, somente podendo ser exercido no exíguo prazo previsto na lei das sociedades por ações (art. 156 do DL 2.627/40, art. 286 da Lei 6.404/76). III – Pela mesma razão, não pode o juiz, de ofício, mesmo nos casos em que ainda não atingido o tempo 'ad quem' do lapso prescricional, reconhecer a ilegalidade da deliberação e declará-la nula" (decisão publicada no *DJ* de 20.11.1995, e na *Rev. For.*, v. 334, p. 298).

arguir a ilegalidade da norma é que não prescreve ou decai, podendo assim ser alegada indefinidamente, para o efeito de retirá-la dos estatutos.

207 PUBLICAÇÕES

Todas as publicações ordenadas pela Lei das Sociedades Anônimas encontram-se regidas pelo art. 289, cuja redação atual resulta da Lei nº 9.457/1997, com as alterações decorrentes do art. 1º da Lei nº 13.818/2019, cuja entrada em vigor ocorreu em 1º de janeiro de 2022. Por essas regras, ficou afastada a exigência de publicação no Diário Oficial, uma vez que apenas se exigirá a sua publicação em jornal de grande circulação editado no local da sede, permitindo-se ainda que essa publicação se faça de forma resumida, desde que também seja feita, de forma integral, na página do mesmo jornal na *internet*, com certificação digital de autenticidade.[12] No que concerne às demonstrações financeiras, a publicação resumida deverá conter, no mínimo, comparação com os dados do exercício anterior, e ainda os valores globais de cada grupo de contas e a respectiva classificação, além dos dados relevantes constantes das notas explicativas e dos pareceres dos auditores independentes, quando existentes, e do conselho fiscal, quando este estiver em funcionamento. Quanto às demais publicações, a serem ordenadas pela CVM, estas, de acordo com o que for determinado, poderão ser promovidas por outros meios, que não o jornal, que sejam capazes de disseminar a informação.

Não havendo jornal local, a publicação em jornal de grande circulação poderá ser feita em qualquer outro que, embora de diverso Município, circule amplamente no local. A Lei nº 8.639, de 31.03.1993, estabeleceu que essas publicações em jornais sejam suficientemente legíveis e que observem, no mínimo, letra de corpo 6, para o texto, e de corpo 12, para o título.

A fim de propiciar ao acionista um acompanhamento mais fácil das publicações da sociedade, impediu o legislador a mudança de jornal, a não ser mediante prévio aviso constante de ata de AGO. Esse aviso, que será divulgado pelo mesmo periódico em que vinham sendo veiculadas as matérias da sociedade, indicará o novo veículo adotado. As publicações efetivadas, voluntariamente, em outros jornais ou localidades não se encontram sujeitas à regra da permanência.

A Lei das Sociedades Anônimas exigia (art. 289, § 5º) que todas as publicações por ela ordenadas fossem arquivadas no registro de empresas. A Lei nº 8.934/1994, art. 54 (redação decorrente da Lei nº 13.874/2019), estabeleceu que "a prova da publicidade de atos societários, quando exigida em lei, será feita mediante *anotação*

---

[12] "O Supremo Tribunal Federal (STF) validou norma que dispensa as sociedades anônimas de publicarem atos societários e demonstrações financeiras em diário oficial e exige a divulgação das informações em jornal de grande circulação, em formato físico e eletrônico. A decisão unânime foi tomada na sessão virtual encerrada em 28/6, no julgamento da Ação Direta de Inconstitucionalidade (ADI) 7194", conforme notícia publicada no site do STF.

nos registros da junta comercial à vista da apresentação da folha do *Diário Oficial*, em sua versão eletrônica, dispensada a juntada da mencionada folha".

A revogação da primeira norma (art. 289, § 5º) pela segunda parece evidente, uma vez que ambas apresentam a mesma finalidade, qual seja, a prova da publicação perante a própria Junta Comercial. É esse, com efeito, o sentido da norma – provar à Junta Comercial, para que nesta fique consignado, que a publicação ocorreu. A prova da publicação, em termos genéricos, é, na verdade, constituída pela própria publicação, resumindo-se na exibição das folhas dos respectivos jornais.

A anotação deve ser circunstanciada, de modo a indicar a data em que se procedeu a publicação. Essas indicações ajudarão qualquer interessado a encontrar, sempre que necessário, o texto publicado.

A companhia fechada cuja receita bruta não ultrapasse R$ 78 milhões de reais (art. 294, III, com a redação resultante da Lei Complementar nº 182/2021) poderá realizar as publicações ordenadas pela Lei nº 6.404/1976 de forma eletrônica, ficando assim, e para esse efeito afastado, o disposto no art. 289. Poderá, ainda, substituir os livros previstos no art. 100 por registros mecanizados ou eletrônicos (art. 294, IV).

Cabe lembrar finalmente que, segundo o respectivo § 3º, o art. 294 não se aplica à companhia controladora de grupo de sociedade, nem às demais sociedades integrantes do grupo. Ressalte-se, porém, que, no caso, deve-se entender essa restrição de forma limitada aos chamados grupos formais, posto que a própria Lei das Sociedades Anônimas (art. 267) reservou as expressões "grupo de sociedades" e "grupo" para as organizações constituídas segundo a disciplina estabelecida para a instituição de grupo de sociedades.

ÍNDICE ALFABÉTICO-REMISSIVO

(Os números referem-se às seções dos capítulos.)

A

ABSENTEÍSMO, 141

ABUSO DE PODER, 143

AÇÃO DE ANULAÇÃO
E SUBSTITUIÇÃO DE
CERTIFICADO, 105

AÇÃO DE RESPONSABILIDADE
CIVIL CONTRA
ADMINISTRADOR, 164.2

AÇÃO PREFERENCIAL DE
CLASSE ESPECIAL (*GOLDEN
SHARE*), 92.3

AÇÃO PREFERENCIAL E DIREITO
DE VOTO, 138

ACIONISTA

Acordo de, 145

Conceito, 132

Controlador, 142, 143

Direitos, 135

Dissidente, 156

Domiciliado no exterior, 136

Legitimação, 151

Obrigação de integralizar o capital,
133

Remisso, 134

Representação, 151

Suspensão de direitos, 135.2

Titularidade de direitos, 86

Único, 200

AÇÕES

Ao portador, 97

Ao portador e direito de voto, 139

Bonificadas, 172

Certificados, 102

Circulação, 99

Classificação, 89

Com valor nominal, 87

Conceito, 86

Conversibilidade, 100

Custódia com fungibilidade, 104

De fruição, 93

De tesouraria, 106

Direitos reais, 107

Endossáveis, 96

Escriturais, 98

Escriturais (semelhanças com
nominativas), 94

Grupamento, 99, nota 2

Indivisibilidade, 99

Nominativas, 95

Ordinárias, 91

Preferenciais, 92

Preferenciais (criação e
modificação), 154

Preferencial e direito de voto, 138

Responsabilidade do alienante de
ação não integralizada, 99

Sem valor nominal, 87

Split, 99

Transferência de ação com ou sem direitos, 86

ACORDO DE ACIONISTAS

Conceito, 145

Denúncia, 145

Eficácia e execução, 146, 147

Execução específica, 147

Observância pela companhia, 146

ACORDO DE COTISTAS, 45.1

ADJUDICAÇÃO DE AÇÕES, 95

ADMINISTRAÇÃO DA SOCIEDADE ANÔNIMA, 157

ADMINISTRAÇÃO SOCIAL, 21

ADMINISTRADOR, 21

ADMINISTRADOR DA SOCIEDADE LIMITADA, 47, 48

ADMINISTRADORES

Aprovação das contas, 153

Dever de informar, 163.2

Deveres, 163

Exoneração de responsabilidade, 153

Investidura, 161

Participação no lucro, 162

Remuneração, 162

Requisitos, 161

Responsabilidade, 164

Vacância, 161

Vedações, 163.3

ADR, 68.2

ADVOGADOS

Sociedade de advogados, 11

Sociedade unipessoal de advocacia, 17.2

AGENTE EMISSOR DE CERTIFICADOS, 103

AGENTE FIDUCIÁRIO DOS DEBENTURISTAS, 120

ÁGIO, 88

AGRUPAMENTO DE COLABORAÇÃO EMPRESÁRIA, 42

AJUSTES DE AVALIAÇÃO PATRIMONIAL, 181.3

ALIENAÇÃO DE BENS DO ATIVO, 158

ALIENAÇÃO DE CONTROLE, 201

ALIENAÇÃO FIDUCIÁRIA DE AÇÕES, 107

ALTERAÇÃO DO CONTRATO SOCIAL (sociedade simples), 32.8

ALTERAÇÃO (REDUÇÃO) DO DIVIDENDO OBRIGATÓRIO, 183.1

ALTERAÇÃO (MUDANÇA) DO OBJETO SOCIAL, 71

AMERICAN DEPOSITARY RECEIPT, 68.2

AMORTIZAÇÃO DE AÇÕES, 108.1

APURAÇÃO DE HAVERES, 29

AQUISIÇÃO DAS PRÓPRIAS AÇÕES PELA SOCIEDADE, 106

AQUISIÇÃO DAS PRÓPRIAS COTAS PELA SOCIEDADE, 52

AQUISIÇÃO DE CONTROLE (OFERTA PÚBLICA), 202

AQUISIÇÃO DE CONTROLE POR COMPANHIA ABERTA, 201.1

ARBITRAGEM, 135.1

ARREMATAÇÃO DE AÇÕES, 95

ASSEMBLEIA DE DEBENTURISTAS, 119

ASSEMBLEIA DIGITAL, 54.4.1

ASSEMBLEIA ESPECIAL, 155

ASSEMBLEIA GERAL

Anulação (legitimidade para figurar no polo passivo), 149

Atribuições, 148

ÍNDICE ALFABÉTICO-REMISSIVO | **453**

Competência privativa, 148
Conceito, 148
Convocação, 149
Digital, 54.4.1
Quorum, 150, 154.1
Representação e legitimação do acionista, 151
ASSEMBLEIA GERAL DE CONSTITUIÇÃO, 78.3
ASSEMBLEIA GERAL EXTRAORDINÁRIA, 154
ASSEMBLEIA GERAL ORDINÁRIA, 153
ASSOCIAÇÃO, 2.1, 69
ASSOCIAÇÃO DE ACIONISTAS, 144
ASSOCIAÇÕES DE MORADORES, 2.1
ATA DE ASSEMBLEIA GERAL, 148
ATIVIDADE INTELECTUAL, 4.2
ATIVIDADE RURAL, 4.3
ATIVO, 178
ATO CONSTITUTIVO, 6
ATO CONSTITUTIVO E SUA NATUREZA, 7
ATO DE LIBERALIDADE, 163.3
ATOS SOCIETÁRIOS NULOS E ANULÁVEIS, 206
ATOS *ULTRA VIRES*, 20.2
AUDITORIAS INDEPENDENTES, 168
AUMENTO DE CAPITAL
Conceito, 23
Capitalização de reservas e lucros, 172
Conversão de debêntures, 125
Direito de preferência, 174
Sociedade anônima, 169
Subscrição, 171

AUTARQUIA, 193
AUTORIZAÇÃO PARA AUMENTO DE CAPITAL, 173
AUTORIZAÇÃO PARA FUNCIONAR, 56, 74
AVALIAÇÃO DOS BENS DESTINADOS À INTEGRALIZAÇÃO DE CAPITAL, 83, 84
AVALIADORES (RESPONSABILIDADE), 84

B

BALANÇO PATRIMONIAL, 178
BALCÃO ORGANIZADO, 68.1
BDR, 68.2.1
BENS DO ATIVO (ALIENAÇÃO), 158
BOLETIM DE SUBSCRIÇÃO, 78.2
BOLSA DE VALORES, 67
BONIFICAÇÃO, 172
BÔNUS DE SUBSCRIÇÃO, 130

C

CADUCIDADE DA AÇÃO NÃO INTEGRALIZADA, 134
CANCELAMENTO DE REGISTRO NA CVM, 63.3
CANCELAMENTO DO REGISTRO NA JUNTA COMERCIAL, 35
CAPITAL AUTORIZADO, 173
CAPITAL ESTRANGEIRO, 73.2
CAPITALIZAÇÃO DE RESERVAS E LUCROS, 172
CAPITAL SOCIAL
Aumento, 169
Conceito, 22, 23, 85
Correção monetária, 170

Falta de subscritores, 77

Fechamento, 63.3

Fundo de atuação, 85

Integralização, 12, 82

Perda, 22

Realização mínima, 77

Redução, 175

Significação, 85

Sociedade anônima, 85

Subscrição, 77

CARACTERÍSTICAS DA SOCIEDADE LIMITADA, 43

CARACTERÍSTICAS DAS AÇÕES PREFERENCIAIS, 92.2

CAUÇÃO DE AÇÕES, 107

CAUÇÃO DE COTAS, 51

CAUTELAS, 102

CÉDULA DE DEBÊNTURES, 121

CERTIDÕES DOS LIVROS DE REGISTRO, 101

CERTIFICADO DAS AÇÕES

Conceito, 102

Desdobramento ou agrupamento, 102

Perda ou extravio, 105

CERTIFICADO DE DEPÓSITO DE AÇÕES, 103

CESSÃO DE COTAS, 27, 50

CHAMADAS DE CAPITAL, 133

CIRCULAÇÃO DAS AÇÕES, 99

CISÃO, 188, 191

CLASSIFICAÇÃO DAS AÇÕES, 89

CLUBES SOCIAIS, 2.1

COLIGADA, 16.1, 198

COLOCAÇÃO PRIMÁRIA DE TÍTULOS, 68

COMANDITA POR AÇÕES, 61

COMMERCIAL PAPER, 65

COMISSÃO DE VALORES MOBILIÁRIOS, 66

COMPANHIA ABERTA, 63.2

COMPANHIA DE MENOR PORTE, 78.4

COMPANHIA FECHADA, 63.2

Condições especiais, 183.4

COMPROMISSO DE PREFERÊNCIA PARA A COMPRA DE AÇÕES, 107

COMUNIDADE, 58

CONCEITO DE SOCIEDADE, 5

CONFISSÃO DE FALÊNCIA PELA SOCIEDADE ANÔNIMA, 148

CONFLITO DE INTERESSE DE ACIONISTAS, 140

CONFLITO DE INTERESSE DE ADMINISTRADORES, 163.3

CONGLOMERADO, 64

CÔNJUGE DO SÓCIO, 32.17

CONSELHEIROS (ELEIÇÃO), 159

CONSELHO DE ADMINISTRAÇÃO, 158

CONSELHO FISCAL, 165

CONSÓRCIO, 205

CONSTITUIÇÃO DA SOCIEDADE ANÔNIMA, 77 a 81

CONSTITUIÇÃO DA SOCIEDADE ANÔNIMA E DEPÓSITO DAS ENTRADAS, 77

CONSTITUIÇÃO DE ÔNUS REAIS, 158

CONTA DE PARTICIPAÇÃO, 38 a 42

CONTAS DOS ADMINISTRADORES (APROVAÇÃO), 153

CONTINGÊNCIAS, 181.1

CONTRATO BILATERAL, 7

CONTRATO DE SOCIEDADE, 6

CONTRATO DE SOCIEDADE (NATUREZA), 7

ÍNDICE ALFABÉTICO-REMISSIVO | 455

CONTRATO PLURILATERAL, 7

CONTROLADA, 16.1, 198

CONTROLADA
(INCORPORAÇÃO), 203

CONTROLE, 141

CONTROLE ESTRANGEIRO, 73.2

CONTROLE EXTERNO, 141

CONTROLE GERENCIAL, 141

CONTROLE MAJORITÁRIO, 141

CONTROLE MINORITÁRIO, 141

CONVERSIBILIDADE DAS AÇÕES,
100

COOPERATIVA, 2.2.1

CONVOCAÇÃO DE ASSEMBLEIA
GERAL, 149

COPROPRIEDADE DA COTA
SOCIAL, 49

CORREÇÃO MONETÁRIA DA
REALIZAÇÃO DE CAPITAL
INADIMPLIDA, 11, 133

CORREÇÃO MONETÁRIA DAS
DEBÊNTURES, 112

CORREÇÃO MONETÁRIA DO
CAPITAL, 170

COTA SOCIAL, 12

COTA SOCIAL (INTEGRALIZAÇÃO
A PRAZO), 12

COTAS (CESSÃO), 27

COTAS (ONERAÇÃO), 51

COTAS LIBERADAS, 52

COTAS PREFERENCIAIS, 49.1

COTAS (RENÚNCIA ÀS COTAS
SOCIAIS), 55

COTISTA INADIMPLENTE, 49

CPC E APURAÇÃO DE HAVERES,
29.1

CRIMES SOCIETÁRIOS, 164.3

CRITÉRIOS DE FIXAÇÃO DO
PREÇO DE EMISSÃO, 88

CUMULATIVIDADE DO
DIVIDENDO, 92.2

CUPOM DESTACÁVEL, 102

CUSTÓDIA DE AÇÕES
FUNGÍVEIS, 104

D

DEBÊNTURES
Agente fiduciário, 120
Assembleia de debenturistas, 119
Colocação e circulação, 118
Comunhão de interesses, 119
Conceito, 109
Correção monetária, 112
Emissão e séries, 111
Emissão no estrangeiro, 122
Escritural, 118
Forma, 118
Formalidades, 117
Garantias, 115
Legitimação para a emissão, 109
Limites de emissão, 116
Modulações do título, 109.1
Permanente, 114
Permutável, 126
Quirografária, 115
Rendimentos, 113
Repactuação, 113
Securitização, 109
Subordinada, 115
Vencimento, amortização e
resgate, 114, 128

DEBÊNTURES CONVERSÍVEIS
Aumento de capital, 125
Bases da conversão, 124
Cláusulas de proteção, 127
Conceito, 123

Direito de preferência, 125

Direito europeu, 126

Fórmulas de proteção contra a diluição, 127

Procedimento indireto, 126

DEBÊNTURES E AÇÕES, 110

DEFINIÇÃO DO OBJETO SOCIAL, 70

DELEGAÇÃO, 48

DEMONSTRAÇÃO DO RESULTADO DO EXERCÍCIO, 179

DEMONSTRAÇÕES FINANCEIRAS, 177; 46

DENOMINAÇÃO, 18.1

DENOMINAÇÃO DA SOCIEDADE ANÔNIMA, 62

Mudança de denominação e procuração, 160

DENÚNCIA DO ACORDO DE ACIONISTAS, 145

DESCONSIDERAÇÃO DA PERSONALIDADE JURÍDICA, 9

DESDOBRAMENTO DE AÇÕES, 99

DESDOBRAMENTO DE CERTIFICADO, 102

DEVERES E DIREITOS DO SÓCIO, 11

DILUIÇÃO JUSTIFICADA DO PREÇO DE EMISSÃO, 88

DIREITO COMPARADO, 59

DIREITO DE ACRESCER, 174

DIREITO DE PREFERÊNCIA (SOCIEDADE ANÔNIMA), 174

DIREITO DE PREFERÊNCIA (SOCIEDADE LIMITADA), 53

DIREITO DE RECESSO (SOCIEDADE ANÔNIMA), 156

DIREITO DE RECESSO (SOCIEDADE LIMITADA), 55, 187

DIREITO DE VOTO, 137

DIREITO DE VOTO (EXERCÍCIO ABUSIVO), 140

DIREITOS DO ACIONISTA, 135

DIREITOS E DEVERES DO SÓCIO, 11

DIREITOS ESSENCIAIS DO ACIONISTA, 135

DIREITOS REAIS SOBRE AÇÕES, 107

DIRETORIA, 160

DESAPROPRIAÇÃO DO CONTROLE, 195

DISCLOSURE, 163.2

DISPENSA DE PUBLICAÇÕES, 207

DISSOLUÇÃO DA SOCIEDADE ANÔNIMA, 184

DISSOLUÇÃO DE SOCIEDADES, 35

DISSOLUÇÃO PARCIAL DE SOCIEDADE, 29, 29.1

DISSOLUÇÃO PARCIAL DE SOCIEDADE ANÔNIMA, 185

DISTRATO, 35

DISTRIBUIÇÃO DE LUCROS, 32.11

DIVIDENDO

Conceito, 180, 182

Cumulativo, 92.2

Fixo, 92.2

Intermediário, 182.1

Mínimo, 92.2

Obrigatório, 183

Suspensão, 183.3

DOMICÍLIO, 18.2

E

ECONOMIA MISTA ESTADUAL E MUNICIPAL, 197.4

ELEIÇÃO EM SEPARADO DE CONSELHEIROS, 159.1

EMISSÃO DE DEBÊNTURES, 111

EMISSÃO PÚBLICA DE TÍTULOS, 68, 78

EMPATE NAS DELIBERAÇÕES DA ASSEMBLEIA GERAL, 150

EMPREGADOS, 58

EMPRESA, 4

EMPRESA AGRÍCOLA, 4.3

EMPRESA BINACIONAL, 76

EMPRESA DE MENOR PORTE, 78.4

EMPRESA JORNALÍSTICA, 73.3

EMPRESA PÚBLICA, 197, 197.4

EMPRESA RURAL, 4.3

EMPRESA SIMPLES DE CRÉDITO (ESC), 17.3

EMPRESAS ESTATAIS, 193 a 197

ENDOSSO DE AÇÕES, 96

ESCRITURA DE EMISSÃO DE DEBÊNTURES, 117

ESPÉCIES DE SOCIEDADE, 30

ESTABELECIMENTO, 19

ESTABELECIMENTO VIRTUAL, 19.1

ESTATUTO, 80.2

ESTATUTO JURÍDICO DA EMPRESA PÚBLICA, DA SOCIEDADE DE ECONOMIA MISTA E DE SUAS SUBSIDIÁRIAS, 197

ESTATUTO SOCIAL (REFORMA), 148

EVICÇÃO (RESPONSABILIDADE DO SUBSCRITOR), 82.2

EXCEPTIO INADIMPLETI CONTRACTUS, 7

EXCLUSÃO DE SÓCIO, 32.14, 54.1

EXCLUSÃO DO DIREITO DE PREFERÊNCIA, 174

EXERCÍCIO ABUSIVO DO DIREITO DE VOTO, 140

EXERCÍCIO SOCIAL, 176

EXIBIÇÃO INTEGRAL DOS LIVROS SOCIAIS, 101

EXTINÇÃO DA SOCIEDADE ANÔNIMA, 186

F

FALECIMENTO DE SÓCIO, 28

FALÊNCIA DA SOCIEDADE, 35

FALÊNCIA DO SÓCIO, 35

FIDEICOMISSO DE AÇÕES, 107

FECHAMENTO DE CAPITAL, 63.3

FILHOTES, 170, 172

FIRMA, 18.1

FORMAS DE CONTROLE, 141

FUNÇÃO SOCIAL DA EMPRESA, 58

FUNDAÇÃO, 2

FUNDADORES, 80.1

FUNDOS DE INVESTIMENTO E CONTA DE PARTICIPAÇÃO, 42

FUNDOS DISPONÍVEIS, 52

FUSÃO, 188, 190

G

GARANTIAS DAS DEBÊNTURES, 115

GARANTIA FLUTUANTE (DEBÊNTURES), 115

GOLDEN SHARE, 92.3

GOVERNANÇA CORPORATIVA, 58

GRUPAMENTO DE AÇÕES, 99

GRUPO DE SOCIEDADES, 204

H

HISTÓRIA, 1.1, 43, 56

HOLDING, 16

HOMOLOGAÇÃO DO AUMENTO DE CAPITAL, 171

I

INCIDENTE DE DESCONSIDERAÇÃO DA PERSONALIDADE JURÍDICA, 9.2

INCORPORAÇÃO, 188,189

INCORPORAÇÃO DE AÇÕES, 200, 156

INCORPORAÇÃO DE CONTROLADA, 203

INCORPORAÇÃO DE IMÓVEL (IMPOSTO DE TRANSMISSÃO), 12

INCORPORAÇÃO DE IMÓVEL (INSTRUMENTO), 12, 81.5

INCORPORAÇÃO IMOBILIÁRIA E CONTA DE PARTICIPAÇÃO, 42

ÍNDICE DA BOLSA DE VALORES, 67

INSIDER TRADING, 163.1

INSOLVÊNCIA DE SÓCIO, 28

INSTITUIÇÕES DE CARIDADE, 2.1, 69

INSTITUIÇÕES FINANCEIRAS, 56, 65, 78.2

INTEGRALIZAÇÃO DA COTA SOCIAL, 12

INTEGRALIZAÇÃO DAS AÇÕES, 133

INTEGRALIZAÇÃO DE CAPITAL (MORA E CORREÇÃO MONETÁRIA), 11

INTEGRALIZAÇÃO DO CAPITAL EM BENS OU CRÉDITOS, 82.2; 82.3

INTEGRALIZAÇÃO DO CAPITAL EM DINHEIRO, 82.1

INTEGRALIZAÇÃO DE CAPITAL (PATENTE DE INVENÇÃO), 82.2

INTELECTUAL, 4.2

INTERDIÇÃO DE SÓCIO, 28

INTERMEDIÁRIOS DO MERCADO, 68

INTERESSES DIFUSOS, 58

INTUITU PERSONAE, 25, 60

INVESTIDOR-ANJO, 38

IRRETROATIVIDADE DA LEI EM MATÉRIA SOCIETÁRIA, 54

J

JOINT VENTURE, 15

JUNTAS COMERCIAIS, 81.3

JUROS AO ACIONISTA, 182.3

K

KNOW-HOW (INTEGRALIZAÇÃO DE CAPITAL), 82.2

L

LAUDO PERICIAL, 83

LETRAS FINANCEIRAS, 109

LIBERALIDADE RAZOÁVEL, 163.3

LIMITAÇÕES À CIRCULAÇÃO DE AÇÕES, 99

LIMITAÇÕES AOS PODERES DOS ADMINISTRADORES, 47

LIMITE DE EMISSÃO DE AÇÕES PREFERENCIAIS, 92.1

LIMITES DE EMISSÃO DE DEBÊNTURES, 116

LIQUIDAÇÃO DE SOCIEDADE ANÔNIMA, 185

LIQUIDAÇÃO DE SOCIEDADES, 36

LIQUIDAÇÃO IRREGULAR, 47

LIQUIDANTE, 36, 185

LIVROS SOCIAIS, 101

LOBBY, 69

LUCRO

Destinação, 180

Distribuição, 32.11

Líquido, 179, 180

Líquido ajustado, 183

Operacional, 179

Por ação, 179

LUCROS ACUMULADOS, 180; 182

LUCROS A REALIZAR, 181.1

M

MACROEMPRESA, 64

MAIORIA NA ASSEMBLEIA GERAL, 150

MAIORIA NA SOCIEDADE LIMITADA, 54

MARCA, 18.1

MARIDO E MULHER (SOCIEDADE), 14

MATRIZ, 19

MERCADO

De balcão, 68

De capitais, 65

Intermediários do, 65, 68

Primário, 65

Secundário, 65

MENOR, 13

MINORIA, 144

MORA DO ACIONISTA, 133

MUDANÇA DE NACIONALIDADE DA SOCIEDADE, 73.5, 74

MUDANÇA DE NOME, 160

MUDANÇA DO OBJETO SOCIAL, 71

MULTINACIONAL, 76

N

NACIONALIDADE DA SOCIEDADE, 73.1

NACIONALIDADE DOS SÓCIOS, 73.3

NACIONALIZAÇÃO DE SOCIEDADE ESTRANGEIRA, 74

NAUTICUM FOENUS, 39

NEGOCIAÇÃO COM AS PRÓPRIAS AÇÕES, 106

NOME EMPRESARIAL, 18.1

NORMAS GERAIS SOBRE DIREITO SOCIETÁRIO, 31

NOTA COMERCIAL, 65

NOVO MERCADO, 67.1

NULIDADE, 206

O

OBJETO SOCIAL, 20.1

OBJETO SOCIAL DA SOCIEDADE ANÔNIMA, 69, 70, 72

OFERTA PÚBLICA PARA AQUISIÇÃO DE CONTROLE, 202

OFERTA PÚBLICA PARA FECHAMENTO DE CAPITAL, 63.4

ONERAÇÃO DA COTA SOCIAL, 51

OPÇÃO DE COMPRA DE AÇÕES, 131

ÓRGÃO, 21, 148

ÓRGÃOS ADMINISTRATIVOS DA SOCIEDADE ANÔNIMA, 157

P

PARCERIAS EMPRESARIAIS, 42

PARTES BENEFICIÁRIAS, 129

PARTICIPAÇÃO DOS EMPREGADOS NO CONSELHO DE ADMINISTRAÇÃO, 197.7.3.3

PARTICIPAÇÃO EM OUTRAS SOCIEDADES, 72

PARTICIPAÇÃO NOS LUCROS, 11

PARTICIPAÇÃO RECÍPROCA, 12.1, 199

PARTILHA DE COTAS, 28

PARTILHA DO ACERVO SOCIAL, 37, 186

PASSIVO, 178

PATENTE DE INVENÇÃO (INTEGRALIZAÇÃO DE CAPITAL), 82.2

PATRIMÔNIO, 22

PATRIMÔNIO LÍQUIDO, 22, 178

PEDIDO DE PROCURAÇÃO, 152

PENHORA DE AÇÕES, 28.1, 51

PENHORA DE COTAS, 28.51

PENHOR DE AÇÕES, 107

PEQUENA EMPRESA, 4.4

PERDA DE CAPITAL, 22

PERDA OU EXTRAVIO DE CERTIFICADO, 105

PERÍCIA NOS LIVROS SOCIAIS, 101

PERITOS, 78.3, 83

PERSONALIDADE JURÍDICA, 8

PERSONALIDADE JURÍDICA (DESCONSIDERAÇÃO), 9

PERSONALIDADE JURÍDICA (INCIDENTE DE DESCONSIDERAÇÃO), 9.2

PESSOA JURÍDICA, 8

PESSOA JURÍDICA (TEORIA DA FICÇÃO), 8

PESSOA JURÍDICA (TEORIA REALISTA), 8

PODER DE CONTROLE, 141

PODERES DO ADMINISTRADOR, 47

POISON PILLS, 133

PREÇO DE EMISSÃO, 88

PREFERÊNCIA PARA A COMPRA DE AÇÕES, 107

PREFERÊNCIA PARA AQUISIÇÃO DE COTAS, 53

PREFERÊNCIA PARA SUBSCRIÇÃO, 174

PREFERÊNCIA POLÍTICA, 91, 92

PREJUÍZOS (ABSORÇÃO), 179

PRESCRIÇÃO, 206

PRESTAÇÃO DE GARANTIA, 158

PRINCÍPIO DA CONTINUIDADE DA EMPRESA, 29, 35

PRIVILÉGIO GERAL (DEBÊNTURES), 111, 115

PROCESSO DO VOTO MÚLTIPLO, 159

PROCURAÇÃO (PEDIDO PÚBLICO), 152

PROCURAÇÕES DA SOCIEDADE, 21, 160

PROCURADOR DE SOCIEDADE, 21, 48, 160

PROCURADOR DO ACIONISTA ESTRANGEIRO, 136

PROJETO DE ESTATUTO, 80.2

PROMESSA DE VENDA DE AÇÕES, 107

PROSPECTO, 80.3

PROTEÇÃO DA MINORIA, 144

PROTOCOLO DE INCORPORAÇÃO, FUSÃO OU CISÃO, 188

PUBLICAÇÕES, 207

Novas regras, 207.1

Q

QUORUM DAS ASSEMBLEIAS GERAIS, 150

QUORUM QUALIFICADO, 154

QUOTA (ver cota)

QUOTISTA (ver cotista)

R

RAZÃO SOCIAL, 18.1

REALIZAÇÃO DE CAPITAL, 133

RECESSO, 156

RECESSO (SOCIEDADE LIMITADA), 55

REDUÇÃO DE CAPITAL, 175

REDUÇÃO DO DIVIDENDO OBRIGATÓRIO, 183.1

REEMBOLSO DE AÇÕES, 108

REGISTRO CIVIL DAS PESSOAS JURÍDICAS, 4.6

REGISTRO DA EMISSÃO NA CVM, 63.2, 66

REGISTRO PÚBLICO DE EMPRESAS, 3, 4.6, 81.3

RENÚNCIA DE COTA SOCIAL, 55

REPRESENTANTE DO ACIONISTA DOMICILIADO NO EXTERIOR, 136

RESERVA DE CAPITAL, 88, 181.2

RESERVA LEGAL, 181.1

RESERVAS, 181

RESERVAS DE LUCROS, 181.1

RESERVAS DE REAVALIAÇÃO, 181.3

RESERVAS E LUCROS (CAPITALIZAÇÃO), 172

RESGATE DE AÇÕES, 108.1

RESPONSABILIDADE ADMINISTRATIVA DOS ADMINISTRADORES, 164.1

RESPONSABILIDADE CIVIL DOS ADMINISTRADORES, 164.2

RESPONSABILIDADE CIVIL DOS CONTROLADORES OU DA SOCIEDADE CONTROLADORA,

198.4

RESPONSABILIDADE DOS ADMINISTRADORES (EXONERAÇÃO), 153

RESPONSABILIDADE ILIMITADA, 26

RESPONSABILIDADE LIMITADA, 26

RESPONSABILIDADE LIMITADA (SOCIEDADE ANÔNIMA), 60

RESPONSABILIDADE LIMITADA (SOCIEDADE LIMITADA), 44

RESPONSABILIDADE PENAL DOS ADMINISTRADORES, 164.3

RESPONSABILIDADE PESSOAL DOS ADMINISTRADORES, 47

RETENÇÃO DE LUCROS, 181.1

RETIRADA DE SÓCIO, 32.12

RETRATAÇÃO, 156

S

SAFI URUGUAIA, 97

SÉRIE DE DEBÊNTURES, 111

SÍMBOLOS, 18.1

SINAIS, 18.1

SOCIEDADE

Ato constitutivo, 6,7

Conceito, 2.2, 5

Dissolução, 35

Liquidação, 36

Mudança de nacionalidade, 73.5, 74

Tipos, 30

SOCIEDADE ANÔNIMA

Administração, 157

Alienação dos bens sociais, 158

Aumento de capital, 169

Capital, 85

Características, 60

Dissolução, 184

Europeia, 76
Fases de seu desenvolvimento, 56
Interesses que representa, 58
Oneração dos bens sociais, 158
SOCIEDADE ANÔNIMA DE FUTEBOL, 17.3.3
SOCIEDADE BRASILEIRA, 73.1
SOCIEDADE COLIGADA, 16.1, 198.2
SOCIEDADE CONTROLADA, 198.1
SOCIEDADE CONTROLADORA, 198.1
SOCIEDADE COOPERATIVA, 2.2.1
SOCIEDADE DE ADVOGADOS, 11; 17.2
SOCIEDADE DE CAPITAL ABERTO, 63.1
SOCIEDADE DE CAPITAL E INDÚSTRIA, 30
SOCIEDADE DE CAPITAIS, 25
SOCIEDADE DE ECONOMIA MISTA, 197, 197.4.2
  Abuso de poder, 197.6.3
  Acionista controlador, 197.6
  Administradores, 197.7
  Aquisição do voto pelas ações preferenciais sem voto, 197
  Arbitragem, 197.5.4
  Códigos, comitês e auditorias, 197.5.2
  Conceito, 197.4
  Conselheiro independente, 197.7.3.4
  Conselho de administração, 197.7.3
  Conselho fiscal, 197.8
  Controle compartilhado, 197.6.1
  Despesas com publicidade, 197.9.1
  Diretoria, 197.7.4
  Empresas de menor faturamento, 197.1
  Empresa pública, 197.4.1

Encargos especiais do controlador, 197.6.2
Estatuto jurídico da empresa pública, da sociedade de economia mista e subsidiárias, 197
Falência e recuperação, 195.1
Fiscalização pelo estado e pela sociedade, 197.11
Formas de fiscalização, 197.5.1
Função social, 197.9
Licitações e contratos, 197.10
Participações minoritárias do Estado, 197.2
Regime jurídico das estatais, 197.5
Restrições relativas a Empresas Públicas, 197.5.3
Seguro de responsabilidade civil, 197.7.2
Subsidiárias das sociedades de economia mista e empresas públicas, 197.4.3
Tratamento diferenciado para empresas estatais de menor faturamento (menor porte), 197.1.1
Treinamento dos administradores, 197.7.1
Vigência do Estatuto, 197.3
SOCIEDADE DE ECONOMIA MISTA DOS ESTADOS E MUNICÍPIOS, 197.4
SOCIEDADE DE FATO, 24
SOCIEDADE DE GARANTIA SOLIDÁRIA, 17.3.2
SOCIEDADE DE GRANDE PORTE, 46
SOCIEDADE DE PARTICIPAÇÃO, 72
SOCIEDADE DE PESSOAS, 25
SOCIEDADE DE PROPÓSITO ESPECÍFICO, 9

ÍNDICE ALFABÉTICO-REMISSIVO | 463

SOCIEDADE EM COMANDITA
POR AÇÕES, 61

SOCIEDADE EM COMANDITA
SIMPLES, 34

SOCIEDADE EM COMUM, 24

SOCIEDADE EM CONTA DE
PARTICIPAÇÃO, 38 a 42

SOCIEDADE EM NOME
COLETIVO, 33

SOCIEDADE EM ORGANIZAÇÃO,
81.2

SOCIEDADE EMPRESÁRIA, 4.5

SOCIEDADE ENTRE MARIDO E
MULHER, 14

SOCIEDADE FICTÍCIA, 17

SOCIEDADE ESTRANGEIRA, 74

SOCIEDADE ESTRANGEIRA
(AUTORIZAÇÃO PARA
FUNCIONAR NO BRASIL), 74

SOCIEDADE *HOLDING*, 16

SOCIEDADE *INTUITU PERSONAE*,
25

SOCIEDADE IRREGULAR, 24

SOCIEDADE LIMITADA

Administração, 47

Alteração do contrato social, 54

Aplicação da legislação das
sociedades anônimas, 45

Aquisição das próprias cotas, 52

Assembleia geral, 54.4

Aumento de capital, 54.2

Características, 43

Caução de cotas, 51

Cessão de cotas, 50

Conselho fiscal, 54.5

Cota social, 49

Cotas preferenciais, 49.1

Demonstrações financeiras, 46

Direito de preferência, 53

Direito de recesso, 55

Dissolução, 54.6

Exclusão de sócio, 54.1

Legislação aplicável, 45

Maioria, 54

Poder de decisão, 54

Redução de capital, 54.3

Responsabilidade limitada, 44

SOCIEDADE PROFISSIONAL, 11

SOCIEDADE SIMPLES (natureza),
3, 4.5

SOCIEDADE SIMPLES *STRICTO
SENSU*, 32

Administração social, 32.10

Alterações contratuais, 32.8

Atos constitutivos, 32.2

Capital, 32.6

Cessão de cotas, 32.12

Cônjuge do sócio, 32.17

Denominação, 32.5

Deliberações sociais, 32.9

Dissolução, 32.16

Distribuição de lucros, 32.11

Exclusão de sócio, 32.14

Objeto social, 32.4

Redução do quadro social a um
único sócio, 32.15

Responsabilidade dos sócios, 32.7

Sócio remisso, 32.13

Sócios, 32.3

SOCIEDADE SUBSIDIÁRIA, 16

SOCIEDADE UNIPESSOAL, 17

SOCIEDADE UNIPESSOAL DE
ADVOCACIA, 17.2

SOCIEDADE UNIPROFISSIONAL, 11

SÓCIO

Administrador, 21

Apuração de haveres, 29

Comanditado, 34

Comanditário, 34

Cônjuge de sócio, 32.17

Direitos e deveres, 11

Estrangeiro, 75

Exclusão, 32.14; 54.1

Falecimento, interdição e insolvência, 28

Inadimplente, 11

Incapaz, 13

Menor, 13

Nacionalidade, 73.3

Pessoa Jurídica, 15

Posição, 10

Responsabilidade, 26

SPC, 9

SPE, 9

SPLIT (DESDOBRAMENTO DE AÇÕES), 99

SQUEEZE OUT, 63.4

STOCK OPTION, 131

SUBSCRIÇÃO DAS SOBRAS, 174

SUBSCRIÇÃO DE AÇÕES, 77, 171

SUBSCRIÇÃO DE AÇÕES (ENTRADA), 77

SUBSCRIÇÃO DE DEBÊNTURES, 118

SUBSCRIÇÃO PARTICULAR, 79

SUBSCRIÇÃO PÚBLICA, 78

SUBSIDIÁRIA, 16,19

SUBSIDIÁRIA DE SOCIEDADE ESTRANGEIRA, 75

SUBSIDIÁRIA INTEGRAL, 200

SUCESSÃO *CAUSA MORTIS*, 95

SUPERAVALIAÇÃO DOS BENS INCORPORADOS À SOCIEDADE, 84

SUSPENSÃO DOS DIREITOS DO ACIONISTA, 135.2

T

TEORIA DA EMPRESA, 4

TEORIA DA DESCONSIDERAÇÃO DA PERSONALIDADE JURÍDICA, 9

TEORIA DO CONTRATO PLURILATERAL, 7

TIPOS DE SOCIEDADE, 30

TÍTULO DE CRÉDITO, 86

TÍTULO DE ESTABELECIMENTO, 18.1

TÍTULO DE PARTICIPAÇÃO, 86

TÍTULO MÚLTIPLO, 102

TÍTULO UNITÁRIO, 102

TRABALHO INTELECTUAL, 4.2

TRADIÇÃO MANUAL DE AÇÕES, 97

TRANSFERÊNCIA DE AÇÕES, 99

TRANSFERÊNCIA DE COTAS, 27, 28, 50

TRANSFORMAÇÃO DE SOCIEDADES, 187.1

TRANSFORMAÇÃO IMPRÓPRIA DE SOCIEDADE, 187

U

UNDERWRITING DE DEBÊNTURES, 118

USUFRUTO DE AÇÕES, 107

USUFRUTO DE UM BEM (INTEGRALIZAÇÃO DE CAPITAL), 82.2

V

VALOR DE REFERÊNCIA, 87

VALOR ECONÔMICO DA COMPANHIA, 108.2

VALOR NOMINAL DA AÇÃO, 87

VALOR PATRIMONIAL DA AÇÃO, 88

VERACIDADE DAS FIRMAS, 18.1

VÍCIO REDIBITÓRIO (RESPONSABILIDADE DO SUBSCRITOR), 82.2

VOTO

Abusivo, 140
Acordo de, 142, 145
Atos de verdade, 145
Conceito, 137
Conflitante, 140
Limitação por acionista, 137
Múltiplo, 159
Plural, 137.1
Restrito, 138
Separado, 159.1

VOTO E AÇÃO PREFERENCIAL, 138

REFERÊNCIAS

ALEXIADIS, Peter; SEPENDA, Elsa; VLACHOS, Laura. Merger control. *Business Law International*, London, vol. 19, n° 3, 2018.

ALMEIDA, Amador Paes de. *Manual das sociedades comerciais*. São Paulo, 1982.

ALMEIDA, Napoleão Mendes. *Gramática metódica da língua portuguesa*. São Paulo, 1999.

ÁLVARES, Walter T. *Direito comercial*. São Paulo, 1969.

ALVIM, Agostinho. *Da inexecução das obrigações e suas consequências*. São Paulo, 1980.

AMARAL, Hermano de Villemor. *Das sociedades limitadas*. Rio de Janeiro, 1938.

AMARAL, Paulo Afonso de Sampaio. Comentário a Acórdão. *Revista de Direito Mercantil*, n° 6, p. 98.

AMARAL, Paulo Afonso de Sampaio. *S.A.*: como era, como ficou após a Lei n° 9.457/97. São Paulo, 1998.

AMORIM FILHO, Agnelo. Critério científico para distinguir a prescrição da decadência e para identificar as ações imprescritíveis. *Revista Forense*, n° 193, 1961.

ARAGÃO, Alexandre Santos de. *Empresas estatais*. São Paulo, 2017.

ASCARELLI, Tullio. *Problemas das sociedades anônimas e direito comparado*. São Paulo, 1969.

ASCARELLI, Tullio. *Panorama do direito comercial*. São Paulo, 1947.

ASCARELLI, Tullio. *Teoria geral dos títulos de crédito*. São Paulo, 1969.

ASCARELLI, Tullio. *Iniciación al estudio del derecho mercantil*. Barcelona, 1964.

ASCENSÃO, José de Oliveira. *O direito, introdução e teoria geral*. Lisboa, 1980.

ASQUINI, Alberto, Profili dell'impresa. *Rivista del Diritto Commerciale*, Milão, v. 41, 1943.

AUTUORI, Luiz. *Fundo de comércio.* Rio de Janeiro, 1949.

BALEEIRO, Aliomar. *Direito tributário brasileiro.* Rio de Janeiro, 2001.

BALZARINI, Paola. *La azioni senza diritto di voto.* Milão, 1992.

BARBOSA, Nuno. *Competência das assembleias de debenturistas.* Coimbra, 2002.

BARRETO, Celso de Albuquerque. *Acordo de acionistas.* Rio de Janeiro, 1982.

BATALHA, Wilson de Souza Campos. *A lei das s. a. e o imposto de renda.* Rio de Janeiro, 1978.

BAUDEU, Guy. *Protocoles et traité de fusion.* Paris,1968.

BERDAH, Jean-Pierre. *Functions et responsabilité des dirigeants de sociétés par actions.* Paris, 1974.

BERTOLOTTI, Gianluca. *Società tra professionisti e società tra avvocati.* Torino, 2013.

BEVILAQUA, Clóvis. *Teoria geral do direito civil.* Rio de Janeiro, 1966.

BORBA, Gustavo Tavares. *Conflito de interesses no âmbito societário.* São Paulo: Quartier Latin, 2023.

BORBA, Gustavo Tavares. Invalidação da assembleia geral e de suas deliberações. *Tratado de direito comercial.* São Paulo, 2015. v. 2.

BORBA, Rodrigo Tavares. *O acordo de acionistas e seus mecanismos de liquidez.* Belo Horizonte, 2018.

BORGES, Agnes Pinto. *Parcerias empresariais.* São Paulo, 2004.

BORGES, João Eunápio. *Curso de direito comercial terrestre.* Rio de Janeiro, 1967.

BRAVARD, Veyrières. *Traité de droit commercial.* Paris, 1890/1892.

BULGARELLI, Waldirio. *A protação às minorias na sociedade anônima.* São Paulo, 1977.

BULGARELLI, Waldirio. *Comentários à Lei das S. A.* São Paulo, 1978. v. 4.

BUSTAMANTE, Hernán Figueroa. *Temas de derecho financiero y bursátil.* Lima, 1998.

CAMPIGLIA, Américo Oswaldo. *Comentários à Lei das S.A.* São Paulo, 1978. v. 5.

CAMPINHO, Sérgio. *O direito de empresa.* Rio de Janeiro, 2002.

CAMPINHO, Sérgio. *Curso de sociedade anônima.* Rio de Janeiro, 2015.

CAMPOS, Francisco. *Direito comercial.* Rio de Janeiro, 1957.

CARVALHO, Dora Martins. *A comercialização da hipoteca.* Rio de Janeiro, 1970.

CARVALHOSA, Modesto. *Oferta pública de aquisição de ações*. Rio de Janeiro, 1979.

CARVALHOSA, Modesto. *Comentários à Lei de Sociedades Anônimas*. Rio de Janeiro, 2000. v. 2.

CASTRO, Marina Grimaldi de. *Debêntures*. Belo Horizonte, 2011.

CAUSSE, Hervé. *Les titres négociables*. Paris, 1993.

CERISOLA, Andrés. *Curso de derecho de la empresa*. Montevideo, 1998.

CHIVERS, David; SHAW, Ben. *The law of majority shareholders power*: use and abuse. New York, 2008.

CHRISTENSEN, Roberto. *Empresa multinacional y estado-nación*. Buenos Aires, 1973.

CLARK, Robert Charles. *Corporate law*. USA, 1986.

COELHO, Fábio Ulhoa. *Curso de direito comercial*. São Paulo, 1999. v. 2.

COELHO, Fábio Ulhoa. *Curso de direito comercial*. 20. ed. São Paulo, 2016. v. 2.

COELHO, Fábio Ulhoa et al. *Lei das Sociedades Anônimas comentada*. Rio de Janeiro, 2021.

COELHO, José Washington. *Aspectos polêmicos da nova lei das sociedades anônimas*. São Paulo, 1977.

COMPARATO, Fábio Konder. *O poder de controle na sociedade anônima*. São Paulo, 1977.

COMPARATO, Fábio Konder. *Aspectos jurídicos da macroempresa*. São Paulo, 1970.

CORDEIRO, Antônio Menezes. *Manual de direito das sociedades*. Coimbra, 2006.

CORREIA, Antônio de Arruda Ferrer. *Sociedades fictícias e unipessoais*. Coimbra, 1948.

COSTA, Philomeno J. da. *Anotacões às companhias*. São Paulo, 1980. v. 1.

COSTA, Philomeno J. da. *As partes beneficiárias*. São Paulo, 1965.

COTINO, Gastone. *Le convenzioni di voto nelle società commerciali*. Milão, 1958.

CRISTIANO, Romano. *Órgãos da sociedade anônima*. São Paulo, 1982.

DANTAS, F. C. de San Tiago. *Problemas de direito positivo*. Rio de Janeiro, 1953.

DIDIER, Paul. *Droit commercial*. Paris, 1970.

DIDIER, Paul. *Le droit commercial*. Paris, 2001.

EIZIRIK, Nelson. *A lei das S/A comentada*. São Paulo, 2015. Vol. I.

EIZIRIK, Nelson; BASTOS, Aurélio Wander. *O poder judiciário e a jurisprudência sobre sociedades anônimas e instituições financeiras*. Rio de Janeiro, 1980.

EIZIRIK, Nelson; GAAL, Ariadna; PARENTE, Flávia; HENRIQUE, Marcos. *Mercado de capitais*: regime jurídico. Rio de Janeiro, 2008.

ENGISCH, Karl. *Introdução ao pensamento jurídico*. Lisboa, 1979.

ESCARRA, Jean; ESCARRA, Edouard; RAULT Jean. *Traité théorique et pratique de droit commercial*. Paris, 1950.

ESTACA, José Nuno Marques. *O interesse da sociedade nas deliberações sociais*. Lisboa, 2003.

ESTRELLA, Hernani. *Apuração dos haveres de sócio*. Rio de Janeiro, 1960.

FERNÁNDEZ, Rodolfo Dávalos. *Las empresas mixtas*. Regulación Jurídica. Havana, 1993.

FERRAN, Eilís. *Principles of Corporate Finance Law*. Oxford, 2014.

FERRARA, Francisco. *Empresarios y sociedades*. Madrid.

FERRARA, Francisco. *Teoría juridica de la hacienda mercantil*. Madrid, 1950.

FERREIRA, Waldemar. *Tratado de sociedades mercantis*. Rio de Janeiro, 1958.

FIORENTINO, Adriano. *Gli organi delle società di capitali*. Nápoles, 1950.

FISCHER, Hans Albrecht. *A recuperação dos danos no direito civil*. Coimbra, 1938.

FONSECA, Herculano Borges da. *Regime jurídico do capital estrangeiro*. Rio de Janeiro, 1963.

FORTIN, Jorge; ZALDÍVAR Enrique. *Sociedades en comandita por acciones*. Buenos Aires, 1961.

FRANÇA, R. Limongi. *Jurisprudência das sociedades comerciais*. São Paulo, 1980.

FRITSCH, Hebert Jorge. *Cisão nas limitadas*. Porto Alegre, 1993.

FÜHRER, Maximilianus Cláudio Américo. *Crimes falimentares*. São Paulo, 1972.

GALBRAITH, John Kenneth. *A economia política e o objetivo público*. São Paulo, 1975.

GARCÍA, Belén Trigo; SANTAS, Javier Framiñan. *Estudios sobre sociedades profesionales*. Madri, 2009.

GARCÍA, Manuel Antonio Domínguez. *La emisión de obligaciones por sociedades anónimas*. Navarra, 1994.

GARCIA DO AMARAL, José Romeu. *Regime jurídico da debênture*. São Paulo, 2014.

GARRIGUES, Joaquim. *Tratado de derecho mercantil*. Madrid, 1947.

GASPERONI, Nicola. *Las Acciones de las sociedades mercantiles*. Madrid, 1950.

GOLDSCHIMIDT, Roberto. *Problemas jurídicos de la sociedad anónima*. Buenos Aires, 1946.

GOMES, Orlando. *Introdução ao direito civil*. Rio de Janeiro, 1971.

GOMES, Orlando. *Contratos*. Rio de Janeiro, 1971.

GONÇALVES NETO, Alfredo de Assis. *Direito de empresa*. São Paulo, 2012.

GOODE, Roy. *Commercial law in the next millennium*. Londres, 1998.

GOURLAY, Pierre-Gilles. *Le conseil d'administration de la société anonyme*. Paris, 1971.

GRIFFI, Antonio Patroni. *Il controllo giudiziario sulle società per azioni*. Nápolis, 1971.

GUIMARÃES, M. A. Miranda. *Companhias fechadas*. Porto Alegre, 1992.

GUIMARÃES, Ruy Carneiro. *Sociedades por ações*. Rio de Janeiro, 1960.

GUIRAO, Miguel Motos. *Fusión de sociedades mercantiles*. Madrid, 1953.

GUSMÃO, Mônica. *Direito empresarial*. Rio de Janeiro, 2004.

GUYON, Yves. *Les sociétés*. Paris, 1995.

HALPERIN, Isaac. *Sociedades de responsabilidad limitada*. Buenos Aires, 1951.

HARTLEY, T. C. *The foundations of european community law*. Oxford, 1994.

HOVASSE, Henri. *Les Augmentations de capital a souscription conditionnelle*. Paris, 1988.

HUNT, Pearson; WILLIAMS, Charles; DONALDSON, Garden. *Curso básico de finanças de empresas*. São Paulo, 1961.

JULIEN, Pierre. *Les contrats entre époux*. Paris, 1962.

KLEIN, William A.; RAMSEYER, I. *Business associations*. New York, 1997.

KOUHAIZ, Sami. *Les obligations de faire en droit des sociétés*. Paris, 2020.

LACERDA, S. C. Sampaio de. *Comentários à Lei das S. A*. São Paulo, 1978. v. 3.

LAMY FILHO, Alfredo. *Temas de S. A*. Rio de Janeiro, 2007.

LAMY FILHO, Alfredo. *Direito das companhias*. Rio de Janeiro, 2017.

LAZZARESCHI NETO, Alfredo Sérgio. *Sociedade por ações anotada*. São Paulo, 2008.

LEÃES, Luiz Gastão Paes de Barros. *Do direito do acionista ao dividendo.* São Paulo, 1969.

LEÃES, Luiz Gastão Paes de Barros. *Comentários à Lei das S. A.* São Paulo, 1980. v. 2.

LEGARDE, Gaston. *Droit commercial.* Paris, 1980. t. I, v. 2.

LIMONES, Pilar Blanco-Morales. *La transferencia internacional de sede social.* Pamplona, 1997.

LINDSEY, Richard. Efficient regulation of the securities market. *Regulation and Deregulation.* Oxford, 1999.

LIPARI, Nicoló. *Il negozio fiduciario.* Milão, 1964.

LISBOA, José da Silva (Visconde de Cairu). *Princípios de direito mercantil e leis de marinha.* Lisboa, 1819. t. V.

LOBO, Jorge. *Grupo de sociedades.* Rio de Janeiro, 1978.

LOBO, Jorge. *Sociedades limitadas.* Rio de Janeiro, 2004.

LOPES, Mauro Brandão. *A cisão no direito societário.* São Paulo, 1980.

LOPES, Mauro Brandão. *S. A. Títulos e contratos novos.* São Paulo, 1978.

LUCENA, José Waldecy. *Das sociedades limitadas.* Rio de Janeiro, 2003.

LUCENA, José Waldecy. *Das sociedades anônimas.* Rio de Janeiro, 2009. v. I.

LUCENA, José Waldecy. *Das sociedades anônimas.* Rio de Janeiro, 2009. v. II.

LUCENA, José Waldecy. *Das sociedades anônimas.* Rio de Janeiro, 2012. v. III.

LUCERO, José Alejandro. La agrupación europea de interés económico como instrumento de colaboración empresarial. *La Sociedad Comercial ante el Tercer Milenio.* Buenos Aires, 1998.

MARCONDES, Sylvio. *Problemas de direito comercial.* São Paulo, 1970.

MARIANO, João Cura. *Direito de exoneração do sócio nas sociedades por quotas.* Coimbra, 2005.

MARTINS, Fran. *Comentários à lei das sociedades anônimas.* Rio de Janeiro, 1979.

MARTINS, Fran. *Sociedade por quotas.* Rio de Janeiro, 1960.

MARZORATI, Osvaldo J. *Derecho de los negocios internacionales.* Buenos Aires, 1997.

MAXIMILIANO, Carlos. *Hermenêutica e aplicação do direito.* 10. ed. 1988.

MEIRELLES, Hely Lopes. *Direito administrativo brasileiro.* São Paulo, 2003.

MELLO, Maria Theresa Werneck. *Dividendo obrigatório.* São Paulo, 1979. (Série Sociedades por Ações, nº 17)

MENDONÇA, Fernando. *Debêntures*. São Paulo, 1988.

MENDONÇA, J. X. Carvalho de. *Tratado de direito comercial brasileiro*. Rio de Janeiro, 1964. v. III e IV.

MERLE, Philippe. *Droit commercial, sociétés commerciales*. Paris, 1998.

MICHELER, Eva. *Company Law*. Oxford, 2021.

MIRANDA JUNIOR, Darcy Arruda. *Dicionário jurisprudencial da sociedade por ações*. São Paulo, 1990.

MONIZ, Salvador. *Sociedades anônimas*. Rio de Janeiro, 1914.

MOREIRA, José Carlos Barbosa. *O novo processo civil brasileiro*. Rio de Janeiro, 2001.

MOREIRA, José Carlos Barbosa et al. *A tutela dos interesses difusos*. São Paulo, 1984.

MORSE, Geoffrey; CHARLESWORTH, John. *Company law*. Londres, 1999.

MÜLLER, Sérgio Dulac. *Direitos essenciais dos acionistas*. Porto Alegre, 2003.

MUSSO, Alberto. *La rilevanza esterna del socio nelle società di capitali*. Milão, 1996,

NAVARRINI, U.; FAGGELLA, G. *Das sociedades comerciais*. Rio de Janeiro, 1950.

NUNES, Márcio Tadeu Guimarães. *Dissolução parcial, exclusão de sócio e apuração de haveres*. São Paulo, 2010.

OLIVEIRA, Lamartine Corrêa de. *A dupla crise da pessoa jurídica*. São Paulo, 1979.

OLIVER, M. C.; MARSHALL, E. A. *Company law*. Londres, 1991.

O'NEAL, F. Hodge. *Squeeze-outs of minority shareholders*. Chicago, 1975.

ORTOLAN, M. *Compendio del derecho romano*. Buenos Aires, 1947.

PAES, P. R. Tavares. *Curso de direito comercial*. São Paulo, 1985. v. I.

PAPINI, Roberto. *Sociedade anônima e mercado de valores mobiliários*. Rio de Janeiro, 1987.

PARENTE, Norma Jonssen. *Mercado de capitais*. São Paulo, 2018.

PEDREIRA, José Luiz Bulhões. *Finanças e demonstrações financeiras da companhia*. Rio de Janeiro, 1989.

PEDREIRA, José Luiz Bulhões; LAMY FILHO, Alfredo. *Direito das companhias*. Rio de Janeiro, 2009. v. II.

PEIXOTO, Carlos Fulgêncio da Cunha. *Sociedades por ações*. São Paulo, 1972/1973.

PENTEADO, Mauro Rodrigues. *Consórcios de empresas.* São Paulo, 1979.

PEREIRA, Caio Mário da Silva. *Instituições de direito civil.* Rio de Janeiro, 2003. v. 3.

PIC, Paul. *Des sociétés commerciales.* Paris, 1925.

PIMENTA, Eduardo Goulart. *Joint ventures.* São Paulo, 2005.

PINTO, Alexandre Mota. *Temas societários.* Coimbra, 2006.

PIRES, Gudesteu. *Manual das sociedades anônimas.* Rio de Janeiro, 1942.

PITA, Manoel Antônio. *Direito aos lucros.* Coimbra, 1989.

PONT, Manuel Broseta. *Estudios de derecho bursátil.* Madrid, 1971.

PONT, Manuel Broseta; SANZ, Fernando Martínez. *Manual de derecho mercantil.* Madri, 2009.

PONTES, Aloysio Lopes. *Sociedades anônimas.* Rio de Janeiro, 1954.

PONTES DE MIRANDA. *Tratado de direito privado.* São Paulo, 1984. v. 49, 50 e 51.

POUND, Roscoe. *Las grandes tendencias del pensamiento jurídico.* Barcelona, 1950.

REBELLO, E. de Castro. *Pareceres.* Rio de Janeiro, 1962.

REQUIÃO, Rubens. *Curso de direito comercial.* São Paulo, 1977.

REQUIÃO, Rubens. *Comentários à Lei das S. A.* São Paulo, 1980. v. I.

REQUIÃO, Rubens. *Curso de direito falimentar.* São Paulo, 1975.

RIPERT, Georges. *Traité élémentaire de droit commercial.* Paris, 1948.

RODRÍGUEZ, Enrique Alcalde. *La responsabilidad de los directores de sociedades anónimas.* Santiago, 2013.

ROLEMBERG, Armando. *O menor comerciante no direito brasileiro.* Rio de Janeiro, 1956.

SALLES, Marcos Paulo de Almeida. *Mercado de valores mobiliários e comissão de valores mobiliários.* São Paulo, 1980. (Série Comentários à Lei de Sociedades Anônimas, v. 3).

SANT'ANNA, Rubens. *Direito societário.* Porto Alegre, 1988.

SANTORO-PASSARELLI, F. *Teoria geral do direito civil.* Coimbra, 1976.

SANTOS, J. A. Penalva. *Novos aspectos do mercado de capitais.* Rio de Janeiro.

SANTOS, Paulo Penalva. *Comentários ao código civil brasileiro.* Rio de Janeiro, 2005. v. IX.

SANTOS, Theophilo de Azeredo. *As sociedades de economia mista no direito brasileiro.* Rio de Janeiro, 1964.

SCHIMIDT, Dominique. *Les droits de la minorité dans la société anonyme.* Paris, 1970.

SCHÖN, Wolfgang. In balance sheet tests or solvency tests – or both? *European Business Organization Law Review*, v. 7, p. 181-198, 2006.

SHARP JR., Ronald; BEVILÁQUA, Luiz Henrique. O crédito do sócio na nova lei de falências. *Valor Econômico.* Rio de Janeiro, 5 set. 2005.

SILVEIRA LOBO, Carlos Augusto da. *Advocacia de empresas.* Rio de Janeiro, 2012.

SOUZA, Carlos Aurélio Mota de; LOMÔNACO, José Antônio. *Debêntures.* São Paulo, 1990.

TAVARES, José. *Sociedades e empresas comerciais.* Coimbra, 1924.

TEIXEIRA, Egberto Lacerda. *Das sociedades por quotas de responsabilidade limitada.* São Paulo, 1956.

TEIXEIRA, Egberto Lacerda; GUERREIRO, Tavares. *Das sociedades anônimas no direito brasileiro.* São Paulo, 1979.

THALLER, E. *Traité élémentaire de droit commercial.* Paris, 1904.

TILBERY, Henry. *A tributação dos ganhos de capital.* São Paulo, 1977.

TOMAZETTE, Marlon. *Direito societário.* São Paulo, 2003.

TRIMARCHI, Pietro. *Invalidità delle deliberazioni di assemblea de società per azioni.* Milão, 1958.

TUNC, André. *Le droit américain de sociétés anonymes.* Paris, 1985.

USTRA, José Augusto Brilhante. *A classificação dos créditos na falência.* Rio de Janeiro, 1976.

VALVERDE, Trajano de Miranda. *Sociedades por ações.* Rio de Janeiro, 1959.

VAMPRÉ, Spencer. *Das sociedades anônimas.* São Paulo, 1914.

VASSEUR, Michel. *Le droit de la réforme des structures industrielles et des économies régionales.* Paris, 1959.

VEGA, Juan Vega. *Inversiones extranjeras.* Havana.

VELO, Dario. *Le obbligazione convertibile in azioni.* Milão, 1975.

VIVANTE, Cesare. *Trattato di diritto commerciale.* Milão, 1906. v. II.

WOLF, Ronald Charles. *The law and practice of shareholder's agreements in national and international joint ventures:* common and civil law uses. The Netherlands, 2014.

WOUTERS, Hippolyte; VAN WYNENDAELE, Jacques; HUYBRECHTS, Michèle. *Le droit des sociétés anonymes dans les pays de la communauté économique européenne.* Bruxelas, 1973.

WRIGHT, Mike (ed.). *The Oxford Handbook of Corporate Governance.* Oxford: Oxford University Press, 2013. Disponível em: https://doi.org/10.1093/oxfordhb/9780199642007.013.0014. Acesso em: 30 nov. 2022.

YOMHA, Carlos Gabriel. *Obligaciones convertibles en acciones.* Buenos Aires, 1983.

YOMHA, Carlos Gabriel. *Tratado de las obligaciones negociables.* Buenos Aires, 1994.